Isabel Heinemann
**Wert der** Familie

# Family Values
# and Social Change

―

Edited by Isabel Heinemann

# Volume 3

Isabel Heinemann
# Wert der Familie

---

Ehescheidung, Frauenarbeit und Reproduktion
in den USA des 20. Jahrhunderts

ISBN 978-3-11-070795-3
e-ISBN (PDF) 978-3-11-046369-9
e-ISBN (EPUB) 978-3-11-046173-2
ISSN 2366-9462

Library of Congress Control Number: 2018947229

**Bibliographic information published by the Deutsche Nationalbibliothek**
The Deutsche Nationalbibliothek lists this publication in the Deutsche Nationalbibliografie;
detailed bibliographic data are available on the Internet at http://dnb.dnb.de.

© 2020 Walter de Gruyter GmbH, Berlin/Boston
Dieser Band ist text- und seitenidentisch mit der 2018 erschienenen gebundenen Ausgabe.
Cover photo: Famous image of African American flood victims lined up to get food & clothing fr.
Red Cross relief station in front of billboard ironically extolling WORLD'S HIGHEST STANDARD
OF LIVING/ THERE'S NO WAY LIKE THE AMERICAN WAY © Getty Images/Margaret Bourke-White
Printing and binding: CPI books GmbH, Leck

www.degruyter.com

## Dank

Die Arbeit am „Wert der Familie" war ein intellektuelles und menschliches Abenteuer und wurde in mehrfacher Hinsicht durch meine eigenen Familien geprägt – meine private Familie und meine akademische Familie. Grund allen, die mich über die Jahre unterstützt und begleitet, meine Thesen mit mir diskutiert und meinen Blick erweitert haben, an dieser Stelle herzlich zu danken. Begonnen habe ich erste Sondierungen zur gesellschaftlichen Wandlungsprozessen in den USA am Beispiel der Familie noch am Lehrstuhl für Neuere und Neueste Geschichte in Freiburg, Ulrich Herbert und den KollegInnen dort sei herzlich gedankt für kritisches Feedback und konstruktive Ermunterung. Dank gebührt auch den Mitarbeiterinnen des Deutschen Historischen Instituts in Washington DC, die der Holocaust-Forscherin bereits 2003 im Rahmen eines Kurzaufenthaltes als Postdoctoral Fellow erste Horizonte in der Erforschung der US-Gesellschaftsgeschichte eröffneten.

Den zentralen Ansporn und ideale Forschungsbedingungen erhielt die Arbeit jedoch durch die Bewilligung einer Emmy Noether-Nachwuchsgruppe der Deutschen Forschungsgemeinschaft im Jahr 2009, was eine Übersiedlung an die Westfälische Wilhelms-Universität Münster ermöglichte. Dort habe ich mit drei DoktorandInnen und mehreren studentischen Hilfskräften von 2009 bis 2016 „Familienwerte im gesellschaftlichen Wandel: Die US-amerikanische Familie im 20. Jahrhundert" erforscht. Ich danke der Deutschen Forschungsgemeinschaft für die großzügige Förderung, den GutachterInnen für unschätzbare Hinweise und vor allem Herrn Dr. Guido Lammers, der mich in dem Ansinnen, eine Noether-Gruppe zu beantragen, unterstützt und ermuntert hat. Das Emmy Noether-Programm ist eine wunderbare Möglichkeit, sich als Wissenschaftlerin zu etablieren, es hat meine Laufbahn ganz entscheidend geprägt.

Besonderer Dank gilt meinen MitarbeiterInnen, die im Rahmen der Noether-Gruppe ihre Dissertationen verfassten, welche bereits in dieser Reihe erschienen sind beziehungsweise noch erscheinen. Claudia Roesch arbeitete über Mexican American Families, Andre Dechert über Vaterschaftskonzepte in TV-Sitcoms und Anne Overbeck über Afro-Amerikanische Mutterschaft. Eine weitere Untersuchung von Jana Hoffmann zum Wandel der Familienwerte und Genderkonzepte im US-amerikanischen Mainline-Protestantismus nahm im Umfeld der Noether-Gruppe ihren Anfang, sie wird inzwischen an der Bielefeld Graduate School in History and Sociology fortgesetzt. Die Zusammenarbeit mit meinen MitarbeiterInnen im Rahmen der Noether-Gruppe – die heute allesamt erfolgreiche WissenschaftlerInnen-Karrieren verfolgen – hat mich nicht nur viel lernen lassen, sie hat auch ganz besonders viel Freude und Spaß gemacht! Euch, Anne, Claudia,

Andre und Jana gebührt ein herzlicher Dank für eine kreative, kollegiale und immer angenehme Arbeitsatmosphäre in der Rosenstraße 9. Dazu gehören natürlich auch die studentischen Hilfskräfte, besonders Anika Mester als erste und Lisa Peters als letzte Hilfskraft der Noether-Gruppe. Ihrer Umsicht und Einsatzfreude verdankt nicht nur dieses Manuskript, sondern auch die ganze Gruppe sehr viel, Danke! Jana Hoffmann leistete zudem unschlagbare organisatorische und wissenschaftliche Unterstützung als wissenschaftliche Hilfskraft als mein neugeborener Sohn mich brauchte, lieben Dank auch hierfür.

Im Rahmen der Noether-Gruppe konnte ich mit meinem Team insgesamt vier internationale Konferenzen ausrichten zur „Familie in den 1960ern und 1970ern" (2009), zu „Mutterschaftskonzepten" (2010), „Männlichkeiten" (2010) und „Sozialen Wandlungsprozessen in den USA" (2013). Die Diskussionen dort haben unser Verständnis der US-Gesellschaftsgeschichte des 20. Jahrhunderts ganz entscheidend geprägt und unseren Blickwinkel erweitert. Für Ihre Kommentare und Hinweise danke ich allen KollegInnen und Kollegen, ganz besonders Marisa Chappell, Ruth Feldstein, Grace Hale, Christina von Hodenberg, Michael Kimmel, Felix Krämer, Tracy Penny Light, Laura Lovett, Nina Mackert, Jürgen Martschukat, Joanne Meyerowitz, Jennifer Nelson, Christopher Neumaier, Rebecca Jo Plant, Till van Rahden, Catherine Rymph, Rickie Solinger, Olaf Stieglitz, Simon Wendt und Natasha Zaretsky.

Ich durfte meine Arbeit in zahlreichen universitären Kolloquien vorstellen, ich bedanke mich für wichtige Anregungen und konstruktives Feedback bei Patrick Wagner, Halle, Andreas Rödder, Mainz, Andreas Wirsching, damals Augsburg, Bernd Weisbrod und Dirk Schumann, Göttingen, Till Kössler, Bochum, Lutz Raphael und Ursula Lehmkuhl sowie Christian Jansen, Trier. Elisabeth Timm hat 2011 die Gründung des interdisziplinären Kolloquiums „Familie und Verwandtschaft: Historische und aktuelle Zugänge" an der Universität Münster angeregt. Diesem Forum und unserer langjährigen Kooperation verdanke ich viele wichtige Einsichten und Anregungen aus der Perspektive der Kulturanthropologie, herzlichen Dank dafür!

Ich hatte die Freude, in den folgenden US-amerikanischen Bibliotheken und Archiven zu arbeiten: Library of Congress, Washington D.C., Schlesinger Library, Harvard University, Cambridge, M.A., Manuscript and Rare Books Collection, Stuart A. Rose Library, Emory University, Atlanta, GA, Woodruff University, Atlanta University Colleges, Atlanta, GA, Jimmy Carter Presidential Library, Atlanta GA. Ich danke den dortigen Archivarinnen und Archivaren sehr herzlich für ihre große Hilfsbereitschaft und kompetente Unterstützung bei der Beschaffung von Quellen und Literatur.

Bei der Abfassung des Manuskriptes und der Umarbeitung für die Veröffentlichung durfte ich von Anregungen und Kommentaren zahlreicher KollegInnen profitieren. Ich danke zuallererst besonders herzlich Lutz Raphael, der als Erstgutachter und Vorsitzender der Kommission mein Habilitationsverfahren an der Universität Trier begleitet hat. Nicht minder herzlich möchte ich mich bei Ursula Lehmkuhl und Norbert Finzsch für ihre Gutachten und positive Unterstützung bedanken. Es war mir eine Freude, das Habilitationsverfahren an der Universität Trier durchlaufen zu dürfen! Jürgen Martschukat und Patrick Wagner lasen vorab das gesamte Manuskript und gaben hilfreiche Hinweise zur Überarbeitung, auch hierfür meinen allerbesten Dank. Ein besonders herzliches Dankeschön geht an Johanna Schoen, die nicht nur während eines Forschungsaufenthaltes in Münster im Winter 2016 das komplette Manuskript las, sondern die Noether-Gruppe bereits von Beginn an auf vielfältige Weise ermutigt und unterstützt hat.

Auch die Mitarbeiterinnen meiner aktuellen Münsteraner Arbeitsgruppe gaben wichtige Anregungen für die Endfassung des Buches. Verena Limper und Marcel Brüntrup lasen und kommentierten einzelne Teile des Manuskriptes, hierfür meinen allerherzlichsten Dank! Bei der Manuskriptkorrektur hat Lukas Alex' souveräner Scharfblick so manchen Fehler entdeckt, auch erstellte er das aufwendige Register. Marcel Brüntrup gestaltete die Graphiken. Hierfür danke ich beiden sehr herzlich. Rabea Rittgerodt und Florian Ruppenstein vom DeGruyter-Verlag begleiteten das Manuskript mit großer Umsicht, auch hierfür mein bester Dank.

Widmen aber möchte das Buch meiner Familie, die vielfältigen Anteil am Zustandekommen dieser Arbeit hat. Ich danke zunächst meinen Kindern, Flora, Magdalena, Hanno und Tristan, die während der Arbeit am „Wert der Familie" geboren wurden und die (meistens) souverän mit der Realität einer „working mum" umgehen. Besonders danken möchte ich meinem Mann, Mario Ohlberger, der sowohl die Freude an der Kindererziehung als auch an der wissenschaftlichen Arbeit mit mir teilt – und der zugleich als Mathematiker immer die richtige Balance zwischen emotionaler Involviertheit in die eigene Familie und wissenschaftlicher Distanz zum Forschungsobjekt „Wert der Familie" findet. Danke dafür!

Münster, im Juli 2018

# Inhalt

**Einleitung: Familienwerte im gesellschaftlichen Wandel —— 1**
1      Die amerikanische Familie als Basis der Nation: Zentrale Begriffe und Fragestellung —— 3
         Auswahl der Debatten —— 10
2      Normen und Werte: Wie lässt sich „Wertewandel" historisch untersuchen? —— 12
3      Zentrale Zugänge: Genderforschung und Intersektionalität, Expertenkulturen und Verwissenschaftlichungsprozesse —— 20
         Genderforschung und Intersektionalität —— 20
         Verwissenschaftlichungsprozesse und Expertenkulturen —— 24
4      Forschungsstand: Die US-amerikanische Familie in der historischen Forschungsliteratur —— 27
5      Untersuchungszeitraum, Quellen, Aufbau der Studie —— 32
         Untersuchungszeitraum „Hochmoderne" —— 32
         Quellen —— 36
         Aufbau der Studie —— 37

**1      „Race Suicide or Remedy"? Die Debatten um Ehescheidung in der Progressive Era, 1890–1920 —— 39**
1.1      Die Entwicklung der Ehescheidungsrate in den USA des 19. und 20. Jahrhunderts —— 44
1.2      Ehescheidung als Gegenstand öffentlicher Debatten bis zum Ende des 19. Jahrhunderts —— 53
         Ehescheidung und Ehescheidungsdebatten Mitte des 19. Jahrhunderts —— 53
         Ehescheidungsdebatten und Sozialstatistik am Ende des 19. Jahrhunderts —— 55
         „Sanctity of the Marriage Relation": Initiativen der Kirchen und der Bundesstaaten für eine Reform des Scheidungsrechtes zu Beginn des 20. Jahrhunderts —— 62
1.3      „Social Control and Women's Place in Society": Der Einfluss der Soziologen auf die publizistischen Ehescheidungsdebatten seit der Jahrhundertwende —— 66
1.4      Religiöse Werte versus Anpassung an die Moderne: Trägergruppen der Ehescheidungsdebatte und ihre Argumente —— 77
         Die Feministinnen: Scheidung und Frauenrechte —— 77

Die frühe Eugenik-Bewegung: Gefährdung der Gesellschaft durch „Race Degeneration" —— 80
Die Juristen: Verfall der Familie und das Dilemma einer fehlenden nationalen Scheidungsgesetzgebung —— 84
Katholiken und Protestanten: Die Ehe als Sakrament und das Wiederverheiratungsverbot Geschiedener —— 85
Zentrale Argumentationsfiguren in den Ehescheidungsdebatten, 1890–1920 —— 92

1.5 Zwischenfazit: Sozialexperten als Analytiker des sozialen Wandels: Das Familienideal in den USA am Beginn des 20. Jahrhunderts —— 97

2 „Scientific Motherhood, Reproductive Morality and Fitter Families": Debatten um eugenische Familienkonzepte und das Eingriffsrecht des Staates in den 1920er und 1930er Jahren —— 100
2.1 Der demographische Wandel in den USA des 20. Jahrhunderts: Bevölkerungswachstum, Reproduktionsraten, Familiengrößen —— 107
2.2 „Scientific Motherhood and Reproductive Morality" —— 115
2.3 Better Babies and Fitter Families: Die Popularisierung der „gesunden Familie" im Medium des Wettbewerbs —— 124
2.4 Eugenische Zwangssterilisationen zur Verbesserung der amerikanischen Familie —— 138
2.5 Paul B. Popenoe, „The Conservation of the Family" und das American Institute for Family Relations —— 147
Ehe, Familie und Reproduktion in Popenoes Schriften der 1920er bis 1960er Jahre —— 149
Education, Eugenics and „Happy Homes": Das American Institut for Family Relations (AIFR) —— 152
Family Life: Von der Familie zur Bevölkerung —— 156
2.6 Zwischenfazit: Der Staat und die Familie in den 1920er und 1930er Jahren —— 161

3 „Working Women, Domesticity and the Expert": Öffentliche Debatten und Expertendiskurse über Frauenarbeit und Mutterschaft, 1940–1970 —— 164
3.1 Die Entwicklung der weiblichen Erwerbstätigkeit zwischen 1940 und 1970 —— 170
3.2 „Career Woman or Housewife?": Die Diskussion um Frauenarbeit im Schatten des Zweiten Weltkrieges —— 178

| | | |
|---|---|---|
| 3.3 | „Mom as a Social Problem": Die Debatte um „Momism" und versagende Mütter in den 1940er Jahren —— **187** | |
| 3.4 | „Women aren't Men" oder „Return of the New Women": Mutterschaft und Frauenarbeit in den 1950er Jahren —— **192** | |
| 3.5 | „Modern Women's Neurosis": Psyche und Reproduktion der berufstätigen Frau als Aushandlungsorte divergierender Geschlechterrollenvorstellungen, 1950–1970 —— **197** | |
| 3.6 | „'The Feminine Mystique' and 'Equality between the Sexes'": Feministinnen, Sozialwissenschaftlerinnen und die arbeitende Frau —— **211** | |
| 3.7 | „A Long and Difficult Up-Hill Struggle": Afroamerikanerinnen, Frauenarbeit und Mutterschaft —— **216** | |
| 3.8 | Zwischenfazit: Deutungskonflikte um Berufstätigkeit, Psyche und Reproduktion der modernen Frau —— **221** | |
| **4** | **„Black Family Pathologies": Die Grenzen des Familienideals der White Middle Class und die Debatte um Struktur und Werte der afroamerikanischen Familie in den 1960er Jahren —— 224** | |
| 4.1 | Der Wandel der Sozialstruktur afroamerikanischer Familien im 20. Jahrhundert —— **227** | |
| 4.2 | „The Negro Family in America": Struktur und Werte der African American Family in den Forschungen afroamerikanischer Soziologen —— **234** | |
| 4.3 | Vom „American Dilemma" zum „Tangle of Pathology": Die afroamerikanische Familie in den Diagnosen zeitgenössischer Sozialwissenschaftler der 1940er bis 1960er Jahre —— **238** | |
| 4.4 | „To Fulfill these Rights" und der Moynihan-Report, Juni 1965 —— **248** | |
| | Der Report —— **251** | |
| | Die Quellen —— **255** | |
| 4.5 | Die Wahrnehmung des Moynihan-Reports in der African American Community —— **262** | |
| | Die White House Conference „To Fulfill These Rights" im Juni 1966 —— **269** | |
| | Wirkungen des Reports —— **272** | |
| 4.6 | Die Konzepte zur Verbesserung der African American Family als Schlüsselbeispiel für die „Verwissenschaftlichung des Sozialen" Mitte der 1960er Jahre —— **278** | |
| 4.7 | „Race Genocide"? Weiße Männlichkeitskonzepte und afroamerikanische Männer in den 1960er Jahren —— **284** | |

| | | |
|---|---|---|
| 4.8 | | Zwischenfazit: Auf dem Weg zu einer Erweiterung des nationalen Familienideals —— **291** |
| **5** | | **„From Reproductive Choice to Reproductive Rights": Abtreibung, Reproduktion und die Rolle der Frau in Familie und Gesellschaft der 1970er und 1980er Jahre —— 293** |
| 5.1 | | „Sexual Revolution" und „Women's Health": Der soziale Wandel in der Nutzung von Verhütungsmitteln und im Zugang zu legaler Abtreibung seit den 1960er Jahren —— **299** |
| 5.2 | | „From Reproductive Choice to Reproductive Rights": Die US-amerikanische Frauenbewegung und die Auseinandersetzung um den Zugang zu selbstbestimmter Reproduktion —— **309** |
| 5.3 | | Rechtliche Rahmensetzung: *Roe v. Wade* und die Folgen für die Verhandlung der Geschlechterrollen —— **319** |
| 5.4 | | Die Kampagne zur Senkung des weltweiten Bevölkerungswachstums, die Rolle der Bevölkerungsexperten und die Reproduktion der weißen Amerikanerin —— **331** |
| 5.5 | | „Race", „Class" und „Reproductive Rights": Afro-amerikanische Frauen und ihr Kampf für den Zugang zu selbstbestimmter Reproduktion —— **343** |
| 5.6 | | „Dramatic Shift in the American Temperament": Die Debatten um Ehescheidung und die Einführung der No-Fault-Divorce —— **352** |
| 5.7 | | Zwischenfazit: Abtreibung als „Constitutional Right" —— **356** |
| **6** | | **„Culture Wars"? Debatten um die US-Familie in den 1980er Jahren —— 360** |
| 6.1 | | „Dual Earners and Welfare Moms": Sozialgeschichte der Familie in den 1980er Jahren —— **363** |
| | | Reaktionen der Betroffenen: *Welfare Rights Movement* und *Family Adoption Program* —— **369** |
| 6.2 | | Jimmy Carters „White House Conference on Families" und die US-amerikanische Familie am Beginn der 1980er Jahre —— **376** |
| 6.3 | | Ronald Reagans „Traditional Family Values Campaign" und ihr Ort in den „Culture Wars" —— **383** |
| 6.4 | | „Abortion and Adoption" als zwei Pole reproduktiven Entscheidens in den 1980er Jahren —— **395** |
| 6.5 | | Zwischenfazit: Die Familie als Austragungsort der „Culture Wars" —— **421** |

**Fazit: Wert der Familie – Kontinuität und Wandel des Familienideals in den USA des 20. Jahrhunderts —— 424**

1        Debatten und Expertendiskurse über Ehescheidung, Frauenarbeit und Reproduktion im 20. Jahrhundert – ein diachroner Überblick —— 425
               Ehescheidung —— 425
               Frauenarbeit —— 426
               Reproduktion —— 427

2        Familienwerte und sozialer Wandel in der Moderne —— 429
               Liberale Werte und traditionelle Formen —— 429
               Soziale Praxis und normativer Wandel —— 431
               Sozialexperten und Klienten —— 433

3        Die Familie als Basis der Nation und die Bedeutung der Ungleichheitskategorien „Race, Class, and Gender" —— 436
               Staat und Individuum —— 436
               Hegemonie der weißen Mittelschichtfamilie —— 437
               Die Familie als „Domäne der Frau" —— 439

4        Wert der Familie statt Wertewandel —— 441

**Literaturverzeichnis —— 444**
               Ungedruckte Quellen —— 444
               Zeitungen, Zeitschriften —— 445
               Gedruckte Quellen, Quelleneditionen —— 446
               Forschungsliteratur —— 463

**Abkürzungsverzeichnis —— 518**

**Abbildungsverzeichnis —— 520**

**Personenregister —— 522**

**Sachregister —— 526**

**Die Buchreihe *Family Values and Social Change* —— 535**

# Einleitung: Familienwerte im gesellschaftlichen Wandel

> Families are both the foundation of American society and its most important institution. In a world becoming more complex every day, our families remain the most lasting influence on our lives.[1]

Als Präsident Jimmy Carter im Januar 1978 eine erste nationale Konferenz „on the American family" für das Folgejahr ankündigte, folgte er damit nicht nur einem Versprechen aus dem Wahlkampf, sondern stieß auch eine intensive Diskussion um das Für und Wider eines solchen Unterfangens an. Er begründete seine Initiative mit der Zentralität der Familie als Basis der Gesellschaft und im individuellen Leben der Amerikanerinnen und Amerikaner. Aufgabe der White House Conference sei, so Carter, „to examine the strengths of American families, the difficulties they face, and the ways in which family life is affected by public policies". Er fragte danach, wie die Arbeitswelt, die Massenmedien, die Rechtsprechung, die Wirtschaft und andere Bereiche der Gesellschaft das Leben der Familien beeinflussten. Nachdem er seinen grundsätzlichen Glauben an die Fähigkeit der Familie, sich an den gesellschaftlichen Wandel anzupassen und dabei als Institution fortzubestehen, bekräftigt hatte, benannte er jedoch auch eine Reihe drängender Probleme: die hohe Scheidungsrate, die große Zahl unehelicher Geburten und die zahlreichen Jugendlichen, die aus ihren Familien fortliefen.

In diesem Zusammenhang ist besonders interessant, dass Carter sich explizit zur Diversität der amerikanischen Familie bekannte, da Familie in verschiedenen Konstellationen und nach verschiedenen Überzeugungen gelebt werden könne:

> This Conference will clearly recognize the pluralism of family life in America. The widely differing regional, religious, cultural, and ethnic heritages of our country affect family life and contribute to its diversity and strength. Families also differ in age and composition. There are families in which several generations live together, families with two parents or one, and families with or without children. The Conference will respect this diversity.[2]

---

1 Jimmy Carter, White House Conference on Families, Statement Announcing the Conference, 30.1.1978. <www.presidency.ucsb.edu/ws/?pid=29884#ixzz2jC80I1uy>. Die kompletten Akten des präsidialen Beraterstabes zur Konferenz finden sich in der Jimmy Carter Presidential Library in Atlanta.
2 Jimmy Carter, White House Conference on Families, Statement Announcing the Conference, 30.1.1978. <www.presidency.ucsb.edu/ws/?pid=29884#ixzz2jC80I1uy>.

https://doi.org/10.1515/9783110463699-002

Diese Einsicht bündelte die verschiedenen sozialen und normativen Transformationen, welche Familie im langen 20. Jahrhundert durchlaufen hatte und trug Liberalisierungs- und Pluralisierungsprozessen Rechnung. Besonders spürbar waren diese Veränderungen auf den von Carter benannten Feldern Ehescheidung, Arbeit und Reproduktion, die daher auch im Zentrum dieser Studie stehen.

Zugleich steht Carters Statement auch für das Zusammenspiel von Liberalisierungsprozessen und konservativen Gegenbewegungen: Carters akribisch vorbereitete und basisdemokratisch organisierte „White House Conference on Families", die eine liberale Vorstellung von Familie, Familienwerten und Geschlechternormen zur Diskussion stellen wollte, erwies sich wahlkampfstrategisch als Fiasko. Es zeigte sich, dass am Beispiel der Familie sehr viele verschiedene Interessen und Empfindlichkeiten der Bürgerinnen und Bürger aufeinanderprallten, die sich nicht ohne weiteres in eine mehrheitsfähige politische Programmatik umwandeln ließen. Dagegen konnte Carters Herausforderer Ronald Reagan unter anderem mit seiner konservativen Familienrhetorik, die konkrete politische Zielvorgaben wohlweislich vermied, im Jahr 1980 die Wahl zum US-Präsidenten gewinnen.[3] Während Reagans Forderung nach einer Rückkehr zum Familienverständnis der 1950er Jahre als dem vermeintlichen „golden age of the family" auf vergleichsweise breite Akzeptanz traf, war die Einsicht Carters in die Pluralität von Familien und ihren Werten in den USA der beginnenden 1980er Jahre offensichtlich nicht konsensfähig.[4]

Die Auseinandersetzung um die Familie und ihre Werte bietet folglich ein ideales Untersuchungsfeld, um das Verhältnis von sozialem Wandel und Normwandel in den USA des 20. Jahrhunderts zu analysieren. Das ist die Zielsetzung dieses Buches. In einer Langzeitstudie, die den Zeitraum von 1890 bis zum Ende der 1980er Jahre abdeckt, werden zentrale gesellschaftliche Debatten – um Ehescheidung, Frauenarbeit und Reproduktion – auf die verhandelten Familienwerte und Gendernormen hin untersucht. Besonderes Augenmerk gilt dabei den Diskussionen in der nationalen Presse sowie sozialwissenschaftlichen Expertendiskursen und ihren Auswirkungen.[5]

---

3 Vgl. hierzu die Ausführungen in Kapitel 6 dieser Studie.
4 Dass diese Vorstellung von den 1950er Jahren wie sie Sitcoms wie „Leave it to Beaver", „Father knows best" oder „Ozzie and Harriett" entwarfen, nur eine Fiktion darstellte – aber gleichsam bei jedermann visuell abrufbar war – wird im Laufe der Untersuchung deutlich werden. Vgl. zunächst Coontz, Stephanie: The Way We Never Were. American Families and the Nostalgia Trap, New York 1992, S. 23–41, 124.
5 Formalia: Feststehende englische Ausdrücke wie African Americans oder Mexican Americans werden ohne Anführungszeichen übernommen und großgeschrieben, direkte Zitate durch Anführungszeichen und Kleinschreibung gekennzeichnet. Die Titel englischsprachiger Zeitungen

# 1 Die amerikanische Familie als Basis der Nation: Zentrale Begriffe und Fragestellung

Die Familie galt und gilt in den USA – wie in allen modernen westlichen Gesellschaften und weit darüber hinaus – als Basis der Nation, als kleinste soziale Einheit nach dem Individuum. Als solche wird ihr bis heute eine zentrale Bedeutung für den Zustand der Gesellschaft zugeschrieben. Im Umkehrschluss scheint das Gemeinwesen nur durch den Zugriff auf die Familien veränder- und verbesserbar. Durch diese gleichermaßen emotionale, soziale und nationale Aufladung des Begriffs erklärt sich, dass die „Familie", ihr Zustand und ihr Wohlergehen seit der Entstehung der modernen Industriegesellschaft im Zentrum hitziger Expertendiskurse und öffentlicher Debatten standen und weiterhin stehen. Dabei dominiert spätestens seit Beginn des 20. Jahrhunderts das Leitbild der Kernfamilie, bestehend aus Eltern und ihren Kindern, von weißer Hautfarbe und der Mittelschicht zugehörig. Diese wurde wahlweise abqualifiziert als patriarchal dominiertes Sinnbild von Unterdrückung und ethnisch-sozialer Diskriminierung oder beschworen als alleiniges Heilmittel gesellschaftlicher Missstände. Sowohl Verteidiger der darin enthaltenen Konzepte von Geschlechterhierarchien, „rassischer Wertigkeit" und Generationenbeziehungen als auch Befürworter einer normativen Pluralisierung, denen es um die Anerkennung von Großfamilien, matrifokalen Familien, Alleinerziehenden-Familien, Patchwork-Familien, gleichgeschlechtlichen Familien und anderen Lebensformen als „Familie" ging, beriefen und berufen sich auf das Modell der Kernfamilie – und sei es auch nur, um dieses als gesellschaftlich überholt zu kritisieren.

Unter „Familie" wird an dieser Stelle eine bigenerationelle Einheit verstanden, da dies der US-amerikanischen Tradition eines alinearen, ausschließlich auf die Eltern-Kind-Beziehung konzentrierten Familienverständnisses am besten entspricht: Familie wird konstituiert durch das Vorhandensein von Kindern, unabhängig davon, ob es sich um eine Ein-Eltern-Familie handelt oder beide Elternteile präsent sind.[6] Das Forschungsinteresse der Studie gilt jedoch den kon-

---

und Zeitschrifen sowie die Bezeichnungen US-amerikanischer Institutionen und sozialer Bewegungen (*Black Power Movement*) werden dagegen ohne Anführungszeichen kursiv gesetzt.
6 Varenne, Hervé: Love and Liberty. Die moderne amerikanische Familie, in: Burguière, Andre et al. (Hg.): Geschichte der Familie. Bd. 4: 20. Jahrhundert, Frankfurt a.M. u. a. 1998, S. 59–90, dort S. 59. Zugleich unterstreicht der strikte Fokus auf Kinder die doppelte Funktion von Familie als einer Einheit, die sowohl die biologische Reproduktion garantiert als auch die Vermittlung von Werten an die nächste Generation. So beschreibt Stephanie Coontz Familie als „socially sanctioned relationship between social and biological reproduction". Coontz, Social Origins of Private Life, S. 12.

fliktreichen Aushandlungsprozessen von Familienwerten im Laufe des 20. Jahrhunderts.

Bereits seit dem Ende des 19. Jahrhunderts waren Fragen wie „Was ist Familie? Wer gehört dazu? Welche Funktionen erfüllt sie? Welche Strukturen und Werte sind Grundlage des Konzeptes?" nicht nur Ausgangspunkt öffentlicher Debatten in den USA, sondern insbesondere auch Gegenstand intensiver Kontroversen unter Sozialexperten[7]. Mit der Frage nach „Familie" als solcher war immer auch die Frage verbunden, was denn erfolgreiche Familienbeziehungen kennzeichne und welche Familien vom Gesichtspunkt der Nation her als „gefährdet" oder „gescheitert" zu gelten hätten. Dabei wurde Familie in den USA bis in die 1960er Jahre hinein mit einer weißen Mittelschichtfamilie („white middle-class nuclear family") gleichgesetzt[8]. Immigrantenfamilien, Arbeiterfamilien, mexikanisch-stämmige oder afro-amerikanische Familien betrachteten die meisten Sozialexperten dagegen als pathologische Abweichungen vom Familienideal der Mehrheitsgesellschaft. Aufgrund ihrer Sprache, Kultur, ökonomischen Leistungsfähigkeit, Familiengröße, -struktur und -hierarchie, aber auch wegen ihren Familienwerten, Hygienepraktiken oder schlicht ihrer Hautfarbe stuften Wissenschaftler und Reformer sie als defizitär ein und machten sie zum Gegenstand von entsprechender Aufklärung, Umerziehung und Sozialprogrammen.[9]

Die begriffliche Grundlage für die Debatten um Familie in der zweiten Hälfte des 20. Jahrhunderts legte der US-amerikanische Soziologe Talcott Parsons[10], als

---

[7] Unter Sozialexperten werden in Anlehnung an Lutz Raphael und andere Akademiker aus dem Bereich der Humanwissenschaften verstanden, denen es um Reform und Gestaltung der eigenen Gesellschaft ging, hier am Beispiel der Familie und ihrer Werte. Siehe auch weiter unten in diesem Kapitel.
[8] Mead, Margaret / Heyman, Ken: Family, New York 1965.
[9] Ladd-Taylor, Molly / Umansky, Lauri (Hg.): Bad Mothers. The Politics of Blame in Twentieth-Century America, New York 1998. Chappell, Marisa: The War on Welfare. Family, Poverty, and Politics in Modern America, Philadelphia 2010. Patterson, James T.: Freedom is not Enough. The Moynihan Report and America's Struggle over Black Family Life from LBJ to Obama, New York 2010.
[10] TALCOTT PARSONS (1902–1979) war ein US-amerikanischer Soziologe und eine der bestimmenden Figuren der US-amerikanischen Soziologie im 20. Jahrhundert. Er lehrte von 1930 bis 1973 an der Harvard University Soziologie. Aufgrund seiner strukturfunktionalistischen und später systemfunktionalistischen Analysen galt er nach dem Zweiten Weltkrieg bis in den 1960er Jahre in den USA als einer der einflussreichsten soziologischen Theoretiker. Zu Parsons vgl. insbesondere die Forschungen von Uta Gerhardt: Talcott Parsons – An Intellectual Biography, New York 2002. Dies.: The Social Thought of Talcott Parsons: Methodology and American Ethos, Farnham, Surrey 2011. Zu Parsons Familiensoziologie vgl. dies.: Die deutsche Familie und die Gewalt. Konkurrenz der Erklärungsmodelle?, in: Dies. (Hg.): Wirklichkeit(en) – Soziologie und Geschichte, Baden-Baden 2014, S. 23–40.

er 1942 erstmals die „isolation of the individual conjugal family" als wichtigstes Kennzeichen der zeitgenössischen Familienstruktur identifizierte.[11] Kurz darauf verdichtete er sein Modell zur „modern isolated nuclear family", worunter er eine bigenerationale Familieneinheit verstand, beschränkt auf das heterosexuelle Paar und seine Kinder, abgelöst von erweiterten Verwandtschaftsnetzwerken oder Generationenbeziehungen.[12] Laut Parsons war dieses Modell der arbeitsteiligen, isolierten Kernfamilie am besten an die Erfordernisse der modernen Industriegesellschaft angepasst, erlaube es doch die volle Mobilisierung der Arbeitskraft des Mannes für den Broterwerb bei gleichzeitiger Bündelung der Zuständigkeit für Aufzucht und Erziehung der Kinder bei der Frau. Parsons argumentierte, dass weitergehende Familiennetzwerke durch die geographische und emotionale Entfernung in ihrer Bedeutung zurückträten, was zugleich die Kerneinheit freisetze, nach den Erfordernissen des Arbeitsmarktes beliebig oft den Wohnort zu wechseln, ohne auf gewachsene Sozialbeziehungen Rücksicht zu nehmen. Dagegen sei die Kernfamilie bestens geeignet, ihren Mitgliedern in einer unpersönlichen Welt emotionale Wärme und sozialen Halt zu geben, wohingegen Schule und Peer-Group einen Teil der zuvor in der Familie geleisteten Sozialisation des Nachwuchses übernähmen. Diese Isolation und Selbstbezogenheit der Kernfamilie wurde für Parsons geradezu idealtypisch durch das vorstädtische Eigenheim symbolisiert, eine Beobachtung, die durch den Nachkriegs-Bauboom ebensolcher Einfamilienhaus-Siedlungen („Levittown") bestätigt schien.[13] Parsons normatives Familienmodell blendete jedoch völlig die Existenz von Patchwork-Familien und erweiterten Familienbeziehungen aus, zugleich basierte es auf einer vermeintlich natürlichen Arbeitsteilung der Geschlechter und der Annahme einer effektiven Trennung männlicher und weiblicher Handlungsräume.[14] Das

---

[11] Parsons, Talcott: Age and Sex in the Social Structure of the United States, in: American Sociological Review 7, No. 5 (October 1942), S. 604–616, dort S. 615.
[12] Parsons, Talcott: The Kinship System of the Contemporary United States, in: American Anthropologist 45 (1943), Nr. 1, S. 22–38. Ders.: The Social Structure of the Family, in: Anshen, Ruth Nanda (Hg.): The Family. Its Function and Destiny, New York 1949, S. 173–201, dort S. 179. Parsons, Talcott: The American Family. Its Relations to Personality and the Social Structure, in: Parsons, Talcott / Bales, R.F. (Hg.): Family, Socialization and Interaction Process, New York / London 1955, S. 3–33, dort S. 9–11, S. 21.
[13] Baxandall, Rosalyn / Ewen, Elizabeth: Picture Windows. How the Suburbs Happened, New York 2000. Jackson, Kenneth: Crabgrass Frontier. The Suburbanization of the United States, New York / Oxford 1985.
[14] Zur „Erfindung" des Konzeptes der „seperate spheres" in der Moderne vgl. Rosaldo, Michelle: The Use and Abuse of Anthropology. Reflections on Feminism and Cross Cultural Understanding, in: Signs 5 (1980), Nr. 3, S. 392–416. Rosenberg, Rosalind: Beyond Separate Spheres. Intellectual Roots of Modern Feminism, New Haven / London 1982. Hausen, Karin / Wunder, Heide (Hg.):

Konzept der „modern isolated nuclear family" nach Parsons verband folglich auf subtile Weise eine strukturelle Beschreibung mit der Zuschreibung von Werten. Es sollte sich in den Debatten um die Familie in der zweiten Hälfte des 20. Jahrhunderts als ungemein folgenreich erweisen, sowohl als vermeintliche Idealkonstellation als auch als Gegenstand scharfer Kritik.

In der historischen Forschung herrscht weitgehend Konsens darüber, dass sich in der zweiten Hälfte des 20. Jahrhunderts eine signifikante Pluralisierung der mit Familie verbundenen Werte und Gendernormen feststellen lässt, was vor allem als Resultat der verschiedenen sozialen Bewegungen, insbesondere der Bürgerrechts-, Studenten- und Frauenbewegung gewertet wird. Es bleibt jedoch bislang unbestimmt, in welchen Etappen, in welchem Tempo und für welche Teile der Gesellschaft sich dieser Wandel genau vollzog.[15] Gleichfalls herrscht Einigkeit in der Annahme, dass sich ein auf die Kernfamilie zugeschnittenes Verständnis von „Familie" in den USA erst unter den Bedingungen der entstehenden Industriegesellschaft herausbilden konnte, genauer in einer Phase zwischen Bürgerkrieg, industrieller Revolution und Jahrhundertwende zum 20. Jahrhundert.[16] Zuvor koexistierten Kernfamilien mit verschiedenen großfamilialen Arrangements, die ihrerseits ökonomischen und sozialen Erfordernissen sowie kulturellen Traditionen geschuldeten waren.[17]

Doch was kennzeichnet „Familie" zu Beginn des 21. Jahrhunderts? Eine unüberschaubare Vielfalt der Familienbeziehungen oder eine überraschende Konstanz der Form? Die Antworten US-amerikanischer Familiensoziologen auf diese

---

Frauengeschichte – Geschlechtergeschichte, Frankfurt a. M. 1992. Butler, Judith: Bodies that Matter. On the Discursive Limits of „Sex", New York 1993. Bourdieu, Pierre: Die männliche Herrschaft, Frankfurt am Main 2005.

15 Coontz, The Way We Never Were. Dies.: The Way We Really Are. Coming to Terms with America's Changing Families, New York 1997. Dies. / Parson, Maya / Raley, Gabrielle (Hg.): American Families. A Multicultural Reader, New York 1998. Überarb. Neuauflage New York 2008. Weiss, Jessica: To Have and to Hold. Marriage, the Baby Boom and Social Change, Chicago / London 2000. Zaretsky, Natasha: No Direction Home. The American Family and the Fear of National Decline, 1968–1980, Philadelphia 2007. Heinemann, Isabel: Introduction, in: Dies.: Inventing the Modern American Family, S. 7–29. Self, Robert O.: All in the Family. The Realignment of American Democracy since the 1960s, New York 2012.

16 Zuletzt hierzu Martschukat, Jürgen: Die Ordnung des Sozialen. Väter und Familien in der amerikanischen Geschichte seit 1770, Frankfurt a.M. 2013, S. 11–12.

17 Gutman, Herbert G.: The Black Family in Slavery and Freedom 1750–1925, New York 1976. Mintz, Steven: A Prison of Expectations. The Family in Victorian Culture, New York 1983. Ders. / Kellog, Susan: Domestic Revolutions. A Social History of American Family Life, New York 1988. Coontz, Stephanie: The Social Origins of Private Life. A History of American Families 1600–1900, London 1988. O'Day, Rosemary: The Family and Family Relationships, 1500–1900. England, France and the United States of America, Houndmills 1994.

Frage fallen ambivalent aus. Einerseits diagnostizierte Andrew J. Cherlin im Jahr 2008 einen epochalen Wandel nicht nur der Familienstruktur, sondern auch der Familienwerte. Während noch vor 50 Jahren das Parsonsche Familienmodell einer Kernfamilie weit verbreitet gewesen sei, stellte der Soziologe nunmehr kein dominantes Familienleitbild fest: „There is no typical family anymore – at least not in terms of who lives in the household and how they are related."[18] Zwei Jahre später konstatierten Brian Powell, Catherine Bolzendahl, Claudia Geist und Lala Carr Steelmann – sämtlich SoziologieprofessorInnen an US-amerikanischen Universitäten – dass die Mehrheit der US-Amerikaner mittlerweile auch gleichgeschlechtliche Partner und deren Kinder als „Familien" betrachtete, unabhängig davon, ob die Eltern verheiratet waren. Nicht als Familien galten dagegen Paare, die ohne Trauschein zusammenlebten, solange sie keine Kinder hatten, völlig unabhängig von ihrer sexuellen Präferenz.[19]

Diese Beobachtungen der Familiensoziologen scheinen sich auf den ersten Blick zu widersprechen. Während Cherlin eine große Breite der Familienformen und -beziehungen ausmacht, verweisen Powell und Kollegen darauf, dass Bi-Generationalität, also das Vorhandensein von Eltern und Kindern, den meisten Amerikanern weiterhin als wichtigstes Merkmal einer Familie gilt. Auf den zweiten Blick jedoch diagnostizieren beide eine fundamentale Liberalisierung der Sexualmoral und der Gendernormen, die sich im Laufe des 20. Jahrhundert in der US-Gesellschaft vollzogen hat. Zugleich erschließt sich aus beiden Studien jedoch, dass auch in den USA des 21. Jahrhunderts bei vielen Menschen ein eher traditionelles Familienverständnis vorherrscht, insbesondere was die Struktur der Familie (Eltern und Kinder) betrifft. Wie ist dieses Spannungsverhältnis zwischen Pluralisierung von Normen und gleichzeitigem Beharren auf traditionellen Formen zu erklären?

Dies ist der Ansatzpunkt der vorliegenden Studie, die untersuchen möchte, ob und wie sich das dominante Familienverständnis in den USA im 20. Jahrhunderts veränderte: Kurz gefasst wird am Beispiel der Familie *erstens* zu fragen sein, inwiefern diese als Schauplatz konfliktreicher Auseinandersetzungen mit den Herausforderungen der Moderne funktionierte. Sind auch im Bereich der Familienwerte die für moderne Gesellschaften so charakteristischen ambivalenten

---

**18** Cherlin, Andrew J.: Public Display. The Picture-Perfect American Family? These Days, It Doesn't Exist, in: WP, 7.9.2008 <www.washingtonpost.com/wp-dyn/content/article/2008/09/05/AR2008090502652.html>. Vgl. auch ders.: The Marriage-Go-Round. The State of Marriage and the Family in America Today, New York 2009. Ders.: Public and Private Families. An Introduction, Sixth Edition, New York 2010.
**19** Powell, Brian (Hg.) et al.: Counted Out. Same Sex Relations and American Definitions of Family, New York 2010, S. 204.

Liberalisierungsprozesse und entsprechende Gegenbewegungen auszumachen? Können diese vielleicht erklären, warum Familie im 21. Jahrhundert als eine Kombination liberaler Werte und traditioneller Formen betrachtet wird?[20]

Vor dem Hintergrund eines beschleunigten sozialen Wandels (Industrialisierung, Urbanisierung, soziale und regionale Mobilisierung, Binnenmigration, Ausweitung der Mittelschicht) aber auch tiefgreifender Neujustierungen des Normengefüges (Aushandlung der Geschlechternormen, Pluralisierung der Lebensformen, Verwissenschaftlichungsprozesse) fragt sich zudem *zweitens*, ob und inwiefern am Beispiel der Familie ein Zusammenhang zwischen sozialem und normativen Wandel festzustellen ist, beziehungsweise wie diese Wechselbeziehung verlief. Zugespitzt formuliert: Lässt sich empirisch überhaupt ein „Wertewandel" der Familie nachweisen, oder zeigen sich in den Quellen nicht auch deutliche Kontinuitäten von traditionellen Familienleitbildern und patriarchalen Gendernormen?

Die Vorstellung davon, was „Familie" sein kann/soll oder nicht sein darf – hier gefasst mit dem Begriff der Familienwerte („family norms", „family values", „family ideal") – eignet sich hervorragend als Sonde für die Untersuchung normativer Transformationsprozesse, da die Familie als wichtigste Mikroeinheit der Gesellschaft nach dem Individuum allgemein akzeptiert wurde. Öffentliche Debatten und Expertendiskurse um die Familie, ihre Strukturen und ihre Werte begründeten ihren Fokus stets mit deren Bedeutung als vermeintliche „Basis der Nation". Hier wird *drittens* zu fragen sein, wie genau diese Gleichsetzung von Familie und Nation erfolgte, welche Argumente diese stützten, und inwiefern sich im Laufe des 20. Jahrhunderts Bruchlinien oder Neuausrichtungen ergaben.

Zudem entfaltete das Familienideal der weißen „middle class" im 20. Jahrhundert eine prägende Wirkung für alle US-Amerikaner/innen. Unabhängig davon, in welchen familiären Arrangements man lebte, dem durch Politik und Medien, Expertenrat und Werbung vermittelten normativen Ideal von Familie konnte sich niemand entziehen. Daher gilt es *viertens* zu untersuchen, inwiefern das Konzept der weißen Kernfamilie zum einen als Projektionsfläche von Integrations- und Aufstiegshoffnungen diente (beispielsweise Migranten und Ange-

---

20 Zu den vielschichtigen Liberalisierungs- und Pluralisierungsprozessen in der BRD vgl. Herbert, Ulrich: Liberalisierung als Lernprozeß. Die Bundesrepublik in der deutschen Geschichte – eine Skizze, in: Ders. (Hg.): Wandlungsprozesse in Westdeutschland. Belastung, Integration, Liberalisierung 1945–1980, Göttingen 2002, S. 7–49. Doering-Manteuffel, Anselm: Wie westlich sind die Deutschen? Amerikanisierung und Westernisierung im 20. Jahrhundert, Göttingen 1999. Für die USA vgl. Chafe, William H.: The Unfinished Journey. America since World War II, New York / Oxford 2003. Marwick, Arthur: The Sixties. Cultural Revolution in Britain, France, Italy, and the United States, 1958–1974, Oxford 1998.

hörigen ethnischer Minderheiten), zum anderen aber auch Diversifizierungs- und Abgrenzungsstrategien inspirierte (beispielsweise von Angehörigen der neuen sozialen Bewegungen).

*Fünftens* wird nach der Veränderung von Geschlechternormen innerhalb der Familie und in der öffentlichen Diskussion gefragt. Hier legen die Neuregelungen des Scheidungs-, Arbeits- und Abtreibungsrechts nahe, dass insbesondere die weiblichen Gendernormen vielfältiger und liberaler wurden. Es bleibt jedoch zu untersuchen, welche Forderungen insbesondere die Frauen selbst erhoben – in den Frauenbewegungen, als Leserbriefschreiberinnen, als Klientinnen von Expertenrat – und inwiefern sie die neuen Handlungsspielräume nutzen. Gleichzeitig muss analysiert werden, welche Normen und Rollenmuster ihnen durch die Gesellschaft und im Ratgeberschrifttum der Sozialexperten jeweils zugestanden wurden und wie sich diese änderten. Zentral wichtig ist dabei auch, im Familienideal jeweils enthaltene Konzepte von Männlichkeit und konkrete Erwartungen an Männer („male breadwinner", „hegemonic masculinity") nicht zu vernachlässigen, um die Geschichte des Ringens um die adäquaten Werte der US-amerikanischen Familie und das nationale Familienideal als Geschichte der ineinander verwobenen Konzepte von Weiblichkeit *und* Männlichkeit zu erzählen.

Um die Frage nach dem „Wert der Familie" und der Verhandlung von Familienwerten im 20. Jahrhunderts zu beantworten, fokussiert diese Arbeit auf Expertendiskurse und öffentliche Debatten um Ehescheidung, Frauenarbeit und Reproduktion – da diese die zentralen Konfliktfelder darstellten. Akteure waren – neben zumeist männlichen Politikern, Juristen, Sozialwissenschaftlern, Journalisten und Vertretern der Kirchen – nicht zuletzt Sozialreformerinnen, Soziologinnen und Feministinnen. Aber auch die Stimmen „einfacher" Frauen und Männer sind vernehmbar, etwa als Autorinnen und Autoren von Leserbriefen oder Aktivistinnen und Aktivisten in lokalen Bürgerbewegungen. Besondere Bedeutung kam in diesen Debatten jedoch den Äußerungen von männlichen und weiblichen Experten sowie deren medialer Verbreitung zu. Sie sorgten für die graduelle Anpassung des Familienideals an soziale und kulturelle Wandlungsprozesse, wirkten dabei aber auch selbst als Befürworter oder Kritiker gesellschaftlichen Wandels.

Öffentliche Debatten werden hier verstanden als Auseinandersetzungen, die einen relevanten Grad an nationaler Öffentlichkeit erreichen und an denen Repräsentanten der folgenden gesellschaftlichen Felder beteiligt sind: Medien, Politik, Justiz, Sozialexperten und Religion. An diese Definition knüpft sich natürlich auch die Frage nach dem Verhältnis von Debatten und Normwandel, respektive fragt es sich, wie Debatten überhaupt entstehen: Ich gehe davon aus, dass publizistische Kontroversen um Normen und Werte in doppelter Hinsicht Bestandteile von gesellschaftlichen Neuaushandlungsprozessen sind: erstens als

„nachholende" Anpassung der Normen an eine bereits modifizierte soziale Praxis (ein Beispiel wäre die Legalisierung der Abtreibung) und zweitens als „vorausschauende" Neuaushandlung von Normen (hier beispielsweise der Versuch der Reagan-Regierung, zu vermeintlichen „traditional family values" zurückzukehren). Die Analyse jeder Debatte hat daher die vorausgehenden und nachfolgenden Wandlungen sozialer Praxis mit zu berücksichtigen und in Bezug zu den verhandelten Normen und Werten zu setzen. Bei der inhaltlichen Auswahl der Debatten wurde versucht, Themen und Kontroversen von überregionaler Bedeutung herauszufiltern, welche am Fundament der Familienvorstellungen ansetzten und die Geschlechterverhältnisse ebenso verhandelten wie Rechte des Individuums, Pflichten des Staates und Möglichkeiten der modernen Wissenschaft.

Die Begriffe „Debatte" und „Diskurs" werden prinzipiell als Synonyme für schriftliche und mündliche Aushandlungen von Familienwerten verwandt. Wichtig ist jedoch der Unterschied zwischen dem Begriff der „öffentlichen Debatte" als einer breitenwirksamen, publizistischen Auseinandersetzung (insbesondere in den überregionalen Printmedien) und demjenigen des „Expertendiskurses" als stärker fachwissenschaftlich geprägter Konfrontation in wissenschaftlichen Publikationen und Periodika, die jeweils untereinander in Bezug stehen können. So geht es in der Analyse unter anderem darum, den Einfluss spezifischer Expertendiskurse zu einzelnen Themenfeldern wie Eugenik, Frauenarbeit und Reproduktion auf die öffentlichen Debatten über Familienwerte auszuloten.

**Auswahl der Debatten**

Bei der konkreten Auswahl der Debatten war mir wichtig, Auseinandersetzungen um Familie und Geschlechternormen zu identifizieren, die jeweils eine zentrale Bedeutung in der öffentlichen Diskussion der Zeit erlangten. So stellten Ehescheidung in der Progressive Era, „gute" Mutterschaft in den 1920er und 1930er Jahren, Frauenarbeit in der Nachkriegszeit, die Struktur afro-amerikanischer Familien in den 1960ern, Abtreibung und Reproduktion in den 1970er Jahren und schließlich die Forderung einer Rückkehr zu „traditional family values" in den 1980er Jahren neuralgische Punkte der Diskussion um das Verhältnis von Staat und Individuum sowie um die Familie als Basis der Nation dar – und erhitzten die Gemüter von Journalisten, Experten und Betroffenen.

Die hierbei ersichtliche Fokussierung auf Frauen, Mütter und Mutterschaft spiegelt tatsächlich die Besorgnis der Zeitgenossen. In den Debatten ging es bis weit ins 20. Jahrhundert hinein vor allem um den Wandel der Rolle der Frau und Mutter und dessen Auswirkungen auf die US-Gesellschaft beziehungsweise auf die amerikanische Nation. Kinder als historische Akteure spielten bei den Diskussionen um die US-amerikanische Familie eine untergeordnete Rolle, es sei denn, es ging um Erziehungsfragen (hier waren aber zunächst die Mütter und später die Eltern die Adressatinnen) oder um die Pathologisierung der Jugendkriminalität, was wiederum vor allem mit elterlichem Versagen erklärt wurde.[21] Lediglich in den Debatten und Initiativen rund um die „Amerikanisierung" von Immigrantenfamilien und die Vermittlung „amerikanischer" Familienwerte konnten Kinder und Jugendliche als Adressaten der Programme eine Schlüsselstellung einnehmen.[22] Sie galten als Wissensvermittler in ihren Familien und damit als Akteure. Dagegen wurden Kinder in den Debatten um die „white nuclear family" fast ausschließlich als passive Adressaten von Sozialisationsbestrebungen diskutiert. Dies bestätigt auch das Beispiel des so genannten Babybooms Mitte des 20. Jahrhunderts, als Experten die sozialstatistische Beobachtung dazu nutzten, die Vorstellung eines erwünschten Geburtenanstiegs der „white middle class" überhaupt erst zu produzieren. Hierbei wurden Kinder erneut als statistische Größe und nicht als handelnde Subjekte wahrgenommen.[23]

Die Untersuchung der Debatten um Ehescheidung, Frauenarbeit und Reproduktion privilegiert also folglich den Blick auf Frauen und Mütter, sie tut das aber im Spiegel der zeitgenössischen Quellen. Wo es möglich und geboten erscheint, wird der Blick auf Männer und Kinder als Akteure und Subjekte der Debatten geweitet, um so zu einer integrierten Betrachtung von Familiewerten als Spiegel von Geschlechterhierarchien und -beziehungen zu gelangen. Zudem

---

**21** Zur Reglemetierung der Kindererziehung vgl. Grant, Julia: Raising Baby by the Book. The Education of American Mothers, New Haven / London 1998. Plant, Rebecca Jo: Mom. The Transformation of Motherhood in Modern America, Chicago 2010. Schumann, Dirk (Hg.): Raising Citizens in the „Century of the Child": The United States and German Central Europe in Comparative Perspective, New York 2010. Aufschlussreich ist eine von mir betreute, ungedruckte Masterarbeit, die im WS 2015/16 die Familien- und Geschlechterrollenvorstellungen im klassischen Erziehungsratgeber des 20. Jahrhunderts, Dr. Benjamin Spock's The Commonsense Book of Baby and Child Care, Erstausgabe New York 1946, untersucht hat. Engelhardt, Janine: Konzeptionen von Mutter- und Elternschaft in Benjamin Spocks Ratgeber „The Common Sense Book of Baby and Child Care" (Masterarbeit Universität Münster, WS 2015/16). Zur Wahrnehmung von Jungenddelinquenz als sozialpolitischem Problem vgl. Mackert, Nina: Jugenddelinquenz. Die Produktivität eines Problems in den USA der späten 1940er bis 1960er Jahre, Konstanz 2014.
**22** Roesch Claudia: „Macho Men" and Modern Women. Mexican Immigration, Social Experts and Changing Family Values in the 20th Century United States, Berlin/Boston 2015.
**23** Brumberg, Johanna: Die Vermessung einer Generation: Die Babyboomer und die Ordnung der Gesellschaft im US-Zensus zwischen 1940 und 1980, Göttingen 2015.

kann die Arbeit an die produktive Forschung insbesondere zu US-amerikanischen Männlichkeits- und Vaterkonzepten anknüpfen.[24]

Dies ist keine Arbeit über die Sozialgeschichte der Familie in den USA, sondern eine Studie zum Verhältnis zwischen Normwandel und sozialem Wandel am Beispiel der Familienwerte. Zum besseren Verständnis der grundlegenden sozialen Wandlungsprozesse wird hingegen jedem Kapitel der Studie eine kurze sozialhistorische Einführung zum jeweiligen Untersuchungsgegenstand vorangestellt, also zu Ehescheidungs- und Reproduktionsraten, zur Entwicklung von Frauenarbeit und der Sozialstruktur afroamerikanischer Familien, zu Verhütung und Abtreibung. Dies soll die vergleichende Analyse erleichtern und eine präzise Bestimmung des Verhältnisses von sozialem zu Normwandel ermöglichen.

## 2 Normen und Werte: Wie lässt sich „Wertewandel" historisch untersuchen?

Für die Frage nach möglichen (Wechsel)Beziehungen zwischen sozialem und normativen Wandel in modernen Gesellschaften bietet die Familie ein besonders geeignetes Untersuchungsfeld, das hat die deutsche Zeitgeschichtsforschung bereits erkannt.[25] Allerdings fehlt es bislang an einer breit angelegten Langzeitstudie, die dies für die USA analysiert.[26] Hier setzt die vorliegende Studie an und untersucht, ob es aus historischer Perspektive überhaupt gerechtfertigt ist, von einem „Wertewandel" auf dem Feld der Familie zu sprechen oder ob nicht vielmehr Kontinuitäten überwogen.

Im Begriff des „Wertewandels" – und seiner historiografischen Differenzierung und Neubestimmung – liegt dabei die besondere Chance, der Beschleunigungs- und Dynamisierungserfahrung der Zeitgenossen in den USA des 20. Jahrhunderts Ausdruck zu verleihen. Zudem kann so der Wandel in Einstellungen

---

24 LaRossa, Ralph: The Modernization of Fatherhood. A Social and Political History, London 1997. Martschukat, Das Soziale ordnen. Dechert, Dad on TV.
25 Für Deutschland vgl. aus den unterschiedlichsten Blickwinkeln Wirsching, Andreas: Agrarischer Protest und Krise der Familie. Zwei Versuche zur Geschichte der Moderne, Wiesbaden 2004. von Oertzen, Christine: Teilzeitarbeit und die Lust am Zuverdienen. Geschlechterpolitik und gesellschaftlicher Wandel in Westdeutschland 1948–1969, Göttingen 1999. Gebhardt, Miriam: Die Angst vor dem kindlichen Tyrannen. Eine Geschichte der Erziehung im 20. Jahrhundert, München 2009.
26 Erste Ansätze, allerdings auf schmaler empirischer Grundlage, bei. Coontz, The Way We Never Were. Stacey, In the Name of the Family.

zum Individuum und seiner Stellung in der Gesellschaft (Sexualität, Geschlechternormen, Eltern-Kind-Beziehung, Verhältnis Staat-Individuum) erhellt werden. Durch den Vergleich von Phasen des intensiven Wandels mit Perioden von größerer sozialer und normativer Kontinuität soll hier am Beispiel der Familie die Bedeutung und Reichweite von Wertewandelsprozessen herausgearbeitet werden.

Doch wie genau kann dies in einer historischen Studie geschehen? Hierzu ist es zunächst wichtig, die zentralen Begriffe „Werte", „Normen", „sozialer Wandel" und „Wertewandelsforschung" zu definieren, um anschließend die Herangehensweise der sozialwissenschaftlichen wie historischen Wertewandelsforschung kurz zu diskutieren.

Unter Werten werden mit Andreas Rödder hier „allgemeine und grundlegende normative Ordnungsvorstellungen [...], die für das Denken, Reden und Handeln auf individueller und auf kollektiver Ebene Vorgaben machen und die explizit artikuliert oder implizit angenommen werden können", verstanden.[27] Ebenfalls wichtig ist die Definition von Jan van Deth und Elinor Scarbrough, die – in Anlehnung an den Kulturanthropologen Clyde Kluckhohn – Werte als „conceptions of the desirable" betrachten, die ihreseits handlungsleitende Orientierungsmuster hervorbringen.[28] Unter sozialen Normen (im Sinne sozialer Tatbestände nach Emile Durkheim)[29] verstehe ich dagegen überindividuelle und konkrete Verhaltensregeln, die das soziale Miteinander strukturieren: „Die Normen sind von Menschen gemacht, sie gehen aus ihrem Zusammenleben, ihren Vorstellungen und Interessen hervor"[30]. Sie sind somit Ausdruck von Werten und unterliegen in starkem Maße sozialem Wandel. Unter gesellschaftlichem/sozialen Wandel schließlich verstehe ich mehrdimensionale Veränderungen in der sozio-

---

[27] Rödder, Andreas: Wertewandel in historischer Perspektive. Ein Forschungskonzept, in: Dietz, Bernhard / Neumaier, Christopher / Ders. (Hg.): Gab es den Wertewandel? Neue Forschungen zum gesellschaftlich-kulturellen Wandel seit den 1960er Jahren, Oldenbourg Verlag: München 2013, S. 17–39, dort S. 29.

[28] „Values are seen here as conceptions of the desirable which are not directly observable but are evident in moral discourse and relevant to the formulation of attitudes. [...] The claim for the empirical relevance of values, we argue, is demonstrated by patterning among attitudes. We call these meaningful patterns value orientations." Deth, Jan W. van / Scarbrough, Elinor (Hg.): The Impact of Values, Oxford/New York 1995, S. 46 f. Vgl. auch Kluckhohn, Clyde: Values and Value Orientations in the Theory of Action. An Exploration in Definition and Classification, in: Parsons, Talcott / Shils, Edward A. (Hg.): Toward A General Theory of Action, Cambridge, MA $^5$1962, S. 388– 433.

[29] Durkheim, Emile: Die Regeln der soziologischen Methode, Frankfurt 1984.

[30] Stemmer, Peter: Die Rechtfertigung moralischer Normen, Zeitschrift für Philosophische Forschung 58, Heft 4 (2004), S. 483–504.

ökonomischen Struktur einer Gesellschaft, aber auch in sozialen Praktiken und politisch-rechtlicher Verfasstheit sowie im Verständnis von Kultur und Öffentlichkeit, die durchaus heterogen und konfliktreich verlaufen können.[31]

Mit dem Begriff „Wertewandelsforschung" schließlich werden gemeinhin zwei durchaus unterschiedliche Forschungsrichtungen bezeichnet: die sozialwissenschaftliche und die historische Wertewandelsforschung. Gemeinsam ist ihnen das Interesse an den Auswirkungen sozialen Wandels auf die Einstellungen der Menschen in modernen Gesellschaften, jedoch sind die Unterschiede in Methodik und Thesenführung gravierend.[32] Diese Studie versteht sich als Beitrag zur noch recht jungen historischen Wertewandelsforschung, die versucht, die Fragestellungen und Ergebnisse der sozialwissenschaftlichen Wertwandelsforschung zu historisieren und für die zeithistorische Forschung neu fruchtbar zu machen. Hierzu ist es jedoch erforderlich, zunächst die wichtigsten Ergebnisse der sozialwissenschaftlichen Wertewandelsforschung zu erläutern und im Anschluss daran aufzuzeigen, wie historische Wertewandelsforschung als methodischer Zugang fruchtbar gemacht werden kann.

Nach ersten Vorläufern in den Studien zur politischen Kultur von Gabriel Almond und Sidney Verba[33] bildete Ronald Ingleharts Studie „The Silent Revolution" aus dem Jahr 1977 den eigentlichen Beginn der sozialwissenschaftlichen Wertewandelforschung.[34] Darin diagnostizierte der US-amerikanische Politikwissenschaftler den Übergang von einer „materialistischen" Wertordnung zu verstärkt „postmaterialistischen" Überzeugungen in den westlichen Gesellschaften, welchen er zwischen dem Ende der 1960er- und der Mitte der 1970er Jahre verortete: „The values of Western publics have been shifting from an overwhelming emphasis on material well-being and physical security toward greater em-

---

[31] Folglich hat eine historische Analyse gesellschaftlichen Wandels simple Teleologien im Sinne von „Fortschritt" oder „Modernisierung" zu vermeiden. Für einen historisch fundierten Überblick über die Moderne-Forschung vgl. Dipper, Christof: Moderne, Version: 1.0, in: Docupedia-Zeitgeschichte, 25.8.2010, <https://docupedia.de/zg/Moderne?oldid=80259>.

[32] Für eine vertiefte Diskussion der Erträge der historischen Wertewandelsforschung vgl. Heinemann, Wertewandel und dies., American Family Values and Social Change. Gab es den Wertewandel in den USA?, in: Dietz, Bernhard / Neumaier, Christopher / Rödder, Andreas (Hg.): Gab es den Wertewandel? Neue Forschungen zum gesellschaftlich-kulturellen Wandel seit den 1960er Jahren, Oldenbourg Verlag: München 2013, S. 269–284.

[33] Almond, Gabriel A. / Verba, Sidney: The Civic Culture. Political Attitudes and Democracy in Five Nations, Princeton 1963. Almond, Gabriel / Verba, Sidney (Hg.): The Civic Culture Revisited. An Analytic Study, Boston / Toronto 1980.

[34] Ein erster Aufsatz, der sich auf Europa bezog, erschien bereits 1971: Inglehart, Ronald: The Silent Revolution in Europe, in: American Political Science Review 4 (1971), S. 991–1017.

phasis on the quality of life."³⁵ Die Mehrheit der Menschen ziehe nun die individuelle Selbstverwirklichung der schieren Existenzsicherung vor. Inglehart erklärte diesen Wertewandel als Element eines umfassenderen kulturellen Umbruchs im Zeichen der modernen Industriegesellschaft, deren größere ökonomische und soziale Sicherheit für breite Bevölkerungsteile vielen Zeitgenossen die Abkehr von traditionellen religiösen und kulturellen Normen zugunsten pluralistischer Werte erleichtert habe.³⁶ Im Detail ermittelte er die Wertorientierung des Postmaterialisten am Bekenntnis zu ästhetischen, intellektuellen und sozialen Bedürfnissen. Dem stellte er die Sicherheits- und Existenzbedürfnisse des Materialisten gegenüber. Problematisch ist jedoch, dass Inglehart seine Kategorien weder historisch kontextualisiert noch diskutiert, inwiefern sie überhaupt vergleichbar sind.³⁷

Ingleharts Quellen waren ausschließlich Meinungsumfragen, die sogenannten *Value Surveys*, was er damit begründet, dass nur so Werte und Einstellungen von Individuen erhoben werden könnten.³⁸ Hierbei ist jedoch zu bedenken, dass die Art der Fragestellung oftmals die Antwort bereits bedingte und auch die Auswahl der abgefragten Einstellungen die Bandbreite der möglichen Reaktionen der Befragten entsprechend reduzierte. Meinungsumfragen stellen in sich also eine hoch selektive Quellengrundlage dar.³⁹ Zudem beschrieb Ingleharts Konzept des Wertewandels eine lineare Werteentwicklung, die im Postmaterialismus ihren vorläufigen Abschluss fand. Es basierte auf der sogenannten Mangelhypothese nach Adam Maslow und der Sozialisationshypothese. Während erstere davon ausging, dass auf die Befriedigung elementarer materieller Bedürfnisse eine stärkere Orientierung an „höheren", postmateriellen Bedürfnissen folge und dieser Prozess auch nicht reversibel sei, postulierte letztere eine Kontinuität der in

---

35 Inglehart, Ronald: The Silent Revolution. Changing Values and Political Styles Among Western Publics, Princeton 1977, S. 3.
36 Vgl. auch seine Folgeforschungen, die auf der Grundlage internationaler *Value Surveys* die Diagnose eines kulturellen Wandels weiter ausformulieren: Inglehart, Ronald: Kultureller Umbruch. Wertwandel in der westlichen Welt, Frankfurt a.M./New York 1989. Ders. / Norris, Pippa: Rising Tide. Gender Equality and Cultural Change Around the World, Cambridge, MA 2003. Ders. (Hg.): Human Values and Social Change. Findings from the Values Surveys, Leiden 2003.
37 Inglehart, The Silent Revolution. Changing Values, S. 42. Der Fragebogen zur Erhebung Einstellungen darin auf S. 395–430.
38 Inglehart, The Silent Revolution. Changing Values, S. 4.
39 Dies zeigt sich auch noch an den *World Value Surveys*, welche – unter der Leitung Ronald Ingleharts und hervorgegangen aus dem von ihm koordinierten *European Value Survey* von 1981 – seit 1990 international vergleichend Daten zur Wertorientierung erheben. Inglehart, Human Values and Social Change. Vgl. auch die Seiten der *World Values Surveys Association* <www.worldvaluessurvey.org/index_html>.

der Jugend erworbenen Werthaltungen.⁴⁰ Die in beiden Hypothesen enthaltene Teleologie der Wertentwicklung ist problematisch, sieht sie doch eine Änderung der Werthaltungen in späteren Lebensphasen oder aber eine Rückkehr zu stärker materiellen Werten nicht vor. Hierauf haben bereits zahlreiche Autoren hingewiesen.⁴¹

Ausgehend von den Ergebnissen Ingelharts haben vor allem deutschsprachige Politologen und Soziologen versucht, die Entwicklung der Wertorientierungen der Menschen in den modernen Industriegesellschaften des Westens zu beschreiben, und gleichfalls den Zeitraum zwischen Mitte der 1960er- und Mitte der 1970er-Jahre als Umbruchsphase identifiziert.⁴² Interessant dabei ist jedoch, dass sie ihre Quellengrundlage in der Regel nicht über Meinungsumfragen hinaus erweiterten, und zahlreiche Studien zudem die Inglehart'sche Diagnose eines linear verlaufenden Wertewandels fortschrieben.⁴³ In den letzten Jahren gab es

---

40 Inglehart, The Silent Revolution. Changing Values, S. 21–24.
41 Ein Überblick bei Hradil, Stefan: Vom Wandel des Wertewandels. Die Individualisierung und eine ihrer Gegenbewegungen, in: Glatzer, Wolfgang et al. (Hg.): Sozialer Wandel und gesellschaftliche Dauerbeobachtung, Opladen 2002, S. 31–47. Dazu auch Rödder, Andreas: Vom Materialismus zum Postmaterialismus? Ronald Ingleharts Diagnosen des Wertewandels, ihre Grenzen und Perspektiven, in: Zeithistorische Forschungen / Studies in Contemporary History, Online Ausgabe, 3 (2006), H. 3, online unter <www.zeithistorische-forschungen.de/16126041-Roedder-3-2006>.
42 Für die Bundesrepublik Deutschland war dies insbesondere der Politologe Helmuth Klages, der jedoch nicht der Annahme einer vermeintlich linearen Entwicklung des Wertewandels in der Moderne erlag, sondern eine Tendenz der Menschen zur „Wertesynthese", also zur Kombination „fortschrittlicher" mit eher „traditionellen Werten" diagnostizierte. Klages, Helmuth: Wertorientierungen im Wandel. Rückblick, Gegenwartsanalyse, Prognosen, Frankfurt a.M. 1984. Ders.: Wertedynamik. Über die Wandelbarkeit des Selbstverständlichen, Zürich 1988. Ders.: Brauchen wir eine Rückkehr zu traditionellen Werten?, in: Aus Politik und Zeitgeschichte B 29 (2001), S. 7–14. Ders.: Werte und Wertewandel, in: Schäfers, Bernhard / Zapf, Wolfgang (Hg.): Handwörterbuch zur Gesellschaft Deutschlands, Opladen 2001, S. 726–738. Ders. / Kmieciak, Peter (Hg.): Wertewandel und gesellschaftlicher Wandel, Frankfurt a.M./New York 1981. Ders. / Hippler, Hans-Jürgen / Herbert, Willi (Hg.): Werte und Wandel. Ergebnisse und Methoden einer Forschungstradition, Frankfurt 1992. Ders.: Wertorientierungen im Wandel. Rückblick, Gegenwartsanalyse, Prognosen, Frankfurt a.M. 1984.
43 Beispielsweise vertrat Elisabeth Noelle-Neumann neben einer grundsätzlich pessimistischen Einschätzung des Wertewandels als „Werteverfall" auch die These eines deutschen „Wertewandelssonderweges", da dieser in der Auseinandersetzung der jüngeren Generation mit der älteren NS-belasteten Generation besonders heftig ausgefallen und schließlich in den Studentenprotesten 1968 kulminiert sei. Noelle-Neumann, Elisabeth: Werden wir alle Proletarier? Wertewandel in unserer Gesellschaft, Zürich 1978. Vgl. auch diess.: Werden wir alle Proletarier?, in: Die Zeit, 13.6.1975, online unter <www.zeit.de/1975/25/werden-wir-alle-proletarier>. Dies.: Zeitenwende. Der Wertewandel 30 Jahre später, in: Aus Politik und Zeitgeschichte B 29 (2001), S. 15–22, bes.

dagegen aus den Reihen deutscher Sozialwissenschaftler einige Präzisierungsversuche der Ingelhartschen Thesenführung, hier sind insbesondere die Arbeiten von Hans Joas, Norbert Grube und vor allem Helmut Thome zu nennen.⁴⁴ Letzterer hat, gestützt auf Niklas Luhmanns Systemtheorie, vorgeschlagen, Werte nicht einfach vorauszusetzen, sondern als Kommunikationsmedien zu analysieren und auf ihre Funktionalität, normative Aufladung und soziale Akzeptanz zu überprüfen, um so Pluralisierungs- und Individualisierungsprozesse präzise untersuchen zu können. Ulrich Becks „Individualisierungsthese" nimmt schließlich einen weiteren wichtigen Aspekt von Norm- und Einstellungswandel in den modernen Gesellschaften in den Blick: Bereits 1986 diagnostizierte der Soziologe in seiner Studie „Risikogesellschaft" die Herauslösung des Individuums aus traditionalen Herrschafts- und Versorgungszusammenhängen (bei gleichzeitiger Einbindung in neue Sozialstrukturen) und den Verlust von Sicherheiten, die vormals durch Normen und religiöse Überzeugungen hergestellt worden waren („Entzauberungsdimension"), als Signum der modernen Gesellschaft.⁴⁵

Bislang hat sich die Zeitgeschichte des „Wertewandel"-Paradigmas insbesondere zur Beschreibung der Moderne im Übergang zur Postmoderne bedient und damit im engeren Sinne den Zeitraum von der Mitte der 1960er Jahre bis zum Ende der 1970er Jahre bezeichnet. Auch liegt die Annahme einer fundamentalen Veränderung der Normen und Werte den gängigen Deutungen der Westernisierung oder Liberalisierung der Bundesrepublik nach 1945 zugrunde.⁴⁶ Allerdings birgt die bislang vielfach unreflektierte Verwendung des Begriffs „Wertewandel"

---

S. 16–18. Deth, Jan van: Wertewandel im internationalen Vergleich. Ein deutscher Sonderweg?, in: Aus Politik und Zeitgeschichte B 29 (2001), S. 23–30.
44 Joas, Hans: Die Entstehung der Werte, Frankfurt a.M. 1999. Grube, Norbert: Das Institut für Demoskopie Allensbach und die „Deutschen Lehrerbriefe" als Instrumente staatsbürgerlicher Erziehung? Ansprüche und Umsetzungen 1947 bis 1969, in: Jahrbuch für historische Bildungsforschung 13 (2007), S. 267–288. Thome, Helmut: Soziologische Wertforschung. Ein von Niklas Luhmann inspirierter Vorschlag für die engere Verknüpfung von Theorie und Empirie, in: Zeitschrift für Soziologie 32,1 (2003), S. 4–28. Vgl. auch ders., Wandel zu postmaterialistischen Werten? Theoretische und empirische Einwände gegen Ingleharts Theorie-Versuch, in: Soziale Welt 1 (1985), S. 27–59.
45 Beck, Ulrich: Risikogesellschaft. Auf dem Weg in eine andere Moderne, Frankfurt a.M. 1986. Eine Ausformulierung der Überlegungen zur Individualisierung in: Beck-Gernsheim, Elisabeth / Beck, Ulrich (Hg.): Riskante Freiheiten. Individualisierung in modernen Gesellschaften, Frankfurt a.M. 1994, bes. S. 10–39. Ders.: Das Zeitalter des „eigenen Lebens". Individualisierung als „paradoxe Sozialstruktur" und andere offene Fragen, in: Aus Politik und Zeitgeschichte B 29 (2001), S. 3–6.
46 Doering-Manteuffel, Wie westlich sind die Deutschen? Herbert, Liberalisierung als Lernprozeß.

durch die Zeithistorie einige Probleme:⁴⁷ Zunächst ist zu bedenken, dass es sich beim Interpretationsansatz des „Wertewandels" um eine stark zeitgebundene Deutung der Sozialwissenschaften aus den 1960er und 1970er Jahren handelt. Diese bedarf aus heutiger Sicht in ihrer auf eine immer weiter fortschreitende Modernisierung der westlichen Gesellschaften gerichteten Teleologie selbst dringend der Historisierung.⁴⁸ Zweitens ist das Paradigma eines „Wertewandels" das Ergebnis hoch selektiver Meinungsumfragen, bei denen, wie oben erwähnt, die Fragestellung bereits die Bandbreite möglicher Antworten präfiguriert. Hier fragt sich also, welchen heuristischen Wert der Begriff für die historische Analyse und Beschreibung von Einstellungswandel im gesamten 20. Jahrhundert überhaupt beanspruchen darf. Drittens fehlt in der sozialwissenschaftlichen Forschung bislang eine präzise inhaltliche Bestimmung materialistischer/traditioneller versus postmaterialistischer/fortschrittlicher Werte.

Die historische Wertewandelforschung steckt dagegen noch in den Anfängen, hat aber bereits einige vielversprechende Ergebnisse erbracht.⁴⁹ Sie versucht, auf breiter empirischer Basis und mit qualitativem Zugriff mehr über die Veränderung von Einstellungen in modernen Gesellschaften herauszufinden und dabei zugleich die Kategorien und Thesenbildung der sozialwissenschaftlichen Wertewandelsforschung zu historisieren. Hier sind zunächst die Forschungen der Ar-

---

**47** Mit einem unhinterfragten Begriff des Wertewandels arbeiten u. a. Görtemarker, Manfred: Geschichte der Bundesrepublik Deutschland. Von der Gründung bis zu Gegenwart, München 1999. Kielmannsegg, Peter Graf von: Nach der Katastrophe. Eine Geschichte des geteilten Deutschlands, Berlin 2000. Wolfrum, Edgar: Die geglückte Demokratie. Geschichte der Bundesrepublik Deutschland von ihren Anfängen bis zur Gegenwart, Stuttgart 2006. Kritisch dagegen Doering-Manteuffel / Raphael: Nach dem Boom, insb. S. 151. Für Europa vgl. z. B. Marwick, Arthur: The Sixties: Cultural Revolution in Britain, France, Italy, and the United States, 1958–1974, Oxford 1998. Kaelble, Hartmut: Sozialgeschichte Europas 1945 bis zur Gegenwart, München 2007.
**48** Besonders pointiert die Kritik an der Begriffsverwendung durch ZeithistorikerInnen bei Graf, Rüdiger / Priemel, Kim: Zeitgeschichte in der Welt der Sozialwissenschaften. Legitimität und Originalität einer Disziplin, in: Vierteljahrshefte für Zeitgeschichte 59 (2011), H. 4, S. 479–495, bes. 486–488. Vgl. die Replik von Dietz, Bernhard / Neumaier, Christopher: Vom Nutzen der Sozialwissenschaften für die Zeitgeschichte. Werte und Wertewandel als Gegenstand historischer Forschung, in: Vierteljahrshefte für Zeitgeschichte 60 (2012), S. 293–304. Doering-Manteuffel / Raphael, Nach dem Boom, S. 151. Ein inspirierendes Plädoyer für die Bereicherung der Zeitgeschichte durch Nutzung sozialwissenschaftlichen Datenmaterials bei gleichzeitiger Schärfung der methodischen Werkzeuge liefern Raphael, Lutz / Pleinen, Jenny: Zeithistoriker in den Archiven der Sozialwissenschaften. Erkenntnispotentiale und Relevanzgewinne für die Disziplin, in: VfZ 62 (2014), S. 173–196.
**49** Erste Ergebnisse bündelt Dietz, Bernhard / Neumaier, Christopher / Rödder, Andreas (Hg.): Gab es den Wertewandel? Neue Forschungen zum gesellschaftlich-kulturellen Wandel seit den 1960er Jahren, München 2013.

beitsgruppe um Andreas Rödder an der Universität Mainz zu nennen[50], doch auch die Arbeiten der Londoner Historikerin Christina von Hodenberg[51] sowie der Münsteraner Emmy Noether-Gruppe gehören in diesen Kontext.[52] Anders als die sozialwissenschaftliche Wertewandelsforschung, die sich maßgeblich auf die Auswertung von Meinungsumfragen stützt und vielfach einem teleologischen Modernisierungsparadigma anhängt, fragt die historische Wertewandelsforschung ergebnisoffen nach Umbrüchen im Normen- und Wertehorizont der Zeitgenossen. Hierzu analysiert sie beispielsweise Diskurse und Debatten mit den Methoden der Diskurs-, Medien- und Mentalitätsgeschichte.

Unter anglo-amerikanischen Historiker/innen und Sozialwissenschaftler/innen erfreut sich – ganz im Gegensatz zur deutschen Zeitgeschichtsforschung – das Paradigma des „Wertewandels" einer deutlich geringeren Beliebtheit, wie auch die Arbeiten Ingleharts vor allem in der deutschen Soziologie rezipiert wurden.[53] Amerikanische Studien zu den 1960er- und 1970er Jahren sprechen eher von Phänomenen des „great shift" der 1970er und der „culture wars" der 1980er

---

50 Vgl. die Forschungen im Rahmen des DFG-Projektes „Werte und Wertewandel im 20. Jahrhundert" am Lehrstuhl von Andreas Rödder, die von Goffmanns Rahmenanalyse und Hans Joas Überlegung zum Zusammenhang von Werten, sozialen Praktiken und Institutionen ausgehen, online unter <www.geschichte.uni-mainz.de/neuestegeschichte/244.php>. Vgl. auch Dietz / Neumaier, Vom Nutzen der Sozialwissenschaften, S. 293–304. Rödder, Andreas: Wertewandel in der Postmoderne. Gesellschaft und Kultur der Bundesrepublik Deutschland 1965–1990, Stuttgart 2004, S. 23. Ders., Werte und Wertewandel. Historisch-Politische Perspektiven, in: Ders./ Elz, Wolfgang (Hg.): Alte Werte – Neue Werte. Schlaglichter des Wertewandels, Göttingen 2008, S. 9–25.
51 Hodenberg, Christina von: ‚Ekel Alfred und die Kulturrevolution: Unterhaltungsfernsehen als Sprachrohr der 68er-Bewegung?' in GWU 62 (2011), S. 557–572. Dies.: Fernsehrezeption, Frauenrolle und Wertewandel in den 1970er Jahren: Das Beispiel „All in the Family", in: Dietz / Neumaier / Rödder, Gab es den Wertewandel?, S. 285–306. Dies.: Television's Moment: Sitcom Audiences and the Sixties Cultural Revolution. Oxford, New York 2015.
52 Heinemann, Wertewandel. Dies.: American Family Values. Dies.: Inventing the Modern American Family. Roesch: Macho Men. Dechert, Dad on TV.
53 Kesselman, Mark: The Silent Revolution. Changing Values and Political Styles Among Western Publics by Ronald Inglehart, in: Political Science Review 72, H. 1 (1979), S. 284–286. Miller, Kenneth E.: The Silent Revolution. Changing Values and Political Styles Among Western Publics by Ronald Inglehart, in: The Journal of Politics 40, H. 3 (1978), S. 801–803. Newkirk, M. Glenn: The Silent Revolution. Changing Values and Political Styles Among Western Publics by Ronald Inglehart, in: The Public Opinion Quarterly 42, H. 4 (1978), S. 568–569. Wright, James D.: The Political Consciousness of Post-Industrialism. The Silent Revolution. Changing Values and Political Styles Among Western Publics by Ronald Inglehart, in: Contemporary Sociology 7, H. 3 (1978), S. 270–273. Kritisch zum Instrument der Meinungsumfrage: Igo, Sarah: The Averaged American: Surveys, Citizens, and the Making of a Mass Public. Cambridge MA 2007.

Jahre.⁵⁴ Die Frage nach Wertveränderungen wird weniger unter einem pauschalen Label, denn am konkreten Fallbeispiel (der Geschlechternormen, des Rechtsystems, der politischen Partizipation) erörtert. Da die meisten amerikanischen Studien zur Familie jedoch nur kurze Zeiträume in den Blick nehmen, können sie auch nicht die Frage nach Wellen oder Zyklen des Wertewandels aufwerfen, geschweige denn, empirisch gesichert erheben, ob es denn überhaupt zu einem langfristigen Wertewandel kam. Diese Fragerichtung verfolgt erstmalig die vorliegende Studie und setzt dabei auf eine dezidiert diachrone Perspektive.

## 3 Zentrale Zugänge: Genderforschung und Intersektionalität, Expertenkulturen und Verwissenschaftlichungsprozesse

Für die historische Bestimmung des Verhältnisses von sozialem Wandel und Normwandel am Beispiel der Familie sind neben der historischen Wertewandelsforschung zwei weitere methodische Zugänge von imminenter Bedeutung: die Genderforschung und die Untersuchung von Expertenkulturen sowie Verwissenschaftlichungsprozessen.

### Genderforschung und Intersektionalität

Kaum eine Frage ist in den letzten Jahrzehnten so gut erforscht worden, wie diejenige nach den sich wandelnden Geschlechternormen seit der Mitte des 20. Jahrhunderts. Dies gilt insbesondere für die Geschichte der USA, da die Frauen- und Geschlechterforschung seit dem Ende der 1970er Jahre durch die Arbeiten US-amerikanischer Historikerinnen ganz wesentliche Impulse erhielt. Nachdem die frühe Frauenforschung im Gefolge der zweiten Welle der Frauen-

---

54 Schulman, Bruce: The Seventies: The Great Shift in American Culture, Society, and Politics, New York 2001. Hunter, James D.: Culture Wars: The Struggle to Define America. Making Sense of the Battles Over the Family, Art, Education, Law, and Politics, New York 1991. Aus zeitgenössischer Perspektive postuliert die Strukturveränderung der US-Gesellschaft Bell, Daniel: The Coming of Post-Industrial Society. A Venture in Social Forecasting, New York 1971. Einen interessanten Ausgangspunkt für nationale Vergleiche liefert die Pionierstudie von Marwick, The Sixties. Einen vergleichenden Blick auf das Phänomen der Massenkultur als Indikator für Moderne-Vorstellungen wirft das von Stefanie Middendorf herausgegebene Heft „Mass Culture as Modernity – European Perceptions, 1890–1980" des Journal of Modern European History, JCEH 10 (2012), No. 2. Eine Annäherung an die Perzeption und Ausgestaltung der Moderne in Europa bei Raphael, Lutz (Hg.): Theorien und Experimente der Moderne. Europas Gesellschaften im 20. Jahrhundert, Köln / Weimar 2012, v. a. S. 9–20.

bewegung der 1960er und 1970er Jahre angemahnt hatte, die Geschichte von Frauen endlich adäquat zu analysieren und in die Historiographie einzubeziehen, setzte in den 1980er Jahren die Etablierung von „Gender" (soziales Geschlecht) als Kategorie der historischen Analyse durch Joan Scott neue Standards.[55] Das von Scott systematisierte Nachdenken über Gender als Ausdruck von Machtbeziehungen und normativen Bedeutungszuschreibungen – im Unterschied zu Sex (biologisches Geschlecht) – ging einher mit der Ablehnung der Dichotomie „public" und „private", also einer Betonung getrennter Zuständigkeitsbereiche von Mann und Frau. Die Anthropologin Michelle Rosaldo und die Historikerin Karin Hausen wiesen nach, dass das Modell der „seperate spheres" nicht als historische Analysekategorie taugt, sondern vielmehr als Selbstbeschreibung aus dem 19. Jahrhundert zu verstehen ist, die dem damaligen Bedürfnis nach Festschreibung der Geschlechternormen Rechnung trug.[56]

Die gedankliche Weiterentwicklung der Genderforschung verlief in den 1990er Jahren grob gesagt in drei Richtungen: als Reflexion über die Bedeutung des Körpers in der Genderforschung, als Einbeziehung der Kategorien Race und Class (auch gefasst unter dem Begriff der Intersektionalität) und als Ausweitung des Blickes auf Konzepte von Männlichkeit und Handlungs- und Erfahrungsräumen von Männern.

Zunächst konstatierten Judith Butler und Pierre Bourdieu übereinstimmend, dass das biologische Geschlecht immer erst durch soziale und kulturelle Konstruktionen hergestellt respektive wirksam werde, die stets auch Ausdruck von Machtbeziehungen seien. Während Bourdieu einen „vergeschlechtlichten Habitus" herausarbeitete, sprach Butler dagegen von einer „geschlechtsspezifischen

---

[55] Zur frühen Frauenforschung in den USA vgl. Beard, Mary: Women as Force in History, New York 1946. Lerner, Gerda: The Majority Finds Its Past, New York 1979. Zemon Davis, Natalie: „Women's History" in Transition. The European Case, in: Feminist Studies 3 (1976), S. 83–103, 3–4. Gadol, Joan Kelly: Did Women Have a Renaissance?, in: Bridenthal, Renate / Koontz, Claudia (Hg.): Becoming Visible. Women in European History, Boston 1987, S. 137–164. Zur Etablierung von „Gender" als Kategorie der Geschichtswissenschaft vgl. den klassischen Aufsatz von Joan W. Scott und die analytischen Weiterführungen von Canning, Boydston und Scott selbst: Scott, Joan W.: Gender – A Useful Category of Historical Analysis, in: American Historical Review 91 (1986), S. 1053–1075, Canning, Kathleen: Feminist History after the Linguistic Turn. Historicizing Discourse and Experience, in: Signs 19 (1994), S. 368–404, H. 2. Boydston, Jeanne: Gender as a Question of Historical Analysis, in: Shepard, Alexandra / Garthine, Walker (Hg.): Gender and Change. Agency Chronology and Periodization, Malden, MA 2009, S. 133–165. Scott, Joan W.: Millenial Fantasies. The Future of 'Gender' in the 21st Century, in: Honegger, Claudia / Arni, Caroline (Hg.): Gender. Die Tücken einer Kategorie, Zürich 2001, S. 39–64.
[56] Rosaldo, Michelle: The Use and Abuse. Hausen, Karin: Öffentlichkeit und Privatheit. Gesellschaftspolitische Konstruktionen und die Geschichte der Geschlechterbeziehungen, in: Hausen / Wunder, Frauengeschichte – Geschlechtergeschichte, S. 81–88.

Matrix". Für beide Autoren bestand das Resultat stets im Ausschluss respektive in der Abwertung des Weiblichen.[57] Über Bourdieu hinausgehend wies Butler jedoch darauf hin, dass die Annahme des biologischen Geschlechts ganz massiv auf der Verinnerlichung heterosexueller Normen und der Abwertung des nicht normgerechten Anderen („the abject") beruhe.[58] Diese Überlegungen sind auch für diese Studie wichtig, da gerade nach der Wirksamkeit und Transformation von Geschlechternormen gefragt werden soll.

Insbesondere afroamerikanische Feministinnen wie Evelyn Brooks Higginbotham, Bonnie Thornton Dill und Patricia Hill Collins plädierten dagegen für eine stärkere Einbeziehung der Kategorie „race" in der Genderforschung, um durch Berücksichtigung der „metalanguage of race" (Higginbotham) die vielfältigen Diskriminierungsmechanismen gegenüber „women of color" besser zu erfassen.[59] Verstärkt und zugespitzt wurde diese Forderung dann im Rahmen der Forschungen zur Intersektionalität, die davon ausgehen, dass erst unter Berücksichtigung der wechselseitigen Bedingtheit (Relationalität) der Faktoren „race, class and gender" die Funktionsweise von Unterdrückungsmechanismen und Selbstzuschreibungen von Individuen in modernen Gesellschaften adäquat analysierbar sind.[60] So hat Gudrun-Axeli Knapp in einem wegweisenden Aufsatz dafür plädiert, Intersektionalität als „integrale Analyseperspektive [...] zu einer

---

[57] Dabei gingen beide von völlig unterschiedlichen Reflexionszusammenhängen aus: Ethnologie und Soziologie (Bourdieu), Philosophie und poststrukturalistische Diskursanalyse (Butler). Butler, Judith P.: Körper von Gewicht. Die diskursiven Grenzen des Geschlechts, Frankfurt a. M. 1997 (englisches Original 1993). Bourdieu, Pierre: Die männliche Herrschaft, Frankfurt am Main 2005.
[58] Butler, Körper von Gewicht, S. 19–49. Vgl. auch dies.: Die Macht der Geschlechternormen und die Grenzen des Menschlichen, Frankfurt a.M. 2009.
[59] Higginbotham, Evelyn Brooks: African-American Women's History and the Metalanguage of Race, in: Signs 17 (1992), Nr. 2, S. 251–274, H. 2. Dill, Bonnie Thornton: Race, Class, and Gender. Prospects for an All-Inclusive Sisterhood, in: Feminist Studies 9 (1983), S. 131–150. Hill Collins, Patricia: Shifting the Center. Race, Class, and Feminist Theorizing about Motherhood, in: Coontz / Parson / Raley: American Families, 2008, S. 173–187. In diesem Kontext vgl. auch die Forschungen von Elena Gutierrez und Rickie Solinger, die zeigen, wie Sozialexperten und auch der amerikanische Staat versuchten, die Reproduktion von African und Mexican American Women zu reglementieren: Gutierrez, Elena: Fertile Matters: The Politics of Mexican Origin Women's Reproduction, Austin 2008. Solinger, Rickie: Beggars and Choosers.
[60] Kerner, Ina: Alles intersektional? Zum Verhältnis von Rassismus und Sexismus, in: Feministische Studien (2009), S. 36–50, H. 1. Walgenbach, Katharina: Gender als interdependente Kategorie, in: Dies. (Hg.): Gender als interdependente Kategorie. Neue Perspektiven auf Intersektionalität, Diversität und Heterogenität, Opladen 2007, S. 23–64. Axeli-Knapp, Gudrun: Travelling Theories. Anmerkungen zur neueren Diskussion über „Race, Class and Gender", in: Österreichische Zeitschrift für Geschichtswissenschaft 16 (2005), H. 1.

Re-Inspektion der europäische Moderne [...]" zu begreifen, um so die wechselseitige Bedingtheit von kapitalistischer Ökonomie, bürgerlicher Herrschaft und Rationalität sowie der Gültigkeit von Geschlechternormen offenzulegen.[61] Diese Perspektivierung erweist sich auch für die Untersuchung der US-amerikanischen Gesellschaft als fruchtbar.[62]

Schließlich erweiterten Historiker und Soziologen wie Raewyn Connell, Michael Kimmel und Jürgen Martschukat das theoretische Fundament der Genderforschung, indem sie dezidiert nach Konzepten von Männlichkeit(en) sowie nach männlichen Handlungs- und Wahrnehmungsmustern fragten und erste empirische Studien lieferten.[63] Insbesondere das von Raewyn Connell etablierte Deutungsmodell der „hegemonic masculinity" erwies sich als diskursiv fruchtbar, wenngleich es durch seine Fixierung auf den Patriarchatsbegriff und seine Simplifizierung der „homosocial dynamic" unter Männern historisch nicht immer trennscharf einsetzbar ist, wie John Tosh herausarbeitete.[64] Seinen analytischen Wert erweist das Konzept der „hegemonic masculinity" jedoch, wenn man es herunterbricht auf den normativen Bezugsrahmen, verstanden als „gender norms to which most men subscribe, whether or not they fully enact them".[65] So sind

---

**61** Knapp, Gudrun-Axeli: „Intersectionality" – Ein neues Paradigma feministischer Theorie? Zur transatlantischen Reise von „Race, Class, Gender", in: Feministische Studien 2005, Heft 1, S. 68–81.
**62** Zur Anwendung des Intersektionalitätsparadigmas in der US-amerikanischen Genderforschung vgl. auch Higginbotham, African-American Women's History, S. 251–274, insbes. S. 274. Boydston, Gender as a Question, bes. S. 142–147.
**63** Martschukat, Jürgen / Stieglitz, Olaf: „Es ist ein Junge!". Einführung in die Geschichte der Männlichkeiten in der Neuzeit, Tübingen 2005. Martschukat, Jürgen: Väter, Soldaten, Liebhaber. Männer und Männlichkeiten in der Geschichte Nordamerikas, Ein Reader, Bielefeld 2007. Kimmel, Michael S.: Manhood in America. A Cultural History, New York 1996. Kimmel, Michael / Hearn, Jeff / Connell, Robert William (Hg.): Handbook of Studies on Men & Masculinities, Thousand Oaks 2005. Connell, Robert: Masculinities, Cambridge 1995. Dinges, Martin (Hg.): Männer – Macht – Körper. Hegemoniale Männlichkeiten vom Mittelalter bis Heute, Frankfurt a. M. 2005.
**64** Tosh, John: Hegemonic Masculinity and the History of Gender, in: Dudink, Stefan / Hagemann, Karen/ Tosh, John (Hg.): Masculinities and Politics in War. Gendering Modern History, New York 2004, S. 41–58. Zum Konzept der Hegemonic Masculinity vgl. auch Krämer, Felix: Playboy Tells His Story. Geschichte eines Krisenszenarios um die hegemoniale US-Männlichkeit der 1970er Jahre, in: Feministische Studien 27 (2009), Nr. 1, S. 83–96. Wickberg, Daniel: Heterosexual White Male. Some Recent Inversions in American Cultural History, in: The Journal of American History 92 (2005), Nr. 1, S. 136–159. Traister, Bryce: Academic Viagra. The Rise of American Masculinity Studies, in: American Quarterly 52 (2000), Nr. 2, S. 274–304. Dinges, Martin: „Hegemoniale Männlichkeit" – ein Konzept auf dem Prüfstand, in: Ders. (Hg.): Männer – Macht – Körper. Hegemoniale Männlichkeiten vom Mittelalter bis Heute, Frankfurt a. M. 2005, S. 7–36.
**65** John Tosh nennt dies die „minimalist interpretation of hegemonic masculinity". Tosh, Hegemonic Masculinity, S. 41–58. Vgl. auch die Weiterentwicklung des Ansatzes durch Connell und

sowohl prozessuale Veränderungen des Männlichkeitsideals als auch Abgrenzungen, Abweichungen und Alternativstrategien zur vorherrschenden Norm in einer Langzeitperspektive beschreibbar.

Gegenwärtig setzt sich die Genderforschung verstärkt mit den Herausforderungen der Evolutionspsychologie und ihrer Annahme der ahistorischen Wirkmächtigkeit von männlichen/weiblichen Verhaltensdispositionen auseinander.[66] Zugleich steht Joan Scotts Postulat im Raum, „sexual preferences" und „sex as a historically variable construct" stärker in die historische Analyse einzubeziehen.[67] Daneben steht das Plädoyer, der historischen Diversität von Gendernormen und -erfahrungen besser Rechnung zu tragen, unter anderem durch eine Ausweitung der geographischen Perspektive (über europäische und nordamerikanische Gesellschaften hinausgehend) und des chronologischen Zugriffs (unter verstärkter Einbeziehung insbesondere der zweiten Hälfte des 20. Jahrhunderts – nachdem die Begriffsbildung bislang vorrangig für das späte 19. und frühe 20. Jahrhundert erfolgte).[68]

Im Sinne einer breit aufgefassten, integrativen Genderforschung erscheint es folglich als wichtig, so eine der Ausgangsüberlegungen dieser Studie, am Beispiel der Familie erstens die heuristische Trennung in Men's Studies und Women's Studies empirisch aufzulösen und zweitens die intergenerationelle Tradierung von Gendernormen – und überhaupt intergenerationelle Beziehungen – als Untersuchungsgegenstand der Genderforschung zu etablieren.

**Verwissenschaftlichungsprozesse und Expertenkulturen**

In einem wegweisenden Aufsatz aus dem Jahr 1996 hat der Historiker Lutz Raphael die „Verwissenschaftlichung des Sozialen" als zentrales Kennzeichen der westlichen Moderne herausgearbeitet. Diese Durchdringung aller Gesellschafts-

---

Messerschmidt: Connell, R. W. / Messerschmidt, James W.: Hegemonic Masculinity. Rethinking the Concept, in: Gender & Society 19 (2005), S. 829–859.
66 Scott, Joan W.: Millenial Fantasies. The Future of „Gender" in the 21st Century, in: Honegger, Claudia / Arni, Caroline (Hg.): Gender. Die Tücken einer Kategorie, Zürich 2001, S. 19–38. Scott bezieht sich insbesondere auf ein Sonderheft der Zeitschrift History and Theory von 1999 mit dem Titel „The Return of Science: Evolutionary Ideas and History", darin insbes. Shaw, David Gary: The Return of Science, in: History and Theory 38 (1999), Nr. 4, S. 1–10. Dawson, Doyne: Evolutionary Theory and Group Selection. The Question of Warfare, in: History and Theory, vol. 38, no. 4 (1999), S. 1–10, 79–100.
67 Scott, Millenial Fantasies, S. 34.
68 Higginbotham, African-American Women's History, S. 274. Boydston, Gender as a Question, bes. S. 142–147.

bereiche durch die Expertisen von Humanwissenschaftlern erlebte ihren Höhepunkt in den 1930er bis 1960er Jahren.[69] In Weiterentwicklung seines Konzeptes hat Raphael vor einiger Zeit darauf hingewiesen, dass der damit verbundene facettenreiche Diffusions- und Implementationsprozess von Wissen in einer längeren chronologischen Perspektive ab Mitte des 19. Jahrhunderts sowie in seinen transnationalen Wechselbeziehungen analysiert werden muss.[70]

> As such, 'scientization' is not just a casual element among different stories concerning society, culture or politics, but a larger process that has transformed an esoteric, academic knowledge about man in society into public categories, professional routines, and behavioral patterns. Embedding social sciences in Western societies, in this sense, means the creation of a new infrastructure of useful knowledge informing an ever-growing part of our lives. This infrastructure is multifaceted, being at the same time organizational, conceptual, and political.[71]

Unter Bezugnahme auf Raphael hat Thomas Etzemüller die Praxis des „social engineering" als einen „bestimmten Modus der Problematisierung der Moderne" beschrieben. Darin flossen Ordnungsvorstellungen, ordnende Praxis und konkrete Ordnungen zusammen, mit Experten als wichtigster Trägerschicht.[72] Geordnet werden konnten alle Bereiche des sozialen Zusammenlebens, von der Stadtplanung und Architektur über den „Volkskörper" und die Bevölkerungspolitik bis hin zur Familie.[73] Angelehnt an Michel Foucault verwendet Etzemüller

---

[69] Raphael, Lutz: Die Verwissenschaftlichung des Sozialen als methodische und konzeptionelle Herausforderung für eine Sozialgeschichte des 20. Jahrhunderts, in: Geschichte und Gesellschaft. Nr. 22, Göttingen 1996, S. 165–193 (hier jedoch noch mit einem deutlichen Fokus auf Westdeutschland).
[70] Raphael, Lutz: Embedding the Human and Social Sciences in Western Societies, 1880–1980. Reflections on Trends and Methods of Current Research, in: Brueckweh, Kerstin et. al. (Hg.): Engineering Society. The Role of the Human and Social Sciences in Modern Societies, 1880–1980, New York 2012, S. 41–56. Ebenfalls europaweit vergleichend: Ders.: Zwischen Sozialaufklärung und radikalem Ordnungsdenken. Die Verwissenschaftlichung des Sozialen im Europa der ideologischen Extreme, in: Hübinger, Gangolf (Hg.): Europäische Wissenschaftskulturen und politische Ordnungen der Moderne (1890–1970), München 2013, S. 29–50.
[71] Raphael, Embedding the Human and Social Sciences, S. 41.
[72] Etzemüller, Thomas: Social Engineering als Verhaltenslehre des kühlen Kopfes. Eine einleitende Skizze, in: Ders. (Hg.): Die Ordnungen der Moderne. Social Engineering im 20. Jahrhundert, Bielefeld 2009. S. 36 f. Ders.: Social Engineering, Version 1.0., in: Docupedia-Zeitgeschichte, 11.02. 2010, URL: <www.docupedia.de/zg/Social_engineering>.
[73] Luks, Timo: Der Betrieb als Ort der Moderne. Zur Geschichte von Industriearbeit, Ordnungsdenken und Social Engineering im 20. Jahrhundert, Bielefeld 2010. Kuchenbuch, David: Geordnete Gemeinschaft. Architekten als Sozialingenieure, Deutschland und Schweden im 20. Jahrhundert, Bielefeld 2010. Schlimm, Annette: Verkehrsraum – Sozialer Raum. Social Engineering

hierfür den Begriff des „Dispositivs", d. h. er versteht „social engineering" als „Kombination (sozial-)technologischer Lösungen, einer spezifischen Vorstellung von der sozialen Ordnung sowie eines dezidierten Gestaltungsimperativs".[74]

Gerade die Familie als vermeintliche „Basis der Nation" bietet ein geeignetes Beispiel für die Untersuchung der Funktionsweise der von Raphael beschriebenen „Verwissenschaftlichung des Sozialen" und die Schaffung einer „new infrastructure of useful knowledge" über das Individuum in der Gesellschaft. Sozialexperten verschiedenster Couleur bedienten sich dieses Wissens und versuchten, durch ihre Interventionen die moderne Familie zu verändern und zu verbessern. Indem sie ihre Vorstellungen von sozialer Ordnung mit modernen Sozialtechnologien verbanden und daraus zudem einen dezidierten „Gestaltungsimperativ" ableiteten, agierten sie im Sinne des von Etzemüller skizzierten „Social Engineering". Folglich lohnt es, am Beispiel der Familie in der modernen Gesellschaft die Frage nach den Akteuren der „Verwissenschaftlichungsprozesse", nach Sozialexperten, Betroffenen, aber auch nach den Klienten von wissenschaftlichem Expertenrat und den zwischen diesen Instanzen bestehenden Wechselbeziehungen zu untersuchen. Dies gilt umso mehr, als mit den genannten Begriffen und Fragerichtungen bislang in den Studien zur Gesellschaftsgeschichte der USA nicht gearbeitet wird. Daher lohnt hier ein Transfer der Konzepte und Analysemethoden.

Unter Sozialexperten werden im Folgenden praktisch arbeitende Akademiker aus dem Feld der Humanwissenschaften (vor allem Sozialwissenschaften, Psychologie, Medizin, Demographie, Rechtswissenschaften) verstanden. Sie entwickelten ihre wissenschaftsgeleiteten Expertisen, um damit die eigene Gesellschaft zu reformieren – waren also „Experten" im Wortsinn, nämlich Theoretiker und Praktiker zugleich.[75] Zugleich beanspruchten sie gesellschaftlich relevante Deutungskompetenz – als Gutachter, politische Berater, Mitglieder in Expertenkommissionen oder als Repräsentanten in einschlägigen Berufsverbänden – und

---

und die Ordnung der Gesellschaft im 20. Jahrhundert, Bielefeld 2011. Tomaschke, Dirk: In der Gesellschaft der Gene. Räume und Subjekte der Humangenetik in Deutschland und Dänemark, 1950–1990, Bielefeld 2014.

74 Etzemüller, Social Engineering. Zum Begriff des Dispositivs bei Foucault vgl. Foucault, Michel: Der Wille zum Wissen (Sexualität und Wahrheit, Bd. I), Frankfurt 1977, S. 7–49, bes. S. 34–35. Ders.: Schriften in vier Bänden. Dits et Écrits, Bd. III, Frankfurt a.M. 2003, S. 392.

75 Zum Begriff des Sozialexperten vgl. Raphael, Lutz: Experten im Sozialstaat, in: Hockerts, Hans-Günther (Hg.): Drei Wege deutscher Sozialstaatlichkeit. NS-Diktatur, Bundesrepublik und DDR im Vergleich, München 1998, S. 231–258. Ders.: Sozialexperten in Deutschland zwischen konservativem Ordnungsdenken und rassistischer Utopie (1918–1945), in: Hardtwig, Wolfgang (Hg.), Utopie und politische Herrschaft im Europa der Zwischenkriegszeit (Schriften des Historischen Kollegs, Kolloquien 56), München 2003, S. 327–346.

begaben sich in Deutungskonflikte um Familienwerte und die optimale Gestaltung der Gesellschaft.[76] Die Diskussionen um Familienkonzepte, Normen und Werte zeigen eindrücklich, wie Sozialwissenschaftler zunächst Ordnungsvorstellungen des Sozialen (hier: der Familie) entwickelten, diese dann publizierten und schließlich für die Umsetzung ihrer Diagnosen in soziale Praktiken Sorge trugen beziehungsweise selbst daran mitwirkten.[77]

## 4 Forschungsstand: Die US-amerikanische Familie in der historischen Forschungsliteratur

Die US-amerikanische Familie scheint auf den ersten Blick durchaus gut erforscht zu sein, erst bei genauerem Hinsehen offenbaren sich gravierende Forschungslücken. Die Sozialgeschichte der amerikanischen Familie[78], die Geschichte der afroamerikanischen Familie[79], die Geschichte der divergierenden Konzepte von

---

[76] Vgl. Raphael, Sozialexperten, S. 327–328, Verwissenschaftlichung, S. 167–169. Ders., Embedding, S. 45–46.

[77] Diesen Dreischritt von Vorstellung, Darstellung und Herstellung sozialer Realität durch Sozialwissenschaftler haben Christiane Reinecke und Thomas Mergel betont. Reinecke, Christiane / Mergel, Thomas: Das Soziale vorstellen, darstellen, herstellen: Sozialwissenschaften und gesellschaftliche Ungleichheit im 20. Jahrhundert, in: Dies.: Das Soziale ordnen. Sozialwissenschaften und gesellschaftliche Ungleichheit im 20. Jahrhundert, Frankfurt a.M. 2012, S. 7–31.

[78] Smith, Daniel Scott: Recent Change and the Periodization of American Family History, in: Journal of Family History 20 (1995), Nr. 4, S. 329–346. Hawes, Joseph M. (Hg.): The Family in America: An Encyclopedia, 2 Bde., Santa Barbara, CA 2002. Mintz, Steven / Kellog, Susan: Domestic Revolutions: A Social History of American Family Life, New York 1988. Hareven, Tamara K.: The History of the Family and the Complexity of Social Change, in: American Historical Review 96 (1991), Nr. 1, S. 95–124. Harris, John (Hg.): The Family. A Social History of the Twentieth Century, New York/Oxford 1991. Skolnick, Arlene: Embattled Paradise. The American Family in an Age of Uncertainty, New York 1991.

[79] Billingsley, Andrew: Black Families in White America, Englewood Cliffs, NJ 1968. Aschenbrenner, Joyce: Lifelines. Black Families in Chicago, New York 1975. Gutman, Herbert G.: The Black Family in Slavery and Freedom, 1750–1925, New York 1976. McAdoo, Harriette P.: Black Families, Thousand Oaks, CA 1997 [Reprint v. 1981]. Franklin, Donna L.: Ensuring Inequality: The Structural Transformation of the African-American Family. New York 1997. Green, Adam: Selling the Race: Culture, Community, and Black Chicago, 1940–1955, Chicago 2007. Glasrud, Bruce / Pitre, Merline (Hg.): Black Women in Texas History, Texas 2008. Patterson, Freedom is not Enough. Zu Mexican American Families in den USA vgl. Roesch, Macho Men. Griswold del Castillo, Richard: La Familia. Chicano Families in the Urban South West. Notre Dame, IN 1984. Sanchéz, George J.: Becoming Mexican American. Ethnicity, Culture, and Identity in Chicano Los Angeles, New York / Oxford 1993. Rodríquez, Richard T.: Next of Kin: The Family in Chicano/a Cultural Politics. Durham, NC

Mutterschaft und Vaterschaft[80] stehen im Mittelpunkt zahlreicher Studien. Weniger intensiv untersucht wurde dagegen der Wandel von Familienkonzepten und Familienwerten sowie von Gendernormen in den Familien.[81] Hier fällt auf, dass die meisten Studien der letzten 20 Jahre bevorzugt auf die Phase vom Ende des Zweiten Weltkriegs bis zum Beginn der 1960er-Jahre fokussieren.[82] Wichtige Ausnahmen bilden lediglich die Arbeiten von Stephanie Coontz', die zwar danach fragt, wie sich die Vorstellungen von der idealen Familie und ihren Werten veränderten, aber keine empirischen Analysen dazu anstellt.[83] Eine explizite Langzeitperspektive nimmt dagegen die Studie von Jürgen Martschukat zu Vätern in der amerikanischen Geschichte ein.[84] Darin untersucht der Erfurter Historiker die (Selbst)Positionierungen von Vätern in ihren Familien als Element eines biopolitischen Dispositivs, als Anleitung zur Selbstführung im Sinne des Foucaultschen Konzeptes der „Gouvernementalität"[85]. In insgesamt zwölf historischen Vignetten

---

2009. Rosas, Ana Elizabeth: Abrazando El Espiritu. Bracero Families Confront the US-Mexico Border, Berkeley, CA 2014.

**80** Ladd-Taylor, Molly: Mother-Work. Apple, Rima D. / Golden, Janet: Mothers & Motherhood. Readings in American History, Columbus/Ohio 1997. Ladd-Taylor, Molly / Umanski, Lauri (Hg.): Bad Mothers. The Politics of Blame in Twentieth-Century America, New York 1998. Roberts, Dorothy: Killing the Black Body. Race, Reproduction, and the Meaning of Liberty, New York 1999. Apple, Rima: Perfect Motherhood. Science and Childrearing in America, Piscataway, NJ 2006. Sidel, Ruth: Unsung Heroines: Single Mothers and the American Dream, Berkeley / Los Angeles 2006. Ruiz, Vicki L. / DuBois, Carol (Hg.): Unequal Sisters. A Multicultural Reader in U.S. Women's History, New York 2008. Vandenberg-Davis, Jodi: Modern Motherhood. An American History, New Brunswick, NJ 2014.

Rotundo, E. Anthony: American Manhood. Transformations in Masculinity from the Revolution to the Modern Era, New York 1993. Griswold, Robert L.: Fatherhood in America. A History, New York 1993. Connell, Raewyn: Masculinities, Cambridge 1995. Kimmel, Manhood in America. LaRossa, Ralph: The Modernization of Fatherhood. A Social and Political History, Columbus 1997. Martschukat / Stieglitz, Geschichte der Männlichkeiten. Martschukat, Ordnung des Sozialen.
**81** Neue Fragen formulieren die Beiträge des Sammelbandes der Münsteraner Noether-Gruppe: Heinemann, Inventing the Modern American Family.
**82** Tyler May, Elaine: Homeward Bound. American Families in the Cold War Era, New York 1988. Weiss, To Have and to Hold. Metzl, Mother's Little Helper. Gilbert, James Burkhart: Men in the Middle. Searching for Masculinity in the 1950s. Chicago / London 2005. Plant, Mom. Burke Odland, Sarah: Unassailable Motherhood, Ambivalent Domesticity. The Construction of Maternal Identity in Ladies' Home Journal in 1946, in: Journal of Communication Inquiry 34 (2010), S. 61–84.
**83** Coontz, Stephanie: The Way We Really Are. Dies.: The Way We Never Were. Dies. / Parson / Raley: American Families.
**84** Martschukat, Ordnung des Sozialen. Eine weitere wichtige Ausnahme bildet Chafe, William H.: The Paradox of Change. American Women in the 20th Century, New York 1991.
**85** Martschukat, Ordnung des Sozialen, S. 22. Vgl. ders. (Hg.): Geschichte schreiben mit Foucault, Frankfurt a. M. 2002.

zu individuellen Vätern in ihren Familien – vom Siedler-Vater an der Frontier bis zum afroamerikanischen Vater im Film – erweist Martschukat eindrucksvoll die regulierende Bedeutung des Ideals der Kernfamilie über alle Brüche und Gegensätze der US-Geschichte hinweg – aber eben unter expliziter Konzentration auf Männer und Väter. Um jedoch völlig zu ermessen, was die von Martschukat herausgearbeiteten Veränderungen (Neuinterpretation von sozialer Vaterschaft, Flexibilisierung der Gendernormen) und erstaunlichen Kontinuitäten (Ernährer-Funktion, Ideal der Kernfamilie) insgesamt für die US-amerikanischen Familien bedeuteten, müssen auch Frauen, Mütter und Töchter mit in den Blick genommen werden, was in der vorliegenden Studie geschieht.

Die wichtigen Arbeiten von Natasha Zaretsky und Robert O. Self untersuchen die US-amerikanische Familie nach den 1960er Jahren.[86] Zaretsky analysiert die Familie als Schauplatz tiefgreifender Verunsicherung der US-Amerikaner in den 1970er Jahren im Zusammenhang von Umbrüchen in den Familien und Angst vor nationalem Niedergang nach dem Ende des Vietnamkrieges und in der Wirtschaftskrise. Self hingegen fragt, wie die Errungenschaften der sozialen Protestbewegungen der 1960er Jahre auf dem Feld der Familie und der Geschlechternormen den Weg für die konservative Revolution der 1980er Jahre bahnten. Self kommt zu der provokanten Einschätzung, dass gerade der Liberalismus der 1960er Jahre die Hinwendung zur neoliberalen freien Marktwirtschaft und damit letztlich die Bekräftigung des Ideals des „male breadwinner" und der Kernfamilie als moralischem Hort der Nation ermöglichte.[87] Beide Arbeiten bieten – so wie die Monographien Coontz' und Martschukats – wichtige Anregungen für die vorliegende Studie. Doch erst die hier angestrebte diachrone Analyse des Ringens um die ideale amerikanische Familie seit der Jahrhundertwende erlaubt eine präzise Bestimmung der Hintergründe der konservativen Restauration des nationalen Familienideals in den 1980er Jahren, die dieser zugleich etwas von ihrer vermeintlichen „Präzedenzlosigkeit" nimmt. Bei dem Versuch, die Kontinuitäten und Transformationen des nationalen Familienideals zu erklären, ist es zudem von zentraler Bedeutung, nicht nur die Handlungsspielräume von Politikern und Mitgliedern der sozialen Protestbewegungen auszuloten, sondern auch den Einfluss von Sozialexperten als Analytikern des sozialen Wandels zu untersuchen.

Dagegen kann die in zahlreichen Arbeiten weiterhin vorherrschende Fokussierung auf die 1950er-Jahre als vermeintlichem „golden age of the family" zwar einige Plausibilität beanspruchen hinsichtlich der Sozialstatistik (Babyboom,

---

[86] Zaretsky, Natasha: No Direction Home. The American Family and the Fear of National Decline, 1968–1980, Philadelphia 2007. Self, Robert O.: All in the Family. The Realignment of American Democracy since the 1960s, New York 2012.
[87] Self, All in the Family, S. 399–425.

Eheschließungen, Ausweitung der „middle class", „suburbia"), der Selbstwahrnehmung der Zeitgenossen (Hinwendung zum Privaten im Kalten Krieg) und der nachträglichen Instrumentalisierung der Familie als Ort von Sicherheit und Geborgenheit in einer immer unsicherer werdenden Welt. Diese selbstauferlegte Begrenzung führt aber meist dazu, dass die Werte und Lebensformen ethnischer Minderheiten sowie abweichende soziale Realitäten (Alleinerziehende, arbeitende Mütter, Patchwork-Familien, Homosexuelle) dezidiert ausgeblendet werden.[88] Insgesamt verstellt die Bezugnahme auf die vermeintliche „cold war domesticity" nachhaltig den Blick auf gegenläufige Trends in den Geschlechterbeziehungen und auf längerfristige gesellschaftliche Wandlungsprozesse. Dies hat bereits Joanne Meyerowitz hervorgehoben, die mit ihrem Band „Not June Cleaver" 1994 selbst einen wichtigen Grundstein für die Erforschung der Vielfalt weiblicher Handlungsoptionen und Identitätskonstruktionen in der unmittelbaren Nachkriegszeit gelegt hat.[89] Für die USA entwickelte sie kürzlich das Konzept einer „Long Sexual Revolution", welche die moralisch vermeintlich äußerst konservativen 1950er-Jahre in den Kontext einer generellen Liberalisierung der Sexualmoral seit den 1920er-Jahren bis zum Ende der 1970er-Jahre einbettet.[90]

Generell fehlt jedoch in der historischen Forschung eine Analyse von Genderkonzeptionen und Familienwerten in längerer chronologischer Perspektive, was hier am Beispiel der öffentlichen Debatten und Expertendiskurse um Ehescheidung, Frauenarbeit und Reproduktion erfolgen soll. Jüngere Forschungen haben bereits gezeigt, dass es den überwiegend männlichen Experten in den allermeisten Fällen darum ging, das Familienideal der weißen „middle class" zu propagieren sowie andere soziale oder ethnische Gruppen (insbesondere afroamerikanische und mexikanisch-stämmige Familien, aber auch homosexuelle Elternpaare und Familien aus der „working class") zur Akzeptanz und praktischen Umsetzung dieser Werte zu motivieren.[91] Ob und wie das nationale Fami-

---

88 Tyler May, Homeward Bound. Gilbert, Man in the Middle. Plant, Mom.
89 Meyerowitz, Not June Cleaver. Bereits 1984 hatte Eugenia Kaledin argumentiert, dass auch in den 1950er-Jahren einzelne Frauen ihre privaten, beruflichen und politischen Gestaltungsmöglichkeiten sehr viel offensiver nutzten, als es die dominante Vorstellung nahelegt: Kaledin, Eugenia: Mothers and More. American Women in the 1950s, Boston 1984.
90 Hagemann, Karen / Michel, Sonya: Gender and the Long Postwar: The United States and the Two Germanys, 1945–1989, Baltimore 2014. Zur Geschichte der Sexualität vgl. Meyerowitz, Joanne: Transnational Sex and US-History, in: American Historical Review (2009), S. 1273–1286.
91 Solinger, Beggars and Choosers. Sanchez, „Go after the Women". Roesch, Americanization. Dies.: Macho Man? Repräsentationen mexikanischer Familienstrukturen durch Sozialexperten, Sozialarbeiter und Bürgerrechtsaktivisten in den USA, 1940–1980, in: Gabriele Metzler (Hg.): Das Andere denken. Repräsentationen von Migration in Westeuropa und den USA im 20. Jahrhundert, Campus Verlag: Frankfurt am Main, New York 2013, S. 87–118. Overbeck, „The Enemy Within".

lienideal in der Auseinandersetzung mit abweichenden Familiennormen modifiziert wurde, und inwiefern das Familienideal selbst zum Integrationsvehikel für Immigrantenfamilien oder zum Sinnbild gesellschaftlicher Integration und sozialer Aufstiegshoffnung werden konnte, bleibt hingegen dringend zu untersuchen.[92] Ein wichtiges weiteres Desiderat stellt die Analyse der Produktion von Familienwerten und Geschlechternormen durch visuelle und audiovisuelle Medien (Werbung, Film und Fernsehen) dar.[93] Gleichfalls wichtig wäre es, den Einfluss religiöser, insbesondere christlich-fundamentalistischer Bewegungen auf die Vorstellungen von Familie und die intergenerationelle Tradierung von Geschlechternormen näher zu untersuchen.[94] Diese beiden letzten Desiderate – die Analyse der visuellen Produktion von Familienwerten und des Einflusses religiöser Werte auf die Familie – würden den Rahmen der vorliegenden Studie übersteigen. Sie stehen jedoch explizit im Fokus von zwei Dissertationen, die im Rahmen der Noether-Gruppe entstanden beziehungsweise aus dieser hervorgegangen sind.[95]

---

[92] Hierzu vgl. z. B. die – zu überprüfende – zeitgenössische Diagnose von Margaret Mead, die postulierte, dass sich alle Mitglieder einer Gesellschaft unwillkürlich alle nach dominantem Familienideal ausrichten, auch wenn sie objektiv anders lebten. Mead, Margaret: What is Happening to the American Family, in: Pastoral Psychology 1 (1950), Nr. 5, S. 40–50, dort S. 40. Vgl. die Forschungen von Claudia Roesch zum Umgang mit Mexican American Families und Anne Overbeck zu den Vorstellungen von African American Mothers, die im Rahmen der Noether-Gruppe entstanden sind.
[93] Taylor, Ella: Prime Time Families. Television Culture in Postwar America, Berkeley 1990. Spigel, Lynn: Make Room for TV. Television and the Family Ideal in Postwar America, Chicago 1992. Fenske, Uta: Mannsbilder. Eine geschlechterhistorische Betrachtung von Hollywoodfilmen 1946–1960, Bielefeld 2008. Dechert, Andre: Family Man: The Popular Reception of 'Home Improvement,' 1991–1992, and the Debate about Fatherhood, in: Heinemann, Inventing the Modern American Family, S. 265–288. Ders.: Von der zeitgenössischen Fiktion zur Dokumentation historischer Realität? Gender in US-amerikanischen Family Sitcoms der 1950er und frühen 1960er Jahre, in: Cheauré, Elisabeth / Paletschek, Sylvia / Reusch, Nina (Hg.): Geschlecht und Geschichte in populären Medien, Bielefeld 2013, S. 209–232. Kürzlich Hodenberg, Television's Moment.
[94] Dowland, Seth: Family Values and the Rise of the Christian Right, Philadelphia 2015. Tipton, Steven M. / Witte Jr., John (Hg.): Family Transformed. Religion, Values, and Society in American Life, Washington 2007. Hoover, Stewart M. / Kaneva, Nadia (Hg.): Fundamentalisms and the Media, London 2009. Balbier, Billy Graham's Crusades. Neo-Evangelicalism between Civil Religion, Media, and Consumerism, in: Bulletin of the German Historical Institute Washington DC 44 (2009), S. 71–80. Vgl. auch das Dissertationsprojekt von Anja-Maria Bassimir an den Universitäten Mainz und Münster zu Evagelikalen Magazinen der 1950er bis 1970er Jahre.
[95] Dechert, Dad on TV. Vgl. auch das Dissertationsprojekt von Jana Hoffmann zu Familienvorstellungen im amerikanischen Mainline Protestantism der 1950er bis 1980er Jahre, inzwischen an der Universität Bielefeld.

Das innovative Potential dieser Studie besteht in vier Punkten: *Erstens* werden Ansätze der deutschen Moderne-Forschung auf die USA übertragen, an der für das Verhältnis Staat und Individuum zentralen Einheit „Familie" erprobt und für die Beschreibung der Moderne in den USA produktiv nutzbar gemacht. *Zweitens* erlaubt der Blick auf das Verhältnis von sozialem und normativem Wandel über den Zeitraum des gesamten 20. Jahrhunderts hinweg, Liberalisierungs- und Pluralisierungsprozesse sowie entsprechende Gegenbewegungen präzise zu bestimmen. Gerade die Kombination von Erträgen der US-amerikanischen Forschung (die oftmals regional, chronologisch oder thematisch hochspeziell sind) mit eigenen empirischen „Probebohrungen" über einen längeren Zeithorizont (durch Analyse von insgesamt sechs zentralen gesellschaftlichen Debatten) erlaubt es, bislang nur postulierte Verlaufsmuster normativen Wandels empirisch nachzuweisen und vor allem ihre Grenzen präzise zu bestimmen. *Drittens* identifiziert die Studie das Familienideal der weißen Kernfamilie als zentrales Leitbild – oder auch „Dispositiv" nach Michel Foucault – an dem sich die Amerikanerinnen und Amerikaner entgegen aller sozialen, ethnischen und kulturellen Disparitäten ausrichteten und illustriert insbesondere die Bedeutung von Experteninterventionen für die Stabilisierung und Aktualisierung eines solchen Dispositivs. *Viertens* analysiert sie die komplexen Aushandlungsprozesse zwischen individuellen Rechten und Interessen der Gemeinschaft in einer modernen Gesellschaft, wie sie im Bild von der Familie als „Basis der Nation" kulminierten. Dass der Fokus sich am Ende des 20. Jahrhunderts von der Betonung individueller Rechte auf Scheidung, auf Arbeit und auf Reproduktion zumindest diskursiv wieder zur Privilegierung der Interessen der Gemeinschaft (Lebensrecht des Embryos vor dem Entscheidungsrecht der Mutter, Regulierung von als „defizitär" qualifizierten Familien) verschob, ist der vielleicht überraschendste Befund der Studie.

## 5 Untersuchungszeitraum, Quellen, Aufbau der Studie

### Untersuchungszeitraum „Hochmoderne"

Die Studie wählt bewusst einen langen Untersuchungszeitraum von etwa 1890 bis zum Ende der 1980er Jahre, betrachtet also die Zeit von der Durchsetzung der industriellen Hochmoderne bis zum Strukturbruch und der sich abzeichnenden Wirtschaftskrise. Doch nicht nur sozio-ökonomische Faktoren, sondern vor allem Veränderungen der Normen und Werte bestimmen die Wahl des Zeitraumes: Während am Ende des 19. Jahrhunderts die Sozialreformbewegung entstand und Forderungen sowohl nach Gleichberechtigung der Frau als auch nach Verbesserung der Familien auf breiter Basis erhoben wurden als noch in den Dekaden zuvor[96], fielen in die frühen 1970er Jahre entscheidende normative Neuausrichtungen wie die Einführung der *No-Fault*-Ehescheidung 1970, die Verabschiedung des *Equal Rights Amendment* durch beide Kammern des Kongresses 1972[97] und die Legalisierung der Abtreibung durch den Supreme Court im Jahr 1973. Zugleich waren entsprechende Gegenbewegungen zu verzeichnen, beispielsweise das Entstehen konservativer *Grass Root*-Bewegungen, der Aufstieg der *New Christian Right* sowie die Begriffsprägung „Silent Majority" durch Präsident Richard Nixon 1969 als Bezeichnung für die vermeintliche Mehrheit der US-Amerikaner, die den sozialen Bewegungen der 1960er Jahre und den Anti-Vietnamkriegsprotesten kritisch gegenüberstanden.[98] Der Untersuchungszeitraum endet mit dem Ende der Amtszeit Ronald Reagans auf der Höhe der *Culture Wars*, welche durch heftige Auseinandersetzungen um die Familie und eine Wiederbelebung vermeintlicher „traditional family values" gekennzeichnet waren. Besonders polarisiert wurden die Auseinandersetzungen um die Rechtmäßigkeit der Abtreibung geführt, da hier das individuelle Entscheidungsrecht der Frau dem Lebensrecht des Fötus und dem Interesse des Staates gegenübergestellt wurde.

Dieser Fokus auf den langen Zeitraum von 1890 bis in die 1980er Jahre ermöglicht längsschnittartige Beobachtungen möglichen Normwandels, fügt sich zugleich aber auch ein in den gegenwärtigen Trend der Untersuchung der „Moderne" als sozialem und gesellschaftlichen Phänomen in den Gesellschaften des Westens. Letztere wählen ihren Untersuchungszeitraum in der Regel vom Ende des 19. Jahrhunderts bis in die 1970er Jahre, womit sie sich am Konzept der „industriellen Hochmoderne" orientieren, das unter anderem von Ulrich Herbert in Anlehnung an den Politologen und Anthropologen James C. Scott entwickelt

---

**96** Zwar hatte die erste Frauenbewegung schon 1848 in der *Declaration of Sentiments* die Gleichberechtigung der Frau als gesellschaftliches Ziel formuliert, doch erst mit der Bildung der *National American Woman Suffrage Association* (NAWSA) im Jahr 1890 und der Übernahme der ersten Amendments, die Frauen das Wahlrecht garantierten, durch die Einzelstaaten ab 1893 erlangte die erste Frauenbewegung nationale Reichweite. Zur Frauenwahlrechtsbewegung um 1900 vgl. Matthews, Jean: The Rise of the New Woman. The Women's Movement in America, 1875–1930, Chicago 2003. Chafe, William H.: The Paradox of Change. American Women in the 20th Century, New York 1991.

**97** Dieses wurde bis zum Ende der (mehrfach verlängerten) Ratifizierungsfrist 1982 jedoch nicht von allen Einzelstaaten ratifiziert und scheiterte folglich. Dies war u. a. Resultat der Kampagnen Phyllis Schlaflys, welche durch das Amendment die Rechte der Hausfrau und Mutter verletzt sah. Mathews, Donald G. / De Hart, Jane Sherron: Sex, Gender, and the Politics of ERA. A State and the Nation, Oxford 1999. Critchlow, Donald T.: Phyllis Schlafly and Grassroots Conservatism. A Woman's Crusade. Princeton / Oxford 2005.

**98** Richard Nixon: Address to the Nation on the War in Vietnam, 3.11.1969. <www.nixonlibrary.gov/forkids/speechesforkids/silentmajority.php>.

wurde.⁹⁹ Diese Epochenbezeichnung reflektiert nicht nur die Prozesse wirtschaftlich-technischer und politisch-sozialer Modernisierung, sondern berücksichtigt auch die Erfahrung der Zeitgenossen von Beschleunigung und Individualisierung sowie von allgemeinem Wandel der Lebensweisen und -normen.¹⁰⁰ Konzepte wie die von Shmuel N. Eisenstadt beschriebenen „multiple modernities" oder die von Shalinia Raderia postulierten „entangled modernities" haben den Vorteil, dass sie global parallel ablaufende, dabei aber höchst unterschiedliche Formen von kultureller Moderne in den Blick nehmen, ohne von vorne herein westliche Modernisierungsmuster ins Zentrum zu stellen.¹⁰¹ Das ist auf jeden Fall günstiger, als die USA und Europa oder gar Deutschland einander gegenüberzustellen als „Competing Modernities", wie es Christoph Mauch und Kiran Klaus Patel vorgeschlagen haben.¹⁰² Problematisch an den Ansätzen der

---

99 Herbert, Ulrich: Europe in High Modernity. Reflections on a Theory of the 20th Century, in: Journal of Modern European History (2007), Nr. 5, S. 5–21. Scott, James C.: Seeing Like a State. How Certain Schemes to Improve the Human Condition Have Failed, New Haven 1998. Auch Autoren wie Anselm Doering-Manteuffel und Lutz Raphael übernehmen diese Periodisierung. Doering-Manteuffel, Anselm: Nach dem Boom: Brüche und Kontinuitäten der Industriemoderne seit 1970, in: Vierteljahrshefte für Zeitgeschichte 55 (2007), Nr. 4, S. 559–581. Raphael, Lutz: Ordnungsmuster der „Hochmoderne"? Die Theorie der Moderne und die Geschichte der europäischen Gesellschaften im 20. Jahrhundert, in: Schneider, Ute / Raphael, Lutz (Hg.): Dimensionen der Moderne. Festschrift für Christof Dipper, Frankfurt a.M. 2008, S. 73–91. Doering-Manteuffel, Anselm / Raphael, Lutz: Nach dem Boom. Perspektiven auf die Zeitgeschichte seit 1970, Göttingen 2010. Neue Forschungen zum Strukturbruch der 1970er bei Doering-Manteuffel, Anselm / Raphael, Lutz / Schlemmer, Thomas (Hg.): Vorgeschichte der Gegenwart. Dimensionen des Strukturbruchs nach dem Boom. Göttingen 2016.
100 Vgl. dazu Bell, Daniel: Zur Auflösung der Widersprüche von Modernität und Modernismus. Das Beispiel Amerikas, in: Meier, Heinrich (Hg.): Zur Diagnose der Moderne, München / Zürich 1990, S. 21–67. Gumbrecht, Hans Ulrich: Modern, Modernität, Moderne, in: Geschichtliche Grundbegriffe, Bd. IV, Stuttgart 1978, S. 93–131, bes. S. 126–127. Herbert, Liberalisierung als Lernprozeß, bes. S. 36, 49. Dipper, Christof: Moderne, Version: 1.0, in: Docupedia-Zeitgeschichte, 25.8.2010, <https://docupedia.de/zg/Moderne?oldid=80259>. Ders.: Die deutsche Geschichtswissenschaft und die Moderne, in: Internationales Archiv für die Sozialgeschichte der Literatur, Bd. 37 (2012), S. 37–62.
101 Eisenstadt, Shmuel N.: Multiple Modernities, in: Multiple Modernities. Sonderheft der Zeitschrift Daedalus 129 (2000), H. 1, S. 1–29, S. 2. Randeria, Shalini: Geteilte Geschichte und verwobene Moderne, in: Rüsen, Jörn et al. (Hg.): Zukunftsentwürfe. Ideen für eine Kultur der Veränderung, Frankfurt a.M. 2000, S. 87–96. Vgl. auch Conrad, Sebastian / Randeria, Shalini (Hg.): Jenseits des Eurozentrismus. Postkoloniale Perspektiven in den Geschichts- und Kulturwissenschaften, Frankfurt a.M. 2002.
102 Unter anderem weil dies die Bedeutung der westeuropäischen Entwicklungen für die USA überschätzt. Mauch, Christopher / Patel, Kiran Klaus: Competing Modernities, New York 2009.

"multiple" oder "entangled modernities" ist allerdings ihre inhaltliche und chronologische Unbestimmtheit.

Die neuere Moderne-Forschung geht nicht mehr von einer monolithischen, gar teleologischen Entwicklung (wie es die Modernisierungstheorie lange Zeit suggerierte) aus, sondern nimmt die Ambivalenzen der gesellschaftlichen Transformation, die Grenzen und Kosten der Modernisierungsprozesse in den Blick. Während Zygmunt Baumann in seinem Klassiker "Modernity and Ambivalence" Ambivalenz als das zentrale Charakteristikum der Moderne herausarbeitete, untersuchten Thomas Welskopp und Alan Lessoff kürzlich die USA zwischen 1890 und 1940 als "fractured modernity", als gebrochene Moderne.[103] Darunter verstehen die beiden Autoren eine Moderne, die sich als "unumkehrbare historische Epoche erweist, deren Grundmodus der permanente Wandel ist und deren gestaltlose Landschaft von den Ruinen immer neuer Ordnungsentwürfe gesäumt wird, die – vergeblich – auf Dauer zielten".[104]

Vor diesem Hintergrund fragt sich natürlich, wo die USA in das Spektrum der aktuellen Moderne-Deutungen einzuordnen sind. Ich plädiere mit Welskopp / Lesoff dafür, die USA entgegen der Tendenzen eines "American Exeptionalism" oder auch "Americanism" (Lesoff) als Teil des "Westens" zu betrachten, in dem jedoch die Auseinandersetzung mit dem Konzept der industriellen Moderne deutlich radikaler ausfiel als im westlichen Europa.[105] Ein solcher Zugriff schärft den Blick für Ambivalenzen und Kontingenz, für nationale und regionale Spezifika sowie die ethnische Zusammensetzung der Bevölkerung und die sich daraus ergebenden Problemlagen. Zugleich erscheint es mir sinnvoll, den für Westeuropa entwickelten Begriff der "Hochmoderne" auf die USA zu übertragen. Dies erlaubt zum einen, den Untersuchungszeitraum deutlich länger anzusetzen als Welskopp / Lesoff, nämlich von 1890 bis in die 1980er Jahre. Zum anderen ist es so möglich, den problematischen Quellenbegriff des "American Century" zu vermeiden und die USA aus ihrem Selbstverständnis des "American Exeptionalism" zu lösen, um sie als Teil der westlichen "Hochmoderne" zu untersuchen.[106]

---

103 Welskopp, Thomas / Lesoff, Alan: Fractured Modernity. America Confronts Modern Times, 1890s to 1940s, München 2013. Baumann, Zygmunt: Moderne und Ambivalenz: Das Ende der Eindeutigkeit. Hamburg 2005. (Originalausgabe 1991 Modernity and Ambivalence).
104 Welskopp / Lesoff: Fractured Modernity. S. 17.
105 Welskopp / Lesoff: Fractured Modernity. S. 9, 11, 17. Lesoff, Alan: American Progressivism: Transnational, Modernization, and Americanist Perspectives, in: Welskopp / Ders.: Fractured Modernity, S. 61–80. Lipset, Seymour Martin: American Exeptionalism: A Double-Egded Sword, New York 1996.
106 Urheber des Begriffes "American Century" war der Zeitungsverleger Henry Luce, der erstmals publikumswirksam in einem Life-Editorial von 17. Februar 1941 das "American Century" ausrief. Luce, Henry: The American Century, in: Life Magazine, 10 (1941), No. 7, 17.2.1941, S. 61–65.

## Quellen

Als Quellen der Untersuchung von öffentlichen Debatten und Expertendiskursen über Ehescheidung, Frauenarbeit und Reproduktion dienen zunächst die überregionale Tagespresse (*New York Times, Washington Post*) und zahlreiche Zeitschriften[107], dann vor allem populäre Ratgeber und zeitgenössische wissenschaftliche Publikationen, ebenso Präsidentenreden und präsidiale Konferenzen sowie die Rezeption wegweisender Urteile des Supreme Court. Zudem nimmt jedes Kapitel einige Sozialexperten und Vereine, die sich in die jeweilige Debatte einbrachten, diese programmatisch prägten und ihre Thesen der Öffentlichkeit vermittelten, näher in den Blick und wertet dazu ihre Schriften und Nachlässe besonders ausführlich aus. Während Kapitel eins zu den Ehescheidungsdebatten mit Edward E. Ross und Samuel W. Dike einen Soziologen und einen sozialwissenschaftlich interessierten Kirchenvertreter näher betrachtet und die Position der *American Sociological Association* zur Familie analysiert, untersucht Kapitel zwei die Initiativen der *American Eugenics Society* sowie den Einfluss des Eugenikers und Eheberaters Paul B. Popenoe auf das nationale Familienideal. In Kapitel drei werden die Überlegungen der Soziologin Mirra Komarovsky und der Publizistin Betty Friedan zum Thema Frauenarbeit mit denen ultrakonservativer Sozialexperten wie Ferdinand Lundberg und David Goodman kontrastiert, während Kapitel vier zur afroamerikanischen Familie insbesondere die Schriften und Nachlässe von Daniel Patrick Moynihan und Martin Luther King sowie der *Southern Christian Leadership Conference* (SCLC) heranzieht. Kapitel fünf untersucht die Debatten um Reproduktion und stellt dazu den Bevölkerungsexperten Robert C. Cook, die Anthropologin Margaret Mead und die verschiedenen Gruppierungen des *Population Control Movement* sowie die *National Organisation for Women*

---

Heinemann, Isabel: Vom Good War zum American Century. Die US-Gesellschaft und der Zweite Weltkrieg, in: Martin, Bernd (Hg.): Der Zweite Weltkrieg und seine Folgen. Ereignisse – Auswirkungen – Reflexionen, Freiburg 2006, S. 173–194, S. 174–175.

**107** Die beiden großen überregionalen Tageszeitungen *New York Times* und *Washington Post* sind für den kompletten Zeitraum digital verfügbar, was die Recherchen stark erleichtert hat. In den jeweiligen Kapiteln werden nach Bedarf zudem noch weitere Zeitungen wie die *Chicago Tribune*, *Washington Star*, *New York Herald*, *Los Angeles Times* hinzugezogen. Die untersuchten Zeitschriften variieren nach der Thematik der Debatte, so stehen *Atlantic Monthly* und *North American Review* im Focus, wenn es um intellektuelle Debatten zu Beginn des 20. Jahrhunderts geht, Zeitschriften der Eugenikbewegung wie *Journal of Heredity* und *Family Life* wurden ausgewertet wenn es um eugenische Konzepte von Mutterschaft geht, Frauenzeitschriften wie *Ladies' Home Journal* und *Good Housekeeping* für Debatten um Frauenarbeit und schließlich afro-amerikanische Zeitschriften wie *Ebony* und *Jet* für Debatten um Werte und Struktur afro-amerikanischer Familien.

(NOW) in den Mittelpunkt. Kapitel sechs hingegen wertet die Reden und Schriften Ronald Reagans aus und konstrastiert diese mit dem reichhaltigen Schrifttum sozialer Bewegungen, welche insbesondere die reproduktiven Rechte der Frau ins Zentrum ihrer Forderungen stellten: *National Abortion Rights Action League* (NARAL) und ihre Unterorganisation im Staat Massachussetts (NARAL Mass Choice), NOW, *Boston Women's Health Book Collective* und *Concerned United Birthparents* (CUB).

**Aufbau der Studie**

Die Studie folgt einem weitgehend chronologischen Aufbau, zieht dabei jedoch auch eine thematische Analyseebene ein. So werden in chronologischer Abfolge insgesamt sechs nationale Debatten untersucht, die aus unterschiedlichem Blickwinkel die Themen Ehescheidung, Reproduktion und Frauenarbeit verhandelten. Alle sechs Debatten werden jeweils unter der Frage ausgewertet, inwiefern sich hier zentrale Veränderungen der normativen Rahmensetzung (Familienwerte, Geschlechternormen) und der praktischen Handlungsspielräume von Familien und Individuen feststellen lassen.

Ein erstes Kapitel analysiert die Ehescheidungsdebatten zwischen 1900 und 1920 und fragt insbesondere nach dem Einfluss der Sozialwissenschaftler auf die Vorstellungen von Geschlechternormen und Familienwerten sowie auf die Deutung sozialer Wandlungsprozesse als Reaktion auf die „Zumutungen der Moderne"[108]. Kapitel zwei untersucht, wie die Bestrebungen zur Verwissenschaftlichung von Mutterschaft und Kindererziehung zugleich den Weg für die Konjunkturen der Eugenik in den 1920er und 1930er Jahren bereiteten und welche Auswirkungen dies auf die Vorstellung von „gesunden Familien" hatte. Zudem wird danach gefragt, wie auf dem Wege erbbiologisch informierter Ehe- und Familienberatung auch über die 1940er Jahre hinaus eugenisches Gedankengut seinen Weg in den Mainstream der US-Gesellschaft fand. Kapitel drei thematisiert die Auseinandersetzungen um Frauenarbeit und die Berufstätigkeit von Müttern von 1940 bis 1970 und erläutert, welche Folgen für die „Substanz der Nation" die Zeitgenossen jeweils erwarteten und in den Debatten geltend machten. Es geht dabei nicht nur um die gesellschaftliche Durchsetzung der Teilzeitarbeit von Frauen als ökono-

---

[108] Der Begriff stammt eigentlich aus dem Kontext der Amerikanisierungsforschung der Weimarer Republik, wird aber hier verwendet, weil er präzise die Selbstwahrnehmung zahlreicher Zeitgenossen benennt, wie sie sich in den Scheidungsdebatten spiegelten. Vgl. Saldern, Aldelheid von / Lüdke, Alf / Marsolek, Inge (Hg.): Amerikanisierung. Traum und Alptraum im Deutschland des 20. Jahrhunderts, Stuttgart 1996, S. 7–35.

mische Notwendigkeit und Errungenschaft der liberalen Frauenbewegung, sondern es zeigt sich auch die weiterhin zentrale Bedeutung der Faktoren „Race" und „Class" – allen Liberalisierungsbestrebungen zum Trotz. Kapitel vier beleuchtet, wie unter massiver Beteiligung von Sozialexperten und Bürgerrechtsbewegung in der zweiten Hälfte der 1960er Jahre einerseits das US-amerikanische Familienideal durch Einbezug auch nicht-weißer Familien eine wichtige Erweiterung erfuhr. Andererseits macht es jedoch auch klar, wie Sozialexperten, Bürgerrechtsbewegung und *Black Power Movement* selbst auf eine Re-Biologisierung der Geschlechternormen hinarbeiteten und zur Konsolidierung der Familie die Handlungsspielräume insbesondere afroamerikanischer Frauen weiter einengten. Kapitel fünf analysiert, wie Vertreterinnen der Frauenbewegung und Bevölkerungspolitiker in den 1960er und 1970er Jahren die Rolle der Frau in Familie und Gesellschaft neu verhandelten. Kernaspekte der Debatten um den Zugang zu selbstbestimmter Reproduktion waren Verhütung, Abtreibung und die semantische Verschiebung von „reproductive choice" zu „reproductive rights", die staatliche Sterilisationspolitik, die Bewegung zur Eindämmung des weltweiten Bevölkerungswachstums (*Zero Population Growth*) und schließlich die Ehescheidung ohne Schuldspruch (*No-Fault Divorce*). Kapitel sechs schließlich untersucht ausgehend von der ersten „National Conference on Families" der Regierung Carter die Verhandlung von Familienwerten und reproduktiven Rechten in den 1980er Jahren. Darin wird deutlich, dass das Recht auf individuelle Entscheidungsfreiheit in Fragen der Reproduktion einerseits eine zentrale Errungenschaft der 1970er Jahre darstellte, es andererseits für die 1980er Jahre eine national verbindliche Familienpolitik unmöglich machte – so groß waren die ideologischen und programmatischen Konflikte in der US-Gesellschaft. Im weiteren Verlauf des Kapitels wird durch Gegenüberstellung der Diskussionen um „Adoption" und „Abtreibung" analysiert, inwiefern die symbolische Familienpolitik der Reagan Era nicht nur die Fronten in den *Culture Wars* verhärtete, sondern tatsächlich auch die individuellen Handlungsspielräume der Amerikanerinnen und Amerikaner in Bezug auf ihre Familie veränderte. Am Ende der Studie steht eine Schlussbemerkung, welche im Lichte der empirischen Ergebnisse die Frage nach einem „Wertewandel der Familie" neu diskutiert.

# 1 „Race Suicide or Remedy"? Die Debatten um Ehescheidung in der Progressive Era, 1890 – 1920

Zu Beginn des 20. Jahrhunderts entdeckte die amerikanische Soziologie die Familie als geeigneten Forschungs- und Analysegegenstand, der auch dazu diente, die Wissenschaftlichkeit und Aussagefähigkeit der eigenen, noch jungen Disziplin zu untermauern. Erst 1905 hatte sich die *American Sociological Association* als nationaler Soziologenverband gegründet, um den Zusammenhalt und Austausch der Wissenschaftler zu befördern.[1] Bereits auf ihrer dritten Jahreskonferenz im Jahr 1908 in Atlantic City, New Jersey, befassten sich die versammelten amerikanischen Soziologen dann mit der Frage, wie die moderne Gesellschaft die Familie verändere. In seiner Eröffnungsansprache verlieh der damalige Präsident des Soziologenverbandes und Mitbegründer der US-amerikanischen Soziologie, William G. Sumner[2], dem großen Interesse vieler Soziologen an der Familie beredt Ausdruck. Er erklärte, dass sich die US-amerikanische Familie in einem fundamentalen Wandlungsprozess befinde, so dass traditionelle Geschlechter- und Generationenbeziehungen vielfach keine Gültigkeit mehr beanspruchen könnten:

> Perhaps the family still shows more fluctuation and uncertainty than any other of our great institutions. Different households now differ greatly in the firmness of parental authority and the inflexibility of filial obedience. Many nowadays have abandoned the old standards of proper authority and due obedience. The family has to a great extent lost its position as a conservative institution and has become a field for social change.[3]

---

1 Rhoades, Lawrence J.: A History of the American Sociological Association, 1905–1980 <www.asanet.org/about/Rhoades_History.cfm>.
2 WILLIAM GRAHAM SUMNER (1840–1910), war Inhaber des *Chair of Political and Social Science* an der Universität Yale und einer der Gründerväter der US-amerikanischen Soziologie. Sumner, der zunächst in Genf, Göttingen und Oxford alte Sprachen, Geschichte und Theologie studierte, diente von 1867 bis 1872 erst als Diakon und dann als Priester der *Episcopal Church*. 1872 erhielt er einen Ruf als Sozialwissenschaftler an die Universität Yale, wo er bis zu seinem Tod lehrte. Von 1908 bis 1909 war er Präsident der *American Sociological Association*, der er bereits seit ihrer Gründung 1905 als Vizepräsident angehörte. Sumner war überzeugter Anhänger einer freien Markwirtschaft, Befürworter einer laissez-faire-Wirtschaftspolitik und dezidierter Antiimperialist. In seiner Darstellung „Folkways" formulierte er den Terminus „ethnocentrism" zur Kennzeichnung nationaler und kultureller Überheblichkeit. Sumner, William Graham: Folkways. A Study of the Sociological Importance of Usages, Manners, Customs, Mores, and Morals, Boston 1906.
3 Sumner, William G.: The Family and Social Change, in: Publications of the American Sociological Society. Papers and Proceedings, Volume III: Third Annual Meeting of the American Socio-

Zugleich warnte Sumner, obwohl persönlich ein Vertreter konservativer Familienwerte und Befürworter stabiler, patriarchaler Familienstrukturen, jedoch vor übertriebener Besorgnis angesichts des skizzierten Wandlungsprozesses. Trotz aller Herausforderungen – sichtbar vor allem in steigenden Ehescheidungszahlen – sei die Familie als Institution selbst nicht bedroht.[4]

Sumners Beobachtung von Wandel der Familie und die sich daran anschließende Diskussion der Soziologen sind von mehrfacher Bedeutung für die Thematik dieser Studie. Erstens reagierten die Vertreter dieser jungen Disziplin auf eine wichtige zeitgenössische Diskussion, die in den USA etwa seit 1890 geführt wurde: die Debatte um mögliche Auswirkungen von Ehescheidung auf Familienwerte, Familienstruktur und den Zusammenhalt der Gesellschaft allgemein.[5] Obgleich die gesamte Veranstaltung unter dem Thema „The Family" stand, drehte sich jedoch ein Großteil der Referate um die Scheidungsproblematik.[6] Zweitens war tatsächlich ein starker Anstieg der Scheidungszahlen in den USA seit dem letzten Drittel des 19. Jahrhunderts zu verzeichnen. Verlässliche Daten hierzu bot die erste landesweite Scheidungsstatistik, der sogenannte *Wright-Report*, dessen zwei Teile 1889 respektive 1909 publiziert wurden.[7] Drittens und

---

logical Society, held at Atlantic City, N.J., December 28–30, 1908, Chicago / New York 1909, Reprint New York / London 1971, S. 1–15, dort S. 15.

4 Curtis, Bruce: Victorians Abed. William Graham Sumner on the Family, Women and Sex, in: American Studies 18,1 (1977), S. 101–122.

5 Als erster hat diesen Zusammenhang William O'Neill untersucht. Er hat einerseits auf die Bedeutung der Entwicklung der Soziologie für die Neuaushandlung von Geschlechterrollen und Familienwerten verwiesen, andererseits die Bedeutung der Ehescheidungsdebatten für die Professionalisierung der Sozialwissenschaften betont. O'Neill, William L.: Divorce in the Progressive Era, New Haven / London 1967. Ders.: Divorce in the Progressive Era, in: Gordon, Michael (Hg.): The American Family in Social-Historical Perspective, New York ²1978, S. 140–151. Ders.: Divorce and the Professionalization of the Social Scientist, in: Journal of the Behavioral Sciences 2 (1966), Nr. 4, S. 291–302. Vgl. auch Riley, Glenda: Divorce. An American Tradition, New York / Oxford 1991, S. 108–129.

6 Vgl. z. B. den Vortrag des bekannten Soziologen George E. Howard und die anschließende kontroverse Diskussion: Howard, George Elliot: Is the Freer Granting of Divorce an Evil? In: Publications of the American Sociological Society. Papers and Proceedings, Volume III: Third Annual Meeting of the American Sociological Society, held at Atlantic City, N.J., December 28–30, 1908, Chicago / New York 1909, Reprint New York / London 1971, S. 150–180 (mit Diskussionsbeiträgen zum Vortrag). Howard war der Autor des monumentalen Standardwerkes zur Geschichte der Ehe und ein erklärter Befürworter der Ehescheidung. Howard, George: A History of Matrimonial Institutions, 3 Bd., Chicago 1904.

7 U. S. Department of Commerce and Labor, Marriage and Divorce, 1867–1886, Westport, Conn. 1889 (nach seinem Urheber, dem Commissioner of Labor Carroll D. Wright auch „Wright-Report" genannt). U. S. Department of Commerce and Labor. Marriage and Divorce, 1867–1906, 2 Bde.,

letztens waren die Sozialwissenschaften, insbesondere die in Atlantic City versammelten Soziologen, gerade dabei, ihren Anspruch als neue Leitwissenschaft zu formulieren. Die Ableitung gesellschaftsrelevanter Interpretationsangebote aus statistischen Daten, wie im Falle der Scheidungspraxis und der daraus gezogenen Rückschlüsse auf den Zustand „der amerikanischen Familie" an sich, unterstrich dieses Ansinnen. Auf der Basis von Statistiken, Umfragen und Modellen veröffentlichten zahlreiche Soziologen engagierte Analysen der Auswirkungen der Moderne auf Struktur und Werte der modernen Gesellschaft, insbesondere der Familie, und begannen, den Theologen ihre bisherige Deutungshoheit streitig zu machen.[8] Diesen Paradigmenwechsel hatte schon Albion Small, Lehrstuhlinhaber für Soziologie in Chicago und neben Sumner einer der Pioniere der US-Soziologie, 1910 in einem Grundlagenwerk herausgestellt: „Our generation is whitness that the case MEN VERSUS MEN'S PROBLEMS has taken a change of venue from the theological court to the sociological."[9]

Die hier zu diskutierenden Soziologen-Debatten um die Familie müssen nicht nur in die fachinternen Diskurse um Wissenschaft und Wissenschaftlichkeit eingeordnet werden, sie können auch als Beitrag zur Verhandlung der Herausforderungen der „Moderne" in den USA, zur „Verwissenschaftlichung des Sozialen" (Lutz Raphael) und zur Relevanz von Konzepten und Praktiken des „social engineering" (Thomas Etzemüller) analysiert werden.[10] Der Aufstieg der Soziologie zur Leitwissenschaft und die Formierung eines neuen Sozialexpertentypus

---

Westport, Conn. 1909, repr. 1978. Erste Zahlen aus dem zweiten Bericht waren den Wissenschaftlern bereits Ende 1908 bekannt.

**8** Als grundlegende Reflexion zum Übergang der Deutungshoheit über Prozesse des Sozialen von der Kirche auf die Sozialwissenschaften vgl. Small, Albion W.: The Meaning of the Social Sciences, Chicago 1910. Als Analysen von Ehescheidung und ihre Folgen für die Gesellschaft: Howard, Freer Granting of Divorce, S. 766–796. Lichtenberger, James P.: Divorce: A Study in Social Causation, New York 1909. Ross, Edward Alsworth: The Significance of Increasing Divorce, in: Century 78 (1909), S. 149–152. Spencer, Anna Garlin: Problems of Marriage and Divorce, in: Forum 48 (1912), S. 188–204.

**9** Small, Albion W.: The Meaning of the Social Sciences, Chicago 1910, S. 272. Hervorhebung im Original. Zu Small siehe ausführlich weiter unten in diesem Kapitel.

**10** Raphael, Lutz: Die Verwissenschaftlichung des Sozialen als methodische und konzeptionelle Herausforderung für eine Sozialgeschichte des 20. Jahrhunderts, in: Geschichte und Gesellschaft 22 (1996), S. 165–193. Etzemüller, Thomas (Hg.): Social Engineering als Verhaltenslehre des kühlen Kopfes: Eine Einleitende Skizze, in: Ders. (Hg.): Die Ordnungen der Moderne. Social Engineering im 20. Jahrhundert, Bielefeld 2009, S. 11–39. Ders.: Social Engineering, Version 1.0, in: Docupedia-Zeitgeschichte. Begriffe, Methoden und Debatten der zeithistorischen Forschung, URL: <www.docupedia.de/zg/Social_engineering>. Vgl. auch Reinecke, Christiane / Mergel, Thomas: Das Soziale Ordnen. Sozialwissenschaften und gesellschaftliche Ungleichheit im 20. Jahrhundert, Frankfurt a.M. 2012.

waren jedoch nicht die einzigen gravierenden Veränderungen zwischen der letzten Dekade des 19. Jahrhunderts und der zweiten Dekade des 20. Jahrhunderts, welche die Vorstellungen von Familie in der US-Gesellschaft beeinflussten. Zugleich kristallisierte sich ein neues Verständnis von Geschlechterrollen und insbesondere von den Rechten der Frauen heraus. Einerseits veränderte die Verankerung des Frauenwahlrechts in der Verfassung im Jahr 1920 als *19. Amendment to the Constitution* die Handlungsmöglichkeiten von Frauen nachhaltig. Andererseits begannen – neben der traditionsreichen Frauenwahlrechtsbewegung des späten 19. Jahrhunderts, die „new women" der 1920er Jahre – eine neue Schicht gut ausgebildeter, berufstätiger, unabhängiger Frauen – breiter gefasste Forderungen nach Selbstbestimmung und kultureller Unabhängigkeit zu formulieren, als es noch die Vertreterinnen der Frauenwahlrechtsbewegung des späten 19. Jahrhundert getan hatten.[11] Im Verein mit Sozialwissenschaftlern, Sozialreformern und liberalen Intellektuellen begannen diese Frauen, die rigiden viktorianischen Moralvorstellungen ebenso in Frage zu stellen wie das patriarchale, auf der Unterordnung der Frau basierende Gesellschaftsmodell – was längerfristige normative Umorientierungen zur Folge hatte.[12] Diese Wandlungsprozesse verliefen nicht konfliktfrei und linear, sondern durchaus widersprüchlich und heterogen, wie sich insbesondere am Beispiel der Debatten um Ehescheidung in der Progressive Era zeigen lässt.[13]

Zu Beginn des 20. Jahrhunderts wurde Scheidung von ihren Gegnern nicht nur als moralisches Problem, sondern als vor allem anti-soziale Maßnahme verstanden, da sie die Familie und damit das Fundament der Gesellschaft bedrohe.[14] Zudem manifestierte sich in der öffentlichen Auseinandersetzung um Ehe und Scheidung ein Konflikt um die Rolle der Frau. Die These der Scheidungsgegner, dass vor allem die Frau für die Aufrechterhaltung von Familie und Ehe verantwortlich sei, kollidierte mit dem Postulat der Scheidungsbefürworter, dass auch Frauen das Recht auf die Beendigung einer untragbar gewordenen Beziehung

---

**11** Matthews, Jean: The Rise of the New Woman. The Women's Movement in America, 1875–1930, Chicago 2003. Cott, Nancy: The Grounding of Modern Feminism, New Haven 1987.
**12** Griswold, Robert L.: Law, Sex, Cruelty, and Divorce in Victorian America, 1840–1900, in: American Quarterly 38 (1986), Nr. 5, S. 771–745. Tyler May, Elaine: Great Expectations. Marriage and Divorce in Post-Victorian America, Chicago 1980.
**13** Darauf hat zuerst Michael O'Neill hingewiesen. Vgl. O'Neill, Divorce, 1967. Ders., Divorce, 1978.
**14** Yamin, Priscilla: American Marriage. A Political Institution, Philadelphia 2012. Cott, Nancy F.: Public Vows. A History of Marriage and the Nation, Cambridge / London 2000. Coontz, Stephanie: Marriage, A History. From Obedience to Intimacy or How Love Conquered Marriage, New York 2005. Cherlin, Andrew J.: The Marriage-Go-Round. The State of Marriage and the Family in America Today, New York 2009. Roderick, Phillips: Untying the Knot. A Short History of Divorce, New York 1991.

hätten. Die Debatte um Ehescheidung lag quer zu den politischen Lagern und den Geschlechterdichotomien. In beiden Lagern fanden sich Konservative und Liberale, Frauen und Männer, mit einem leichten Übergewicht an Sozialwissenschaftlern bei den Scheidungsbefürwortern und Kirchenmännern bei den Scheidungsgegnern. Im Kern wurde hier eine Auseinandersetzung um das Recht des Individuums (oftmals: der Frau) versus desjenigen der Gemeinschaft geführt. Aufschlussreich ist hier die Rolle der Soziologen, die dem Recht auf Scheidung einerseits öffentlich „wissenschaftliche Reputation" verliehen, andererseits mit ihren Diagnosen gesellschaftliche Ängste vor den Folgen zusätzlich schürten.[15] Es bleibt zu klären, inwiefern sich aus der Debatte um den Stellenwert von „public" – „private", Individuum – Gemeinschaft und aus der sukzessiven Marginalisierung der Scheidungsgegner Rückschlüsse auf erste vorsichtige Modernisierungen des Familienbildes zu Beginn des 20. Jahrhunderts ziehen lassen.

Zur sozialhistorischen Konturierung der publizistischen Debatten um Ehescheidung und ihre moralischen sowie gesellschaftlichen Folgen bietet ein erstes Teilkapitel eine kurze Einführung zur Entwicklung der Ehescheidung in den USA im 19. und 20. Jahrhundert. Im Anschluss wird ein zweites Teilkapitel die publizistischen Ehescheidungsdebatten bis zum Ende des 19. Jahrhunderts untersuchen und dabei insbesondere die Frage aufwerfen, welche Wertverschiebungen sich in diesen Debatten in Bezug auf die Familie ausmachen lassen. Im weiteren Verlauf der Darstellung wird analysiert, inwiefern sich das nationale Familienideal in den USA zu Beginn des 20. Jahrhunderts als Resultat der Ehescheidungsdebatten veränderte und welche Rolle den Sozialexperten und ihren Analysen des sozialen Wandels dabei zukam.

Die Quellen, die im Folgenden untersucht werden, umfassen zunächst die Schriften amerikanischer Soziologen und Humanwissenschaftler wie Edward A. Ross, James P. Lichtenberger und George Howard. Ebenfalls im Fokus stehen die Soziologin Charlotte Perkins Gilman, der Geistliche und Sozialstatistiker Samuel W. Dike sowie die von ihm gegründete *Divorce Reform League*. Hinzu kommen Veröffentlichungen der *American Sociological Association* und für die zeitgenössische Scheidungsdiskussion bedeutende Presseorgane wie die Tageszeitung *New-York Tribune* und die Zeitschriften *Atlantic Monthly* sowie *North American Review*.

---

**15** Die Bedeutung der Soziologie für die sukzessive Überwindung der restriktiven Scheidungsgesetzgebung in den meisten Einzelstaaten betont insbesondere Riley, Divorce.

## 1.1 Die Entwicklung der Ehescheidungsrate in den USA des 19. und 20. Jahrhunderts

Die erste aktenkundige Scheidung in der Neuen Welt wurde bereits 1639 in Plymouth ausgesprochen.[16] In der Folgezeit vertraten die Kolonien eine jeweils sehr unterschiedliche Scheidungspraxis, wobei sich ein deutliches Nord-Süd-Gefälle herausbildete, da sich die nordöstlichen Kolonien um Massachusetts durch eher liberalere Verfahren auszeichneten, wohingegen der Süden Scheidungen nur im Ausnahmefall gewährte. Im Gefolge der Declaration of Independence und des Unabhängigkeitskrieges nahmen die Scheidungszahlen in den Einzelstaaten stetig zu, obwohl unterschiedliche Rechtsgrundlagen und Scheidungsformen einen Vergleich erschweren. So reichte die Bandbreite vom strikten Verbot der Scheidung in South Carolina und Ehebruch als einzigem möglichen Scheidungsgrund (New York) bis hin zur Zulassung einer Vielzahl von möglichen Scheidungsgründen (in New Hampshire galten zu Beginn des 20. Jahrhunderts nicht weniger als 14 Scheidungsgründe, in Iowa waren es neun[17]) und der Anwendung von sogenannten „omnibus clauses"[18], welche die Scheidung vollständig in den Ermessensspielraum der Richter stellten. Ferner gab es drei potentielle Formen der sanktionierten Trennung, deren häufigste die Scheidung vor Gericht war („juridical divorce"), gefolgt von der Scheidung durch einen Akt des Gesetzgebers („legislative divorce"[19]) und der von den meisten Kirchen sanktionierten Variante der Scheidung, der rechtlich geregelten Trennung der Ehepartner („divorce of bed and board").

Festzuhalten ist *erstens*, dass sich um die Mitte des 19. Jahrhunderts die Überzeugung auszubreiten begann, Scheidung sei ein Bürgerrecht in einer demokratischen Gesellschaft. *Zweitens* änderten sich allmählich die Voraussetzungen der Ehe als Versorgungsinstitution: Durch die Entstehung der Marktwirtschaft verlor die Familie einen Teil ihrer Bedeutung als Produktionseinheit, eine wachsende Mobilität und ein erster Trend zur Individualisierung taten ein Übriges.[20] Zeitgenössische Beobachter diagnostizierten zudem bereits in den

---

16 Riley, Divorce, S. 12.
17 Lichtenberger, Divorce, S. 142. Riley, Divorce, S. 48.
18 Im 19. Jahrhundert praktiziert in Connecticut, North/South Dakota, Illinois, Indiana, Maine, Massachusetts, New Jersey, New York, Utah, Ohio, Oklahoma, Pennsylvania, Rhode Island, Vermont.
19 Die Praxis der „legislative divorce" wurde in den meisten Bundesstaaten zwischen der Mitte und dem Ende des 19. Jahrhunderts aufgehoben, zuletzt in Delaware (1897). Riley, Divorce, S. 35–44.
20 Riley, Divorce, S. 31.

1850er und 1860er Jahren einen Scheidungsboom, der sie massiv verunsicherte.[21] Dies stand im strikten Gegensatz zur Entwicklung in Europa, wo Scheidung in vielen Staaten vollständig verboten oder wie in Großbritannien auf eine räumliche und wirtschaftliche Trennung der Ehepartner beschränkt war. Diese erste Ehescheidungsdiskussion in den USA wurde flankiert von einer Debatte über die ökonomische und rechtliche Position der Frau in der Ehe. Gegen die aus Großbritannien übernommene Rechtsform der *Coverture*, dem Übergang des Besitzes einer Frau (und sämtlicher Rechte und Pflichten) auf den Mann bei Eheschließung, begehrte insbesondere die frühe Frauenbewegung ab Mitte des 19. Jahrhunderts auf, es regte sich zugleich heftiger Widerstand in den Einzelstaaten.[22] Zahlreiche Staaten erließen daraufhin *Married Women's Property Acts*, die Ehefrauen auch Besitzrechte zubilligten, was wiederum deren Position in möglichen Ehescheidungsverfahren stärkte.[23]

Während des gesamten 20. Jahrhunderts wiesen die USA eine sehr hohe Eheschließungsrate sowie die weltweit höchste Scheidungsrate auf – und dies, obwohl Scheidung in den einzelnen Bundesstaaten sehr unterschiedlich geregelt war. Seit Beginn der Aufzeichnungen 1867 stiegen sowohl die Zahlen für Ehescheidungen als auch für Eheschließungen konstant an, seit den frühen 1980er Jahren ist jedoch in beiden Kategorien ein allmählicher Rückgang zu verzeichnen. Betrachtet man die Phase vom letzten Drittel des 19. Jahrhunderts bis zum Ende des 20. Jahrhunderts, so stechen einige Zeiträume besonders hervor: die Zeit zwischen dem Ende des 19. Jahrhunderts und dem Ausgang der Progressive Era, die Great Depression, die Zeit des „Baby Booms" und die frühen 1970er Jahre. Vor allem ist von Bedeutung, dass der Anstieg der Ehescheidungsrate nie wieder so

---

**21** Nationsweite Statistiken sind erst ab dem Jahr 1867 überliefert, sie registrieren 9.937 Scheidungen. Im Jahr 1887 und damit 20 Jahre später standen den 483.069 Eheschließungen bereits 27.919 Scheidungen gegenüber.
U. S. Department of Commerce and Labor, Marriage and Divorce, 1867–1906, Westport, Conneticut 1909, reprint 1978, Bd. I, S. 7, 12, 22.
**22** Vgl. die entsprechende Passage in der Declaration of Sentiments von 1848, einem Schlüsseldokument der frühen Frauenbewegung: Knight, Denise D., Declaration of Sentiments, in: American History through Literature 1820–1870, edited by Janet Gabler-Hover and Robert Sattelmeyer, vol. 1, New York 2006, S. 316–320. Zum Kontext Tetrault, Lisa: The Myth of Seneca Falls: Memory and the Women's Suffrage Movement, Chapel Hill 2014. Wellman, Judith: The Road to Seneca Falls: Elizabeth cady Stanton and the First Woman's Rights Convention, Urbana 2004.
**23** Speth, Linda E: The Married Women's Property Acts, 1839–1865: Reform, Reaction, or Revolution?, in: Lindgren, J. Ralph et al. (Hg.): The Law of Sex Discrimination, Wadsworth ⁴2011), S. 12–15. Boswell, Angela: Married Women's Property Rights and the Challenge to the Patriarchal Order: Colorado County, Texas, in: Coryell, Janet L. (Hg.): Negotiating Boundaries of Southern Womanhood: Dealing With the Powers That Be, Columbia, MO 2000, S. 89–109.

dramatisch verlief und vor allem wahrgenommen wurde, wie im Zeitraum vom Ende des 19. Jahrhunderts bis zum Beginn des 20. Jahrhunderts – worauf im Laufe des Kapitels zurückzukommen ist.[24]

Die Aufzeichnung der Eheschließungs- und Ehescheidungsrate begann in den USA 1867 mit der Datenerhebung durch den nationalen *Commissioner of Labor*, Carroll D. Wright. Im Jahr 1887 hatte der Kongress Wright – gewissermaßen der Vorläufer des nationalen Arbeitsministers, ein eigenes Arbeitsministerium wurde erst 1913 geschaffen – mit der Sammlung von entsprechenden nationalen Daten beauftragt, zunächst rückwirkend für die zwei Dekaden von 1867 bis 1886.[25] Wrights Bericht „Marriage and Divorce" erschien 1889 und verzeichnete einen beispiellosen Anstieg der absoluten Scheidungszahlen von knapp 10.000 (1867) auf knapp 26.000 (1886), also um mehr als 150 Prozent.[26] Um diesen Trend weiter zu verfolgen, bestimmte Präsident Theodore Roosevelt 1905 eine Fortsetzung der Datensammlung durch den Direktor der nationalen Statistik-Behörde, des *Bureau of the Census*.[27] 1909 wurde die Dokumentation der Eheschließungs- und Scheidungszahlen für die Jahre 1887 bis 1906 veröffentlicht.[28] Auch hier zeigte sich ein stattlicher Anstieg der nationalen Scheidungszahlen von rund 26.000 (1886) auf 72.000 (1906), also um fast 200 Prozent. Dem standen deutlich moderater steigende Eheschließungszahlen gegenüber, von rund 357.000 Eheschließungen 1867 auf 534.000 (1886) und 895.000 (1906). Allerdings war die Statistik hier bis 1906 aufgrund der unterschiedlichen rechtlichen Regelungen der Eheschließung in den Einzelstaaten nur sehr unvollständig. So meldeten bis 1886 nur 14 Staaten ihre Ehestatistiken, 1906 waren es dann alle außer South Carolina.[29] Auch wenn man das Bevölkerungswachstum mit einrechnet, zeigt sich zwischen 1867 und 1906 ein deutlicher Anstieg der Scheidungsrate von 0,3 auf 0,8 Scheidungen je 1.000 Einwohner und 9,6 auf 10,5 Eheschließungen.

---

**24** Ein weiterer bedeutsamer Anstieg war zwischen 1965 und 1975 zu verzeichnen, direkte Auswirkung der Abschaffung des Schuldprinzips bei der Ehescheidung, hierzu siehe Kapitel 5 dieser Arbeit.
**25** Plateris, Alexander A.: 100 Years of Marriage and Divorce Statistics. United States, 1867–1967. U.S. Department of Health, Education and Welfare, National Center for Health Statistics, Rockville MD 1973, S. 1.
**26** U. S. Department of Commerce and Labor, Marriage and Divorce, 1867–1886, Westport, Conn. 1889. Abgedruckt in: U. S. Department of Commerce and Labor. Marriage and Divorce, 1867–1906, 2 Bde., Westport, Conn. 1909, repr. 1978, S. 12.
**27** U. S. Department of Commerce and Labor. Marriage and Divorce, 1867–1906, 2 Bde., Westport, Conn. 1909, repr. 1978, S. 4. Plateris, 100 Years, S. 1.
**28** U. S. Department of Commerce and Labor. Marriage and Divorce, 1867–1906, 2 Bde., Westport, Conn. 1909, repr. 1978.
**29** Plateris, 100 Years, S. 2.

**Abb. 1.1:** Entwicklung der Eheschließungen und Ehescheidungen nach den beiden nationalen Statistiken von 1887 und 1909

| Year | Marriages | Rate per 1.000 population | Divorces | Rate per 1.000 population |
|---|---|---|---|---|
| 1867 | 357.000 | 9,6 | 10.000 | 0,3 |
| 1870 | 352.000 | 8,8 | 11.000 | 0,3 |
| 1880 | 453.000 | 9,6 | 20.000 | 0,4 |
| 1890 | 570.000 | 9,0 | 33.000 | 0.5 |
| 1900 | 709.000 | 9,3 | 56.000 | 0,7 |
| 1906 | 895.000 | 10,5 | 72.000 | 0,8 |

Es ist wichtig, dass zu diesem frühen Zeitpunkt in den Einzelstaaten nicht nur sehr unterschiedliche Regelungen der Scheidung, sondern auch der Eheschließung existierten. Zunächst gab es in manchen Einzelstaaten keine oder eine nur sehr unzureichende Kodifizierung der zivilrechtlichen Trauung („marriage license laws"), was die Erhebung der Statistik stark einschränkte. Vereinheitlichungsbestrebungen im Eheschließungsverfahren waren daher ein Grund für die Forderung nach einer ersten nationalen Statistik 1887. Im Jahr 1906 hatten zwei Staaten, New York und South Carolina, noch immer kein formales Eheschließungsverfahren.[30] Auf dem Gebiet der Ehescheidung war die Situation noch viel unübersichtlicher. Hier koexistierte das vergleichsweise liberale Scheidungsrecht vieler Staaten des Westens und des nordamerikanischen Kernlandes mit restriktiven Regelungen oder kompletten Scheidungsverboten in den Staaten des Nordostens und Südostens.[31] Allen gemeinsam war jedoch, dass auf der Basis unterschiedlicher Schuldgründe geschieden wurde, deren wichtigste den Tatbestand des Verlassens („desertion", v. a. durch den als Ernährer aufgefassten Ehemann), des Ehebruchs („adultery") oder der körperlichen oder seelischen Grausamkeit („cruelty") umfassten.

Die Unterschiede im Scheidungsrecht drückten sich auch in einer geographisch sehr heterogenen Verteilung der Scheidungshäufigkeiten aus. So bilanzierte der Kommentar zur zweiten nationalen Scheidungsstatistik (1887–1906) „the divorce rate increases as one goes westward". Tatsächlich waren die Scheidungsraten im Westteil der USA im Jahr 1906 etwa viermal so hoch wie diejenigen des Nordostens und Südostens.[32] Eine wirkliche Erklärung für dieses Phänomen

---

30 Marriage and Divorce, 1909, repr. 1978, S. 4.
31 Marriage and Divorce, 1909, repr. 1978, S. 14.
32 Marriage and Divorce, 1909, repr. 1978, S. 14.

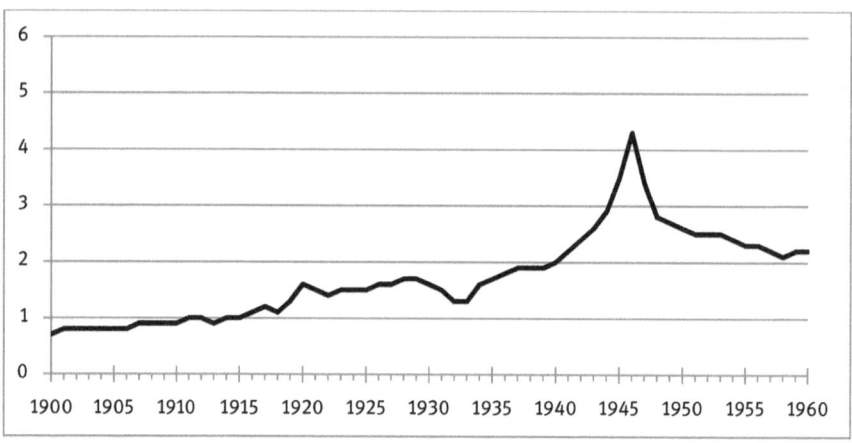

**Abb. 1.1:** Anzahl der Scheidungen je 1.000 US-Bürger, 1900–1960

konnten die Statistiker – jenseits der Tatsache, dass die Gesellschaften des Westens noch recht junge Gemeinwesen darstellten und daher nicht auf althergebrachte Regeln zurückgriffen – nicht anbieten. Erklärungsbedürftig erschien auch die sukzessive steigende Scheidungsrate in den Südstaaten. Hier argumentierte der Bericht, die in dieser Region stark vertretene afroamerikanische Bevölkerung greife verstärkt auch auf das Instrument der Scheidung zurück. So zeige sich für die Südstaaten folgender Befund: „divorces granted to colored persons form 50 to as high as 90 per cent of all divorces."[33] Dagegen versuchten die Autoren, die vergleichsweise niedrigen Scheidungsraten des Nordostens mit der kontinuierlichen Einwanderung zu erklären, da kontinentaleuropäische Einwanderer mit dieser Praxis weniger vertraut seien. Zudem konstatierten die Autoren ein deutliches Stadt-Land-Gefälle, da die Scheidungshäufigkeit in städtischen Gemeinden generell über der in ländlichen Regionen lag.

Vergleicht man die Scheidungsstatistiken über einen längeren Zeitraum, so zeigt sich, dass die Zeit zwischen dem Ende des 19. Jahrhunderts und dem Ausgang der Progressive Era von einem besonders intensiven Anstieg der Scheidungszahlen gekennzeichnet war[34]: So verfünffachten sich die Ehescheidungen sich von über 33.000 Fällen im Jahr 1890 (was einer Rate von 0,5 Scheidungen je

---

[33] Marriage and Divorce, 1909, repr. 1978, S. 20.
[34] Seit dem zweiten Wright Report erhoben sowohl das *Bureau of the Census* (gegründet 1902) und auch das *National Center for Health Statistics* (seit 1960, Vorläuferorganisation war das *National Office of Vital Statistics* seit 1946, Datensammlung seit 1890) jährlich nationale Ehe- und Scheidungsstatistiken.

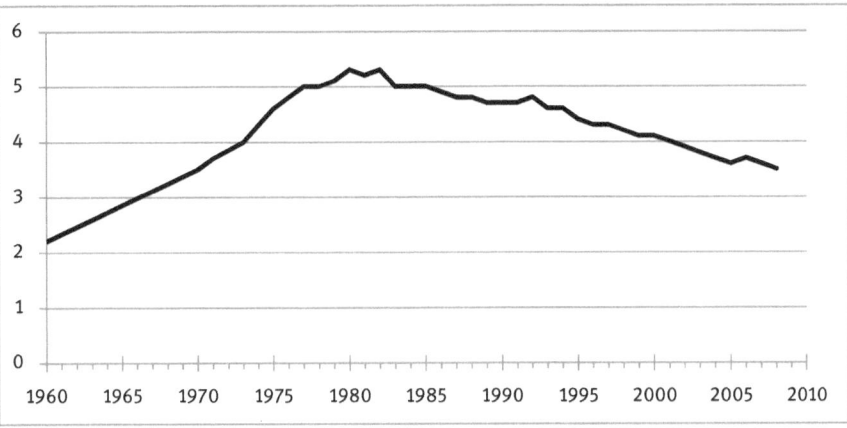

**Tabelle 1.2:** Anzahl der Scheidungen je 1.000 US-Bürger, 1960–2008

1.000 Einwohner entsprach) auf mehr als 171.000 Fälle im Jahr 1920 (was einer Rate von 1,6 je 1.000 Einwohner entsprach). Dagegen verdoppelte sich die Zahl der Eheschließungen von rund 570.000 auf knapp 1,3 Millionen. Während der Erste und auch der Zweite Weltkrieg für die allgemeine Entwicklung der Eheschließungs- und Scheidungsraten[35] annähernd bedeutungslos blieben, löste vor allem die Great Depression einen signifikanten Rückgang der Heiraten und Scheidungen zwischen 1930 und 1932 aus: 1932 fiel die Zahl der Eheschließungen unter die Marke von einer Million (Rate 7,9), 1930 hatte sie noch bei 1,1 Millionen (Rate 9,2) gelegen. Die Scheidungszahlen sanken von rund 200.000 im Jahr 1930 (Rate 1,6) auf 164.000 im Jahr 1932 (Rate 1,3). Als unmittelbar nach dem Zweiten Weltkrieg viele Paare ihre hastig geschlossenen Vorkriegsehen auflösen ließen, erlebte die Scheidungsrate hingegen ein deutliches Hoch (3,5 im Jahr 1945, 4,3 im Jahr 1946 und 3,4 1947), um sich dann bis zum Ende der 1960er Jahre auf einem Niveau von knapp über zwei Scheidungen je 1.000 Einwohner einzupendeln. Demgegenüber war die Eheschließungsrate ab dem Allzeithoch des Jahres 1946 (16,4) kontinuierlich rückläufig bis zum Beginn der 1960er Jahre (1962: 8,5).[36]

Ein zweiter qualitativer Sprung ereignete sich zwischen 1965 und 1975, als die Ehescheidungen von 479.000 auf 1,04 Millionen kletterten, was einer Steigerung der Scheidungsrate von 2,5 (1965) auf 3,5 (1970) und 4,9 (1975) entsprach. Dagegen stieg die Eheschließungsrate von 9,3 (1965) auf 10,6 (1970, gleichbedeutend mit

---

35 Soweit nicht anders vermerkt in der Folge immer angegeben mit Anzahl der Scheidungen oder Eheschließungen pro 1.000 Einwohner der USA.
36 Plateris, 100 Years, S. 22.

gut 2 Millionen Heiraten), um sich dann in den folgenden 15 Jahren auf diesem Niveau einzupendeln. Der sprunghafte Anstieg der Scheidungsrate lag an der nationsweiten Legalisierung der sogenannten No-Fault-Divorce, der Ehescheidung ohne Schuldspruch vor Gericht. Ausgehend vom Staat Kalifornien, der 1969 die Reform einführte, übernahmen ab 1970 sukzessive alle Staaten mit Ausnahme des Staates New York (erst 2010) diese Regelung. 1998 wurden 2,56 Millionen Ehen geschlossen und 1,3 Millionen Ehen geschieden, seit Anfang der 1980er Jahre ist der Trend auf beiden Feldern jedoch leicht rückläufig.[37]

Dabei lassen sich jedoch starke Unterschiede nach ethnischer Zugehörigkeit und Bildungsstand feststellen: Das Scheidungsrisiko sank seit den 1980er Jahren für Paare mit hohem Bildungsgrad und sozialem Status, dagegen stiegen die Scheidungsraten von Afroamerikanern und insbesondere afroamerikanischen Frauen ohne College-Abschluss besonders signifikant an.[38] Zugleich sank die Eheschließungsrate ab Mitte des 20. Jahrhunderts für diese Gruppe ganz besonders deutlich.[39]

**Tabelle 1.2:** Eheschließungen und Scheidungen, 1900–2009

| Year | Marriage | Rate per 1.000 population | Divorce | Rate per 1.000 population |
|---|---|---|---|---|
| 1900 | 709.000 | 9,3 | 55.751 | 0,7 |
| 1910 | 948.166 | 10,3 | 83,045 | 0,9 |
| 1920 | 1.274.476 | 12,0 | 170.505 | 1,6 |
| 1930 | 1.126.856 | 9,2 | 195.961 | 1,6 |
| 1940 | 1.595.879 | 12,1 | 264.000 | 2,0 |
| 1950 | 1.667.231 | 11,1 | 385.144 | 2,6 |
| 1960 | 1.523.000 | 8,0 | 393.000 | 2,2 |

---

**37** U.S. Department of Health and Human Services. National Center for Health Statistics. www.cdc.gov/nchs/>. Taylor, Paul: The Decline of Marriage and the Rise of New Families, PEW Research Center 2010, S. 38. Online: <www.pewsocialtrends.org/files/2010/11/pew-social-trends-2010-families.pdf>.
**38** Hierzu vgl. Kapitel 4 dieser Arbeit. Raley, R. Kelly / Bumpass, Larry: The Topography of the Divorce Plateau: Levels and Trends in Union Stability in the United States after 1980, in: Demographic Research 8 (2003), S. 245–260, hier S. 252–253. <www.demographic-research.org/Volumes/Vol8/8/>.
**39** Eliott, Diana B. et al.: Historical Marriage Trends from 1890–2010. A Focus on Race Differences. SEHSD Working Paper 2012–12, <www.census.gov/hhes/socdemo/marriage/data/acs/EliottetalPAA2012paper.pdf>, figure 6.

**Tabelle 1.2:** Eheschließungen und Scheidungen, 1900–2009 *(Fortsetzung)*

| Year | Marriage | Rate per 1.000 population | Divorce | Rate per 1.000 population |
|---|---|---|---|---|
| 1965 | 1.800.000 | 9,3 | 479.000 | 2,5 |
| 1970 | 2.158.802 | 10,6 | 708.000 | 3,5 |
| 1975 | 2.152.662 | 10,1 | 1.036.000 | 4,9 |
| 1980 | 2.406.708 | 10,6 | 1.182.000 | 5,2 |
| 1985 | 2.425.000 | 10,2 | 1.187.000 | 5,0 |
| 1990 | 2.448.000 | 9,4 | 1.175.000 | 4,7 |
| 2000 | 2.329.000 | 8,5 | – | 4,2 |
| 2009 | 2.080.000 | 6,8 | 840.000 | 3,5[40] |

Weitere Trends, die sich im gesamten 20. Jahrhundert verfolgen ließen, waren die leicht höhere Scheidungshäufigkeit in den Städten gegenüber ländlichen Gemeinden und der Trend zu kürzeren Ehen. Hatten Ende des 19. Jahrhunderts nur fünf Prozent der durch Scheidung beendeten Ehen zwei Jahre und kürzer gedauert, so galt dies in den 1960er Jahren bereits für 15 Prozent.[41] Während das durchschnittliche Heiratsalter für Braut und Bräutigam zwischen 1890 und 1920 deutlich sank (von 26,5 auf 25,3 Jahre für Männer und 23,6 auf 22,5 Jahre für Frauen), wurden die niedrigsten Werte im Jahr 1950 gemessen (24,0 Jahre für Männer und 20,4 Jahre für Frauen), um von dort an kontinuierlich anzusteigen auf derzeit 28,5 Jahre für Männer und 26,8 Jahre für Frauen (2010).[42] Dagegen liegt das Heiratsalter für afroamerikanische Männter (30,8 Jahre) und Frauen (30 Jahre) deutlich über dem nationalen Durchschnitt (2010).[43]

Schließlich hatten die Liberalisierung des Scheidungsrechts in den 1970er Jahren und der damit einhergehende Trend zur Wiederverheiratung die Bildung zahlreicher Patchwork-Familien zur Folge. Zwischen 1970 und 1996 sank die Zahl der Kinder, die ausschließlich mit ihren biologischen Eltern und Geschwistern zusammenlebten, von 85 Prozent auf 68 Prozent.[44] Doch nicht allein Eheschei-

---

40 Ohne Daten für Kalifornien, Georgia, Hawaii, Indiana, Louisiana, Minnesota.
41 Plateris, 100 Years, S. 15.
42 U.S. Decennial Census (1890). American Community Survey (2010) <www.census.gov/acs>.
43 Eliott, Diana B. et al.: Historical Marriage Trends from 1890–2010. A Focus on Race Differences. SEHSD Working Paper 2012–12, <https://www.census.gov/hhes/socdemo/marriage/data/acs/ElliottetalPAA2012paper.pdf>, Figure 4.
44 Chadwick / Heaton, Statistical Handbook, S. 189.

dung bedingte den neuen Trend zu „families by choice". Seit den 1970er Jahren kämpften die VertreterInnen der Homosexuellenbewegungen nicht nur für ihre Entkriminalisierung und gesellschaftliche Akzeptanz, sondern auch für das Recht auf gleichgeschlechtliche Eheschließung, sogenannte „same-sex marriages". In letzterem Punkt konnten sie jedoch erst nach 2003 entscheidende Erfolge verbuchen. Nach Vorstoß des Staates Massachusetts im Jahr 2003 und einer kurzfristigen Akzeptanz von gleichgeschlechtlichen Eheschließungen in Kalifornien (2008–1010) war es 2015 der Supreme Court-Entscheid Obergefell v. Hodges, der gleichgeschlechtlichen Paaren in allen Staaten der USA Eheschließung als Bürgerrecht zuerkannte.[45] Weit mehr als das Thema der Patchwork-Familien hat die Forderung nach dem Recht auf Eheschließung und auf Zugang zu selbstbestimmter Reproduktion für gleichgeschlechtliche Paare normative und kulturelle Kontroversen ausgelöst. Sie bleibt nach wie vor in weiten Teilen der US-Gesellschaft umstritten.

Bereits dieser kurze Einblick in die Sozialstatistik erweist, dass in den USA des späten 19. und gesamten 20. Jahrhunderts auf dem Feld der Eheschließung und -scheidung ein gravierender sozialer Wandel ablief: Während das Heiratsalter zunächst kontinuierlich sank bis zu einem absoluten Tiefpunkt in den in den frühen 1940er / späten 1950er Jahren und von dort aus wieder anzusteigen begann, erhöhte sich die Gesamtzahl der Eheschließungen bis zum Jahr 1990 stetig. Dies war zu Beginn des 20. Jahrhunderts auch bedingt durch das starke Bevölkerungswachstum durch Immigration. In den 1970er Jahren wirkte sich dagegen die Tatsache aus, dass die Babyboomer nun selbst das Heiratsalter erreichten. Der eigentliche Wandel bestand jedoch in der gleichsam exponentiellen Steigerung der Ehescheidungsrate, insbesondere bis zum Jahr 1920 und auch in der Zeit zwischen 1965 und 1975, was nach gesellschaftlichen Deutungen und Erklärungen verlangte. Hierfür waren, wie in den folgenden Kapiteln gezeigt werden soll, Sozialwissenschaftler und in Sonderheit Soziologen die geeignete Expertengruppe. Bereits zu Beginn des 20. Jahrhunderts verdrängten sie die Vertreter der Kirchen aus ihrer hegemonialen Position, wenn es um die Analyse, Verhandlung und Deutung der Auswirkungen sozialen Wandels auf das Normgerüst der US-Gesellschaft und insbesondere die Vorstellungen von Familie ging. Um diesen im 20. Jahrhundert ablaufenden Neujustierungsprozess und seine Konsequenzen

---

[45] Powell, Brian et al.: Counted Out. Same Sex Relations and American Definitions of Family, New York 2010. Murray, Heather: Not in this Family. Gays and the Meaning of Kinship in Postwar North America, Philadelphia / Oxford 2010. Obergefell vs. Hodges 576 U. S. 2015.

entsprechend einschätzen zu können, ist zunächst ein Blick auf die vorangegangenen Ehescheidungsdebatten des 19. Jahrhunderts notwendig.

## 1.2 Ehescheidung als Gegenstand öffentlicher Debatten bis zum Ende des 19. Jahrhunderts

Wie bereits deutlich wurde, waren weder die Ehescheidung selbst noch die Debatten darüber eine Erfindung des frühen 20. Jahrhunderts, wenngleich der Anstieg der Scheidungszahlen zu diesem Zeitpunkt präzedenzlos war und daher viele Zeitgenossen alarmierte. Insgesamt lassen sich vier Zeiträume in der Geschichte der USA ausmachen, in denen Scheidung in Form öffentlicher Debatten besonders intensiv diskutiert wurde: *Erstens* um die Mitte des 19. Jahrhunderts, als im Gefolge des Bürgerkrieges und der Industrialisierung ein erster Scheidungsboom zu verzeichnen war, *zweitens* Ende des 19. Jahrhunderts nach dem Erscheinen des ersten *Wright-Reports* 1889, *drittens* in den ersten beiden Jahrzehnten des 20. Jahrhunderts, als Sozialwissenschaftler, Kirchenvertreter und Juristen die vermeintliche Bedrohung der Familie durch Scheidung reflektierten und Reformvorschläge diskutierten und *viertens* während der Einführung der No-Fault-Ehescheidung durch die Einzelstaaten ab 1970. In der Folge sollen die ersten beiden Phasen, die Ehescheidungsdebatten Mitte und Ende des 19. Jahrhunderts näher thematisiert werden, bevor ein zweiter Teil des Kapitels die Scheidungsdiskussionen der Sozialwissenschaftler zu Beginn des 20. Jahrhunderts beleuchtet. Die Debatte um die No-Fault-Ehescheidung wird dagegen im Rahmen der Überlegungen zur Diskussion um Abtreibung in Kapitel fünf dieser Studie untersucht werden.

**Ehescheidung und Ehescheidungsdebatten Mitte des 19. Jahrhunderts**

Alarmiert durch die scheidungsfreundliche Gesetzgebung vieler Einzelstaaten und abgestoßen insbesondere von den Berichten über sogenannte „divorce mills"[46] im mittleren Westen, lancierte der Herausgeber des *New-York Tribune*,

---

46 Als „divorce mills" (Scheidungsfabriken) wurden Städte (und Bundesstaaten) insbesondere im mittleren Westen bezeichnet, wo eine Scheidung aufgrund lockerer einzelstaatlicher Gesetze relativ einfach zu erhalten war und sich folglich als regionaler Geschäftszweig zu etablieren begann. Paare oder Einzelpersonen, die dem partiellen oder totalen Scheidungsverbot ihrer Staaten (vor allem im Süden und im Staat New York) entkommen wollten, reisten in eines dieser Scheidungszentren, erfüllten dort die verlangte Mindestresidenzdauer und erhielten dann ihre Schei-

Horace Greeley[47], 1852/53 und erneut 1860 in seinem Blatt erste größere publizistische Auseinandersetzungen um das Thema Scheidung.[48] Greeley, selbst strikter Scheidungsgegner, beharrte auf der biblischen Auffassung von der Ehe als lebenslänglicher Vereinigung, die nur im Falle des Ehebruchs eines der Partner aufkündbar sei. Dabei zeigte er sich gänzlich unbeeindruckt von den Argumenten seiner prominenten Kontrahenten, des Theologen und Schriftstellers Henry James Jr., des Anarchisten Stephen Pearl Andrews und des radikalen Demokraten Robert Dale Owen – allesamt Befürworter der Scheidung als Möglichkeit zur Beendigung untragbarer Beziehungen.[49] Auf lange Sicht kam den „Greeley-Debatten" eine Signalwirkung zu, weil hier erstmals namhafte Intellektuelle auf den deutlichen Anstieg der Scheidungszahlen zur Mitte des 19. Jahrhunderts reagierten und so gewissermaßen das Feld bereiteten für die intensiven Diskussionen der Folgezeit.[50] Die Beiträge im *New-York Tribune* wurden ihrerseits breit rezipiert und kommentiert, wie das Beispiel der Frauenrechtlerin Elizabeth Cady Stanton[51] zeigt, die ab 1860 mehrmals direkt auf Horace Greeley und seine versuchte Meinungsführerschaft in Sachen Ehescheidung Bezug nahm, wenn sie forderte, dass insbesondere die Frauen an der Gestaltung des Scheidungsrechtes beteiligt wer-

---

dungspapiere. Mehreren Branchen, von den Juristen über Hoteliers und Immobilienmaklern bis hin zur Vergnügungsindustrie, erwuchs durch die Scheidungstouristen ein einträglicher Nebenverdienst.

47 HORACE GREELEY (1811–1872) wirkte neben seiner Tätigkeit als Zeitungsverleger auch als republikanischer Politiker und prominenter Abolitionist. Er gründete 1841 den *New-York Tribune* und setzte damit Maßstäbe im amerikanischen Journalismus. 1872 kandidierte er für die US-Präsidentschaft, starb aber noch während des Verfahrens. Snay, Mitchell: Horace Greeley and the Politics of Reform in Nineteenth Century America, Landham et. al. 2011.

48 Der *New-York Tribune* bestand von 1841 bis 1924, dann wurde er mit dem *New York Herald* zum *New York Herald Tribune* vereinigt, der seinerseits 1966 sein Erscheinen einstellte.

49 Wobei Andrews jede staatliche Sanktionierung der Beziehung zwischen Mann und Frau rundheraus ablehnte. Zu den beiden Greeley-Debatten vgl. Riley, Divorce, S. 72–73. Greeley, Horace: Recollections of a Busy Life, New York 1869, S. 570–618. New-York Tribune, 1.12.1852, 18.12.1852, 24.12.1852, 28.1.1853, 1.3.1860, 5.3.1860, 12.3.1860.

50 Zuvor waren Scheidungskritiken eher vereinzelt von Geistlichen und Intellektuellen in Traktatform geäußert worden, aber nicht in Form einer publizistischen Debatte. Vgl. hierzu die Ausführungen von Glenda Riley, die scheidungskritische Statements von Benjamin Trumbull (1788), Timothy Dwight (1828) und Samuel S. Mahon (1806) auflistet. Riley, Divorce, S. 53, 59–60.

51 ELISABETH CADY STANTON (1815–1902) war eine der bedeutendsten amerikanischen Frauenrechtlerinnen und Abolitionistinnen. 1848 war sie Miturheberin der *Women's Rights Convention* in Seneca Falls und verfasste die dort angenommene *Declaration of Rights and Sentiments*. 1869 gründete sie (gemeinsam mit Susan B. Anthony) die *National American Woman Suffrage Association*, die sich für das Frauenwahlrecht einsetzte. Davis, Sue: The Political Thought of Elizabeth Cady Stanton. Women's Rights and the American Political Traditions, New York 2010.

den müssten.⁵² Interessant ist auch, dass die Bedeutung der „divorce mills" bereits von den Zeitgenossen kontrovers diskutiert wurde.

**Ehescheidungsdebatten und Sozialstatistik am Ende des 19. Jahrhunderts**

Ein erster Höhepunkt der publizistischen Auseinandersetzung um das Thema „Scheidung" und die Folgen der explodierenden Scheidungszahlen für die amerikanische Familie war in den Jahren 1889 und 1890 zu verzeichnen. Den Hintergrund bildete der 1889 veröffentlichte *Wright-Report*, der mit dem Nachweis der in nur 20 Jahren um 150 Prozent gestiegenen Scheidungszahlen der Besorgnis vieler Zeitgenossen ein rationales Fundament gab.⁵³ Die Brisanz des statistischen Befundes und die Frage nach den Konsequenzen für die amerikanische Gesellschaft riefen Scheidungsgegner wie -befürworter gleichermaßen auf den Plan.⁵⁴ Es entwickelte sich nicht nur eine lebhafte Debatte um das Für und Wider der aktuellen Scheidungspraxis in der nationalen Tages- und Wochenpresse, sondern auch die Forderung nach einer nationalen „divorce reform" zur Vereinheitlichung des disparaten Scheidungsrechts der Bundesstaaten erhielt neuen Zuspruch. In den Jahren nach 1889 generierten insbesondere die Gegner einer liberalen Scheidungspraxis einen beispiellosen Reform-Aktionismus mit dem Ziel, durch eine Verschärfung der gesetzlichen Bestimmungen zu einer Reduktion der Scheidungszahlen beizutragen.

Besondere Bedeutung kam hier der *National Divorce Reform League* unter Samuel W. Dike zu (später: *League for the Protection of the Family*), die seit ihrer Gründung 1881 für eine unionsweite Vereinheitlichung der Scheidungsgesetzgebung eintrat.⁵⁵ Der Protestant Dike war zum Zeitpunkt der konservative Experte in

---

52 Cady Stanton, Elizabeth / Anthony, Susan B. / Gage, Mathilda J.: History of Woman Suffrage, New York 1881, Bd. 1, S. 717, 720, 722. Cady Stanton, Elizabeth: Are Homogenous Divorce Laws in All the States Desirable?, in: North American Review 170 (1900), S. 405–409, dort S. 405, 408. Dies.: Divorce vs. Domestic Warfare, in: Arena 1 (1890), S. 560–569. Riley, Divorce, S. 73.
53 Zum *Wright-Report* s. Teilkapitel 1.1 dieser Arbeit. U. S. Department of Commerce and Labor, Marriage and Divorce, 1867–1886, Westport, Conn. 1889. Auf Betreiben Präsident Theodore Roosevelts erschien 1909 die Fortsetzung, eine Dokumentation der Scheidungszahlen von 1887 bis 1906. U. S. Department of Commerce and Labor. Marriage and Divorce, 1867–1906, 2 Bde., Westport, Conn. 1909, repr. 1978.
54 Zur Reaktion auf den *Wright-Report* vgl. z. B. NYT, 21.2.1889: Statistics of Divorce. NYT, 23.1. 1890: Divorce Reform League.
55 Gegründet von Theodore Woolsey 1881 als *New England Divorce Reform League*, wurde sie von Dike seit 1884 geleitet. Seit 1885 firmierte sie als *National Divorce Reform League* und schließlich ab 1897 als *National League for the Protection of the Family*. Zwei Jahre nach dem Tod ihres

Sachen Scheidung und Scheidungsstatistik.[56] Seit er im Jahr 1877 als Pastor in Vermont die Wiederverheiratung eines Geschiedenen verweigert hatte und infolgedessen sein Amt verlor, widmete er sich ganz dem Studium der Ehescheidung und ihrer Folgen, erst für die Staaten Neuenglands und dann für die gesamten USA. In seinen zahlreichen Publikationen und Vorträgen zur Situation der amerikanischen Familie und deren Bedrohung durch die steigenden Scheidungszahlen beließ er es – im Gegensatz zu den meisten seiner Mitstreiter aus der *League* – nicht bei einer moralischen Verurteilung der Scheidungswilligen, sondern versuchte, sich dem Problem auf der Basis sozialwissenschaftlicher Analysen zu nähern.[57] So war Dike fest davon überzeugt, dass eine rechtliche Neuregelung etwa durch einen Verfassungszusatz nur auf der Grundlage genauer sozialstatistischer Daten möglich sei. Daher regte er maßgeblich die Sicherung der statistischen Grundlagen im ersten *Wright-Report* an und wirkte als Ko-Autor daran mit.[58] Entgegen der ursprünglichen Zielsetzung der *League* gelangte er – gestützt auf die Statistiken des *Wright-Reports* – im Laufe seiner Arbeit zu der Erkenntnis, dass der Anteil der „migratory divorces", also der Ehescheidungstouristen, mit weniger als 20 Prozent aller Scheidungen sehr gering ausfalle und daher eine nationale Einheitsgesetzgebung in Sachen Scheidung das Problem an sich wohl kaum beheben könne.[59] Die einzig mögliche Lösung sah er in einer

---

langjährigen Vorsitzenden und Exponenten Samuel Dike im Jahr 1913 stellte die *League* 1915 ihre Arbeit ein. Sie gab regelmäßig Jahresberichte heraus. Eine vollständige Sammlung aller Jahresberichte von 1880 bis 1912 befindet sich im Nachlass Dikes in der Library of Congress, Washington D.C: Samuel W. Dike Papers, Call No. O813 J, Box 23.

**56** SAMUEL W. DIKE (1838–1913) war protestantischer Geistlicher, Scheidungsgegner und Mitglied des Temperance-Movement. Nach einem Studium am Andover Theological Seminar, Mass., wirkte er als Pastor in Connecticut, Vermont und Massachusetts, bevor er die Leitung der *New England Divorce Reform League* übernahm und sich dem Studium der Sozialwissenschaften zuwandte. Dike, Statistics of Divorce, S. 206–214.

**57** O'Neill, Divorce, S. 50–56. Riley, Divorce, S. 108–112. Vgl. auch Dike, Samuel W.: Important Features of the Divorce Question, Royalton, Vt. 1885. Ders.: The Family in the History of Christianity, New York 1886. Ders.: Perils to the Family, New York 1888.

**58** Dike, Statistics of Divorce. Vgl. auch zur Publikation der Ehescheidungsstatistiken. U. S. Department of Commerce and Labor. Marriage and Divorce, 1867–1906, 2 Bde., Westport, Conn. 1909, repr. 1978, S. 12. Zu Dikes Anteil an beiden Teilen des *Wright-Report* vgl. den Bericht in seiner unveröffentlichten Autobiographie im Nachlass: Draft of an unfinished autobiography, Samuel W. Dike Papers, Library of Congress, Washington D. C., Call No. O813 J, Box 22.

**59** Auch in der jüngeren Forschung gilt ebenfalls als gesichert, dass die tatsächliche Bedeutung der „divorce mills" von vielen empörten Zeitgenossen überschätzt wurde und de-facto nur ein kleiner Teil der Ehescheidungen durch zwischenstaatlichen Scheidungstourismus zustande kam. Dike, Samuel W.: Statistics of Divorce in the United States and Europe, in: Journal of the American Statistical Association 1 (1888–1889), S. 206–214, 212. Riley, Divorce, S. 85–107.

Kombination aus strengeren Gesetzen, Strafen bei ehelichen Vergehen und Wiederverheiratungsverboten. Dikes Dilemma bestand jedoch in genau diesem Widerspruch zwischen seiner offenkundigen Sympathie für die entstehenden modernen Sozialwissenschaften und seinem moralischen Traditionalismus. Einerseits gelang es ihm nicht, sich erfolgreich als Sozialwissenschaftler zu etablieren, andererseits verprellte er alte religiös-konservative Mitstreiter, so dass seine *League* ab 1905 immer mehr an Bedeutung verlor. Die *League for the Protection of the Family* schließlich überdauerte den Tod ihres langjährigen *Corresponding Secretary* 1913 nur um zwei Jahre und stellte dann ihre Arbeit ein.[60] Dikes Wandel vom konservativen Geistlichen zum um wissenschaftliche Kredibilität bemühten Sozialexperten wird weiter unten in diesem Kapitel untersucht.

Aufschlussreich für den Stand der öffentlichen Debatte zum Thema Scheidung ist auch eine Artikelserie in der liberalen *North American Review*, die zwischen 1889 und 1890 insgesamt zehn bekannte Intellektuelle anhand eines einheitlichen Fragenkatalogs ihre Einstellung zur Scheidung reflektieren ließ und diese dann in drei Sequenzen publizierte.[61] Die Beiträger beantworteten insgesamt vier Fragen, erstens nach ihrer Akzeptanz oder Ablehnung der Scheidung insgesamt, zweitens nach ihrer Position zur Wiederverheiratung Geschiedener, drittens nach den Auswirkungen von Scheidungen auf die Integrität der Familie und viertens nach ihren Vorstellungen von den Folgen für das moralische Klima in der Gesellschaft.[62]

Die Fraktion der Scheidungsgegner wurde angeführt von James Cardinal Gibbons[63], dem seinerzeit bekanntesten katholischen Prälaten der USA. Für ihn

---

60 Zur Bedeutung Dikes für die *League* vgl. deren Jahresberichte von 1896 bis 1912: Samuel W. Dike Papers, Library of Congress, Washington D. C., Call No. O813 J, Box 23.
61 Die *North American Review* war bei ihrer Gründung 1815 das erste literarische Magazin der USA und bis zum Erscheinen des *Atlantic Monthly* im Jahr 1857 auch das bedeutendste. Es blieb während des gesamten Untersuchungszeitraumes dieses Kapitels ein wichtiges Informationsmedium und Diskussionsforum der US-amerikanischen Intellektuellen. Es erschien vierteljährlich, <www.northamericanreview.org/history>. Peterson verzeichnet für 1891 eine Auflagenhöhe von 76.000, 1924 ging die Auflage auf 13.000 Exemplare zurück. Peterson, Magazines, S. 132–133.
62 Gibbons, Cardinal James / Potter, Bishop Henry C. / Ingersoll, Colonel Robert G.: Is Divorce wrong? In: North American Review, 149 (1889), S. 513–538. Livermore, Mary A. / Barr, Amelia E. / Cooke, Rose Terry / Phelps, Elizabeth Stuart / June, Jennie: Women's View of Divorce, in: North American Review, 150,1 (1890), S. 110–135. Lee, Margaret / Moxom, Reverend Philip S. D.D.: Final Words on Divorce, in: North American Review, 150,2 (1890), S. 263–268.
63 JAMES CARDINAL GIBBONS (1834–1921) war Kardinal der römisch-katholischen Kirche und seit 1887 Erzbischof von Baltimore, Maryland. Er galt den Zeitgenossen als wichtigster Repräsentant der katholischen Kirche in den USA. Seine populärreligiösen Schriften wurden breit rezipiert, und Gibbons war auch Ratgeber verschiedener Präsidenten. Er engagierte sich für die katholische

war Scheidung „a monster licensed by the laws of Christian States to break hearts, wreck homes, and ruin souls", welche nicht nur die Ehe als Institution, sondern auch die gesamte Gesellschaft in ihrem Fundament aus Ehe und Familie untergrabe. Divorce sei weiterhin „a menace not only to the sacredness of the marriage institution, but even to the fair social fabric reared upon matrimony as its cornerstone".[64] Im Einklang mit den Lehren der katholischen Kirche galt Gibbons die Ehe als ein Sakrament, heilig und prinzipiell unauflöslich. Die einzige Ausnahme, welche der Kardinal zuließ, stellte die „divorce of bed and board" dar, die räumliche Trennung eines Paares, zulässig nur im Falle des Ehebruchs einer der Partner und gebunden an ein völliges Wiederverheiratungsverbot beider Gatten. Auch in schweren Fällen ehelichen Konflikts ordnete er somit explizit das Wohlergehen des Individuums dem Wohl der Gesellschaft unter. Um längerfristig zu einer moralischen und sozialen Ächtung der Scheidung sowie Reduktion der Scheidungszahlen zu gelangen, schlug er einige Sofortmaßnahmen vor: Reduktion der Scheidungsgründe, Aufhebung der vereinfachten Scheidungsverfahren und der „heimlichen Scheidung", Verbot von „migratory divorces" sowie totales Wiederverheiratungsverbot.

Drei Schriftstellerinnen, Rose Terry Cooke[65], Elizabeth Stuart Phelps[66] und Margaret Lee[67] bekräftigten in ihren Artikeln Gibbons harte Position[68]. Die Sozialreformerin Elizabeth Stuart Phelps ging allerdings noch weiter und plädierte für eine Reform der gängigen Ehescheidungspraxis und das Verbot der rein aus ökonomischen Gründen geschlossenen Ehe als „legalized prostitution".[69]

---

Gewerkschaftsbewegung und die Gründung der Catholic University of America 1887, als deren erster Kanzler er wirkte.

64 Gibbons et al., Is Divorce Wrong?, S. 513–538, S. 517.
65 Rose Terry Cooke (1827–1892) war eine amerikanische Schriftstellerin, die sich vor allem durch Kurzgeschichten über das Landleben in Neuengland einen Namen gemacht hatte.
66 Elizabeth Stuart Phelps alias Mary Gray Phelps (1844–1911) veröffentlichte unter anderem religiöse Romane und zahlreiche Kurzgeschichten, die in Zeitschriften wie „Harper's" publiziert wurden. Neben ihrer schriftstellerischen Tätigkeit setzte sie sich vor allem für Sozialreformen und Frauenrechte ein.
67 Margaret Lee veröffentlichte 1889 einen vielgelesenen scheidungskritischen Roman, indem sie am Beispiel ihrer Heldin die Ehe als unauflösliches Sakrament präsentierte. Lee, Margaret: Divorce. or Faithful and Unfaithful, New York 1889.
68 Livermore et al., Women's View of Divorce, S. 123–131. Lee / Moxom, Final Words on Divorce, S. 263–264.
69 Livermore et al., Women's View of Divorce, S. 131.

Demgegenüber nahmen der episkopale Bischof Henry C. Potter[70], der Bostoner Baptistenpfarrer Reverend Philip S. Moxom[71] und die Schriftstellerinnen Mary A. Livermore[72], Amelia E. Barr[73] und Jennie June (Jane Cunningham Croly)[74] eine moderate Position ein. Bischof Potter stellt klar, dass für die Episkopale Kirche die Ehe weitgehend als ziviler Vertrag und nicht als Sakrament gelte und somit Scheidung grundsätzlich möglich sei, wenngleich selten und geächtet. Eine Wiederverheiratung Geschiedener sei nicht statthaft, mit der Ausnahme des unschuldigen Partners bei Trennungen wegen Ehebruchs. Potter lehnte ein absolutes Scheidungsverbot als ineffizient ab, konzedierte aber zugleich, dass derzeit in der Episkopalen Kirche ein erbitterter Streit über die Auslegung der biblischen Überlieferung zum Thema Scheidung entbrannt war, in welchem er als Wortführer der liberalen Fraktion agierte.[75] Der Baptistenpfarrer Moxom wandte sich nicht grundsätzlich gegen die Möglichkeit der Scheidung, plädierte aber stattdessen für die Praxis der geregelten Trennung („a mensa et thoro", von Tisch und Bett) der Ehepartner, welche in den meisten Fällen völlig ausreiche. Insbesondere der Familie komme eine streng reglementierte Scheidungspraxis zugute: „Rare and difficult divorce may conserve a true family life. Easy divorce promotes a freedom of sexual relations in society in which the family cannot live and thrive."[76]

Der Schutz der Familie genoss auch in den Texten der Schriftstellerinnen und Sozialreformerinnen Mary A. Livermore, Amelia E. Barr und Jenny June höchste Priorität: Während sie Scheidung als Mittel zur Beendung untragbarer mensch-

---

70 HENRY CODMAN POTTER (1835–1908) war Bischof der Episkopalen Kirche der USA in der Diözese New York. Neben der seelsorgerischen Arbeit galt sein Interesse vor allem der Sozialreform, er engagierte sich in verschiedenen Reformprojekten in New York.
71 PHILIP STAFFORD MOXOM war Vertreter des *Social Gospel* und wirkte als Pfarrer der First Baptist Church, Boston, später Pfarrer der South Congregational Church in Springfield, MA. NYT, 6.6.1920.
72 MARY LIVERMORE (1820–1905) war eine bekannte Frauenrechtlerin und Journalistin. Die Herausgeberin verschiedener Zeitschriften (*Agitator, Women's Journal*) kämpfte vor allem für das Frauenwahlrecht, setzte sich aber auch für das *Temperance Movement* ein.
73 AMELIA EDITH BARR (1831–1919) war eine britisch-amerikanische Schriftstellerin. Sie verfasste Romane sowie religiöse und historische Erzählungen.
74 Jenny June alias JANE CUNNINGHAM CROLY (1829–1901) war Journalistin und Schriftstellerin, die unter Pseudonym schrieb. Sie gab verschiedene Zeitschriften heraus, veröffentliche Belletristik, ein Kochbuch und Ratgeber sowie eine Geschichte der US-amerikanischen Frauenvereine. June gründete 1869 den ersten amerikanischen Frauen-Verein *Sorosis* und rief 1890 die *General Federation of Women's Clubs* ins Leben. Croly, Jane Cunningham: The History of the Woman's Club Movement in America, Volume 1, New York 1898.
75 Zur inner-episkopalen Kontroverse zwischen Potter und dem Bischof von Albany, NY, William C. Doane, vgl. O'Neill, Divorce, S. 41–42.
76 Lee / Moxom, Final Words on Divorce, S. 264–268, hier S. 267.

licher Beziehungen akzeptierten, plädierten sie gleichzeitig für eine Reform des nationalen Scheidungsrechts und eine Stärkung der Familie. Interessant ist, dass ihre Beiträge zwei Argumentationslinien verfolgten: Die erste bestand im Bekenntnis zur Verantwortung der Frauen für den Erhalt der Ehe und den Fortbestand der Familie, welches jetzt aber an die Forderung nach mehr Rechten für die Frau gekoppelt wurde. Beispielhaft war hier die Aussage von Livermore, die vehement die Einlösung des Gleichheitsgrundsatzes forderte: „There should be legal equality established between the husband and the wife, equal ownership of the family property, equal guardianship of the minor children."[77]

Das zweite Argumentationsmuster bestand in der Kopplung von „Reform" und „Eugenik", wenn beispielsweise Barr und Livermore forderten, dass Ehescheidung möglich sein müsse, um die Gesellschaft vor Nachkommen aus gescheiterten, sozial unerwünschten Verbindungen zu schützen (Livermore) oder dass psychisch Erkrankte von der Wiederverheiratung ausgeschlossen werden sollten (Barr).[78] Die zeittypische Überzeugung, dass sich gesellschaftliche Missstände mittels Reform – und in diesem Fall notfalls durch Scheidung – beheben ließen, brachte Barr auf den Punkt: „But when mistakes are made, why give permanency to wrong and finality to suffering? The irrevocable contains no element of reformation."[79]

Dieser Punkt wurde vom einzigen uneingeschränkten Befürworter der Scheidung, dem Juristen Robert G. Ingersoll, noch verstärkt.[80] Dem von Gibbons betonten Sakramentscharakter der Ehe stellte er die Rechte des Individuums entgegen und folgerte: „Marriages are made by men and women; not by society; not by the state; not by the church; not by supernatural beings."[81] Für ihn bestand der Schutz der Familie nicht nur darin, Ehefrauen die Trennung von ihren gewalttätigen Ehemännern legal zu ermöglichen, sondern setzte auch die Anerkenntnis der Gleichberechtigung der Geschlechter voraus: „If we wish to preserve the integrity of the family, we must preserve the democracy of the fireside, the

---

77 Livermore et al., Women's View of Divorce, S. 116. Vgl. auch den Beitrag von Jenny June ebenda, S. 131–135.
78 Livermore et al., Women's View of Divorce, S. 111, 120–121.
79 Livermore et al., Women's View of Divorce, S. 117.
80 Der Jurist ROBERT GREEN INGERSOLL (1833–1899) war ein bekannter Bürgerkriegsveteran, politischer Redner und Freidenker. Nach dem Bürgerkrieg wurde er Generalstaatsanwalt des Staates Illinois. Ingersoll, Mitglied der Republikaner, entschied sich gegen eine politische Karriere, um ungehindert seine oftmals radikalen, agnostischen und humanistischen Überzeugungen vertreten zu können
81 Gibbons et al., Is Divorce Wrong? S. 534.

republicanism of the home, the absolute and perfect equality of husband and wife."[82]

Zwar stand Ingersoll mit seiner Forderung nach einem „republicanism of the home" 1889 noch weitgehend alleine da, doch begannen sich, angeregt von dieser nationalen Scheidungsdebatte, erste Verwerfungen in der Bewertung der Geschlechterrollen abzuzeichnen. Diese Entwicklung reflektierte auch Jenny June, als sie diagnostizierte, dass der schleichende Bedeutungsverlust des Sakramentscharakters der Ehe seine Ursache in einer sukzessiven Neubewertung der Geschlechterrollen habe. Die Frauen stellten die Forderung nach unbedingtem Gehorsam ihrerseits immer mehr in Frage:

> That social questions, marriage among the number, have changed their aspects during the past quarter of a century no one will deny. But the tendency is less toward the breaking-up of family life, the disruption of family ties, I think, than appears on the surface. Marriage, as we understand it, is a comparatively recent institution. In the church it has always implied more or less of servitude or unquestioning obedience on the part of the woman. The wisdom of obedience to all men, or to any man under all circumstances, is now doubted by intelligent women; and the sanction of the church has lost much of its sacramental character in the eyes of both men and women.[83]

Doch die Positionen von Ingersoll, Livermore und auch June wurde keineswegs von allen Diskutanten geteilt. Wenige Monate zuvor hatten im gleichen Blatt fünf amerikanische Schriftstellerinnen (darunter auch Amelia E. Barr und Rose Terry Cooke) angesichts der Frage „Are Women to Blame?" argumentiert, dass vor allem die Frauen durch falsche Erwartungen und Fehlverhalten das Scheitern ihrer Ehen provozierten.[84] Nur durch bessere Erziehung, hauswirtschaftliche Ausbildung und die Vermittlung religiöser und moralischer Werte an junge Frauen ließe sich der Trend zur Scheidung umkehren. In der Beschwerde Amelia E. Barrs über „those wifes who have what they call ‚advanced' ideas – who talk about the animal character of motherhood, the degradating influence of housekeeping, the monotony of home, the slavery of self-sacrifice"[85] und darüber, dass sich viele Frauen nicht mehr auf die „domestic sphere" beschränken ließen, wird jedoch deutlich, wie sehr die viktorianischen Vorstellungen von Familie und der Rolle der Frau inzwischen bereits herausgefordert wurden:

---

82 Gibbons et al., Is Divorce Wrong? S. 537.
83 Livermore et.al, Women's View of Divorce, S. 132.
84 Harding Davis, Rebecca / Terry Cooke, Rose / Harland, Marion / Owen, Catharine / Barr, Amelia E: Are Women to Blame? In: North American Review, 148 (1889), S. 622–642.
85 Harding et al., Are Women to Blame? S. 640.

> Women are at present in a restless state of transition. They have broken from the citadel of home, where have walked the holy women of all past ages; they are attacking the hoary supremacy of men, and invading the world where men have hitherto toiled and travelled and ruled alone.[86]

Die Debatte macht zum einen deutlich, dass sich in den Jahren 1889 und 1890 hinter der Auseinandersetzung um Scheidungszahlen und die Auswirkungen des Scheidungsbooms auf die Familie eine noch grundlegendere Diskussion um Geschlechterrollen und Frauenrechte abzuzeichnen begann. Zum anderen wird sichtbar, wie die erste nationale Scheidungsstatistik nicht nur der Scheidungsdebatte an sich neue Nahrung gab, sondern angesichts der divergierenden bundesstaatlichen Rechtsgrundlagen auch die Notwendigkeit einer „national divorce reform" vor Augen führte.

### „Sanctity of the Marriage Relation": Initiativen der Kirchen und der Bundesstaaten für eine Reform des Scheidungsrechtes zu Beginn des 20. Jahrhunderts

In der Folge versuchten sowohl Kirchenvertreter als auch interstaatliche Reformkommissionen dem Scheidungsboom durch eine Vereinheitlichung (und Verschärfung) des Scheidungsrechts beizukommen. Neben Dikes *League for the Protection of the Family* sind hier vor allem das *Committee on Marriage and Divorce* der *National Conference of Commissioners on Uniform State Laws* zu nennen[87]

---

[86] So Barr in Harding et al., Are Women to Blame? S. 642.
[87] Aufgabe der *National Conference of Commissioners on Uniform State Laws*, die sich aus Vertretern der Einzelstaaten zusammensetzt, ist noch immer die Vereinheitlichung der einzelstaatlichen Rechtsgrundlagen. Im Untersuchungszeitraum unterhielt sie ein *Committee on Marriage and Divorce*, das zahlreiche Vorschläge für eine nationale Vereinheitlichung des Scheidungsrechts unterbreitete, damit letztlich aber am Widerstand der Einzelstaaten scheiterte. Vgl. Report of the Committee on Marriage and Divorce: With first tentative drafts of acts on the subjects of marriages and licenses to marry, and relating to family desertion and non-support. Philadelphia 1909. Digitales Reprint in: The Making of Modern Law. Gale. 2009. Gale, Cengage Learning. <www.galenet.galegroup.com/servlet/MOML?af=RN&ae=F3752280337&srchtp=a&ste=14>. Report of the Committee on Marriage and Divorce: With second tentative drafts of acts on the subjects of marriages and licenses to marry and family desertion and non-support. Williamsport, PA. 1910. Digitales Reprint in: The Making of Modern Law. Gale. 2009. Gale, Cengage Learning. <www.galenet.galegroup.com/servlet/MOML?af=RN&ae=F3752279570&srchtp=a&ste=14>. Report of the Committee on Marriage and Divorce: With third tentative draft of an act on the subject of marriage and marriage licenses. Williamsport, PA 1911. Digitales Reprint in: The Making of Modern Law.

sowie die vom episkopalen Bischof William C. Doane[88] initiierte und geleitete *Inter-Church Conference on Marriage and Divorce*.[89] Doane ging es inhaltlich weniger um die Ächtung der Scheidung – ähnlich den Vertretern der katholischen Kirche war er nur bereit „scriptural grounds", also Ehebruch, als Scheidungsgrund gelten zu lassen – denn um eine Einschränkung der Wiederverheiratung Geschiedener. Letztere bezeichnete er als „foul tide of desecration of marriage, of the degradation of the family, of the deterioration of the home".[90]

Während Dikes Organisation seit der Jahrhundertwende immer mehr an nationaler Reichweite verlor, erwies sich die nationale Arbeitsgruppe der großen evangelischen Denominationen unter Doane von vornherein als kurzlebig.[91] Immerhin gelang es Doane und seinen Mitstreitern, Präsident Theodore Roosevelt für die Scheidungsproblematik zu sensibilisieren. Zu Beginn des Jahres 1905 bekannte sich Roosevelt beim jährlichen Treffen der *Inter-Church Conference* in Washington zur Bedeutung der „vital questions of having the unit of our social life, the home, preserved" und warnte vor den Folgen des Geburtenrückgangs unter den „old native American families".[92] Unter Verweis auf die Bedrohung der „sanctity of the marriage relation" durch laxe und uneinheitliche Gesetze, die aber erst auf der Grundlage verlässlicher nationaler Statistiken reformiert werden könnten, drängte der Präsident Senat und Abgeordnetenhaus, die Mittel für eine weitere Dokumentation der Scheidungszahlen zwischen 1887 und 1906 bereit-

---

Gale. 2009. Gale, Cengage Learning. <www.galenet.galegroup.com/servlet/MOML?af=RN&ae=F3752284818&srchtp=a&ste=14>.
**88** WILLIAM COSWELL DOANE (1832–1913) war seit 1869 Bischof der Episkopalen Kirche in der Diözese Albany im State New York. Er initiierte und leitete die *Inter-Church Conference on Marriage and Divorce* von 1903 bis 1906. Seit 1905 wirkte er zudem als Vorsitzender des *Committee of Family Life* des *Federal Council of the Churches of Christ in America*, einer Vereinigung der großen protestantischen Denominationen.
**89** Die Arbeitsergebnisse der Konferenz wurden veröffentlicht. Vgl. z. B.: Documents of the Interchurch Conference on Marriage and Divorce, New York 1903.
**90** Doane, William Croswell: The Question of Divorce and Remarriage, in: NYT, 26.11.1899. Ders.: Remarriage after Divorce: Catholic Theory and Practice. In: North American Review 180,4 (1905 April), S. 513–522.
**91** Sie bestand nur von 1903 bis 1906. Doane setzte seine Reformaktivitäten noch bis zu seinem Tod 1913 als Chairman des *Committee on Family Life* des *Federal Council of the Churches of Christ* fort, zusammen mit Samuel Dike, der dort als Vorsitzender wirkte. Sanford, Elias B.: Origin and History of the Federal Council of Churches of Christ in America, Hartford, CN 1916, S. 264–265, 508–510.
**92** U. S. Department of Commerce and Labor, Bureau of the Census, Special Reports: Marriage and Divorce 1867–1906. Part I: Summary, Laws, Foreign Statistics, Washington 1909, S. 4. Vgl. auch Riley, Divorce, S. 115. O'Neill, Divorce in the Progressive Era, 1967, S. 245–46.

zustellen.[93] Der Kongress folgte der Aufforderung und der zweite *Wright-Report* erschien bereits 1909.

Auch der *National Congress on Uniform Divorce Laws*, der 1906 in Washington DC, stattfand, kam auf präsidiale Anregung zustande, die von ihm erarbeiteten Modellstatuten für eine einheitliche Gesetzgebung wurden aber lediglich von drei der damals 49 Einzelstaaten unterzeichnet.[94] Auch die Arbeit des *Committee on Marriage and Divorce* der *National Conference of Commissioners on Uniform State Laws* zeigte wenig Erfolge, wie einer ihrer führenden Vertreter, der Jurist Walter George Smith, rückblickend beklagte.[95] Dies liege vor allem daran, dass die Vertreter der Einzelstaaten nicht die Dringlichkeit des Problems erkannt hätten:

> The fact is that outside the large body of Catholics, the masses of the people do not look upon existing conditions with any real appreciation of the dangers connected with them, being more concerned that the unhappiness arising from the frequent mismatches of married couples shall be cured by what is called "the surgery of divorce," than with the injury entailed upon the morals of the community at large.[96]

Dass im Zeitraum von 1900 bis 1910 zwar die Etablierung einer nationalen Ehestatistik gelang, nicht aber die Vereinheitlichung des Scheidungsrechts, hatte verschiedene Gründe. Zum einen waren sowohl erklärte Scheidungsgegner als auch Befürworter wenig kompromissbereit, jede Fraktion lehnte einen nationalen Mittelweg rundheraus ab. Dieser hätte in der Aufhebung sowohl extrem restriktiver als auch sehr liberaler einzelstaatlicher Scheidungsgesetze zugunsten einer

---

**93** Botschaft Präsident Roosevelts an den Kongress, 30.1.1905. U. S. Department of Commerce and Labor, Bureau of the Census, Special Reports: Marriage and Divorce 1867–1906. Part I: Summary, Laws, Foreign Statistics, Washington 1909, S. 4.
**94** Proceedings of the National Congress on Uniform Divorce Laws, held at Washington, D.C., February 19, 1906. Harrisburg, PA 1906. Digitales Reprint in: The Making of Modern Law. Gale. 2009. Gale, Cengage Learning. <www.galenet.galegroup.com/servlet/MOML?af=RN&ae=F3752113991&srchtp=a&ste=14> Zur Bewertung der Ergebnisse des *National Congress* und des Folgetreffens im gleichen Jahr vgl. Riley, Divorce, S. 115–118.
**95** WALTER GEORGE SMITH (1854–1924) war Rechtsanwalt, bekennender Katholik und Mitglied der Philadelphia Bar Association. Für diese nahm er seit 1906 an den Beratungen der *Commission on Uniform State Laws* teil und wirkte maßgeblich auf eine Vereinheitlichung des nationalen Scheidungsrechts hin. 1917 wurde er zum Präsidenten der *American Bar Association*, der nationalen Anwaltsvereinigung, gewählt. Zu Smiths Biographie vgl. Bryson, Thomas A.: Walter George Smith, Washington 1977.
**96** Smith, Walter George: Ethics of Divorce, in: *Case and Comment* 21 (1914), S. 3–6. Zit. nach Johnsen, Selected Articles, S. 283. Der Jurist und Katholik war ein Befürworter eines möglichst strengen Scheidungsrechts und betonte im Gegensatz zu vielen Sozialwissenschaftlern stets den Sakramentscharakter der Ehe. Zu seiner Kritik an der Position Howards und anderer Soziologen zur Ehescheidung s.u.

## 1.2 Ehescheidung im 19. Jahrhundert

für alle Bundesstaaten tragbaren Regelung bestanden, doch darauf mochte man sich nicht verständigen. Zum anderen schufen die stetig steigenden Scheidungszahlen Fakten: Die Mehrheit der US-Amerikaner schien eine grundsätzliche Infragestellung oder auch nur Reduktion der Scheidungspraxis nicht zu wünschen. Glenda Riley hat die diskussionswürdige These aufgestellt, dass der Aufstieg der Soziologen und der Soziologie und ihrer Erklärungen für den Anstieg der Scheidungszahlen – ein Resultat der sozialen Umwälzungen im Gefolge von Industrialisierung und Urbanisierung – viel dazu beigetragen hätten, dass die nationale Scheidungseinheitsgesetzgebung schließlich scheiterte.[97] Statt einer Änderung des Scheidungsrechtes zur Eindämmung der Scheidung propagierten die meisten Sozialwissenschaftler eine Akzentverschiebung in Ehe und Familie, insbesondere einen besseren Schutz der Rechte der Frau.

Aufgabe des zweiten Teilkapitels ist nun, zu untersuchen, inwiefern es den Sozialwissenschaften und insbesondere der Soziologie tatsächlich gelang, zur hegemonialen Deutungsmacht sozialer Wandlungsprozesse aufzusteigen. Dem liegt die Hypothese zugrunde, dass sich zu Beginn des 20. Jahrhunderts eine Akzentverschiebung von den Religions- und Rechtswissenschaften zu den Sozialwissenschaften vollzog, wenn es darum ging, den Wandel von Familienwerten und Familienstrukturen in Gestalt des beispiellosen Anstiegs der Scheidungszahlen und der sich verändernden Rolle der Frau zu erklären. Damit verbunden stellt sich die Frage, ob diese Schwerpunktverlagerung hin zur Soziologie bereits einen gesellschaftlichen Transformationsprozess von rigiden „Victorian morals" zu einer größeren Pluralität der Lebensstile auslöste oder sogar als sichtbarer Ausdruck eines bereits im Gang befindlichen Wertewandels betrachtet werden kann. Eine andere mögliche Erklärung für die Akzentverschiebung hin zu den Sozialwissenschaften könnte jedoch auch darin liegen, dass mit der Soziologie eine vergleichsweise junge wissenschaftliche Disziplin durch Zusammenstellung und Auswertung von Statistiken und Datensets methodisch überhaupt erst in der Lage war, Erklärungen gesellschaftlicher Phänomene anzubieten und Prognosen zu erstellen.[98]

---

[97] Riley, Divorce. S. 123. William O'Neill hingegen geht davon aus, dass die sukzessive Liberalisierung der Einstellung zu Ehe und Familie im Zuge der Überwindung der „Victorian morals" die Einigung auf eine national verbindliche Scheidungsgesetzgebung in der Progressiv Era unmöglich machte. O'Neill, Divorce in the Progressive Era, 1978, S. 142–149.

[98] Zwar existierten bereits seit der Mitte des 19. Jahrhunderts statistische Methoden zur Erforschung sozialer Phänomene, doch es brauchte erst die Soziologie als formierte wissenschaftliche Disziplin, um diese auf aktuelle gesellschaftliche Problemlagen anzuwenden. Dieser Prozess vollzog sich in der ersten Hälfte des 20. Jahrhunderts. Laut Jennifer Platt waren die Arbeiten der US-amerikanischen Soziologen bis zur Great Depression noch von großem methodischen Eklek-

## 1.3 „Social Control and Women's Place in Society": Der Einfluss der Soziologen auf die publizistischen Ehescheidungsdebatten seit der Jahrhundertwende

Im ersten Jahrzehnt des 20. Jahrhunderts erschienen wichtige Arbeiten US-amerikanischer Soziologen, die Ehescheidung als vielleicht nicht unbedingt wünschenswerte, doch rationale Maßnahme zur Beendung untragbarer zwischenmenschlicher Beziehungen beschrieben. Als Erster bezog der Historiker und spätere Präsident der *American Sociological Association*, George E. Howard[99] im Jahr 1904 in seiner monumentalen „History of Matrimonial Institutions" eindeutig Position. Angesichts der disparaten amerikanischen Scheidungsgesetzgebung erklärte er, dass Scheidung wohl das Heilmittel, nicht aber die Krankheit, darstelle: „Divorce is a remedy and not the disease."[100] Nicht Ehescheidung an sich sei unmoralisch, wohl aber das national uneinheitliche Ehe- und Scheidungsrecht.[101] Bedeutsam ist, dass Howard es nicht bei der Forderung nach Liberalisierung der Scheidungspraxis und Reform des Scheidungsrechts beließ, sondern in den Scheidungsbefürwortern zugleich die Verfechter einer gesellschaftlichen Modernisierung sah. Die Einstellung zu Scheidung war somit keine Frage der individuellen moralischen-religiösen Überzeugung mehr, sondern wurde zu einem Feld der Debatten um die Moderne und ihre Folgen:

---

tizismus und geringer Innovationskraft gekennzeichnet. Erst durch die Finanzierung ausgedehnter Feldforschungen zu den sozialen Umbrüchen der 1930er Jahre habe die Soziologie eigene quantitative Untersuchungsmethoden und methodische Sensibilität entwickelt. Hierzu ist jedoch zu bedenken, dass Platt ihren Untersuchungszeitraum erst 1920 beginnt und die Effekte der Diskussion um Scheidungsstatistiken in der Progressive Era daher nicht berücksichtigt. Platt, Jennifer: A History of Sociological Research Methods in America, 1920–1960, Cambridge u. a. 1996, S. 31–32, S. 271–272.

99 GEORGE ELLIOTT HOWARD (1849–1928) war qua Ausbildung und Position eigentlich Historiker und lehrte an den Universitäten Nebraska, Stanford, Cornell und Chicago. In den 1870er Jahren hatte er für zwei Jahre in Europa studiert (in Paris und München). Als Historiker war er ein Pionier sozialhistorischer Fragestellungen und Feminist, als Sozialwissenschaftler an der historischen Dimension sozialer Prozesse interessiert. Er wirkte 1916–17 als siebter Präsident der *American Sociological Association*.

100 Howard, George Elliott: A History of Matrimonial Institutions: Chiefly in England and the United States with an Introductory Analysis of the Literature and the Theories of Primitive Marriage and the Family. 3 Bd., Chicago 1904, S. 219.

101 „Divorce is not immoral. It is quite probable, on the contrary, that drastic, like negligent, legislation is sometimes immoral." Howard, History, Bd. 3, S. 220. Einen breiten Überblick über die Gruppe der Scheidungsbefürworter am Ende des 19. und Beginn des 20. Jahrhunderts in den Sozialwissenschaften bietet O'Neill, Divorce, S. 89–125.

> The divorce movement is a portentous and almost universal incident of modern civilization. Doubtless it signifies underlying social evils vast and perilous. Yet to the student of history it is perfectly clear that this is but a part of the mighty movement for social liberation which has been gaining in volume and strength ever since the Reformation.[102]

Dies zeigte sich auch auf dem bereits erwähnten Soziologentag 1908, als in einer von Howard geleiteten Sektion die Frage „Is the freer granting of divorce an evil?" diskutiert wurde.[103] In seinem Einführungsreferat kritisierte Howard erneut die disparaten Rechtsgrundlagen und die Defizite in der Scheidungspraxis in den USA, verwies aber darauf, dass erst „the imperfections of the social systems, notably in false sentiments regarding marriage and the family" Anlass für das „divorce movement" geboten hätten. In anderen Worten: Der gegenwärtige Scheidungstrend spiegle einen gesellschaftlichen Übergangs- und Entwicklungsprozess und erkläre sich hauptsächlich aus unklaren Erwartungen der Eheleute an ihre hastig gewählten Ehepartner, an die Ehe und die Gesellschaft allgemein.[104] Die steigenden Scheidungszahlen betrachtete Howard als Ausdruck eines fundamentalen, längst noch nicht abgeschlossenen Individualisierungs- und Liberalisierungsprozesses, der vor alle die patriarchale Familie für immer verändere.[105] Nicht umsonst sei die Mehrheit der Antragsteller Frauen, die damit ihrer steigenden Unabhängigkeit Rechnung trügen und gleiche Rechte respektive eine gerechtere Rollenverteilung in der Familie einforderten: „The divorce movement [...] is in large part an expression of woman's growing independence".[106]

Zwei Folgerungen ergaben sich für Howard: Zum einen sei Ehescheidung als nötiges soziales Heilmittel zu akzeptieren. Zum anderen könne nur auf dem Wege

---

102 Howard, History, Bd. 3, S. 220.
103 Außer Howard hielten auch die Soziologen James P. Lichtenberger und Edward A. Ross Kurzreferate, ebenso Samuel W. Dike und der Rabbiner Krauskopf. JOSEPH KRAUSKOPF (1858– 1923) war seit 1887 Rabbiner der Reformsynagoge Keneseth Israel in Philadelphia und ein führender Exponent des Reformjudentums. Ursprünglich aus Ostrowo in der Provinz Posen / Preußen stammend, emigrierte er schon 1872 in die USA und studierte wenig später am Hebrew Union College in Cincinatti. Howard, George Elliott: Is the Freer Granting of Divorce and Evil?, in: Papers and Proceedings, Third Annual Meeting, American Sociological Society, held at Atlantic City, N.J. December 28–30, 1908, Chicago / New York 1909, repr. 1971 (Publications of the American Sociological Society, III), S. 150–180.
104 „The modern divorce movement is an incident of a transition process in social evolution, and hence it is due primarily to social mis-selection and the clash of ideals." Howard, Freer Granting, S. 155.
105 „Trough a swift process of individualization for the sake of socialization the corporate unity of the patriarchal family has been broken up or even completely destroyed." Howard, Freer Granting, S. 155.
106 Howard, Freer Granting, S. 157.

einer effektiveren Erziehung der amerikanischen Jugend noch vor der Eheschließung eine verantwortungsbewusste Einstellung zur Ehe in der Gesellschaft verankert werden.[107] Diese helfe längerfristig, die Scheidungszahlen zu senken: „That remedy is proper social control; but adequate social control can be achieved only through the thorough socialization of education."[108] Howards Begeisterung für „social control" als Maßnahme zur Verbesserung der Gesellschaft (hier: der Eheschließungen) ist symptomatisch für die Progressive Era: Die Forderung nach mehr und angemessenerer Erziehung und Kontrolle durchzieht auch die Texte zahlreicher anderer Autoren zum Problem der steigenden Scheidungszahlen, was einen zentralen Befund dieser Untersuchung darstellt.

Auch James P. Lichtenberger und Edward Alsworth Ross, ebenfalls Pioniere der Soziologie in den USA des frühen 20. Jahrhunderts, teilten Howards Auffassung davon, dass die steigenden Scheidungszahlen das Produkt sozialer Umwälzungsprozesse seien. So forderte James P. Lichtenberger[109] die Soziologen auf, nach Gründen zu forschen, anstatt Ergebnisse zu bekämpfen. Das Familienideal habe sich geändert im Sinne einer größeren Intoleranz gegenüber Missständen in der Ehe, einer steigenden Forderung nach Gleichberechtigung der Geschlechter und Ablehnung des moralischen „double standard" sowie der Erkenntnis, dass emotionale Zuneigung und eheliche Treue die Basis von Ehe und Familie bildeten.[110] Dies sei jedoch kein Grund zur Furcht vor dem Ende der Familie, trügen Ehescheidungen doch dazu bei, dass in der modernen Gesellschaft die Familien besser funktionierten:

> Until the new family finds its equilibrium in the changing economic, social and religious environment a high rate of divorce is inevitable and is an index of progress rather than a sign of social disintegration.[111]

---

107 „In no other way, perhaps, has mis-selection, the failure to develop methods of social control adequate to the new psychic character of the family been so harmful as in dealing with marriage." Howard, Freer Granting, S. 159.
108 Howard, Freer Granting, S. 160.
109 JAMES PENDLETON LICHTENBERGER (1870–1953) war ab 1909 Professor für Soziologie an der University of Pennsylvania. Zuvor hatte er zwischen 1896 und 1908 als Pfarrer der *Church of the Disciples of Christ* gewirkt, erst in Canton, Illinois, dann in Buffalo, New York und schließlich in New York City. 1922 war Lichtenberger Präsident der *American Sociological Society*.
110 Als „double standard" bezeichneten die Zeitgenossen die divergierenden Moralvorstellungen für Männer, denen voreheliche sexuelle Kontakte ohne weiteres zugebilligt wurden und Frauen, für die das nicht galt.
111 "We need to get rid of the fear that the family will disintegrate unless held together by the law. The family always has and probably always will arise and disintegrate as the necessities of life require with scant regard for our laws on the subject". Lichtenberger, James P.: Is the Freer Granting of Divorce an Evil? In: AJS (1908/09), S. 789.

In seiner kurz nach dem Soziologentag erschienen Einzelstudie „Divorce. A Study in Social Causation" spitzte Lichtenberger diese Argumentation noch weiter zu und beschrieb die besondere Funktion der Sozialwissenschaftler. Im Gegensatz zu den „alarmists, professional reformers, moral and religious dogmatists", welche den im *Wright-Report* dokumentierten Anstieg der Scheidungszahlen irrtümlich als Anzeichen eines Verfalls der Familie werteten, könnten die Soziologen den sozialen Wandel wirksam erklären[112], nämlich durch eine Analyse der wirtschaftlichen, sozialen und psychologischen Entwicklungen der Gesellschaft:

> What is needed is to bring the subject out into the open, to throw upon it the same white light of scientific criticism and investigation to which we subject the facts of our modern political and industrial life, let the consequences be what they may.[113]

Beispielhaft artikulierte Lichtenberger den Optimismus und das Selbstverständnis der Soziologen der Progressive Era:

> We have simply been concerned with the facts as they are. Our effort has been accurately to diagnose the social situation in respect to the subject of divorce, from which we have sought rigidly to exclude all therapeutic treatment.[114]

Im Zuge seiner Analyse diagnostizierte er drei epochale Veränderungsprozesse als Grundlage des Scheidungsbooms: erstens ein beispielloses Wirtschaftswachstum, zweitens eine präzedenzlose Veränderung des sozialen Gefüges[115] und drittens relevante Verschiebungen der ethischen und religiösen Einstellungen. Gestützt auf Herbert Spencers „Principles of Sociology"[116] argumentierte Lich-

---

**112** „This group seeks to go a little deeper, by the use of inductive methods, into the question of causation. It is making scientific inquiry into the reasons for this seemingly rapid change in human nature which is modified ordinarily only by long-continued processes." Lichtenberger, James P.: Divorce. A Study in Social Causation, Columbia University Studies in History, Economics and Public Law, Vol. 25, No. 3, New York 1909, S. 12.
**113** Lichtenberger, Divorce, S. 17.
**114** Lichtenberger, Divorce, S. 20.
**115** Lichtenberger sprach von „unparalleled achievements in social progress" und betonte die Verbindung zwischen Demokratisierung, Individualisierung und Ehescheidungsrate: „The struggle for social liberation, and the reconstruction of the social order in the interest of the greater freedom of the individual [...] – in short, the whole democratic movement of modern times, aside from its purely political aspects – is most significant as to its effect upon the rising divorce rate." Lichtenberger, Divorce, S. 19, 176.
**116** Lichtenberger bezog sich auf Spencer, Principles of Sociology, Bd. 1, S. 764–766: Scheidungen würden möglich durch eine geänderte Einstellung zur Ehe und zum Individuum, dadurch würden Ehe und Familie längerfristig besser. Lichtenberger, Divorce, S. 214–215.

tenberger, dass angesichts dieser Umwälzungen die hohe Scheidungsrate nur ein Übergangsphänomen darstelle. Seiner Ansicht nach gehörte Scheidung zu den Kosten des Fortschritts auf dem Wege zu einer gesteigerten „industrial efficiency, individual and social freedom, ethical culture" und einer schlussendlichen Verbesserung der Familie[117]:

> Many old restraints have been, and are being, removed and new ideals are in the process of formation. Before external restraints have been thoroughly replaced by internal regulative principles some deterioration is more likely to result, but in the end, a new adjustment will be established and the family will be much improved by the change.[118]

Da Freiwilligkeit das „bullwark of modern marriage" darstelle, hielt er eine Fortdauer der Ehe als Organisationsprinzip von Familie für wesentlich wahrscheinlicher als einen Bedeutungsverlust.

> Marriage contracted upon the basis of mutual attraction and choice, of companionship, of reciprocal rights and privileges, and of an equal standard of morals, is far more likely to survive than the coercive marriage with its inequality, economic dependence, and dual standard of morals.[119]

Auch der Soziologe Edward A. Ross[120] betonte die Bedeutung der Ehe als einem „socially approved status", basierend auf der Freiwilligkeit der Eheschließung durch die Partner. In seinem Diskussionsbeitrag auf dem Soziologentag 1908 machte er jedoch auch klar, dass neben der Entscheidungsfreiheit der scheidungswilligen Ehepartner auch das Wohlergehen der Kinder und der Gesellschaft allgemein zu berücksichtigen seien.[121] Bereits in seinem frühen Standardwerk

---

117 Lichtenberger, Divorce, S. 212.
118 Lichtenberger, Divorce, S. 212.
119 Lichtenberger, Divorce, S. 215.
120 EDWARD ALSWORTH ROSS (1866–1951) war zunächst Professor für Nationalökonomie an der Cornell University, dann Professor für Soziologie an der Stanford University, an der University of Nebraska (zeitweilig gemeinsam mit George E. Howard) und seit 1906 an der University of Wisconsin. Von 1914 bis 1916 wirkte er als Präsident der American Sociological Association. Er verlor seinen Lehrstuhl an der Stanford University 1901 wegen seiner expliziten öffentlichen Kritik am Einsatz chinesischer Wanderarbeiter beim Bau der *Union Pacific Railroad*. Aus Protest gegen Ross Entlassung verließ auch sein Freund und Kollege Howard die Stanford University. Ross bedeutendste Werke sind Social Control (1901), Foundations of Sociology (1905) und Principles of Sociology (1920). Zu Ross vgl. McMahon, Sean H.: Social Control & Public Intellect. The Legacy of Edward A. Ross, New Brunswick / London 1999.
121 Ross, Edward Alsworth: Is the Freer Granting of Divorce an Evil? In: AJS 14 (1908/09). S. 793–794.

"Social Control" (1901), das zur Basislektüre nicht nur der amerikanischen Soziologen sondern auch vieler progressiver Reformer wurde, hatte Ross sich den Folgen des sozialen Wandels an der Schwelle des Übergangs von vormoderner Gemeinschaft („community") zu moderner Gesellschaft („society") zugewandt und Handlungsmaximen im Sinne einer rationalen Gesellschaftsordnung formuliert („planned social control" zur Etablierung einer „conscious social order").[122] Auch in der Scheidungsdebatte empfahl er konkrete Maßnahmen gegen den Scheidungsboom, die seine Sympathie für eine stärkere Intervention des Staates nicht verbargen: Haushalts-Erziehung für Mädchen, Ehe-Vorbereitungskurse für Jugendliche beiden Geschlechts, Verbot von Eheschließungen zwischen gesunden Frauen und Männern mit Geschlechtskrankheiten, Eheschließung nur am Wohnort eines der beiden Partner, offizielle Ablehnung der Ehe ohne Trauschein, Veröffentlichung der Heiratsabsicht sechs Wochen vor Eheschließung, Einrichtung von Scheidungsgerichtshöfen, in denen auch Frauen vertreten sein sollten.[123] Diese Forderung nach mehr Prävention anstelle des Lamentos über steigende Scheidungszahlen spitzte er in einem Artikel für das Magazin *Century*, der ebenfalls 1909 erschien, weiter zu. Da die Scheidungszahlen nicht einen moralischen Verfall dokumentierten, sondern vielmehr ein Ergebnis der modernen Gesellschaftsentwicklung darstellten, dem nicht mit Verboten oder moralischer Ächtung beizukommen sei, müsse es darum gehen, die Qualität der Ehen durch soziale Reformmaßnahmen zu stärken.[124] Insbesondere der Interessenkonflikt zwischen Frauen, die besser gebildet seien, daher mehr Rechte verlangten und ökonomische Selbstständigkeit erlangt hätten, und ihre Ehemännern, die überkommenen Vorstellungen von patriarchaler Autorität anhingen, führe zu Konflikten: „The resulting clash of ideals is none the less disastrous because it is only an incident of a transition process in social evolution."[125]

Ähnlich wie Lichtenberger prognostizierte er längerfristig ein Sinken der Scheidungsrate, weil viele den Nutzen der Familie für die Gesellschaft und das Individuum einsehen würden, erste Gegentrends seien bereits erkennbar. Übereinstimmend mit Howard und Lichtenberger räumte auch Ross den Soziologen

---

**122** Ross, Edward Alsworth: Social Control. A Survey of the Foundations of Order. First Edition New York, 1901. Reprint Cleveland and London 1969, insbes. S. 432–438, vgl. auch die Einleitung von Julius Weinberg, Gisela J. Hinkle, and Roscoe C. Hinkle, S. VII-LV.
**123** Ross, Freer Granting.
**124** Auch Ross sprach von einem „transition process in social evolution", dem Scheidungsboom als dem „product of the modern social situation". Ross, Edward Alsworth: The Significance of Increasing Divorce, in: *Century* 78 (1909), S. 149–152. Abgedruckt in Johnsen, Marriage and Divorce, S. 59, 61.
**125** Ross, Significance, S. 59.

eine tragende Rolle bei der Analyse des Scheidungsbooms ein. Wer ernsthaft daran interessiert sei, die Scheidungszahlen zu reduzieren, „must appeal to sociology rather than to a dogma".[126]

In seinem abschließenden Statement zur Sektion auf dem Soziologentag propagierte auch George E. Howard die Notwendigkeit regulierender Eingriffe („social control") zum Ziele der Verbesserung der Gesellschaft („social evolution"): „Not individual contract but social control is the key to our problem."[127] Ein wichtiges Feld sei hierbei die voreheliche Erziehung der Jugend, um „sociologically bad marriages" zu verhindern.

> Marriages, not legally, but sociologically bad, are meant. They include frivolous, mercenary, ignorant and psychologically vicious unions. They embrace all that would be forbidden by Francis Galton's science of Eugenics; all that might be in part prevented by a right system of education. Indeed, bad marriages are the cause of the clash of ideals referred to.[128]

Interessant ist neben dem Verweis auf die „science of Eugenics", die auf „a right system of education" setze, auch die angeführte Begründung. Diese sollte später einen festen Platz im rhetorischen Repertoire der Eugenik-Bewegung einnehmen: „We are far more careful in breeding cattle or fruit trees than in breeding men and women."[129] Dabei verlor Howard jedoch (noch) nicht den Wert des Individuums aus dem Blick: „It is high time to cease the appeal to mere authority and to accept marriage, the home, and the family as purely human social institutions to be freely dealt with by men according to human needs."[130] Dies las sich gut zehn Jahre später in seinem Artikel „Bad Marriage, Quick Divorce" schon anders. Nun redete er einem eugenisch motivierten Eingreifen in die Rechte des Individuums das Wort.[131]

Als Quintessenz der Diskussionen des Soziologentages 1908 zeigte sich, dass die meisten Sozialwissenschaftler der Forderung nach einem expertenbasierten, stärker regulierenden Eingreifen des Staates in die Belange der Familie („social control") zum Wohle der Gesellschaft durchaus zustimmten. Zugleich war die Mehrheit jedoch auch bereit, die Rechte des Individuums innerhalb von Ehe und Familie anzuerkennen, was auch die Akzeptanz der Ehescheidung und der

---

[126] Ross, Significance, S. 60.
[127] Howard, George Elliott: Is the Freer Granting of Divorce an Evil?, in: The AJS 14 (1908/09), Nr. 6, S. 766–796, Concluding Remarks, S. 795.
[128] Howard, Concluding Remarks, S. 795.
[129] Howard, Freer Granting, S. 159.
[130] Howard, Concluding Remarks, S. 796.
[131] Howard, George Elliott: Bad Marriage and Quick Divorce, in: Journal of Applied Sociology 6 (1921), S. 1–10.

Emanzipation der Frau miteinschloss. So konnte sich weder Sumners Sorge um den Wandel der Familie noch die vereinzelte Kritik am vermeintlichen Niedergang der Familie als Institution (durch Urbanisierung, Emanzipation der Frau und die Expansion staatlicher Bildungseinrichtungen) durchsetzen.[132] Einer entsprechenden Verfallsdiagnose in der Sektion „How far should the members of the family be individualized" widersprach unter anderem Albion Woodbury Small, ein weiterer Gründervater der US-Soziologie.[133] Small argumentierte, angesichts der aktuellen Scheidungszahlen befinde sich die US-amerikanische Familie nicht generell in der Krise, sondern die „demoralizing conditions of surrounding society" und die „undomestic persons who compose it" ließen diesen Eindruck entstehen:

> „My dictum is that the thing on trial is not the American family, but every condition which interferes with the general realization of the American family in full fruit of its spirit."[134]

Während die Scheidungshäufigkeit insbesondere in den „upper and lower classes" augenfällig sei, funktioniere ein Großteil der Familien der Mittelklasse nach wie vor völlig normal, so dass sich jede Form von Pauschalkritik verbiete. Auf den Punkt brachte es Carl E. Parry von der University of Michigan, der argumentierte, dass Scheidung keinesfalls immer eine Folge übersteigerten Individualismus seitens der Frau sei, denn „it is no more individual for a woman today to get a divorce under intolerable conditions than it was for the woman of yesterday to

---

[132] Die gesamte Bandbreite der Diskussion fand sich im Referat von James E. Hagerty auf dem Soziologentag 1908 und in den Kommentaren dazu. Hagerty, How far should members of the family be individualized, in: Papers and Proceedings, Third Annual Meeting, American Sociological Society, held at Atlantic City, N.J., December 28–30, 1908, Chicago/New York 1909, repr. 1971, S. 181–206. Auch abgedruckt in AJS 14 (1908/09), S. 797–823. JAMES EDWARD HAGERTY (1869–1946) lehrte Soziologie zunächst an der Ohio State University und ab 1901 an der Notre Dame University, Indiana. Dort befindet sich auch sein Nachlass. University of Notre Dame Archives, Notre Dame Indiana, 46556.

[133] ALBION WOODBURY SMALL (1854–1926) gründete 1892 an der University of Chicago das erste Department of Sociology in den Vereinigten Staaten, an dem er bis 1925 lehrte. Nach einem Theologiestudium hatte er Geschichte, Sozialökonomie und Politik studiert, unter anderem in Leipzig und Berlin. 1895 gründete er das *American Journal of Sociology* und war von 1912 bis 1913 Präsident der *American Sociological Society*. Seine wichtigsten Werke sind Abhandlungen zum Konzept der Soziologie als Wissenschaft, zu Adam Smith und zur Bedeutung der Sozialwissenschaften, wobei er auch die deutsche Soziologie untersuchte. Small, Albion W.: General Sociology, Chicago 1905. Ders.: Adam Smith and Modern Sociology, Chicago 1907. Ders.: The Cameralists, Chicago 1909. Ders.: The Meaning of the Social Sciences, Chicago 1910.

[134] Albion W. Small in seinem Kommentar zum Referat von James E. Hagerty, How far should members of the family be individualized, S. 190–194.

throw flatirons under similar provocation". Stattdessen plädierte er für eine „true individualization of members of the family", die gleiche Rechte, Zugang zu Bildung und eine ökonomische Absicherung aller Familienmitglieder miteinschließen müsse.[135]

Die Feministinnen unter den Anwesenden divergierten zwar in der Frage, ob Männer und Frauen wirklich als „gleich" zu betrachten seien, forderten aber gemeinschaftlich die Legalisierung der Scheidung. Anna Garlin Spencer[136] bekannte sich zur Notwendigkeit einer „democratization of the family", wandte – abweichend von Parry – aber zugleich ein, Männer und Frauen könnten innerhalb der Gesellschaft niemals „on the same plane of competitive professional and manual labor" stehen, sonst verliere die Familie ihre soziale und reproduktive Funktion.[137] An anderer Stelle plädierte sie für eine spezifische „social education of women", eine Verbindung von Bildung und Erziehung zur Selbstständigkeit mit Kenntnissen in Haushaltsführung und der Wahrnehmung ihres sozialen Auftrags als „mothers of the race".[138] Auch sie verband die Diskussion um Ehescheidung mit der Frage der „just and useful position of women in society", betonte aber zugleich den Vorrang des Gemeinwohls gegenüber den individuellen Bedürfnissen der Partner. Die nötige „social control" überzogener individualistischer Ansprüche könne nur der moderne Staat ausüben: „The modern state is the only adequate and suitable agency for efficient social control of marriage." Unter „social control" verstand sie in diesem Zusammenhang ein einheitliches nationales Eherecht, Eheberatung und eugenische Maßnahmen zum Schutz der Familie vor der „marriage of the unfit".[139]

Spencers Überlegungen umkreisten neben den Feldern „social control" und „reproductive fitness" ein weiteres wichtiges Thema, das angesichts der Scheidungsstatistiken immer wieder auf dem Soziologentag debattiert wurde: die Stellung der Frau in der Familie. Prominenteste Wortführerin einer Stärkung von

---

135 Carl E. Parry, University of Michigan, in seinem Kommentar zum Referat von James E. Hagerty, How far should members of the family be individualized, S. 200–204.
136 ANNA GARLIN SPENCER (1851–1931) war Feministin, Publizistin und Priesterin der Unitarier-Kirche, an deren Meadville Theological School in Chicago sie auch lehrte. Sie publizierte breit über soziale Fragen, vgl. z. B. Spencer, Anna Garlin: Woman's Share in Social Culture, New York 1913. Dies.: The Family and its Members, Philadelphia London 1923 (zuerst 1922).
137 So Spencer in ihrem Kommentar zum Referat von James E. Hagerty, der die Frage aufgeworfen hatte Hagerty, How far should members of the family be individualized, S. 196–199.
138 Spencer, Anna Garlin: The Social Education of Women, in: Publications of the American Sociological Society 13 (1918), S. 11–26.
139 Spencer, Anna Garlin: Problems of Marriage and Divorce, in: Forum 48 (1912), S. 188–204, zit. nach Johnsen, Julia E. (Hg.): Selected Articles on Marriage and Divorce, New York 1925, S. 39–51.

Frauenrechten war Charlotte Perkins Gilman, die Autorin fundamentaler sozialwissenschaftlicher Studien zur Stellung der Frau in der Gesellschaft wie „Women and Economics" (1898) und „The Home" (1903). Sie argumentierte, dass sowohl die individuellen Lebensbedingungen als auch die Gesamtgesellschaft nur über eine Verbesserung der Familien eine Aufwertung erfahren könnten.[140] Dies sei nur durch eine stärkere Gleichstellung von Männern und Frauen zu erreichen, damit sich die Frauen als eigenständige soziale Wesen entwickeln und bilden könnten und zugleich aufhörten, sich nur als Besitztümer und Dienerinnen ihrer Männer zu begreifen. Das würde auch den Kindern nützen, da aufgeklärte, selbstständige Mütter deren Bedürfnisse besser berücksichtigen könnten:

> Finally, these same conditions, these limitations in structure and function, this arrested womanhood and low grade child culture do no tend to develop the best individuals nor to promote social progress. [...] We need homes in which mother and father will be equally free and equally bound, both resting together in its shelter and privacy, both working together for its interests. [...] The woman, no longer any man's property, nor any man's servant, must develop social usefulness, becoming more efficient, intelligent, experienced.[141]

Die Anthropologin Elsie Clews Parsons, die 1906 eine Untersuchung über „The Family" vorgelegt hatte[142], machte angesichts der „rate of progress or, according to ones point of view, deterioration, in our contemporaneous family type" klar, dass gerade die gut ausgebildeten Frauen wichtig seien für die Bewahrung der Familie als Institution. Konsequent plädierte sie bereits 1908 für eine Liberali-

---

**140** CHARLOTTE PERKINS GILMAN (1860–1935) war eine prominente US-amerikanische Publizistin und Feministin. 1898 erschien ihr bekanntestes Werk, „Women and Economics", eine Analyse der ökonomischen Benachteiligung der Frauen in der US-Gesellschaft, 1903 folgte eine Arbeit über die Soziologie des Haushalts („The Home", 1903). In der Folge wurde Gilman durch zahlreiche Vorträge und Zeitschriftenartikel berühmt. Von 1909 bis 1916 gab sie eine eigene Zeitschrift, den *Forerunner*, heraus. Gilman, Charlotte Perkins: How Home Conditions react upon the Family, in: AJS 14 (1908/09). Vgl. dies., Home. Dies., Women.
**141** Gilman, Charlotte Perkins: How Home Conditions react upon the Family, in: AJS 14 (1908/09), S. 592–605. Vgl. den Bericht der *New York Times* über den Soziologentag, der sich insbesondere auf Gilmans Referat bezog. "Higher Marriage, Mrs. Gilman's Plea" In: NYT, 29.12.1908.
**142** ELSIE CLEWS PARSONS (1875–1941) war Soziologin, Feministin und eine der Gründerfiguren der amerikanischen Anthropologie. Die Mitherausgeberin des *Journal of American Folklore* (1918–41) war auch Präsidentin der *American Folklore Society* (1919/20), der *American Ethnological Society* (1923–25) und der *American Anthropological Society* (1941). Ihre wichtigsten Forschungen befassten sich mit der Kultur der amerikanischen Ureinwohner, doch zuvor legte sie einige soziologische Untersuchungen vor, darunter auch das Handbuch zu den Formen der Familie. Parsons, Elsie Clews: The Family. An Ethnographical and Historical Outline with Descriptive Notes, Planned as a Text-book for the Use of College Lecturers and of Directors of Home-reading Clubs, New York, London 1906.

sierung der Arbeits- und Familienarbeitszeiten und Lebensphasen: „It is then on the fight of the professional woman to get back into the family that the future of the family will depend."[143]

Insgesamt erwies sich das Jahrestreffen der *American Sociological Association* 1908 in doppeltem Wortsinn als Brennglas für die Positionsbestimmung der Sozialwissenschaftler: Zum einen formulierten die Soziologen dort ihr Verständnis von der Bedeutung der Familie in der modernen Gesellschaft, zum anderen konstituierten sie sich als Zunft. Die Soziologen bilanzierten den Scheidungsboom in den USA erstmals auf einer gesicherten statistischen Datengrundlage in Form des *Wright-Report*, betrachteten ihn aber zugleich als Ausdruck gesellschaftlicher Veränderungsprozesse seit dem Ende des 19. Jahrhunderts in Form von Industrialisierung, Mobilisierung, Individualisierung und Ausweitung der Mittelklasse.

Drei Themen bestimmten die Diskussion: erstens die Forderung eines stärkeren Eingreifens des modernen Staates („social control") zur Stärkung der Familie und zur Senkung der Scheidungsrate, zweitens die Entwicklung von Maßnahmen zur Verschärfung der Eheschließung (sowohl betreffend das formale Verfahren, die Erziehung der Jugend und schließlich die Frage der biologisch-sozialen Ehefähigkeit) und drittens die Neudefinition von Rolle und Rechten der Frau in der Familie. Die Soziologen sahen sich selbst als besonders prädestiniert, die vermeintliche Krise der Familie in der modernen Gesellschaft zu analysieren und Lösungsvorschläge zu entwickeln.[144] Damit zogen sie bewusst die bisherige Deutungshegemonie der Kirchenvertreter und Juristen in Zweifel. Doch wie das relativ magere Presseecho auf die Konferenz und ihren publizistischen Niederschlag illustriert, war die breite Öffentlichkeit noch nicht ganz bereit für diese Botschaft.[145] Das sollte sich in den folgenden Jahren jedoch zügig ändern, wie die weitere Entwicklung der Scheidungsdebatte zeigt.

---

**143** Parsons, Elsie Clews: Higher Education of Women and the Family, in: Publications of the American Sociological Society 3 (1908), S. 142–147, dort S. 147.
**144** Lichtenberger, Divorce, S. 17.
**145** Zur Jahreswende 1908/09 erschienen in der überregionalen Presse lediglich zwei Artikel über die Jahrestagung der *American Sociological Association*. Während die *New York Times* im Wesentlichen das Referat von Charlotte Perkins Gilman referierte, widmete sich die *Washington Post* den Auswirkungen der Frauenarbeit auf die Familie und titelte reißerisch „Married Woman in Business a Peril, Says Professor", womit sie sich auf das Referat von Ulysses B. Weatherly über die Auswirkungen der Frauenarbeit auf die Familie bezog. NYT, 29.12.1908. WP, 31.12.1908.

## 1.4 Religiöse Werte versus Anpassung an die Moderne: Trägergruppen der Ehescheidungsdebatte und ihre Argumente

Während bislang vor allem die Soziologen und die Vertreter der großen Kirchen als zentrale Akteure hervorgetreten sind, verbreitete sich die Ehescheidungsdebatte in der US-Gesellschaft im Laufe der ersten beiden Dekaden des 20. Jahrhunderts zusehends. Feministinnen, Eugeniker und Juristen traten ebenfalls auf den Plan und verfolgten innerhalb der Scheidungsdebatte jeweils eigene Agenden. Sie formulierten Ziele wie die Anerkennung von Frauenrechten, die Bekämpfung der vermeintlichen rassischen Degeneration der US-Gesellschaft sowie die Vereinheitlichung der nationalen Ehe- und Scheidungsgesetzgebung, was seinerseits wieder Folgen für das evozierte Familienideal hatte. Vor allem aber erwies die Pluralisierung und Verbreiterung der Ehescheidungsdebatte, dass weder religiöse Werte (die Ehe als Sakrament) noch moralische Standards („Victorian morals") nunmehr das einzige Referenzkriterium darstellten, sondern gesamtgesellschaftliche Implikationen (Rechte der Frau, Verbesserung der biologischen Grundlagen der Gesellschaft, Anpassung des nationalen Rechts) zunehmend in den Blick gerieten. Innerhalb dieser gewissermaßen multiperspektivisch erhobenen Forderungen nach normativem Wandel erschienen die Konzepte der Soziologen, die ja die Punkte Frauenrechte, Eherecht und „social control" bereits intensiv erwogen hatten, als deutlich anpassungsfähiger und zeitgemäßer als die ausschließlich auf Bewahrung des Bestehenden und damit Unterbindung/Erschwerung der Ehescheidung gerichteten Forderungen insbesondere katholischer Theologen.

In der Folge sollen nun kurz die weiteren wesentlichen gesellschaftlichen Gruppierungen betrachtet werden, die sich neben den Soziologen und Kirchenvertretern explizit in die Scheidungsdebatte einschalteten, nämlich Vertreterinnen der Frauenbewegung, Eugeniker, und Juristen. Abschließend wird bilanziert, welche Argumentationsfiguren die Debatte um Scheidung 1900–1920 prägten. Hierbei wird gefragt, inwiefern sich der Schwerpunkt der Debatten vom Verweis auf „religiöse Werte" zu stärker sozial argumentierenden Deutungen des gesellschaftlichen Wandels verschob.

**Die Feministinnen: Scheidung und Frauenrechte**

Mit Charlotte Perkins Gilman, Anna Garlin Spencer und Elsie Clews Parsons hatten sich bereits auf dem Soziologentag 1908 bedeutende Vertreterinnen der

Frauenbewegung zu Wort gemeldet. Doch bereits in der Frauenbewegung des späten 19. Jahrhunderts hatte die Forderung nach Zugang zu Ehescheidung Tradition, vor allem um Frauen vor Missbrauch und Gewalt in der Ehe zu schützen.[146] An der Debatte unter Feministinnen zu Beginn des 20. Jahrhunderts ist hingegen interessant, dass sowohl erklärte Streiterinnen für die Gleichberechtigung und das Frauenwahlrecht wie auch prominente Anti-Suffragetten die Scheidung bejahten – allerdings mit unterschiedlichen Begründungen. So kritisierte die Sozialreformerin und erklärte Gegnerin des Frauenwahlrechts, Kate Gannett Wells[147], im Jahr 1901 den Versuch der *Episcopal Church*, eine landesweit einheitliche kanonische (und damit restriktive) Regelung der Ehescheidung durchzusetzen. Sie erklärte, Eheschließung und Scheidung müssten persönliche Entscheidungen bleiben, die Kirche dürfe einer Frau nicht das Recht zur Beendigung einer untragbar gewordenen Beziehung absprechen: Es sei legitim, wenn diese sich durch Scheidung davor schütze, Mutter von erbkranken, kriminellen oder unmoralischen Kindern eines ebensolchen Vaters zu werden.[148] Eine solchermaßen protoeugenische Argumentation findet sich bei vielen Autorinnen und Autoren des frühen 20. Jahrhunderts, keineswegs nur bei konservativen. Wenige Monate zuvor hatte sich im gleichen Blatt auch die prominente Streiterin für das Frauenwahlrecht Elizabeth Cady Stanton gegen eine restriktive national einheitliche Scheidungsgesetzgebung ausgesprochen. Stanton betrachtete die Ehe als „civil contract" und nicht primär als Sakrament und widersprach so den klerikalen

---

146 Hierzu vgl. zehnte nationale *Women's Rights Convention* 1860 in New York. Die Mehrheit der dort vertretenen Frauenrechtlerinnen stimmte der von Elisabeth Cady Stanton, Susan B. Anthony und Ernestine Rose formulierten Forderung nach der Ausweitung der Ehescheidungsgesetzgebung zu, Allerdings legten die Scheidungsbefürworterinnen größten Wert darauf, sich von der Förderung der „free love" zu distanzieren. SUSAN BROWNWELL ANTHONY (1820–1906) und ELISABETH CADY STANTON (1815–1902) gelten als intellektuelle Führungsfiguren der frühen Frauenbewegung. Die durch die Gründung von Frauenorganisationen wie der *National Women's Suffrage Association*, der *American Equal Rights Association* und der Zeitschrift *The Revolution* sowie durch rege sozialpolitische wie publizistische Aktivitäten bestimmten sie ganz entscheidend den Kampf für das Frauenwahlrecht in den USA. Die Atheistin und Abolitionistin ERNESTINE LOUISE ROSE (1810–1892) trat in der Debatte auf der *Women's Rights Convention* 1860 vehement für eine Scheidungsgesetzgebung zum Schutz der Frauen ein. Brown Blackwell, Antoinette / Rose, Ernestine / Anthony, Susan B.: Debating Marriage and Divorce Laws, at the Tenth National Women Rights Convention in New York (1860), abgedruckt in: Keetley, Dawn / Pettigrew, John (Hg.), Public Women, Public Words. A Documentary History of American Feminism, Bd. I, Beginnings to 1900, Madison 1997, S. 223–227.
147 KATE GANNETT WELLS (1838–1911) war eine amerikanische Sozialreformerin, Schriftstellerin und Gegnerin des Frauenwahlrechts.
148 Wells, Kate Gannet: Some Comments on Divorce, in: North American Review 173,4 (1901), S. 508–517.

Scheidungsgegnern. Gleichzeitig forderte sie, insbesondere die Frauen müssten an der Ausarbeitung eines „national divorce statute" beteiligt werden, was sowohl Kirchenvertreter als auch Juristen und Politiker als Provokation werteten.[149]

Gegnerinnen der Scheidung fanden sich in den Reihen der Frauenbewegung vor allem auf Seiten der „conservative feminists" der *Women's Clubs*, die anstrebten, über die Verbesserung des rechtlichen Status der Frau eine Reform der Gesellschaft und auch eine Senkung der Scheidungszahlen zu erreichen.[150] Sie argumentierten, dass insbesondere das Frauenwahlrecht längerfristig auch die Zahl der Scheidungen senken würde, bedingt durch größere Eigenständigkeit und Zufriedenheit der Frauen.[151] Dabei waren einige der berühmtesten *Clubwomen* des späten 19. Jahrhunderts selbst geschiedene Frauen, so dass sie hier vor dem Hintergrund eigener Erfahrungen agierten.[152]

Neben dem Recht auf Scheidung wurde auch das Recht auf Arbeit in der Frauenbewegung intensiv diskutiert. Insbesondere die amerikanische Schriftstellerin und Journalistin Marguerite Wilkinson forderte explizit die gesellschaftliche Akzeptanz einer Berufstätigkeit von Frauen, speziell von Müttern.[153] Ihr Referenzpunkt war Olive Schreiners „Women and Labour" (1911)[154], ein Schlüsseltext der Frauenbewegung, welcher sich gegen den passiven und rechtlosen „female parasitism" in der modernen Gesellschaft wandte und (der) auch in den USA breit rezipiert wurde. Angelehnt an Schreiners Argumentation identifizierte Wilkinson die gesellschaftlich sanktionierte Untätigkeit der meisten Ehefrauen als eine der Ursachen für den gegenwärtigen Scheidungsboom in den USA.

---

**149** Cady Stanton, Elizabeth: Are Homogenous Divorce Laws in All the States Desirable? In: North American Review 170 (1900), S. 405–409. Vgl. Dies.: Divorce vs. Domesic Warfare, in: Arena 1 (1890), S. 568.
**150** Blair, Karen: The Clubwoman as Feminist. True Womanhood Redefined, 1868–1914, New York 1980, S. 35, 106.
**151** Vgl. z. B. Stone Blackwell, Alice: The Threefold Menace (1913). Harper Cooley, Winnifred: The Younger Suffragists (1913), beide abgedruckt in: Keetley, Dawn / Pettigrew, John (Hg.), Public Women, Public Words, Bd. II, 1900 to 1960, Lanham u. a. 2002, S. 16–19, 186–189.
**152** Wie Karen Blair am Beispiel des ersten Vereins berufstätiger Frauen, *Sorosis*, gegründet 1868 in New York City, herausgearbeitet hat. Blair, Clubwoman, S. 22.
**153** Die Amerikanerin MARGUERITE WILKINSON (1883–1928) veröffentlichte zahlreiche Gedicht-Anthologien und arbeitete als Journalistin für diverse Zeitschriften. Wilkinson, Marguerite O. B.: Education as a Prevention of Divorce, in: The Craftsman 21 (1912), Nr. 5, S. 473–481. Zit. nach Johnsen, Selected Articles, S. 88–97, S. 94.
**154** OLIVE SCHREINER (1855–1920) war eine südafrikanische Feministin und Schriftstellerin. Neben dem Roman „The Story of an African Farm" (1883) veröffentlichte sie 1911 die Schrift „Women and Labour". Deren Plädoyer für eine Gleichberechtigung von Männern und Frauen und für die Beendigung des „female parasitism" machte sie zu einem Schlüsseltext der Frauenbewegung. Schreiner, Olive: Women and Labour, Leipzig 1911.

Gegen das „divorce evil" helfe nicht nur eine bessere voreheliche Erziehung der Jugend, sondern auch ihre Sensibilisierung für die Gleichberechtigung von Männern und Frauen hinsichtlich ihrer Privilegien, aber auch in Bezug auf Verantwortung, Pflichten und Handlungsmöglichkeiten. Daher sollten auch verheiratete Frauen und Mütter eine Lohnarbeit ausüben dürfen.[155]

### Die frühe Eugenik-Bewegung: Gefährdung der Gesellschaft durch „Race Degeneration"

Ein relevanter Teil der Sozialwissenschaftler und Mediziner betrachtete die Auflösung von Ehen, in denen einer oder beide Partner mit unerwünschten, vermeintlich erblichen Eigenschaften ausgestattet schienen, als Gewinn. Dies galt auch für den Mediziner Woods Hutchinson, der die Ehe nicht als religiöse oder zivilrechtliche Institution betrachtete, sondern als eine biologische Notwendigkeit.[156] Er betonte, dass die monogame Ehe sich als beste Form herausgestellt habe, gesunden Nachwuchs aufzuziehen.[157] Vom Standpunkt der „race loyality" jedoch sei dem kirchlichen Scheidungsverbot keinesfalls zuzustimmen. Vielmehr müsse es erleichtert werden, „upon grave and weighty racial grounds" biologisch unerwünschte Ehen aufzulösen – dies sollte der einzige legitime Scheidungsgrund sein. Insbesondere die Ehefrauen, die sich weigerten, ihren degenerierten, kranken oder kriminellen Ehemännern weitere Kinder zu gebären, müssten vom moralischen Stigma und allen ökonomischen Nöten befreit werden, am besten durch staatliche Unterstützungsmaßnahmen.[158] Indem er soziale Devianz und genetische Disposition argumentativ verknüpfte, ebnete er bereits 1905 der Eugenik-Bewegung der 1920er und 1930er Jahre intellektuell den Weg:

> The existence, for instance, of epilepsy, insanity, moral perversion, incurable viciousness of temper, habitual drunkenness, criminal conduct of any sort, or habitual laziness and shift-

---

[155] Wilkinson, Education, S. 95.
[156] WOODS HUTCHINSON (1862–1930), wurde in Selby, Großbritannien geboren und absolvierte seine akademische Ausbildung in den USA. Er war Professor für Anatomie (State University of Iowa) und Pathologie (University of Buffalo) sowie für Klinische Medizin (New York Polyclinic). Laut William O'Neill wurde er später zum Präsidenten der American Academy of Medicine gewählt. O'Neill, Divorce, S. 218–219.
[157] Hutchinson, Woods: Evolutionary Ethics of Marriage and Divorce, in: Contemporary Review 88 (1905), S. 397–410.
[158] Hutchinson, Ethics, S. 407–409.

lessness, ought to render divorce not merely obtainable, but obligatory, and further persistence in marital relations immoral.[159]

Trotz dieser biologistischen Argumentation gehörte Woods Hutchinson nicht zu den Wissenschaftlern und Publizisten, die vor einer drohenden „race degeneration" angesichts der Scheidungszahlen in den USA warnten.[160] Im Gegenteil, er begrüßte die gegenwärtigen Scheidungen als zu zwei Dritteln biologisch wünschenswert und erklärte, dass sich Ehe und Familie keineswegs in Gefahr befänden:

> So long as divorces are kept within the limit of from twenty to twenty-five per cent of the marriages, there is no need to shudder for the future either of the race or of the home. To imagine that ease of divorce will cause a general loosening of the marriage tie is pure superstition. [...] Eighty per cent of all marriages are a success from a biologic point of view.[161]

Neben dieser proto-eugenischen Position, die viele Scheidungsbefürworter teilten (so auch Marguerite Wilkinson, George E. Howard, Anna G. Spencer, James H. Hawley) vertrat eine Minderheit die Ansicht, dass eine hohe Scheidungsrate durch die einhergehende Reduktion der Geburtenziffer längerfristig die Gefahr der „race degeneration" berge. Wichtigster Vertreter dieser Position war Präsident Theodore Roosevelt, der bereits im Vorwort zum 1909 erschienen *Wright-Report* explizit vom drohenden „race suicide" angesichts des Verfalls der amerikanischen Familie sprach: „It goes without saying that, for the race as for the individual, no material prosperity, no business growth, no artistic or scientific development will count if the race commits suicide."[162]

Roosevelt bezog seine Inspiration unter anderem aus der Lektüre der Schriften Edward A. Ross', dem er in einem Brief von 1904 ganz ausdrücklich für seine Erläuterungen dankte.[163] Ross hatte den Ausdruck vom „race suicide" bereits im Jahr 1900 geprägt und 1901 in einem programmatischen Artikel ausfor-

---

159 Hutchinson, Ethics, S. 408.
160 So kritisierte Hutchinson Präsident Roosevelts Diktum vom „race suicide" und argumentierte in einem weiteren Artikel, dass es keinerlei empirische Hinweise auf eine drohende „race degeneration" in den USA gebe. Hutchinson, Ethics, S. 406. Hutchinson, Woods: Evidences of Race Degeneration in the United States, in: Annals of the Academy of Political and Social Science 34, 1 (1909), S. 43–47.
161 Hutchinson, Ethics, S. 410.
162 U. S. Department of Commerce and Labor, Bureau of the Census, Special Reports: Marriage and Divorce 1867–1906. Part I: Summary, Laws, Foreign Statistics, Washington 1909, S. 4.
163 Theodore Roosevelt and Edward A. Ross, 2.11.1904, Edward Alsworth Ross Papers, State Historical Society of Wisconsin, Madison. Zitiert bei McMahon, Social Control, S. 116

muliert.¹⁶⁴ In „The Causes of Race Superiority" wies Ross darauf hin, dass steigende Einwanderungszahlen (insbesondere aus Asien) und die sinkende Geburtenrate eine interne und externe Bedrohung der weißen Amerikaner darstellten.¹⁶⁵ Ross' Warnung vor unkontrollierter Immigration und einer „biologischen" Schwächung der besonders wertvollen, leistungsfähigen amerikanischen Landbevölkerung nutzte Roosevelt dazu, in seiner Rede an die Nation 1906 eine Verschärfung der Einwanderungsgesetzgebung zu fordern, um so dem drohenden „race death" der weißen amerikanischen Bevölkerung zu entgehen.¹⁶⁶ Die Neuregelung der Immigrationsgesetze 1907 berücksichtigte genau diesen Vorstoß, indem sie erste Quoten mit spezifischen Restriktionen für Einwanderer aus Asien erließ und die Einreisegebühr erhöhte.¹⁶⁷ Obgleich damit für den Moment die Immigration kanalisiert wurde, blieb Roosevelt besorgt über die niedrige Kinderzahl der weißen Mittelschicht und der Bedrohung der Familie durch Ehescheidung, Individualismus und Frauenerwerbstätigkeit. Zur weiteren Untersuchung des Für und Wider von Immigrationsrestriktionen setzte er eine Expertenkommission ein, die *Dillingham Commission*.¹⁶⁸ Auch über seine Präsidentschaft hinaus wurde er nicht müde, entsprechenden Expertenrat zu konsultieren, was ihn auch in die Nähe der frühen Eugenik-Bewegung brachte. So beklagte der Präsident 1913 in einem Brief an Charles B. Davenport, einem der Protagonisten der Eugenik-Bewegung, die mangelnde Bereitschaft der weißen Amerikaner, dem Staat durch die Geburt vieler Kinder zu dienen, was die Gesellschaft als solche gefährde.¹⁶⁹ Roosevelt folgerte, dass einerseits eine pronatalistische Politik gegenüber „erwünschten Familien" erforderlich sei, anderer-

---

**164** In einer Rede über die Immigration von Japanern in San Francisco am 7.5.1900. Lovett, Future, S. 82. Ausformuliert dann in der Schriftfassung seines Vortrags auf der fünften Jahrestagung der *American Academy of Political and Social Sciences* 1901: Ross, Edward A.: The Causes of Race Superiority, in: Annals of the American Academy of Political and Social Science, 18 (1901), S. 67–89, S. 88.
**165** Ross, Causes, S. 88. Zu Ross' Rassentheorie vgl. McMahon, Social Control, S. 112–118.
**166** Roosevelt, Theodore: Sixth Annual Message, 3.12.1906. In: State Papers as Governor and President, 1899–1909. New York 1926. (The National Edition of Roosevelt's Works; Bd. XV), S. 377–378.
**167** Lüthi, Barbara: Invading Bodies. Medizin und Immigration in den USA, 1880–1920, Frankfurt a.M. / New York 2009, S. 74–75. McMahon, Social Control, S. 116.
**168** King, Desmond: Making Americans: Immigration, Race, and the Origins of Diverse Democracy, Cambridge, MA / London 2000, S. 166–228.
**169** Brief Theodore Roosevelt an Charles B. Davenport, 3.1.1913. American Philosophical Society, APSSimg4945. Zu Roosevelts Nationsverständnis vgl. Gerstle, American Crucible, der von einem „racial nationalism" spricht. Zu Roosevelts Vorstellungen über Familie, Männlichkeit und Nation vgl. Bederman, Manliness. Hoganson, American Manhood. Testi, Gender.

seits die Reproduktion der „Unerwünschten" eingeschränkt werden müsse: „Someday we will realize that the prime duty, the inescapable duty of good citizens of the right type is to leave his or her blood behind him in the world and that we have no business to [...] perpetuate citizens of the wrong type."[170]

Eine Weiterentwicklung dieser Position kennzeichnete die Initiative für eine *National Divorce Bill (S. 4394)* als *Amendment to the Constitution*, welche die Vorsitzende der *General Federation of Women's Clubs* und stellvertretende Generalstaatsanwältin in Indiana, Mrs. Edward Franklin White, und der Senator Arthur Capper aus Kansas in den Jahren 1923 und 1924 im US-Kongress einbrachten. Dieses Scheidungsgesetz hätte den Sinn gehabt, Eheschließung und Scheidung national einheitlich zu regeln. Durch eine verbindliche Festlegung einheitlicher Scheidungsgründe (Ehebruch („adultry"), physische und psychische Grausamkeit („cruelty"), fehlende Unterhaltszahlung über die Dauer eines Jahres („failure to provide"), Geisteskrankheit, oder Gewaltverbrechen) und eines geregelten Verfahrens hätte die Scheidung nationsweit erschwert werden sollen. Zugleich ging es darum, „hasty and foolish marriages" zu verhindern, unter anderem durch die Festsetzung eines national verbindlichen Mindestheiratsalters von 16 Jahren für Mädchen und 18 Jahren für junge Männer und die Pflicht zum vorherigen Einholen einer Heiratsgenehmigung.[171] Die Initiative war zum einen von biologistisch-eugenischen Argumenten gekennzeichnet (Heiratsverbote für psychisch Kranke und Menschen mit Erbkrankheiten), zum anderen vom Willen zum Schutz der Familie vor einer Bedrohung durch leichtfertig ausgesprochene Scheidungen.[172] Als das *Amendment* 1924 schlussendlich scheiterte, lag dies jedoch nicht an seiner eugenischen Zielsetzung, sondern am Unwillen der Einzelstaaten, eine bundesweite Ehe- und Scheidungsgesetzgebung zu akzeptieren.

An dieser Initiative, aber auch an den Äußerungen von Ross, Roosevelt und Wilkinson zeigt sich zunächst, dass es zu Beginn des 20. Jahrhunderts attraktiv war, auch hinsichtlich der Familie in Kategorien von Rasse und „rassischem Wert" zu denken. Zugleich wird klar, dass viele Wissenschaftler und Politiker ihre Überlegungen zum Thema Ehescheidung und Familienstruktur mit ihrer Furcht vor einer drohenden „race degeneration" durch sinkende Geburtenraten, „erblich

---

170 Brief Theodore Roosevelts an Charles B. Davenport, 3.1.1913, American Philosophical Society, APSSimg4945.
171 Uniform Divorce Bill, in: Journal of Social Hygiene, March 1923, S. 170–173, in: Johnsen, Selected Articles, S. 240–43.
172 White, Mrs. Edward Franklin: Marriage and Divorce (Amendment to the Constitution. Hearing before a Subcommittee on S.J. Res. 5, 68th Congress, 1st Session. January 11, 1924, p. 11–14, in: Johnsen, Selected Articles, S. 250–253. Capper, Arthur: Proposed Amendment to the Constitution, in: Johnsen, Selected Articles, S. 244–250.

weniger wertvollen" Nachwuchs und steigende Einwanderungszahlen koppelten.[173]

### Die Juristen: Verfall der Familie und das Dilemma einer fehlenden nationalen Scheidungsgesetzgebung

Der Jurist Walter George Smith, maßgeblich beteiligt an der Ausarbeitung von Vorschlägen für eine nationale Scheidungsgesetzgebung, beklagte 1909 dagegen eine „growing tendency towards individualism", und griff damit eine zentrale Sorge vieler konservativer Kirchenmänner auf:

> The vigorous attack now being made on the institution of the family is the natural outcome of a gradually weakening religious faith, which has resulted from the loss of the old ideal of duty as the main purpose of life and the frank substitution of individual pleasure in its stead.[174]

Der praktizierende Katholik war besonders besorgt über die Auflösung des patriarchalen Familienmodells und die neue Rechtspraxis, dass auch Frauen die Scheidung einreichen konnten, über ihren Besitz innerhalb der Ehe verfügten und allgemein nicht mehr als Teil der (fiktiven) juristischen Person des Gatten, sondern als eigenständige Individuen betrachtet wurden.[175] Einige Jahre später stellte Smith klar, dass für ihn lediglich die Katholiken in der Lage seien, die mit der Scheidungshäufigkeit verbundene Gefahr für die Gesellschaft wirklich zu erkennen. Alle Verfechter der „surgery of divorce" zugunsten unglücklich verheirateter Paare vernachlässigten vielmehr die „injury entailed upon the morals of the community at large".[176] Ganz eindeutig stellte Smith somit das Wohlergehen der Gemeinschaft über dasjenige des Individuums (speziell der Frau).[177] Smith hatte

---

173 Zur eugenischen Komponente der Immigrationspolitik vgl. die Studie von Lüthi, Invading Bodies.
174 Smith, Walter George: Uniform Marriage and Divorce Laws. Address at the Thirtieth Annual Meeting of the Ohio State Barr Association, Put-In-Bay, July 7$^{th}$, 1909, S. 4. Zu Smith' Biographie vgl. Fußnote 95 dieses Kapitels.
175 Smith, Uniform Marriage and Divorce Laws, S. 5. Norris, George W.: Divorce and the Means of Diminishing it, in: *Editorial Review* 5 (1911), S. 1081–1084.
176 Smith, Walter George: Ethics of Divorce, in: Case and Comment 21 (1914), S. 3–6. Zit. nach Johnsen, Selected Articles, S. 280–284, S. 283.
177 Weitere scheidungskritische Argumente aus dem Kreis amerikanischer Juristen, die mit der Vereinheitlichung der Scheidungsgesetzgebung befasst waren, finden sich bei Norris, Divorce, S. 1081–1084.

sich lange als Vertreter der amerikanischen Anwaltsvereinigung, der *American Barr Association* (deren Präsident er 1917 wurde) und als Mitglied der *Commission on Uniform State Laws* für eine Reform des nationalen Ehe- und Scheidungsrechtes eingesetzt. Anders als die meisten Sozialwissenschaftler trat er dafür ein, die Scheidung als solche zu erschweren und so die Scheidungszahlen zu senken. Er war jedoch wie so viele Reformer am Widerstand der Einzelstaaten gegen eine zentrale Regelung – die eine Verfassungsänderung erfordert hätte – gescheitert. Der Kongressabgeordnete George W. Norris aus Nebraska, ebenfalls ein Jurist, formulierte 1911 in seinem Reformvorschlag der Ehescheidungspraxis – eine staatenübergreifende Reformkommission anstelle eines *Amendments* – noch drastischer als Smith.[178] An seinem Plädoyer zeigt sich jedoch auch das Dilemma vieler Scheidungsgegner: Wiewohl sie die Scheidung prinzipiell als Bedrohung der Zivilisation auffassten, sahen sie eine Regelung der Scheidungsgesetzgebung als einzigen Weg, diese zu kanalisieren, da man sie nicht prinzipiell verbieten könne:

> The marriage relation is at the very foundation of the home. Every time a home is broken up, the onward march of civilization is halted. [...] Divorce is the evil influence that retards progress, destroys happiness and ruins morality; yet the history of mankind shows that, at least under the present conditions of society and civilization, it is sometimes necessary. If, therefore, it cannot be entirely eradicated, the people ought to unite in every honest effort to reduce it to a minimum.[179]

**Katholiken und Protestanten: Die Ehe als Sakrament und das Wiederverheiratungsverbot Geschiedener**

Die Individualismus-Kritik Smiths und das von George Norris evozierte zivilisatorische Verfallszenario gehörte traditionell zum Kernbestand der Argumentation der Scheidungsgegner aus den Reihen der Kirchen. Sie lehnten die Vorstellung von der Ehe als potentiell aufkündbarem „social contract" klar ab und verwiesen auf deren Sakramentscharakter und moralische Bedeutung. Dabei ging es ihnen immer auch um eine Interpretation der Auswirkungen der Moderne, um das Verhältnis von Familie, Individuum und Staat sowie um die vermeintliche Gefährdung des Gemeinwesens durch die Lockerung moralischer Bindungen.

---

178 GEORGE W. NORRIS (1861–1944) war Jurist. Er gehörte als Republikaner dem US-Repräsentantenhaus von 1903 bis 1913 an, dem US-Senat von 1913 bis 1943, in der letzten Amtszeit als unabhängiger Senator. Er war ein engagierter Progressiver und später Anhänger des New Deal, der die Tennessee Valley Authority aufbaute.
179 Norris, Divorce, S. 1081–1084.

Die konsequenteste Position nahmen weiterhin Vertreter der katholischen Kirche ein. Diese hatte im Jahr 1907 mit dem Dekret „Ne Temere" ihre grundsätzliche Ablehnung der Ehescheidung bekräftigt. Während Katholiken mit Verweis auf den Sakramentscharakter der Ehe die Scheidung prinzipiell verwehrt wurde und lediglich die Möglichkeit der „Trennung von Tisch und Bett" bestand[180], stellte das Dekret fest, dass auch Katholiken, die sich von Protestanten scheiden ließen, mit diesen nach wie vor im Sakrament der Ehe verbunden blieben. Sie konnten daher keine weitere Ehe nach katholischem Ritus eingehen.[181] Einer der prominentesten Wortführer der Katholiken in den USA, James Cardinal Gibbons, entfaltete diesen Standpunkt 1909 im New Yorker Magazin *Century*: Sein Hinweis auf die „divorce of bed and board" als einzig akzeptable Form der Trennung im Falle schwerer Verfehlungen war ebenso wenig neu wie die Bekräftigung des Wiederverheiratungsverbotes Geschiedener oder die Forderung nach einer „radical cure", der Abschaffung der bisherigen Scheidungsgesetzgebung und der Rückkehr zu einer strikten Lesart der Heiligen Schrift. Auffällig war hingegen, dass der Kardinal mit einigem Aufwand versuchte, die Katholische Kirche und in Sonderheit die Päpste als Beschützer der Frauen darzustellen, da sie durch ihre Weigerung, Scheidungen zu sanktionieren, die Frauen von der „lustful tyranny" ihrer Ehemänner beschützt hätten.[182]

> Christian wives and mothers, what gratitude you owe to the Catholic Church for the honorable position you now hold in society! If you are no longer regarded as the slave but the equal of your husbands; [...] you owe your emancipation to the Church![183]

War die Position der katholischen Kirchenmänner vom päpstlichen Dekret noch relativ klar bestimmt, so entspann sich in den protestantischen Denominationen der USA – insbesondere innerhalb der episkopalen Kirche – eine heftige Auseinandersetzung zwischen Gegnern und Befürwortern der Scheidung, die sich an der Frage entzündete, inwiefern eine Wiederverheiratung Geschiedener statthaft sei. Der wichtigste Anhänger eines strikten Wiederverheiratungsverbotes auf Seiten der Protestanten war der episkopale Bischof William Coswell Doane, der

---

[180] Abgesehen von zwei eng umgrenzten Ausnahmen, Auflösung einer nicht-vollzogenen Ehe und Auflösung einer nicht-sakramentalen Ehe zugunsten des Glaubens.
[181] Das Dekret wurde von der Konzilskongregation unter Papst Pius X am 10.8.1907 verabschiedet, trat am 19.4.1908 in Kraft. Erst der *Codex Iuris Canonici* von 1982 formulierte ein leicht liberaleres Eheverständnis, welches aber nicht vom grundsätzlichen Scheidungsverbot abwich.
[182] Gibbons, James Cardinal: Divorce. in: Century 78 (1909), S. 145–149. Zit. nach Johnsen, Selected Articles, S. 78–84. Eine ähnliche Position bei Caverno, Reverend Charles: Uniform Divorce Law, in: Bibliotheca Sacra 69 (1912), S. 242–245. Zu Gibbons vgl. Fußnote 63.
[183] Gibbons, Divorce, S. 82–83.

Multifunktionär unter den protestantischen Scheidungsgegnern.[184] 1908 gab er gemeinsam mit Samuel Dike einen Aufruf des *Committee on Family Life* an alle protestantischen Kirchen der USA heraus, in dem er neben einheitlichen Ehescheidungsgesetzen auch Eheverbote für moralisch oder physisch nicht geeignete Personen forderte, ebenso wie verstärkte Anstrengungen der Kirchen gegen die „terrible evils of sexual vice" und für die Stärkung der Familien allgemein.[185] Auch die protestantischen Theologen bekannten sich damit einmal mehr zur Familie als der Basis der Gesellschaft:

> We rest our appeal to you on the proposition that the family and its development into the Home lie at the foundation of human welfare. [...] The home is the place were all that builds up or pulls down in the social order does its final work.[186]

Doch Doanes harte Position in der Frage der Wiederverheiratung Geschiedener und seine generelle Ablehnung der Scheidung waren unter Protestanten keineswegs unumstritten.[187] Zunächst regte sich Kritik an der Basis, wie der Leserbrief eines Pfarrers aus Henderson, N.C. an den Herausgeber der protestantischen Zeitschrift *Homiletic Review* illustriert. Pastor Morgan beklagte 1912 das Wiederverheiratungsverbot für Geschiedene als unverhältnismäßig. Nicht jede Scheidung sei unrechtmäßig, insbesondere wenn es darum gehe, Ehen aufzulösen, die vom eugenischen Standpunkt aus unerwünscht seien. Zur Prävention seien bessere „social control", Ehe-Erziehung und auch Eheverbote ratsam, generell müsse aber auch gelten: „divorce is purer then unholy wedlock".[188]

Tatsächlich sorgten, wie William O'Neill gezeigt hat, insbesondere liberale protestantische Theologen für eine allmähliche Akzeptanz der Scheidung als soziale Realität und stellten eine Verbindung zwischen der Auslegung der Heiligen Schrift und dem alltäglichen Leben der Gläubigen her.[189] So kritisierte William Gay Ballantine (1848–1937), ehemaliger Präsident des Oberlin College, die Posi-

---

**184** Zu Doane vgl. Fußnote 88 in diesem Kapitel, zur Inter-Church Conference ebenfalls s. o. Doane, Question of Divorce. Ders.: Remarriage after Divorce, S. 513–522. Sanford, Federal Council, S. 264–265.
**185** Committee of Family Life des Federal Council of the Churches of Christ in America, Appeal to the Church of the United States in Behalf of the Family, 1908. Sanford, Federal Council, S. 508–510.
**186** Sanford, Federal Council, S. 508.
**187** Zur Debatte um Wiederverheiratung Geschiedener in der *Episcopal Church* vgl. O'Neill, Divorce, 1967, S. 41–43.
**188** Morgan, J. W.: Ministers and Divorce, in: Homiletic Review 63 (1912), S. 76–77. Zit. nach Johnsen, Selected Articles, S. 84–87.
**189** O'Neill, Divorce, 1967, S. 212.

tion Doanes mit dem Hinweis darauf, dass man die Überlieferung Jesu nicht einfach in Gesetze gießen könne.[190] Auch einer der führenden Theologen des Landes, der Herausgeber des *American Journal of Theology* Ernest DeWitt Burton, hatte sich schon früh in die Diskussion eingeschaltet und im Einklang mit George E. Howard eine bessere vorhereliche Erziehung der Jugend und die offizielle Veröffentlichung des Ehe-Aufgebots vor der Eheschließung gefordert.[191] So ließen sich „rash and unsuitable marriages" verhindern.[192] Mit Blick auf die theologischen Grundlagen stellte er klar, dass die Texte des neuen Testaments die Unauflöslichkeit der Ehe klar bestimmten und die Ehescheidung prinzipiell ablehnten. Allerdings seien im Einzelfall Abweichungen möglich, woraus sich jedoch kein einheitliches staatliches Scheidungsrecht (auch kein nationales Scheidungsverbot) ableiten lasse. Es sei nicht sinnvoll, die Texte der Bibel als Vorlage für eine zweifelsohne benötigte staatliche Regelung der Ehescheidung heranzuziehen. Aber da keine noch so effiziente Gesetzgebung die „evils of divorce" heilen könnte, müsse das Hauptaugenmerk darauf liegen, die Zahl der Ehescheidungen durch vorsorgende Maßnahmen zu reduzieren.

Durchaus im Einklang mit Burton widmete sich der Moraltheologe an der Harvard University und progressive Reformer, Francis G. Peabody, der Frage, wie mit den Lehren Jesu „der Lockerung der Familienbande" als einem „epidemischen, sozialen Übel" entgegenzuwirken sei.[193] In seiner Abhandlung „Jesus Christ and the Social Question" kritisierte er zunächst die Eheschließungs- und Scheidungspraxis der Einzelstaaten, die dazu beitrage, dass man „weniger Sorgfalt auf einen Ehevertrag verwendet als auf einen Vertrag, der ein Pferd oder ein Stück Land betrifft."[194] Wichtiger jedoch sei der zugrunde liegende Konflikt um das Wesen der Ehe als zeitweiligem Vertrag oder sozialer Institution. Dahinter stünden zwei verschiedene Auffassungen von Zivilisation, deren eine das Indi-

---

**190** Ballantine, William Gay: The Hyperbolic Teaching of Jesus, in: The North American Review 179, 3 (1904), S. 446–456, insbes, S. 455–456.
**191** ERNEST DEWITT BURTON (1856–1925) war Professor für Lehre des Neuen Testaments an der University of Chicago und Herausgeber des American Journal of Theology, 1923–25 Präsident der University of Chicago.
**192** Burton, Ernest D.: Some Biblical Teaching Concerning Divorce, in: Biblical World 29 (1907), S. 121–127. Ders.: The Biblical Teachings Concerning Divorce: II. New Testament Teaching. In: Biblical World 29, 3 (1907), S. 191–200, dort S. 198–200.
**193** FRANCIS G. PEABODY (1847–1936) lehrte Moraltheologie an der Harvard University und hatte sich schon früh im *Settlement Movement* engagiert. Peabody, Francis: Jesus Christ and the Social Question, New York 1903. (zit. nach der deutschen Übersetzung: Jesus Christus und die soziale Frage, Giessen 1903). Herbst, Jürgen: Francis Greenwood Peabody. Harvard's theologian of the Social Gospel, in: The Harvard Theological Review 54 (1961), Nr. 1, S. 45–69.
**194** Peabody, Jesus Christus, S. 104.

viduum in den Vordergrund stelle, wo die andere sich zur sozialen Ordnung bekenne:

> Wenn das Individuum der Endzweck ist, um dessentwillen das soziale Leben vorhanden ist, [...] dann ist das Gesetz des Selbstinteresses, das nur das Glück oder auch die Laune des Einzelnen in Anschlag bringt, bestimmt, den Vertrag zu schließen und zu brechen. Wenn dagegen die Ehe ein elementarer Ausdruck des organischen, sozialen Lebens ist, [...] wenn der einzelne Mensch nur in und durch den Dienst der sozialen Ordnung zur Selbstverwirklichung kommt—dann wird die Integrität der Familie als elementarste Gruppe des sozialen Lebens strenge gesichert und ehrfurchtsvoll behütet werden.[195]

Peabody selbst ließ keinen Zweifel daran, dass oftmals die Unterordnung des Individuums unter die Wohlfahrt des sozialen Systems Familie dem göttlichen Willen am ehesten entspreche. Diese Position bot nicht nur Anschlussmöglichkeiten für die Überlegungen des Juristen Smith im Sinne einer Kritik am Individualismus vieler Scheidungswilliger, insbesondere der Frauen, sondern öffnete auch die Tür für proto-eugenische Zielsetzungen und das Prinzip der „social control". Sie steht exemplarisch für die verstärkte Auseinandersetzung mit einer sich wandelnden Gesellschaft, was wiederum eine Pluralisierung der Argumente nach sich zog. Eine solche Weitung des Blickwinkels war auf Seiten protestantischer Theologen – gerade auch der Scheidungsgegner – häufiger zu finden, was die katholischen Hardliner in der Debatte weiter isolierte, je länger diese dauerte.

Ein aufschlußreiches Beispiel für die Kombination von sozialwissenschaftlicher Expertise und religiös inspirierter Scheidungsgegnerschaft liefern die Publikationen des bereits erwähnten Geistlichen, Sozialwissenschaftlers und Gründers der *Divorce Reform League*, Samuel W. Dike. Dieser hatte ebenfalls ein Referat zum Soziologentag des Jahres 1908 beigesteuert, in welchem er den Individualisierungsprozess in der modernen Gesellschaft als Grund des Scheidungsübels identifizierte, da dieser die Familie untergrabe:

> The real problem is that of the family, whether we consider divorce, unchastity, lack of offspring, or the more subtle, yet I think more dangerous of its ills, those which come through the disuse of the family in the transfer of its legitimate functions to church, school, and other substitutes for the home.[196]

Reformen mit dem Ziel einer Reduktion der Scheidungszahlen müssten bei einer besseren Sozialisierung des Individuums in der Familie ansetzen. In dieser be-

---

**195** Peabody, Jesus Christus, S. 106.
**196** Dike, Samuel W.: Is the Freer Granting of Divorce an Evil?, in: American Journal of Sociology 14 (1909), Nr. 6, S. 766–796. Zu Dike vgl. Fußnote 56 weiter oben in diesem Kapitel.

merkenswert inkonsitenten Argumentation (*für* die sozialwissenschaftliche Analyse der Familie als Institution, aber *gegen* Individualisierung, *für* christliche Moral, aber *gegen* den Eingriff der Kirchen in die Familie) artikulierten sich sowohl Dikes Sympathien für die modernen Sozialwissenschaften, als auch seine Erfahrungen als Geistlicher. Nach seiner Entpflichtung als Priester – aufgrund seiner Weigerung, ein geschiedenes Gemeindemitglied erneut zu trauen – hatte sich Dike der Erforschung der sozialen Grundlagen des „divorce evil" gewidmet. Dabei machte er sich nicht nur als theologischer Publizist, sondern insbesondere im Bereich der nationalen Ehestatistik einen Namen.[197] Dies trug ihm eine verantwortliche Mitarbeit in beiden *Wright-Reports* ein, zudem veränderten seine mehr als drei Dekaden währenden Erfahrungen der Erforschung der Familie als „most fundamental institution of society" seinen Blickwinkel auf das Problem der Ehescheidung. Zwar war bereits die *Divorce Reform League*[198] bei ihrer Gründung 1881 mit dem Ziel angetreten, durch soziologische Forschung und Statistik die „conventional lines of biblical interpretation and the ordinary method of treating the history of divorce" abzulösen und zu wirksamen Reformen von Scheidungsrecht und -praxis zu gelangen.[199] Doch erst Dikes Schriften aus dem frühen 20. Jahrhundert zeigen, wie sehr sich das Denken des Geistlichen durch die Erfahrungen des Sozialwissenschaftlers geändert hatte. Aufschluß geben hier einige (teilweise unveröffentlichte) Manuskripte und eine unvollendete Autobiographie aus dem Nachlass.[200] So erläuterte Dike in seinem undatierten Manuskript „Suggestions for the Study of Social Questions" (ca. 1909) die Bedeutung sozialwissenschaftlicher Kenntnisse gerade für den Geistlichen, denn „good methods of study are of supreme importance to ministers if they would make the most of their efforts in dealing with social questions." Nur der Geistliche dürfe sich zur „divorce question" oder zur Familie äußern, der Familie als soziale Institution verstanden

---

**197** Dike, Samuel: Statistics of Divorce in the United States and Europe, in: Journal of the American Statistical Association 1 (1888/89), S. 206–214.
**198** Ab 1885 firmierte die Organisation als *National Divorce Reform League*, ab 1897 dann als *National League for the Protection of the Family*. Hierzu s. o. in diesem Kapitel.
**199** Vgl. Dikes Bericht zum fünfundzwanzigjährigen Bestehen der League: Report of Corresponding Secretary, Our Twenty-Fifth Anniversary, in: Report of the National League for the Protection of the Family for the Year Ending December 31, 1905, Boston 1906, S. 6, 8. Samuel W. Dike Papers, Library of Congress, Washington D. C., Call No. O813 J, Box 22.
**200** Some Fundamentals of the Divorce Question by the Rev. Samuel W. Dike, Aburndale, Mass. Manuscript (1909). Some Suggestions on the Divorce Problem by Rev. Samuel W. Dike, LL.D., 1911. Draft of an unfinished autobiography (o.D.), Samuel W. Dike Papers, Library of Congress, Washington D. C., Call No. O813 J, Box 22.

und ihre Geschichte sowie ihren sozialen Wandel erforscht habe.[201] Statistik sei hierbei ein Werkzeug des Sozialwissenschaftlers „like the microscope in the hands of the biologist", doch liege die weitergehende Aufgabe darin, „to apply principles and find laws where the statistician can only stop at mathematical conclusions":

> The cure for bad statistics is simply more and better statistics. The remedy for crude opinions on social topics is the cultivation of the scientific method and the development of a keen and true social sense.[202]

Dass soviel Forschungseifer nicht leicht mit der protestantischen Ehelehre zu harmonisieren war, konzedierte Dike in einem anderen Manuskript aus dem Jahr 1911:

> The Christian teacher has a grave question before him in this matter of divorce. Shall he, believing that Christ taught that divorce should never be granted, or granted for one cause only, insist that He [sic] thus practically legislated for both church and state to this effect? Or shall he, in view of the practical needs of society, turn his back on what seem to be the authoritative words of our Lord?[203]

Die Lösung lag für Dike in der Betrachtung von Ehe und Familie als sozialen Institutionen, was eine gemeinsame Reformanstrengung von „church, school, and home" verlange:

> All this leads to the conclusion that while legal reform should be urged on, the roots of the divorce evil and of all other domestic evils run far and deep in the social soil and must be met with a correspondingly wide and thorough treatment.[204]

Dieser Blick auf die sozialen Tatsachen impliziere, dass die Kirchen dem Staat nicht ihre moralischen Überzeugungen zur Scheidung aufzwingen dürften, wenn diese aus Sicht des Staates dem Wohle des Gemeinwesen diene: „The Church may not insist on the incoporation of its ideals in either the legislation of the state or even the church [...]". Stattdessen sollten Protestanten, Katholiken, Bürger an-

---

201 Suggestions for the Study of Social Questions by the Rev. Samuel W. Dike, Auburndale, Mass (o.D., ca. 1909, laut handschriftlicher Notiz Dikes vorgesehen für die Zeitschrift *Homiletic Review*), S. 1. Samuel W. Dike Papers, Library of Congress, Washington D. C., Call No. O813 J, Box 22.
202 Dike, Suggestions for the Study of Social Questions, S. 6.
203 Some Suggestions on the Divorce Problem by Rev. Samuel W. Dike, LL.D., 1911, S. 1. Samuel W. Dike Papers, Library of Congress, Washington D. C., Call No. O813 J, Box 22. Hervorhebung im Original.
204 Dike, Suggestions on the Divorce Problem, S. 3.

derer Glaubensrichtungen und Atheisten gemeinsam auf eine Reduktion der Scheidungszahlen hinarbeiten. Eine solche argumentative Verbindung zwischen „divorce problem", „family as a social institution" und „the entire social question" ging weit über die traditionelle Schriftauslegung hinaus. Für das Bemühen, seine Position als ehemaliger Geistlicher mit der eines Sozialwissenschaftlers zu vereinen, stand Dike im Fokus intensiver zeitgenössischer Kritik, die entweder den „minister" als nicht linientreu oder den „social scientist" als von der Kirche beeinflusst zu diskreditieren suchte.[205] Sein „Dilemma" steht jedoch beispielhaft für viele Wissenschaftler und Publizisten an der Schwelle der modernen Gesellschaft. Es illustriert, dass von einem nahtlosen Übergang der Deutungshegemonie von den Theologen an die Sozialwissenschaftler in den Scheidungsdebatten nicht die Rede sein kann.

### Zentrale Argumentationsfiguren in den Ehescheidungsdebatten, 1890 –1920

Die Analyse der Ehescheidungsdebatten zwischen 1890 und 1920 in den USA hat gezeigt, dass einige zentrale Argumente immer wieder Anwendung fanden. Einige wurden nur von Befürwortern oder Gegnern der Scheidung verwandt, andere fanden sich in den Statements beider Lager. Zunächst sollen die hauptsächlich von den Scheidungsbefürwortern vorgebrachten Argumente systematisch herausgearbeitet werden, bevor die zentralen Thesen der Scheidungsgegner diskutiert und dann mit den von beiden Fraktionen verwandten Positionen konfrontiert werden. Dabei wird deutlich, dass zwar ein gravierender Unterschied in der Bewertung der Folgen von Ehescheidung für Individuum, Familie und Nation bestand, die Vertreter beider Lager jedoch in der Forderung nach „social control" und eugenischer Verbesserung der Familien weitgehend übereinstimmten.

Aus den Argumentationen der *Scheidungsbefürworter* stechen vier Aspekte besonders hervor: Erstens verwandten vor allem Soziologen wie Howard, Lichtenberger, Ross und Small das Argument, die steigende Anzahl der Scheidungen stelle eine Reaktion auf die Herausbildung der industriellen Gesellschaft („modern industrial society") dar. Durch Urbanisierung, Migration und Industrialisierung habe sich allgemein das Familienideal geändert, was deutlich in den neudefinierten Frauenrollen zum Ausdruck komme. Da viele Frauen nunmehr berufstätig seien und somit über eine neue, auch ökonomische Unabhängigkeit verfügten, spiegele die Scheidungsrate nicht nur ihre Unzufriedenheit, sondern

---

[205] Zahlreiche Beispiele dazu in Dikes Draft of an unfinished autobiography (o.D.), Samuel W. Dike Papers, Library of Congress, Washington D. C., Call No. O813 J, Box 22.

ebenso die gesellschaftliche Umbruchsituation auf dem Wege zu einer Neuaushandlung der Geschlechterverhältnisse.[206]

Damit hängt direkt das zweite, häufig vorgebrachte Argument einer „new morality" in der US-amerikanischen Gesellschaft zusammen: Viele Frauen hätten den „double standard" der Victorian Era satt, sie wollten nicht länger an Männer mit unsoliden Sitten oder Geschlechtskrankheiten gebunden sein. Auch sei nach Einschätzung vieler Sozialwissenschaftler und Frauenrechtlerinnen die Möglichkeit einer Wiederverheiratung nach Scheidung sehr viel besser für die gesellschaftliche Moral als die insbesondere in Staaten mit striktem Scheidungsverbot wie New York oder Louisiana verbreiteten außerehelichen Verhältnisse.[207]

Das dritte und gewichtigste Argument, das sich wiederum aus diesen beiden Einschätzungen ergab, war der Hinweis, der gegenwärtige Scheidungsboom sei das Symptom eines sozialen Transformationsprozesses („social transformation") und die Scheidung selbst stelle eine adäquate Lösung („remedy") sozialer Probleme dar. Dies war die klassische Position vieler Liberaler und insbesondere der Sozialwissenschaftler, die sich hierbei auf ihre Analyse der gesellschaftlichen Wandlungsprozesse im Zuge der Durchsetzung der industriellen Moderne bezogen. Viele verwiesen darauf, dass es prinzipiell besser sowohl für das Gemeinwesen als auch für die Familie sei, untragbare Ehen zu scheiden und den Partnern, insbesondere den schuldlosen, eine Wiederverheiratung zu ermöglichen.[208]

Bei vielen Wissenschaftlern, Publizisten, Frauenrechtlerinnen und Sozialreformern zeigte sich viertens eine Nähe zum entstehenden Eugenik-Diskurs: Sie argumentierten, es sei nicht verantwortbar, die Fortpflanzung der „Minderwertigen" durch Verweigerung der Scheidung zu fördern oder Frauen, die „hochwertigen" Nachwuchs bekommen könnten, an „minderwertige" Männer zu binden. Hierbei handelt es sich um ein zeittypisches Wissenschafts- und Reproduktionsverständnis, welches im folgenden Kapitel eingehender untersucht wird.[209]

---

206 Vgl. die Positionen von Edward A. Ross, George E. Howard, James P. Lichtenberger in der Sektion des Soziologentages 1908 in Atlantic City: alle in: Howard, Freer Granting. Vgl. auch den Kommentar Albion W. Smalls zum Referat von James E. Hagerty auf dem Soziologentag 1908, Hagerty, How far should members of the family be individualized, S. 190–194. Howard, History. Lichtenberger, Divorce.
207 Generell mit der Forderung nach Gleichberechtigung der Geschlechter in der Familie: Gilman, Home Conditions. Lichtenberger, Freer Granting, S. 789. Ders., Divorce, S. 172–189.
208 Hierzu vgl. insbesondere die Positionen von George E. Howard, James P. Lichtenberger und Edward E. Ross auf dem Soziologentag 1908 und in ihren Monographien: Howard, Freer Granting. Ders.: History. Lichtenberger, Divorce. Ross, Social Control.
209 Vgl. die Positionen von E. A. Ross, George E. Howard, Marguerite Wilkinson, Anna Garlin Spencer, Kate Gannett Wells und James Hawley. Ross, Significance. Howard, Bad Marriage. Wilkinson, Education. Spencer, Problems of Marriage and Divorce. Wells, Some Comments on Div-

Während sich die Scheidungsbefürworter stärker auf die Transformation der modernen Gesellschaft konzentrierten, überwog bei den *Scheidungsgegnern*, unabhängig davon, ob es sich um Vertreter der Kirchen oder Juristen, um Publizisten oder Frauenrechtlerinnen handelte, erstens der Bezug auf das Kirchenrecht und die Auslegung der Bibel („canon law", „scriptural grounds"). Die Katholiken, Kleriker wie Laien, formulierten in der Regel eine besonders konsequente Position, die aber auch bei vielen Vertretern der episkopalen Kirche Anklang fand: Die Ehe sei ein Sakrament, Scheidung nur bei Ehebruch möglich und keine Wiederverheiratung zur Lebenszeit der Partner statthaft. Eine Modifikation dieser strengen Lesart ließ die Wiederverheiratung des schuldlosen Partners in Ehebruchsfällen zu.[210]

Ein zweites häufig vorgebrachtes Argument würdigte die Wandlungsdynamik der modernen Gesellschaft, interpretierte sie jedoch als negativ. Scheidung erschien so als Folge von übersteigertem Individualismus, das Verhalten der Scheidungswilligen als direkt und indirekt gemeinschaftsschädlich. Dagegen müsse die individuelle Selbstverwirklichung dem Wohl des Gemeinwesens und der Familie als seiner Keimzelle unbedingt untergeordnet werden.[211]

Ein drittes Argument spitzte diese Überlegung zu und diagnostizierte, das Phänomen der Scheidung selbst und in Sonderheit die liberalen Scheidungsgesetze einzelner Staaten bedingten die Zerrüttung der Familie als Organisationsform und Wertegemeinschaft. Durch die Gefährdung des Fortbestands der Familie sei die Gesellschaft als solche unmittelbar vom Verfall („degeneracy") – der hier jedoch nicht rassisch-eugenisch verstanden wurde – bedroht. Obgleich dieses klassische Argument der Scheidungsgegner von den Verfechtern der Scheidung durch den Hinweis, dass hier Ursache und Wirkung vertauscht wurden, leicht zu entkräften war, erfreute es sich während des gesamten Untersuchungszeitraumes größter Beliebtheit.[212]

---

orce. Hawley, James H.: Uniformity of Marriage and Divorce Laws. Procceedings of the Governor's Conference 1912, S. 162–173. Zit. nach Johnsen, Selected Articles, S. 160–164. Dezidiert protoeugenisch argumentierend Hutchinson, Ethics.

210 Bei den Katholiken waren dies insbesondere James Cardinal Gibbons und Reverend Charles Caverno. Für die Prostanten vgl. die Äußerungen von William C. Doane, moderater dagegen Burton und Ballantine und Dike. Gibbons, Divorce. Caverno, Uniform Divorce Law. Doane, Question of Divorce. Ders.: Remarriage after Divorce. Burton, Some Biblical Teaching. Ders.: The Biblical Teachings Concerning Divorce: II. Ballantine, Hyperbolic Teaching. Dike, Freer Granting.
211 Peabody, Jesus Christ. Smith, Ethics of Divorce. Ders.: Uniform Marriage and Divorce Laws. Dike, Freer Granting.
212 Vgl. die insbesondere die Argumentation von Samuel Dike auf dem Soziologentag 1908, aber auch die zitierten Schriften von James Cardinal Gibbons, William C. Doane und Walter G. Smith.

Viertens und letztens beschäftigte viele Scheidungsgegner die Frage eines Verfassungszusatzes zur Regelung des Scheidungsrechts („Amendment to the Constitution"). Hier fand im Untersuchungszeitraum eine Neubewertung statt: Bis etwa 1910 galt ein *Amendment* vielen Scheidungsgegnern als geeignete Möglichkeit, zu einer Verschärfung des Scheidungsrechts zu kommen, unter anderem durch die Reduzierung der Scheidungsgründe in den scheidungsfreundlichen Staaten und die Unterbindung der „migratory divorces".[213] Doch in den folgenden Jahren brach sich die Befürchtung Bahn, eine Vereinheitlichung der Ehescheidungsprozedur würde die Rechte der Einzelstaaten beschneiden und die Scheidungspraxis fundamental liberalisieren. Daher lehnten die meisten Scheidungsgegner einen Verfassungszusatz letztendlich ab.[214]

Ungeachtet der grundsätzlich divergierenden Positionen beider Lager, lassen sich insgesamt vier Argumente herausarbeiten, die von *Gegnern wie Befürwortern der Scheidung* gleichermaßen verwandt wurden. Dies ist besonders interessant, können sie doch als Indizien für ein lagerübergreifendes Gesellschaftsverständnis im Untersuchungszeitraum gedeutet werden. Erstens verwiesen fast alle Beteiligten an der Scheidungsdebatte darauf, dass zwischen der steigenden Scheidungshäufigkeit und den Emanzipationsbestrebungen der Frauen ein Zusammenhang bestehe. Unabhängig von der Bewertung (fällige Neuaushandlung der Geschlechterrollen – Verfall der Familie), diagnostizierten die Diskutanten eine Tendenz zur ökonomischen Unabhängigkeit der Frau, zu einem neuen Lebensstil, zur Anerkennung von Frauenrechten und speziell der Befürwortung des Frauenwahlrechts. Auch wurde stets auf den Befund der nationalen Scheidungsstatistik verwiesen, dass mehrheitlich Frauen die Scheidung einreichen.[215]

Zweitens mahnten fast alle Diskutanten, ob konservativ oder liberal, eine Formalisierung und Modernisierung der nationalen und einzelstaatlichen Ehegesetzgebung an. Voraussetzung für die Reduktion der Scheidungszahlen sei eine eindeutige Rechtsgrundlage. Die Ehe sei nicht nur als Sakrament aufzufassen, sondern auch als staatlich sanktionierter Rechtsakt. Dieser wiederum erfordere einige Verbindlichkeiten, wie beispielsweise die vorherige Veröffentlichung des Aufgebots, die Anwesenheit von Zeugen, die Präsenz eines Staatsbeamten, die

---

213 Vgl. die Positionen der *National Divorce Reform League* und von Samuel Dikes *League for the Protection of the Family* in den Jahren 1880 bis 1910. Library of Congress, Washington D.C: Samuel W. Dike Papers, Call No. O813 J, Box 23.
214 Kritisch dazu Smith, Divorce Evil. Norris, Divorce.
215 Vgl. im Detail die Diskussion der Sektion James E. Hagerty auf dem Soziologentag 1908 zum Thema Hagerty, How far should members of the family be individualized, S. 181–206, auch in AJS 14 (1908/09), S. 797–823.

Ausfertigung einer Eheurkunde und die statistische Erfassung der Eheschließung.[216]

Mit diesem Bestreben zur Vereinheitlichung der Eheschließung hing direkt das dritte Argument zusammen, nämlich dass die Scheidung ebenso wie die Eheschließung öffentlich zu vollziehen sei („public divorces"). Eine Scheidung dürfe nur im Beisein respektive und unter vorheriger Information beider Parteien ausgesprochen werden, dem oder der Beklagten müsse Gelegenheit zur Verteidigung gegeben werden. Hierdurch sollten Scheidungsverfahren in Abwesenheit oder Unkenntnis eines der Partner verhindert werden. Dieses Argument wurde sowohl von erklärten Scheidungsgegnern wie James Cardinal Gibbons vorgebracht, die sich von einem öffentlichen Verfahren eine abschreckende Wirkung versprachen, als auch von dezidierten Befürwortern, die wie Robert Ingersoll argumentierten, einen Vertrag müsse man öffentlich aufkündigen.[217]

Alle bisherigen Argumente kulminierten in der gleichsam unisono vorgebrachten Forderung nach verstärkter „social control": Um die Entwicklung des Gemeinwesens und der Familie als seiner kleinsten Einheit zu fördern, müsse der Staat durch adäquate Maßnahmen die Handlungsmöglichkeiten seiner Bürger einhegen. Dazu zählten Ehegesetze, die unmoralischen, erblich belasteten oder sozial untüchtigen Menschen die Eheschließung versagten ebenso wie eine vorehelichen Erziehung der Jugend über das Wesen der Ehe, um hastige, unreflektierte Entscheidungen zu verhindern. Befürworter der verstärkten „social control" waren insbesondere die Soziologen, allen voran Edward A. Ross, der den Begriff durch seine Monographie „Social Control" (1901) erst in die Debatte eingebracht und erläutert hatte, aber auch James Lichtenberger und George Howard.[218] Doch auch Vertreterinnen der Frauenbewegung und Sozialreformer schlossen sich dieser Forderung an.[219] Aufschlussreich ist, wie die Forderung nach effizienteren, rationaleren Vorgaben des Staates zur Verbesserung der individuellen Lebensbedingungen und zur Weiterentwicklung des Gemeinwesens auch eugenische Maßnahmen mit einschloss.

Zugleich hat die Auswertung ergeben, dass der Erste Weltkrieg keinen besonderen Referenzpunkt in den Debatten um Scheidung darstellte – anders als bei der Diskussion um Reproduktion, wie das nächste Kapitel zeigen wird. Dies scheint auf den ersten Blick erklärungsbedürftig, ergibt sich aber bei näherem Hinsehen aus den sozialstatistischen Daten: Zum einen blieb die Scheidungsrate während des Kriegs nahezu konstant (1,1 Scheidungen auf 1.000 AmerikanerIn-

---

216 Vgl. die Positionen von Cady Stanton, Divorce Laws und Capper, Proposed Amendment.
217 Gibbons / Ingersoll, Is Divorce wrong?
218 Ross, Social Control. Ders., Freer Granting. Lichtenberger, Divorce. Howard, Freer Granting.
219 Garlin Spencer, Social Education. Dies., Problems. Wilkinson, Education.

nen) und stieg erst in den unmittelbaren Nachkriegsjahren wieder an (1,6 Scheidungen 1920). Jedoch erwies sich der Erste Weltkrieg hier kaum als Einschnitt, da die Scheidungsrate auf diesem Niveau bis zur Great Depression verharrte. Zum anderen fiel die Identifikation von Scheidung als nationalem Problem ja, wie gezeigt, in das erste Jahrzehnt des 20. Jahrhunderts. Die Dokumentation und Diskussion der mit der Ausbreitung der Scheidung verbundenen sozialen Transformationsprozesse geschah wesentlich durch die Publikation der zweiten nationalen Ehescheidungsstatistik im Jahr 1909, damit also bereits lange vor dem Kriegseintritt der USA.

## 1.5 Zwischenfazit: Sozialexperten als Analytiker des sozialen Wandels: Das Familienideal in den USA am Beginn des 20. Jahrhunderts

Die Analyse der Ehescheidungsdebatten der Progressive Era hat gezeigt, dass von etwa 1890 bis 1920 eine thematische Verschiebung stattfand. Während zu Beginn der Periode viktorianische Familienwerte („domesticity, chastity, restraint") und eine relativ starke Position der Kirchenvertreter („scriptural grounds") die Diskussionen dominierten, verschob sich im Laufe der Debatte der Schwerpunkt sukzessive zu den Sozialwissenschaftlern und ihren Deutungsangeboten, die in der Scheidung ein notwendiges Mittel („remedy") zur Beendigung untragbarer familiärer Zerwürfnisse und sozialer Missstände („individual and social ills") sahen. Zugleich setzte sich Scheidung als soziale Praxis immer mehr durch, wie die Scheidungsstatistik festhielt.[220]

> Between 1905, when the magnitude of divorce as a social problem had become fully apparent, and 1917, when the movement to limit or direct the spread of divorce had clearly failed, something of importance for American social history had occurred. This was the recognition by moral conservatives that they could not prevent the revolution in morals represented by mass divorce. Their failure of morale in the immediate prewar period paved the way for spectacular changes which took place after the war.[221]

---

[220] Wobei, wie William O'Neill schon früh argumentiert hat, die eine Analyse des Scheidungsdiskurses in der Progressive Era bedeutend ertragreicher ist als die Untersuchung des Scheiterns der Einheitsgesetzgebung. O'Neill, Divorce, 1967, S. 245. Glenda Riley behandelt Scheidungsdebatten und Gesetzesinitiativen im Zusammenhang, riskiert dadurch gelegentliche eine Verwässerung der argumentativen Ebenen. Riley, Divorce, Kap. 5.
[221] O'Neill, Divorce in the Progressive Era, 1978, S. 148–149.

Dieser Umbruch erschöpfte sich jedoch nicht darin, dass eine liberalere Moral die strikte Etikette der Victorian Era ablöste, wie William O'Neill bereits 1967 meinte.[222] Auch entwanden nicht einfach die Soziologen den Kirchenmännern die Deutungshoheit über soziale Wandlungsprozesse, wie Glenda Riley argumentiert hat.[223] Vielmehr ging es den Beteiligten – und das ist das zentrale Argument dieses Kapitels – am Beispiel von Familie, Ehe und Ehescheidung um eine Auseinandersetzung mit den Herausforderungen der Moderne in Form von Industrialisierung und Urbanisierung, Individualisierung und Pluralisierung, der Festschreibung von Frauenrechten und der Ausbreitung weiblicher Erwerbsarbeit. Die Familie erschien dabei weniger als Hort moralischer Werte, denn als „social institution", die nach sozialwissenschaftlicher Analyse verlange.

Dieser Prozess zeitigte ambivalente Ergebnisse. Vor dem Hintergrund einer verbreiteten Wahrnehmung beschleunigten Wandels und sozialer Dynamik profilierten sich die Sozialwissenschaftler als Vertreter einer neuen Zunft, die mit den Methoden von Statistik und empirischer Forschung gerüstet war, im Schein des „white light of scientific criticism" Antwort auf brennende moralische Fragen zu geben und Vorschläge für politisch-rechtliche Rahmensetzungen zu liefern.[224] Hierfür stehen unter anderem Edward A. Ross, aber auch Albion W. Small, James P. Lichtenberger und George Howard sowie weitere Protagonisten der „Familienkonferenz" der *American Sociological Association des Jahres* 1908. Ein besonders aussagekräftiges Beispiel ist der Statistik-Pionier und Geistliche Samuel Dike, der einerseits aus Überzeugung für eine Reduktion der Scheidungszahlen eintrat, andererseits aber aufgrund seiner sozialwissenschaftlichen Forschungen zur Scheidungshäufigkeit immer mehr mit moralisch orthodoxen Erklärungen des „divorce evil" in Konflikt geriet.

Robert L. Griswold hat am Beispiel der Ehescheidung in der Victorian Era argumentiert, dass die Juristen als Mediatoren ehelicher Konflikte und Schieds-

---

**222** Wie William O'Neill nahe gelegt hat. O'Neill, Divorce, S. 257. Ders., Divorce in the Progressive Rea, 1978, S. 148–149. Dagegen argumentiert Elaine Tyler May, es habe bis 1920 auf dem Feld der Eheschließung keine „moral revolution" gegeben, allenfalls die Kombination moderner Wünsche mit eher traditionellen Vorstellungen von Ehe, was gesteigerte Erwartungen an die Ehe generiert habe. Tyler May, Great Expectations, S. 158.

**223** Dies ist, sehr verkürzt, eine der Schlussfolgerungen von Glenda Riley, die in ihrer wichtigen Studie über Scheidung in den USA den Soziologen und ihren Interpretationen eine tragende Rolle beim Scheitern der Einheitsgesetzgebung zumisst. Riley, Divorce, S. 123.

**224** Hier sind insbesondere die Grundlagentexte von Ross, Howard, Lichtenberger und Small nicht zu überschätzen, auch hat der Wright-Report eine prägende Wirkung entfaltet. Aus heutiger Sicht weniger analytisch fielen dagegen die ersten sozialwissenschaftlichen Feldstudien aus wie die Pionierarbeit „Middletown" aus dem Jahr 1921. Lynd, Robert S. / Lynd, Hellen Merrell: Middletown. A Study in Contemporary American Culture, NewYork 1929.

instanzen am Übergang zum 20. Jahrhundert eine neue Bedeutung erlangten, ähnliches ist für die Sozialwissenschaftler als Analytiker des sozialen Wandels festzustellen.[225] Doch auch die Soziologen wollten der neu entfalteten Individualität, insbesondere der Frauen, nicht einfach ihren Lauf lassen, sondern sie durch Maßnahmen, die sie unter dem Begriff „social control" zusammenfassten, gleichsam einhegen. Dies war wiederum anschlussfähig für viele Vertreter einer weiterhin verbreiteten, wenn auch vielleicht nicht mehr dominanten konservativen Moral, die in diese Forderung mit einstimmten. Ebenfalls überzeugend für die unterschiedlichsten politischen und moralischen Lager war das Plädoyer für eine verstärkte Anwendung eugenischer Praktiken und Vorschriften zum Schutze des Individuums und der Gemeinschaft. Der Frage, inwiefern die Sympathien für eine verstärkte „social control" einen gedanklichen Transmissionsriemen zur biologistisch-eugenischen Konzeption der Familie und der Geschlechterrollen in den 1920er und 1930er Jahren darstellten, widmet sich das Folgekapitel. Hierbei ist jedoch zu berücksichtigen, dass die im Entstehen begriffene Eugenik-Bewegung zu Beginn des 20. Jahrhunderts nur *eine* Option darstellte, auf die Herausforderungen der Moderne zu reagieren.

---

**225** Griswold, Law, S. 738–740. Besonders interessant ist Griswolds Konzept einer „expanded conception of sexual cruelty" seit der zweiten Hälfte des 19. Jahrhundert heraus aus strikten „Victorian morals" (domesticity, sexual restraint, chastity), welches in der divorce crisis zu Beginn des 20. Jahrhundert besonders wirkmächtig geworden sei, obwohl sich gerade dann der Fokus von Häuslichkeit zu individueller Erfüllung und persönlicher Autonomie verschoben habe.

## 2 „Scientific Motherhood, Reproductive Morality and Fitter Families": Debatten um eugenische Familienkonzepte und das Eingriffsrecht des Staates in den 1920er und 1930er Jahren

Im Jahr 1921 veröffentlichte das *Bureau of Naturalization im U.S. Department of Labor*, die Einbürgerungsstelle im Arbeitsministerium, ein kurzes Pamphlet unter dem Titel „Suggestions for Americanization Work Among Foreign-Born Women". Der Text verstand sich als Information für Sozialarbeiterinnen und bot praktische Handlungsanweisungen zur Aus- und Weiterbildung von Migrantinnen. Zugleich lieferte die Ausarbeitung jedoch eine aufschlussreiche Momentaufnahme des zum Zeitpunkt unter amerikanischen Sozialexperten vorherrschenden Verständnisses von Mutterschaft, Nation und Familie:

Unter der Überschrift „Why Schooling For Foreign-Born Women Is Necessary" erschien folgende Auflistung:

> A. Because America is no better than its homes.
> B. Because the mother determines the kind of home and the health and happiness of the family.
> C. Because thousands of foreign-born women have or will have the right to vote and they must be able to do this intelligently if a high standard of citizenship is to be maintained.
> D. Because the foreign-born mothers have much of the responsibility of determining what kind of citizens their children shall become.
> E. Because the schooling of the mother is the only effective way to enable her to take her full responsibility in the home and in the community.[1]

Damit zentrierten die beteiligten Sozialexperten die Verantwortung für die Zukunft der Kinder, der Familie und in übertragenem Sinne auch der amerikanischen Nation auf die Mutter. Sie wurde zur Zielscheibe von Erziehungsbemühungen und Verhaltensanweisungen, insbesondere, wenn sie, wie in diesem Fall, nicht in den USA geboren war. Doch gerade auch weiße Amerikanerinnen wurden in den 1920er und 1930er Jahren von Sozialexperten in die Pflicht genommen, um durch Geburt und Erziehung von „hochwertigem" Nachwuchs die Nation zu stärken, wie folgendes Urteil eines bekannten Vertreters der Eugenik-Bewegung zeigt: „The healthy and intelligent married woman who could have a normal fa-

---

[1] U.S. Department of Labor, Bureau of Naturalization, Suggestions for Americanization Work Among Foreign Born Women, Washington 1921. <www.ia600505.us.archive.org/18/items/suggestionsforam00unit/suggestionsforam00unit.pd>

mily and who has only one child or two is, in most cases, pulling back on the wheels of racial progress."² Stattdessen sollten gerade gut ausgebildete, gut situierte Frauen aus der weißen Mittelschicht sich ihrer „natürlichen" Mutterrolle wieder mehr bewusst werden und für zahlreichen Nachwuchs sorgen, um so die Familie und damit auch die Nation zu stärken, anstatt ihrer individuellen Karriere oder Selbstverwirklichung nachzugehen.

Genau diese Forderungen nach Eugenik, Reproduktion der „Erwünschten" und „gesunder Mutterschaft" auf der einen, nach Wohlfahrt und Frauenbildung zugunsten der Erziehung künftiger Bürger auf der anderen Seite sind Gegenstand des folgenden Kapitels. Hierzu wird die Debatte um Mutterschaft in der nationalen Presse ebenso ausgewertet wie das Schrifttum der Eugenik-Bewegung, einzelner Sozialexperten und in Sonderheit die Publikationen des Eugenikers und Eheberaters Paul B. Popenoe. Es geht mir darum zu zeigen, wie Sozialexperten unterschiedlichster Provenienz eine Debatte um das Eingriffsrecht des Staates in die Familie führten und ihre Positionen am Beispiel von Reproduktion und Mutterschaft entwickelten. Auf nationaler Ebene führte dies zu einer signifikanten Schwerpunktverschiebung bei der Beantwortung der Frage, welche Frauen als Mütter „erwünschten Nachwuchses" zu gelten hatten und daher die Unterstützung der Nation verdienten und wessen reproduktive Rechte aufgrund von Rasse, Klasse oder ethnischer Herkunft einzuschränken waren. Sozialexperten und ihre Handlungsanweisungen spielten hierbei die Schlüsselrolle.

Auch äußere Faktoren trugen dazu bei, dass die Familie in den 1920er und 1930er Jahren zum bevorzugten Analyse- und Therapieobjekt von Sozialexperten avancierte und sich hierbei rassenbiologische Überlegungen durchsetzen konnten. Dies waren zum einen die stetig ansteigende Immigration, zum anderen die Weltwirtschaftskrise 1929 und ihre Folgen. Die Immigrantenströme hatten schon seit dem 19. Jahrhundert die Furcht vor „Überfremdung" – ab 1901 dann polemisch bezeichnet als drohender „race suicide" – geschürt.³ Der US-Staat war ihnen zunächst mit der Einführung der hygienisch-medizinischen Selektion der Ankommenden in den verschiedenen Immigrationsstationen begegnet. Ellis Island vor New York wurde ab 1892 nicht nur von den meisten Immigranten durchlaufen, es entwickelte sich zum Vorbild für die anderen Immigrationsstationen des Landes, wurde zum „Laboratorium" für den Kampf gegen die „von außen kommenden bedrohlichen Krankheiten und Menschen".⁴ Wie jüngere

---

2 Popenoe, Paul B.: The Conservation of the Family, Baltimore 1926, S. 135. Zu Popenoe s. u.
3 Hierzu vgl. die Ausführungen in Kapitel 1.
4 Zur Medikalisierung des Immigrationsprozesses vgl. Lüthi, Invading Bodies, S. 148.

Untersuchungen betont haben, bot gerade die Debatte um die Einwanderungsrestriktionen nach dem Ersten Weltkrieg Vertretern der jungen Eugenik-Bewegung eine Plattform zur Popularisierung der Idee der biologischen Differenz von Menschen und der daraus abgeleiteten Forderung nach Selektion.[5] Auf Betreiben namhafter Eugeniker wurde der hygienisch-medizinischen Untersuchung ab 1924 durch den *Immigration Act* ein von Rassenvorstellungen inspiriertes Quotierungssystem zur Seite gestellt. Hierbei war vor allem Harry H. Laughlin, Leiters des *Eugenic Record Office*[6], der zentralen eugenischen Forschungsstelle der USA, wegweisend.[7] Das *Eugenic Record Office* (ERO) in Cold Spring Harbor, New York, wurde 1910 von Charles B. Davenport gegründet als Teil der von ihm bereits seit 1904 geleiteten *Station for Experimental Evolution* (später: *Department of Genetics*) der *Carnegie Institution of Washington Station (CIW)*. Seine Hauptaufgabe war das Sammeln eugenischer Daten durch Archivierung und Auswertung von eugenischen Feldforschungen, Familienstammbäumen und Krankenakten. Die Leitung

---

[5] King, Making Americans. Zolberg, Aristide: A Nation by Design: Immigration Policy in the Fashioning of America. Cambridge, MA. 2006. S. 248–267.

[6] Heute besteht noch immer das Cold Spring Harbor Laboratory als eine der wichtigsten humangenetischen Forschungsstellen der USA <https://www.cshl.edu/>. Der Großteil der Akten des ERO befindet sich im Archiv der *American Philosophical Society* in Philadelphia.

[7] HARRY H. LAUGHLIN (1880–1943) war ein bekannter Vertreter der amerikanischen Eugenik-Bewegung, der die Immigrationsgesetzgebung als Experte mitgestaltete und durch seine Gutachten maßgeblichen Anteil an der Legalisierung der Sterilisationspraxis in den USA hatte. Nach einer Tätigkeit als Lehrer und Schulleiter hatte er 1907 in Princeton mit einer Arbeit in Zytologie promoviert. Neben seiner Leitung des ERO seit 1910 und der Mitwirkung in der Immigrationskommission seit 1921, hatte Laughlin von 1923 bis 1924 das Arbeitsministerium in Fragen der Immigration beraten und von 1921 bis 1930 dem *Municipal Court of Chicago* als Berater in Fragen der Eugenik gedient. Seine zahlreichen Publikationen über Eugenik und eugenische Sterilisationen wurden in den USA breit rezipiert und dienten insbesondere deutschen Rassekundlern als Inspiration. Ausdruck der Wertschätzung, die man ihm in der deutschen Wissenschaft der 1930er Jahre entgegenbrachten war die Ehrendoktorwürde der Universität Heidelberg 1936. Der Nachlass Harry H. Laughlins mit Akten aus seiner Zeit als Direktor des ERO befindet sich in der Pickler Memorial Library an der Truman State University, Kirksville, Missouri <www.library.truman.edu/manuscripts/laughlinbio.asp>.

Seine wichtigsten Publikationen waren: Laughlin, Harry H.: The Legal, Legislative and Administrative Aspects of Sterilization, Eugenics Record Office, Cold Spring Harbor 1914. Ders.: Eugenical Sterilization in the United States (Psychopathic Laboratory of the Municipal Court of Chicago), Chicago 1922. Ders.: The Legal Status of Eugenical Sterilization. History and Analysis of Litigation under the Virginia Sterilization Statute, which Led to a Decision of the Supreme Court of the United States Upholding the Statute, Chicago 1930. Ders.: Immigration and Conquest. A Study of the United States as the Receiver of Old World Emigrants who Became the Parents of Future-Born Americans, Chamber of Commerce of the State of New York, New York 1939. Ders.: Official Records in the History of the Eugenics Record Office, Cold Spring Harbor 1939.

der neuen Institution trug Davenport Harry H. Laughlin an, der diese bis zur Schließung der Institution 1939 innehatte.

Laughlin, selbst ein engagierter Verfechter der eugenischen Sterilisation, hatte ab 1921 dem *Committee on Immigration and Naturalization* des US-Repräsentatenhauses angehört und die rassenpolitisch informierte Neuregelung der Immigration auf den Weg gebracht. Die Quotierung erlaubte nun die Abweisung eines Großteils der Immigrationswilligen aus Ost- und Südosteuropa (Asiaten blieb die Immigration komplett verwehrt), so dass die Einwanderungszahlen nachdrücklich sanken.[8] Doch insbesondere die unreglementierte Einwanderung aus Mexiko bot neuen Anlass, die Forderung nach „Schutz von Familie und Nation" mit derjenigen nach rassischer Reinheit und Eugenik zu verkoppeln.[9] Wie Alexandra Minna Stern am Beispiel der *Border Patrol* an der Grenze zu Mexiko herausgearbeitet hat, versuchten die Grenzstaaten von Texas bis Kalifornien hier durch paramilitärische Truppen die amerikanischen Familien (und damit die amerikanische Nation) vor „Verunreinigung" durch illegale Einwanderer zu schützen.[10] Die *patrol men* hatten die Aufgabe illegal einwandernde Mexikaner aufzuspüren, festzunehmen und über die Grenze auszuweisen und nahmen damit polizeiliche Aufgaben wahr. Als Legitimation für die Einrichtung der *Border Patrol* im Jahr 1924 diente das Argument, von den Immigranten gehe eine wirtschaftliche und gesundheitliche Gefahr für die amerikanische Nation aus.[11] So verteidigte ein militärischer Experte im Jahr 1926 die Arbeit der *Border Patrol* und warnte den US-Kongress vor jenen „undesirable aliens [who I. H.] often become public charges and must be cared for by our pauper institutions and insane asylums". Darüber

---

**8** Auch *National Origins Act* oder *Johnson-Reed Immigration Act*. Zolberg, Nation by Design. King, Making Americans. Das Gesetz selbst fußte auf dem eugenischen Schrifttum der Zeit, neben Harry H. Laughlins eigenen Überlegungen waren insbesondere Madison Grants und Lothrop Stoddards Diagnosen des drohenden rassischen Verfalls der USA als Resultat der Einwanderung eine wichtige Inspirationsquelle für die Befürworter strikter Restriktionen. Grant, Madison: The Passing of the Great Race or the Racial Basis of European History. Fourth Revised Edition with A Documentary Supplement, with Prefaces by Henry Fairfield Osborn. New York 1924. (First Edition 1916). Stoddard, Lothrop: The Rising Tide of Color against white Supremacy, Reprint Brighton 1981 (First Edition New York 1920).
**9** So forderte insbesondere der kalifornische *Commonwealth Club*, ein Think Tank konservativer Sozialexperten, eine Übernahme der Quotierungen auch für Mexican Americans, um deren Einwanderung zu kanalisieren und Anrainerstaaten wie Kalifornien vor Überfremdung zu schützen. Vgl. Roesch, Macho Men, 194–186.
**10** Stern, Alexandra Minna: Eugenic Nation: Faults and Frontiers of Better Breeding in Modern America. Berkeley 2005, S. 57–81.
**11** Stern, Eugenic Nation, S. 74 verweist auf die unveröffentlichte Dissertation von Lytle Hernández, Kelly Anne: Entangling Bodies and Borders: Racial Profiling and the US Border Patrol 1924–1955, University of California, Los Angeles, 2002.

hinaus unterstrich er das vermeintliche Risiko für die biologische Substanz der Gesellschaft, denn die unerwünschten Einwanderer bildeten „a further menace to the health of the communities in which they settle".[12]

Wurde die Immigration von vielen Zeitgenossen als „biologische" Bedrohung der amerikanischen Familie betrachtet, so erschien die Wirtschaftskrise zunächst als Gefahr für die sozio-ökonomische Existenz vieler Familien, aber auch als normative Krise. Aufgrund des Zusammenbruchs der US-Wirtschaft verloren ab 1929 Millionen Familienväter ihre Jobs und konnten ihre (zumindest innerhalb der Mittelschicht) angestammte Funktion als „sole breadwinner" nicht länger wahrnehmen. Ehefrauen begannen zu arbeiten, um die Familien durchzubringen, und eine heftige Binnenmigration aus den ländlichen Regionen des Mittleren Westens nach Kalifornien setzte ein.[13] Die Eheschließungs- und Geburtenrate sank, vor allem jedoch schienen sich in den Augen der Zeitgenossen die Geschlechterrollen in den Familien zu verschieben. Beispielsweise hat die zeitgenössische Soziologin Mirra Komarovsky anhand von 59 Interviews nachgezeichnet, wie die väterliche Autorität an der Unmöglichkeit, die Familie zu ernähren, zerbrach. So zitiert Komarovsky einen arbeitslosen Familienvater mit den Worten:

> There certainly was a change in our family and I can define it in just one word—I relinquished power in the family. I think the man should be the boss in the family. [...] But now I even don't try to be the boss. She controls all the money, and I never have a penny in my pocket but that I have to ask her for it. The boarders pay her, the children turn in their money to her, and the relief check is cashed by her or the boy. I toned down a good deal as a result of it. How did it all come about? Very simple. I stopped earning money, and most of the money that was coming in was coming in through her.[14]

---

12 Zitiert nach Stern, Eugenic Nation, S. 77.
13 Einen zeitgenössischen Überblick über die Effekte der Great Depression gab die Journalistin Lorena Hickok, die im Auftrag Harry Hopkins das Land bereiste. Lowitt, Richard / Beasly, Maurine (Hg.): One Third of a Nation: Lorina Hickok Reports on the Great Depression. Urbana 1981. Vgl. auch die Sammlung von Oral History Interviews zur Great Depression, die der Journalist Studs Terkel 1970 veröffentlichte. Terkel, Studs: Hard Times. An Oral History of the Great Depression, New York 1970.
14 Komarovsky, Mirra: The Unemployed Man and His Family: The Effect of Unemployment Upon the Status of the Man in Fifty-nine Families. New York 1940. Vgl. dazu Kennedy, David M.: Freedom from Fear. The American People in Depression and War, 1929–1945, Oxford 2001, S. 165–166. Das gleiche Zitat auch bei Martschukat, Jürgen: Die Ordnung des Sozialen: Väter und Familien in der amerikanischen Geschichte seit 1770. Frankfurt / New York 2013, S. 249.

In letzter Zeit sind jedoch alternative Lesarten zur schlichten Diagnose einer Krise der Familie und der Geschlechterrollen in der *Great Depression* erschienen. So konnte Ralph LaRossa eine vorsichtige Modernisierung und Pluralisierung der Vaterrolle in den 1920er und 1930er Jahren herausarbeiten, da die Wirtschaftskrise auch die Chance einer größeren theoretischen wie praktischen Einbeziehung der Väter in Erziehungsaufgaben eröffnete, wenngleich dies längst nicht alle Väter wahrnahmen.[15] Jürgen Martschukat dagegen kam zu dem Schluss, dass die Krisendiagnosen im Gefolge der *Great Depression* immer zur Restabilisierung der gegebenen Ordnung aufforderten, hier also zur Wiederherstellung der männlichen Ernährerrolle. Allerdings machte er an den Arbeiten der Soziologin Mirra Komarovsky deutlich, dass sich im Zeitraum „zumindest die Möglichkeit grundlegender Verschiebungen in einer Ordnung des Sozialen andeutete, in der *gender* eine bewegliche, veränderliche Kategorie war".[16] Robert Cohen schließlich argumentierte in seiner Edition von zeitgenössischen Briefen von Kindern und Jugendlichen an First Lady Eleanor Roosevelt, dass auch die „children of the Great Depression" überwiegend von intakten Familienbeziehungen (und implizit auch Genderhierarchien) sprachen – trotz der wirtschaftlichen Not und der Arbeitslosigkeit der Väter.[17]

Zugleich ist offensichtlich, dass der Staat im Rahmen des New Deal zur Bekämpfung der Great Depression und ihrer Folgen erstmals in der amerikanischen Geschichte verstärkt auch in die häusliche Sphäre eingriff, die Familie als Objekt staatlicher Politik eigentlich erst entdeckte. Zuvor waren lediglich Interventionen in Migrantenfamilien üblich, um diese den Werten, den Hygienestandards und der Produktivität US-amerikanischer Familien anzupassen.[18] Der *Social Security Act* (1935) beinhaltete erste Maßnahmen zur Grundlegung eines modernen Wohlfahrtsstaates, wobei er erstmals in beitragsfinanzierte Versicherungsleistungen wie Rente, Arbeitslosenversicherung und staatliche Transferleistungen für Bedürftige (Fürsorge für Alte, Witwen und Waisen, Blinde und Versehrte sowie

---

15 LaRossa, Ralph: The Modernization of Fatherhood. A Social and Political History, London 1997, S. 11–12, 69.
16 Martschukat, Ordnung des Sozialen, S. 261–262.
17 Cohen, Robert (Hg.): Dear Mrs. Roosevelt. Letters from Children of the Great Depression, Chapel Hill 2002, S. 18–20. Siehe auch: Morgan, Winona: The Family meets the Depression. A Study of a Group of Highly Selected Families, Westport 1939.
18 Lüthi, Barbara: Invading Bodies. Medizin und Immigration in den USA, 1880–1920, Frankfurt a.M. / New York 2009. Vgl. das Sonderheft „Migration History as a Transcultural History of Societies, hrsg. v. Dirk Hoerder, Journal of Migration History 1 (2015), No. 2.

staatlich finanzierte Gesundheitsleistungen) differenzierte.[19] Insbesondere *Title IV, Aid to Families with Dependent Children* (AFDC) machte die Familie zum Mittelpunkt staatlicher Fürsorge, indem er Witwen und alleinstehenden Frauen eine Grundversorgung zur Sicherung des Lebensunterhaltes für sich und ihre Kinder in Aussicht stellte.[20] AFDC, das schnell zum wichtigsten staatlichen Wohlfahrtsprogramm avancierte, propagierte offen das traditionelle Familienbild der „white middle class" mit dem Mann als alleinigem Ernährer. Erst wenn dieser starb, nichts mehr verdiente oder die Familie verließ, sollten Mütter Unterstützung erhalten, um sich weiter ihrer traditionellen Bestimmung als Hausfrau und Mutter widmen zu können. Zuständig für die Vergabe von Leistungen waren die Einzelstaaten, die einen Teil ihrer Aufwendungen dann vom Bundesstaat erstattet bekamen – was für große regionale Unterschiede in den Bewilligungsrichtlinien und der Höhe der Bezüge sorgte. Vor der Reform der Witwenversorgung und ihrer Aufnahme in das staatliche Rentensystem im Jahr 1939 bestand das Gros der Empfängerinnen von AFDC aus Witwen der weißen Mittelschicht, während in den Folgejahren der Prozentsatz von African American Mothers und Müttern unehelicher Kinder schnell anstieg. Bereits 1948 galten 30 Prozent der Familien, die Leistungen erhielten, als „non-white", was zu einer Welle der Kritik an AFDC in den Folgejahren führte.[21] Während insbesondere konservative Republikaner den Sinn staatlicher Wohlfahrtsleistungen und den „welfare state" als solchen in Frage stellten, argumentierten Kritiker allgemein, mit der Unterstützung insbesondere unverheirateter Frauen und alleinstehender afroamerikanischer Mütter

---

**19** Zum *Social Security Act* und dem *Second New Deal* allgemein vgl. Brinkley, Alan: The End of Reform. New Deal Liberalism in Recession and War, New York 1995. Kennedy, Freedom from Fear, S. 271–274.

**20** Vorläufer dieses Wohlfahrtsprogrammes waren die „Mothers' Pensions", welche zwischen 1911 und 1933 in den einzelnen Bundesstaaten durch Gesetze festgeschrieben wurden. Sie sollten allein stehenden Müttern gestatten, sich anstelle von Lohnarbeit ganz der Erziehung und Fürsorge für die Kinder zu widmen – was ganz der maternalistischen Linie der *General Federation of Women's Clubs* und des *National Congress of Mothers* entsprach. Der Bezug von Leistungen war an den Nachweis der „Würdigkeit" der Antragstellerinnen gekoppelt, so dass nur etwa fünf bis acht Prozent der allein erziehenden Mütter gefördert wurden. 80 Prozent der Geförderten waren 1933 Witwen von weißer Hautfarbe. Mynk, Gwendolyn: The Wages of Motherhood: Inequality in the Welfare State, 1917–1942. Ithaka 1995. Report of the Childrens's Bureau on the Mothers' Pensions Programm (1933), abgedruckt bei Nadasen, Premilla / Mittelstadt, Jennifer / Chappell, Marisa: Welfare in the United States. A History with Documents 1935–1996, New York, London 2009. S. 87–99.

**21** Nadasen, Welfare, S. 20. Katznelson, Ira: When Affirmative Action was White: The Untold History of Racial Inequality in Twentieth Century America, New York 2005. Quadagno, Jill: The Color of Welfare: How Racism Undermined the War on Poverty, New York 1994.

unterminiere der Staat das Modell der Kernfamilie und rege zu laxer Sexualmoral sowie mangelndem Verantwortungsbewusstsein an.

Im Zentrum dieses Kapitels stehen daher die Fragen, ob und wie der Zusammenhang von Individuum, Familie und Staat in den 1920er und 1930er Jahren neu formuliert wurde und wie biologistische und ökonomische Konzepte von Familie und Nation verbunden wurden. Interessant ist insbesondere, inwiefern die in dieser Phase vorherrschenden Familienwerte biologistisch aufgeladen wurden, die Eugenik-Bewegung also Spuren im Familienverständnis hinterließ. Hierzu werden in der Folge die öffentlichen Debatten in den Feldern Eugenik, Sterilisationen und Vorstellungen von guter Mutterschaft auf der Basis von Expertenpublikationen, Presseberichten und politisch-juristischen Rahmensetzungen untersucht. Zuvor beleuchtet ein erstes Teilkapitel den demographischen Wandel in den USA des 20. Jahrhunderts und liefert damit den Hintergrund der Debatte um Eugenik und gute Mutterschaft der 1920er und 1930er Jahre.

In Sonderheit umfassen die der Analyse zugrunde liegenden Quellen Akten der *American Eugenics Society* sowie des *Eugenic Record Office* sowie die Schriften prominenter Eugeniker wie Charles B. Davenport, Roswell H. Johnson, Paul B. Popenoe. Zentral sind ferner die *Zeitschrift des American Institute for Family Relations* (AIFR), *Family Life*, und die Berichterstattung der überregionalen Presse (*New York Times* und *Washington Post*) über die Praxis eugenischer Sterilisationen in den USA.

## 2.1 Der demographische Wandel in den USA des 20. Jahrhunderts: Bevölkerungswachstum, Reproduktionsraten, Familiengrößen

Betrachtet man die demographische Entwicklung der USA im 20. Jahrhundert, so zeigt sich zunächst ein bedeutender Bevölkerungsanstieg von rund 76 Millionen US-Bürgern im Jahr 1900 auf über 280 Millionen im Jahr 2000.[22] Der Anteil der nicht-weißen Bevölkerung stieg von 12,1 Prozent (1900) auf 17,2 Prozent (1999), der Anteil der African Americans darunter blieb jedoch mit 11,6 Prozent (1900) bzw. 12,4 Prozent (1999) relativ konstant. Im Untersuchungszeitraum dieses Kapitels, der Zeit von 1920 bis 1940, zeigten sich ebenfalls diese Jahrhunderttrends: Die Bevölkerung wuchs von knapp 106 Millionen (1920) auf knapp 132 Millionen

---

22 Sofern nicht anders angegeben, beziehen sich alle statistischen Informationen auf die vom US Bureau of the Census veröffentlichen Daten <www.census.gov> und die Daten des National Center for Health Statistics <www.cdc.gov/nchs/>.

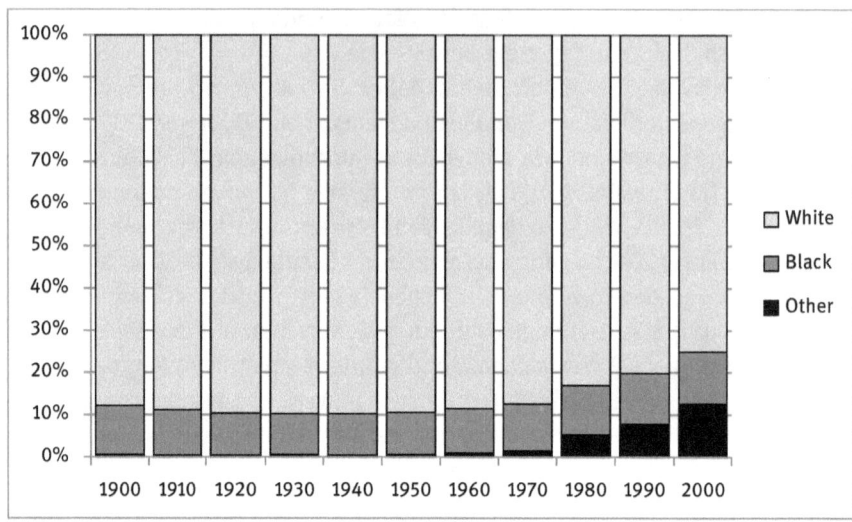

**Abb. 2.1:** Bevölkerungsverteilung 1900–2000 nach Ethnien

(1940), die ethnische Zusammensetzung blieb jedoch weitgehend unverändert. Der Bevölkerungsanteil der African Americans lag bei etwa 10 Prozent, derjenige der „White Americans" bei rund 90 Prozent.

Andere Ethnien (American Natives, Mexican Americans) spielten bis 1970 nur regional eine Rolle.[23] Zwischen 1920 und 1940 unterschied sich schließlich auch Geburtenverhalten der African Americans, zeitgenössischen Befürchtungen zum Trotz, kaum von dem der weißen Bevölkerungsmehrheit.[24] Dabei ist augenfällig,

---

[23] Hobbs, Frank and Nicole Stoops, U.S. Census Bureau, Census 2000 Special Reports, Series CENSR-4, Demographic Trends in the 20th Century, U.S. Government Printing Office, Washington, DC, 2002, S. 11, 77.

[24] Während eine zeitgenössische Statistik angab, dass 1920 landesweit auf 1.000 Amerikanerinnen zwischen 15 und 54 Jahren 71,9 Geburten entfielen, registrierte sie für die weiße Mehrheit 71,4 und „all other races" 78,8 Geburten. 1940 standen dem 52,0 Geburten insgesamt und 51,0 bei White Americans und 60,4 Geburten bei „all other races" gegenüber. Der Geburtenrückgang bei der weißen Mehrheit fiel also leicht höher aus (19,1 Geburten auf 1.000 Amerikanerinnen) als bei der nicht-weißen Minderheit (18,4 Geburten), aber die Differenz war keineswegs dramatisch. Linder, Forest Edward / Grove, Robert D.: Vital Statistics of the United States, 1900–1940. United States Government Printing Office, Washington D.C. 1943, S. 672. Neuere Statistiken kommen aufgrund des Ausgleichs von Erfassungslücken zu abweichenden Zahlen, bestätigen jedoch die Tendenz, dass das Geburtenverhalten der African Americans sich kaum von dem der White Americans unterschied. Hamilton, Brady E. et al.: National Vital Statistics Reports, Volume 62, Number 3, 6.9.2013, S. 2.

dass in den 1920er und 1930er Jahren das Bevölkerungswachstum nahezu ausschließlich die Städte betraf: Während die ländliche Bevölkerung mit 69,8 Millionen (1920) und 68,7 Millionen (1940) fast konstant blieb, verdoppelte sich die Bevölkerung der Städte im selben Zeitraum nahezu von 35,9 auf 63 Millionen.[25]

Ein Teil des Bevölkerungswachstums wurde durch Immigration erzielt, wobei insbesondere das erste und letzte Drittel des 20. Jahrhunderts hohe Einwandererzahlen aufwiesen: Den gut 18,6 Millionen Immigranten, die zwischen 1901 und 1930 in die USA kamen (davon rund 14,5 Millionen zwischen 1901 bis 1920 und nur 4,1 Millionen zwischen 1921 und 1930), standen knapp 21 Millionen Einwanderer gegenüber, die 1971 bis 2000 das Land erreichten. In den vier mittleren Dekaden des 20. Jahrhunderts gelangten dagegen nur 7,4 Millionen Einwanderer in die USA (in der Dekade von 1931 bis 1940 sogar nur knapp 530.000)[26]. Dies war die Folge des rassenpolitisch orientierten *Immigration Act* von 1924, der die Einwanderung insbesondere aus Ost- und Südosteuropa, aber auch aus Asien stark einschränkte. Im Laufe des 20. Jahrhunderts änderte sich zudem die ethnische Zusammensetzung der Immigranten gravierend. Kamen im ersten Drittel des 20. Jahrhunderts überwiegend Europäer in die USA, waren es ab 1971 vor allem Einwanderer aus Mexiko, Lateinamerika und Asien. Die Einwanderer brachten nicht nur eine eigene Kultur und Sprache, sondern auch Familienmodelle und Werte mit, die sich bisweilen gravierend von denjenigen der weißen Mehrheitsgesellschaft unterschieden. Besonders greifbar ist dies für die Minderheit der Mexican Americans, deren Familienleben bis in die 1970er Jahre hinein stark vom Katholizismus und dem Ideal der Großfamilie geprägt war. Diese beruhte zumindest formal auf einer starken Stellung des männlichen Familienoberhauptes und der Einbeziehung nicht blutsverwandter Paten (Traditionen des „Machismo" und „Compadrazgo"), was Sozialexperten und Sozialreformern seit Jahrhundertbeginn Anlass bot, die mexikanisch-stämmigen Familien im Sinne der Mehrheitsgesellschaft umzuerziehen. Hierzu setzten Wissenschaftler und Sozialarbeiter wahlweise bei den Müttern und Ehefrauen oder den männlichen Jugendlichen an.[27]

Der Anstieg der Haushalte fiel gegenüber dem Bevölkerungswachstum sehr viel deutlicher aus (knapp 16.000 im Jahr 1900, knapp 105.000 im Jahr 2000), was daran lag, dass die Durchschnittsanzahl der im Haushalt lebenden Personen von

---

25 Hobbs/Stoops, Demographic Trends, S. 32.
26 U.S. Census Bureau, Statistical Abstracts of the United States, 2003. Mini Historical Statistics, S. 15.
27 Roesch, Macho Men. Sanchéz, George J.: „Go after the Women". Americanization and the Mexican Immigrant Woman, 1915–1929, in: Apple, Rima / Golden, Janet (Hg.): Mothers and Motherhood. Readings in American History, Columbus 1997, S. 475–494. Ders.: Becoming Mexican American: Ethnicity, Culture, and Identity in Chicano Los Angeles, New York / Oxford 1993.

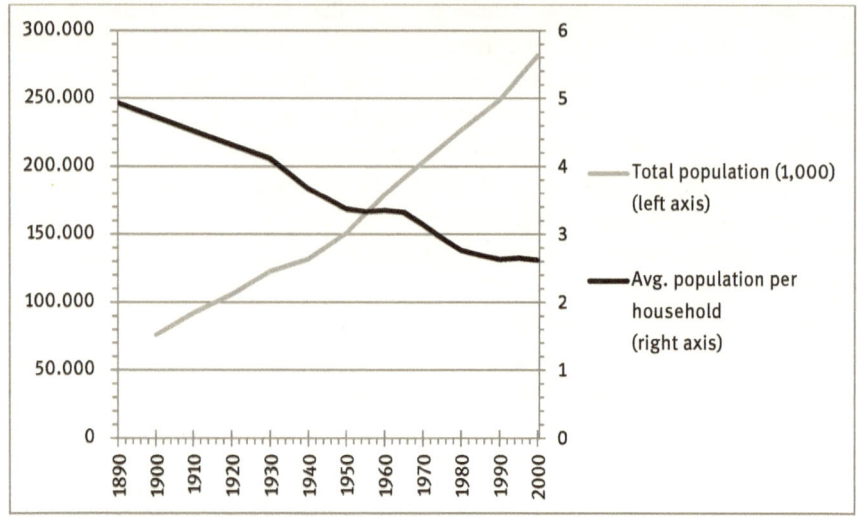

**Abb. 2.2:** Bevölkerungsentwicklung und durchschnittliche Haushaltsgrößen, 1900–2000

knapp fünf Personen (1890), zunächst auf vier Personen sank (1930) und Mitte der 1970er Jahre die drei Personen-Marke durchbrach (2000: 2,62 Personen).[28] Seit 1975 lebt die Mehrheit der US-Amerikaner in Ein- oder Zwei-Personen-Haushalten, ein Trend, der unverändert anhält. Der Anteil der Vier-Personen-Haushalte, also der vermeintlich „klassischen" modernen Kernfamilie bestehend aus einem Elternpaar und zwei Kindern, blieb relativ konstant (16,9 Prozent (1900) und 14,6 Prozent (2000)). Er bildete also durchgängig ein Minderheitenmodell ab – wiewohl dies als das dominante Familienideal konzipiert und propagiert wurde. Lediglich Mitte der 1950er Jahre, auf der Höhe des sogenannten Babybooms, bestanden knapp 19 Prozent aller Haushalte aus vier Personen, während schon damals die Mehrheit der Amerikaner in Zwei-Personen-Haushalten lebte.[29]

Einen weiteren aussagekräftigen Indikator für ein sich veränderndes Familienverständnis in den USA des 20. Jahrhunderts liefert die Entwicklung der Geburtenrate (*Total Fertility Rate*). Gebar eine Amerikanerin um die Jahrhundertwende noch durchschnittlich 3,8 Kinder und 1920 noch immerhin 3,3 Kinder, so sank dieser Wert in den 1930er Jahren in Folge der Great Depression bis auf 2,1

---

[28] Hobbs/Stoops, Demographic Trends, S. 143. Für 1910 und 1920 liegen keine Zahlen vor.
[29] Hobbs / Stoops, Demographic Trends, S. 143.

Kinder pro Frau ab und erreichte erst 1940 wieder die Marke von 2.2.[30] Von Mitte der 1940er Jahre bis Mitte der 1960er Jahre erholte sich der Wert erneut und lag bei mehr als 3 Kindern, wobei insbesondere die Geburtenrate der zweiten Hälfte der 1950er Jahre mit 3,7 Kindern pro Frau hervorsticht. Ab Mitte der 1960er Jahre setzte ein für alle westlichen Industrienationen charakteristischer Rückgang der Fertilitätsrate ein: Im Jahr 1970 gebar eine Amerikanerin durchschnittlich noch 2,5 Kinder, im Jahr 1994 noch 2,1 Kinder und im Jahr 2012 immerhin noch 1,9 Kinder. Damit rangiert die Fertilitätsrate in den USA aktuell zwar unter dem Reproduktionsniveau, aber immer noch leicht über derjenigen in Deutschland mit 1,6 Kindern je Frau.[31] Leicht höher als der nationale Durchschnitt lag die Geburtenziffer von Afro-Amerikanerinnen, diese gebaren 1970 noch durchschnittlich 3,1 Kinder, im Jahr 1994 waren es noch 2,4[32] und im Jahr 2010 noch 2,0 Kinder.[33]

Vor allem der starke Anstieg der Fertilitätsrate in den 1950er und 1960er Jahren ist charakteristisch für die USA.[34] Der Babyboom in Westeuropa fiel deutlich bescheidener aus. So bekamen deutsche Frauen auch auf der Höhe des Babybooms durchschnittlich nur 2,2 (1955) beziehungsweise 2,5 (1965) Kinder, Frauen in den USA jedoch deutlich über 3 Kinder.[35] Ein weiteres Spezifikum ist die Annäherung der Fertilitätsrate der afroamerikanischen Bevölkerung an diejenige der weißen Mehrheitsbevölkerung zu Beginn des 21. Jahrhunderts (von 2,5 (1990) auf 2,0 (2010)). Ein ähnlicher Trend lässt sich auch für die Minderheit der Mexican Americans beobachten (von 3,0 (1990) auf 2,4 (2010)), die Fertilitätsrate der asiatisch-stämmigen Bevölkerungsminderheit liegt derzeit leicht unter der nationalen Reproduktionsrate.[36]

---

30 Haines, Michael R.: American Fertility in Transition: New Estimates of Birth Rates in the United States, 1900–1910, Demography 26 (1989), vol. 1, S. 137–148.
31 Livingston, Gretchen. 2014. In terms of childlessness, U.S. ranks near the top worldwide. Pew Research Center <www.pewrsr.ch/1bDZfz2>, 17.03.2014.
32 Chadwick, Bruce A. / Heaton, Tim B.: Statistical Handbook on the American Family. Phoenix, AZ ²1999, S. 68.
33 National Center for Health Statistics, Population Reference Bureau, World Population Data Sheet 2012, Fact Sheet: The Decline in US-Fertility, Figure 1. Die Zahlen für 2011 beruhen auf Schätzungen.
34 Wie der Bevölkerungsanstieg über den Weg der statistischen Selbstbeobachtung im Bevölkerungszensus 1940 und 1950 als Produkt der Kinderfreudigkeit der „white middle class" in Suburbia diagnostiziert, rationalisiert und inszeniert wurde, zeigt eindrücklich Johanna Brumberg, Brumberg, Vermessung, S. 87–105, 131–151.
35 Human Fertitily Database <humanfertility.org>.
36 Chadwick / Heaton, Statistical Handbook, S. 84, Livingston, Gretchen / Cohn, D'Vera: The New Demography of American Motherhood, Pew Research Center. <www.pewsocialtrends.org/2010/05/06/the-new-demography-of-american-motherhood/>, 07. April 2014. S. 11.

Bereits zu Beginn des 20. Jahrhunderts hatte sich das Verständnis von Kindheit in den USA gravierend geändert, im Sinne einer stärkeren Individualisierung und zugleich Regulierung von Kindheit. Nach der „Erfindung der Kindheit" zu Beginn des 20. Jahrhunderts[37], d. h. der Durchsetzung der Einsicht, dass die Kindheit eine besondere, eigenständige und schützenswerte Phase im Leben eines Menschen darstellt und nicht bloß ein Übergangsstadium auf dem Weg zum Erwachsenen, beschäftigten sich ReformerInnen und WissenschaftlerInnen in den USA intensiv mit der Kindheit und dem Wohlergehen von Kindern.[38] Bereits in der Progressive Era hart umkämpft, wurde Kinderarbeit schließlich 1938 im Rahmen des New Deal durch den *Fair Labor Standards Act* verboten. Ab der Jahrhundertwende hatten Vertreterinnen der Sozialreform, Ärzte und vor allem Müttervereine wie der *National Congress of Mothers* Initiativen zur besseren Gesundheitsversorgung und Bildung von Kindern und Jugendlichen auf den Weg gebracht, und Ratgeber wie das berühmte „Commonsense Book of Baby and Child Care" von Benjamin Spock (Erstausgabe 1946) homogenisierten um die Mitte des Jahrhunderts die Erziehungsstile der Mittelschicht.[39] Eines der wichtigsten Gesetze des 20. Jahrhunderts, das Urteil des Supreme Court zur Desegration des Bildungswesens „Brown versus Board of Education" aus dem Jahr 1954, veränderte das Leben der amerikanischen Jugend fundamental, indem es afroamerikanischen Kindern erstmals die Chance auf einen umfassenden Zugang zum Bildungssystem des Landes bot. In der zweiten Hälfte des 20. Jahrhunderts entwickelte sich eine eigene Jugendkultur (Musik, Kleidung, Moral, Lebensstil), wesentlich gespeist von den sozialen Protestbewegungen der 1950er bis 1970er Jahre und dem Bedürfnis, sich deutlich von der Elterngeneration abzugrenzen.[40] Zugleich verzeichnete die amerikanische

---

[37] Key, Ellen: The Century of the Child, New York / London 1909 (Orginalausgabe: Barnets åhundrade, 1900).

[38] Ladd Taylor, Molly: Mother-Work. Women, Child Welfare and the State, 1890–1930, Champaign 1994. Ladd-Taylor 1994. Stern, Alexandra Minna / Markel, Howard (Hg.): Formative Years. The History of Children's Health in the United States, 1880–2000, Ann Arbor 2002. Mintz, Steven: Huck's Raft. A History of American Childhood, Cambridge 2004.

[39] Spock, Benjamin: The Commonsense Book of Baby and Child Care, New York 1946. Engelhardt, Janine: Konzeptionen von Mutter- und Elternschaft in Benjamin Spocks Ratgeber „The Common Sense Book of Baby and Child Care" (Masterarbeit Universität Münster, WS 2015/16). Weiss, Nancy Pottishman: Mother, the Invention of Necessity. Doctor Benjamin Spock's Baby and Child Care, in: American Quarterly 29 (1977), Nr. 5, S. 519–546. Grant, Julia: Raising Baby by the Book. The Education of American Mothers, New Haven / London 1998. Apple, Rima: Perfect Motherhood: Science and Childrearing in America, Piscataway 2006. Schumann, Dirk (Hg.): Raising Citizens in the „Century of the Child": The United States and German Central Europe in Comparative Perspective, New York 2010.

[40] Mintz, Huck's Raft. 2004, Bailey, Beth: Sex in the Heartland, Cambridge [u. a.] 2004.

Gesellschaft in den 1950er Jahren eine intensive Diskussion um Jugenddelinquenz, die weniger als Ausdruck eines Generationenkonfliktes, denn als akute Bedrohung der Fundamente der Gesellschaft gewertet wurde. Experten plädierten dafür, erst einmal die amerikanischen Eltern zu bilden, damit diese überhaupt die Befähigung erhielten, ihren Nachwuchs zu aufrechten Staatsbürgern zu erziehen.[41] Neben realen Generationenkonflikten und Autonomiepostulaten der amerikanischen Jugend mehrten sich im letzten Drittel des 20. Jahrhunderts einerseits die Versuche vieler Eltern, engagierte, emotional zugewandte Partner ihrer Kinder zu sein. Dies galt besonders für Väter („involved fatherhood"). Andererseits wurden und werden Kindheit und Jugend so stark staatlich und familiär reguliert wie nie zuvor.[42] Die gesamte Diskussion um Jugenddelinquenz basierte indes auf gravierenden Vorannahmen über die Bedeutung von ethnischen, sozialen und geschlechtsbezogenen Kategorien („race, class, and gender") für die Frage, was „abweichendes Verhalten" und was „Delinquenz" überhaupt darstellte. Diese Erwartungen wurden partiell bereits im ersten Drittel des 20. Jahrhunderts geprägt.[43]

Genau in diesem Zeitraum artikulierten Sozialwissenschaftler zudem ihre Wahrnehmung, sich in einem beispiellosen sozialen Wandel zu befinden. Diesen gelte es zu analysieren, gerade auch in Bezug auf die US-amerikanische Familie. Hierfür steht beispielhaft die Studie „Middletown" der Soziologen Robert S. Lynd und Helen Merrell Lynd aus dem Jahr 1929. In ihrer Pionierarbeit über die Einwohner der Kleinstadt Muncie, Indiana, erforschten die Lynds den sozialen und kulturellen Wandel in „Middletown" über einen Zeitraum von 35 Jahren, genauer zwischen 1890 und 1925. Hierzu bedienten sie sich der Mittel anthropologischer Feldforschung und sozialwissenschaftlicher Datenerhebung (Statistiken, Presse, Dokumente, Umfragen, Interviews). Ihr Ziel war es, „to preset a dynamic, functional study of the contemporary life of this specific American community in the

---

41 Mackert, Nina: Danger and Hope. White Middle-Class Juvenile Delinquency and Parental Anxiety in the Postwar U.S., in: Ellis, Heather / Chang, Lily (Hg.): Juvenile Delinquency and Western Modernity, 1800–2000, New York: Palgrave Macmillan, 2013. Dies.: Jugenddelinquenz. Die Produktivität eines Problems in den USA der späten 1940er bis 1960er Jahre, Konstanz 2014.
42 LaRossa, Ralph: The Modernization of Fatherhood. A Social and Political History, London 1997. Ders.: Of War and Men. World War II in the Lives of Fathers and Their Families, Chicago 2011. Mintz, Steven: Regulating the American Family, in: Hawes, Joseph M. / Nybakken, Elizabeth I. (Hg.): Family and Society in American History, Chicago 2001, S. 9–36. Martschukat, Ordnung des Sozialen, Frankfurt a.M. 2013. Dechert, Dad on TV.
43 So zeigt Mary Odem eindrücklich, wie zu Beginn des 20. Jahrhunderts weibliche Delinquenz, anders als männliche, primär über Sexualität definiert wurde. Odem, Mary E.: Delinquent Daughters: Protecting and Policing Adolescent Female Sexuality in the United States, 1885–1920. Chapel Hill / London 1995.

light of the trends of changing behavior observable in it during the last thirty-five years."[44] Ein Folgeband „Middletown in Transition" verarbeitete den Einfluss der Great Depression auf die Stadt.[45]

Die beiden Soziologen konstituierten in ihren Forschungen den fiktiven „average American" und seine Durchschnittsfamilie bewusst positivistisch. So ließen die Lynds in „Middletown" beispielsweise die afroamerikanische Bevölkerungsminderheit völlig unbeachtet und trugen somit zur Konstruktion der Normalfamilie als „weiß" bei. Dennoch lieferten sie einige interessante Erkenntnisse über die Sozialstruktur amerikanischer Familien in Kleinstädten des Nordostens in den 1920er Jahren: Die Bevölkerung teilte sich strikt in eine Ober- und Arbeiterschicht, wobei die Schichtzugehörigkeit die Lebenschancen und Lebensverläufe der Menschen stark determinierte. 70 Prozent der Bevölkerung gehörten der Arbeiterschicht an, 30 Prozent der „Business Class" (hier im weitesten Sinne verstanden als Dienstleistungssektor).[46] Vielen „working class families" gelang dank günstiger Kredite der Erwerb von Wohneigentum, was wiederum die Voraussetzung für den Aufstieg in bürgerliche Respektabilität darstellte. Die 38.000 Einwohner Middletowns verteilten sich auf über 9.200 Haushalte. Diese wiederum lebten zu 86 Prozent im familialen Eigenheim, wobei entsprechend dem nationalen Trend die Haushaltsgrößen (und damit auch die Familien) geringer waren als noch im 19. Jahrhundert.[47] Die Scheidungsrate stieg erheblich, waren 1909 noch 25 Scheidungen auf 100 Eheschließungen zu verzeichnen, so waren es 1924 bereits 42.[48] Zugleich blieb Frauenarbeit die Ausnahme, wohingegen die Männer die Rolle als Alleinernährer ihrer Familien wahrzunehmen hatten. Dagegen lag auch in Middletown weiterhin die Zuständigkeit für Reproduktion und Kinderaufzucht einzig bei der Frau, gewertet als weibliche „moral obligation".[49] Die von den Lynds beschriebene Gemengelage aus säkularem Wandel (Scheidungsraten, Haushaltsgrößen, Eigenheimbesitz) und Konstanten (bipolare Geschlechternormen, soziale Schichtung, Ausblendung ethnischer Differenzierung) liefert einen guten Ausgangspunkt für die tiefergehende Untersuchung der

---

[44] Lynd, Robert S. / Lynd, Helen Merrell: Middletown. A Study in Contemporary American Culture, New York 1929, S. 6.
[45] Lynd / Lynd, Middletown, bes. S. 3–6, 110–131. Lynd, Robert S. / Lynd, Helen Merell: Middletown in Transition. A Study in Cultural Conflicts, New York 1937. Zur Kritik: Igo, Sarah: The Averaged American. Surveys, Citizens, and the Making of a Mass Public, Cambridge 2007, S. 68–102.
[46] Lynd/Lynd, Middletown, S. 511
[47] Lynd/Lynd, Middletown, S. 93.
[48] Lynd/Lynd, Middletown, S. 121, 521.
[49] Lynd/Lynd, Middletown, S. 131.

Debatten um Familienwerte, Eugenik und „gute Mutterschaft" in den 1920er und 1930er Jahren, wie sie das folgende Kapitel unternimmt. Als Grundlage lassen sich fünf gravierende soziale Wandlungsprozesse identifizieren, von denen insbesondere die letzten drei die Debatten ganz entscheidend prägten.

*Erstens* war zwischen 1920 und 1940 ein starkes Bevölkerungswachstum erkennbar, welches jedoch vor allem die Städte betraf. Dabei blieben die Bevölkerunganteile von AfroamerikanerInnen und „white Americans" jeweils konstant bei knapp zehn beziehungsweise knapp 90 Prozent. *Zweitens* kennzeichnete diesen Zeitraum eine drastische Einhegung der Immigration durch entsprechende restriktive und rassenpolitisch argumentierende Gesetzgebung. *Drittens* verzeichneten die USA eine konstant sinkende Reproduktionsrate. Diese nährte bei den Zeitgenossen Befürchtungen eines „race suicide" der weißen Bevölkerungsmehrheit, obgleich die Sozialstatistik keinen Anhaltspunkt dafür gab. *Viertens* registrierten die Zeitgenossen deutlich sinkende Haushaltsgrößen, was bedeutete, dass die Kinderzahl pro Familie sank und zugleich die Zahl der alleine lebenden Menschen stark anstieg, auch motiviert durch die hohe Scheidungsrate. *Fünftens* und letztens wurde in diesem Zeitraum Kindheit als Thema sozialreformerischer Bestrebungen und Gegenstand von Ratgeberliteratur weiter forciert, allerdings weniger im Sinne von „Kindern als Akteuren", sondern im Sinne der mütterlichen Verantwortung für die Erziehung und Heranbildung guter Staatsbürger.

## 2.2 „Scientific Motherhood and Reproductive Morality"

Mit der Konjunktur der Eugenik als wissenschaftlichem Paradigma, welche sich bereits seit der Jahrhundertwende angedeutet hatte, rückten die amerikanischen Familien und insbesondere die Mütter verstärkt in den Fokus von Sozialwissenschaftlern, Medizinern und Bevölkerungsplanern.[50] Einerseits vermittelten Ratgeber, Presseberichte aber auch die Werbung den Müttern, dass gesunde Kin-

---

50 Zur Eugenik-Bewegung in den USA vgl. Kline, Wendy: Building a Better Race. Gender, Sexuality, and Eugenics from the Turn of the Century to the Baby Boom, Berkeley 2001. Kühl, Stefan: Die Internationale der Rassisten. Aufstieg und Niedergang der internationalen Bewegung für Eugenik und Rassenhygiene im 20. Jahrhundert, Frankfurt a.M. 1997. Ordover, Nancy: American Eugenics. Race, Queer Anatomy, and the Science of Nationalism, Minneapolis 2003. Kevles, Daniel: In the Name of Eugenics. Genetics and the Use of Human Heredity, New York 1985. Carlson, Elof Axel: The Unfit. A History of a Bad Idea, Cold Spring Harbor 2001. Black, Edwin: War Against the Weak: Eugenics and America's Campaign to Create a Master Race, New York / London 2003. Dowbiggin, Ian Robert: A Merciful End. The Euthanasia Movement in Modern America. New York 2003.

deraufzucht insbesondere auf dem Beherzigen von Expertenrat (anstelle „ungesunder Instinkte") basiere.[51] Das Konzept der „scientific motherhood" ergänzte dasjenige der „maternal love" – oder wie eine Anzeige im *Parent's Magazine* 1938 formulierte: „Add Science to Love to be a Perfect Mother".[52] Gesunde Ernährung, rationale Haushaltsführung, Hygiene und Erziehungswissen standen hierbei im Vordergrund. Dieser *Scientific Turn* hatte allerdings keine Auswirkung auf die Geschlechterrollenverteilung, da der „moderne" Expertenrat überwiegend von Männern erteilt und die Kindererziehung weiterhin als ausschließliche Domäne der Frau betrachtet wurde.[53] Männern wurde die Rolle als wissenschaftliche Autoritäten zugeschrieben, Frauen dagegen galten bestenfalls als Praktikerinnen. Andererseits forderten Politiker, Sozialwissenschaftler und Intellektuelle die Verbesserung moderner Familien durch Steigerung der Geburtenrate, Senken der Scheidungszahlen und Stärkung der Qualität des Nachwuchses – was für viele Wissenschaftler (liberale wie konservative) eugenische Maßnahmen geboten erschienen ließ.[54] Gerade die jüngere Forschung betont zu Recht, dass Sozialreformer und Eugeniker dabei eine inhaltliche Koalition eingingen. Die Eugenik drang tief in die amerikanischen Vorstellungen von der Freiheit des Individuums und seiner Verpflichtung gegenüber der Gesellschaft, von individueller Handlungsfähigkeit und ökonomischen Kosten ein. Damit ist die Eugenik-Bewegung in den USA nicht als eine kurzlebige Episode, die durch die Erfahrung des Nationalsozialismus definitiv diskreditiert wurde, zu betrachten. Vielmehr standen amerikanische Eugeniker sowohl vor dem Zweiten Weltkrieg als auch danach in engem inhaltlichen Austausch mit ihren deutschen Kollegen. Vor allem aber bil-

---

51 Rima D. Apple, Constructing Mothers. Scientific Motherhood in the Nineteenth and Twentieth Centuries, in: dies./Janet Golden (Hg.), Mothers and Motherhood. Readings in American History, Columbus 1997, S. 90–110.
52 Zit. nach Apple, Constructing Mothers, S. 101. Hierzu vgl. auch die Analyse der Rezeption von Expertenrat durch Mütter bei Grant, Julia: Raising Baby by the Book. The Education of American Mothers. New Haven / London 1998.
53 Rima D. Apple, Perfect Motherhood. Science and Childrearing in America, Piscataway 2006.
54 Entsprechende Überlegungen fanden sich schon seit der Jahrhundertwende im sozialwissenschaftlichen Diskurs, mussten in den 1920er und 1930er Jahren nur noch abgerufen werden. So waren bereits der liberale Soziologe Edward A. Ross und die Feministin Anna Garlin Spencer zu Beginn des 20. Jahrhunderts explizit für eine Verbindung von „social control" und eugenischen Maßnahmen eingetreten: Edward A. Ross, The Causes of Race Superiority, in: Annals of the American Academy of Political and Social Science 18 (1901), S. 67–89. Anna Garlin Spencer, Problems of Marriage and Divorce, in: Forum 48 (1912), S. 188–204. Vgl. auch die Positionierung der einflussreichen *Federation of Women's Clubs* in dieser Frage, die für Sterilisationen eintraten, um einerseits die „healthier and better families" besser zu fördern und andererseits den Staat von hohen Wohlfahrtskosten für Behinderte zu entlasten. Club Women's Session Urges Birth Control, WP 12.5.1935, S. 10.

deten eugenische Erwägungen, wie zu zeigen sein wird, ein mehr oder weniger durchgängig anzutreffendes Element des Bevölkerungsdiskurses in den USA bis hin zur *Welfare Reform* 1996.[55]

Die Verwissenschaftlichung von Kindererziehung und Mutterschaft begann in den USA mit der Gründung des *National Congress of Mothers* als Zusammenschluss der großen *American Women's Clubs* im Jahr 1897.[56] Alice McLellan Birney, die Gründerin und langjährige Vorsitzende, richtete den Verband auf dessen Gründungskongress gezielt auf zwei Kernziele aus: Bereitstellung von Information für Mütter durch aktuellen Expertenrat (Kindererziehung, Ernährung, Moral) und Aufwertung des Kindes („child culture") durch besseres Wissen um seine physischen und psychischen Bedürfnisse.[57] Gleichzeitig bekannten sich die *Congress Women* sowohl zur Mutterschaft als der natürlichen Rolle der Frau als auch zu den Prinzipien der aufkeimenden Eugenik zum Zwecke der Verbesserung der Gesellschaft. Dagegen waren im Konzept der „scientific motherhood" der Verbandsangehörigen weder außerhäusliche Lohnarbeit von Müttern noch die Integration von Müttern aus der „working class" oder aus ethnischen Minderheiten vorgesehen.[58]

Wesentlich war ferner der Ausbau der Frauenbildung, insbesondere durch die Ausbreitung der *Women's Colleges* und durch das *Home Economics Movement*. Letzteres basierte auf der Idee, dass Haushalts- und Lebensführung auf wissen-

---

55 Ryan, Patrick J.: „Six Blacks from Home". Childhood, Motherhood, and Eugenics in America, in: Journal of Policy History 19 (2007), S. 253–281, hier S. 274. Kline, Better Race. Ordover, American Eugenics. Stern, Eugenic Nation. Dowbiggin, Ian Robert: „A Rational Coalition": Euthanasia, Eugenics, and Birth Control in America, 1940–1970, in: Journal of Policy History 14 (2002), Nr. 3, S. 223–260.
56 Der *National Congress of Mothers* wurde 1924 umbenannt in *National Congress of Parents and Teachers*, 1965 dann in *Parent Teacher Association*, PTA. Der Aktenbestand des *National Congress of Parents and Teachers* befindet sich in der University Library der University of Illinois at Chicago. <www.uic.edu/depts/lib/specialcoll/services/rjd/findingaids/NCPTf.html>.
57 Die WP druckte die Eröffnungsansprache Birneys, die in der Aufforderung „make the child the watchword and ward of the day and hour" und einem Bekenntnis zur „mother love" als „cornerstone of home" gipfelte. A Thousand Mothers: Congress Exceeds in Numbers the Highest Estimate, WP, 18. 2. 1897. Vgl. auch die Berichterstattung der NYT: The Congress of Mothers will be a Unique Gathering, NYT, 17. 2. 1897. The Congress of Mothers: The Second Day's Session, NYT, 19. 2. 1897.
58 Zum *National Congress of Mothers* vgl. die grundlegende Arbeit von Ladd-Taylor, Molly: Mother-Work. Women, Child Welfare and the State, 1890–1930, Champaign, IL 1994, S. 43–73. Grant, Raising Baby, S. 56–57. Ehrenreich, Barbara / English, Deirdre: For Her Own Good. 150 Years of the Expert's Advice to Women, London 1979, S. 175.

schaftlichen Erkenntnissen beruhen sollten, die insbesondere Frauen im Rahmen von Bildungsangeboten vermittelt werden könnten.[59]

Andere Impulse zur Verbreitung der „scientific motherhood" kamen von Seiten progressiver Reformerinnen und der Regierung. Nachdem 1909 eine erste *White House Children's Conference on the Care of Dependent Children* stattgefunden hatte, folgte 1912 die Gründung des *Children's Bureau* im Arbeitsministerium als Stabsstelle zur Koordinierung der Fürsorge für Mütter und ihre Kinder.[60] Erste Leiterin des *Children's Bureau* war die progressive Reformerin Julia Lathrop (1912– 1921)[61], Absolventin des renommierten Vassar College und ehemaliges Mitglied von Jane Addams *Hull House* in Chicago, dem Kristallisationspunkt des nordamerikanischen *Settlement-Movement*.[62] Ihr folgte 1921 Grace Abbott, ebenfalls ehemalige Residentin des *Hull House* und Sozialreformerin, die an der University of Chicago studiert hatte.[63] Zentrale Ziele der Institution waren neben der Für-

---

[59] Gründerin des *Home Economics Movement* war die MIT-Absolventin ELLEN SWALLOW RICHARDS (1842–1911), die zunächst 1893 auf der *Chicago World Fair* mit der *Rumford Kitchen* den Messebesuchern ihre Idee gesunder und wissenschaftlich fundierter Ernährung präsentierte. Richards gründete 1908 die *American Home Economics Association* (heute *American Association of Family and Consumer Sciences*). Goldstein, Carolyn M: Creating Consumers. Home Economists in Twentieth-Century America, Chapel Hill 2012.

[60] Das *Children's Bureau* war zunächst Teil des *Department of Commerce and Labor*, ab 1913 des *Department of Labor*. Ladd-Taylor, Mother-Work. Gordon, Linda. Pitied But Not Entitled: Single Mothers and the History of Welfare, 1890–1935, New York 1994. Grant, Raising Baby, S. 114.

[61] JULIA LATHROP (1858–1932), Sozialarbeiterin und Reformerin, hatte zunächst das *Rockford Female Seminary* besucht und dann am Vassar College Statistik, Institutionengeschichte, Soziologie und Gemeindeorganisation studiert und 1880 graduiert. Dem Chicagoer *Hull House* gehörte sie seit 1890 an. Lathrop, „America's First Official Mother", wurde 1912 mit Übernahme des *Children's Bureau* die erste weibliche Leiterin einer Behörde. Sie setzte sich für Reformen des Jugendstrafrechts ebenso ein wie für den Kampf um das Frauenwahlrecht, zuletzt als Präsidentin der *Illinois League of Women Voters*. Stebner, Eleanor J., The Women of Hull House: A Study in Spirituality, Vocation, and Friendship. Albany, N.Y. 1997. Vassar Encyclopedia <vcencyclopedia.vassar.edu/alumni/julia-lathrop.html>.

[62] Die Sozialreformerinnen JANE ADDAMS (1860–1935) und ELLEN GATES STARR (1859–1940) hatten 1889 gemeinsam *Hull House* in Chicago als eine Anlaufstelle für Einwanderer gegründet – sie orientierten sich dabei an der Londoner *Toynbee Hall*, die sie auf einer Europareise kennen gelernt hatten. In *Hull House* – wie auch in den nach seinem Vorbild in anderen Städten eingerichten *Settlement Houses* – verbanden die überwiegend weiblichen Sozialreformerinnen praktische Hilfe für Einwanderer mit kulturellen und politischen Bildungsangeboten, angewandter Sozialforschung und nicht selten paternalistischer Amerikanisierungsarbeit.

[63] GRACE ABBOTT (1878–1939), Sozialarbeiterin und Reformerin, setzte sich insbesondere gegen Kinderarbeit und für den Schutz von Kindern und Müttern ein. Sie leitete das *Children's Bureau* von 1922 bis 1934, zuvor hatte sie bereits dessen *Child Labor Division* vorgestanden. Auch sie hatte eine Zeit lang in *Hull House* gelebt und 1909 die University of Chicago mit einem Master in Politikwissenschaften abgeschlossen. In den 1930er Jahren engagierte sie sich für die Sozialrefor-

sorge für Mutter und Kind die Abschaffung von Kinderarbeit und der Kampf gegen die Säuglings- und Kindersterblichkeit.[64] Letzterem Zweck diente auch die bekannteste Publikation des *Children's Bureau*, der Ratgeber *Infant Care* von Mary Mills West, der 1914 in erster Auflage erschien und durch zahlreiche Neuauflagen weite Teile der US-Bevölkerung erreichte.[65] Lathrop und später Abbot verbanden in der Arbeit des *Children's Bureau* das Bekenntnis zu Wissenschaft und moderner Kinderpflege (auch durch eigene wissenschaftliche Studien zur Situation von Kindern und Müttern in den USA) mit der Förderung von Mutterschaft und Häuslichkeit als primärer Verpflichtung der Frau. In der Forschung hat sich hierfür der Begriff „progressive maternalism" eingebürgert.[66] Interessant ist, dass Lathrop und Abbot beide diesen Widerspruch zwischen Reformeifer und der Akzeptanz biologischer Geschlechterrollen verkörperten: Beide Frauen hatten einen Universitätsabschluss und lebten ehe- und kinderlos für ihren Beruf, lehnten die Berufstätigkeit von Müttern jedoch strikt ab. Sie setzten sich für die Orientierung an medizinischem Expertenrat ein, um die Kinder- und Säuglingssterblichkeit einzudämmen, und forderten eine Wohlfahrtspolitik für Kinder und Mütter, postulierten aber nach wie vor Mutterschaft als die national bedeutsamste Aufgabe der Frau. Während sie über die Ausweitung des *Home Economics*-Un-

---

men des New Deal und war eine der Autorinnen des *Social Security Act*. Costin, Lela: Two Sisters for Social Justice: A Biography of Grace and Edith Abbott. Chicago 1983. Sorensen, John / Sealander, Judith (Hg.): The Grace Abbott Reader. Lincoln 2008.
**64** Meckel, Richard A.: Save the Babies. American Public Health Reform and the Prevention of Infant Mortality, 1850 – 1929, Baltimore 1990. Lindenmeyer, Kriste: A Right to Childhood. The U.S. Children's Bureau and Child Welfare, 1912 – 1930, Urbana / Chicago 1997.
**65** West, Mary Mills (Mrs. Max West), U.S. Department of Labor, Children's Bureau, *Infant Care* (Washington: Government Printing Office, 1914). 1940 waren bereits 12 Millionen Exemplare verteilt worden, in den 1970ern schon über 59 Millionen. Apple, Rima: Physicians and Mothers Construct „Scientific Motherhood", in: Warner, John / Tighe, Janet: Major Problems in the History of American Medicine and Public Health, Boston / New York 2001, S. 332 – 339, 335. Zum *Children's Bureau* und dessen Kommunikation mit Müttern unter anderem durch dem Ratgeber „Infant Care" vgl. Limper, Verena: Verantwortung für Körper, Kind, Nation. Mutter-Werden in der Kommunikation zwischen dem United States Children's Bureau und amerikanischen Frauen zu Beginn des 20. Jahrhunderts, Masterarbeit Universität Bielefeld 2012.
**66** Ladd-Taylor unterscheidet dezidiert den „progressive maternalism" der Vertreterinnen des *Children's Bureau* vom „sentimental maternalism" des *National Congress of Mothers*. Ladd-Taylor, Mother Work, S. 73 – 103. International vergleichend: Koven, Seth / Michel, Sonya (Hg.): Mothers of a New World. Maternalist Policies and the Origins of Welfare States, New York 1993. Gordon, Linda (Hg.): Women, the State and Welfare, Madison 1990. Stern, Alexandra Minna: Making Better Babies: Public Health and Race Betterment in Indiana, 1920 – 1935, in: American Journal of Public Health 92 (2002), Nr. 5, S. 742 – 752. Ladd-Taylor, Molly: Saving Babies and Sterilizing Mothers. Eugenics and Welfare Politics in the Interwar United States. In: Social Politics 4 (1997), S. 136 – 153.

terrichts für Frauen (Ehevorbereitung, Haushaltsführung, Kinderaufzucht) auch Migrantinnen und Arbeiterfrauen erreichten[67], blieb die Arbeit des *Children's Bureau* doch zunächst hauptsächlich auf weiße Mütter und ihre Kinder beschränkt. Die sehr viel höhere Sterblichkeit unter afro-amerikanischen Kindern blendeten die Reformerinnen zunächst aus, eine für die progressiven Reformerinnen des frühen 20. Jahrhunderts charakteristische Verengung des Blickwinkels.[68] Dies zeigte sich auch an der Auseinandersetzung um den *Sheppard Towner Act* (1921–1929), dem ersten Gesetz zum Schutz von werdenden Müttern und ihren Kindern in den USA durch staatliche Wohlfahrtszahlungen und die nationsweite Einrichtung von Geburtskliniken überhaupt. Die Verabschiedung des Gesetzes 1921 stellte einen großen Erfolg in der Lobbyarbeit des *Children's Bureau* dar. Dieses hatte nachgewiesen, dass 80 Prozent der werdenden Mütter keine medizinische Versorgung erhielten. 1929 jedoch sorgte die Opposition einzelner Staaten und insbesondere der *American Medical Association* (AMA) dafür, dass der Kongress die Finanzierung nicht verlängerte. In den Folgejahren starben erneut Kinder armer, nicht-weißer Frauen aufgrund mangelnder medizinischer Versorgung und Hygiene in großer Zahl, was verdeutlicht, wie sehr die Kindsgesundheit von ethnischer und sozialer Herkunft determiniert wurde.[69] Zugleich beförderte diese Entwicklung jedoch auch die Verwissenschaftlichung der Kinderheilkunde durch die Schaffung der Pädiatrie als eigener Disziplin. Aus Protest gegen das Vorgehen der AMA, welche das Gesetz als Angriff auf ihre professionelle Auto-

---

[67] So dienten beispielsweise die 1910 von Dr. S. Josephine Baker in New York eingerichteten „Little Mothers' Clubs" der Amerikanisierung junger Migrantinnen, indem sie auf ihre Rolle als zukünftige Mütter vorbereitet wurden. Apple, Physicians and Mothers, 336. Sanchez, George J.: „Go after the Women": Americanization and the Mexican Immigrant Woman, 1915–1929, in: Apple, Rima / Golden, Janet (Hg.): Mothers and Motherhood. Readings in American History, Columbus 1997, S. 475–494. Roesch, Claudia: „Americanization through Homemaking": Mexican American Mothers as Major Factors in Americanization Programs, in: Isabel Heinemann (ed.): Inventing the Modern American Family. Family Values and Social Change in 20th Century United States, Frankfurt am Main / New York 2012, S. 59–81.
[68] Bullard, Catherine S.: Children's Future, Nation's Future. Race, Citizenship and the United States Children's Bureau, in: Schumann, Dirk (Hg.): Raising Citizens in the „Century of the Child": The United States and German Central Europe in Comparative Perspective. New York 2010, S. 53–67. Sealander, Judith: The Failed Century of the Child. Governing America's Young in the Twentieth Century, Cambridge 2003.
[69] Ladd-Tayor, Saving Babies. Lemons, J. Stanley: The Sheppard-Towner Act: Progressivism in the 1920s, in: The Journal of American History 55, No. 4 (1969), S. 776–786.

nomie betrachtet hatte und massiv für dessen Rücknahme eingetreten war, gründeten die Kinderärzte nun ihre eigene Gesellschaft für Pädiatrie.[70]

Molly Ladd-Taylor hat argumentiert, dass der *Shepard-Towner Act* einen Versuch der „rationalization of reproduction" dargestellt habe, da er medizinisches Expertenwissen in staatliche Familienpolitik übersetzt habe. In diesem Punkt hat sie ihn mit der zeitgleichen Legalisierung von Zwangssterilisationen verglichen. Sie kam jedoch zu dem Schluss, dass der Grund für den wesentlich längerfristigen Erfolg der Sterilisationspolitik in den USA in der angestrebten Reduzierung der Wohlfahrtskosten lag, wohingegen das Mutterschutzgesetz eine weitere Kostensteigerung bedeutet hätte.[71] Dies deutet darauf hin, dass Ende der 1920er Jahre die Eugenik vielen weißen Amerikanern als die rassisch wie ökonomisch reizvollere Alternative zur Wohlfahrtspolitik erschien.

Eine weitere wichtige Inspirationsquelle für die bereits von den *Congress Women* geforderte „child culture" und den Kampf des *Children's Bureau* gegen die Säuglings- und Kindersterblichkeit in der weißen Mittelschicht war das Buch *Barnets åhundrade (The Century of the Child)* der schwedischen Pädagogin Ellen Key, das 1909 erstmals auf Englisch erschien.[72] Hierin plädierte Key für einen genuin kindzentrierten Ansatz der Pädagogik und eine Aufwertung der Mutterschaft als gesellschaftlich bedeutsame Aufgabe. So gelte es „die Sorge für die neue Generation als die große Aufgabe zu betrachten, die die Mutter für die Gesellschaft ausführt, und während deren Ausführung die Gesellschaft ihre Existenz sichern muss."[73] Gleichzeitig nahm Key wie so viele Reformerinnen und Reformer zu Beginn des 20. Jahrhunderts rassenkundliche und eugenische Argumentationen in ihre Überlegungen auf.[74] So plädierte sie unter Bezug auf den Vordenker der „Eugenik"

---

70 Brosco, Jeffrey P.: Weight Charts and Well Child Care: When the Pediatrician Became the Expert in Child Health, in: Stern, Alexandra Minna / Markel, Howard (Hg.): Formative Years. The History of Children's Health in the United States, 1880–2000, Ann Arbor 2002. S. 91–121.
71 Ladd-Tayor, Saving Babies. S. 139–140, 149–150.
72 ELLEN KEY (1849–1925) war eine schwedische Feministin, Reformpädagogin und Schriftstellerin. Barnets åhundrade ist ihre wichtigste Schrift und wurde in mehrere europäische Sprachen übersetzt, darunter Deutsch und Englisch. Key, Ellen: Das Jahrhundert des Kindes, Weinheim 2000 (Erstausgabe in deutscher Übersetzung Berlin 1902, Orginalausgabe: Barnets åhundrade, 1900. Englische Ausgabe: The Century of the Child, 1909). Register, Cheri: Motherhood at Center. Ellen Key's Social Vison, in: Women's Studies Int. Forum 5 (1982), Nr. 6, S. 599–610. Allen, Ann Taylor / Baader, Meike Sophie (Hg.): Ellen Keys reformpädagogische Vision. Das „Jahrhundert des Kindes" und seine Wirkung. Weinheim 2000.
73 Ellen Key, Das Jahrhundert des Kindes, Nachdruck Weinheim 2000, S. 62.
74 Dies zeigt u. a. die Diskussion um Ehescheidung bis 1920. Hierzu vgl. Kapitel 1 dieser Studie.

Francis Galton[75] und weitere Autoren wie den Naturforscher Alfred Russell Wallace und den Psychologen Henry Maudsley für „die Erhöhung des Menschentypus, die Veredelung der menschlichen Rassen" durch die Anerkenntnis der „naturwissenschaftlichen Anschauung" von der Bedeutung des Körpers und der Vererbungslehre.[76] Ehesanktionen für erblich belastete oder kranke Menschen, um diese von der Fortpflanzung auszuschließen, fanden ihre Zustimmung. Gleichzeitig kritisierte sie jedoch jede Absolutsetzung der Anthropologie wie beispielsweise durch den deutschen Rassenanthropologen Otto Ammon, da es ihr bei der „Vervollkommnung des Menschengeschlechts" vor allem um die „Umgestaltung der Sitten und Gefühle" ging.[77]

Im Rahmen der Debatten um „scientific motherhood" wurden jedoch nicht nur Kinderaufzucht, Hygiene und Haushaltsführung diskutiert, es ging immer auch um die Stellung der Frau und Mutter in der modernen Gesellschaft. Die Frage nach der Statthaftigkeit von Frauenarbeit – insbesondere wenn es sich bei den arbeitenden Frauen um „Mütter" handelte – bildete ein weiteres Konfliktfeld. Gerade hier fand die Eugenik-Bewegung vielfältige Anschlussmöglichkeiten und einen leichten Zugang zur Debatte, konnte sie doch mit vermeintlich objektiven Erkenntnissen argumentieren. So konstituierte der Neuropathologe Max G. Schlapp bereits 1911 in der *New York Times* die Frauenarbeit als „racial problem" in den USA, verantwortlich für eine massive „degeneration of the race". Durch die be-

---

[75] Der britische Anthropologe und Universalgelehrte FRACIS GALTON (1822–1911) war der Urheber des Begriffes Eugenik („eugenics"), for a „science of improving stock, which [...] takes cognisance of all influences that tend [...] to give the more suitable races or strains of blood a better chance of prevailing speedily over the less suitable than they otherwise would have had". Er stellte eine Beziehung zwischen sozialem und genetischem „Wert" eines Individuums her und schlug „negative eugenics" vor, um sowohl die „Qualität" der menschlichen „Rasse" als auch der britischen Bevölkerung zu erhöhen. Galton wurde 1907 Präsident der neu gegründeten *Eugenics Education Society* in London. Galton, Francis: Inquiries into Human Faculty and Its Development, London 1883, S. 24. Ders.: The Possible Improvement of the Human Breed under the existing Conditions of Law and Sentiment, Huxley Lecture at the Royal Anthropological Institute 1901, Annual Report of the Board of Regents of the Smithsonian Institution, Washington 1902, S. 523–538. Ders.: Hereditary Genius. An Inquiry into its Laws and Consequences, London 1869.
[76] Key, Jahrhundert, S. 13. Den Bezug zur zeitgenössischen Rassenkunde und Eugenik in Keys Werk betont auch auch Mann, Katja: Pädagogische, psychologische und kulturanalytische Perspektiven im Werk von Ellen Key. Dissertation HU-Berlin, 2002. S. 313–314. <edoc.hu-berlin.de/dissertationen/mann-katja-2003–02–12/HTML/>.
[77] Key kritisierte Otto Ammons Rassenabsolutismus in seiner Schrift „Die natürliche Auslese beim Menschen" (1893). Key, Jahrhundert, S. 26, 45. Vgl. auch Ammon, Otto: Die natürliche Auslese beim Menschen auf Grund der Ergebnisse der anthropologischen Untersuchungen der Wehrpflichtigen in Baden und anderer Materialien. Jena 1893.

rufliche Beanspruchung der Frau – die doch eigentlich ausschließlich für ihre reproduktive Aufgabe geschaffen sei – würden ihr Nervensystem und schließlich auch ihre Zellen irreversibel geschädigt: „When to this stress is added the function of motherhood the child must suffer through life, because it cannot receive the normal amount of 'harmons' [sic] necessary for its perfect development."[78] Diese aus heutiger Sicht fragwürdige Lesart von Zytologie und Endokrinologie baute Schlapp weiter aus. Mitte der 1920er Jahre forderte er im gleichen Blatt einen sukzessiven Ausschluss der Frauen vom Arbeitsmarkt, damit diese wieder ihrer Funktion als Mütter gesunden Nachwuchses nachkommen könnten.[79] Die moderne Industriearbeit habe dafür gesorgt – wie Schlapp unter anderem an europäischen Einwanderern zu belegen suchte –, dass vormals gesunde Frauen nunmehr behinderten Nachwuchs zur Welt brächten. Damit seien sie entscheidend verantwortlich für den „menacing growth of the unfit and the dependent":

> Woman, both because of her unchangeable physiology and her age-long habitude, is not adapted to the catabolic role in life. Under the stress and strains of business life all her important endocrine glands become quickly disordered and she is, once this has happened, unfit for healthy motherhood.[80]

Schlapp kleidete seine generelle Kritik des modernen Lebensstils und der Frauenarbeit in eine wissenschaftliche Seriosität beanspruchende Argumentation, die er mit Beispielen aus seiner Praxis zu untermauern versuchte.

Einer solch pessimistischen Einschätzung widersprach eine Studie des *Bureau of Vocational Information* in New York zum Thema „Marriage and Careers",

---

78 Schlapp, Max G.: Activity of Modern Women a Racial Problem, in: NYT, 13. 8. 1911, S. SM6.
79 MAX G. SCHLAPP (1869 – 1928) war Professor für Neuropathologie an der Cornell University, lehrte seit 1911 an der New York Post-Graduate Medical School und leitete die New Yorker Children's Court Clinic. Er galt als Experte für Fragen der Erblichkeit von Kriminalität und psychischen Krankheiten. Schlapp, der in Berlin promoviert hatte, stand stark unter dem Einfluss der deutschen Erb- und Rassenkunde. Gemeinsam mit Edward H. Smith hatte er die kontrovers rezipierte Studie „The New Criminology: A Consideration of the Chemical Causation of Abnormal Behavior" (New York 1928) verfasst, die kriminelles Verhalten als endokrine Pathologie zu beschreiben versucht. Vgl. die Rezension von Karl A. Menninger im American Journal of Psychiatry 85 (1929), S. 959–961. Nachruf auf Schlapp, NYT, 6. 3. 1928.
80 Schlapp, Max G.: Civilization Burdened by Costs of its Unfit, in: NYT, 16. 5. 1926, S. XX17. Nur wenige Jahre zuvor hatte er im *Journal of Heredity* argumentiert, viele kindliche Behinderungen resultierten aus "glandular disturbances" der Mutter, die sich nicht auf ihre Mutterrolle konzentriere, sondern statt dessen eine eigene berufliche Karriere verfolge. Schlapp, Max G.: Causes of Defective Children. Prenatal Development Affected by Glandular Disturbances in the Mother— Induced by Unfavorable Environment, in: The Journal of Heredity 14 (1923), Nr. 9, S. 387–398.

über welche die *New York Times* ebenfalls 1926 berichtete.[81] Die Autorin der Studie, Virginia MacMakin Collier, hatte die Lebenssituation von 100 arbeitenden Frauen mit College-Ausbildung aus dem Großraum Boston und New York untersucht. Sie bilanzierte, dass Frauenarbeit bei gut ausgebildeten Angehörigen der Mittelschicht nicht zur Vernachlässigung ihrer Mutterpflichten führe, sondern im Gegenteil zu mehr Zufriedenheit, da diese Mütter über ausreichend Hilfe bei Haushalt und Kinderbetreuung verfügten. Die Bedingungen hierfür seien „(1) sympathetic cooperation from the husband, (2) good health, (3) good training and experience before marriage, (4) short or flexible hours of work".[82]

Damit hob Collier das Problem von der biologistischen auf die soziale Ebene: Konflikte bei der Vereinbarung von Arbeit und Mutterschaft erschienen mehr als ein Klassenphänomen, wie auch eine Studie des *Women's Bureau* im Arbeitsministerium über die Situation von Arbeiterfrauen indirekt eingestand. Dort wurde argumentiert, die Doppelbelastung von Lohnarbeit und Kindererziehung schade den Arbeiterfrauen und damit auch ihren Familien, denn „the welfare of home and family life is a woman-sized job in itself".[83] Die Umsetzung des Konzeptes von „scientific motherhood" erforderte neben Bildung eben auch einen sozialen Status: Nur wenn der Mann als Ernährer voll für die Bedürfnisse seiner Familie sorgen konnte, war es für die Ehefrau möglich, sich ausschließlich ihrer Rolle als Hausfrau und Mutter zu widmen. Doch es war das biologistische Paradigma, der Dreischritt „gesunde Mutterschaft", „gesunde Familie", „gesunde Nation", welches die Expertendiskurse und ihre Popularisierungsversuche der 1920er und 1930er Jahre maßgeblich bestimmte.

## 2.3 Better Babies and Fitter Families: Die Popularisierung der „gesunden Familie" im Medium des Wettbewerbs

Die amerikanische Eugenik-Bewegung gewann seit Beginn des 20. Jahrhunderts mit der Gründung des *Eugenics Record Office* (ERO) in Cold Spring Harbor (1910)

---

**81** Das *Bureau of Vocational Information* war eine Gründung der Alumnae-Vereinigungen der Seven Sisters Colleges von 1911/12, die von 1919 bis 1926 unter diesem Namen bestand und der Erforschung und Propagierung weiblicher Berufstätigkeit diente. Vgl. den Nachlass der Organisation in der Schlesinger Library an der Harvard University, Records of the Bureau of Vocational Information, 1908–1932, B-3; M-118 <www.oasis.lib.harvard.edu/oasis/deliver/~sch00055>.
**82** Working Mothers are Studied by Experts, in: NYT, 19.12.1926, S. X18.
**83** Berichtet wurde über eine Studie Mary Andersons über 40.000 arbeitende Frauen in den Städten Jacksonville, Wilkes-Barre, Butte und Passaic – auf der Grundlage von Zensus-Daten aus dem Jahr 1920, die das „Women's Bureau" 1926 veröffentlichte.

und der *American Eugenics Society* (1922) zunehmend an Boden. Die *American Eugenics Society* (AES) wurde 1922 gegründet als Ergebnis der *Second International Conference on Eugenics* in New York 1921. Zu den Gründungsmitgliedern zählten neben Laughlin und Grant auch der Politologe der Universität Yale, Irving Fisher, der ihr erster Präsident wurde, sowie Henry Fairfield Osborn und Henry Crampton. Der Organisation ging es um die Popularisierung von Erblehre und Eugenik zum Zwecke der „Verbesserung der Erbsubstanz" des amerikanischen Volkes.[84] Die führenden Vertreter der Eugenikbewegung in den USA waren zwei Biologen, Charles Benedikt Davenport, Zoologe in Harvard und Gründer des ERO, sowie Harry H. Laughlin, Davenport-Schüler und später Direktor des ERO.[85] Inspiration fanden sie nicht nur beim britischen Anthropologen Francis Galton, dem Schöpfer des Begriffs Eugenik, der die Mendelschen Erkenntnisse zum Erbgang auf den Menschen und insbesondere auf die Frage nach der Erblichkeit von Begabung bezog[86], sondern auch in den Schriften zeitgenössischer Autoren wie Madison Grant und Theodore Lothrop Stoddard.[87] Während Grant in „The Passing of the

---

[84] Unter der Präsidentschaft Frederik Osborns wandte sich die AES verstärkt Fragen der Bevölkerungspolitik und der Kontrolle des Bevölkerungswachstums in den USA und Entwicklungsländern zu. 1972 änderte sie ihren Namen in *The Society for the Study of Biology*. Vgl. Kühl, Internationale der Rassisten, 58.

[85] CHARLES BENEDICT DAVENPORT (1866–1944) hatte an der Harvard University in Biologie promoviert und war einer der prominentesten Biologen seiner Zeit in den USA. Der engagierte Verfechter der Mendelschen Erblehre hatte 1898 die Leitung des Forschungszentrums *Cold Spring Harbour Laboratory* bei New York übernommen, wo er 1910 das ERO gründete und seinen Schüler Laughlin als Direktor berief. 1925 gründete er *die International Federation of Eugenics Organizations* (IFEO) und kooperierte eng mit deutschen Rassekundlern und Eugenikern wie Eugen Fischer und Otto Reche. Vgl. Kühl, Internationale der Rassisten. Der Nachlass von Charles Benedict Davenport befindet sich in der American Philosophical Library in Philadelphia <www.amphilsoc.org/mole/view?docId=ead/Mss.B.D27-ead.xml>.

Wichtige Werke waren u.a. Davenport, Charles B.: Eugenics. The Science of Human Improvement by Better Breeding, New York 1910. Ders.: How to Make a Eugenical Family study, Washington 1919. Ders. / Love, Albert G.: Defects Found in Drafted Men, Washington 1920. Ders. / Steggeerda, Morris: Race Crossing in Jamaica, Washington 1929. Ders.: How We Came by our Bodies, New York 1936. Zu Laughlin s. Fußnote 7.

[86] Francis Galton prägte den Begriff erstmals im Jahr 1883 in seiner Schrift Inquiries into the Human Faculty and Development, London 1883, S. 24. Vgl. auch ders.: Essays in Eugenics, London 1909. Ders.: Hereditary Genius. An Inquiry into its Laws and Consequences. London 1869.

[87] MADISON GRANT (1865–1937) war Rechtsanwalt, Eugeniker und Schriftsteller. In seinem bekanntesten Werk, „The Passing of the Great Race" (1916) postulierte er Rasse als den Motor jeglicher Zivilisation und legte eine Geschichte Europas auf der Grundlage seiner unterschiedlichen rassischen Substanz vor. Seit 1922 war er Vizepräsident der *Immigration Restriction League*, seine Statistiken bildeten eine Grundlage für den *Immigration Act* von 1924, der Grant selbst jedoch nicht weit genug ging. THEODORE LOTHROP STODDARD (1883–1950) war ein amerikanischer

Great Race" (1916) eine Untersuchung der „rassischen Substanz" der Völker Europas dafür nutzte, die Überlegenheit der „Nordic Race" zu postulieren und die Amerikaner vor einer Degeneration ihrer Gesellschaft durch Immigration von „undesirable races" und durch Rassenmischung zu warnen, beschrieb Stoddard in „The Rising Tide of Color" (1920) die vermeintliche Bedrohung der „white world" (zu der er die USA und Europa zählte) angesichts der schnellen Ausbreitung der „colored races", insbesondere der Asiaten.[88] Beide Schriften wurden vor dem Hintergrund des Ersten Weltkrieges verfasst. Sie dienten nicht nur amerikanischen Eugenikern als Inspirationsquelle, sondern auch Adolf Hitler, der beide Bücher in der deutschen Ausgabe von 1925 besaß. Wie Timothy Ryback gezeigt hat, bezeichnete Hitler Grants Werk als „seine Bibel" und machte es nach 1933 zu einer der Grundlagen seiner Rassenpolitik.[89] Beispielsweise lassen sich direkte Verbindungen zum „Gesetz zur Verhütung erbkranken Nachwuchses" (1933) nachweisen, der Geburtsurkunde des NS-Euthanasieprogramms.[90] Von Stoddards Überlegungen war Hitler so angetan, dass er ihn 1939 in Berlin empfing.[91]

Innerhalb der Programmatik der Eugenik-Bewegung standen sich Forderungen nach „positiver" wie „negativer" Eugenik gegenüber: Die Reproduktion „hochwertiger" Individuen und Familien sollte gefördert, diejenige der „Minderwertigen" unterbunden werden.[92] Zentral war jeweils die Mutter und deren re-

---

Historiker, Eugeniker und Journalist. Er verfasste zahlreiche Schriften über die vermeintliche Bedeutung rassischer Differenz und warnte vor den Folgen unbegrenzter Immigration. Besonders bekannt war seine Schrift „The Rising Tide of Color Against World Supremacy" (1920). Er gehörte als einer der Gründungsdirektoren der 1921 von Margaret Sanger gegründeten *American Birth Control League* an.

88 Grant, Madison: The Passing of the Great Race or the Racial Basis of European History. Fourth Revised Edition with A Documentary Supplement, with Prefaces by Henry Fairfield Osborn. New York 1924. (First Edition 1916). Stoddard, Lothrop: The Rising Tide of Color against White Supremacy, Reprint Brighton 1981 (First Edition New York 1920).
89 Ryback, Timothy W.: Hitlers Bücher. Seine Bibliothek – sein Denken, Köln 2010, S. 126–149, insbes, S. 135, 146–149.
90 Kühl, Stefan: The Nazi Connection: Eugenics, American Racism, and National Socialism. New York 1994, S. 42–45. Ders.: Die Internationale der Rassisten. Aufstieg und Niedergang der internationalen Bewegung für Eugenik und Rassenhygiene im 20. Jahrhundert, Frankfurt a.M. 1997, S. 130, 133.
91 Stoddard, Lothrop: Into the Darkness. Nazi Germany Today. New York 1940, S. 201. Ryback, Hitlers Bücher, S. 322.
92 Davenport, Charles B.: Eugenics. The science of human improvement by better breeding, New York 1910. Ders.: State laws limiting marriage selection examined in the light of eugenics. Cold Spring Harbor, N.Y. 1913, in: The Making of Modern Law. Gale. 2011. Gale, Cengage Learning. 22 March 2011 <www.galenet.galegroup.com/servlet/MOML?af=RN&ae=F452813587&srchtp=a&ste=14>.

**Abb. 2.3:** Fitter Family Medal, „Yea, I Have a Goodly Heritage." Diese Medaille wurde ausgezeichneten Familien durch die American Eugenics Society verliehen.

produktive Funktion: Während die Gesellschaft vor „unfit mothers" bewahrt werden musste, sollten „responsible mothers" gesellschaftliche Anerkennung und ökonomische Unterstützung finden. Diese Zielsetzung erforderte einerseits Zwangsmaßnahmen wie die Sterilisation potenziell unerwünschter Mütter oder die Einweisung vermeintlich behinderter (oft auch nur armer oder sozial auffälliger) Kinder in spezielle Kinderheime oder in Pflegefamilien.[93] Andererseits mussten die Grundlagen der „positiven" Eugenik in der US-Gesellschaft popularisiert werden. Dies zeigen unter anderem die beliebten *Fitter Family Contests*, welche die *American Eugenics Society* Mitte bis Ende der 1920er-Jahre in zahlreichen Bundesstaaten (Kansas, Michigan, Massachusetts, Texas, Georgia, Penn-

---

Laughlin, Harry H.: The socially inadequate. How shall we designate and sort them? In: American Journal of Sociology Vol 27, No. 1 (1921). S. 54–70. Ders.: The legal status of eugenical sterilization. History and analysis of litigation under the Virginia Sterilization statute, which led to a decision of the Supreme Court of the United States upholding the statute, Chicago 1930.

**93** Insbesondere Pflegemütter wirkten hierbei als Mittlerinnen zwischen Eugenikern, Psychologen, Sozialreformern, den Kindern und der Gesellschaft. Vgl. Ryan, Six Blacks, S. 263.

**Abb. 2.4:** Gewinner der Kategorien „Kleine", „Mittlere" und „Große Familie", Fitter Families Contest, Kansas Free Fair, 1923. Mitglieder der prämierten Familien halten die erworbenen Pokale in Händen.

sylvania, Arkansas, Iowa) durchführte.[94] Hier wurde die Bevölkerung durch Anleitungen zum Verfertigen von Abstammungstafeln, durch Prämierungen der „hochwertigsten Familien" in diversen Kategorien sowie durch Visualisierung und Publikation der Wettbewerbsergebnisse für Belange der Eugenik sensibilisiert und mit der Forderung nach einer neuen „reproductive morality" konfrontiert. Als Preis winkte unter anderem eine Medaille mit der Gravur „Yeah, I have a Goodly

---

**94** Die Akten (Photographien, Untersuchungsbögen, Ausarbeitungen) zu den *Fitter Family Contests* befinden sich im Archiv der American Philosophical Society in Philadelphia (APS). Einige Photographien auch im Eugenics Archive des Dolan DNA Learning Center, Cold Spring Harbor Laboratory (dem früheren Sitz des *Eugenic Record Office*). Vgl. auch Erica Bicchieri: Boudreau, „Yeah, I have a Goodly Heritage". Health Versus Heredity in the Fitter Family Contests, 1920–1928, in: Journal of Family History 30 (2005), S. 366–387. Selden, Steven: Transforming Better Babies into Fitter Families: Archival Resources and the History of American Eugenics Movement, 1908–1930, in: Proceedings of the American Philosophical Society 149 (2005), Nr. 2, S. 199–225.

**Abb. 2.5:** Gewinner in der Kategorie „Große Familie", Texas State Fair, 1925. Hier sieht man gut die evozierte Verbindung zwischen Natur, gesunden Körpern und Familie. Die Botschaft des Bildes ist: so sieht eine erbgesunde, kinderreiche Familie aus.

Heritage".[95] Austragungsort der auch in der lokalen Presse breit beworbenen Veranstaltungen zur Föderung des „race betterment" waren zumeist Landwirtschaftsmessen, sogenannte *State Fairs*, wo sie gleichzeitig mit der Prämierung von Zuchtvieh stattfanden.[96]

Diese bundesstaatlichen Wettbewerbe waren sehr bedeutsam für die Verbreitung der Ansicht der Eugeniker, dass nur eugenische Interpretationen wissenschaftlicher Daten zu Physis und Psyche verantwortliche Entscheidungen

---

[95] Fitter Family Medal, undatiert, American Eugenics Society Records, American Philosophical Society, Digital Collection, APSimg1539.
[96] Beispiele für Werbung anlässlich der Fitter Family Contests finden sich vor allem in der Lokalpresse, aber auch die überregionalen Blätter konnten sich dem Trend nicht verschließen. *Chicago Daily Tribune*, 10.1.1925: Doris Blake: „Fitter Families" Campaign Advises Looking to Heredity. *Washington Post*, 16.3.1926: Certificates given to „Fitter Families". *New York Times*, 22.10.1927: Southern Fairs. *Atlanta Constitution*, 28.10.1923: Fitter Family Slogan of Drive On In Savannah. *Atlanta Constitution*, 28.9.1926: Annual State Fair Opens At Savannah.

hinsichtlich Eheschließung und Reproduktion anleiten könnten.⁹⁷ Gerade die Familie diente den Eugenikern als bevorzugtes Untersuchungsobjekt, da so mehrere Generationen im Zusammenhang anthropologisch untersucht werden konnten. In den die *Fitter Family Contests* begleitenden Ausstellungen und Schautafeln wurde eine Korrelation zwischen Intelligenz und Rassenzugehörigkeit hergestellt und auf die sozialen und ökonomischen Kosten der Versorgung der „feeble-minded" and „unfit" verwiesen.⁹⁸

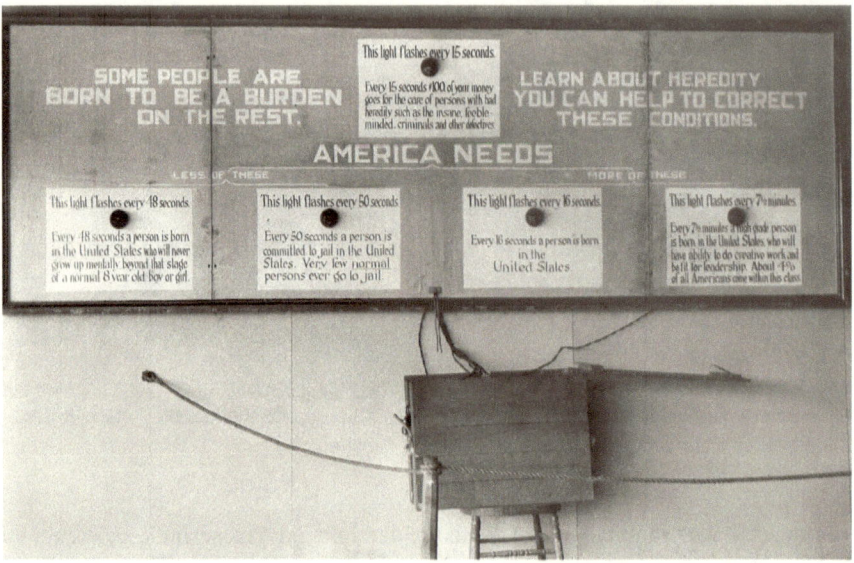

**Abb. 2.6:** Installation mit Blinklicht, Eröffnungsexponat der Eugenik-Ausstellung bei den Fitter Families Contests

So argumentierte eine Schautafel am Eingang des ersten Ausstellungspavillions 1923 in Topeka, Kansas: „Some people are born to be a burden on the rest. Learn about Heredity. You can correct these conditions." Bestandteil der Installation waren fünf Blinklichter, die in regelmäßigen Abständen aufleuchteten. Neben jedem Blicklicht stand ein Text, der die Besucher über die mit der unkontrollierten Reproduktion der „Unerwünschten" verbundenen Gefahren für die Gesellschaft informieren sollte: Das oberste Blinklicht war mit der Unterschrift

---

97 Selden, Steven: Transforming Better Babies, 212.
98 Hierzu vgl. die umfangreiche digitale Photosammlung der *American Philosophical Society* in Philadelphia, die sowohl Akten der *American Eugenics Society* als auch des *Eugenics Record Office* umfasst. <www.amphilsoc.org>.

versehen: „Every 15 seconds $100 of your money goes for the care of persons with bad heredity such as the insane, feeble-minded, criminals and other defectives." Damit war das Thema der ökonomischen Kosten für die Pflege der Kranken und Behinderten angeschnitten – ein zentrales Argument auch in der deutschen Diskussion der 1930er Jahre – hier aber schon 1923 erstmals präsentiert. Die weiteren Blinklichter und ihre Beschriftungen informierten die Besucher dann jedoch über Vermehrung der vom eugenischen Standpunkt „erwünschten" und unerwünschten Menschen. Die linke Seite der Installation widmete sich unter der Überschrift „America needs less of these" den „Geisteskranken" und „Kriminiellen":

> This light flashes every 48 seconds: Every 48 seconds a person is born in the United States who will never grow up mentally beyond that stage of a normal 8 year old boy or girl.
>
> This light flashes every 50 seconds: Every 50 seconds a person is committed to jail in the United States. Very few normal persons go to jail.

Unter der Aufforderung „America needs more of these" hingegen wurde der Betrachter informiert:

> This light flashes every 16 seconds: Every 16 seconds a person is born in the United States.
>
> This light flashes every 7 minutes: Every 7 minutes a person is born in the United States who qualifies for creative work and is fit to provide leadership. 4 percent of Americans fall into this class.[99]

Die Botschaft war klar: Nicht nur eine höhere Reproduktionsrate, sondern vor allem mehr Nachkommenschaft von Familien mit hochwertigem Erbgut sollten die Gesellschaft voranbringen.

Hervorgegangen waren die populären *Fitter Family Contests* aus den *Better Babies Contests* der ersten Dekaden des 20. Jahrhunderts, die engagierte Sozialreformerinnen gemeinsam mit Kinderärzten und Viehzüchtervereinigungen auf den ländlichen *State Fairs* des mittleren Westens ins Leben gerufen hatten.[100] Erklärtes Ziel war zunächst, die Landbevölkerung durch entsprechende Preisgelder und Prämien auf den Landwirtschaftsmessen dazu zu bewegen, der Auf-

---

[99] Anzeigentafel mit Blinklicht als Bestandteil der Eugenik-Ausstellung des ersten Fitter Family Contest Bildunterschrift im Original: Flashing light sign used with first exhibit at Fitter Families Contest, 1926. American Philosophical Society, American Eugenics Society Records, Mss. 575.06.Am3. APSimg1491.

[100] New York Joins the Big Movement for Better Babies, *NYT*, 20.4.1913. Der beste Überblick bei Vance Dorey, Annette K.: Better Babies Contests: The Scientific Quest for Perfect Childhood Health in the Early Twentieth Century, Jefferson NC 1999. Vgl. auch Selden, Better Babies.

**Abb. 2.7:** Eugenics Building, Fitter Family Contests, Kansas Free Fair. Zu sehen sind eine Gewinnerfamilie (Mitte) mit Honoratioren, Vertreterinnen der Eugenikbewegung und am Wettbewerb mitwirkenden Krankenschwestern.

zucht ihrer Kinder die gleiche Sorgfalt zuzuwenden wie derjenigen ihres Zuchtviehs – *„for the future of the race"*. Bereits im Jahr 1908 fand auf Initiative der Präsidentin des *Lousiana Congress of Mothers*, der Lehrerin Mary De Garmo, der erste *Better Babies Contest* anlässlich der Lousiana State Fair statt.[101] In den Folgejahren breitete sich die Bewegung schnell aus und erfasste die Staaten Missouri, Iowa, Colorado, South Dakota, North Dakota und Nebraska, bevor der

---

**101** MARY DE GARMO (1865–1953) arbeitete vor ihrer Hochzeit mit Frank de Garmo als Lehrerin in Missouri, bevor sie begann, sich in einer Vielzahl von Frauenorganisationen zu engagieren. Unter anderem brachte sie es zur Präsidentin des *Lousiana Congress of Mothers*. Sie setzte sich insbesondere für die Verbesserung der Gesundheitsversorgung von Kindern ein, in diesem Zusammenhang begründete sie das „Better Babies Movement". Ihr Nachlass befindet sich in der University of Tennessee Special Collections Library in Knoxville unter der Signatur MS-1879. Online-Findmittel: <www.dlc.lib.utk.edu/f/fa/fulltext/1879.html>. Zum Lousiana Better Babies Contest 1908 vgl. Vance Dorey, Better Babies Contests, S. 31.

**Abb. 2.8:** Eugenic and Health Exhibit, Fitter Family Contests, Kansas Free Fair, 1929

Trend mit Oregon auch die Westküste erreichte und 1913 mit New York der erste großstädtische Ballungsraum der Ostküste seinen *Better Babies Contest* ausrichtete.[102] Im gleichen Jahr initiierte die Frauenzeitschrift *Women's Home Companion* gemeinsam mit der Lousiana State Fair einen weiteren Wettbewerb.[103] Ein Jahr später hatten nach Angaben des Magazins bereits alle Bundesstaaten mit Ausnahme West Virginias, New Hampshires und Utahs vergleichbare Wettbewerbe ausgerichtet, mehr als 100.000 Kinder seien bereits untersucht worden.[104] In Indiana erreichten die *Better Babies Contests* von 1920 bis 1932 einen besonders hohen Organisationsgrad, wurden sie doch unter der Ägide des staatlichen Gesundheitsamtes (der *State Board of Health's Division of Infant and Child Hygiene*)

---

102 New York Joins the Big Movement for Better Babies, NYT, 20.4.1913.
103 Selden, Better Babies, S. 210.
104 Stern, Beauty is not always better, S. 71.

durchgeführt.[105] Im gleichen Zeitraum fiel dort die Säuglingssterblichkeit von 8,2 Prozent (1920) auf 5,7 Prozent (1930), was laut Alexandra Stern mittelbar mit den Contests zusammenhing, trugen diese doch zur Popularisierung von Hygienestandards und pädiatrischem Wissen bei.[106]

Wie eng die medizinische Untersuchung und Prämierung von Babies mit den späteren *Fitter Family Contest* verbunden war, zeigt sich auch an personellen Verflechtungen. So traten Mary Tirell Watts und Dr. Florence Brown Sherbon als Organisatorinnen des ersten *Fitter Family Contests* 1920 in Kansas auf, bereits seit 1911 hatten die beiden die *Better Babies Contests* in Iowa organisiert und durchgeführt.[107] Bei den beiden Frauen handelt es sich um Sozialexpertinnen mit starker Affinität zur Eugenik-Bewegung: Watts, ursprünglich Präsidentin der *Parent-Teacher Association* in Iowa, avancierte zur Vorsitzenden des *Committee on Popular Education der American Eugenics Society* (1924).[108] Die Kinderärztin und Professorin an der University of Kansas, Sherbon, wurde Direktorin der *Division of Child Hygiene* des *Kansas State Board of Health*.[109] Weil ihnen die Untersuchung nur der jüngsten Nachkommen einer Familie als unzureichender Anhaltspunkt für deren Abstammung und erbbiologischen Wert erschien, entwickelten Watts

---

**105** Organisatorin war Dr. Ada E. Schweitzer vom Indiana Board of Health's Division of Infant and Child Hygiene, wo sie von 1919–1933 die Division on Infant and Child Hygiene leitete. Stern, Beauty is not always better. S. 70. Dies.: Making Better Babies: Public Health and Race Betterment in Indiana, 1920–1935. In: American Journal of Public Health 92 (2002), No. 5. S. 742–752.
**106** Das Ende der beliebten *Better Babies Contests* in Indiana 1933 begründet Stern neben den Auswirkungen der Great Depression und der veränderten Schwerpunktsetzung durch den neuen demokratischen Gouverneur auch mit der Skepsis des männlichen medizinischen Establishment gegenüber dem Aktivismus weiblicher Sozialreformerinnen, Krankenschwestern und Kinderärztinnen. Sie zeigt plausibel, wie die „Better Babies"-Kampagnen von Schweitzer und ihren Mitstreiterinnen nicht nur immens erfolgreich waren, sondern auch zugleich dabei halfen, die Autorität (überwiegend männlicher) Kinderärzte und Experten zu festigen, mithin also zu einer weiteren Verschiebung der Geschlechterrollen führten. Stern, Making Better Babies, S. 750.
**107** Lovett, Laura L.: „Fitter Families for Future Firesides?" Florence Sherbon and Popular Eugenics. In: The Public Historian Vol. 29, No. 3 (2007), S. 69–85. Boudreau, Fitter Family Contests, S. 368.
**108** MARY TIRELL WATTS, Mitglied des Advisory Council des Eugenics Committee of the United States starb am 12.12.1926 in Pocahontas, Iowa. NYT, 13.12.1926.
**109** Johnson, Hildegard Walls: Fitter Families for Future Firesides. The Kansas Eugenic Contest, in: Journal of Heredity 16,1 (1925), S. 457–460. FLORENCE BROWN SHERBON (1869–1944) hatte nach einer Tätigkeit als Krankenschwester und Ausbilderin an der University of Iowa Medizin studiert. Von 1915 bis 1916 erarbeitete sie im Auftrag des *Children's Bureau* zahlreiche Studien über Kindergesundheit in den ländlichen Regionen von Indiana und Wisconsin, bis das *Children's Bureau* ihre Untersuchungen als zu kostspielig einstellte. 1917 wechselte sie an die University of Kansas, zuerst als Director of Physical Education for Women, 1920 wurde sie Professorin für Kinderpflege im Department of Home Economics. Lovett, Fitter Families, S. 72–75.

und Sherbon die Idee der medizinischen und erbkundlichen Überprüfung ganzer Familien in den *Fitter Family Contests*.[110] Hierbei konnten sie auf die Unterstützung des amerikanischen Eugenik-Vordenkers Charles B. Davenport zählen.

Das Beispiel von Sherbon und Watts illustriert jedoch auch recht gut, dass Frauen zwar oftmals die Anregung zu eugenischen Studien – hier der Familienüberprüfungen – gaben und selbst als Expertinnen und Feldforscherinnen in Erscheinung traten, die Machtpositionen in der Eugenik-Bewegung jedoch ausschließlich von Männern bekleidet wurden. In ihren Untersuchungen von Mitarbeiterinnen des *Eugenic Record Office* (ERO), welche im ganzen Land von der Jahrhundertwende bis in die 1920er Jahre erbkundliche Daten über amerikanische Familien erhoben, haben Margaret Rossiter und Amy Bix argumentiert, dass diese Frauen regelmäßige Benachteiligung in ihrer Eigenschaft als Forscherinnen erfuhren. So beharrten Davenport und andere Eugenik-Pioniere darauf, dass Frauen ausschließlich durch ihre reproduktive Funktion bestimmt seien. Daher betrachteten sie Eugenikerinnen nur mehr als Hilfswissenschaftlerinnen und beschränkten bewusst deren akademischen Karriereoptionen.[111] Hiervon waren auch die Mitarbeiterinnen der *Fitter Family Contests* betroffen, welche diesen Widerspruch ganz besonders spürten: Einerseits propagierten sie ein eugenisches Familienideal, das auf einer patriarchalen und naturalistischen Geschlechterrollenverteilung basierte. Andererseits forderten sie genau diese durch ihr eigenes professionelles Engagement im Rahmen der Wettbewerbe heraus.[112]

Die *Better Babies Contests* und die *Fitter Family Contests* einte zunächst, dass sie auf das Engagement zweier Sozialexpertinnen zurückgingen und in bewusster Analogie zu den Prämierungen von Zuchtvieh auf den Landwirtschaftsmessen

---

110 Johnson, Hildegard Walls: Fitter Families for Future Firesides. The Kansas Eugenic Contest, in: Journal of Heredity 16,1 (1925), S. 458.
111 Rossiter, Margaret: Women Scientists in America: Struggles and Strategies to 1940, Baltimore, MD 1982. Bix, Amy Sue: Experiences and Voices of Eugenic Field-Workers: 'Women's Work' in Biology, in: Social Studies of Science 27 (1997): 625–68. Ein anderes Beispiel gibt Dirk Hoerder: In der *Columbia School of Interdisciplinary Reseach* sammelten Ende des 19. Jahrhunderts Frauen die Daten, Männer dagegen stellten die einflussreichen Theorien auf. Hoerder, Dirk: 'A Genuine Respect for the People': The Columbia University Scholars' Transcultural Approach to Migrants, in: Journal of Migration History 1 (2015), No. 2, S. 136–170.
112 Dagegen argumentiert Larson, dass gerade die Eugenik-Bewegung in den Südstaaten den Frauen die Chance auf auch politische Partizipation und öffentliche Positionen eröffnet hätte. Larson, Edward J.: „In the Finest, Most Womanly Way": Women in The Southern Eugenics Movement, in: The American Journal of Legal History 39 (1995), Nr. 2, S. 19–147, insbes. 147. Ders.: Sex, Race, and Science. Eugenics in the Deep South. Baltimore, MD 1995.

entwickelt und durchgeführt wurden.¹¹³ So kommentierte das *Kansas Bureau of Child Research* nach den ersten fünf Jahren Erfahrung mit den Familienwettbewerben, die von Kansas aus in andere Staaten exportiert wurden:

> The Fitter Families Project is a legitimate outgrowth of scientific agriculture. It is the application of the principles of scientific plant and animal husbandry to the next higher order of creation, the human family, and contemplates the development of a science of practical husbandry.¹¹⁴

Ferner trugen sie dazu bei, rassistische Parameter in den Vorstellungen von dem, was gesund, normal und schön war, zu popularisieren und zu bestätigen und damit indirekt das Ideal der „white middle class nuclear family" als Basis der Gesellschaft und Gegenstand des „race betterment" zu propagieren: Die prämierten Kinder und Familien waren stets von weißer Hautfarbe, seit mehreren Generationen in den USA ansässig und gehörten der Mittelschicht an.¹¹⁵ Schließlich dienten die Wettbewerbe dazu, am Beispiel der ländlichen Familie traditionelle Familienwerte (Wertschätzung der Gemeinschaft vor dem Individuum, familiäre Geschlossenheit, große Kinderzahl, ein Bewusstsein für Abstammung und Tradition) zu feiern – und diese gleichzeitig mithilfe naturwissenschaftlicher Techniken weiter zu optimieren und zu kontrollieren (bessere Standards der Kinderpflege, Ernährung und Gesundheitsvorsorge, anthropologische und medizinische Untersuchungen, wissenschaftliche Dokumentation der Untersuchungsergebnisse).¹¹⁶

Dabei waren die Teilnehmerzahlen nicht unbedingt sehr hoch: Zwischen 1920 und 1926 wurden in Kansas 126 Familien (523 Personen) als Teilnehmer der Wettbewerbe eugenisch untersucht und informiert, das entspricht ungefähr einer Anzahl von 21 Familien pro Wettbewerb.¹¹⁷ Dies war – neben dem damit ver-

---

113 Dies reflektierten auch vereinzelte Presseberichte zu den Contests. Vgl. z. B. Doris Blake: „Fitter Families" – Campaign Advises Looking to Heredity, Chicago Daily Tribune, 10.1.1925, S. 14: „This „fitter families" idea is merely a practical application of the principles of scientific plant and animal husbandry to the highest order of creation, the human family. [...] Now it remains to score families as well as animals, following largely the methods of stock judges, who always take into account inheritance when passing their judgment."
114 Kansas Bureau of Child Research: Fitter Families for Future Firesides. A Report of the Eugenics Department of the Kansas Free Fair, 1920–1924. Zitiert nach Boudreau, Fitter Family Contests, S. 368.
115 Stern, Beauty is not always better. S. 77. Boudreau, Fitter Family Contests, S. 368, 379, Selden, Transforming better Babies, S. 210.
116 Zu einer ähnlichen Einschätzung gelangt Lovett, Fitter Families.
117 Certificates Given to 'Fitter Families'. Kansas Contest Bases All Pride of Lineage upon Eugenic Standing, WP, 16.3.1926, S. 13.

bundenen quasi „offiziellen" Bekenntnis der Familien zur Eugenik – sicher auch der aufwendigen Prozedur geschuldet, die mehrere Stunden in Anspruch nahm und neben ärztlicher Untersuchung auch erbbiologische und sozialstatistische Datenerhebung, Blut- und Urinproben, Persönlichkeits- und IQ-Tests umfasste.[118] Gleichzeitig erzielten die Wettbewerbe jedoch sowohl regional als auch national erhebliche Aufmerksamkeit, ablesbar an der kontinuierlichen und durchgehend positiven Presseberichterstattung zwischen 1923 und 1927.[119]

Auch der NAACP, die älteste schwarze Bürgerrechtsorganisation der USA (*National Association for the Advancement of Colored People*), übernahm die Methode, besonders „hochwertige", begabte und gesunde Kinder zu prämieren aus diesem Kontext. Den Bürgerrechtlern ging es damit zum einen darum, die Leistungsfähigkeit der afroamerikanischen Bevölkerungsminderheit zu demonstrieren – was zeigt, wieweit das Denken in Kategorien von rational nachweisbarem „Wert" und biologischer „Leistungsfähigkeit" die gesamte US-Gesellschaft in den 1920er Jahren infiziert hatte. Zum anderen dienten die Wettbewerbe dazu, Geld zur Bekämpfung der Anti-Lynching-Kampagne des NAACP zu sammeln.[120]

Galt den Initiatoren der *Fitter Family Contests* die Sensibilisierung amerikanischer Familien für Vererbungslehre und Rassenkunde gewissermaßen als „positive" Seite der Maßnahmen zur Verbesserung der Erbsubstanz der amerikanischen Nation, so wurden von den gleichen Akteuren Zwangssterilisationen als gleichwohl notwendige „negative" Eugenik betrachtet. Die öffentliche Diskussion über die Sterilisationspraxis der 1920er und 1930er Jahre steht im Mittelpunkt des folgenden Teilkapitels.

---

**118** Ladd-Taylor, Molly (2014, April 29). Fitter family contests. Retrieved May 17, 2016, from <www.eugenicsarchive.ca/discover/connections/535eebfb7095aa0000000228>.
**119** Fitter Families, Slogan of Drive on in Savannah, The Atlanta Constitution, 28.10.1923, S. 7. Fitter Families' Campaign Advises Looking to Heredity, Chicago Daily Tribune, 10.1.1925, S. 14. Physical Education Center is Opened, The Atlanta Constitution, 1.3.1925, S. 11. Certificates Given to 'Fitter Families'. Kansas Contest Bases All Pride of Lineage upon Eugenic Standing, WP, 16.3.1926, S. 13. Annual State Fair Opens at Savannah, The Atlanta Constitution, 28.9.1926, S. 16. Large Families Are Few. So Kansas Fair Drops Awards for Five or More Children, NYT, 2.10.1927, S. E6. Southern Fairs, NYT, 22.10.1927, S. 16.
**120** Dorr, Gregory Michael / Logan, Angela: 'Quality, not mere quantity, counts': Black eugenics and the NAACP Baby Contests, in: Lombardo, Paul (Hg.), A Century of Eugenics in America: From the Indiana Experiment to the Human Genome Era. Bloomington, Indiana 2011. S. 68–92.

## 2.4 Eugenische Zwangssterilisationen zur Verbesserung der amerikanischen Familie

Mit dem Handbuch „*Applied Eugenics*", das 1918 erschien, popularisierten der Biologe Roswell H. Johnson[121] und ein bis dato weitgehend unbekannter junger Dattelzüchter und Herausgeber des *Journal of Heredity*, Paul B. Popenoe, die Forderung nach Einführung praktischer eugenischer Maßnahmen in den USA.[122] Unter dem Eindruck des Ersten Weltkrieges unternahmen sie den Versuch, die Grundlagen von Vererbungslehre und Eugenik auf den sozialen Bereich zu übertragen. Erklärtes Ziel war die Förderung der Reproduktion von „superior persons" und die Reduzierung derjenigen vermeintlicher „inferiors".[123] Aufschlussreich ist dabei erstens, wie die Autoren „superiority" definierten, nämlich als Fähigkeit „to live past maturity, to reproduce adequately, to live happily and to make contributions to the productivity, happiness, and progress of society" – dabei also immer den gesellschaftlichen Nutzen im Blick hatten.[124] Zweitens fällt auf, dass der Soziologe Edward A. Ross das Vorwort verfasste. Dessen Postulat einer gesellschaftsverbessernden „social control" hatte nicht unwesentlich zur Popularität der Soziologie als Leitwissenschaft des frühen 20. Jahrhunderts beigetragen und zugleich die Reformansätze des Progressive Movement ganz wesentlich geprägt.[125] Sein Plädoyer für die Eugenik begründete Ross unter anderem mit den Auswirkungen des Ersten Weltkrieges, der die USA (und die „white race" insgesamt) eines Teils ihrer wertvollsten Bevölkerung beraubt hätte, so dass nun

---

121 ROSWELL HILL JOHNSON (1877–1967) Johnson war Biologe und Geologe, er hatte unter anderem bei E. A. Ross an der University of Wisconsin studiert. Er lehrte als Geologe an der Universität Pittsburgh, gab dort auch Kurse in Eugenik. 1931 war er Präsident der *American Eugenics Society*, ab 1935 leitete er das *Department of Counseling* des *American Institute for Family Relations* unter Paul B. Popenoe. Er entwickelte 1941 die *Johnson Temperament Analysis* zur Persönlichkeitsdiagnostik, mit deren Hilfe die Eheberater des Instituts die Ratsuchenden in standardisierte Persönlichkeitstypen einteilten, ab 1966 verändert zur *Taylor-Johnson Temperament Analysis*. Vgl. den Nachruf von Paul Popenoe, Family Life XXVII, Nr. 3 (1967), S. 1–3.

122 Johnson, Roswell Hill / Popenoe, Paul B.: Applied Eugenics, New York 1918. 1933 erschien im gleichen Verlag eine komplette Überarbeitung und Neuausgabe. Paul B. Popenoe wirkte von den 1920er Jahren bis in die 1970er Jahre hinein als national bekannter Eugeniker, Eheberater und Kolumnist. Zu Popenoe vgl. unten in diesem Kapitel und Ladd-Taylor, Molly: Eugenics, Sterilization and Modern Marriage in the USA. The Strange Career of Paul Popenoe, in: Gender and History 13,2 (2001), S. 298–327. Stern, Alexandra Minna: Eugenic Nation. Faults and Frontiers of Better Breeding in Modern America, Berkeley / Los Angeles 2005.

123 Johnson / Popenoe, Applied Eugenics, 1918.

124 Johnson / Popenoe, Applied Eugenics, 1918. Preface, S. V. Die identische Definition findet sich auch in Popenoe, Paul B.: The Conservation of the Family, Baltimore 1926, S. 125.

125 Hierzu vgl. die Ausführungen in Kapitel 1.

besondere Anstrengungen zur Verhinderung des Niedergangs der westlichen Zivilisation nötig seien. Gleichzeitig hätten sich alte Vorurteile überlebt, es böten sich demnach neue Chancen für eine Umgestaltung der Gesellschaft, zum Voranstellen des Gemeinschaftswohles vor dem des Individuums[126]:

> But the plowshare of war has turned up the tough sod of custom, and now every sound new idea has a chance. Rooted prejudices have been leveled like the forests of Picardy under gun fire. The fear of racial decline provides the eugenicist with a far stronger leverage than did the hope of accelerating racial progress.[127]

Eugenik bedeutete für Popenoe und Johnson die Verbindung von biologischer und soziologischer Gesellschaftsbetrachtung und -verbesserung, wobei sie sich explizit auf den britischen Eugeniker Francis Galton bezogen. Konkret forderten die Autoren die Steigerung von Eheschließungs- und Geburtenrate der „Höherwertigen". Zugleich sollten auf dem Wege restriktiver Eugenik diejenigen Menschen, die vom erbbiologischen Standpunkt aus als „weniger hochwertig" erschienen, in ihrer Fortpflanzung eingeschränkt werden, beispielsweise durch Eheverbote, oder durch Sterilisation komplett davon ausgeschlossen werden. Das Ziel der Eugenik-Bewegung sei es, durch rechtliche, soziale und ökonomische Maßnahmen zu bewirken, dass

> (1) a larger proportion of superior persons will have children then at present, (2) that the average number of offspring of each superior person will be greater than at present, (3) that the most inferior persons will have no children, and finally that (4) other inferior persons will have fewer children than now.[128]

Das Handbuch hatte immensen Erfolg. Es blieb über 40 Jahre hinweg das Standardwerk zum Thema in den USA, bis es 1957 nicht mehr aufgelegt wurde.[129] In den Folgejahren war es vor allem Popenoe, der den Gedanken der negativen Eugenik durch Sterilisation der erblich Belasteten in den 1920er Jahren ausfor-

---

126 Indem er das Buch nicht nur Soziologen, sondern auch Ärzten, Sozialarbeitern und Settlement Workers empfahl, ebenso Pfarrern, Lehrern, Jugendarbeitern, Juristen und Immigration Inspectors, schloss Ross mit Überlegungen zu Ehe und Familie, die klar eine Unterordnung des Individuums unter die Belange der Gemeinschaft anstrebten: „Finally, the thoughtful ought to find in it guidance in their problem of mating. It will inspire the superior to rise above certain worldly ideals of life and to aim at a family success rather than an individual success." Edward A. Ross: Introduction, in: Johnson / Popenoe, Applied Eugenics, 1918. S. XI-XII.
127 Edward A. Ross: Foreword, in: Johnson / Popenoe, Applied Eugenics, 1918. S. XI.
128 Johnson / Popenoe, Applied Eugenics, 1918. S. V-VI.
129 Notes from the AIFR, Family Life 17 (1957), Nr. 5, S. 3.

mulierte. Popenoes entsprechende Forschungen wurden finanziert durch den kalifornischen Zitronen-Magnaten Ezra Seymour Gosney, den Gründer der *Human Betterment Foundation*, die sich speziell die Popularisierung eugenischer Sterilisationen auf die Fahnen geschrieben hatte.[130]

Der Staat Kalifornien verfügte als einer der ersten in den USA seit 1909 über ein Gesetz, das Zwangssterilisationen von Patienten staatlicher Heime und Kliniken erlaubte, um die Gesellschaft vor der Ausbreitung von „Geisteskrankheiten" und Kriminalität (beides galt als erblich) zu schützen.[131] 1929 traten Popenoe und Gosney mit einer eloquenten Verteidigung der Sterilisationspraxis in Kalifornien an die Öffentlichkeit, die schnell (gemeinsam mit Laughlins Eugenik-Handbuch und Popenoes *Applied Eugenics*) zum Standardwerk avancierte. Die Schrift *„Sterilization for Human Betterment"* bezog sich auf die Auswertung von über 6.000 Sterilisationsfällen und argumentierte, dass die Mehrzahl der Betroffenen die Maßnahme begrüßt hätte und die Sterilisierten nun ohne gesundheitliche oder persönliche Einschränkungen lebten.[132] Allgemein begründeten Gosney und Popenoe ihr Votum mit dem prinzipiellen Ziel der „Ausschaltung von Erbfehlern", in Sonderheit der Eindämmung von „Geisteskrankheiten" und „Erbkrankheiten" sowie mit der Reduktion von Wohlfahrtskosten:

> Menschen sollten dann sterilisiert werden, wenn es im Interesse des Staates ist, daß sie keine Kinder oder keine Kinder mehr zeugen und wenn kein Zweifel besteht, daß die Ster-

---

130 Ezra Seymour Gosney (1855–1942) hatte es als Zitronenfarmer in Kalifornien zu einem großen Vermögen gebracht, das er auch für philanthrophische Zwecke einsetzte. Die *Human Betterment Foundation* bestand von 1928 bis 1942 und gehörte zu den großen eugenischen Organisationen der ersten Hälfte des 20. Jahrhunderts in den USA wie auch die *American Eugenics Society* und das *Eugenic Record Office*. Während der 1930er Jahre unterhielt die HBF eine eigene Kolumne in der *Los Angeles Times* mit dem Titel *„Social Eugenics"*. Die Akten der Human Betterment Foundation befinden sich heute am California Institute of Technology, Pasadena. <www.oac.cdlib.org/findaid/ark:/13030/tf2 h4n98gb/entire_text>. Nach 1942 benannte sich die HBF um in „Association for Voluntary Sterilization", hierzu siehe Kapitel 5.

131 Das erste Sterilisationsgesetz wurde 1907 im Staat Indiana erlassen, Washington, Kalifornien und Connecticut erließen 1909 entsprechende Gesetze, Iowa, Nevada und New Jersey 1911 und New York 1912. Mitte der 1930er Jahre verfügten bereits 30 Staaten über eine rechtliche Legalisierung von Zwangssterilisationen. Vgl. Carlson, Elof Axel: The Unfit. A History of A Bad Idea. Cold Spring Harbor, N.Y. 2001, S. 247. Reilly, Philip R.: The Surgical Solution. A History of Involuntary Sterilization in the United States, Baltimore/ London 1991.

132 Gosney, Ezra Seymour / Popenoe, Paul B.: Sterilization for Human Betterment. A Summary of Results of 6,000 Operations in California, 1909–1929, New York 1929. Vgl. auch dies.: Collected Papers on Eugenic Sterilization in California. The Human Betterment Foundation, Pasadena 1930. Dies. Twenty-eight Years of Sterilization in California. The Human Betterment Foundation, Pasadena 1938.

ilisierung das wirkungsvollste und zweckentsprechendste Mittel zur Verhinderung der Fortpflanzung ist.[133]

Es ist davon auszugehen, dass dieses Plädoyer für „Sterilisierung aus Gründen der Zuchtwahl" vielen Rassentheoretikern in Deutschland als Inspirationsquelle für die praktische Umsetzung von Zwangssterilisationen diente. „Applied Eugenics" war eines der ersten Bücher zum Thema, welches die NS-Regierung ins Deutsche übersetzen ließ.[134] Popenoe seinerseits lobte öffentlich das deutsche Gesetz zur Verhütung erbkranken Nachwuchses als „first example in modern times of an administration based frankly and determinedly on the principle of eugenics".[135]

Zwar waren die 6.255 Sterilisierungen in Krankenhäusern und Heimen Kaliforniens mit Abstand die höchste Zahl der in einem US-Bundesstaat bis 1929 ausgeführten Zwangssterilisationen, doch auch andere Staaten beteiligten sich in der ersten Hälfte des 20. Jahrhunderts an der entsprechenden Praxis.[136] Ins Visier der Eugeniker gerieten Epileptiker, geistig behinderte und psychisch kranke Menschen, insbesondere wenn sie in staatlichen Heimen und Kliniken lebten, in manchen Staaten aber auch Alkoholiker, verurteilte Kriminelle oder Sexualstraftäter.[137] Als besonders „fortschrittlich" galt das Sterilisationsgesetz des Staates Virginia von 1924, welches unter Mitwirkung des ERO-Direktors Harry H. Laughlin zustande kam, da es sich ausschließlich auf die vermeintlich erblichen Formen von „insanity, idiocy, imbecility, epilepsy, and crime" beschränkte.[138] Sterilisiert wurden die Insassen von staatlichen Heimen, insbesondere Frauen, zum Zwecke ihrer „Wiedereingliederung in die Gesellschaft" – jedoch ohne den uner-

---

133 Popenoe, Paul B. / Gosney, Ezra Seymour: Sterilisierung zum Zwecke der Aufbesserung des Menschengeschlechts, Berlin 1930, S. 65. Zitiert nach der deutschen Ausgabe.
134 Popenoe / Seymour: Sterilisierung.
135 Popenoe, Paul B.: The German Sterilization Law, in: Journal of Heredity 24 (1934), S. 257–260. Kühl, Stefan: The Nazi Connection: Eugenics, American Racism, and National Socialism. New York 1994, S. 42–45.
136 Zu Kalifornien: Stern, Eugenic Nation. Zu Virginia: Kevles, Eugenics, S. 168f. Zu North Carolina: Schoen, Johanna: Choice and Coercion. Birth Control, Sterilization and Abortion in Public Health and Welfare, Chapel Hill 2005. Dies.: Choice and Coercion. Women and the Politics of Sterilization in North Carolina, 1929–1975, in: Journal of Women's History 13 (2001), Nr. 1, S. 132–156.
137 Insbesondere diese Mischung von eugenischen und punitiven Zielsetzungen führte dazu, dass die Gesetze vieler Staaten in den 1920er Jahren durch die bundesstaatlichen Supreme Courts als nicht verfassungskonform kassiert wurden. Auf nationaler Ebene brachte erst der Supreme Court Entscheid im Fall Skinner vs. Oklahoma (1942) ein Verbot der punitiven Sterilisierung, die eugenische Zwangssterilisierung wurde davon allerdings nicht angetastet. Carlson, The Unfit, S. 248.
138 Carlson, The Unfit, S. 249.

wünschten Effekt der möglichen Reproduktion der Betroffenen. Den Sterilisationsbescheid erteilte ein Ärztegremium. Ein offiziell bestellter Vormund konnte im Namen des Sterilisationsopfers Widerspruch einlegen – so dass dessen verfassungsmäßige Rechte zumindest pro forma gewahrt wurden. Das Formblatt, auf dem die Sterilisation angeordnet werden konnte, bezeichnete die zu sterilisierende Person als „potential parent of socially inadequate offsprings", der Eingriff diene folglich der „welfare of the inmate and of society".[139] Eine direkte Vorbildfunktion des Virginia-Gesetzes für das nationalsozialistische *Gesetz zur Verhütung erbkranken Nachwuchses* von 1933 ist unverkennbar.[140]

Im Jahr 1927 erhielt die einzelstaatliche Sterilisationspraxis einen bundesstaatlichen Rechtsrahmen: Ein Richtungsentscheid des Supreme Court (*Buck vs. Bell*) erklärte Zwangssterilisationen zum „Schutz der Gesellschaft" als verfassungskonform.[141] Die junge Carrie Buck, geboren 1906 und Mutter einer unehelichen Tochter (geboren 1925), war seit 1924 Insassin der *State Colony for the Insane or Feeble-Minded* in Amherst County, Virginia. Ihre Mutter hatte sie und drei Geschwister unehelich geboren und zur Adoption freigegeben. Bei ihren Adoptiveltern erlebte Carrie zunächst eine unauffällige Kindheit, wurde dann jedoch zur rebellischen Jugendlichen und Teenager-Mutter, so dass ihre Familie sie in die *State Colony* einliefern ließ. Dort wurde sie als epileptisch und geistig zurückgeblieben diagnostiziert, wobei der eigentliche Grund ihrer Einweisung wohl eher in der Tatsache ihrer unehelichen Schwangerschaft und damit ihrer vermeintlich unkontrolliert ausgelebten Sexualität bestanden haben dürfte.[142]

Das Verfahren entstand als Testfall für die Rechtmäßigkeit des *Virginia Sterilization Act*, erneut auf Initiative Laughlins und unter dessen massiver Mitwirkung als Gutachter.[143] Der Entscheid des Supreme Court war eindeutig: Während acht Richter die Sterilisation von Carrie Buck befürworteten, sprach sich nur ein einziger dagegen aus, formulierte aber keinen schriftlichen Widerspruch. In sei-

---

139 Sterilisation Form, State of Virginia. Carlson, The Unfit, S. 252.
140 Vgl. das Gesetz zur Verhütung erbkranken Nachwuchses, 14.7.1933, <www.1000dokumente.de/pdf/dok_0136_ebn_de.pdf>.
141 Urteil des Supreme Court im Fall Buck versus Bell, 74 U.S. 200 (1927). Vgl. Philipp R. Reilly, The Surgical Solution. A History of Involuntary Sterilization in the United States, Baltimore 1991.
142 So argumentiert plausibel Lombardo, Paul A.: Three Generations, No Imbeciles: New Light on Buck vs. Bell. In: New York University Law Review 60 (1985), No. 1, S. 31–62.
143 Der Fall Carrie Buck taucht in nahezu jeder Studie zur Eugenikbewegung in den USA auf. Vgl. z. B. Carlson, The Unfit, S. 250–256. Kevles, In the Name of Eugenics. Reilly, Surgical Solution. Selden, Steven: Inheriting Shame: The Story of Eugenics and Racism in America. New York 1999. Die beste Analyse ist Lombardo, Three Generations.

ner berüchtigten Urteilsbegründung erklärte der vorsitzende Richter Oliver Wendell Holmes Jr.:

> It is better for the world, if instead of waiting to execute degenerate offspring for crime, or to let them starve for their imbecility, society can prevent those, who are manifestly unfit from continuing their kind. [...] Three generations of imbeciles are enough.[144]

Im Lichte zusätzlicher Beweise und heutiger Analysen muss das Urteil jedoch klar als Fehlentscheid und Ausdruck von Vorurteilen gegenüber Carrie Buck und ihrer Familie bezeichnet werden – dies hat der Jurist und Eugenik-Experte Paul A. Lombardo überzeugend herausgearbeitet.[145]

Die Presseberichterstattung zum Urteil im Fall *Buck vs. Bell* fiel vergleichsweise mager aus: Die *Washington Post* begnügte sich mit einer kurzen Notiz auf Seite zwei und die *New York Times* widmete dem Entscheid einen knappen Bericht im hinteren Teil des Blattes.[146] Während die *Washington Post* lediglich über das Ergebnis informierte, zitierte die *Times* die Ausführungen des Vorsitzenden Richters, mit der Bemerkung, dass gerade diejenigen, die ohnehin schon dem Staat zur Last fielen, auch zu jenen „lesser sacrifices, often not felt to be such by those concerned" bereit sein müssten. Nur durch Sterilisation solcher Personen wie Buck ließe sich verhindern, dass die Gesellschaft mit „Unerwünschten" und „Unfähigen" überschwemmt werde. Ferner fällt auf, dass die Zeitung die Einschätzung, Carrie Buck wie auch ihre Mutter und ihre uneheliche Tochter seien geistig zurückgeblieben („feeble-minded"), unhinterfragt übernahm.[147] Kritik an der Sterilisationsgesetzgebung und -praxis wurde in der Folge hauptsächlich von Vertreterinnen der großen *Women's Clubs* geäußert, welche die Sterilisationen jedoch nicht als Eingriff in die Persönlichkeitsrechte der Sterilisierten, sondern als eine negative Variante der Geburtenkontrolle diskutierten und verurteilten.[148]

---

[144] Carlson, The Unfit, S. 255.
[145] Lombardo, Thee Generations.
[146] Virginia Sterilization Law Upheld by Court, WP 3.5.1927, S. 2. Upholds Operating on Feeble-Minded. Supreme Court Majority Find Virginia's Sterilization Law Valid. Right to Protect Society. NYT 3.5.1927. S. 19.
[147] NYT 3.5.1927. S. 19.
[148] Nachdem bereits 1926 einige Mitglieder des *Union City Women's Clubs* wegen dessen Akzeptanz von Zwangssterilisierung und Geburtenkontrolle ihren Rücktritt eingereicht hatten, wandte sich 1927 das *National Council of Catholic Women* bei seinem siebten Jahrestreffen in Washington vehement gegen nationale wie bundesstaatliche Sterilisationsgesetzgebungen. Two Bolt Women's Club. Recent Jersey Federation's Aproval of Birth Control Pill, NYT 11.6.1926. S. 8. Catholic Women Plead for Peace, NYT 29.9.1927, S. 5.

Trotz der mageren öffentlichen Resonanz hatte der Fall *Buck vs. Bell* gravierende Auswirkungen auf die Praxis der negativen Eugenik in den USA. Da nun eine Legalisierung der Zwangssterilisierungen durch den Supreme Court vorlag, konnten die Einzelstaaten ihre Gesetze unter Berufung auf *Buck vs. Bell* ungehindert zum Einsatz bringen. Doch dabei blieb es nicht. Erneut war es der Staat Virginia, der bereits im Jahr 1934 eine Verschärfung seines Sterilisationsgesetzes anstrebte. Es ging darum, auch diejenigen „Kranken", die nicht in staatlichen Fürsorgeeinrichtungen betreut wurden, in die Sterilisationen einzubeziehen.[149] Interessant ist, dass die Argumentation vor allem von ökonomischen Argumenten bestimmt wurde. So verkündete der Superintendent des *Western State Hospital for the Insane*, Dr. J. S. Dejarnette, der bereits das Sterilisationsgesetz des Staates von 1924 initiiert hatte, die Verschärfung könne dem Staat Millionen von Dollar sparen: „As things now exist [...] we're building up a race of defectives. There are a 12.000 people of Virginia who ought to be sterilized. None of you would breed cattle, except from good stock."[150]

Dass die Gesetzesänderung schließlich nicht ratifiziert wurde, lag weniger am Protest eines einzelnen Senators, der eine Analogie zur Sterilisationspolitik des NS-Staates befürchtete, denn an juristischen Bedenken des Gouverneurs. Ohnehin belegte Virginia in der nationalen Statistik mit 1.333 Sterilisationen seit 1924 den zweiten Platz hinter Kalifornien mit 8.504 Sterilisationen.[151] Bis Ende August 1935 wurden nach einer Recherche von *United Press* in den 18 US-Staaten, die über entsprechende Gesetze verfügten, bereits rund 20.000 Sterilisationen durchgeführt, davon allein 10.000 in Kalifornien. Betroffen waren hauptsächlich als „insane and feeble-minded" qualifizierte Menschen, nur 5 Prozent der Zwangssterilisierten galten als „criminals". Die Mehrheit aller Zwangssterilisierten waren Frauen, in manchen Staaten sogar 90 Prozent aller Fälle.[152]

Die Sterilisationen wurden in der Öffentlichkeit kontrovers diskutiert: Während Soziologen und Kriminalisten eine Ausweitung der Gesetze „to prevent socially dangerous types from reproducing their kind" begrüßten, setzte sich die Katholische Kirche an die Spitze der Sterilisierungsgegner. Insbesondere ihr Wi-

---

149 Rigid Bill Due in Sterilization, WP 17.1.1934, S. 7.
150 Zitiert nach: Dough Warrenfels: Battle Delays Sterilization Bill in Virginia, WP 6.2.1934, S. 9. Vgl. auch Sterilization Urged For Weak Minded, WP 25.4.1934. Sterilization and Birth Control Favored to Aid Virginia Group, WP 24.4.1935, S. 17.
151 Offensichtlich wollte der Gouverneur die durch den *Buck vs. Bell* Entscheid hergestellte Rechtssicherheit nicht gefährden. Sterilization Figures Show Virginia Is $2^{nd}$, WP 18.7.1935, S. 15.
152 So wurden in Wisconsin bis 1935 678 Personen sterilisiert, darunter 69 Männer. In North Carolina betrug das Zahlenverhältnis 156 zu 41. Total of 20,000 Persons Sterilized in U.S.A, WP 1.9. 1935, S. B5.

derstand hielt viele Staaten davon ab, eigene Sterilisationsgesetze zu erlassen, so zumindest der Eindruck der *Washington Post*.[153] Die vom Sinn der Sterilisationen überzeugten Regierungen der Einzelstaaten, allen voran Kalifornien, Virginia, Michigan, Oregon, Minnesota und Wisconsin, ließen sich in ihrem Eifer jedoch nicht bremsen, im Gegenteil, sie verstärkten ihre Anstrengungen noch. Bis 1939 wurden mehr als 33.000 Personen Opfer von Zwangssterilisationen, ein Großteil davon Insassinnen von Heilanstalten und Kliniken für psychisch Kranke.[154] Bis Ende der 1960er-Jahre stieg ihre Zahl auf über 65.000 Fälle.[155]

Die meisten Eingriffe erfolgten ohne Einverständnis der betroffenen Männer und Frauen. Überproportional viele dieser ab den 1940er Jahren Zwangssterilisierten waren African Americans, Mexican Americans und weiblich.[156] Bis zu den 1940er Jahren bestraften die Sterilisationen hauptsächlich die Verletzung von Geschlechterrollen. Abweichung von gültigen Sexualnormen führte zur Zuschreibung von „feeblemindedness" und daraufhin zur Sterilisation, wie das Beispiel der Carrie Buck illustriert. In der Folgezeit ging es den Wissenschaftlern, Ärzten und „Eugenic Boards" der Einzelstaaten verstärkt darum, vermeintliche „Wohlfahrtslasten" durch die Sterilisation armer Frauen und vermeintlicher „bad mothers" zu reduzieren.[157] Folglich stellte die Praxis der Zwangssterilisationen eine ins Extrem gesteigerte und an den Prinzipien von Rasse und Nation orientierte „rationalization of reproduction" dar.[158]

Betrachtet man erstens die biologistische Aufladung von „Mutterschaft", zweitens die Popularisierung der Eugenik durch *Fitter Family Contests* sowie drittens die Praxis der Zwangsterilisationen von psychisch kranken, sozial auffälligen oder

---

**153** Total of 20,000 Persons Sterilized in U.S.A, WP 1.9.1935, S. B5.
**154** Ladd-Taylor, Saving Babies, S. 136–153, 141. Carlson nennt die Zahl von 38.087 Sterilisationen bis zum Ende des Jahres 1942. Carlson, The Unfit, S. 257.
**155** Kline, Building a Better Race, S. 95–123. Kevles, Eugenics.
**156** Vgl. Del Castillo, Adelaida R.: Sterilization: An Overview, in: dies./ Mora, Magdalena (Hg.): Mexican Women in the United States. Struggles Past and Present, Los Angeles 1980, S. 65–70. Velez-I, Carlos G.: Se me Acabó la Canción: An Ethnography of Non-Consenting Sterilizations among Mexican Women in Los Angeles, in: ebd., S. 71–91. Roberts, Dorothy: Killing the Black Body, New York 1997. Nelson, Jennifer: Women of Color and the Reproductive Rights Movement, New York 2003. Silliman, Jael / Gerber Fried, Marlene / Ross, Loretta / Gutiérrez, Elena R.(Hg.): Undivided Rights: Women of Color Organizing for Reproductive Justice, New York 2004. Gutiérrez, Elena R.: Fertile Matters. The Politics of Mexican Origin Women's Reproduction, Austin 2008.
**157** Carey, Allison C.: Gender and Compulsory Sterilization Programs in America: 1907–1950, in: Journal of Historical Sociology 11 (1998), Nr. 3, S. 74–105. Ladd-Taylor, Saving Babies, 149f. Schoen, Choice and Coercion.
**158** Vgl. hierzu Ladd-Taylor, Saving Babies.

nicht-weißen Menschen im Hinblick auf ihren Niederschlag in der überregionalen Presse, so ergibt sich ein widersprüchlicher Befund. Trotz der Tragweite der Maßnahmen und der großen Zahl der Betroffenen fällt auf, dass in den 1920er und 1930er Jahren keine größere öffentliche Debatte über Sinn und Nutzen der Sterilisierungspolitik oder auch der Eugenik allgemein geführt wurde.[159] Zwar finden sich Presseberichte über *Better Babies Contests* und *Fitter Families Contests*, diese sind aber überwiegend affirmativ.[160] Auch existieren vereinzelte Presseberichte zu den Gerichtsfällen, die der Supreme Court entschied. Doch weder die Legalisierung der Zwangssterilisierungen von Klinikinsassen (in *Buck vs Bell* 1927) noch das Verbot der Sterilisation zu punitiven Zwecken (in *Skinner vs. Oklahoma* 1942) lösten öffentlichen Konfrontationen aus.[161] Dieser Befund ist erklärungsbedürftig.

Einen Hinweis liefert der Medizinhistoriker Martin S. Pernick am Beispiel der Diskussion um Euthanasie im ersten Drittel des 20. Jahrhunderts, für die er einen „growing consensus among social, medical and media leaders that the topic itself was unfit to discuss in public" herausarbeitet.[162] Hintergrund war der Fall des Mediziners Dr. Harry J. Haiselden aus Chicago, der 1915–1918 fehlgebildete Kinder mit Einverständnis der Eltern ohne medizinische Behandlung in seiner Klinik, dem *German-American Hospital* in Chicago, sterben ließ. Dieser bildete die Grundlage für den Euthanasie-Lehrfilm „The Black Stork" (1916), der die Geschichte eines jungen Paares erzählt, das befürchtet, von einer Erbkrankheit befallen zu sein. Haiselden spielte die Rolle des Mediziners, der die Behandlung des erbkranken Kindes verweigerte. Der Streifen wurde von 1917 bis 1927 in den USA gezeigt, ab 1918 unter dem Titel „Are you fit to marry?". Ab 1927 gab es eine überarbeitete Version, welche bis 1942 in den Kinos lief.[163] Im Anschluss an die von Haiselden popularisierten Fälle von Euthanasie an fehlgebildeten Neugeborenen und den Film gab es, wie Pernick zeigt, eine kurzlebige, gleichwohl intensive öffentliche Debatte. Vor allem die *Chicago Tribune* propagierte Haiseldens

---

**159** Ergebnis einer thematischen Auswertung der NYT und WP zwischen 1920 und 1940. Ladd-Taylor kommt zu einer ähnlichen Einschätzung: Ladd-Taylor, Saving Babies, S. 149.
**160** Hierzu siehe weiter oben in diesem Kapitel.
**161** Virginia Sterilization Law Upheld by Court, WP 3.5.1927, S. 2. Upholds Operating on Feeble-Minded. Supreme Court Majority Find Virginia's Sterilization Law Valid. Right to Protect Society. NYT 3.5.1927. S. 19. Zur Entscheidung im Fall *Skinner vs. Oklahoma*, mit dem der Supreme Court am 1.6.1942 die Sterilisation zu punitiven Zwecken verbot, berichtete die WP nicht, die NYT meldete lediglich die Urteilsverkündung: United States Supreme Court. Special to the NYT, 2.6.1942, S. 39.
**162** Pernick, Martin S.: The Black Stork. Eugenics and the Death of Defective Babies in American Medicine and Motion Pictures since 1915, New York 1996, v. a. S. 11.
**163** Pernick, Black Stork, S. 6. „The Black Stork" (1917), Originalquelle: <www.imdb.com/title/tt0160056/>.

Position bis 1918, danach sank das mediale Interesse an entsprechenden Fällen rapide ab. In den 1920ern wurde anstelle einer Debatte über Euthanasie öffentlich über die Fortschritte und Vorzüge der Eugenik diskutiert, jetzt allerdings unter starker Orientierung an Deutschland – was unter anderem auch dadurch sichtbar wurde, dass nunmehr auch die Eugenik-Lehrfilme aus Deutschland stammten.[164] Als in den 1930ern das Interesse an Euthanasie wieder auflebte, stand das deutsche Beispiel im Vordergrund, auf US-amerikanische Fälle wurde nicht mehr Bezug genommen.[165]

Hinsichtlich der Frage der Rechtmäßigkeit und sozialen Wünschbarkeit von Zwangssterilisierungen kranker, behinderter oder sozial/rassisch diskriminierter Menschen scheint es sich ähnlich zu verhalten. Zwar beschäftigten einzelne Fälle in den 1920er und 1930er Jahren vereinzelt die Gerichte in den USA, aber die Sterilisierungspraxis stellte kein öffentlich strittiges Thema dar. Dies deutet auf einen breiten Konsens unter Medizinern, Sozialexperten, Sozialarbeitern, Verwaltungsbeamten und Familienangehörigen hin, dass der Eingriff eine moderne, humane Lösung eines menschlichen und wirtschaftlichen Dilemmas darstellte. Von den 1920er bis 1940er Jahren verhieß die Praxis der Sterilisation den Schutz der Gesellschaft vor sozialen Problemen und ökonomischen Kosten durch die Verhinderung unerwünschter Elternschaft – was vor allem bedeutete: Mutterschaft.

## 2.5 Paul B. Popenoe, „The Conservation of the Family" und das American Institute for Family Relations

„Gesunde Mutterschaft" in einer stabilen Ehe war auch das zentrale Thema des Eugenikers und Ehe- und Familienberaters Paul B. Popenoe. Popenoe beriet von 1920 bis in die 1970er-Jahre eine breite Fangemeinde und Leserschaft in Fragen der Familienplanung und Eheführung und trug so ganz wesentlich zur Popula-

---

164 In Deutschland gab es seit der Gründung der Deutschen Gesellschaft für Rassenhygiene im Jahr 1905 eine starke Eugenik-Bewegung, die auch in der Weimarer Republik aktiv blieb. Hinzu kam eine Verankerung der Erb- und Rassenkunde als universitäre Wissenschaft. Schmuhl, Hans-Walter: Rassenkunde, Nationalsozialismus, Euthanasie. Von der Verhütung zur Vernichtung „lebensunwerten Lebens": 1890–1945, Göttingen 1987. Allen, Garland E.: The Ideology of Elimination: American and German Eugenics, 1900–1945, in: Nicosia, Frances / Heuner, Jonathan (Hg.): Medicine and Medical Ethics in Nazi Germany: Origins, Practices, Legacies, New York 2002, S. 13–39, insbes. S. 32.
165 Pernick, Black Stork, S. 160–167.

risierung der Eugenik in den USA bei.[166] Dabei durchmaß er eine aufschlussreiche Entwicklung vom überzeugten Verfechter der eugenisch begründeten Zwangssterilisation zum populären Eheberater – „America's Mr. Marriage" –, dessen Ratgeber Bestseller wurden und unter dessen Namen von 1953 bis in die 1970er Jahre eine viel beachtete Kolumne in der Frauenzeitschrift *Ladies' Home Journal* erschien („Can this marriage be saved?").[167] Als Gründer des *American Institute of Family Relations* (AIFR) mit Hauptsitz in Los Angeles errichtete er ferner ein Netz von Ehe- und Familienberatungsstellen in Kalifornien, das wiederum hunderte Familienexperten ausbildete, und publizierte mit *Family Life* von 1940 bis 1979 eine eigene Zeitschrift.[168]

Aufgrund seiner besonderen Bedeutung nicht nur für die Ausformulierung und Popularisierung eugenischer Überlegungen in den USA – von der Publikation des Standard-Lehrbuchs zum Thema über die Erforschung der Zwangssterilisa-

---

**166** PAUL BOWMAN POPENOE (1888–1979) begann seine Karriere als Experte für Dattelpalmenzucht und unternahm Reisen nach Asien und Afrika, um entsprechende Pflanzen für die Plantage seines Vaters in Kalifornien zu erwerben. Sein Interesse an Eugenik brachte ihn in Kontakt mit dem Bankier und Unternehmer Esra S. Gosney, dessen *Human Betterment Foundation* seine Datensammlungen über die Bedeutung der kalifornischen Sterilisationsgesetzgebung finanzierte. Zahlreiche Veröffentlichungen zur Eugenik und zur Politik der Zwangssterilisationen in den USA – von deren Nutzen Popenoe vehement überzeugt war – während der 1920er und 1930er Jahre etablierten seinen Ruf als einer der bedeutendsten Eugenik-Experten des Landes. 1930 gründete Paul Popenoe das *American Institut for Family Relations* (AIFR) und baute sich in den USA der Nachkriegszeit eine sehr erfolgreiche zweite Karriere als Eheberater auf. Seine eugenischen Überzeugungen gab er niemals auf, formulierte sie aber zurückhaltender und betonte die positiven Effekte seiner Ehe- und Familienberatung. Die beste Arbeit über Popenoe ist Ladd-Taylor, Molly: Eugenics, Sterilization and Modern Marriage in the USA. The Strange Career of Paul Popenoe, in: Gender and History 13 (2001), S. 298–327. Paul Popenoes Nachlass, worin sich auch die Papiere des AIFR befinden, liegt im American Heritage Center der University of Wyoming. Paul Popenoe Collection, Accession Number 04681.

**167** Popenoe, Paul B.: Modern Marriage: A Handbook. New York 1925. Ders.: Marriage Is What You Make It, New York 1950. Ders.: Divorce. 17 Ways to Avoid It, Los Angeles 1959. Disney, Dorothy Cameron/ Ders.: Can this Marriage be Saved? New York 1960. Die Kolumne „Can this Marriage be Saved" erschien erstmals im Ladies' Home Journal von 1953, sie wurde de facto geschrieben von der Journalistin Dorothy Cameron Disney, arbeitete aber mit Fällen aus Popenoes AIFR. Vgl. Ladd-Taylor, Eugenics, S. 317.

**168** Zur Geschichte des American Institute of Family Relations (AIFR) vgl. Stern, Alexandra Minna: Eugenic Nation, S. 150–181. Gegründet von Popenoe in Los Angeles im Jahr 1930 und ursprünglich finanziert von der Human Betterment Foundation, die auch das ERO trug, verstand sich das AIFR als eugenisch inspirierte Ehe- und Familienberatungseinrichtung und konnte beträchtlichen Zulauf verbuchen. So verfügte es beim Tod seines Gründers im Jahr 1979 über insgesamt sieben Zweigstellen in Kalifornien. Dass die ganze Existenz des AIFR jedoch an die Figur Popenoes gebunden war, verdeutlicht die Tatsache, dass das Institut wenige Jahre nach dem Tod Popenoes seine Arbeit einstellte.

tionen in Kalifornien – sondern auch für deren Integration in die boomende Agenda von Ehe- und Familienberatung in der Zeit nach dem Zweiten Weltkrieg – durch sein Eheberatungsinstitut und seine zahlreichen Ratgeber und Kolumnen – ist Popenoe ein aufschlussreiches Beispiel für eine Sozialexpertenkarriere mit gesellschaftlicher Breitenwirkung von den 1920er bis in die 1970er Jahre. Seine Schriften und Initiativen, die zentral die Verhandlung des Feldes „Familie" in den USA dieser Zeit bestimmten, sollen in der Folge in drei Schritten untersucht werden.

**Ehe, Familie und Reproduktion in Popenoes Schriften der 1920er bis 1960er Jahre**

Angefangen hatte der im Jahr 1888 geborene Popenoe wie so viele Eugeniker als an Züchtung interessierter Farmer, in seinem Fall war es die väterliche Dattelzucht in Coachella, Kalifornien. Über die Tätigkeit als Herausgeber des *Journal of Heredity* gelangte er schnell zu einigem Renommée als Eugeniker, doch erst die Publikation des Lehrbuches „Applied Eugenics" gemeinsam mit Roswell H. Johnson 1918 und später der Abhandlung „Sterilization for Human Betterment" über die Sterilisationspraxis in Kalifornien machten ihn schlagartig bekannt. Dabei hatte „Dr. Popenoe" nie eine wissenschaftliche Karriere verfolgt, sondern verfügte lediglich über eine Ehrendoktorwürde. Die mangelnden wissenschaftlichen Meriten hinderten ihn jedoch nicht daran, zahlreiche populärwissenschaftliche Schriften und Ratgeber über Ehe, Familie und Reproduktion zu verfassen. Darin propagierte Paul B. Popenoe zum einen strikt naturalistische Geschlechterrollen, zum anderen ein biologistisches Konzept der Ehe als Reproduktionsgemeinschaft zum Wohle der Nation – allerdings unter Anpassung seiner Rhetorik an die Erwartungen der Leserschaft: Während er in seinen frühen Publikationen vehement für die Eugenik als zeitgemäße Technik zur Verbesserung der Bevölkerungsstruktur und als Schlüssel zum angestrebten „race betterment" eintrat, so überwog später das Ziel der Ehe- und Familienberatung zum Zwecke der Verbesserung der amerikanischen Nation. Darin ging Popenoe weiterhin von einer naturalistischen Ordnung der Geschlechter aus und bekannte sich zu eugenischen Grundprinzipien (unterschiedlicher Wert der Menschen, Förderung der „Besseren"), formulierte diese allerdings zurückhaltender. Die Herausbildung von Popenoes Vorstellung von eugenischer Familienplanung und -politik lässt sich gut an drei Schlüsseltexten nachvollziehen, die Mitte der 1920er Jahre erschienen und in denen Popenoe praktische Maßnahmen zur Verbesserung von Ehe und Familie entwickelte: In seinem ersten Eheratgeber, „Modern Marriage: A Handbook for Men" (1925) richtete sich Popenoe explizit an sein eigenes Geschlecht, da es Aufgabe des späteren Ehemannes sei, „to take the initiative in most matters pertaining to marriage". Zudem sei dieser „responsible in a large part for the education of his wife".[169] Ferner plädierte er dafür, an Erbkrankheiten (nach damaliger Vorstellung „Schwachsinn", Epilepsie, psychische Erkrankungen) leidende Männer von der Ehe auszuschließen, ebenso Männer, die an Syphilis erkrankt waren oder an Sterilität litten.[170] Andere, die von Herzkrankheiten, Fettleibigkeit, Gonorrhö (Tripper) oder Tuberkulose betroffen waren, sollten, so Popenoe, vor der Eheschließung komplett genesen sein. Diese biologistische Argumentation marginalisierte Männer aufgrund ihres Gesundheitsstatus und ihrer Erbsubstanz.

In der kleinen Schrift „Problems of Human Reproduction", die 1926 erschien, nahm Popenoe dagegen den Vorgang der Reproduktion aus medizinischer und biologischer Sicht in den Blick, jedoch ohne damit ein explizites Plädoyer für eugenische Maßnahmen zu verbinden.[171] Besonders interessierte ihn das Verhältnis der Geschlechter zueinander, welches er als primär biologisch begründeten „sex antagonism" beschrieb. Durch das Ziel der Reproduktion erfülle dieser jedoch durchaus einen sozialen Zweck:

> In mankind, sex antagonism is always present. [...] But at bottom it seems to be a biological phenomenon, based merely on the dissimilarity of the sexes, but having achieved a utility to the race which has preserved it and perhaps increased it in intensity.[172]

Die biologischen Unterschiede zwischen Mann und Frau dienten ihm zur Legitimierung strikt biologistischer Geschlechterrollen: Frauen sollten sich auf ihre reproduktive Aufgabe konzentrieren, Männer sie dabei unterstützen. Ein hoher Grad wechselseitiger Anpassung garantiere dabei die „Happiness in Marriage".[173]

In seinem Handbuch „Conservation of the Family" ebenfalls aus dem Jahr 1926 argumentierte Popenoe dagegen stärker soziologisch: Unter direktem Bezug auf Edward A. Ross beschrieb er seine Vorschläge zur Verbesserung der amerikanischen Familie (bessere Bildung und Verbreitung von eugenischem Wissen, Eheberatung und Familienpolitik, Mindesteinkommen für Familien und Mutter-

---

[169] Popenoe, Paul: Modern Marriage: A Handbook for Men. (First Edition New York: Macmillan, 1925; Reprint New York: Macmillan, 1929), p. X. Das Handbuch erlebte noch eine zweite Auflage (Macmillan, 1940) sowie diverse Reprints (1944, 1945, 1946 und 1954), erfreute sich folglich bis in die 1950er Jahre großen Interesses.
[170] Popenoe, Modern Marriage, S. 207–231.
[171] Popenoe, Paul: Problems of Human Reproduction, Baltimore 1926.
[172] Popenoe, Problems of Human Reproduction, S. 147–148.
[173] Popenoe, Problems of Human Reproduction, S. 192–196.

schaftsgeld) als „means of social control".[174] Zusätzlich verfolgte er ein vergleichsweise modernes Familienkonzept, wenn er forderte: „A normal family must promote the welfare of father, mother, and children. If it does so, it will also benefit society as a whole."[175] Dabei blieb er jedoch seiner Überzeugung treu, dass die Aufgabenverteilung der Geschlechter biologisch determiniert sei. So definierte er die Frau weiterhin ausschließlich durch ihren Beitrag zur Reproduktion der Nation. Besondere Verachtung empfand er dabei für die gut ausgebildeten Frauen, die lieber eine berufliche Karriere verfolgten, als sich ihren reproduktiven Pflichten zu widmen. Für Popenoe fügten sie der Gesellschaft schweren Schaden zu, er bezeichnete sie als „superior single women, who [...] under the banner of individualism, are destroying the machinery of society".[176]

Dieses höchst widersprüchliche Amalgam von biologistischer Argumentation, Forderung nach mehr Partnerschaft in Ehe und Familie sowie nach besserer Sexualerziehung und Aufklärung der Jugend, das Popenoe in „Conservation of the Family" entwickelte, fand besonderen Niederschlag im letzten Kapitel des Bandes, wo er über die „Changing Family of the Future" reflektierte. Diese sollte für ihn gekennzeichnet sein durch

> 1) much better mate selection, 2) much greater understanding, making for permanence of love, 3) more intelligent consideration of children, 4) greater concern for individual development, particularly of women, 5) more democracy, 6) fuller biological differentiation of function.[177]

Wahrscheinlich war es gerade diese Inkongruenz seiner Forderungen – gleichzeitiges Eintreten für eine bessere Auswahl der Ehepartner und für „mehr Demokratie", für die individuellen Entwicklungsmöglichkeiten von Frauen und zugleich für eine biologische Differenzierung innerhalb der Familie – die Popenoes Überlegungen so anschlussfähig machten, dass aus dem prononcierten

---

**174** Popenoe, Paul B.: The Conservation of the Family, Baltimore 1926, S. 157–242. Eine Neuauflage erschien 1984 bei Garland in New York und London.
**175** Popenoe, Conservation of the Family, Baltimore 1926, S. 39.
**176** Popenoe, Conservation of the Family, S. 135 f.
**177** Popenoe, Conservation of the Family, S. 253–254. Das gleiche Zitat wählt sein Sohn, der Soziologe David Popenoe für eine Würdigung seines Vaters, allerdings unter Weglassung von Punkt 6, dem Beharren auf der biologischen Ungleichwertigkeit der Geschlechter. Popenoe, David: Remembering My Father. An Intellectual Portrait of "The Man Who Saved Marriages". URL: <www.popenoe.com/PaulPopenoe.htm>. Der gleiche Text findet sich auch als Kapitel 14 in Popenoe, David: War Over the Family, New Brunswick 2005, S. 227–244.

Eugeniker ein national gefragter Eheberater und Vortragsredner, eben Amerikas „Mr. Marriage", werden konnte.[178]

### Education, Eugenics and „Happy Homes": Das American Institut for Family Relations (AIFR)

Wie dieser Anschluss funktionierte, lässt sich gut an zwei Texten Popenoes aus den Jahren 1935 und 1940 verdeutlichen, in denen er Eugenik, Bildung und Familienförderung verknüpfte und damit auch das Selbstverständnis seines 1930 gegründeten AIFR beschrieb. Während seine Auswertung der eugenischen Zwangssterilisationspraxis in Kalifornien aus dem Jahr 1929 noch ganz der Befürwortung der negativen Eugenik verpflichtet war[179], schlug Popenoe in seinen nach Gründung des AIFR veröffentlichten Artikeln bewusst die Brücke zu einer „positiven Eugenik" im Sinne einer Erziehung der Jugend zu „eugenischer Vernunft", Ehe und Familie.[180] Im Artikel „Education and Eugenics" von 1935 plädierte Popenoe für eine eugenische Aufklärung und Ausbildung der amerikanischen Jugend als Teil der Staatsbürgererziehung: „Young people should be educated in eugenics as a matter of citizenship"[181]. Gerade die Colleges, die junge Menschen ausbildeten, „eugenically superior to the average of the population", müssten die Voraussetzungen schaffen, dass diese ihre Ehepartner sorgsam auswählen und große Familien gründen könnten.[182] Schließlich hänge die Zukunft der Nation davon ab: „The future of America depends largely on whether in the next generation educators can produce citizens who will be eugenically minded."[183]

Fünf Jahre später erklärte Popenoe zum Thema „Eugenics and Family Relations" (1940), dass das AIFR als Speerspitze des sogenannten *family relations movement* wesentlich auf den Ideen der Eugenik basiere und einen wichtigen Beitrag zur „positiven Eugenik" im Sinne der qualitativen Verbesserung der

---

178 So der Nachruf in der Zeitschrift des AIFR, Family Life: Peacock, Edward: Goodbye, Mr. and Mrs. Marriage, in: Family Life 39 (1979), S. 2–8. Zit. nach Ladd-Taylor, Eugenics, S. 298.
179 Popenoe, Paul / Gosney, Ezra Seymour: Sterilization for Human Betterment, New York 1929. Bereits 1930 ins Deutsche übersetzt: Sterilisierung zur Aufbesserung des Menschengeschlechts, Berlin 1930,
180 Popenoe, Paul B.: Education and Eugenics, in: *Journal of Educational Sociology*, Vol. 8, No. 8 (1935), S. 451–458. Popenoe, Paul B.: Eugenics and Family Relations, in: The Journal of Heredity 31 (1940), S. 532–536.
181 Popenoe, Education, S. 456.
182 Popenoe, Education, S. 455.
183 Popenoe, Education, S. 457.

amerikanischen Nation leiste. Die Rolle des AIFR bestehe dabei neben der klassischen Ehe- und Familienberatung auf erbbiologischer Grundlage vor allem in der Ausbildung von Familienexperten und der Diffusion eugenischen Wissens durch Schulungen, Kurse und Vorträge an Colleges, Universitäten, Kirchen und in Gemeindeorganisationen. Ergänzt werde dies durch ein ausgefeiltes Konferenzprogramm sowie Veröffentlichungen aller Art und Radiosendungen. Indem er betonte, dass moderne Familienpolitik immer auch eugenisch zu denken sei, vollzog Popenoe an dieser Stelle selbstbewusst den Brückenschlag von der Eugenik zu Familienförderung:

> Eugenic progress is slow indeed where family life is deprecated, celibacy exaltated, motherhood regarded as a misfortune and children as a nuisance. [...] Eugenic advance depends, of course, on having a community which is not merely family-minded, but discriminatingly family-minded.[184]

Auch die Geschichte des AIFR selbst belegt die Doppelintention seines Gründers, die amerikanische Nation gezielt über die amerikanische Familie zu stärken – sowohl durch effektive Ehe- und Familienberatung als auch durch die Verbreitung erbbiologischen und eugenischen Wissens: Anlässlich der Gründung des Instituts im Februar des Jahres 1930 – finanziert durch die *Human Betterment Foundation* Ezra S. Gosneys – betonte Popenoe, das Institut stelle einen „scientific attempt to deal with the causes of unhappiness in homes" dar.[185] Dabei hatte er, gemäß der Zielsetzung des Hauptsponsors, sowohl die Verbesserung der amerikanischen Familie und die Reduktion der Scheidungsrate insbesondere in Kalifornien vor Augen als auch die Verbesserung der Erbsubstanz der kalifornischen Bevölkerung durch genetische Beratung und Eugenik. Die Wahl des Standortes, mitten in Hollywood auf dem Sunset Boulevard Nr. 5287, illustriert jedoch, dass es Popenoe dabei nicht primär um <u>alle</u> Familien ging, sondern bevorzugt um die kalifornische Ober- und Mittelschicht. Wichtig war ihm insbesondere die wissenschaftsbasierte Information der Ratsuchenden durch ausgewiesene Experten, „a group of specialists representing the best modern thought and experience".[186] Ihre Aufgabe sei es, die Menschen mit „plain, unvarnished facts" zum Zustand ihrer Ehe und Familie zu konfrontieren, und sie dann ihre eigenen Schlüsse ziehen zu lassen: „We shall allay anxiety in some instances and sound warnings in others; we may stop some unwise marriages, and, on the other hand, promote successful ones, where

---

184 Popenoe, Paul B.: Eugenics and Family Relations, S. 532–536.
185 Ransome Sutton: What's New in Science: Marriage Clinics. In: L. A. Times, 28.9.1930, S. K 11.
186 Zit. nach Constance Chandler: Marriage Ills Clinic Formed: Family Relations Institute for Wed and Unwed, in: L. A. Times, 9.2.1930. A 1.

there has been doubt."¹⁸⁷ Mit dem Anspruch, gestützt auf „gesichertes Wissen" und „objektive Tatsachen", dirigierend in die Familien Kaliforniens einzugreifen, lieferte Popenoe hier eine aufschlussreiche Definition dessen, was die Historiographie als „social engineering" bezeichnet hat.¹⁸⁸

**Abb. 2.9:** Paul B. Popenoe erklärt einem heiratswilligen Paar die Grundzüge der Vererbungslehre. Dieses Bild wurde 1930 zur AIFR-Gründung lanciert, es erschien u. a. in der deutschen Zeitschrift *Eugenik*.

Ein Jahr später beschrieb Popenoe die Umstände der Gründung des AIFR im *Journal of Home Economics* erneut und verwies auf das Vorbild der Ehe- und Familienberatung in Deutschland, welche die 45 „socially-minded men and women"

---

**187** Zit. nach Constance Chandler: Marriage Ills Clinic Formed: Family Relations Institute for Wed and Unwed, in: L. A. Times, 9.2.1930. A 1.
**188** Zum Forschungsstand vgl. die Einleitung dieser Arbeit. Etzemüller, Thomas (Hg.): Die Ordnungen der Moderne. Social Engineering im 20. Jahrhundert, Bielefeld 2009. Brückweh, Kerstin / Schumann, Dirk / Wetzell, Richard F. / Ziemann, Benjamin (Hg.): Engineering Society: The Role of the Human and Social Sciences in Modern Societies, 1880–1980. New York 2012.

bei der Errichtung des AIFR in Los Angeles inspiriert hätte. Die ersten Klienten, so Popenoe weiter, setzten sich zu je einem Fünftel aus folgenden Gruppen zusammen: (1) Personen, die eine voreheliche Beratung suchten, (2) Personen mit ehelichen Problemen, (3) Ratsuchende in Abstammungsfragen und bei Erbkrankheiten, (4) Informationssuchende, (5) Personen mit verschiedenen Problemen (Sexualität, Recht, Wohlfahrt), die weiterverwiesen werden können.[189] Im Jahr 1951, gut zwanzig Jahre nach seiner Gründung, hatte das AIFR nach eigenen Angaben im Zeitraum eines Jahres rund 10.000 einstündige Beratungssitzungen für insgesamt 4.460 Personen angeboten.[190] Insgesamt 37 Ehe- und Familienberater waren für das Institut tätig, das überdies eine eigene Fernsehsendung bei einem Kanal des Networks ABC ausstrahlte.[191] Diesen Aufschwung konnte das AIFR in den Folgejahren noch ausbauen: Zum 30-jährigen Bestehen der Institution im Jahr 1960 meldete Popenoe stolz, das AIFR verfüge nunmehr über mehr als 100 Mitarbeiter, davon 70 in einem einjährigen Kurs speziell ausgebildete Eheberater, welche jährlich etwa 15.000 Beratungsstunden an rund 5.000 verschiedene Personen leisteten.[192] Daneben veranstaltete das AIFR jährlich zahlreiche Kurse, Workshops an Universitäten und Colleges sowie Vorträge zu Themen wie Mutterschaft / Geburt, Hausarbeit und „social effectiveness". Popenoes Kolumne im *Ladies' Home Journal* basierte ebenso auf Fällen aus der Beratungspraxis des Institutes wie seine tägliche Zeitungskolumne „Your Family and You", die in diversen Blättern erschien. Popenoe und die Berater das AIFR waren zudem regelmäßig im Radio präsent, seit 1962 mit einer eigenen Radioshow, die an sechs Tagen der Woche ausgestrahlt wurde.[193]

Zusätzliche Publicity bekamen Popenoe und das AIFR durch einen Kinofilm des Regisseurs Paul Landres, der 1950 „A Modern Marriage" drehte.[194] Der Film zeigte, wie eine selbstmordgefährdete junge Frau durch die Hilfe eines Eheberaters des AIFR die Ursache ihrer sexuellen Probleme erkannte (die Beziehung zu ihrer dominanten Mutter) und lernte, sich mit ihrer Ehe und ihrem Ehemann zu

---

**189** Popenoe, Paul B.: The Institute of Family Relations, Journal of Home Economics 22, No. 11 (1930), S. 906–907.
**190** Notes from the AIFR, in: Family Life 12, No. 2 (1952), S. 5.
**191** Mittwochs abends von 21.30 bis 22.00 Uhr. Notes from the AIFR, in: Family Life 12, No. 2 (1952), S. 5.
**192** Thirty Years of AFIR. In: Family Life 20, Nr. 3 (1960), S. 1–3.
**193** Die Radiosendung lief auf dem Kanal KABC und wurde vom Executive Director des AIFR, Floyd M. Anderson produziert, Dort beantwortete dieser Zuschauerfragen zu Aspekten der Ehe- und Familienberatung, unterstützt von Gastkommentatoren. Family Life 22 (1962), Nr. 10, S. 4. Vgl. auch: Thirty Years of AIFR. In: Family Life 20, Nr. 3 (1960), S. 3.
**194** Gemeinsam mit Ben Parker. Paul Landres wurde vor allem als Regisseur früher TV-Serien bekannt, so drehte er Episoden von „The Lone Ranger", „Maverick" und „Flipper".

arrangieren.¹⁹⁵ In der zweiten Version von 1962 wurde dem Film (nun unter dem Titel „Frigid Wife") ein Prolog vorgeschaltet. Darin erzählte ein Eheberater zwei Frauen, die er wegen sexueller Probleme in ihren Ehen beriet, die Geschichte der jungen Ehefrau von 1950 (der eigentliche Film). So wollte er sie motivieren, weiter an ihren Beziehungen zu arbeiten.¹⁹⁶ Es ist geradezu charakteristisch für Popenoes Verständnis von „natürlichen Geschlechterrollen" und die Beratungspraxis des AIFR, dass auch in beiden Versionen des Spielfilms die fehlende Anpassungsbereitschaft an die Ehe und damit die Ursache der sexuellen Probleme sowie die darauf resultierende Therapiebedürftigkeit ausschließlich auf Seiten der Frauen identifiziert wurde. Obgleich das AIFR darauf Wert legte, das Paar als Gesamtheit zu beraten, entfiel die Mehrheit der Beratungsstunden auf die Ehefrauen, welche auch in drei Viertel aller Fälle überhaupt den ersten Schritt zu einem Beratungsgespräch unternahmen:

> Most of our clients are couples who have been married from five to ten years, with a child or two. One fourth of them have failed in previous marriages. In three-quarters of the cases, it is the woman who comes first, but we are usually able to get the husband to come afterward so that, of the total counseling load, 57 % is devoted to wives and 43 % to husbands.¹⁹⁷

Gegen Ende der 1960er Jahre verfügte das AIFR über vier Filialen in Kalifornien neben der Zentrale in Hollywood: Seit Ende 1966 gab es eine Filiale in Orange County und seit Oktober 1967 in Riverside County. Im November 1967 nahm die South Bay Branch ihre Arbeit auf.¹⁹⁸ Zudem existierte seit Oktober 1966 das East Side Counseling Center, das versuchte, die spanischsprachige Bevölkerung von East Los Angeles zu erreichen und zu diesem Zweck Beratungskurse auch auf Spanisch abhielt.¹⁹⁹

### Family Life: Von der Familie zur Bevölkerung

Von 1940 bis 1979 gab das AIFR eine eigene Zeitschrift heraus, *Family Life*. In dem Blatt erschienen neben den „Notes from the AIFR" sowie Werbung für Vortrags-

---

[195] Internet Movie Database, IMDb <www.imdb.com/title/tt0042743/?ref_=ttfc_fc_tt>. Vgl. auch <www.tcm.com/tcmdb/title/83802/A-Modern-Marriage/>.
[196] Vgl. die Angaben zum Plot unter <www.afi.com/members/catalog/DetailView.aspx?s=1&Movie=19752> und <www.fandango.com/amodernmarriage_v133316/plotsummary>.
[197] Thirty Years of AFIR. In: Family Life 20, Nr. 3 (1960), S. 2.
[198] Family Life 26 (1966), Nr. 11, S. 3–4. Family Life 27 (1967), Nr. 1, S. 4. Family Life 27 (1967), Nr. 12, S. 4.
[199] Family Life 29 (1969), Nr. 10, S. 6.

reihen, Seminare und Publikationen des AIFR regelmäßig Rezensionen der aktuellen Literatur zu Ehe, Familie und Eugenik sowie Leitartikel von Paul B. Popenoe und Gast-Autoren.²⁰⁰ Eine Auswertung der in Deutschland verfügbaren Jahrgänge 1952 bis 1969 erbrachte, dass die Leitartikel sich immer wieder der Themen „natürliche" Geschlechterrollen, Sexualität in der Ehe, Generationen- und Verwandtschaftsbeziehungen, Eheschließung und Ehescheidung, sowie Ehe- und Familienberatung allgemein annahmen. Popenoes Überzeugung, dass die Aufrechterhaltung „gesunder" Familienstrukturen und die Vermeidung von Scheidungen auch ganz wesentlich auf positiver Eugenik basierte, sprach explizit aus seinen Leitartikeln mit Titeln wie „The Case for Eugenics" (1958), „Heredity and Marriage Counseling" (1962, 1963) oder „Family Strength and Mental Health" (1969).²⁰¹ Bedeutsamer aber ist, dass die Forderung nach biologischer Verbesserung der amerikanischen Bevölkerung gewissermaßen subkutan bei der Behandlung scheinbar neutraler Sujets durchschien: So verpackte Popenoe sein Plädoyer für eugenische Maßnahmen in unverfängliche Titel wie „What is Marriage Counseling?" (1955), „Family Life 15 Years From NOW" (1958), „Happiness in Marriage" (1959), „The Role of Men in the Modern Family" (1961), „Family Crisis" (1963) oder „Toward Fewer Divorces" (1969).²⁰² Eine dezidierte Auseinandersetzung mit dem Zwangscharakter der nationalsozialistischen Erbgesundheitspolitik

---

**200** Family Life, 12 (1952) bis 29 (1969) in der Universitätsbibliothek Münster. Angeschafft wurde die Zeitschrift seinerzeit durch den Anthropologen OTMAR FREIHERR VON VERSCHUER für sein Institut für Humangenetik. Verschuer (1896–1969) lehrte und forschte trotz seiner Verantwortung für Menschenversuche im Nationalsozialismus von 1951 bis zu seiner Emeritierung 1965 in Münster. Verschuer war Mitglied der *American Eugenics Society* und korrespondierendes Mitglied der *American Society of Human Genetics*. Die Tatsache, dass Verschuer diese ausgesprochen seltene Zeitschrift in Deutschland anschaffen ließ, deutet – wie auch Verschuers amerikanische Akademie-Mitgliedschaften – auf gute Kontakte deutscher und US-amerikanischer Eugeniker auch über die Zäsur 1945 hin. Zu Verschuers zweiter Karriere in der BRD vgl. Weiss, Sheila Faith: After the Fall. Political Whitewashing, Professional Posturing, and personal Refashioning in the Postwar Career of Otmar Freiherr von Verschuer. In: Isis, Vol. 101 (2010), Nr. 4, S. 722–758.
**201** Editorial: The Case for Eugenics, Family Life 18 (1958), Nr. 2, S. 1–2. Popenoe, Paul: A French Eugenic Garden City, Family Life 20 (1960), Nr. 6, S. 3–4. Popenoe, Paul / Phillips, C. E: Heredity and Marriage Counseling, Family Life 22 (1962), Nr. 10, S. 1–4. Popenoe, Paul / Phillips, C. E: Heredity and Marriage Counseling" Family Life 23 (1963), Nr 2. S. 1–5. Popenoe, Paul: Family Strength and Mental Health. Family Life 29 (1969), Nr. 12, S. 1–3.
**202** Popenoe, Paul: What is Marriage Counseling? Family Life 15 (1955), Nr. 7, S. 5–6. Popenoe, Paul: Family Life 15 Years From NOW" Family Life 18 (1958), Nr. 8, S. 1–2. Popenoe, Paul: Happiness in Marriage. Family Life 19 (1959), Nr. 7, S. 1–2. Popenoe, Paul: The Role of Men in the Modern Family. Family Life 21 (1961), Nr. 7, S. 1–4. Popenoe, Paul: Family Crisis. Family Life 23 (1963), S. 1–4. Popenoe, Paul: Toward Fewer Divorces. Family Life 29 (1969), Nr. 11, S. 1–3.

und insbesondere der NS-Euthanasie fand in der Zeitschrift nicht statt, weder vor 1945 noch danach.

Noch in den 1950er Jahren dominierten dagegen Rezensionen der Werke deutscher Eugeniker, Humangenetiker und Bevölkerungswissenschaftler den Besprechungsteil von *Family Life:* So wurden die Nachkriegsschriften ehemals prominenter NS-Wissenschaftler wie Hans F. K. Günther, Hermann Werner Siemens, Otmar Freiherr von Verschuer, Hans Harmsen oder Friedrich Wilhelm Burgdörfer in *Family Life* interessiert und zumeist positiv besprochen.[203] Besonders interessant – wegen der engen Verbindungen zwischen Verschuer und der amerikanischen Eugenikbewegung – sind die Würdigungen von Otmar Freiherr von Verschuers Publikationen durch Popenoe. Im Jahr 1955 erschien eine knappe, aber positive Besprechung von Verschuers Buch „Wirksame Faktoren im Leben des Menschen" (Wiesbaden 1954), die hervorhob, das Verschuer hier die Ergebnisse aus 25 Jahren Zwillingsforschung vorlege und er fraglos zu den besten Experten in diesem Gebiet gehöre. Seine Arbeit „Eugenik" (Witten 1966) wurde im Jahr 1967 positiv als „first book on eugenics that has appeared in Germany since 1945" vorgestellt.[204] Zusätzlich veröffentlichte das Journal Werbung für die Publikationen der *American Eugenics Society,* in Sonderheit für die Publikationen Frederik Osborns und Paul Popenoes. Als dessen Standardwerk „Applied Eugenics" (mit Roswell H. Johnson) von 1918 im Jahr 1957 nicht wieder aufgelegt wurde, konstatierte *Family Life,* dass mittlerweile die Zahl der Lehrangebote zum Thema „Eugenik" an Colleges und Universitäten stark gesunken sei. Dies sei jedoch als Erfolg der Eugenikbewegung zu verstehen, denn „the subject has been absorbed into other courses such as social problems, family relations, and social psychology."[205] Ende der 1950er Jahre verschob sich der Schwerpunkt der Rezensionen von der Eugenik zu Techniken der Bevölkerungskontrolle („population control"), seit den frühen 1960er Jahren ergänzt um Anwendungsbeispiele genetischer Beratung („genetic counseling"). Dabei verloren weder das AIFR noch

---

**203** Vgl. z. B. die Besprechungen von Hans F. K. Günthers Arbeiten „Formen und Urgeschichte der Ehe" (Göttingen 1951) sowie „Gattenwahl" (München 1951) in Family Life 12 (1952), Nr. 1, S. 4; Nr. 2, S. 10. Friedrich Burgdörfer wurde in der Besprechung seines Werkes „Bevölkerungsdynamik und Bevölkerungsbilanz" (München 1951) als „probably the leading expert in population statistics in Germany" vorgestellt, Family Life 12 (1952), Nr. 6, S. 9. Die Rezension der Neuauflage von Hermann Werner Siemens Handbuch „Grundzüge der Vererbungslehre, Rassenhygiene und Bevölkerungspolitik" (München 1952, Erstausgabe Berlin 1921 unter dem Titel „Einführung in die allgemeine Konstitutions- und Vererbungspathologie") lobte die Zeitschrift als unverzichtbares Grundlagenwerk. Family Life 12 (1952), Nr. 5, S. 10.
**204** Family Life 15 (1955), Nr. 3, S. 10. Family Life 17 (1967), Nr. 5, S. 9.
**205** Notes from the AIFR, Family Life 17, Nr. 5 (1957), S. 3.

Paul B. Popenoe die Eugenik völlig aus den Augen. So findet sich noch im Jahr 1969 ein dezidiertes Bekenntnis zur Eugenik in *Family Life:*

> The fundamental position of eugenics was, and is, that important human traits are inherited, and that survival of a nation is possible only if a majority of births are in families that can produce children who are mentally and physically sound rather than defective.[206]

Im gleichen Jahr erschien auch eine positive Besprechung des neuen Werkes von Frederik Osborn „The Future of Human Heredity" (1968), in welchem der Doyen der amerikanischen Eugenikbewegung der Nachkriegszeit versuchte, die Eugenik in die Gesellschaft der 1960er Jahre hinüberzuretten.[207] Es ist aufschlussreich, dass Osborn zu diesem Zweck eine Verbindung herstellte zwischen genetischer Qualität und sozialer Leistungsfähigkeit sowie dem Bekenntnis zu „amerikanischen" Normen und Werten, wie aus einem von *Family Life* abgedruckten Zitat hervorgeht:

> The new eugenic policies do not give offense to the habits and customs established in the long experience of mankind; they are compatible with the highest American ideals; they propose to reinforce trends that are already under way and to reinforce them in ways which the public is wholly willing to accept. Everyone wants children to be wanted children, born to parents who will give them homes were they will have the best and most affectionate care and a fine parental example. Achievement in building a home as well as success in other aspects of life constitutes a eugenic criterion today just as it did during the long period of man's evolution when achievement meant survival. Proposals based on such criteria are the best we can be sure of at present. They are fully acceptable to the public.[208]

---

**206** In einer kritischen Besprechung der historischen Analyse der Eugenik-Bewegung von Donald K. Pickens: Eugenics and the Progressives, Nashville 1968. Family Life, 29 (1969), Nr. 12, S. 9–10. Ein Beispiel für eine weiterhin positive Würdigung von Texten zur Eugenik ist die Besprechung von Otmar Freiherr von Verschuer: Eugenik, Witten 1966, Family Life 27 (1967), Nr. 6, S. 9.

**207** FREDERIC OSBORN (1889–1981) gehört zu den prominenten Befürwortern der Eugenik in den USA nach dem Zweiten Weltkrieg. Von 1946 bis 1952 Präsident der AES, verlagerte Osborn die Aktivitäten der Organisation in den Bereich von Bevölkerungspolitik und -kontrolle, ersetzte negative Eugenik durch die Forderung nach positiver Eugenik, ohne jedoch die Zielsetzung einer Verbesserung der Erbsubstanz der US-Gesellschaft an sich aufzugeben. An der Universität Princeton gründete er das *Office of Population Research*, das älteste Institut für Bevölkerungsforschung in den USA. Osborn war Mitbegründer der Zeitschrift *Eugenics Quarterly*. Osborn, Frederic: The Future of Human Heredity: An Introduction to Eugenics in Modern Society, New York 1968.

**208** Rezension von Frederic Osborn: The Future of Human Heredity: An Introduction to Eugenics in Modern Society, Family Life 29 (1969), Nr. 5, S. 7–8.

Auch Popenoe und die Experten des AIFR begannen in den 1950er und 1960er Jahren das Postulat der genetischen Verbesserung der Bevölkerung durch eugenische Maßnahmen mit der populären Forderung nach Eindämmung des Bevölkerungswachstums zu verbinden.[209] Anstatt genetische und soziale Defekte und deren Prävention in den Vordergrund zu stellen, argumentierten Popenoe und das AIFR genau wie Osborn nun mit sozialer Leistungsfähigkeit und der Akzeptanz von Familiennormen als Kriterien für eine positive Eugenik durch Förderung der vermeintlich „Besseren", was sich als sehr effektiv in der Popularisierung der Eugenik erwies.[210] Bis zum Beginn der 1960er Jahre verhießen Popenoes Eheratgeber und auch die Beratungspraxis des AIFR die Vereinbarkeit von moderner Gesellschaft und traditionellen Werten – und vermittelten vielen Amerikanern ein Gefühl von privater Beständigkeit in einer Phase politischer Unsicherheit.[211] Erst mit dem Aufkommen der zweiten Phase der Frauenbewegung und deren Eintreten für das Recht auf Abtreibung verlor Popenoes biologistisch begründeter Gender-Konservatismus seine Überzeugungskraft.[212] Allerdings verschwanden hiermit weder eugenische Argumente noch die biologistische Aufladung der Familie als Basis der Nation aus der akademischen wie öffentlichen Diskussion. Dies illustrieren beispielweise die Diskussionen um Struktur und Werte der African American Families in den 1960er Jahren, das *Zero Population Growth Movement* der 1960er und 1970er Jahre und die Wohlfahrtspolitik der 1980er und 1990er Jahre, die jeweils genetischen „Wert" mit sozialer Leistungsfähigkeit korrelierten. Wann immer Sozialexperten ein prinzipielles, wissenschaftlich legitimiertes Eingriffsrecht reklamierten, um die reproduktiven Rechte der armen, nicht-weißen Bevölkerung (African Americans, Mexican Americans, Wohlfahrtsempfängerinnen) zu beschneiden, knüpften sie indirekt an die Festschreibung unterschiedlicher

---

**209** The Case for Eugenics. Family Life, XVIII, Nr. 2 (1958), S. 1–2. Im Jahr 1959 verwies Family Life auf eine Aussage des britischen Bevölkerungswissenschaftlers L.N. Jackson in den „News of Population and Birth Control" von Januar 1959, der betonte „Eugenic Sterilization should be more widely used in many countries to reduce the excessive birthrate" und sich damit auf das Beispiel Indiens berief. Family Life, XIX, Nr. 2 (1958), S. 4–5. Im gleichen Jahr berichtete die Zeitschrift ferner über Sterilisationsexperimente in Puerto Rico und zitierte den Vorsitzenden der International Planned Parenthood Federation, C.P. Blacker, mit der Bemerkung, dass Eugenik im Atomzeitalter besonders wichtig sei, da hochintelligente junge Leute gebracht würden. Family Life, XIX, Nr. 6 u. Nr. 7 (1959). Die Genese des „genetic counseling" als Wissenschaft, Beruf und soziale Praxis analysiert Stern, Telling Genes.
**210** Ladd-Taylor, Eugenics, S. 318.
**211** Zum Bedürfnis nach Familie und Geborgenheit in den ersten Jahrzehnten des Cold War vgl. Taylor May, Homeward Bound. Ladd-Taylor, Eugenics, S. 320.
**212** Ladd-Taylor, Eugenics, S. 320.

„Wertigkeiten" von Individuen und Gruppen durch die Eugenikbewegung an.[213] In der zeitgenössischen Evolutionsbiologie findet sich zudem eine Revitalisierung der biologistischen Geschlechterrollenfestschreibung, hierauf hat die Gender-Theoretikerin Joan W. Scott bereits 2001 hingewiesen.[214]

Folglich illustriert die erstaunliche Karriere des Eugenikers und Eheberaters Paul B. Popenoe auch die Notwendigkeit, die Geschichte der Eugenik unter Anlegung einer Langzeitperspektive zu analysieren. Den biologistischen Konzeptionen von Gender und Gesellschaft, die zusammen mit dem Eingriffsrecht des Staates den inhaltlichen Kern der Eugenik-Bewegung ausmachten, war eine weitaus längere Aktualität beschieden.

## 2.6 Zwischenfazit: Der Staat und die Familie in den 1920er und 1930er Jahren

Die Auseinandersetzungen um Eugenik, Sterilisationen und Vorstellungen von „guter Mutterschaft" in Expertenpublikationen und Presseberichten der 1920er und 1930er Jahre zeigen, wie der Staat die Familie – und hierin insbesondere die Mutter mit ihrer reproduktiven Funktion – als Objekt der Politik entdeckte. Angesichts der gesellschaftspolitischen Umbrüche nach dem Ende des Ersten Weltkrieges (Frauenbewegung, Frauenwahlrecht, Frauenarbeit), der Weltwirtschaftskrise (Eindruck einer „Krise der Familie", Binnenmigration, New Deal als erstes nationales Programm zur Sozialreform), aber auch des wissenschaftlichen Fortschritts (Genetik, Hygiene, Reproduktion) sowie der fortdauernden Immigration forderten Wissenschaftler, Journalisten und Politiker gleichermaßen eine Stärkung der amerikanischen Familie, die sie als Abbild der Nation betrachteten.

Dabei ist es jedoch wichtig, soziale Umbrüche von nur „gefühlten" Problemlagen zu trennen: Da die Immigration seit 1924 strikt reduziert war und die Fertilität der nicht-weißen Bevölkerungsminderheit in gleichem Maße sank wie diejenige der weißen Mehrheit, konnte ab Mitte der 1920er Jahre von einem „Bevölkerungsdruck" der „Unerwünschten" nicht die Rede sein. Dennoch mobilisierten die Protagonisten der Eugenik-Bewegung erfolgreich das Szenario des drohenden „race suicide" des weißen Amerikas, um Sterilisationsgesetze auf Staatenebene durchzusetzen. Die Forderung nach „Scientific Motherhood" hingegen reagierte nicht nur auf die neue Wertschätzung der Kindheit und des

---

213 Hierzu vgl. die Kapitel 4 und 5 sowie Heinemann, Social Experts. Ladd-Taylor, Eugenics, deutet diese Entwicklungslinie zwar an, verfolgt sie aber nicht weiter.
214 Scott, Joan W.: Millenial Fantasies. The Future of „Gender" in the 21st Century, in: Honegger, Claudia / Arni, Caroline (Hg.): Gender. Die Tücken einer Kategorie, Zürich 2001, S. 19–38.

Kindes, sondern auch auf die durch medizinischen Fortschritt erreichte Reduktion der Kindersterblichkeit. Gleichzeitig bot sie ein Einfallstor für den Versuch einer eugenisch gelenkten Steuerung der Reproduktion.

Insbesondere die noch relativ junge Spezies der Sozialexperten erwies sich als gut gerüstet, diese sozio-ökonomischen und mentalen Kontingenzen zu verarbeiten und ihnen mit simpel formulierten praktischen Handlungsanweisungen zu begegnen. In den Initiativen selbsternannter Experten und Reformer zur Verbesserung der amerikanischen Familie lässt sich eine überraschend klare Linie von der „Scientific Motherhood" zur Eugenik und schließlich zur erbbiologisch informierten Ehe- und Familienberatung ziehen: Die Forderung nach „Scientific Motherhood" zur Verbesserung von Schwangerschaft, Geburt und Kinderaufzucht mündete zunächst in die Forcierung und Popularisierung der noch jungen Eugenik, unter anderem im Medium des Wettbewerbs (*Better Babies Contests* und *Fitter Families Contests*). Durch ihre Idealisierung der „rural family" im Angesicht von Binnenmigration und sinkender Geburtenrate lieferten die *Fitter Family Contests* ein Gegenbild zu den Herausforderungen der Moderne, wobei sie sich zugleich moderner wissenschaftlicher Techniken bedienten. Sie schufen also die Vision einer rückwärtsgewandten Modernisierung mit Hilfe von Eugenik und durch Betonung traditioneller Familienwerte. Die Vertreter der Eugenik-Bewegung schließlich präsentierten die Eugenik als hochmoderne und effektive Methode, das Recht auf selbstbestimmte Reproduktion von biologistischen Parametern abhängig zu machen. Dass eine „positive Eugenik" (Förderung „hochwertigen" Nachwuchses für die Nation) auch Zwangsmaßnahmen wie Sterilisationen und Eheverbote einschloss, legitimierten die Experten mit ökonomischen und gesundheitspolitischen Vorteilen. Unter dem Eindruck der nationalsozialistischen Rassenpolitik und des sich abzeichnenden Kalten Krieges begann dann in den USA die Transformation der Eugenik in eine genetisch informierte Ehe- und Familienberatung. Letztere basierte weiterhin auf einem System der biologistisch begründeten Ungleichheiten, welches an der Familie als Abstammungsgemeinschaft exemplifiziert wurde. Die Ehe wurde dagegen hauptsächlich auf ihre reproduktive Funktion zum Wohle der Nation reduziert.

Die erstaunliche Karriere Paul B. Popenoes, der es vom Dattelzüchter und kalifornischen Eugeniker der 1920er Jahre ab 1930 zum national anerkannten Ehe- und Familienberater, „America's Mr. Marriage", brachte, verdeutlicht idealtypisch die Kontinuität biologistischen Denkens über Familie und Reproduktion in den USA. In seinem Versuch, die erbbiologische Substanz der amerikanischen Familie zu verbessern, Ehescheidung und Kinderlosigkeit zu bekämpfen und die Ratsuchenden mit wissenschaftlichen Erkenntnissen zu konfrontieren, ging es Popenoe ganz dezidiert um die weiße Ober- und Mittelschicht Kaliforniens und um die Aufrechterhaltung traditioneller, „natürlicher" Gendernormen (mit allenfalls

## 2.6 Zwischenfazit: Der Staat und die Familie in den 1920er und 1930er Jahren — 163

moderaten Anpassungen in Form eines partnerschaftlichen Eheverständnisses). Dieses traditionelle Verständnis der Kategorien *Race, Class* und *Gender*, verpackt im modernen Gewand einer anwendungsbezogenen Reproduktionswissenschaft, machte Popenoes Überlegungen ab den 1930er Jahren in hohem Grade anschlussfähig, und zwar weit über den Kreis der amerikanischen Eugeniker hinaus. Ein Übriges tat die Verheißung der Vereinbarkeit moderner Zivilisation mit traditionellen Werten und sozioökonomischer Leistungsfähigkeit, heruntergebrochen auf das Beispiel der Familie als Mikrokosmos der Nation.

Im Hinblick auf das Verhältnis von Staat und Individuum im Spiegel der Familie lässt sich an dieser Stelle festhalten, dass mit dem Supreme Court Urteil zur Legalisierung der Sterilisation psychisch und körperlich kranker Menschen 1927 und der Umsetzung entsprechender bundesstaatlicher Sterilisationsgesetze der Staat zu deutlichen Eingriffen in die Familie bereit war, legitimiert durch eugenisch eingestellte Sozialexperten. Dabei stand auch hier deutlich die Frau als Mutter potentiell erbkranken Nachwuchses im Vordergrund, sowohl in den Diskussionen als auch hinsichtlich der konkreten Sterilisationszahlen.

Mit dem präzedenzlosen Anstieg der Frauenarbeit während des Zweiten Weltkrieges und den Vorläufern der zweiten Welle der Frauenbewegung gewann die Auseinandersetzung um arbeitende Mütter und deren Reproduktion sowie um die Auswirkungen von Frauenerwerbstätigkeit auf die amerikanischen Familien an Schärfe. Dabei traten die biologistischen Elemente der Debatte sukzessive hinter soziale Argumente zurück. Diese Debatte um Frauenarbeit und Familienwerte steht im Fokus des folgenden Kapitels.

# 3 „Working Women, Domesticity and the Expert": Öffentliche Debatten und Expertendiskurse über Frauenarbeit und Mutterschaft, 1940 – 1970

Unter der Frage „What Is Happening to the American Family?" stellte die Anthropologin Margaret Mead im Jahr 1947 Überlegungen zum Wandel der Familienstruktur und der Normen und Werte der US-Familie nach dem Zweiten Weltkrieg an. In verschiedenen Forschungsprojekten hatte Mead die Auswirkungen der sozialen und geographischen Mobilität während des Krieges auf die US-Gesellschaft erforscht und dabei die Familie besonders in den Blick genommen.[1] Neben strukturellen Veränderungen wie dem Wegfall von Familiennetzwerken und dem Trend zu hastig geschlossenen Ehen im Angesicht des Krieges diagnostizierte sie auch gravierende Auswirkungen einer neuen Kultur der Wahlfreiheit („choice") auf die amerikanischen Frauen, insbesondere verheiratete Frauen und Mütter:

> The only group to whom we have given no choice is married women. […] Women in our society are still a status group; if they marry, certain sorts of behavior are expected from them. I do not think at all that most married women do not want to stay at home, but I

---

[1] MARGARET MEAD (1901–1978) war Kulturanthropologin, deren Forschungen zu Samoa – insbesondere die Studie „Coming of Age in Samoa" (1928) – sie in den 1930er Jahren weltberühmt machten. Von den 1940er bis zu den 1970er Jahren war sie eine der gefragtesten Expertinnen in den amerikanischen Medien, ihre Themen reichten von der Familie und Genderrollen über Kindererziehung und Persönlichkeitsbildung zu Diagnosen sozialen Wandels. Während des Zweiten Weltkrieges leitete Mead zunächst das *Committee on Food Habits*, eine Abteilung des *National Research Council*, zu Fragen der Kriegsernährung und der Stärkung der Heimatfront. Diese Arbeiten führten zur Studie „And Keep Your Powder Dry" (1942), weniger ein Buch über Kriegswirtschaft, denn eine Studie über Kultur und „national character" der USA. Später war sie gemeinsam mit der Anthropologin Ruth Benedict für das *Office of War Information* tätig und erforschte die japanische Kultur. Während Benedict als Resultat ihr einflussreiches „The Chrysanthemum and the Sword" (1946) über die japanische Gesellschaft veröffentlichte, entwickelte Mead das Konzept einer Analyse fremder Kulturen aus der Distanz, „Study of Culture at a Distance" (1953). In der unmittelbaren Nachkriegszeit konzentrierte Mead dann ihre Analysen auf die Frage nach den Bedingungen sozialen Wandels und der Rolle der Anthropologie hierbei. Zu Meads Beobachtungen über den Wandel der Geschlechterrollen vgl. ihr einflussreiches Buch „Male and Female. A Study of Sexes in a Changing World", London 1949. Dies: And Keep Your Powder Dry: An Anthropologist Looks at America, New York 1942. Bowman-Kruhm, Mary: Margaret Mead: A Biography, Westport / London 2003. Ihr Nachlass befindet sich in der Library of Congress, Manuscript Division. Zu Mead vgl. auch Kapitel 6 dieser Studie.

do think that most married women would like not to have it taken quite so for granted that they should stay home. If they were given a choice, most of them would stay home.²

Damit verweist die Anthropologin auf eine wichtige Debatte, die in den USA nach dem Zweiten Weltkrieg erbittert geführt wurde, die Frage des Für und Wider der Berufstätigkeit von Frauen und insbesondere Müttern. Hierbei ging es um die von Mead angesprochene Wahlfreiheit der Frau, ihre Chance auf Selbstentfaltung, aber auch um mögliche Konsequenzen für die Kinder, für das Verhältnis der Geschlechter und schlussendlich für die Familie und ihre Werte als Kerneinheit der Gesellschaft.³ Auf den ersten Blick stellte sich den Zeitgenossen das männliche Rollenbild dagegen sehr viel homogener dar. Dies hatte der Soziologe Talcott Parsons etwa zeitgleich mit Mead festgehalten:

> The American masculine role does not seem to display a structural ambivalence at all comparable to that of the feminine. Its firm anchorage in the occupational structure seems to be the principle explanation of this. Virtually the only way to be a real man in our society is to have an adequate job and earn a living.⁴

Dass auch Männer und Familienväter der 1950er Jahre mit Ambivalenzen rangen, haben dagegen bereits David Riesman und C. Wright Mills in ihren Studien der Angestellten aus der weißen Mittelschicht beschrieben. Riesmans „The Lonely Crowd" (1950) wie auch Mills „White Collar" (1952) bemängelten die „Fremdsteuerung" der Angestellten in der modernen Industriegesellschaft, die sich vereinsamt und konform in der Masse der Arbeitenden bewegten und so von „Fe-

---

2 Mead, Margaret: What is Happening to the American Family? Religion Is the Support of the Family, but the Family is also the Support of Religion, in: Pastoral Psychology 1 (1950), No. 5, S. 40–50. (Erstmals erschienen 1947 im Journal of Social Casework).
3 Mead, Margaret: What's the Matter with the Family?, in: Harper's Magazine 190 (1945), April, S. 393–399.
4 Parsons, Talcott: The Social Structure of the Family, in: Anshen, Ruth Nanda (Hg.): The Family. Its Function and Destiny, New York 1949, S. 173–201, hier 199. Dagegen zeigt Ralph LaRossa, wie sich das Vaterschaftsideal in den 1950er Jahren von einem mehr auf Teilhabe an der Kindererziehung ausgerichteten Selbstverständnis zu einer stärkeren Privilegierung des Ernährers entwickelte. Jürgen Martschukat und James Gilbert hingegen haben die Ambivalenzen des weißen Männlichkeitsideals der 1950er Jahre zwischen Selbst- und Fremderwartung, Ernährer-Rolle und vermeintlicher "Krise der Männlichkeit" untersucht. LaRossa, Ralph: The Culture of Fatherhood in the Fifties. A Closer Look, in: Journal of Family History 29 (2004), Nr. 1, S. 47–70. Gilbert, James Burkhart: Men in the Middle. Searching for Masculinity in the 1950s, Chicago / London 2005. Martschukat, Jürgen: Die Ordnung des Sozialen. Väter und Familien in der amerikanischen Geschichte seit 1770, Frankfurt a.M. 2013.

minisierung und Entmännlichung" bedroht seien.[5] Die Handlungsfähigkeit und Selbstständigkeit, die sie von verantwortungsvollen Männern und Familienvätern forderten, wollten sie dagegen Frauen nicht zugestehen. In diesem Spannungsfeld zwischen Sozialgeschichte, männlichen und weiblichen Rollenzuschreibungen und Familienwerten bewegt sich das folgende Kapitel und analysiert sowohl öffentliche Debatten als auch Expertendiskurse über Mutterschaft und Frauenarbeit von den 1940er bis zu den 1960er Jahren.

Grundsätzlich gilt, dass die Situation von Familien und insbesondere Frauen in der unmittelbaren Nachkriegszeit eine der am besten erforschten Phasen der US-Geschichte darstellt. In den letzten 20 Jahren erschienen zahlreiche Studien, welche Mütterkonzepte, Häuslichkeit und Babyboom, die Nachkriegsfamilie und die Frage nach weiblicher Berufstätigkeit in den Blick nahmen.[6] Dabei sind verschiedene Interpretationslinien zu unterscheiden: So hat die ältere Forschungsliteratur die 1950er Jahre überwiegend als Zeit der Wiedereinsetzung vermeintlich tradierter Geschlechterrollen beschrieben, nach einer kurzen Phase weiblicher Berufstätigkeit und größerer Unabhängigkeit während des Zweiten Weltkrieges.[7] Die Entstehung vorstädtischer Reihenhaussiedlungen im Gefolge der GI-Bill of Rights wurde zum Sinnbild einer „new domesticity" und erneuten Hinwendung zur Familie, die der Babyboom dann auch demographisch nachvollzog. Die Sehnsucht nach Privatheit und kleinem Glück im Schatten des Kalten Krieges wurde durch zeitgenössische TV-Sitkoms („Leave it to Beaver", „Ozzie and Harriet", „Father knows Best") zugleich visualisiert und ikonisiert, wobei die ge-

---

5 Mills, Charles W.: White Collar. The American Middle Classes, New York 1952. Riesman, David: The Lonely Crowd. A Study of the Changing American Character, Garden City 1954 (Erstausgabe 1950). Hierzu vgl. auch Martschukat, Ordnung des Sozialen, S. 281.

6 Zuletzt Brumberg, Johanna: Die Vermessung einer Generation: Die Babyboomer und die Ordnung der Gesellschaft im US-Zensus zwischen 1940 und 1980, Göttingen 2015. Weitere einschlägige Forschungsvorhaben laufen oder sind noch nicht erschienen, so die Dissertation von Anna Bostwick Flaming an der University of Iowa, „The Most Important Person in the World": The Changing Political and Cultural Meanings of the Modern American Housewife, die Dissertation von Elizabeth Singer More an der Harvard University, Best Interests: Feminism, Social Science, and the Revaluing of Working Mothers in Modern America, (Department of History, Harvard University, 2012).

7 May, Elaine Tyler: Homeward Bound. American Families in the Cold War Era, Boston 1988. Evans, Sara M.: Born for Liberty. A History of Women in America, New York 1991. Anderson, Karen: Wartime Women. Sex Roles, Family Relations, and the Status of Women During World War II, Westport 1981. Varenne, Hervé: Love and Liberty. Die moderne amerikanische Familie, in: Burguiere, André (Hg.): Geschichte der Familie, Bd. 4, 20. Jahrhundert, Frankfurt a. M. / New York / Paris 1998, S. 59–90. Differenzierter Coontz, Stephanie: The Way We Never Were. American Families and the Nostalgia Trap, New York 1992. Chafe, William H.: The Paradox of Change. American Women in the 20th Century, New York 1991.

zeigten Kernfamilien immer der weißen Mittelschicht angehörten.[8] Wie wirkungsmächtig diese ethnisch und sozial extrem selektive Repräsentation der Familie der 1950er Jahre war, zeigte sich beispielsweise in den 1980er Jahren, als Ronald Reagan die fünfziger Jahre zum „golden age of the family" erklärte und sich dabei explizit auf die heile Welt der Sitkoms berief.[9] Seit den 1990er Jahren traten jedoch die Ambivalenzen der amerikanischen Familie der 1950er Jahre in Form weiblicher Berufstätigkeit und Geschlechterrollenkonflikten verstärkt in den Blickpunkt der Forschung, wie sich an neuen Arbeiten über Mutterschaft, Hausfrauen und „cultures of fatherhood" ablesen lässt.[10] Insbesondere wurde geklärt, dass die Lebenswirklichkeiten der Amerikanerinnen und Amerikaner vielfältiger waren, als es die überwiegend konservative Familienrhetorik in Medien, Politik und Expertenschrifttum vermuten ließ. Zudem konnte herausgearbeitet werden, dass die Erfindung der „modern isolated nuclear family" mit klar umrissenen Genderrollen durch die Soziologie nicht einfach in der Wiederbelebung tradierter „victorian morals" bestand, sondern selbst eine zeitgenössische Neuentwicklung darstellte.[11]

Der neue Blick auf die Gleichzeitigkeit widersprüchlicher Handlungsoptionen von Frauen in den 1950er Jahren kommt nicht von ungefähr, standen doch Frauen

---

**8** Leibman, Nina C.: Living Room Lectures. The Fifties Family in Film and Television, Austin 1995. Taylor, Ella: Prime Time Families. Television Culture in Postwar America, Berkeley / Los Angeles / London 1989. Haralovich, Mary Beth: Sit-coms and Suburbs. Positioning the 1950s Homemaker, in: Cameron, Ardis (Hg.): Looking for America. The Visual Production of Nation and People, London / Boston 2004, S. 238–263.
**9** Coontz, The Way We Never Were, S. 23–25,
**10** Meyerowitz, Joanne (Hg.): Not June Cleaver. Women and Gender in Postwar America, 1945–1960, Philadelphia 1994. Metzl, Jonathan M.: 'Mother's Little Helper'. The Crisis of Psychoanalysis and the Miltown Resolution, in: Gender & History 15 (2003), Nr. 2, S. 228–255. Weiss, Jessica: To Have and to Hold. Marriage, the Baby Boom and Social Change, Chicago / London 2000. Plant, Rebecca Jo: Mom. The Transformation of Motherhood in Modern America, Chicago 2010. Apple, Rima / Golden, Janet (Hg.): Mothers and Motherhood. Readings in American History, Columbus 1997. Schon in den 1980er Jahren hatte Eugenia Kaledin die vielfältigen Handlungsoptionen von Frauen in den 1950er Jahren beschrieben. Kaledin, Eugenia: Mothers and More: American Women in the 1950s, Boston 1984. More, Elizabeth Singer: „The Necessary Factfinding Has Only Just Begun". Women, Social Science, and the Reinvention of the 'Working Mother' in the 1950s, in: Women's Studies 40 (2011), Nr. 8, S. 974–1005. Zu Männlichkeiten vgl. u. a. Kimmel, Michael: Manhood in America. A Cultural History, New York 1996. Gilbert, Men in the Middle. LaRossa, Ralph: The Modernization of Fatherhood: A Social and Political History, Chicago 1997. Ders., The Culture of Fatherhood. Martschukat, Ordnung des Sozialen.
**11** Dies ist einer der Erträge unserer Forschungsgruppe. Hierzu vgl. die Beiträge in Heinemann, Isabel (Hg.): Inventing the „Modern American Family": Family Values and Social Change in 20th Century USA, Frankfurt a.M. 2012.

in den USA während des gesamten 20. Jahrhunderts im Fokus von öffentlichen Debatten, die ihre biologische und soziale Funktion als Mütter und Erzieherinnen von künftigen Staatsbürgern reflektierten und Herausforderungen an diese traditionelle Geschlechterrolle verhandelten.[12] Nach einer intensiven Erörterung der vermeintlichen Folgen von Frauenwahlrecht und Ehescheidung zu Beginn des Jahrhunderts und der Forderung nach „reproductive morality" der 1920er und 1930er Jahre, erlebte die Diskussion um Frauenrechte und Geschlechterrollen in der Zeit vom Eintritt der USA in den Zweiten Weltkrieg bis zur Hochphase der sozialen Protestbewegungen Ende der 1960er Jahre einen weiteren Höhepunkt. Dabei war das Verhältnis von Häuslichkeit, Frauenarbeit und Reproduktion Gegenstand der öffentlichen Debatten. Diese wurden mehr und mehr von Experten – männlichen wie weiblichen Medizinern, Sozialwissenschaftlern und Psychologen – auf der einen und Aktivistinnen – Frauenrechtlerinnen, Feministinnen, engagierten Journalistinnen – auf der anderen Seite geprägt.[13] Aber auch die Stimmen „einfacher" Frauen und Mütter waren vernehmbar, etwa als Autorinnen von Leserbriefen oder Aktivistinnen in Grass-Roots-Bewegungen. Besondere wirksam wurden jedoch die Äußerungen von männlichen und weiblichen Sozialexperten, da diese einerseits für die graduelle Anpassung des Mutterideals an soziale und kulturelle Wandlungsprozesse sorgten und andererseits selbst als Befürworter und Befürworterinnen oder Kritiker und Kritikerinnen gesellschaftlichen Wandels wirkten. Dabei sind zwei wichtige Beobachtungen festzuhalten: Zum einen trugen auch liberale Sozial- und Kulturwissenschaftler (wie die von Joanne Meyerowitz

---

[12] Diese Rolle als Hüterin des Heimes und insbesondere Erzieherinnen künftiger Staatsbürger steht in der Tradition der „republican motherhood" seit den Tagen der frühen Republik, die der bürgerlichen Frau so eine ganz spezifische Aufgabe zumaß, die über die reine Bewahrung häuslicher Tugenden hinausging. Dem steht für das 19. Jahrhundert die These eines eher statischen bürgerlichen Weiblichkeitsideals entgegen, welches Barbara Welter als „piety, purity, submissiveness and domesticity" beschrieben hat. Welter, Barbara: The Cult of True Womanhood: 1820–1860, in: American Quarterly 18 (1966), Nr. 2, Teil 1, S. 151–174. Kerber, Linda: Women of the Republic: Intellect and Ideology in Revolutionary America, Chapel Hill 1980. Boydston, Jeanne: Home and Work: Housework, Wages, and the Ideology of Labor in the Early Republic, New York 1994.

[13] Vgl. z.B. Komarovsky, Mirra: The Unemployed Man and His Family: The Effect of Unemployment Upon the Status of the Man in Fifty-nine Families, New York 1940. Dies.: Women in the Modern World. Their Education and Their Dilemmas, New York 1932. Farnham, Marynia F. / Lundberg, Ferdinand: Modern Woman. The Lost Sex, New York 1947. Wylie, Philip: Generation of Vipers, Champaign / London 2007 [Erstausgabe 1942]. Friedan, Betty: The Feminine Mystique, Reprint New York / London 2013 [Erstausgabe New York 1963]. Innovativ zur Rolle der Sozialwissenschaftlerinnen in dieser Debatte More, Necessary Factfinding. Zum „Momism" vgl. Plant, Mom und zu Friedans Bestseller Coontz, Stephanie: A Strange Stirring. The Feminine Mystique and American Women at the Dawn of the 1960s, New York 2011.

mit Verweis auf Michel Foucaults Konzept der Biopolitik untersuchten Mitglieder der „neo-Freudian culture-and-personality school") zur Verfestigung naturalistischer Gendervorstellungen bei.[14] Obgleich, wie Meyerowitz zeigen kann, die Anthropologen Margaret Mead, Ruth Benedict und Ashley Montague ebenso wie die Psychologen Karen Horney, Erich Fromm, Abraham Kardiner und Harry Stack Sullivan dafür eintraten, den biologistischen Determinismus der Eugenik-Bewegung zu überwinden, indem sie darauf verwiesen, dass „Rasse" ein kulturelles Konstrukt sei, etablierten sie zugleich eine neue Unterscheidung in „pathologisch" und „gesund" – nur eben auf der Basis sozio-kultureller Differenz. Da in Augen dieser Experten die Erziehung und frühkindliche Prägung des Individuums die entscheidende Rolle in der Erklärung von Neurosen und pathologischer Persönlichkeitsformation bildete (Homosexualität!), gelangten sie zur Forderung nach einer Re-Evaluierung der „natürlichen" Mutterrolle und zur Propagierung eines von Experten geleiteten „social engineering" mit dem Ziel einer Verbesserung der Gesellschaft. Ihre liberale „Biopolitik" schloss eine Aufwertung der Kindererziehung ebenso ein wie die Förderung der Reproduktion der weißen Mittelklasse zum Wohle der Gesellschaft. Zum anderen erlaubt der Blick auf die Sozialexperten sowie die von ihnen propagierten Methoden und Konzepte, die bisher herrschende Fixierung auf die politische und ökonomische Implementation von Reformprojekten (zumeist assoziiert mit dem Begriff „social engineering") zu überwinden und stattdessen den Diskurs um die Verbesserung der US-amerikanischen Gesellschaft der Jahrhundertmitte zu analysieren.[15] Gerade die Debatte um Reproduktion und die darin enthaltenen Konzepte von Gender und Familie zeigen anschaulich, wie die von Lutz Raphael beschriebene „Verwissenschaftlichung des Sozialen" auf diskursiver Ebene funktionierte und wie sich Motivation und Handlungsspielräume der Akteure darin verschoben.[16]

---

**14** Meyerowitz, Joanne: „How Common Culture Shapes the Separate Lives". Sexuality, Race, and Mid-Twentieth-Century Social Constructionist Thought, in: The Journal of American History 96 (2010), Nr. 4, S. 1057–1084. Foucault, Michel: Il faut defender la société. Cours au Collège de France 1976, Paris 1976.
**15** Etzemüller, Thomas (Hg.): Die Ordnungen der Moderne. Social Engineering im 20. Jahrhundert, Bielefeld 2009. Ders.: Social Engineering, Version: 1.0, in: Docupedia-Zeitgeschichte. Begriffe, Methoden und Debatten der zeithistorischen Forschung, URL: <www.docupedia.de/zg/So cial_engineering>. Ders.: Auf den Spuren einer gesellschaftspolitisch problematischen Formation: social engineering 1920–1960, in: Potsdamer Almanach des Zentrums für Zeithistorische Forschungen, Göttingen 2008, S. 39–47. Mindick, Burton: Social Engineering in Family Matters, New York 1986.
**16** Raphael, Lutz: Die Verwissenschaftlichung des Sozialen als methodische und konzeptionelle Herausforderung für eine Sozialgeschichte des 20. Jahrhunderts, in: Geschichte und Gesellschaft 22 (1996), S. 165–193. Ders.: Embedding the Human and Social Sciences in Western Societies,

Was jedoch von der historischen Forschung bisher nicht geklärt werden konnte, ist die Frage, wie die Verhandlung des gesellschaftlichen Leitbildes von Mutterschaft auf das dominante Familienideal einwirkte: Wie veränderten die sukzessive Durchsetzung der Frauenarbeit sowie die allmähliche Erweiterung der tolerierten Frauenrollen die Familienvorstellungen? Wie wichtig waren dabei Faktoren wie *Race* und *Class*, die Expansion der Frauenbildung und die Entwicklung einer Konsumkultur? Welche Rolle spielten liberale wie konservative Sozialexperten in den Diskursen, wann wurden sie in ihrer Deutungsmacht von arbeitswilligen (Ehe)Frauen herausgefordert? Und schließlich: Wie bedeutsam war die Nachkriegszeit überhaupt für die Verhandlung von Familienwerten und Geschlechterrollen in der US-Gesellschaft, wenn man eine Langzeitperspektive auf das gesamte 20. Jahrhundert einnimmt? Zur Beantwortung dieser Fragen wurden für den Zeitraum von 1940 bis 1970 neben der überregionalen Tagespresse (*New York Times, Washington Post, Chicago Tribune*), einschlägigen Frauenzeitschriften (*Good Housekeeping, Ladies' Home Journal*), einem African American Journal (*Ebony*, auszugsweise auch *Jet*) sowie der Zeitschrift der American Eugenics Society *Eugenics Quarterly* auch populäre Ratgeber und zeitgenössische wissenschaftliche Publikationen ausgewertet. So kann die in der Presse über „working women and motherhood" geführte Debatte mit den entsprechenden Expertendiskursen verglichen werden. Dieser Vergleich erweist – so die Kernthese des Kapitels –, dass unter dem steigenden Einfluss von Sozialexperten der Schwerpunkt der Diskussion verlagert wurde, von der Frage nach der grundsätzlichen Berechtigung und den ökonomischen Effekten von Frauenarbeit hin zu ihren Auswirkungen auf Fertilität und psychische Gesundheit der Frauen, womit aber immer nur weiße Amerikanerinnen gemeint waren. Damit wurde Frauenarbeit in den 1960er Jahren seitens der Experten zwar als gesellschaftliche Realität anerkannt, ihre Konsequenzen für die betroffenen Frauen, deren Familien und letztlich die US-Gesellschaft blieben jedoch umstritten.

## 3.1 Die Entwicklung der weiblichen Erwerbstätigkeit zwischen 1940 und 1970

Den Hintergrund der Debatte um „working women" und „working mothers" bildete zunächst der präzedenzlose Anstieg der Frauenarbeit während des Zweiten

---

1880–1980. Reflections on Trends and Methods of Current Research, in: Brückweh, Kerstin / Schumann, Dirk / Wetzell, Richard F. / Ziemann, Benjamin (Hg.): Engineering Society: The Role of the Human and Social Sciences in Modern Societies, 1880–1980. New York 2012., S. 41–56.

3.1 Die Entwicklung der weiblichen Erwerbstätigkeit zwischen 1940 und 1970 — 171

Weltkrieges – in Folge der kriegsbedingten Abwesenheit vieler Männer und des Arbeitskräftebedarfs der Rüstungsindustrie. Waren 1940 noch 27 Prozent aller Beschäftigten Frauen, so waren es im April 1944 nicht weniger als 35 Prozent (ungefähr 18,4 Millionen).[17] Dieser Trend sollte sich im weiteren Verlauf des 20. Jahrhunderts als unumkehrbar erweisen, abgesehen von einem vorübergehenden Einbruch in der unmittelbaren Nachkriegszeit.

**Tabelle 3.1:** Anteil von Frauen an der Erwerbsbevölkerung, 1900–1970

| | Frauen in der Erwerbsbevölkerung (1.000) | | | | Anteil der Frauen in Prozent (%) | | | |
|---|---|---|---|---|---|---|---|---|
| Year | Total | Single | Married | Other | Total | Single | Married | Other |
| 1900 | 4.997 | 3.307 | 769 | 920 | 20,6 | 43,5 | 5,6 | 32,5 |
| 1920 | 8.347 | 6.427 | 1.920 | ([18]) | 23,7 | 46,4 | 9,0 | ( ) |
| 1930 | 10.632 | 5.735 | 3.071 | 1.826 | 24,8 | 50,5 | 11,7 | 34,4 |
| 1940 | 13.840 | 6.710 | 5.040 | 2.090 | 27,4 | 48,1 | 16,7 | 32,0 |
| 1944 | 18.449 | 7.542 | 8.433 | 2.474 | 35,0 | 58,6 | 25,6 | 35,7 |
| 1950 | 17.795 | 5.621 | 9.273 | 2.901 | 31,4 | 50,5 | 24,8 | 36,0 |
| 1955 | 20.528 | 5.281 | 10.809 | 4.458 | 35,7 | 61,1 | 28,5 | 40,7 |
| 1960 | 23.240 | 5.410 | 12.893 | 4.937 | 37,7 | 58,6 | 31,9 | 41,6 |
| 1965 | 26.200 | 5.410 | 14.829 | 5.396 | 39,3 | 54,5 | 34,9 | 40,7 |
| 1970 | 31.543 | 7.265 | 18.475 | 5.804 | 43,3 | 56,8 | 40,5 | 40,3 |
| 1980 | 45.487 | 11.865 | 24.980 | 8.643 | 51,5 | 64,4 | 49,9 | 43,6 |
| 1990 | 56.829 | 14.612 | 30.901 | 11.315 | 57,5 | 66,7 | 58,4 | 47,2 |

Während des Zweiten Weltkrieges stieg der Anteil der verheirateten Frauen und Mütter über 35 Jahren an den weiblichen Arbeitskräften besonders stark an: Über 3,7 Millionen Frauen – von 6,5 Millionen Frauen, die in diesem Zeitraum erstmals eine Arbeit annahmen – gehörten zu dieser Kategorie.[19] Damit eröffneten sich für viele Frauen – trotz der Mehrfachbelastung durch Hausarbeit, Kindererziehung und Lohnarbeit – erstmals auch neue Chancen: Berufliche Weiterbildung, finanzielle Unabhängigkeit oder zumindest das Bewusstsein, aus eigener Kraft für

---

17 Siehe Graphik 3.1, vgl. auch Chafe, Paradox, S. 133.
18 Die Zahlen für Geschiedene und Witwen sind enthalten in der Rubrik „single".
19 Chafe, Paradox, S. 131.

den Unterhalt der Familie zu sorgen, ein neues Gefühl von Sinn und Selbstbestätigung sowie erweiterte Möglichkeiten zum Konsum. Deutliche Veränderungen ergaben sich für zahlreiche afro-amerikanische Frauen, die entweder erstmals Arbeit fanden oder aus einer Anstellung im Haushalt beziehungsweise in der Landwirtschaft zu einer besser bezahlten Stelle in der Industrie wechseln konnten. Dies wurde begleitet von einer intensiven Binnenmigration aus den ländlichen Regionen des Südens in die großen Zentren des Nordostens.[20] Dabei behinderte die fortgesetzte rassische Diskriminierung die berufliche Qualifizierung und dauerhafte Beschäftigung dieser Frauen nachhaltig, so dass die Historikerin Karen Anderson davon spricht, die besseren Beschäftigungschancen für Afroamerikanerinnen in der Kriegs- und Nachkriegswirtschaft seien lediglich ein „Mythos" – andere Bevölkerungsgruppen wie beispielsweise weiße Frauen und afroamerikanische Männer hätten viel mehr von der Kriegskonjunktur profitiert.[21] So füllten die 600.000 Afroamerikanerinnen, die während des Kriegs erstmals eine bezahlte Arbeit wahrnahmen, hauptsächlich die untersten Lohnkategorien in der Industrie und im Dienstleistungssektor. Auch nach 1945 blieben ihre Aufstiegs- und Qualifizierungschancen gering, beziehungsweise waren sie die ersten, die für die Wiederbeschäftigung der Kriegsheimkehrer ihre Arbeitsplätze räumen mussten.[22] Besonders wichtig für den Kontext dieser Arbeit ist jedoch das Urteil Andersons, dass sich Normen langsamer ändern als Konjunkturdaten:

> By stressing the modification of traditional patters fostered by rapid economic growth, scholars ignore the degree to which prejudices inhibited change and constrained the rate of economic expansion even in the face of strong patriotic, political, and economic incentives favoring expanded output at all costs. For black women, especially, what is significant about the war experience is the extent to which barriers remained intact.[23]

Dass der Anstieg der Erwerbsarbeit von Afroamerikanerinnen in den 1940er und 1950er Jahren zumindest unter verheirateten Frauen nicht so revolutionär ausfiel, wie lange vermutet, illustriert auch die folgende Graphik: Die Erwerbsarbeit

---

**20** Anderson, Karen: Changing Woman. A History of Racial Ethnic Women in Modern America, New York 1996.Changing Woman, S. 188–195.
**21** Anderson, Karen T.: Last Hired, First Fired. Black Women Workers during World War II, in: Journal of American History 69 (1982), No. 1, S. 82–97, insbes. 92–97. Dies., Changing Women, S. 191, 194. Dagegen vgl. die Position Freemans, der größere ökonomische Chancen für African American Women in der Nachkriegszeit festhält. Freeman, Richard B.: Changes in the Labor Market for Black Americans, 1948–72, in: Brooking Papers on Economic Activity 1(1973), S. 67–131, 119.
**22** Anderson, Last Hired, S. 82–83, 96–97.
**23** Anderson, Last Hired, S. 97.

verheirateter Afroamerikanerinnen stieg, aber in deutlich geringerem Tempo als dies für weiße Amerikanerinnen der Fall war. Allerdings ist damit die Ausweitung der Berufstätigkeit unverheirateter Afroamerikanerinnen noch nicht erfasst.[24]

Entgegen der populären Vorstellung von der klassisch strukturierten „cold war family" ging der Anteil der Frauen an der Erwerbsbevölkerung Mitte bis Ende der 1940er Jahre nur kurzfristig zurück. Nach Daten des *US Bureau of Census* arbeiteten 1950 nicht weniger als 31,4 Prozent aller Frauen im zivilen Sektor (und damit nur geringfügig weniger als noch 1944, als dies 35 Prozent taten), 1955 waren es dann schon wieder 35,7 Prozent – bei steigender Tendenz in den Folgedekaden.[25] Dabei ist auch von Bedeutung, dass sich das Verhältnis von alleinstehenden zu verheirateten Beschäftigten umzukehren begann: Waren 1940 noch knapp die Hälfte aller Arbeitnehmerinnen unverheiratet und nur etwa 36 Prozent verheiratet, überwogen bereits 1950 die Ehefrauen (52 Prozent) gegenüber den Alleinstehenden (32 Prozent). Der Anteil der geschiedenen Frauen und Witwen an der weiblichen Arbeitsbevölkerung blieb dagegen weitgehend gleich.[26] Ein weiterer Trend, der sich auch über das Jahr 1950 hinaus fortsetzte, war der Anstieg der Erwerbstätigkeit älterer Frauen nach der Familienphase.[27]

Obwohl nach dem Ende des Zweiten Weltkrieges von vielen Seiten Druck insbesondere auf weiße Frauen und Mütter aus der Mittelklasse ausgeübt wurde, ihre Erwerbstätigkeit zugunsten der Kriegsheimkehrer aufzugeben, machten viele Frauen ihren Beruf zu einem Teil ihres Selbstverständnisses.[28] Eine Umfrage des *Women's Bureau* im Arbeitsministerium aus dem Jahr 1945 dokumentierte, dass fast 90 Prozent der Afro-Amerikanerinnen und über 70 Prozent aller weiblichen Kriegsangestellten ihren Arbeitsplatz gerne behalten hätten und die Frauen mit

---

**24** Vgl. Landry, Bart: Black Working Wives. Pioneers of the American Family Revolution, Berkeley / Los Angeles 2000, S. 88
**25** No. HS-30: Marital Status of Women in the Civilian Labor Force: 1900–2002, in: U.S. Census Bureau, Statistical Abstract of the United States: 2003, Mini Historical Statistics, S. 52–53. <www.census.gov/compendia/statab/hist_stats.html>. Geringfügig abweichende Zahlen bei Spain, Daphne / Bianchi, Suzanne: Balancing Act. Motherhood, Marriage, and Employment among American women, New York 1996, S. 82. Weiner, Lynn Y.: From Working Girl to Working Mother. The Female Labor Force in the United States, 1820–1980, Chapel Hill / London 1985, S. 4–7.
**26** WP, 2.6.1949: Women Workers on Increase. Vgl. Weiner, Working Girl, S. 7.
**27** Labor force participation rates of older workers by sex, 1950–2012, in: United States Department of Labor, Women's Bureau, Facts over time. Women in the Labor Force <www.dol.gov/wb/stats/facts_over_time>.
**28** May, Homeward Bound, S. IX–XXVI, Kap. 1 und 3.

neuem Selbstbewusstsein auf ihre Rolle als Mütter und Arbeitskräfte blickten.[29] Frankie Cooper, während des Krieges Kranführerin bei American Steel, fasste den allmählichen Perspektivwechsel vieler Frauen in prägnante Worte:

> They didn't want to go back home and some of them didn't. And if they did go back home, they never forgot, and they told their daughters, 'You don't have to be just a homemaker. You can be anything you want to be.' And so we've got this new generation of women.[30]

Dass die Erfahrung einer bis dato ungekannten Unabhängigkeit die Einstellung vieler Frauen veränderte, ist in der Forschung bereits herausgearbeitet worden.[31] Es spricht daher viel für den Vorschlag Susan M. Hartmans, die unmittelbare Nachkriegszeit und die 1950er Jahre als Übergangsphase zu beschreiben, als ein Nebeneinander von im Mehrheitsdiskurs propagiertem konservativen Mutter- und Häuslichkeitsideal und progressiven Initiativen einzelner Individuen und Interessengruppen, die beispielsweise für mehr Gleichberechtigung von Frauen am Arbeitsplatz kämpften.[32]

Hinzu kam eine finanzielle Notwendigkeit: Die Konsumkultur der 1950er Jahre und der Aufstieg vieler Familien in die Mittelschicht basierten keineswegs ausschließlich auf dem Verdienst des männlichen Ernährers allein, sondern ganz wesentlich auf dem Beitrag der Ehefrauen und Mütter zum Familieneinkommen: Autos, Haushaltsgeräte, das Familienheim, die College-Ausbildung der Kinder, all diese Attribute des Lebensstils der Mittelklasse waren in vielen Fällen mit nur einem Gehalt nicht zu finanzieren.[33] Am Ende der 1950er Jahre waren mehr als ein

---

[29] Anderson, Changing Woman, S. 188–191: Umfrage „Women Workers in Ten War Production Areas and Their Postwar Employment Plans" des Women's Bureau im US-Department of Labor, 1946. Dies., Wartime Women.

[30] Interview mit Frankie Cooper, in: Harris, M. J. / Mitchell, Franklin D. / Schechter, Steven J. (Hg.): The Home Front. America during World War II, New York 1984, S. 133.

[31] So betonte Eugenia Kaledin bereits vor dem Boom der Forschungen zu den fünfziger Jahren die Vielfalt weiblicher Handlungsoptionen in dieser Dekade. Kaledin, Mothers. Dies ist auch das Ergebnis der sozialwissenschaftlichen Untersuchung von Berufstätigkeit und Mutterrolle in den 1950ern von Miller et al., die einen Zusammenhang zwischen Rollenvielfalt und Selbstwertgefühl feststellen. Miller, Melody / Moon, Phyllis / Dempster McLain, Donna: Motherhood, Multiple Roles, and Maternal Well-Being. Women of the 1950s, in: Gender and Society 5 (1991), Nr. 4, S. 565–582.

[32] Hartman, Susan M.: Women's Employment and the Domestic Ideal in the Early Cold War Years, in: Meyerowitz, Joanne (Hg.): Not June Cleaver. Women and Gender in Postwar America, 1945–1960, Philadelphia 1994, S. 84–100.

[33] Cohen, Lizabeth: A Consumers' Republic. The Politics of Mass Consumption in Postwar America, New York 2003, S. 282–286. Spain / Bianchi, Balancing Act. Hartman, Women's Employment. Kaledin, Mothers. Weiner, Working Girl, S. 89–97. Für die BRD vgl. die instruktive Studie

Drittel aller Frauen in den USA berufstätig (1960: 37,7 Prozent oder 23,2 Millionen, 1950: 31,4 Prozent oder 17,8 Millionen).³⁴ Mehr als die Hälfte der arbeitenden Frauen war verheiratet und etwa ein Drittel hatte Teilzeitjobs, mit steigender Tendenz – wobei eine historische Erforschung weiblicher Teilzeitarbeit in den USA noch immer ein Forschungsdesiderat darstellt.³⁵ Der Aufstieg der *„dual earner family"* zur dominanten gesellschaftlichen Realität in den 1970er und 1980er Jahren ruhte ganz wesentlich auf der Ausweitung der weiblichen Lohnarbeit in den 1950er Jahren und dem amerikanischen Wunsch nach dem materiellen *„good life"* inmitten des Kalten Krieges. Ab den 1980er Jahren stellten Doppelverdienerpaare schließlich die deutliche Mehrheit der amerikanischen Familien, in denen Kinder lebten.³⁶ Hier materialisierten sich neben der ökonomischen Notwendigkeit auch die bessere Ausbildung vieler Frauen sowie der Wunsch zahlreicher Mütter nach Unabhängigkeit und Karriere. Zudem begann eine kleine Gruppe von Frauen, mehr zu verdienen als ihre Partner, auch dies ein Resultat besserer Bildung: Verdienten im Jahr 1960 nur 6,2 % aller Ehefrauen mehr als ihre Ehepartner, waren dies im Jahr 1980 bereits etwa 11 %.³⁷

Die Frage, welche Auswirkungen Berufstätigkeit von Müttern insbesondere kleiner Kinder auf die Familie hat, war bereits in den 1940er Jahren ein Streitpunkt zwischen Frauenrechtlerinnen, Sozialexperten und Vertretern religiöser Bewegungen – und ist es heute immer noch.³⁸ Da diese Debatte jedoch sehr charak-

---

von Christine von Oertzen: Teilzeitarbeit und die Lust am Zuverdienen. Geschlechterpolitik und gesellschaftlicher Wandel in Westdeutschland 1948–1969, Göttingen 1999. Vgl. auch Anderson, Wartime Women. Kessler-Harris, Alice: Out to Work. A History of Wage-Earning Women in the United States, Oxford 1982. Hesse-Biber, Sharlene / Carter, Gregg Lee, Working Women in America. Split Dreams, New York 2000. Ladd-Taylor, Molly / Umansky, Lauri (Hg.), Bad Mothers. The Politics of Blame in Twentieth-Century America, New York 1998.
**34** No. HS-30: Marital Status of Women in the Civilian Labor Force: 1900–2002, in: U.S. Census Bureau, Statistical Abstract of the United States: 2003, Mini Historical Statistics, S. 52–53.
**35** Erste Annäherungen in Waite, Linda J. / Nielsen, Mark: „The Rise of the Dual-Earner Family, 1963–1997", in: Hertz, Rosanna / Marshall, Namy L. (Hg.), Working Families. The Transformation of the American Home, Berkeley 2001, S. 23–41. Blossfeld, Hans-Peter (Hg.), Between Equalization and Marginalization. Women Working Part-time in Europe and the United States of America, Oxford 1997. Hesse-Biber, Sharlene / Carter, Gregg Lee, Working Women in America. Split Dreams, New York 2000.
**36** Wang, Wendy / Parker, Kim / Taylor, Paul: Breadwinner Moms. Mothers Are the Sole or Primary Provider in Four-in-Ten Households with Children; Public Conflicted about the Growing Trend, PEW Research Center 29.3.2013, S. 20. www.pewsocialtrends.org. Hierzu vgl. die Ausführungen in Kapitel VI dieser Arbeit.
**37** Wang / Parker / Taylor, Breadwinner Moms, S. 23.
**38** Hertz, Rosanna / Marshall, Namy L. (Hg.), Working Families. The Transformation of the American Home, Berkeley 2001, S. 23–41. More, Elizabeth Singer, „The Necessary Factfinding Has

# 3 „Working Women, Domesticity and the Expert"

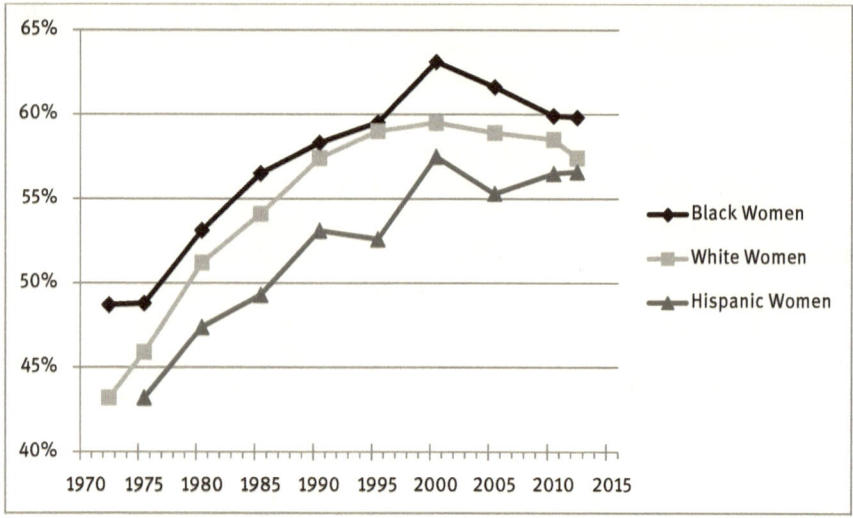

**Abb. 3.1:** Arbeitsmarktbeteiligung US-amerikanischer Frauen nach Race, 1972–2012

teristische Verwerfungen nach ethnischer Zughörigkeit und sozialem Status aufweist, ist es wichtig, diese Faktoren auch bei der Frage nach der Arbeitsmarktbeteiligung von Frauen zu berücksichtigen (Abb. 3.1).

Vor 1970 ist die statistische Grundlage zur Erwerbstätigkeit afroamerikanischer oder auch mexikanisch-stämmiger Frauen ausgesprochen dünn, da vom Bureau of the Census keine Beschäftigungsstatistiken, die nach dem Faktor „Race" differenzierten, erhoben wurden.[39] Verlässliche Daten existieren erst ab den 1970er Jahren, für Mexican Americans erst ab 1975. Diese zeigen jedoch, dass die Beschäftigungsquote afroamerikanischer Frauen (1970: 48,7%) grundsätzlich über derjenigen weißer Frauen (1970: 43,2%) sowie über dem Durchschnitt aller Frauen (1970: 43,9%) lag. Die Erwerbstätigkeit mexikanisch-stämmiger Frauen lag

---

Only Just Begun. Women, Social Science, and the Reinvention of the 'Working Mother' in the 1950s", in: Women's Studies 40 (2011), Nr. 8, S. 974–1005.

**39** Hierzu vgl. die nützliche Übersicht des Arbeitsministeriums: United States Department of Labor, Women's Bureau, Facts over time, Women in the Labor Force https://www.dol.gov/wb/stats/facts_over_time.htm. Jüngere Sozialwissenschaftliche Studien haben überdies angemahnt, dass es zudem keine Theorien und Forschungen gibt, welche die Arbeitsmarktbeteiligung speziell von African American Women untersuchen. Es reiche aber nicht aus, nur die für African American Men oder White Women entwickelten Modelle zu übertragen. Corcoran, May: The Economic Progress of African American Women, in: Browne, Irene (Hg.): Latinals and African American Woman at Work: Race, Gender, and Economic Inequality, New York 2000, S. 35–60, S. 58.

dagegen kontinuierlich unter dem Durchschnitt, nähert sich diesem erst allmählich an (2012).

Zudem erweist sich, dass afroamerikanische Frauen immer in weitaus höherem Maße von Arbeitslosigkeit betroffen waren als weiße Amerikanerinnen. So standen im Jahr 1972 knapp 6 % arbeitslosen weißen Amerikanerinnen fast 12 % arbeitslose Afroamerikanerinnen gegenüber.[40] Im weiteren Verlauf des 20. Jahrhunderts blieb die Arbeitslosenquote für African American Women konstant doppelt so hoch wie diejenige für White American Women. Mögliche Erklärungen hierfür sind die tendenziell schlechteren Bildungschancen von Afroamerikanerinnen und ihre überproportionale Beschäftigung als „unskilled labor", also ohne spezifische Ausbildung und im Niedriglohnbereich, daher einfach ersetzbar und besonders abhängig von der allgemeinen Konjunktur. Blickt man hingegen auf die Erwerbstätigkeit von Müttern, so zeigt sich, dass Mütter von Kindern im Schulalter und darüber den höchsten Anteil der arbeitenden Mütter stellten.[41]

Fasst man die hier für die Arbeitsmarktbeteiligung dargestellten Entwicklungen zusammen, so zeigen sich insgesamt vier gravierende Veränderungsprozesse, die den Hintergrund für die hier zu diskutierende Frage nach Normwandel bilden:

*Erstens* stieg die Arbeitsmarktbeteiligung von Frauen im 20. Jahrhundert konstant an, besonders deutlich mit dem Kriegseintritt der USA. Der Rückgang zwischen 1945 und 1950 war nur sehr graduell, ab 1947 wuchs die Anzahl der erwerbstätigen Frauen wieder deutlich, und 1955 hatte die weibliche Beschäftigungsquote wieder Kriegsniveau erreicht.

*Zweitens* bot die Kriegswirtschaft vielen Afroamerikanerinnen Chancen auf eine besser bezahlte Tätigkeit in der Industrie anstelle von einer Beschäftigung in der Hauswirtschaft und im Dienstleistungssektor. Dennoch blieben sie weiterhin überproportional in den untersten Lohnbereichen auf niedrigen Qualifizierungsstufen tätig und waren rassistischer Diskriminierung ausgesetzt. Dabei lag während des gesamten 20. Jahrhunderts die Arbeitsmarktbeteiligung von African American Women konstant über derjenigen weißer Amerikanerinnen.

*Drittens* nahm ab dem Zweiten Weltkrieg die Berufstätigkeit von Müttern von Kindern im Schulalter stetig zu, ebenso die Beschäftigung älterer Frauen nach der Familienphase.

*Viertens* schließlich entwickelte sich die „dual earner family", die Familie mit zwei erwerbstätigen Elternteilen, ab der Mitte des 20. Jahrhunderts zum eindeu-

---

40 United States Department of Labor, Women's Bureau, Facts over time, Women in the Labor Force <www.dol.gov/wb/stats/facts_over_time.htm>.
41 United States Department of Labor, Women's Bureau, Facts over time, Women in the Labor Force <www.dol.gov/wb/stats/facts_over_time.htm>.

tigen und irreversiblen Trend – und damit der „male breadwinner" zum ökonomischen Auslaufmodell. 1980 überwogen erstmals die Doppelverdienerfamilien gegenüber denjenigen mit einem Ernährer-Vater.

Diese sozio-ökonomischen Entwicklungen (Frauenarbeit, Mütterarbeit, Doppelverdiener) sind wichtig, um die teilweise hoch emotional geführten Diskussionen um „career women", „working mothers", „women's neurosis" richtig zu deuten und zu unterscheiden, wo es sich um Neuaushandlungen für die Zukunft oder die Thematisierung von Verfallsängsten handelte.

## 3.2 „Career Woman or Housewife?": Die Diskussion um Frauenarbeit im Schatten des Zweiten Weltkrieges

> Staying at home with little to do—particularly after children have started school—will make a neurotic woman even more neurotic. It probably won't affect a psychologically healthy woman—but there are very few such women. It is definitely good for the wife and mother to get some training and go to work.[42]

Im März 1945 druckte die *New York Times* zwei aufeinander bezogene Artikel, die der Frage nachgingen, ob die Existenz als Hausfrau oder als Karrierefrau für die amerikanische Frau und Mutter erfüllender und gesellschaftlich wichtiger sei.[43] Während die Korrespondentin Edith Efron für die Berufstätigkeit von Frauen plädierte – und hierzu auch die Überlegungen der Psychologin Karen Horneys zur weiblichen Neurose anführte – argumentierte Ann Maulsby, ebenfalls Journalistin, nur in ihrer Rolle als Hausfrau könne die amerikanische Frau wirklich glücklich werden, denn „no happily married woman who is honest with herself could possibly prefer the office to the home".[44] Die Forderung Efrons nach fun-

---

[42] So die deutsch-amerikanische Psychologin und Psychoanalytikerin Karen Horney, zit. nach NYT, 4.3.1945: Career Woman or Housewife? KAREN HORNEY (1885–1952) lehrte seit Beginn der 1930er Jahre in den USA, wo sich mit ihrer Arbeit zum Zusammenhang von Persönlichkeit und Neurosen schnell einen Namen macht. Nach einer Position am Chicago Institute for Psychoanalysis gründete sie die *Association for the Advancement of Psychoanalysis* und lehre schließlich am New York Medical College. Sie gründete die Zeitschrift *American Journal of Psychoanalysis* und gilt als Begründerin der feministischen Psychology. Horney, Karen: The Neurotic Personality of Our Time, New York 1937. Zur Biographie Horneys vgl. Peters, Uwe Henrik: Psychiatrie im Exil: Die Emigration der dynamischen Psychiatrie aus Deutschland 1933–1939, Düsseldorf 1992, S. 189–201.

[43] So der Titel eines Artikels in der NYT vom 4.3.1945, verfasst von Edith Efron. Vgl. auch die Replik von Ann Maulsby: Housewife or Career Woman?, NYT, 11.3.1945.

[44] NYT, 11.3.1945: Housewife or Career Woman? Vgl. auch Horney, Neurotic Personality.

damentaler Gleichberechtigung zwischen Männern und Frauen bei Lohnarbeit und Hausarbeit sowie nach adäquater Kinderbetreuung konterte Maulsby mit dem Hinweis, dass die Karrierefrau augenscheinlich ihrem Mann nicht die verdiente Wertschätzung entgegen bringe und ihre Kinder vernachlässige – was letztlich die Scheidungsrate steigen lasse und die Kinder zu bindungsschwachen Neurotikern mache. Auch das Verhältnis der Geschlechter gerate aus den Fugen, denn:

> What devastation the career woman may ultimately wreak upon the American male if she persists in competing with him in his own field is an awesome subject over which the American woman well may brood.[45]

Ein solcher verbaler Schlagabtausch in der größten überregionalen Tageszeitung der USA war Mitte der 1940er Jahre kein Einzelfall; er verdeutlicht vielmehr, dass in Folge der weiblichen Kriegsbeschäftigung und des Zugangs von Frauen zu Hochschulbildung eine heftige Debatte um Frauen- und Mutterrollen entbrannt war. Wie bereits die beiden Artikel nahelegen, ging es in der Kontroverse vor allem um Frauen und Mütter aus der weißen Mittelschicht, bei denen die Entscheidung für oder gegen Lohnarbeit nicht ausschließlich von ökonomischer Notwendigkeit diktiert wurde.[46] Zudem maßen Wissenschaftler, Publizisten und Politiker ihnen aufgrund explizit oder implizit rassistischer Prämissen eine größere Bedeutung für den Erhalt der amerikanischen Nation zu als beispielsweise afro-amerikanischen oder Latino-Müttern.[47]

---

45 NYT, 11.3.1945: Housewife or Career Woman?
46 So erklärte Maulsby, dass einige Mütter arbeiten müssten, sei ein „melancholy fact", ihr Beispiel dürfe aber möglichst nicht Schule machen. Auch verfüge die zufriedene Hausfrau, deren Leben sie beschrieb, ja in der Regel über zusätzliche „household help" – ein Luxus, den sich nur Frauen aus der (weißen) Mittel- und Oberschicht leisten konnten. NYT, 11.3.1945: Housewife or Career Woman?
47 Zur Stigmatisierung nicht-weißer Mütter als „welfare queens" and „hyperfertile breeders" vgl. Finzsch, Norbert: Gouvernementalität, der Moynihan-Report und die Welfare Queen im Cadillac, in: Martschukat, Jürgen (Hg.): Geschichte schreiben mit Foucault, Frankfurt a. M. 2002, S. 257–282. Ladd-Taylor, Molly / Umanski, Lauri (Hg.): Bad Mothers. The Politic of Blame in Twentieth-Century America, New York 1998. Gutiérrez, Elena R.: Fertile Matters. The Politics of Mexican-Origin Women's Reproduction, Austin 2008. Chappell, Marisa: The War on Welfare. Family, Poverty, and Politics in Modern America, Philadelphia 2010. Zur Berufstätigkeit von afro-amerikanischen Frauen vgl. Landry, Black Working Wives. Anderson, Changing Woman. Zur Arbeit von Mexican American Women Ruiz, Vicki L.: Cannery Women, Cannery Lives: Mexican Women, Unionization, and California Food Processing Industry, 1930–1950, Albuquerque, NM 1987. Zavella, Patricia: Women's Work and Chicano Families. Cannery Workers of the Santa Clara Valley, Ithaka 1987. Allgemein zu weiblicher Berufstätigkeit Kessler-Harris, Out to Work.

Aufschlussreich am Statement von Efron ist zudem, dass von Seiten einer liberalen Publizistin hier Hausarbeit im Kontext weiblicher Neurose diskutiert wurde, gewissermaßen als Kritik der sonst gängigen Diagnose des vermeintlichen Versagens arbeitender Mütter. Den Begriff der „Neurose" verstand Efron mit Karen Horney und angelehnt an Sigmund Freud als psychische Störung, ausgelöst durch einen inneren Konflikt. Im weiteren Verlauf der Debatte waren es vor allem konservative Sozialexperten, welche unter dem gleichen Begriff weibliche Erwerbstätigkeit und insbesondere die Lohnarbeit von Müttern pathologisierten. Es fragt sich also, inwiefern hier ein unübersehbarer sozialer Wandel (steigende Erwerbstätigkeit von Frauen und Müttern) von den um Deutungshegemonie ringenden Sozialexperten zunächst als Pathologisierung gewertet wurde, anstatt zu einer Neujustierung des Familienideals beizutragen.

Zunächst zeigt jedoch ein Blick auf die überregionale Tagespresse am Beispiel von *New York Times*, *Washington Post* und *Chicago Tribune*, dass bereits in den 1940er Jahren unterschiedliche Frauen- und Mutterrollen verhandelt wurden.[48] Nach dem Eintritt der Vereinigten Staaten in den Zweiten Weltkrieg bildete zunächst die Berichterstattung über Frauenarbeit als Beitrag zur Kriegsanstrengung und in Sonderheit über arbeitende Mütter und ihre Familien einen Schwerpunkt. Wichtigstes Thema war hierbei die Frage, wie die nötige Kinderbetreuung zu organisieren sei, da bislang kaum entsprechende Strukturen existierten.[49] Nach Kriegsende wurde dann intensiv darüber gestritten, inwiefern Frauen das Recht hätten, ihre Jobs zu behalten. Dabei konstatierten die meisten Berichte, Frauen und Mütter arbeiteten aus ökonomischer Notwendigkeit, um das Familienauskommen zu sichern.[50] Gleichzeitig mehrten sich Stimmen insbesondere von Journalistinnen, die dafür plädierten, auch verheirateten Frauen und Müttern grundsätzlich ein Recht auf Arbeit zuzugestehen.[51] So argumentierte Malvina

---

**48** Die Quellenbasis dieses Teilkapitels bildet eine Auswertung der Berichterstattung der Tageszeitungen *New York Times* und *Washington Post* für den Zeitraum 1940 bis 1960 unter den Schlagworten „Motherhood", „Working Mothers", „Working Women", „Women's Work" und „Female Labor". Ein Überblick über die Debatten im *Chicago Tribune* in Hüning, Louisa: Die Diskussion um Mutterschaft in den 1950er Jahren in den USA am Beispiel von 'Chicago Tribune' und 'Washington Post', BA-Arbeit, Münster 2010.
**49** NYT, 26.10.1942: Quick Action Urged On Day Care of Children of Working Women. NYT, 15.3.1943: City Centers Help Working Women. WP, 23.3.1944: Child Care.
**50** WP, 4.10.1944: Malvina Lindsay: Women's Jobs. Married Workers. S. 4. NYT, 10.5.1946: Survey Tells Why Women Take Jobs. S. 16. WP. 3.3.1947: From Necessity: 16 Million Women Hold Jobs in US. NYT, 31.1.1949: 16.323.000 Women Work For Wages, S. 16.
**51** Eine wichtige Fürsprecherin war MALVINA LINDSAY (1983–1972), die als Kolumnistin der WP bis 1959 für Frauenfragen zuständig war. In ihrer Kolumne „The Gentler Sex" berichtete Lindsay seit Kriegseintritt regelmäßig über das ökonomische und immaterielle Bedürfnis vieler Frauen, zu

Lindsay von der *Washington Post*, die steigende Beteiligung auch verheirateter Frauen an der Sicherung des Familieneinkommens stelle einen säkularen Trend dar, wobei sie grundsätzlich von einem natürlichen Unterschied zwischen Männern und Frauen ausging, der Frauen eine „weibliche Sphäre" der Berufstätigkeit zuwies:

> The participation of married women in industry has steadily risen throughout the century. [...] This war, like all other wars has given more women a taste of economic independence, also opened new working opportunities to them. Yet women today are also showing a tendency to turn to those vocations in which they can best express their special talents.[52]

Zugleich betonte Lindsay an anderer Stelle, dass viele moderne Frauen eben auch ein psychisches Bedürfnis nach bezahlter Beschäftigung verspürten:

> Also, there is a psychic need for women to work. The days of the feminine idler, butterfly debutante, bridge fiend matron, middle-aged or elderly hotel gossip are slowly drawing to a close.[53]

Daneben fanden sich regelmäßig auch Artikel, die über Versuche von Gewerkschaftlerinnen und des *Women's Bureau* im Arbeitsministerium berichteten, weibliche Berufstätigkeit und Familienpflichten nicht nur zu vereinen, sondern auch eine längerfristige Veränderung der Geschlechterrollen zu initiieren.[54]

Zwei weitere Themenfelder dominierten Mitte bis Ende der 1940er Jahre die Berichterstattung über Familien: die Überwindung der Kriegsfolgen (vaterlose Familien, heimkehrende Väter)[55] und die Verbreitung von neuartigem Expertenrat

---

arbeiten, berichtete. WP, 19.1.1943: Malvina Lindsay: The Gentler Sex: Back to the Kitchen? WP 31.3.1944: Malvina Lindsay: The Gentler Sex: Peace Jobs for Women. WP, 9.1.1946: Malvina Lindsay: The Gentler Sex. Which Women should Work? S. 14. WP, 19.12.1946: Malvina Lindsay: Dividing the Jobs. Woman Problem. S. 8. NYT, 31.3.1947: A Woman Worker Defends Her Kind. NYT, 10.10.1948: Iphigene Bettman: A Second Career for the Older Woman. S. SM22.
**52** WP, 19.12.1946: Malvina Lindsay: Dividing the Jobs. Woman Problem. S. 8.
**53** WP, 9.1.1946: Malvina Lindsay: The Gentler Sex. Which Women should Work? S. 14.
**54** WP 11.10.1944: Women Told of Hard Fight to Retain Jobs, S. 5. NYT, 27.1.1946: Margaret Barnard Pickel: How Come No Jobs For Women?, S. SM11. NYT, 19.2.1948, Bess Furman: 'Domestic Revolution' Urged To Reduce Toil in the Home. S. 1.
**55** NYT, 26.5.1946: Parent and Child: Fatherless Boys and Girls. NYT, 22.9.1946: Mothers-to-Be and Fathers. Hierzu vgl. auch die detaillierte Studie LaRossa, Ralph: Of War and Men. World War II in the Lives of Fathers and Their Families, Chicago 2011. Martschukat, Ordnung des Sozialen, S. 263–292.

(Ratgeber-Neuerscheinungen, Väter- und Mütter-Schulungen).[56] Insbesondere wurden die verstärkte Nachfrage nach Eheberatung und Ehe-Vorbereitungskursen an Colleges in der unmittelbaren Nachkriegszeit intensiv besprochen.[57]

Expertenrat wurde auch mobilisiert, um den Übergang von Berufstätigkeit ins Hausfrauendasein zu erleichtern, wie sich an der Kolumne Mary Haworths, die für die *Washington Post* Leserbriefe beantwortete, ablesen lässt.[58] Haworth riet einer verzweifelten Karrierefrau, die nach 20jähriger Berufstätigkeit verzweifelt versuchte, das Hausfrauendasein zu erlernen, sie möge doch den Ratgeber „How to Keep House" von Mary Davis Gillies zu Rate ziehen, und bestärkte sie in ihrem Streben, eine möglichst perfekte Hausfrau zu werden.[59] Daneben gehörten Berichte über Mutterschaft als „chief role and most glorious career" amerikanischer Frauen zum Standardrepertoire der Berichterstattung in der überregionalen Tagespresse der 1940er Jahre.[60] Es ist jedoch aufschlussreich, dass gegen Ende der Dekade nicht mehr Vertreter des politischen und journalistischen Mainstream mit solchen Statements zitiert wurden, sondern Repräsentanten des katholischen Klerus und des politisch ultra-konservativen Lagers.

Auch die großen amerikanischen Frauenzeitschriften[61], die sich an einen überwiegend weißen, der Mittelschicht angehörenden Leserinnenkreis richteten, be-

---

**56** NYT, 22.9.1946: Mothers-to-Be and Fathers. NYT, 24.4.1946: Maternity Center Has Perfect Record.
**57** WP, 4.1.1947: Malvina Lindsay: Index to Family Life, Divorce Boom. WP 6.3.1947: Malvina Lindsay: Strengthening Family Life. Roots for Marriage. Zu einem praktischen Beispiel, dem American Institute for Family Relations (AIFR) vgl. Kapitel 2.5 dieser Arbeit.
**58** MARY HAWORTH (alias Elizabeth Young) publizierte seit 1933 ihre vielgelesenen Ratgeberkolumne „Mary Haworth's Mail" in der WP. Darin beantwortete sie die Fragen ihrer LeserInnen, in der Regel mit Witz und Ironie, gelegentlich beißendem Sarkasmus. Vgl. Time, 22.11.1943: The Press: So You Want an Answer? (über Haworth).
**59** WP 19.8.1949: Mary Haworth's Mail: Former Business Woman, Lately Married, Now Tackling Housework for the First Time, Sends Out SOS, S. C1. Gillies, Mary Davis: How to Keep House, New York 1949.
**60** So berichtete die New York Times aus der Muttertagsansprache des New Yorker Pfarrers John Flemming, einem Mitarbeiter des Kardinals: „Consequently, no career or profession so completely and uniquely realizes the qualities and gifts and capabilities of woman as that of motherhood" NYT, 9.5.1949: Role of Motherhood Lauded By Flemming. S. 18.
**61** Die folgende Analyse bezieht sich auf die Auswertung der Zeitschriften *Good Housekeeping* (GH) – Jahrgänge 1940, 1941, 1942, 1945, 1948, 1950, 1956, 1959 – und *Ladies Home Journal* (LHJ) – Jahrgänge 1945, 1948. Untersucht wurden nicht-fiktionale Artikel, Kolumnen und Werbeanzeigen. Eine Kurzfassung der Argumentation in Heinemann, Concepts of Motherhood, S. 72–85. Für eine Analyse der Veränderung von Mutterkonzepten speziell in den Werbeanzeigen der großen *Women's Magazines* in den 1950er und 1960er Jahren (LHJ, GH, *McCall's*, *Better Homes and Gardens*)

schäftigten sich in der unmittelbaren Nachkriegszeit mit „working women", Hausfrauen und Müttern – allerdings mit charakteristischen Unterschieden.[62] Bereits Joanne Meyerowitz hat darauf hingewiesen, dass die großen Frauenzeitschriften in den 1950er Jahren vielfältige Frauenrollen propagierten[63], allerdings wahrte jede Zeitschrift auch ihr eigenes Profil. So ergänzten sich in *Good Housekeeping* Artikel und großformatige Werbeanzeigen in aufschlussreicher Weise: Während des Krieges nahmen berufstätige Frauen und ihre Bedürfnisse einen weiten Raum in der Berichterstattung ein, passend dazu bewarben Bildanzeigen praktische und elegante Arbeitskleidung (Hosen!), Fertigprodukte, Haushaltsgeräte und Kosmetik für die arbeitende Frau.[64] Mit Kriegsende dominierten dagegen Berichte über heimkehrende Väter, Familiengründung und eine neue Häuslichkeit. Passend dazu zeigte die Werbung zunächst heimkehrende GIs, dann Paare und Kleinfamilien, um für die Anschaffung von Haushaltsgeräten, Autos und sonstigen Konsumgütern zu werben.[65] Gegen Ende der 1940er Jahre

---

vgl. Mester, Anika: Die Veränderung von Mutterkonzepten in den 1950er und 1960er Jahren in den amerikanischen Women's Magazines: Das Beispiel der Werbung. Magisterarbeit Historisches Seminar, Universität Münster, 2013.
**62** Der aktuelle Forschungsstand zu *Women's Magazines* im anglo-amerikanischen Sprachraum ist als ausgesprochen gut zu bezeichnen. Damon-Moore, Helen: Magazines for the Millions. Gender and Commerce in the Ladies' Home Journal and the Saturday Evening Post 1880–1910, New York 1994. Scanlon, Jennifer: Inarticulate Longings. The Ladies' Home Journal, Gender, and the Promises of Consumer Culture, New York 1995. Walker, Nancy: Shaping our mothers' world. American Women's Magazines, Jackson 2000. Ballaster, Ros [u.a.]: Women's Worlds. Ideology, Feminity and the Woman's Magazine, Basingstoke [u.a.] 1991. Zu Großbritannien: Ferguson, Marjorie: Forever Feminine. Women's Magazines and the Cult of Feminity, London 1983.
**63** Meyerowitz, Joanne: Beyond the Feminine Mystique. A Reassessment of Postwar Mass Culture 1946–1958, in: Journal of American History 79 (1993), Nr. 4, S. 1455–1482, S. 1456–57. Erneut abgedruckt in: Meyerowitz, Not June Cleaver, S. 229–262.
**64** *Good Housekeeping* (GH) (1942), February: Housekeeping and War, S. 19, What Makes Females so Useless, S. 46, 187. Anzeige Campbell's Chicken Noodle Soup: All-out Aid for a Hungry Man, S. 59. GH (1942), March: Maxine Davis: Women Without Men, S. 30, 180. Do You Want to be a Nurse, S. 42–43. Kolumne The Beauty Clinic: Now it's every woman's job to Look Like Good News, S. 47, 73, 144. If You Must Wear slacks, S. 50–53. Well Dressed for Work, S. 136. Anzeige Sanforized: Women at Work – for their Uncle Sam, S. 135, Anzeige Servel Refrigerators: I Understand a Lot of Things Since I joined the Motor Corps, S. 146. GH (1942), May: How Do You Feed Your Children in Wartime, S. 68, 192. GH (1942), June: I Marry My Soldier Anyway, S. 33, 74. I'm Carrying My Share for Victory, S. 48–49.
**65** GH (1945), June: You Married Him, Now Stick With Him, S. 17. I Find Out Why Women Get Married, S. 26, 149. Anzeige Ford: You'll Be „On the Beam", S. 70. Singer Sewing Machines: „Shh! You're making me blush!", S. 160. GH (1945), July: Silly to Try to be Perfect. S. 43, 138. Keeping Cool, Keeping House, S. 92. Anzeige Norge Refrigerators: When Your Waiting Days are Over, S. 15. GH (1945), August: Anzeige Westinghouse Laundromat: When too many cooks Make Work For

sprachen die Artikel dann nicht mehr über Frauenarbeit oder arbeitende Mütter. Dagegen stand nun Rat in Ehefragen im Vordergrund: College-Absolventinnen erfuhren, wie sie den Mann für's Leben finden könnten und Ehefrauen, wie ihre Ehe zu erhalten und zu verbessern sei. Die Werbung zeigte neuen Luxus in der Mode und in der Hausausstattung – erneut war sie es, die umgehend auf einen Interessenwandel bei den Konsumentinnen reagierte.[66] Es spricht einiges dafür, diese Neuausrichtung – von Haushaltsgeräten und Fertigprodukten für die arbeitende Frau hin zu Luxusprodukten und Ratgeberkolumnen für die moderne Ehefrau – als Ausdruck eines ersten Wertewandels in der Nachkriegsgesellschaft zu verstehen. Neben die Orientierung an materiellen Werten und Tugenden wie Sparsamkeit und Fleiß zum Wohle der Nation trat bereits ein klein wenig Selbstverwirklichung für die weiblichen Konsumentinnen, allerdings in den engen Grenzen des Ideals der Kernfamilie. Damit erweist sich jedoch bereits an dieser Stelle die begrenzte Aussagekraft der sozialwissenschaftlichen Wertewandelsdiagnostik für die historische Analyse von Norm- und Einstellungswandel.

Im *Ladies' Home Journal* dagegen, mit über 4 Millionen verkauften Exemplaren die auflagenstärkste Frauenzeitschrift des Landes[67], stand auch während des Krieges und in der unmittelbaren Nachkriegszeit hauptsächlich die gute Hausfrau und attraktive Ehefrau im Fokus von Berichterstattung und Beratung.[68] Wenn „working women" erwähnt wurden, dann zumeist in negativem Kontext,

---

Washday, S. 121, Anzeige: Ford: There is a Ford in Your Future, Backcover. GH (1945), December: Anzeige: Gorham Sterling Silver: Lucky, Luky me! S. 113.
66 GH (1948), January: Nothing Personal, S. 15, 186; Advice to a Girl on New Year's Eve, S. 33, 187. GH (1948), February: Anzeige Coca-Cola: Hospitality in Your hands, S. 137. GH (1948), April: Anzeige Quadriga Cloth: All those clothes... on her husband's salary! How does she do it?, S. 226. GH (1948), June: Most likely to succeed, S. 33, 217.
67 Das LHJ steigerte seine Auflage von mehr als 3,8 Millionen (1941) auf über 4,8 Millionen (1955). Peterson, Theodore: Magazines in the Twentieth Century, Urbana 1956, S. 55. Im Februar 1948 sprachen die Herausgeber sogar von einer Leserschaft von 25 Millionen Amerikanerinnen und Amerikaner – wenn man davon ausgeht, dass die gesamte Familie die Zeitschrift las. Vgl. den Einleitungstext zu John Steinbecks: Women and Children in the U.S.S.R., photos by Robert Capa, In: LHJ 1948, Nr. 2, S. 45–59, dort S. 45.
68 Die These von Sarah Burke Odland, dass das *Ladies' Home Journal* im Jahr 1946 ein neues Konzept von Mutterschaft propagierte, indem es nur von Müttern die Reduktion auf den häuslichen Bereich forderte, den übrigen Frauen aber die Wahl zwischen Beruf und Hausfrauendasein ließ, greift hingegen zu kurz. Odland, Sarah Burke: Unassailable Motherhood, Ambivalent Domesticity. The Construction of Maternal Identity in Ladies' Home Journal in 1946, in: Journal of Communication Inquiry 34 (2010), Nr. 1, S. 61–84. Vgl auch Scanlon, Inarticulate Longings. Walker, Mothers' world. Allgemein zu den Women's Magazines vgl. Ballaster et al., Women's Worlds.

beispielsweise wenn es um die Folgen von kriegsbedingter Berufstätigkeit von Müttern für deren Familien und Kinder ging.[69] Zahlreiche Kolumnen zielten auf die Beratung und Bewahrung eines geordneten Familienlebens, so zum Beispiel die Eheberatungskolumne „Making Your Marriage Work" (Vorläuferin der Paul-Popenoe Kolumne „Can This Marriage be Saved?", die 1953 begann[70]), die Bildberichterstattung „How America Lives", die Rubrik „Ask any Woman" und das „Diary of Domesticity" über Haushaltsfragen. Singluär ist dagegen die Reportage John Steinbecks über „Women and Children in the U.S.S.R." vom Februar 1948, welche die Geschlechternormen der USA gewissermaßen ex negativo spiegelte und im Systemwettstreit des Kalten Krieges diskutierte.[71] In Steinbecks Text lag der Akzent ganz deutlich auf der Feststellung, wie hart Frauen in der Sowjetunion arbeiteten:

> From the moment our plane landed in Leningrad, our continuing impression was of how hard Soviet women work. The stevedores who loaded the airplane were tough, stringy young women, who carried heavy bundles that would stagger an untrained man. In Kiev and Stalingrad, both destroyed by the Germans, women lifted the great chunks of rubble and iron, cleaning up the mess. Women laid bricks and hoisted timbres, they swung picks and sledge hammers on the rebuilding railroads. They drove trucks, and busses, and streetcars. In the factories we saw them at the lathes and drill presses and pneumatic hammers. On the farms they went into the fields at dawn and stopped work at dusk. They reaped, and bound, and winnowed the grain by hand. They carried sacks of wheat on their shoulders.[72]

---

**69** Vgl. z. B. den Bericht über „duration ophans" in Pflegeheimen, Kinder, deren Väter als Soldaten Dienst taten und deren Mütter in der Kriegsindustrie arbeiteten und sich daher nicht um ihre Kinder kümmern konnten. *Ladies' Home Journal* (LHJ) 1945, June: Help the Children NOW! S. 6. LHJ 1945, May: Ladies are Lovely, S. 8. Jane Barbour: Housewife in the Dark, S. 26–27, 80, 82 (über eine blinde Hausfrau, die dennoch ihre Pflichten mustergültig erfüllt). LHJ 1946, April: Evelyn Sager: Profile of Success, S. 32. 109. LHJ 1948, June: Barbara Benson: Husbands, Wifes and Marriage. S. 31.
**70** Hierzu vgl. Kapitel 2.5.
**71** Steinbeck, John: Women and Children in the U.S.S.R, photos by Robert Capa, in: LHJ 1948, Nr. 2, S. 45–59. Der Schriftsteller und spätere Nobelpreisträger für Literatur, JOHN STEINBECK (1902–1968), bereiste 1947 mit dem Fotografen Robert Capa die Sowjetunion al seiner der ersten westlichen Journalisten. 1948 erschien die Verarbeitung seiner Reiseeindrücke im Text „A Russian Journal". Steinbeck, der mit seinem Roman über die Folgen der Great Depression, „The Grapes of Wrath" (1939), weltberühmt geworden war, hatte schon während des Krieges als Berichterstatter für den *New York Herald Tribune* und die Zeitschriften *Time* und *Life* gearbeitet.
**72** Steinbeck: Women, S. 45.

Steinbeck ließ keinen Zweifel daran, dass die Frauen arbeiten mussten, um ihr zerstörtes Land wieder aufzubauen und die 10 Millionen gefallenen Soldaten zu ersetzen:

> There is a great shortage of manpower in Russia. Ten million men of working age are gone. Women have taken over their work. They have to, the work must be done.[73]

Besonders aber erstaunte ihn, dass sich sowjetische Frauen trotz extrem harter Arbeit und entbehrungsreicher Lebensbedingungen eine gewisse „Weiblichkeit" erhalten hätten, auch ohne elegante Mode, Parfum und Makeup – Artikel, die Amerikanerinnen so selbstverständlich zur Verfügung standen. Sein Beispiel sind die Frauen im völlig zerstörten Stalingrad:

> This Stalingrad housewife, hanging out her laundry in the sun, is one of many we saw who continue to live right on in the caves they have constructed of what once were houses. We were amazed not only that they could survive such conditions, but that they also remained feminine, managing to look neat and fresh.[74]

Joanne Meyerowitz hat diesen Artikel als Verteidigung der amerikanischen Frau und Plädoyer für die politische Partizipation von Frauen gelesen.[75] Das ist sicher nicht falsch, aber Steinbeck nutzte die Schilderung der ungleich schlechteren Lebens- und Arbeitsbedingungen von Frauen auf der anderen Seite des Eisernen Vorhangs vor allem, um ein die Systemkonkurrenz überschreitendes humanistisches Ideal zu beschwören: „Russians are people too". Wenn Steinbeck jedoch erleichtert registriert, dass die Frauen in der Sowjetunion zwar sehr viel härter arbeiteten als ihre Geschlechtsgenossinnen in den USA, die meisten aber trotzdem adrett und gepflegt, eben „weiblich" auftraten, artikuliert er zugleich das dominante Frauenbild in den USA zu Zeiten des Kalten Krieges. Wie sehr der Wettstreit der politisch-ökonomischen Konzepte im Kalten Krieg auch auf der Ebene der Gendernormen und des nationalen Familienbildes ausgetragen wurde, illustrierte die sogenannte „Kitchen Debate" eine Dekade später. Hier versuchte Vizepräsident Richard Nixon den sowjetischen Premier Nikita Chruschtschow während der Eröffnung der *American National Exhibition* in Moskau im Juli 1959 von den Vorzügen des US-amerikanischen Gesellschaftsentwurfes zu überzeugen. Sein Beispiel war das ideale amerikanische suburbane Heim, mit Ernährer-Vater und

---

73 Steinbeck: Women, S. 45.
74 "The women we saw do not have the clothes, the ease, the food, the cosmetics that women in America have." Steinbeck: Women, S. 57.
75 Meyerowitz, Feminine Mystique, S. 241.

Hausfrau-Mutter, die in einer modernen Einbauküche voller elektronischer Haushaltsgeräte residierte. Die Bedeutung von Freiheit in den USA definierte sich für Nixon nicht etwa politisch-staatsbürgerlich, sondern bestand in der Freiheit der Hausfrau zum Konsum.[76]

## 3.3 „Mom as a Social Problem"[77]: Die Debatte um „Momism" und versagende Mütter in den 1940er Jahren

Doch nicht nur arbeitende Mütter zogen die Kritik von Experten und besorgten Zeitgenossen auf sich, auch die exemplarische Mutter und Hausfrau – „mom" – stand in den 1940er Jahren im Zentrum einer hitzigen Auseinandersetzung zwischen Publizisten, Journalisten, Sozialwissenschaftlern und Betroffenen. Auslöser der sogenannten „Momism Debate" waren die Bestseller „Generation of Vipers" von Philip Wylie (1942) und Edward Strecker „Their Mother's Sons" (1946), die aus jeweils eigener Perspektive die Erfahrung des Zweiten Weltkrieges verarbeiteten.[78] Philip Wylie erklärte, die durchschnittliche amerikanische Mutter habe insbesondere ihre Söhne durch ein Übermaß an Kontrolle und Zuwendung zu unselbstständigen, unmännlichen Wesen gemacht. Dadurch und angesichts des universellen Mutterkultes, befinde sich die amerikanische Gesellschaft in ernster Gefahr:

> Mom is an American creation. [...] Mom is everywhere and everything, and damned near everybody, and from her depends all the rest of the US. [...] But never before has a great nation of brave and dreaming men absent-mindedly created a huge class of idle middle-aged women.[79] [...]

---

76 Vgl. May, Homeward Bound, S. 10–13. Das Transkript der „Kitchen Debate" vom 24.7.1959 findet sich unter <www.cia.gov/library/readingroom/docs/1959-07-24.pdf>.
77 Edward Strecker, zitiert nach WP, 1.12.1946: Clip Boutell: Untie Those Apron Strings: American 'Mom' Is a Menace. S. S6.
78 Wylie, Philip G.: A Generation of Vipers, Erstausgabe New York 1942, Nachdruck Champaign/London 2007. Strecker, Edward: Their Mother's Sons: The Psychiatrist Examines an American Problem, New York 1946. PHILIP G. WYLIE (1902–1971) war bereits vor der Veröffentlichung von „A Generation of Vipers" ein bekannter amerikanischer Autor von Science-Fiction Romanen (u. a. „When Worlds Collide", 1933), Kurzgeschichten und Essays. EDWARD A. STRECKER (1896–1959) war Professor für Psychiatrie am University of Pennsylvania Medical College und anerkannter Berater in psychiatrischen Fragen für Behörden und staatliche Stellen. Im Zweiten Weltkrieg hatte er im Auftrag der US-Armee Armeepsychiater ausgewählt und ausgebildet. Seine durch Reihenuntersuchungen an Soldaten gewonnenen Erfahrungen verarbeitete er in „Their Mother's Sons".
79 Wylie, Generation, S. 197–200.

Anstatt ihre Söhne zu selbstbestimmten Männern heranwachsen zu lassen, würden sie schon in frühester Kindheit deren Träume und Ziele zerstören, so dass sie nur noch eine mittelmäßige Existenz im Schatten eines quasi-religiösen Mutterkultes führen könnten:

> Mom had already shaken him out of the notion of being a surveyor in the Andes which had bloomed in him when he was nine years old, so there was nothing left to do but take a stockroom job in the hairpin factory and try to work up to the vice-presidency. Thus the women of America raped the men, not sexually, unfortunately, but morally, since neuters come hardly by morals.[80]

In bewusst überzeichneter, bisweilen scharfer und verletzender Bildsprache entwarf Wylie seine Vorstellungen der „All-American Mom" als einer uninformierten und politisch desinteressierten, konsumorientierten Hausfrau und Mutter, die in zahllosen *Women's Clubs* ein reiches Betätigungsfeld fand:

> She is a middle-aged puffin with an eye like a hawk that has just seen a rabbit twitch far below. She is about twenty-five pounds over-weight, with no sprint, but sharp heals and a hard backhand, which she does not regard as a foul but a womanly defense. In thousands of her there is not enough sex appeal to budge a hermit ten paces of a rock ledge. She none the less spends several hundred dollars a year on permanents and transformations, pomades, cleansers, rouges, lipsticks, and the like—and fools nobody except herself. [...]
> 
> Knowing nothing about medicine, art, science, religion, law, sanitation, civics, hygiene, psychology, morals, history, geography, poetry, literature, or any other topic except the all-consuming one of momism, she seldom has any special interest in *what*, exactly, she is doing as a member of any of these endless organizations, so long as it is *something*.[81]

Edward Strecker dagegen bezog sich auf seine Erfahrungen als Armeepsychologe im Zweiten Weltkrieg, wenn er in „Their Mother's Sons" beklagte, dass überprotektive Mütter für die hohe Rate psychischer Erkrankungen unter den Soldaten verantwortlich zeichneten und damit indirekt die nationale Sicherheit bedrohten.[82] Er machte einen klaren Unterschied zwischen „mom" (der Mutter, die sich weigerte, ihre Kinder in ein unabhängiges Erwachsenenleben zu entlassen und die damit für die geschilderten funktionalen Defizite der Rekruten verantwortlich zeichnete) und „mother" (derjenigen Mutter, der es gelang, ihre Kinder aus der emotionalen Abhängigkeit zu lösen). Ein Fragebogen am Ende des Buches sollte die Leserin befähigen, selbst herauszufinden, ob auch sie die Veranlagung zur

---

[80] Wylie, Generation, S. 200.
[81] Hervorhebungen im Original. Wylie, Generation, S. 201–204.
[82] Wylie, Generation, S. 194–217. Strecker, Mother's Sons.

„mom" in sich trage.⁸³ Anders als Wylie plädierte Strecker jedoch dafür, der „mom" nicht die alleinige Schuld an ihrer Lage zu geben: „Mom is not of her own making. ... Furthermore, momism is the product of a social system veering toward a matriarchy inwhich each individual mom plays only a small part."⁸⁴

Beide Autoren porträtierten damit die „All-American Mom" entweder als lächerlich und überflüssig (Wylie) oder gefährlich für die Nation (Strecker). Trotz aller Überspitzung traf ihre scharfe Kritik den Nerv der Zeit, wie die sehr intensive Rezeption der Texte zeigte.⁸⁵ Auf der Grundlage ihrer Beobachtungen entwickelte sich bis Ende der 1940er Jahre dann eine lebhafte öffentliche Debatte um Ursachen und Auswirkungen des „Momism".⁸⁶ Dabei ist wichtig, festzuhalten, dass Wylie selbst sich nicht grundsätzlich gegen Frauenarbeit wandte, sondern – wie Rebecca Plant herausgearbeitet hat – vielmehr diejenigen Frauen kritisierte, die sich von ihren Männern versorgen ließen und ein Leben im Wohlstand führten.⁸⁷ Ihm ging es darum, den Müttern der weißen Mittelschicht ihre Einflussmöglichkeit als moralische Autoritäten zu entziehen („moral motherhood") und die Vision der selbst-aufopfernden Mutter, die über jede sachliche Kritik erhaben war, als nicht mehr zeitgemäß zu denunzieren. Doch diese Botschaft wurde von den meisten Rezipienten bewusst ignoriert, indem sie Wylies „Generation of Vipers" wahlweise zur Untermauerung ihrer Kritik der modernen Frau oder ihrer Forderung nach einer Rückkehr zur „Victorian domesticity" nutzten.

So argumentierte der Publizist David L. Cohn in „Love in America. An Informal Study of Manners and Morals in American Marriage" (1943) unter Berufung

---

**83** Strecker, Mother's Sons, S. 205–210.
**84** Strecker, Mother's Sons, S. 30.
**85** WP, 13.6.1943: Lonely Hearts Dept. NYT, 8.12.1946: E. B. Garside: The Habit of Momism. S. 199. WP, 1.12.1946: Clip Boutell: Untie Those Apron Strings: American 'Mom' Is a Menace. S. 6. Auch die Kolumnistin der Washington Post, Mary Haworth verwies in ihrer Kolumne mehrfach auf Strecker, wenn es darum ging, jungen Paaren den Weg in die Unabhängigkeit von einem übertrieben dominanten Elternhaus zu weisen. WP 17.12.1946: Mary Haworth's Mail: Married a Year, Girl and Husband Make Home With Her Parents, S. 14.
**86** Zur Momism-Debatte vgl. Plant, Mom, S. 19–54, die sehr zu Recht darauf verweist, dass Wylie nicht nur die Erziehungsmethoden amerikanischer Mütter kritisiert, sondern auch ihren verschwenderischen Konsum und ihren Anspruch auf moralische Überlegenheit. Zu Strecker vgl. ebenda S. 101–103. Vgl. auch Buhle, Mari Jo: Feminism and its Discontents. A Century of Struggle with Psychoanalysis, Boston 1998. Feldstein, Ruth: Motherhood in Black and White. Race and Sex in American Liberalism, 1930–1965, Ithaca 2000. Zur Bedeutung der Momism-Debatte für die Neuverhandlung von Gendernormen und dem Verhältnis von Staat und Individuum in der unmittelbaren Nachkriegszeit vgl. Stieglitz, Olaf: Is Mom to Blame? Anti-Communist Law-Enforcement and the Representation of Motherhood in Early Cold War U.S. Film, in: Heinemann, Isabel: Inventing the Modern American Family, S. 244–264, insbes. S. 250.
**87** Plant, Mom, S. 32–33.

auf Wylie, dass sich die Rolle der Frauen in der US-Gesellschaft dringend ändern müsse im Sinne einer Wiederentdeckung häuslicher Tugenden.[88] Die wichtigste Aufgabe der Frauen sei „the continuing mission of humanizing our society, of civilizing it, of keeping it civilized". Andernfalls drohe der US-Gesellschaft der Untergang, denn: „Unless there is a sweeping revaluation of values in this country after the war, we shall perish. And perish not at the hands of the Axis, but at our own hands."[89]

Der Mediziner Lester Warren Sontag, Direktor des *Samuel Fels Research Institute for the Study of Human Development* in Yellow Springs, Ohio und Leiter eine Langzeitstudie zum Thema Kindesentwicklung, ging 1949 noch einen Schritt weiter: Die Mehrzahl der amerikanischen Mütter werde ihrer Verantwortung nicht gerecht. Sie fühlten sich unausgefüllt und litten als Folge verstärkt an psychischen Krankheiten. Da sie auf Leistung und Wettbewerb hin erzogen seien, betrachteten sie Hausarbeit und Kindererziehung nicht als hinreichend erfüllende Tätigkeiten:

> Marriage poses many problems of a frustrating nature to the woman who has been reared and geared to competition, to freedom and monetary reward. These factors are not inherent in homemaking.[90]

Gegen eine derart pauschale Mütter-Kritik verwahrten sich nicht nur die Präsidentin der ansonsten eher konservativen *New York State Federation of Women's Clubs*, Mrs. Illiam H. Golding, und die populäre Schriftstellerin Mary Ella Roberts Rinehart.[91] Auch Ferdinand Lundberg, Soziologe und Co-Autor des Bestsellers „Modern Women: The Lost Sex" (1947) räumte ein, dass allenfalls ein Drittel der amerikanischen Mütter versage, alle anderen machten ihre Sache gut. Insbesondere die „pressures of modern life" und ihre eigenen widersprüchlichen Wünsche nach Mutterschaft und Karriere erschwerten den Müttern ihre Aufgabe.[92]

Die bereits erwähnte Kolumnistin der *Washington Post*, Malvina Lindsay, empfahl dagegen den Müttern den Aufstand, es sei schlicht unfair, diese für alle

---

**88** Cohn, David L.: Love in America. An Informal Study of Manners and Morals in American Marriage, New York 1943.
**89** NYT, 23.5.1943: American Love Scene. S. BR8. Vgl. auch WP, 13.6.1943: Lonely Hearts Dept. S. L5.
**90** WP, 16.11.1949: Experts Finds U.S. Women Poor Mothers. S. M13. Vgl. auch WP, 27.11.1949: Motherhood, 1949 Model. S. B4.
**91** NYT, 20.11.1949: U.S. Mothers Held Best in the World. S. 80.
**92** NYT, 20.11.1949: U.S. Mothers Held Best in the World. S. 80. WP, 27.11.1949: Motherhood, 1949 Model. S. B4. Farnham / Lundberg, Modern Woman.

gesellschaftlichen Missstände – vom drastischen Anstieg der Wehruntauglichkeit unter jungen Rekruten bis hin zur mentalen Schwäche der jungen Generation – verantwortlich zu machen.[93]

> Nearly everyone is taking a whack at "Mom" these days. She is blamed not only for all the psychoneurotics that the war uncovered, but for the Nation's alarming mental illness and juvenile delinquency, for the boyishness of American men, for virtually all adults who are soft, weak, selfish, maladjusted, incompetent.[94]

Ihr Fazit war simpel: Frauen brauchen mehr Unterstützung sowohl von ihren Gatten als auch von der Gesellschaft allgemein.

> If women, in rearing the next generation of children, get more assistance from schools, churches, public health agencies [...] and above all from marriage partners who are educated to a greater sense of responsibility in the home, there will be much less danger of their becoming either matriarchs or maternal vampires.[95]

Alle Autoren dieser Debatte um „Momism" und „deficient mothers" in den 1940er Jahren ist gemeinsam, dass sie eine sehr exklusive Vorstellung der amerikanischen Mutter propagierten als ausschließlich weiß und der Mittelklasse zugehörig – ohne je dafür kritisiert zu werden. Dies unterstreicht einmal mehr die „color blindness", die den gesamten öffentlichen Diskurs über Mutterschaft, Frauenarbeit und Gleichberechtigung der 1940er und 1950er Jahre kennzeichnet. Aufschlussreich ist auch, dass die vermeintlich untätige Hausfrau und Mutter mittleren Alters („idle homemaker") im Zentrum der Kritik stand und nicht die berufstätige Ehefrau und Mutter. Dennoch bildete die Momism-Debatte einen wichtigen Referenzpunkt für die weitere öffentliche Auseinandersetzung über Gendernormen und Frauenarbeit in den 1950er und 1960er Jahren.

---

93 „In view of what she has faced, it might seem that „Mom" should be the one to revolt. Too much has been expected of her in the past, and in doing it, she has had too little help from „Pop" as well as from society". WP, 30.8.1944: Malvina Lindsay: 'Mom' Stirs a Tempest: New Revolt Pattern. S. 6.
94 WP, 18.1.1947: Malvina Lindsay: Society's Scapegoat: In Defense of 'Mom'. S. 4.
95 WP, 30.8.1944: Malvina Lindsay: 'Mom' Stirs a Tempest: New Revolt Pattern. S. 6.

## 3.4 „Women aren't Men" oder „Return of the New Women": Mutterschaft und Frauenarbeit in den 1950er Jahren

Angesichts der Tatsache, dass die Konsumkultur der 1950er Jahre wesentlich auf der Steigerung des Familieneinkommens durch die Berufstätigkeit vieler Ehefrauen basierte, verwundert es, dass sich auf der normativen Ebene zunächst kaum etwas änderte: Zumindest ideell hielten die USA am Ideal der Kernfamilie mit Ernährer-Vater und Hausfrau-Mutter fest. Auch wenn 1950 bereits knapp 25 % aller verheirateten Frauen arbeiteten und 1960 bereits rund 32 % der Ehefrauen berufstätig waren, gelten die 1950er Jahre auch heute noch als „golden age of the family", welches von familialer Stabilität, Kindersegen und festgefügten Genderrollen gezeichnet gewesen sei.[96]

Dabei hatten bereits die Zeitgenossen die Frage nach Notwendigkeit und gesellschaftlichen Folgen der Lohnarbeit von Müttern durchaus differenziert diskutiert. So wies die überregionale Tagespresse der 1950er Jahre angesichts der Mütterarbeit zwei Argumentationslinien auf: Die eine Richtung betonte die gesellschaftlich bedeutsame reproduktive und erzieherische Funktion der Frau und Mutter. Sie sorge für die Keimzelle der Gesellschaft, die Familie, und leiste der Gesellschaft durch die Erziehung der Kinder einen unverzichtbaren Dienst. Daher solle sie sich auch auf diese Kernkompetenz konzentrieren, anstatt einer Lohnarbeit nachzugehen.[97] In fast schon grotesk anmutender Zuspitzung vertrat diese Position die Journalistin Agnes E. Meyer in ihrem Artikel „Women Aren't Men", der August 1950 ursprünglich im *Atlantic Monthly* erschienen war und welcher umgehend von der *Washington Post* als kleine Artikelserie nachgedruckt wurde.[98] Meyer, selbst Mutter von fünf Kindern, forderte unmissverständlich:

> What a modern woman has to recapture is the wisdom that just being a women is her central task and her greatest honor. [...] Wherever women are functioning, whether in the home or in a job, they must remember that their chief function as women is a capacity for warm,

---

**96** Kritisch dazu die jüngere Forschung, Coontz, The Way We Never Were. Meyerowitz, Not June Cleaver. Weiss, To Have and to Hold.
**97** WP, 14.8.1950 Beginning: 'Women Aren't Men'. WP, 15.8.1950: No Job More Exacting Than Housewife's. WP, 11.5.1957: Marriage and Motherhood Most Popular Role. CT, 9.5.1954: Mother's Job Is Important, Too.
**98** AGNES E. MEYER (1887–1970) war eine US-amerikanische Journalistin, die unter anderem für die *New York Morning Sun* arbeitete und sich auch als Mutter von fünf Kindern weiter schriftstellerisch betätigte. Von den 1930er bis zu den 1950er Jahren unterhielt sie einen Briefwechsel mit Thomas Mann. Meyer, Agnes E.: Out of These Roots. The Autobiography of an American Woman, Boston, MA 1953. Dies.: Education for a New Morality, New York 1957. Vaget, Hans R. (Hg.): Thomas Mann, Agnes E. Meyer. Briefwechsel 1937–1955. Frankfurt a.M. 1992.

understanding, and charitable human relationships. Women are throwing their greatest natural gift out of the window when they cease to function as experts in cooperative living.[99]

In einer scharfen Abrechnung mit dem Ehrgeiz und dem Egoismus der „career women" argumentierte Meyer, die moderne Frau müsse wieder Demut lernen und sich als Hüterin moralischer Werte bewähren, anstatt Gleichberechtigung zu verlangen und ihrer „destructive sexuality" freien Lauf zu lassen.[100] Indem sie dafür sorge, dass ihre Ehe Bestand habe, bewahre sie die Gesellschaft zugleich vor dem „moral suicide" durch Scheidungsboom und Individualismus.[101] Was hier wie eine Neuauflage der konservativen Scheidungskritik und der Forderung zur Wiederherstellung der konservativen Genderrollen aus den ersten Dekaden des 20. Jahrhunderts klingt[102], war augenscheinlich auch noch zu Beginn der 1950er Jahre attraktiv, schaffte es der Artikel doch aus der intellektuellen Monatsschrift *Atlantic Monthly* in die Spalten der *Washington Post*.[103] Dass die fünffache Mutter Meyer sich zwar über arbeitende Mütter und „career woman" empörte, jedoch selbst als erfolgreiche Journalistin und Publizistin Karriere gemacht hatte – was nicht thematisiert oder kritisiert wurde –, gehört zu den Ironien der Debatte.

Interessanter als eine derart radikal antifeministische Position, die im Ton deutlich an die „Momism-Debatte" der späten 1940er Jahre anschloss[104], sind jedoch Leserbriefe, die Einblick in das Selbstverständnis überzeugter Hausfrauen geben, welche sich durch den allgemeinen Trend zur Frauenarbeit herausgefordert sahen. So trat die langjährige Kolumnistin der *Washington Post*, Mary Haworth, im Februar 1953 eine Welle des Protests los. Sie hatte den Wunsch einer wider Willen arbeitenden Mutter, endlich Hausfrau sein zu können, als „your frustrated longing to be a cherished parasite" bezeichnet und ihr geraten, den Grund für ihre Unzufriedenheit über den mangelnden ökonomischen Erfolg ihres

---

**99** WP, 15.8.1950: No Job More Exacting Than Housewife's. Vgl. auch die anderen Artikel der Serie Meyers: WP, 14.8.1950 Beginning: 'Women Aren't Men'. WP, 16.8.1950: Too Many Females Emphasize Success. WP, 17.8.1950: 'Sex Freedom' is the Path of Delusion. WP, 18.8.1950: Womanhood Holds Key to Better Society.
**100** WP, 16.8.1950: Too Many Females Emphasize Success. WP, 17.8.1950: 'Sex Freedom' is the Path of Delusion.
**101** 18.8.1950: Womanhood Holds Key to Better Society.
**102** Vgl. dazu Kapitel I dieser Arbeit.
**103** Meyer, Agnes E.: Women Aren't Men, Atlantic Monthly 194 (1950), August, S. 32–36. WP, 13.8.-17.8.1950.
**104** Laut Joanne Meyerowitz nahmen in den von ihr untersuchten knapp 500 Artikeln aus Monats- und Wochenpresse (1946–1958) nur knapp zwei Prozent eine vergleichbar kritische Position zum Thema Frauenarbeit ein. Meyerowitz, Feminine Mystique, 1993, S. 1475.

Mannes bei sich selbst zu suchen.[105] Daraufhin wurde sie mit wütenden Statements anderer Hausfrauen überschwemmt, die sich persönlich verunglimpft sahen und zugleich eine fatale Veränderung der Familienwerte beklagten. Eine Mutter verwahrte sich dagegen, sich in das „rat race" von Job und Familie drängen zu lassen, einfach nur weil es dem Trend der Zeit entspreche:

> I don't object to a woman's being both careerist and homemaker if she has exceptional energy and ability and can afford help. But I do object to wives being pushed into this rat race simply because it is the trend of the times [...].[106]

Eine andere Briefschreiberin konstatierte:

> The whole pattern of family life is being altered, for the worse, by women working outside the home. It is true that many women work of necessity, to support dependents, but when a woman has a husband making a fair income she should content herself with that, especially if they have children. Social conditions may change but human nature doesn't change— and a married man should support his wife if he expects to be respected in the home.[107]

Sie drückte ihre Zufriedenheit darüber aus, dass keiner ihrer Söhne mit einer arbeitenden Ehefrau verheiratet sei, sondern sie stattdessen „worthy to be called men" seien.[108] Andere Frauen fragten besorgt, ob Frauen nicht länger das Recht auf Unterstützung durch ihre Ehemänner hätten oder ob denn nicht wechselseitige Wertschätzung und Unterstützung die Basis jeder Ehe darstellten.[109] Diese kleine Episode zeigt, dass betroffene Mütter die Diskussion um Frauenarbeit und in Sonderheit um Berufstätigkeit als persönliche Herausforderung und prinzipielle Bedrohung empfanden. Aufschlussreich ist dabei, dass alle Briefschreiberinnen einen Wandel der Familienwerte („trend of the times", „pattern of family life being altered") beklagten.

Eine zweite Linie der Berichterstattung diskutierte dagegen, unter welchen Umständen es für Frauen und Mütter möglich sei, Berufstätigkeit und Familienarbeit zu verbinden. Während zahlreiche Artikel darauf verwiesen, dass nur im Falle unbedingter ökonomischer Erfordernis eine Teilzeitarbeit für die Mutter statthaft

---

[105] WP, 12.12.1953: Mary Haworth's Mail: Seek Solution in Self-Examination.
[106] WP, 17.3.1953: Leserbrief von R.S. in: Mary Haworth's Mail: Housewifes Take Up Cudgel. S. 28.
[107] WP, 17.3.1953: Leserbrief von G.E. in: Mary Haworth's Mail: Housewifes Take Up Cudgel. S. 28.
[108] WP, 17.3.1953: Leserbrief von G.E. in: Mary Haworth's Mail: Housewifes Take Up Cudgel. S. 28.
[109] Briefe von B. N. und J.Y., in WP, 18.3.1953: Mary Haworth's Mail: What Price the Sturdy Oak?

sei[110], wurden Ende der 1950er Jahre verstärkt Stimmen laut, die den Frauen um ihrer persönlichen Entfaltung willen zu einer Berufstätigkeit rieten.[111] So argumentierte eine Studie im Auftrag des *National Manpower Council*, die amerikanische Frau um die Mitte des 20. Jahrhunderts habe erfolgreich „a new system for combining marriage and career" entwickelt. Malvina Lindsay von der *Washington Post* räumte ein, dass viele Mütter durch ihre Berufstätigkeit einen „sense of personal independence" und eine „stimulation of working in an adult environment" erführen. Die Ausweitung der Frauenarbeit sei das Resultat der gesellschaftlichen Entwicklung seit der Jahrhundertwende und kein Anlass zur Besorgnis:

> However, every new woman whether of the 1840s, the 1890sor the 1920s, has been regarded as a threat to the home and to society. Whatever critics may say of the mid-century "new woman" she seems to be here to stay.[112]

Andere betonten die beruflichen und sozialen Erfolge von Arbeitnehmerinnen – letztlich seien diese sogar die besseren Hausfrauen.[113] Ein wichtiges Thema war die Frage nach einem möglichen Zusammenhang zwischen „working mothers" und Jugenddelinquenz. Hier entschieden die meisten Artikel, dass arbeitende Mütter nicht für den Anstieg der Delikte von Jugendlichen verantwortlich gemacht werden könnten – dieser betreffe Kinder von berufstätigen Müttern wie von Hausfrauen gleichermaßen.[114] Diese Position muss einigermaßen erstaunen, betont die neue Forschung doch, wie sehr die Furcht vor steigender Jugenddelinquenz in den 1950er Jahren dazu diente, Familien und die dort gelebten Gendernormen und Generationenbeziehungen einer expertengestützten Regulierung

---

110 WP, 13.9.1951: New Figure of Controversy: The Working Mother. WP, 31.5.1954: Should Mother Stay at Home? WP, 7.9.1954: Why Do They Work? They Have To. Ages of Working Women Reach from 16 to 80.
111 CT, 21.3.1954: More Freedom For Housewives? Vgl. auch die im folgenden Artikel zitierten Leserbriefe, die Autorin des Artikel nimmt selbst die Gegenposition ein: CT, 19.7.1955: Mother Should Have Time For Herself, Says Reader. WP, 9.10.1955: Mission Work Begins at Home. CT, 9.3.1957: 'Let Wife Earn It' Trend Hit By Professor.
112 . WP, 14.3.1957, Malvina Lindsay: 'New Woman' seen in Job Revolution.
113 WP, 6.5.1950: Less Than Half of U.S. Women Find Housework is a Pleasure. WP, 29.12.1950: Sweet Briar President Says: Working Wifes Are Here To Stay. WP, 3.12.1954: Better Housekeepers Than Stay-At-Home Sisters. Working Wives Rate Tops. WP, 17.6.1956: Working Women Amazons in Accomplishments. WP, 25.9.1957: Important Working Women. She's Mrs. Housewife USA.
114 WP, 8.5.1954: Working Wife gets Boost. WP, 17.4.1957: Working Mothers Not to Blame. WP, 26.10.1957: Working Women Make Life Better. Lediglich der Bericht über die wissenschaftlichen Ergebnisse zweier Kriminologen der Harvard Law School, Sheldon Glueck und Eleanor Turoff Glueck, bezog die Gegenposition. WP, 14.8.1957: Job Flitting Mothers Criticized.

zu unterziehen.[115] Diese Experteninterventionen vermittelten auch ein sehr spezifisches Bild von elterlicher Verantwortung für ihre Kinder, die zugleich rassisch kodiert war und ökonomische wie soziale Lebensrealitäten außer Acht ließ: Während Väter gute Rollenvorbilder für ihre Söhne zu sein hatten, sollten Mütter vor allem für die Erziehung ihrer Kinder Sorge tragen. Durch diese Propagierung eines distinkten Mittelklasse-Lebensstils wurden Angehörige von ethnischen Minderheiten und der Arbeiterschicht von vornherein als potentielle Straftäter stigmatisiert.[116]

In der Frauenzeitschrift *Good Housekeeping* verschob sich in den 1950er Jahren dagegen der Schwerpunkt der nunmehr spärlichen Berichte über Frauenarbeit auf Fragen der Teilzeitbeschäftigung von Ehefrauen und Müttern angesichts der kontinuierlichen Zunahme dieser Variante der Frauenarbeit.[117] Erneut war die Werbung am Puls der Zeit und zeigte die teilzeitarbeitende Mutter mit Produkten, die ihr die Arbeit erleichtern sollten (Fertigmahlzeiten, Haushaltsgeräte, Avon-Kosmetik, die nach Feierabend zu Hause ausgewählt werden konnte).[118] Perfekt illustriert dies eine ganzseitige Anzeige der Firma Chevrolet aus dem Jahr 1956. Das Bild zeigt eine Frau beim Ausladen ihrer Lebensmitteleinkäufe aus einem neuen Chevrolet Cabrio vor einem suburbanen Einfamilienhaus. Der Begleittext argumentierte: „You want me to come home from work and fix a six-course dinner? Then I want a Chevrolet of my own!"[119] Damit signalisierte die Anzeige jedoch nicht etwa eine Änderung der Gendernormen, sondern illustrierte, dass die Berufstätigkeit lediglich in die Sorge für Haushalt und Kinder integriert wurde – wozu eben auch das abendliche Dinner für den Gatten gehört. Zugleich feierte die Werbung seit Beginn der 1950er Jahre verstärkt die Familie; alle Pro-

---

**115** Mackert, Nina: „But recall the kinds of parents we have to deal with...": Juvenile Delinquency, Interdependent Masculinity and the Government of Families in the Postwar U.S., in: Heinemann, Isabel: Inventing the Modern American Family, S. 196–219. Gilbert, James: A Cycle of Outrage: America's Reaction to the Juvenile Delinquent in the 1950s, New York / Oxford: Oxford University Press, 1986.
**116** Gilbert, A Cycle of Outrage. Mackert, Nina: Jugenddelinquenz. Die Produktivität eines Problems in den USA der späten 1940er bis 1960er Jahre, Phil. Diss., Universität Erfurt, 2012.
**117** GH, January 1959: How to Keep House and Get Paid for it, S. 98–99. GH, February 1959: How to Get a Job as a Pollster, S. 123–124. GH, April 1959: How to Become Officer at the WAC, S. 165–166.
**118** GH, March 1950, Anzeige: Betty Crocker Enriched Flour, S. 178. GH, September 1956: Anzeige Palmolive: You're Prettier than you think you are ... and can prove it with a Palmolive bar!, S. 130. Anzeige KitchenAid: How to Make Your Children Sparkle, S. 138 , Anzeige Avon: Take Time Out for Beauty When Your Avon Representative Calls, S. 156–157. Anzeige Crisco Fried Foods: Afraid you serve your family fried foods too often? Don't worry..., S. 179.
**119** GH September 1956: Anzeige Chevrolet: If he Complains About those Last-Minute Dinners ... Put this Next to His Napkin, S. 25.

dukte, die zuvor einzelne Schönheiten oder effiziente Hausfrauen beworben hatten, wurden jetzt im Kreise der Familie präsentiert.[120] So ikonisierte eine Anzeige die Kleinfamilie – am Beispiel einer Kuchenfertigmischung:

> The love's so thick you can cut it. The light of the candles dances on a face all bright with joy—and from two soft brown eyes glows a radiance strong enough to weld a gay young mother and a strong young father and a small young daughter into a single whole. And time stands still. This is now. This is a family.[121]

Die Presseberichterstattung der 1950er-Jahre zum Thema „Working Mothers" bestätigt also zunächst Joanne Meyerowitz' Argument, dass die Nachkriegspublizistik über Frauen vielfältig war und nicht nur einseitig die Rolle der Hausfrau und Mutter privilegierte. Deutlich erkennbar gab es sowohl Artikel, die Hausfrauenrolle und Mutterschaft als einzige weibliche Betätigung gelten ließen, als auch Berichte, die Berufstätigkeit von Frauen und Müttern als gesellschaftlich relevant und Beitrag zur ökonomischen wie persönlichen Entfaltung der Frauen werteten. Die Konturen der Debatte waren dabei schärfer als noch in den 1940er Jahren und es meldeten sich vermehrt Frauen selbst in Leserbriefen zu Wort. Es fragt sich jedoch, welche Bewertungen weiblicher Berufstätigkeit sich längerfristig in der Debatte behaupten konnten und welche Position wann die Deutungshegemonie für sich beanspruchen konnte.

## 3.5 „Modern Women's Neurosis": Psyche und Reproduktion der berufstätigen Frau als Aushandlungsorte divergierender Geschlechterrollenvorstellungen, 1950–1970[122]

Seit Beginn der 1950er Jahre bekam die Debatte um Frauenarbeit eine neue Facette: Mitten in den Jahren des Babyboom begannen zumeist männliche Psy-

---

**120** GH, Januar 1950: Anzeige Ipana Tooth Paste: This Maryland Family Guards Teeth and Gums Both – With Ipana Care!, S. 1. Anzeige Listerine Antiseptic: When a Cold threatens to run through a family ... it's Listerine Antiseptice Quick! ... for Everybody, S. 3. GH, June 1950: Anzeige American Airlines: How to lower the cost of bringing UP your family, S. 45. GH, September 1956: Anzeige Lux Liquid: For making child's play of dishwashing, there's no liquid or powder like lux liquid. For a family this size, you do about 3.500 dishes a month, S. 68.
**121** GH September 1956: Anzeige Betty Crocker White Cake Mix: Daddy's Cake, S. 33.
**122** Dieses Unterkapitel greift einige Gedanken wieder auf, die ich erstmals im Aufsatz Social Experts and Working Women's Reproduction From „Working Women's Neurosis" to the Abortion Debate, 1950–1980. In: Inventing the „Modern American Family": Family Values and Social Change in 20th Century USA, Frankfurt a.M. 2012. S. 124–151, formuliert habe.

chologen, Mediziner und Demographen, sich um die psychische Gesundheit arbeitender Frauen und Mütter, ihr Rollenverständnis, ihre Sexualität und den Zusammenhang zur Fruchtbarkeit zu sorgen.[123] Dabei standen ausschließlich die weiße Mutter und ihre Kinder im Zentrum der Aufmerksamkeit; die Reproduktion afro-amerikanischer Frauen oder von Angehörigen anderer Minderheiten sollte nicht gefördert, sondern vielmehr gebremst werden.[124] Diese Diskussion kam nicht von ungefähr, sie reflektierte zum einen die Sorge um den biologischen Fortbestand der amerikanischen Nation, wobei hier ein altes Stereotyp des „national decline" und „race suicide" mit den Erkenntnissen der modernen Biologie und Eugenik aufgeladen und im Systemkonflikt des Kalten Krieges aktualisiert wurde.[125] Auch materialisierten sich hier die Erkenntnisse der modernen Statistik und die Konjunktur der Demographie als neuer Disziplin sowie ihre Indienstnahme für eine gezielte Bevölkerungspolitik.[126] Hinzukamen im Laufe der Dekade auch die Ergebnisse empirischer Langzeitstudien zum Sexualverhalten der Amerikanerinnen wie die Kinsey-Reports und in den 1970er Jahren auch die Forschungen von William Masters und Virginia Johnson zur Sexualität und se-

---

**123** Zur Bedeutung der Experten in der frühen Reproduktionsdebatte vgl. D'Emilio, John / Freedman, Estelle: Intimate Matters. A History of Sexuality in America, Chicago 1997. Ehrenreich, Barbara / English, Deirdre: For Her Own Good. 150 Years of the Expert's Advice to Women, London 1979, S. 243–281.
**124** Eine ausführliche Schilderung, zentral- und bundesstaatlicher Versuche, die reproduktive Kontrolle von Minderheiten zu beschränken, bei Solinger, Rickie: Beggars and Choosers. How the Politics of Choice Shapes Adoption, Abortion, and Welfare in the United States, New York 2001. Gutierrez, Fertile Matters. Roberts, Dorothy: Killing the Black Body. Race, Reproduction, and the Meaning of Liberty, New York 1999.
**125** Vgl. hierzu die Kapitel 1.4 und 2.2 dieser Arbeit.
**126** Zwischen 1946 und 1959 erreichte die nationale Geburtenrate ein Allzeithoch von mehr als 24 Geburten auf 1.000 Einwohner im Jahr, von 1960 an war dieser Trend rückläufig bis zum historischen Allzeittief von 14,6 Geburten auf 1.000 Einwohner im Jahr 1975. Diese Statistiken lieferten den rationalen Hintergrund für die Debatte über die Reproduktion weißer Amerikanerinnen und den Einfluss weiblicher Berufstätigkeit und veränderter Familienkonzepte auf die Nation. Center for Disease Control and Prevention, Vital Statistics of the United States: Live Birth, Birth Rates, and Fertility Rates, by Race: United States, 1909–94. <www.cdc.gov/nchs/data/statab/t941x01.pdf>. Zum Aufstieg der Statistik und Prognostik im 20. Jahrhundert vgl. Igo, Sarah: The Averaged American. Surveys, Citizens, and the Making of a Mass Public, Cambridge 2007. Zur Verschränkung von Familienplanung und Bevölkerungspolitik Unger, Corinna: Family Planning: A Rational Choice? The Influence of Systems Approaches, Behavioralism, and Rational Choice Thinking on Mid-Twentieth Century Family Planning Programs, in: Hartmann, Heinrich / Unger, Corinna (Hg.): A World of Populations: Transnational Perspectives on Demography in the Twentieth Century, New York 2014, S. 58–82.

xueller Dysfunktion.[127] Schließlich liefert die Debatte um Reproduktion und Fertilität der weißen Amerikanerin ein anschauliches Beispiel dafür, wie um die Mitte des 20. Jahrhunderts Sozialexperten der unterschiedlichsten Couleur versuchten, die Gesellschaft gestützt auf die Erkenntnisse der modernen Wissenschaften umzugestalten, was letztlich zu einer Re-Biologisierung des Sozialen führte.

Zunächst aber revitalisierte die Debatte die Mütterkritik der 1940er Jahre aus der Momismus-Kontroverse. Als ein zentraler Referenzpunkt erwies sich ein ultrakonservativer Schlüsseltext der späten 1940er Jahre, der die moderne Frau als Risiko für die Nation konstruiert hatte: „Modern Woman: The Lost Sex" (1947). In ihrem nationalen Bestseller hatten die Autoren, der Journalist Ferdinand Lundbergs und die Psychiaterin Marynia Farnham, die Psyche und das Verhalten der modernen Frau als „one of modern civilization's major unsolved problems" präsentiert.[128] Dieses wiege genauso schwer wie die anderen gesellschaftlichen Herausforderungen der Zeit, nämlich „crime, vice, poverty, epidemic disease, juvenile delinquency, group intolerance, racial hatred, divorce, neurosis and even periodic unemployment, inadequate housing, care in old age, and the like".

> Women are a problem not only as individuals (some are, some are not), but collectively, as a separate group with special functions within the structure of society. As a group, and generally, they are a problem to themselves, their children and families, to each other, to society as a whole.[129]

„Healthy womanhood" verstanden die beiden Autoren als „motherhood" und kritisierten moderne Frauen dafür, eine gute Ausbildung, Karrieren und Selbstverwirklichung anzustreben. Dies gehe immer zu Lasten der Kinder, die angesichts der Neurosen ihrer Mütter selbst zu bindungsschwachen Neurotikern werden müssten. Schlimmer noch, moderne berufstätige Frauen würden vor ihrer

---

127 Kinsey, Alfred: Sexual Behavior in the Human Male, Philadelphia / Bloomington 1948. Ders.: Sexual Behavior in the Human Female, Philadelphia / Bloomington 1953. Masters, William / Johnson, Virginia: Homosexuality in Perspective, Boston 1979. Dies.: Human Sexual Inadequacy, Boston 1970. Dies.: Human Sexual Response, Boston 1966. Dies.: Human Sexuality, Toronto 1982. Dies.: The Pleasure Bond, Boston 1975. Robinson, Paul: The Modernization of Sex. Havelock Ellis, Alfred Kinsey, William Masters, and Virginia Johnson, New York 1976.
128 Farnham / Lundberg, Modern Woman. FERDINAND LUNDBERG (1902–1995) war ein investigativer Journalist, der unter anderem für das *Wall Street Journal*, die *Chicago Daily News* und den *New York Herald Tribune* gearbeitet hatte. Er veröffentlichte zahlreiche kritische Bestseller, die den Zusammenhang zwischen Geld und Macht enthüllten, unter anderem eine Biographie von William Randolph Hearst, „Imperial Hearst: A Social Biography, 1936" und „America's Sixty Families, 1937. MARYNIA F. FARNHAM war Psychiaterin.
129 Lundberg / Farnham, Modern Women, S. 1.

biologischen Anlage und reproduktiven Pflicht zurückschrecken und dadurch der Nation empfindlichen Schaden zufügen. Hier wiederholte sich die Kritik an weiblicher Berufstätigkeit also im Modus der Pathologisierung, klassifiziert entweder als weibliche „Neurose" oder als „Vermännlichung der Frau":

> Work that entices women out of their homes and provides them with prestige only at the price of feminine relinquishment, involves a response to masculine strivings. The more importance outside work assumes, the more are the masculine components of women's nature enhanced and encouraged. [...] The plain fact is that increasingly we are observing the masculinization of women and with it enormously dangerous consequences to the home, the children (if any) dependent on it, and to the ability of the woman, as well as her husband, to obtain sexual gratification.[130]

Was hier im Rahmen eines an ein breites Publikum gerichteten Bestsellers formuliert worden war, erhielt in den 1950er Jahren wissenschaftliche Rückendeckung von Seiten der modernen Reproduktionsmedizin.[131] So beschrieb die Medizinerin und Sozialpsychologin Therese Benedek in einem viel beachteten Aufsatz aus dem Jahr 1952 den Zusammenhang von Unfruchtbarkeit und psychischen Faktoren – wobei sie ihn auf die Konfrontation von „biologic needs" und „cultural values" von Mutterschaft reduzierte:

> In other words, women incorporating the value-system of a modern society may develop personalities with rigid ego-defenses against their biological needs. The conflict which arises from this can be observed clinically not only in the office of the psychiatrist, but also in the office of the gynecologist and even of the endocrinologist.[132]

---

130 Farnham / Lundberg, Modern Women, S. 235.
131 Vgl. auch die Rezeption des Textes im sozialwissenschaftlichen Fachdiskurs der Zeit: Affirmative Rezensionen von Arnold W. Green in: Annals of the American Academy of Political and Social Science, Vol. 251 (May 1947), S. 187–188 und Sophie H. Drinker, Marriage Council of Philadelphia, in: Marriage and Family Living, Vol. 9, No. 3 (August 1947), S. 75. Kritisch dagegen Donald W. Calhoun, in: Social Forces Vol. 26, No. 3 (March 1948), S. 350–351.
132 THERESE BENEDEK (1890–1977) war eine ungarisch-amerikanische Medizinerin, Sozialpsychologin und Psychoanalytikerin, die zunächst in Leipzig als Psychoanalytikerin arbeitete. Nach ihrer Immigration aus NS-Deutschland in die USA 1936 forschte sie am *Chicago Institute of Psychoanalysis* und unterhielt daneben eine private Praxis als Psychoanalytikerin. Neue Wege ging sie durch die Kooperation mit dem Endokrinologen Boris B. Rubinstein, ihre Studien zur Psychoendokrinologie der Frau galten als Pionierarbeiten. Benedek, Therese: Infertility as Psychosomatic Disease, in: Fertility and Sterility 3 (1952), S. 527–541, S. 529. Die Studie wurde erstmals im Jahr 1942 publiziert unter Benedek, Therese / Rubenstein, B. B.: The Sexual Cycle in Women, Washington 1942. Vgl. auch Benedek, Therese: Psychosexual Functions in Women, New York 1952. Zur Biographie Benedeks vgl. Peters, Psychiatrie, S. 343–351. Weidemann, Doris: Leben

Das Wertesystem der modernen Gesellschaft hatte für Benedek die Mutterrolle auf zwei Weisen entscheidend beeinflusst: erstens durch den Wandel der „aims and aspirations of women" und der Beziehung der Ehegatten untereinander sowie zweitens durch die sich verändernden „patterns of childcare".[133] Da mittlerweile auch Mädchen verstärkt zu aktiven, extrovertierten (genuin: männlichen) Persönlichkeiten erzogen würden, kämpften diese als Frauen bewusst oder unbewusst gegen ihre „biologic needs for motherhood" an. Dies könne zu einer gestörten Fruchtbarkeit und ungewollter Kinderlosigkeit führen.[134] Benedeks Überlegungen wurden positiv rezipiert und fanden Eingang in medizinische und psychologische Lehrbücher.[135] Symptomatisch ist der positive Kommentar einer Kollegin auf der Jahrestagung der *American Society for the Study of Sterility*, die hervorhob, dass Frauen sowohl die Verweigerung der Mutterschaft als auch ihre Fertilität als Verteidigungsmechanismus gegen die Ansprüche ihrer Männer einsetzen würden.[136] Benedek selbst variierte die These der „un-motherly modern mother" in verschiedenen Publikationen und interpretierte die Zurückhaltung moderner Frauen gegenüber ihrer „natürlichen" Mutterrolle als Psycho-Pathologie. In einem Aufsatz über die emotionale Struktur der Familie aus dem Jahr 1949, der 1959 erneut abgedruckt wurde, beklagte sie, dass die „so-called modern mother" ihre Kinder gravierend schädige: Durch ihre Intellektualität und ihre sozialen wie professionellen Ambitionen, „which lured the women from her tasks of child care", verzögere diese ihren notwendigen psychosexuelle Reifungsprozess. Somit könne sie kein ausgewogenes und somit natürliches Verhältnis zu ihrem Kind finden, im Gegenteil. Sie nutze die Mutterschaft vielmehr als „a continuation of herself, of her personality, and to relive what was her past, her

---

und Werk von Therese Benedek 1892–1977: Weibliche Sexualität und Psychologie des Weiblichen, Frankfurt a. M. 1988. S. 115–122.
**133** Benedek, Infertility, S. 528.
**134** Benedek, Infertility, S. 531.
**135** Therese Benedek, „The Psychobiology of Pregnancy" und „Motherhood and Nurturing", beide Artikel in: Anthony, Elwyn James (Hg.): *Parenthood: Its Psychology and Psychopathology*, Boston 1970, S. 137–165. Dies.: Die Funktionen des Sexualapparates und ihre Störungen, in: Alexander, Franz (Hg.): Psychosomatische Medizin: Grundlagen und Anwendungsgebiete. Berlin 1951, S. 170–210 (Erstausgabe Psychosomatic Medicine, New York 1950). Sturgis, Somers H. / Menzer-Benaron, Doris: The Gynecological Patient: A Psycho-Endocrine Study, New York / London 1962, S. 200.
**136** Flanders Dunbar, Helen: Comment on the Paper of Benedek, in: Fertility and Sterility 3 (1952), S. 538–541.

hopes, and her expectations in the future for her child."[137] Dem Kind sei der Weg in die Neurose damit gewissermaßen vorbestimmt.

Auch der Psychologe David Goodman zeichnete in seinem populären Ratgeber „A Parents' Guide to the Emotional Needs of Children" aus dem Jahr 1959 – für den Marynia Farnham das Vorwort schrieb – das Bild einer wenn nicht reproduktiv gestörten, so doch zumindest in ihrer Funktion als Mutter stark eingeschränkten Frau. Sie regiere zwar Mann und Kinder und sei im Begriff, sich auch die Kontrolle über die amerikanische Wirtschaft anzueignen, doch als Folge dieser Anmaßung sei sie psychisch verunsichert und leide unter „gender pangs", an fundamentalem Unwohlsein betreffend ihrer Geschlechterrolle:

> The American woman is suffering from gender pangs—psychophysical unfulfillment as a woman. She rules her husband, she rules her children, and to an ever increasing decree she is beginning to own, if not rule, American business. But is she happy? That's a question. Does she exert a wholesome influence on her children? That's another question.[138]

Goodman riet den amerikanischen Frauen (auch hier: der weißen Mittelschicht) im Kapitel „Live Your Gender!", sich auf ihre „truly feminine qualities" zu besinnen, anstatt als berufstätige Frau männlichen Idealen hinterherzujagen:

> Success in a career is not the same as success as a woman. The successful career woman is rarely a success as a woman.[139]

Vielmehr sei eine Konzentration der Frau auf die Familie als „the woman's business" die Voraussetzung nicht nur jeder erfolgreichen Kindererziehung, sondern auch Garant eigener Zufriedenheit:

> Discontent is the mood mark of the modern woman. Only as she recovers her self-confidence as a woman, will she be happy again.[140]

Diese beiden Beispiele aus dem populären Wissenschaftsdiskurs der 1950er Jahre legen nahe, dass hier im Lichte von Psychoanalyse und Reproduktionsbiologie männliche und weibliche Geschlechterrollen erneut festgeschrieben werden sollten – diesmal unter Bezug auf die „biological needs of motherhood". Sowohl

---

**137** Benedek, Therese: The Emotional Structure of the Family, in: Anshen, Ruth Nanda (Hg.): The Family. Its Function and Destiny, New York 1959 (1949), S. 353–380, bes. S. 373–374.
**138** Goodman, David: A Parent's Guide to the Emotional Needs of Children. With an Introduction by Marynia Farnham, M.D., London 1959, S. 51–52.
**139** Goodman, Parent's Guide, S. 52.
**140** Goodman, Parent's Guide, S. 52.

Benedek als auch Goodman verküpften somit die wertkonservative Forderung nach Wiedererrichtung des Status quo einer „healthy womanhood" vergangener Generationen mit den Erkenntnissen moderner Naturwissenschaften. Unter Verweis auf den aktuellen Stand der Wissenschaft qualifizierten sie alle modernen Anpassungen wie das Karrierestreben von Frauen als Neurosen, also als psychische Störungen, welche die Erziehung kommender Generationen und die Gesellschaft als solche gefährdeten.

Eine interessante Analogie zum hier so ambivalent diskutierten Wandel der Geschlechterrollen zeigt der Blick auf den Betäubungsmittelkonsum ab Mitte der 1950er Jahre. Hier entwickelte sich die Praxis, verunsicherte oder unzufriedene Hausfrauen durch gezielte Verschreibung von Psychopharmaka wie Miltown oder Valium – populär als „mother's little helper"[141] – rollenkonform zu erhalten. Dies geschah nicht selten auf Wunsch ihrer besorgten Ehemänner oder als Ausdruck der Angst der Ärzte vor einem Kontrollverlust gegenüber ihren Patientinnen.[142]

Dabei gab es schon in den 1950er Jahren Stimmen, die forderten, Frauenarbeit und Mutterrolle als vereinbar anzuerkennen und Frauen nicht auf die häusliche Sphäre zu beschränken. Beispielhaft hierfür sind die Arbeiten der Soziologin Mirra Komarovsky und der Psychologinnen Lois Meek Stolz und Alberta Siegel aus den 1950er Jahren.[143] In ihrem Buch „Women in the Modern World", das

---

**141** So der Titel eines Songs der Rolling Stones von 1966 auf dem Album „Aftermath".
**142** Metzl, Mother's Little Helper, S. 228–255. Ders.: Prozac on the Couch. Prescribing Gender in the Era of Wonder Drugs, Durham 2003. Tone, Andrea: The Age of Anxiety. A History of America's Turbulent Affair with Tranquilizers, New York 2009.
**143** MIRRA KOMAROVSKY (1905–1999) lehrte von 1938 bis 1970 am Barnard College als Professorin für Soziologie. Sie gilt als Begründerin der Gender-Soziologie und engagierte Kritikerin naturalistischer Genderrollen-Vorstellungen, wie sie in der Soziologie vor allem Talcott Parsons vertrat. Von 1973 bis 1974 war sie Präsidentin der *American Sociological Association*, als zweite Frau in diesem Amt. In bahnbrechenden Studien analysierte sie die Gendernormen in Familien nach der Great Depression, die Situation von College-Studentinnen und die Auswirkungen der 1960er Jahre auf die Geschlechterrollenvorstellungen von Columbia Graduates. Komarovsky, Modern World. Dies.: Unemployed Man. Dies.: Dilemmas of Masculinity. A Study of College Youth, New York 1976. Dies.: Women in College. Shaping New Feminine Identities, New York 1985. Vgl. die Kurzbiographie Mirra Komarovskys von Rosalind Rosenberg auf <archive.today/aNpmi>. ALBERTA ENGVALL SIEGEL (1931–2001) war eine Schülerin von Stolz lehrte als Psychologin in Stanford, ihr Spezialgebiet war die frühkindliche Entwicklung. Ihre Mentorin LOIS MEEK STOLZ hatte an der Columbia University promoviert und dann mehrere Jahre für die *American Association of University Women* gearbeitet. 1929 kehrte sie an die Columbia University zurück, zunächst als stellvertretende Direktorin des *Child Development Institute*, dessen Leitung sie kurz darauf übernahm. Sie lehrte als Erziehungswissenschaftlerin am Teacher's College der Columbia University, bevor sie schließlich als Professorin für Psychologie an die Stanford University wechselte. Stolz, Lois Meek: Effects of Maternal Employment on Children: Evidence from Research, in: Child Deve-

bereits 1953 erschien, analysierte Komarovsky die Dilemmata College-gebildeter Hausfrauen und Mütter auf der Basis von Interviews und autobiographischem Material, welches sie unter ehemaligen Barnard-Absolventinnen – dem Frauen-College, an dem sie selbst Soziologie lehrte – zusammentrug.[144] Komarovsky verglich drei Gruppen College-gebildeter Frauen: überzeugte Hausfrauen, Hausfrauen, die wieder arbeiten wollten und Frauen, die Ehe und Mutterschaft mit einer Berufstätigkeit kombinierten. Sie konnte zeigen, dass insbesondere die Vollzeit-Hausfauen mit ihrer Rolle unzufrieden waren und an den Widersprüchen zwischen tradierten gesellschaftlichen Rollenmustern und ihrer eigenen Ausbildung sowie ihren Karrierewünschen litten.

Komarovsky argumentierte, eine Voraussetzung späterer Rollenkonflikte liege bereits darin, dass noch immer biologistische Genderkonzepte tief im Denken und der Sozialisation der jungen Frauen verwurzelt seien. So erwarteten die Studentinnen von ihren potentiellen Ehegatten mehrheitlich eine höhere Intelligenz und bessere Ausbildung – und identifizierten sich selbst mit der inferioren „feminine role". Zugleich waren sie selbst durch ihre egalitärere Erziehung und Bildung der beste Beweis für den sozial konstruierten Charakter der vermeintlich natürlichen Differenz im intellektuellen Vermögen von Männern und Frauen, lebten also in einer „modern role". Dieser Rollenkonflikt führte zu der paradoxen Situation, dass sich nicht weniger als 40 Prozent der College-Girls gegenüber potentiellen Heiratskandidaten unter ihren intellektuellen Möglichkeiten präsentierten („played dumb"), um ihre sozialen Chancen nicht zu schmälern.[145] So erklärte eine Studentin, wie sie absichtsvoll ihre Bildung gegenüber ihrem Freund herunterspielte:

---

lopment 31 (1960), No. 4, S. 749–782. Siegel, Alberta E. / Stolz, Lois Meek (Hg.): Research Issues Related to the Effects of Maternal Employment on Children. A Symposium. Presented at the Biennial Meeting of the Society for Research in Child Development, March 16, 1961, University Park, Pennsylvania, University Park Social Research Center, Pennsylvania State University, 1961. Siegel, Alberta Engvall / Stolz, Lois Meek / Hitchcock, Ethel Alice / Adamson, Jean: Dependence and Independence in Children. In: Nye, F. Ivan / Hoffman, Lois Wladis (Hg.): The Employed Mother in America, Chicago 1963. S. 67–81.

Hierzu vgl. More, Elizabeth Singer: Best Interests: Feminism, Social Science, and the Revaluing of Working Mothers in Modern America, Dissertation Harvard University 2012. More, Necessary Factfinding.

144 Komarovsky, Women in the Modern World.

145 Als empirische Basis für dieses Argument verwandte Komarovsky 73 autobiographische Texte von College Undergraduates, die über einen Zeitraum von zwei Jahren (1942 und 1943) verfasst wurden und 80 Interviews mit Studentinnen eines Seminars in Sozialpsychologie. Die Monographie übernahm dann einige Passagen des Artikels wortwörtlich Komarovsky, Mirra: Cultural Contraditions and Sex Roles, in AJS 1948, November, S. 184–189. Komarovsky, Women in the Modern World, S. 67–87.

> One of the nicest techniques is to spell long words incorrectly once in a while. My boyfriend seems to get a great kick out of it and writes back, "Honey, you certainly don't know how to spell."[146]

Dieses Dilemma, so Komarovsky, reproduziere sich dann für viele Frauen, wenn Sie ihre Karriere und Berufstätigkeit zugunsten von Mann und Kindern aufgäben und sich später als Vollzeit-Mütter fragten „What is wrong with me that home and family are not enough?"[147] Im Kapitel „The Homemaker and her problems" schildert Komarovsky auf der Basis zahlreicher Interviews und Fallgeschichten sehr präzise die innere Zerissenheit der „discontented housewifes" aus der gebildeten weißen Mittelschicht. Exemplarisch ist der Fall von Mrs. Sanders, einer 25-jährigen Mutter zweier kleiner Kinder (3,5 Jahre und 1,5 Jahre), die über einen College-Abschluss in Kunst verfügte und für ihre Ehe ihre Karrierewünsche aufgab. Sie beschrieb minutiös ihren anstrengenden Tagesablauf und seine Routinen bestehend aus Hausarbeit und Kindererziehung:

> I wouldn't call myself a contented housewife. I find it hard to be so tied down. [...] Besides, I find my life dull. I described my day to you. It isn't just one day, it is every day.[148]

Angesichts der Weitsicht, mit der Komarovsky in diesem Fall und zahllosen weiteren Fällen das Unbehagen vieler Hausfrauen präsentierte, erscheinen einige ihrer analytischen Folgerungen erstaunlich zeitgebunden[149]: So favorisierte sie als einen Lösungsansatz eine bessere Vorbereitung der Frauen auf Ehe und Familie durch entsprechende College-Kurse und eine gesellschaftliche Aufwertung der Hausarbeit. Ihr wesentlicher Punkt war jedoch das Plädoyer für eine Neuverhandlung gesellschaftlicher Wertvorstellung und Geschlechterrollen. Für Komarovsky war es kein Widerspruch, die amerikanische Familie zu stärken und zugleich die Spielräume für intellektuelle und berufstätige Frauen und Mütter zu erweitern, auch wenn dies von den Ehemännern eine neue Anpassungsbereitschaft und ein Bekenntnis zu „more egalitarian gender roles" verlange.[150]

---

146 Komarovsky, Cultural Contradictions, S. 187. Dies., Women in the Modern World, S. 79.
147 Komarovsky, Women in the Modern World, S. 77, 127.
148 Komarovsky, Women in the Modern World, S. 109–110.
149 Obgleich Komarovskys Pionierarbeit sehr stark empirisch arbeitete (Sammlung von Selbstzeugnissen, Durchführung von Interviews), trat aus heutiger Sicht die wissenschaftliche Analyse hinter der ausgiebigen Präsentation der Einzelfälle zurück. Hierfür wurde Komarovsky bereits von Zeitgenossen kritisiert, die monierten, sie habe sich zu sehr auf die Interpretation der Betroffenen verlassen, anstatt selbst direkte Beobachtungen anzustellen. Andere Rezensenten nahmen Anstoß an Komarovskys politischem Reformeifer. More, Necessary Factfinding, S. 981.
150 Komarovsky, Women in the Modern World, S. 288–300.

Interessant ist, dass Komarovsky ihre Studie bereits 1953 publizierte, zehn Jahre vor Betty Friedans Bestseller „The Feminine Mystique" (1963) und der dadurch ausgelösten Diskussion über Hausarbeit und Berufstätigkeit von Müttern unter Feministinnen, die weiter unten analysiert wird.[151] Friedans Buch, das die innere Leere und Zerrissenheit von Hausfrauen aus der weißen Mittelschicht als das „problem that has no name" plastisch beschrieb, avancierte zu einem Schlüsseltext der Frauenbewegungen. Völlig vergessen ist, dass Komarovsky das Problem jedoch schon zehn Jahre zuvor klar benannt hatte. Anstatt auf die entsprechenden Passagen von „Women in the Modern World" zu verweisen, skizzierte Betty Friedan die Soziologin Mirra Komarovsky verkürzend als Funktionalistin, welche lediglich das „infantilizing" der amerikanischen Frau beschrieben, aber keine Veränderung des Status Quo angeregt habe.[152]

Im gleichen Jahr wie „The Feminine Mystique" erschien jedoch auch eine großangelegte interdisziplinäre Studie, welche erstmalig auf der Grundlage von Zensus- und Umfragedaten sowie Interviews die Auswirkungen von weiblicher Berufstätigkeit auf deren Familien und die Gendernormen untersuchte, „The Employed Mother in America" (1963). Darin zeichneten Soziologen, Psychologen, Wirtschaftswissenschaftler und Sozialarbeiter ein weitgehend optimistisches Bild: Die Psychologin Lois Wladis Hoffman, die gemeinsam mit dem Familiensoziologen Francis Ivan Nye den Band herausgab, fasste in ihrem Fazit die Ergebnisse der Studie folgendermaßen zusammen: „The employed mother is a permanent and significant addition to the familial and economic structure of American society."[153] Für Hoffman und Nye stellte der massive Eintritt von verheirateten Frauen und Müttern in den Arbeitsmarkt seit 1940 zwar einen bislang präzedenzlosen sozialen Wandlungsprozess dar, den sie jedoch – in bewusster Distanz zur bisherigen sozialwissenschaftlichen Forschung nicht negativ bewerteten, sondern empirisch erforschten.[154] Die Tatsache, dass im Jahr 1960 fast 40 Prozent aller Mütter von Kindern im Alter zwischen 6 und 17 Jahren sowie fast 20 Prozent der Mütter von Vorschulkindern einer bezahlten Arbeit nachgingen,

---

151 Vgl. Kapitel 3.6.
152 Friedan, Feminine Mystique, , New York 1963, S. 147–150.
153 Nye, F. Ivan / Hoffman, Lois Wladis (Hg.): The Employed Mother in America, Chicago 1963, S. 398.
154 F. IVAN NYE (1918–2014) war in den 1960er und 1970er Jahren einer der führenden Familiensoziologen der USA. Er lehrte an der Washington State University und war Präsident des *National Council on Family Relations* (1965–66) und Herausgeber der Zeitschrift *Journal of Marriage and the Family* (1960–64). LOIS WLADIS HOFMAN (geboren 1929) lehrte Psychologie an der University of Michigan, Ann Arbor und publizierte intensiv über arbeitende Mütter, ihre Kinder und Familien. Nye / Hofman, Employed Mother, S. 3.

erklärten Nye und Hoffman erstens mit den technischen Entwicklungen (zeitsparende Haushaltsgeräte, Lebensmittel- und Textilindustrie hätten Teile der ökonomischen Funktionen der Mutter übernommen), zweitens mit dem Trend zu kleineren Familien und drittens mit der Verbreitung einer egalitäreren Familienideologie (langsame Abkehr von der „male supremacy" bei der Sicherung des Familieneinkommens und in innerfamiliären Entscheidungsprozessen, Personenzentrierte statt Kind-zentrierte Familienphilosophie). Gerade die graduelle Veränderung der „family ideology" erwies sich mit Blick auf die Gesamtgesellschaft jedoch noch als relativ vorläufig:

> A modified ideology favoring male dominance still appears to be accepted by most American families. However, this is not entirely inconsistent with the employment of the wife, provided her position is lower than her husband's in the occupational hierarchy and yields a smaller portion of the family income.[155]

Zugleich habe die Berufstätigkeit der Ehefrau und Mutter vielfach eine entlastende Funktion für den Ehemann, dem nicht mehr die alleinige Rolle des Ernährers zufalle, zudem ermögliche sie Aufwärtsmobilität und einen höheren Lebensstandard. Allerdings stelle der Rollenwandel große Anforderungen an die Frauen, da sie nun Lohnarbeit, Haushalt und Kindererziehung ausbalancieren müssten.[156] Zwar unterstützen viele Ehemänner prinzipiell die Berufstätigkeit ihrer Ehefrauen, die Zuständigkeit für Haushalt und Kinder liege jedoch zumeist noch immer bei den Müttern. Lois W. Hoffman formulierte die konfligierenden Selbst- und Fremdbilder der berufstätigen Frau zehn Jahre später in einem persönlichen Fazit:

> Not content with being professionals and mothers, we wanted to be gourmet cooks, hostesses, supportive wives, and femme fatales. The major problem reported by the professional women in several studies has been the management of the household. [...] And our husbands may have helped more than the husbands of the nonworking women, but by no means was there equal responsibility for housework and child care.[157]

Doch die charakteristische Mehrfachbelastung führte nicht zwingend zu Psychosen oder Neurosen. Eine Fallstudie untersuchte die Fälle von 76 berufstätigen und 76 nicht berufstätigen Müttern, die an unterschiedlichen psychischen Er-

---

155 Nye / Hoffman, Employed Mother, S. 5.
156 Nye / Hoffman, Employed Mother, S. 397–398.
157 Hoffman, Lois Wladis: The Professional Woman as Mother. Paper presented at the Conference on Successful Women in the Sciences (New York, May 1972). Developmental Program, Report No. 21. Washington D.C. 1971. S. 211–217, S. 215.

krankungen litten. Die Autoren wiesen nach, dass – entgegen der landläufigen Meinung unter Soziologen, Psychologen und Medizinern – keine simple Analogie zwischen mütterlicher Berufstätigkeit und psychischer Erkrankung festzustellen war. Im Gegenteil, die Studie bilanzierte, „that it may well be that employment contributes to the mental health and well-being of some employed mothers, while it serves the opposite effect for other employed mothers, depending on contingent conditions yet unknown."[158] Zudem konnten die Beiträge zeigen, dass insbesondere berufstätige Mütter sehr kleiner Kinder zufriedener waren als Hausfrauen, insbesondere wenn sie über eine College-Ausbildung verfügten. Auch wurde deutlich, dass „working mothers" wegen ihrer häufigen Abwesenheiten nicht mehr Schuldgefühle gegenüber ihren Kindern entwickelten als „homemaker mothers".[159]

Mit solchen vorsichtigen Einschätzungen empirisch arbeitender Sozialexperten war die Furcht vor negativen Effekten der Frauen- und Mütterarbeit jedoch längst nicht vorbei. Während der 1960er und 1970er Jahre verschob sich der Schwerpunkt der Diskussion unter Experten vom möglichen Zusammenhang zwischen Frauenarbeit und Neurosen zur Frage nach den Auswirkungen auf die Fertilität arbeitender Frauen aus der weißen Mittelschicht. Bereits 1958 hatten drei Demographen in ihrer Studie der „Fertility of American Women" für das *Social Science Research Council* einen Trend zu rückläufigen Geburtenzahlen arbeitender Frauen der weißen, urbanen Mittelschicht ausgemacht: „Fertility rates and ratios were considerably slower for women in the workforce then for those not in it."[160] Dank des Babybooms mit seinem Allzeithoch der Geburtenrate in den Jahren von 1946 bis 1956 und der gesunkenen Heiratsalter bestehe kein Grund zur Besorgnis, doch der Zusammenhang zwischen Ausbildung, Berufstätigkeit und Kinderzahl sei fühlbar – ein Trend, den auch der *Census Report* für 1960 zu bestätigen schien, der nachwies, dass berufstätige Frauen ihre Kinderzahl reduzierten.[161] Knapp zwei Dekaden später, die nationale Geburtenrate stand inzwischen auf einem historischen Tief, hatte sich das Problem in den Augen der Experten deutlich ver-

---

**158** Sharp, Lawrence J. / Nye, F. Ivan: Maternal Mental Health. In: Nye / Hoffman, Employed Mother, S. 309–319, S. 318.
**159** Nye / Hoffman, Employed Mother. Vergleiche die Rezension von Bernard, Jessie: Journal of Marriage and the Family, Vol. 16, No. 1 (1964), S. 119–121.
**160** Grabill, Wilson H. / Kiser, Clyde V. / Whelpton, Pascal K.: The Fertility of American Women, New York / London 1958, S. 388.
**161** Grabill / Kiser / Whelpton: Fertility, S. 262–271. 1960 Census of Population and Housing <www.census.gov/history/www/reference/publications/demographic_programs_1.html>

schärft.[162] In seinem Überblick über „The Fertility of Working Women in the United States" argumentierte der Demograph Stanley Kupinski im Lichte aktueller Zensusdaten und zeitgenössischer Forschungen, dass alles auf eine Korrelation von Reproduktionsrate und Berufstätigkeit von Frauen hindeute. Dies liege zum einen an der besseren Ausbildung von Frauen und an finanziell attraktiveren und insgesamt zufriedenstellenderen beruflichen Optionen, zum anderen drücke sich hier auch eine geänderte gesellschaftliche Normvorstellung aus: Die arbeitende Mutter auch kleiner Kinder sei mehr und mehr akzeptiert.[163] Da ein klarer Zusammenhang zwischen „sex-role orientation" und Kinderzahl bestehe, könne die Politik hier steuernd eingreifen, wenn eine Steigerung der Geburtenrate erwünscht sei:

> The more modern, instrumental, and individualistic her sex-role education, the more likely a married woman is to perceive the economic and psychological benefits of working as greater than the economic and psychological benefits of bearing and rearing children and thus to be more strongly committed to her worker role and to restrict her family size. Conversely, the more traditional, familial-centered her sex-role orientation, [...] the greater the likelihood that she would bear more children then modern-oriented, work committed women.[164]

Dieser Expertendiskurs signalisiert, dass am Ende der 1960er Jahre ein gesellschaftlicher Normwandel zu diagnostizieren ist: Es gab nicht nur deutlich mehr arbeitende Mütter kleiner Kinder als noch bei Kriegsende, weibliche Berufstätigkeit und insbesondere diejenige von Müttern erfreute sich auch generell größerer Akzeptanz – wenn auch der Streit um die demographischen Folgen und mögliche Gegenmaßnahmen unter Experten bis in die 1970er und 1980er Jahre anhielt.[165] Auch in der Presse wurde die Berufstätigkeit von Müttern nicht mehr grundsätzlich in Frage gestellt. Dies legen bereits Headlines wie „Problems or not, Women Work"[166], „Women find Wider Roles in a Career"[167] oder „More Women Want Men's Jobs" nahe.[168] Sogar Robert Stein, der Herausgeber von „Redbook", einem der führenden Frauenmagazine des Landes, konzedierte 1963:„It is wrong

---

162 Vgl. die Fertilitätsstatistik bei Kupinski, Stanley: The Fertility of Working Women in the United States. Historical Trends and Theoretical Perspectives, in: Ders. (Hg.): The Fertility of Working Women. A Synthesis of International Research, New York 1977, S. 188–249, S. 194.
163 Kupinski, Fertility, S. 222–223.
164 Kupinski, Fertility, S. 223.
165 Hierzu vgl. Kapitel 5 dieser Arbeit.
166 Ellen Key Blunt, Problems or not, Women Work, WP 27.3.1965.
167 Joan Cook, Women find Wider Roles in a Career, NYT, 9.9.1964.
168 Frank Swoboda, More Women Want Men's Jobs, WP, 2.9.1966.

to try to convince every woman that she will find fulfillment in having babies and baking bread."[169]

Vielmehr kreisten die meisten Artikel nun um die Abschaffung von Diskriminierungen bei Zugang zu Jobs und Gehalt, gestützt auf den *Civil Rights Act* von 1964[170], und die Ausbalancierung von Haushalts- und Mutterpflichten und Berufstätigkeit.[171] Insbesondere die Johnson-Regierung machte mit der Aufstockung der Zahl der weiblichen Staatsbediensteten und mehreren nationalen „*Conferences on the Status of Women*" von sich reden, was in der überregionalen Presse zumeist auf positives Echo stieß.[172] Dazu wurde vermehrt die Bedeutung von Frauenarbeit für die Hebung des Lebensstandards von afro-amerikanischen Familien betont und die besondere Bedeutung schwarzer Mütter für die Familie diskutiert.[173] Schließlich verwiesen die Journalisten auf zwei charakteristische Veränderungen in der Diskussion um Frauenarbeit in den 1960er Jahren: Erstens sei das Alter der durchschnittlichen „working women" signifikant gestiegen: 1963 war die berufstätige Frau durchschnittlich 41 Jahre alt (gegenüber 38 Jahren (1920) und 32 Jahren (1940)).[174] Zweitens habe sich durch die gesellschaftliche Akzeptanz der „working mother" das Familienbild insgesamt verändert. So zitierte die *Washington Post* die Autorin einer Studie über „the changing status of women" aus dem Jahr 1964:

> There is a trend among young people to establish a new type of family based on living, learning and loving—not with a division of labor between the sexes but jointly and simultaneously.[175]

---

**169** The quote continued: *It's equally wrong to try to convince every woman that she will find fulfillment in practicing a profession.*" Peter Bart, Advertising: Benton and Bowles Wins Client. NYT, 31.5.1963.
**170** WP, 3.7.1966, Some Urge Equality, Some Protection for Women. WP, 15.9.1970, Rights for Working Women.
**171** WP, 5.9.1960: Hardships Keep Women Happy. NYT, 18.11.1960: Child Day-Care Centers Needed, Kennedy Says. WP, 27.5.1961: 1970: 30 Million Working Women. NYT, 9.7.1962: Brides Seek to Combine Homes, Jobs. WP, 20.10.1962: Designed for the Working Woman. WP, 16.10.1963: Not All Women Are Equal. NYT, 7.1.1968: Someone to Mind the Baby. NYT, 15.5.1968: Answers to the Question „What's a Working Mother to Do?". NYT, 15.12.1968: When a Mother Goes Back to Work. WP, 11.1.1970: She Hired A Housekeeper And Cried Over Boiled Steak.
**172** WP, 12.4.1964: He's Changing Her Image. WP 25.5.1964: They Make Men Nervous.
**173** WP, 30.3.1968: Wives Help Raise Family Incomes. NYT, 20.8.1968: Negro Women Explore the Perplexities of Their Family Role. NYT, 20.7.1979: Lower Middle Class Working Women: What Help Is Needed.
**174** NYT, 2.4.1963: Today's Working Girl is Often A Mature Woman.
**175** WP, 21.2.1964: Stay-at-Home is Out. NYT, 9.9.1964: Women Find Wider Role in a Career. NYT, 11.1.1965: Personal Finance: Wives Who Work.

## 3.6 „‚The Feminine Mystique' and ‚Equality between the Sexes'": Feministinnen, Sozialwissenschaftlerinnen und die arbeitende Frau

Als Betty Friedan mit einigen Mitstreiterinnen am 30. Oktober 1966 die Frauenorganisation *National Organization of Women* (NOW) gründete, ging es den Aktivistinnen genau um ein solchermaßen verändertes Familienbild. Ihr Ziel war es, „to take action to bring women into full partnership in the mainstream of American society NOW, exercising all the privileges and responsibilities thereof in truly equal partnership with men".[176] Die rechtliche Grundlage für den Kampf gegen die allgemeine Diskriminierung auf der Basis von Geschlecht bildete der *Civil Rights Act* der Johnson-Regierung von 1964, dessen Title VIII ein Diskriminierungsverbot auf der Basis von „race" und „sex" festgeschrieben hatte. Zudem traten die Aktivistinnen für einen Gleichberechtigungszusatz zur Verfassung, das *Equal Rights Amendment* (ERA), ein.[177] Neben dem ERA und dem Kampf für die Legalisierung der Abtreibung – welcher die Arbeit der Frauenbewegung der späten 1960er und frühen 1970er Jahre prägen sollte – war der Abbau der Diskriminierung von Frauen auf dem Arbeitsmarkt, bei der Vergabe von Jobs, bei den Löhnen und im Bildungssystem eines der Kernziele der neuen Frauenbewegung. Die Berufstätigkeit von Müttern avancierte hierbei zum Schlüsselaspekt, ging es doch darum zu zeigen, dass Mutterschaft und Kindererziehung bislang dazu dienten, Frauen vielfach von Berufsleben und Karriere auszuschließen:

> With a life span lengthened to nearly 75 years it is no longer either necessary or possible for women to devote the greater part of their lives to childrearing; yet childbearing and rearing which continues to be a most important part of most women's lives—still is used to justify barring women from equal professional and economic participation and advance.[178]

Um zu belegen, dass Mütter-Berufstätigkeit nicht dem Kindswohl schade, griffen die Feministinnen der 1960er Jahre auf die Arbeiten liberaler Sozialwissenschaftlerinnen wie Komarovsky, Stolz, aber auch Nye und Hoffman aus den 1950er und 1960er Jahren zurück. Zugleich konnten sie so den vorherrschenden konservativen Expertendiskurs, der Frauen auf Häuslichkeit und Mutterschaft

---

[176] National Organization for Women (NOW), An Invitation to Join, Nov. 1966. Schlesinger Library, Harvard University (SLHU), MC 496, Box 1, Folder 2.
[177] Überblick bei D'Emilio / Freedman, Intimate Matters, S. 301–325. Mathews, Donald G. / de Hart, Jane Sherron: Sex, Gender, and the Politics of ERA. A State and the Nation, Oxford 1993.
[178] NOW, An Invitation to Join, Nov. 1966. SLHU, MC 496, Box 1, Folder 2.

festlegte, im Lichte sozialwissenschaftlicher Erkenntnis kritisieren.[179] Zwei Texte von Feministinnen nahmen in der Diskussion um gesellschaftlich verordnete Häuslichkeit und den Möglichkeiten und Chancen weiblicher Berufstätigkeit der 1960er Jahre eine Schlüsselstellung ein: Betty Friedans „The Feminine Mystique" (1963) und Alice Rossis „Equality between the Sexes: An Immodest Proposal" (1964).[180] Friedan wie Rossi gehörten zu den Begründerinnen von NOW. Während Friedan die erste Präsidentin wurde, diente die Soziologin Rossi ab 1967 dem NOW als Mitglied des *Board of Directors*.[181] Rossi und Friedan waren beide berufstätige Mütter dreier Kinder, die mit ihrer Forderung nach Frauenerwerbstätigkeit auch ihre eigene Geschichte referierten – Friedan als Journalistin, Rossi als Soziologin.[182]

„The Feminine Mystique" beschrieb pointiert die Situation College-gebildeter Hausfrauen der 1960er Jahre. Hierzu hatte Friedan ehemalige College-Absolven-

---

179 More, Necessary Factfinding, S. 998–999, 1001–1002.
180 Neben Friedans „The Feminine Mystique" vgl. auch Rossi, Alice: Equality Between the Sexes: An Immodest Proposal, in: Daedalus 93 (1964), Nr. 2, S. 607–652.
181 BETTY FRIEDAN (1921–2006) war eine der bekanntesten Intellektuellen und Feministinnen der USA. Nach einem Studium der Fächer Soziologie und Psychologie am Smith College verbrachte sie ein weiteres Studienjahr an der University of California, Berkeley, wo sie u. a. bei dem Psychologen Erik Erikson studierte. Im Anschluss arbeitete sie als Journalistin, schrieb für Gewerkschaftsjournale und *Women's Magazines*. Nach Friedans Selbstdarstellung begann sie ausgehend von einer Umfrage unter ehemaligen College-Absolventinnen ihres Jahrgangs über die Situation von Hausfrauen mittleren Alters nachzudenken und ihr unausgesprochenes Gefühl der Unausgefülltheit und Unselbständigkeit, wofür sie den Begriff „problem that has no name" prägte. Erste Artikel zum Thema verarbeitete Friedan in ihrem 1963 erschienen Buch „The Feminine Mystique", das von einem zentralen „Erweckungstext" der neuen Frauenbewegung zum nationalen und internationalen Bestseller avancierte. Daniel Horowitz hat jedoch herausgearbeitet, wie sehr sich Friedan bereits in den 1950er Jahren als politische Journalistin und freie Publizistin engagierte und damit kaum dem von ihr skizzierten Bild der apolitischen Hausfrau entsprach. Friedan, Feminine Mystique. Zur Wirkung des Buches vgl. Coontz, Strange Stirring. Zu Friedan: Horowitz, Daniel: Betty Friedan and the Making of the Feminine Mystique. The American Left, the Cold War, and Modern Feminism, Amherst 1998. Ders.: Rethinking Betty Friedan and the Feminine Mystique. Labor Union Radicalism and Feminism in Cold War America, in: American Quarterly 48 (1996), Nr. 1, S. 1–42.
182 ALICE S. ROSSI (1922–2009) war eine der Pionierinnen des amerikanischen Feminismus und Mitbegründerin von NOW. Rossi hatte in Soziologie promoviert und lehrte u. a. in Harvard, an der University of Chicago und an der Johns Hopkins University. Seit 1974 bis zu ihrer Emeritierung lehrte sie als Professorin für Soziologie der Unversity of Massachusetts, 1983/84 war sie Präsidentin der ASA. Ihre Forschungsgebiete waren Familiensoziologie, vor allem die Frage nach der Herausbildung und Begründung männlicher und weiblicher Genderrollen. Zu Rossi vgl. den Nachruf in der NYT: Margalit Fox: Alice S. Rossi, Sociologist and Feminist Scholar, Dies at 87, NYT, 8.11.2009, A 34.

tinnen ihrer eigenen Generation befragt und Frauenmagazine, zeitgenössische Presse sowie soziologische, psychologische und medizinische Literatur auswertet. Ihre unbestrittene Leistung bestand darin, das Gefühl der Leere und Belanglosigkeit, der fehlenden eigenen Persönlichkeit und intellektuellen Anregung unter den Mittelschicht-Hausfrauen der weißen Vororte im Amerika des Babybooms suggestiv beschrieben zu haben. Der vielzitierte Beginn ihres Buches bringt ihr gesamtes Thema optimal zum Ausdruck:

> The problem lay burried, unspoken, for many years in the minds of American women. It was a strange stirring, a sense of dissatisfaction, a yearning that women suffered in the middle of the twentieth century in the United States. Each suburban wife struggled with it alone. As she made the beds, shopped for groceries, matched slipcover material, ate peanut butter sandwiches with her children, chauffeured Cub Scouts and Brownies, lay besides her husband at night—she was afraid to ask even of herself the silent question—"Is this all"?[183]

Für Friedan bestand der Ausweg aus den Zwängen der „feminine mystique" darin, sich zunächst der damit verbundenen Beschränkungen bewusst zu werden. Als nächsten Schritt riet sie jeder betroffenen Frau, ihre eigene Persönlichkeit zu entfalten, am besten durch „creative work of her own". Damit meinte Friedan jedoch nicht, unzufriedene Hausfrauen sollten jedwede bezahlte Arbeit annehmen. Es ging ihr vielmehr um Selbstfindung im Rahmen einer beruflichen Karriere oder entsprechender Ausbildung.[184] Ändern müsse sich vor allem auch die Ausbildung der Studentinnen, man müsse ihnen Vertrauen in die eigenen Fähigkeiten und Sinn für die Möglichkeiten bedeutungsvoller Berufstätigkeit vermitteln anstelle der „feminine mystique".

Friedan, die den Haushalt auch provokativ als „comfortable concentration camp" bezeichnete, war nicht die erste Publizistin, die das Problem der modernen Hausfrau aufspürte. Wie bereits gezeigt, hatte Mirra Komarovsky eine Dekade zuvor das Dilemma des „discontented homemaker" aus dem Konflikt der Bildungsexpansion für Frauen mit den gesellschaftlichen Erwartungen an die weiblichen Genderrolle erklärt.[185] Die Soziologin Alice Rossi, wie Friedan eine der Gründerinnen des NOW, hingegen ging einen Schritt weiter und leitete aus einer ähnlichen Diagnose eine subversive Forderung ab: In ihrem Aufsatz „Equality between the Sexes: An Immodest Proposal", der auf einen Vortrag vor der *American Academy of Arts and Sciences* im Jahr 1963 zurückging und 1964 in der

---

183 Friedan, Feminine Mystique, S. 1.
184 Friedan, Feminine Mystique, S. 407–456.
185 Komarovsky, Women in the Modern World. Hierzu s.o.

Zeitschrift *Daedalus* erschien, forderte sie nichts weniger als die volle Gleichberechtigung zwischen Frauen und Männern. Die mit biologischen Differenzen begründeten Ungleichgewichtung der Geschlechter, die sich der Zuweisung von Ernährer-Rolle und Hausfrauen-Ideal ausdrücke, sei im Wesentlichen sozial hergestellt.[186] Was aus heutiger Perspektive selbstverständlich erscheint, barg damals hinreichend argumentativen Sprengstoff. Zur Illustration ihrer Forderung nach voller gesellschaftlicher Teilhabe von Frauen und damit auch der Möglichkeit von Berufstätigkeit, argumentiert Rossi, dass die sozialwissenschaftliche Literatur keine stichhaltigen Belege dafür liefere, dass mütterliche Berufstätigkeit einen negativen Effekt auf die Kinder zeitige. Zudem sei die im 20. Jahrhundert als Ideal gepriesene Vollzeitmutterschaft der Frau ein relativ neuartiger Zustand, immer in der US-Geschichte hätten Frauen neben ihren Familienpflichten auch zum Lebensunterhalt der Familie beitragen müssen und trotzdem ihre Kinder erzogen.[187] Der Schlüssel zu einer Kombination von Mütter-Berufstätigkeit und Kindererziehung sei hingegen die Qualität der Betreuung.[188]

Gemäß ihrem eigenen Erleben reduzierten Friedan, Rossi und andere ihren Fokus zunächst bewusst auf Frauen aus der weißen Mittel- und Oberschicht, die in stabilen Familien lebten – genau wie die von ihnen zitierten sozialwissenschaftlichen Studien es auch schon getan hatten.[189] Damit marginalisierten die Feministinnen jedoch von vornherein eine große Anzahl arbeitender Mütter: Afro-Amerikanerinnen, Mexican American Women und allgemein Migrantinnen, Frauen aus der Arbeiterschicht ebenso wie allein erziehende Mütter und solche, die in anderen Familienarrangements lebten. Somit geriet zunächst die real existierende Mehrfachbelastung vieler Frauen durch Lohnarbeit, Familienaufgaben und gesellschaftlichen Konformitätsdruck völlig aus dem Blick der Aktivistinnen von NOW.[190] Dies änderte sich auch nicht nach der Wahl von Aileen C.

---

**186** Zwanzig Jahre später, in ihrer Antrittsrede als Präsidentin des ASA, entwickelte Rossi ihre Genderanalysen dahingehend weiter, die biologische Bedingtheit von Geschlecht stärker zu berücksichtigen und führte hierfür Beispiele aus der Evolutionsbiologie und den Neurowissenschaften an. Rossi, Alice S.: Gender and Parenthood, in: American Sociological Review 49 (1984), February, S. 1–19.
**187** Rossi, Equality, S. 615, 617,
**188** Rossi, Equality, S. 619–620.
**189** Dies hat die jüngere Forschung inbesondere an Betty Friedans „Feminine Mystique" deutlich kritisiert. Meyerowitz, Feminine Mystique. Horowitz, Betty Friedan. Plant, Mom. Coontz, Strange Stirring, S. 121–138. More, Necessary Factfinding.
**190** Benita Roth hat herausgearbeitet, wie sehr NOW seit seiner Gründung bis in die frühen 1970er Jahre auf die weiße Mittelschicht fokussierte, so dass sich viele Working Women und African American sowie Mexican American Women hier nicht aufgehoben fühlen. Roth, Benita:

Hernández, einer Gewerkschaftlerin und Bürgerrechtlerin mit jamaikanisch-amerikanischen Wurzeln, zur zweiten Präsidentin 1970.[191] Die Gründung der *National Black Feminist Organization* (NBFO) 1973 nach dem Modell der NOW, sollte den nicht-weißen Feministinnen eine Stimme geben, die Gruppe zerbrach 1977 jedoch wieder. Zugleich gab es auch innerhalb der NOW Bestrebungen, die Belange von nicht-weißen Frauen besser zu vertreten. So existierte – neben dem traditionellen Engagement für „Equal Opportunity in Employment" – 1974 eine eigene Task Force des NOW „Minority Women and Women's Rights".[192]

Zugleich leisteten auch gerade Friedan – aber mittelbar auch Rossi und die Aktivistinnen des NOW – in den späten 1960er und frühen 1970er Jahren selbst einen essentiellen Beitrag zur Propagierung eines homogenen Mutter- und Familienideals. An die Stelle der konsumorientierten weißen Mittelschichthausfrau, die sich von ihrem Ernährer-Ehemann versorgen ließ und alle Karriereansprüche zurückgesteckt hatte, trat nun bei Friedan die berufstätige weiße Ehefrau und Mutter, die dank adäquater Kinderbetreuung ihre Doppelverpflichtung von Beruf und Kindererziehung zu kombinieren wusste – was aber Bildung und entsprechendes Einkommen voraussetzte. War das von Friedan als Antwort auf das Häuslichkeitsideal der Nachkriegsgesellschaft entworfene neue Frauen- und Familienbild zwar durch egalitärere Geschlechterrollen gekennzeichnet, basierte es jedoch auf Voraussetzungen (Bildung, Einkommen, soziale Schicht, Kernfamilie), die es für weite Teile der amerikanischen Frauen unerreichbar machten.

Dies zeigte sich auch in der Rezeption des Textes. Die Historikerin Stephanie Coontz hat fast 50 Jahre nach dem Erscheinen von „The Feminine Mystique" ehemalige Leserinnen befragt, mit welchen Erfahrungen sie damals den Text lasen und herausgearbeitet, wie er der Mehrzahl der weißen College-gebildeten jungen Hausfrauen aus dem Herzen zu sprechen schien, aber auch, wie wenig zum Beispiel African American Women damit anfangen konnten. Zwei Reaktionen, die Coontz zusammengetragen hat, illustrieren gut diese sehr unterschiedlichen Reaktionen. So berichtete Cam Stivers über ihre Leseerfahrung:

---

Separate Roads to Feminism. Black, Chicana, and White Feminist Movements in America's Second Wave, Cambridge 2004, S. 105–118.
**191** AILEEN C. HERNÁNDEZ (1926–2017) war eine der Mitbegründerinnen von NOW und dessen Präsidentin von 1970 bis 1971, verlies die Organisation 1979 jedoch aus Frustration über die fortgesetzten ethnischen Ungleichheiten darin. Die afroamerikanische Gewerkschaftaktivistin hatte in Lyndon B. Johnsons *Equal Employment Opportunity Commission* gedient, war Mitbegründerin des *National Women's Political Caucus* sowie von Black Women Organized For Action. Hernandez war im Vorstand verschiedener Bürgerrechtsorganisationen, darunter wie NAACP und ACLU.
**192** Jane Plitt, NOW National Office: The Inside Story: How NOW Operates, July 1974. SLHU MC 496, Box 1, Folder 10.

> I had the feeling (at 25!) that my life was over, and that nothing interesting would happen to me again. ... I had everything a woman was supposed to want—marriage to a nice, dependable guy (a good provider), a wonderful little kid, a nice house in the suburbs—and I was miserable.[193]

Während Stivers wie tausende andere Leserinnen das Buch als Bestätigung empfand, mit ihrem Gefühl der Leere nicht allein zu sein, löste es bei Lorraine G., einer Afroamerikanerin, lediglich Unverständnis aus. Als Stephanie Coontz sie nach ihren Leseerfahrungen fragte, erklärte Lorraine G., den Text zunächst bewusst ignoriert zu haben, denn sie und ihre Freundinnen „were to busy struggling to achieve the American dream to be concerned with women who seemed to have it all". Als die das Buch Jahre später dann doch las, fühlte sie sich von Friedans Text nicht angesprochen, dieser richte sich doch primär an „white women [who] had the luxury of being bored with their middle-class, full-time homemaker role, a role that most working women would cherish."[194] Dies war keine Einzelwahrnehmung, sondern blieb von Beginn an ein wichtiger Kritikpunkt am Werk Friedans. Schon die Feministin und Historikerin Gerda Lerner hatte kurz nach dem Erscheinen des Buches in einem Brief an Friedan argumentiert, dass

> working women, especially Negro women, labor not only under the disadvantages imposed by the feminine mystique, but under the more pressing disadvantages of economic discrimination.[195]

Die Diskussion um „non-white working women" in den 1950er und 1960er Jahren steht im Fokus des folgenden Unterkapitels.

## 3.7 „A Long and Difficult Up-Hill Struggle"[196]: Afroamerikanerinnen, Frauenarbeit und Mutterschaft

Bereits die liberalen Sozialwissenschaftler der 1950er und 1960er Jahre ignorierten in ihren Analysen zur Frauenarbeit die Situation von Arbeiterfrauen und

---

**193** Cam Stivers, interviewt von Stephanie Coontz, abgedruckt ohne Angabe von Datum oder Ort in Coontz, Strange Stirring, S. 83.
**194** Lorraine G., interviewt von Stephanie Coontz, abgedruckt ohne Angabe von Datum oder Ort in Coontz, Strange Stirring, S. 102.
**195** Gerda Lerner an Betty Friedan, 1963, zitiert nach Coontz, Strange Stirring, S. 101.
**196** The Long Thrust Toward Economic Equality, Ebony, August 1966, S. 38–42, S. 38.

Angehörigen ethnischer Minderheiten.[197] Auch der Fertilitätsdiskurs der späten 1950er bis 1970er Jahre unter Demographen und Medizinern hatte unübersehbar rassistische Implikationen. Selbst die US-amerikanischen Eugenik-Bewegung diskutierte die Frage nach dem Zusammenhang von Ausbildung, Berufstätigkeit und Fertilität, wie eine Auswertung der Zeitschrift der *American Eugenics Society, Eugenics Quarterly*, für die 1960er Jahre ergeben hat.[198] Da die Statistiken eine ungebrochen hohe Fertilitätsrate nicht-weißer Mütter auswiesen (zunächst standen insbesondere Afroamerikanerinnen im Fokus, ab den 1980er Jahren dann auch die Mexican Americans). Die Eugenik-Experten diskutierten unverkrampft, wie die Reproduktion dieser Bevölkerungsgruppen zu kontrollieren sei. Die Vorschläge changierten zwischen der Verbesserung von Bildung und Familienplanung und der Durchsetzung von Zwangsmaßnahmen.[199]

Die Berufstätigkeit afroamerikanischer und anderer nicht-weißer Mütter galt den meisten Experten in der Nachkriegszeit als ökonomisch rationale und dem Wohlergehen der US-Gesellschaft zuträgliche Maßnahme, wurde so doch eine allzu starke Belastung der Wohlfahrtskassen verhindert.[200] An einer Steigerung der Reproduktionsquote ethnischer Minderheiten waren, wie oben ausgeführt, die meisten Sozialexperten ohnehin nicht interessiert. Hinzukam, dass nicht-weiße Familien grundsätzlich mit Vorstellungen defizitärer Werte und Familienstrukturen belegt wurden – den spezifischen Diskussionen über die vermeintlich zer-

---

**197** Vgl. die Arbeiten von Komarovsky, Women in the Modern World. Nye/Hofmann, Employed Mother. Stolz, Effects. Zu Friedans selektiver Verwendung der Erkenntnisse von Stolz und Komarovsky vgl. More, Necessary Factfinding, S. 998–999.
**198** Hierzu wurden die kompletten Jahrgänge der Zeitschrift *Eugenics Quarterly* aus den 1960er Jahren durchgesehen. Bajema, Carl Jay: Relation of Fertility to Educational Attainment, in: Eugenics Quarterly 13 (1966), Nr. 4, S. 306–315. Mitra, S.: Child-Bearing Pattern of American Woman, in: Eugenics Quarterly 13 (1966), Nr. 2, S. 133–140. Ders.: Occupation and Fertility in the United States, in: ebenda S. 141–146. Mitra, S.: Education and Fertility in the United States, in: Eugenics Quarterly 13 (1966), Nr. 4, S. 214–222. Ders.: Income, Socioeconomic Status, and Fertility in the United States, in: ebenda S. 223–230. Goldberg, David: Some Observations on Recent Changes in American Fertility Based on Sample Survey Data, Eugenics Quarterly 14 (1967), Nr 4, S. 255–264. Kiser, Clyde V.: Trends in Fertility Differentials by Color and Socioeconomic Status in the United States, in: Eugenics Quarterly 15 (1968), Nr. 4, S. 221–226. Pohlmann, Edward: The Timing of First Birth. A Review of Effects, in: ebenda, S. 252–263.
**199** Zu African American Women vgl. Overbeck, At the Heart. Zu Mexican American Families vgl. Roesch, Macho Men. Solinger, Beggars. Gutierrez, Fertile Matters.
**200** Zum Klischee der afroamerikanischen „welfare queen" und der Furcht vor dem Ausbluten des Wohlfahrtssystems vgl. Finzsch, Welfare Queen. Chappell, War on Welfare.

rüttete African American Family der 1960er Jahre geht Kapitel 4 dieser Arbeit nach.[201]

Doch wie dachte die Minderheit der Afroamerikaner selbst über Frauenarbeit? Präsentierten die einschlägigen Medien und Journale ihren Leserinnen das Hausfrauendasein als normatives Ideal, als Symbol des Aufstiegs in die Respektabilität und ökonomische Sekurität der Mittelschicht? So verzeichnete die Zeitschrift *Ebony*, die seit 1945 monatlich erschien und sich direkt an die afroamerikanische Mittelschicht richtete, einen interessanten Wandel der Berichterstattung in den 1960er Jahren.[202] Bis Mitte der sechziger Jahre wurde über Frauenarbeit stets nur am Beispiel von besonders erfolgreich oder heroisch agierenden Einzelpersonen berichtet: Die angesehene Gynäkologin, die sich unentgeltlich um mexikanisch-stämmige Arbeitsmigranten in einem texanischen Labor Camp kümmerte, die unerschrockene Kirchenfrau, die trotz angegriffener Gesundheit ihrer Gemeinde vorstand, die Raumfahrt-Ingenieurin, welche die physikalischen Probleme löste, an denen ihre männlichen Kollegen gescheitert waren, die Polizistin, die in die Fußstapfen ihres Vaters trat und trotzdem „ladylike" blieb.[203] Sie alle standen für die besonderen Leistungen einzelner nicht-weißer Frauen aus der Mittelschicht im Sinne der „uplift ideology", der Vorstellung eines möglichen sozialen Aufstieges durch Selbstführung.[204] Aufschlussreich ist, dass die portraitierten Frauen sich zudem durch eine distinkte Weiblichkeit auszeichneten,

---

[201] Zur sogenannten Moynihan-Controversy um den Bericht des stellvertretenden Arbeitsministers über „The Negro Family" von 1965 vgl. Rainwater, Lee / Yancey, William (Hg.): The Moynihan Report and the Politics of Controversy. A Trans-Action Social Science and Public Policy Report. Including the Full Text of The Negro Family. The Case for National Action by Daniel P. Moynihan, Cambridge / London, 1967. Patterson, James T.: Freedom is not Enough. The Moynihan Report and America's Struggle over Black Family Life from LBJ to Obama, New York 2010.

[202] Der Untersuchungszeitraum betraf die Jahre 1950 bis 1970. Für die 1950er Jahre wurden die Jahrgänge 1950, 1955 und 1959 der Printausgabe durchgesehen, ab 1960 konnte die Digitalausgabe durchsucht werden. Als Schlagwörter dienten „working women", „women's work" und „women [and] work". Die Zeitschrift selbst ist ab 1960 unter <books.google.de> abrufbar.

[203] Lady Doctor to Migrant Workers, Ebony, February 1962, S. 59–68. Woman on the Go for God, Ebony, May 1963, S. 79–88. My Daughter – The Policeman, Ebony October 1965, S. 82–89. In den 1950er Jahren erschienen ähnliche „success stories" über Einzelpersonen, die allerdings noch deutlicher darauf abhoben, dass es sich um die erste Afroamerikanerin im jeweiligen Beruf handelte. Vgl. z. B. Harlem's Lady Wholesaler, Ebony, January 1955, S. 53–56. Virginia's First Negro Medical Grad, Ebony, July 1955, S. 77–81. TWA Hires First Negro Air Hostess, Ebony, July 1959, S. 37–40. Lady Selectman, Ebony, September 1959, 36–38.

[204] Zur „uplift ideology" vgl. Gaines, Kevin K.: Uplifting the Race. Black Leadership, Politics, and Culture in the Twentieth Century, Chapel Hill 1996, für eine Analyse der angestrebten Selbstführung insbesondere afroamerikanischer Männer im Sinne dieser Ideologie vgl. Martschukat, Ordnung des Sozialen, S. 293–326.

die dem oben als primär weiß beschriebenen Konzept der „feminine mystique" in nichts nachstanden. So wurde beispielsweise die Ingenieurin, eine Universitätsprofessorin, als „teacher-housewife" bezeichnet, die über spezifisch weibliche Fähigkeiten der Akkuratesse verfüge, was wiederum ihren beruflichen Erfolg garantiere.[205] Das *Women's Army Corps* (WAC) warb zu seinem 20. Geburtstag im Jahr 1962 auch um nicht-weiße Rekrutinnen mit Kleidungszuschüssen („for lingerie and high heeled pumps") und der Möglichkeit nach Dienst den passenden Mann kennen zu lernen („many dining halls incidentally, like Service Clubs, are consolidated ... so girl meets boy").[206]

Erst in der zweiten Hälfte der 1960er Jahre tauchten Beiträge auf, die Frauenarbeit nicht-weißer Frauen in eine längere Kontinuität ökonomischer Ausbeutung einordneten und auf die doppelte Unterdrückung von Afroamerikanerinnen in der US-Gesellschaft aufgrund ihres Geschlechts und ihrer Rasse verwiesen. „Negro women working in the economy are special victims of limitations, discriminations and disadvantages imposed on all women through outmoded but ingrained prejudiced ideas and practices."[207] Zugleich sahen sie aber auch die Fortschritte, welche sich insbesondere den afroamerikanischen Frauen durch bessere Bildung und rechtliche Gleichstellung eröffneten, so dass vielen der Übergang von einer schlecht bezahlten Tätigkeit als ungelernte Arbeitskraft in Haushalt, Industrie oder Landwirtschaft in den Dienstleistungssektor gelungen sei.[208] Auch könne man die Tatsache, dass viele Afroamerikanerinnen arbeiteten, nicht für die hohe Zahl der zerbrechenden afroamerikanischen Familien verantwortlich machen. Hier ist die Experten-Diskussion um den vermeintlichen Niedergang der afroamerikanischen Familie seit 1965 deutlich greifbar, wird jedoch nur vorsichtig entkräftet.[209] Generell fällt auf, dass Stimmen oder Geschichten „einfacher" Black Working Women in der Magazinberichterstattung völlig fehlen. Dies war möglicherweise dem selbstgesetzten Erziehungsauftrag des Magazin geschuldet, das seinen Lesern und Leserinnen lieber erfolgreiche Beispiele des sozialen Aufstiegs von Afroamerikanerinnen präsentierte.[210] Eine Ausnahme

---

205 Tenn. State's Lady Engineer, Ebony, July 1964, S. 75–78,
206 Women in Uniform, Ebony, December 1962. S. 62–67.
207 The Long Thrust Toward Economic Equality, Ebony, August 1966, S. 38–42, S. 40.
208 The Long Thrust Toward Economic Equality, Ebony, August 1966, S. 38–42. Ross, Arthur M.: The Changing Pattern of Negro Employment, Ebony, July 1967, S. 38–39.
209 Hierzu vgl. Kapitel IV dieser Darstellung.
210 African American Women aus der Working Class kommen dagegen vor als minderjährige Single Mothers, denen durch Erziehung und Ausbildung in ein stabiles Familienleben geholfen werden soll: Ponsett, Alex: A Despised Minority. Unwed Mothers are Targets of Abuse from a Harsh Society, Ebony, August 1966, S. 48–54.

bildete indes die August-Ausgabe des Blattes aus dem Jahr 1966: Das ganz Heft war „the Negro woman" gewidmet und enthielt Artikel nicht nur über die Rolle afroamerikanischer Frauen in der Bürgerrechtsbewegung, sondern eben auch über ihren beruflichen Aufstieg und ihr gesellschaftliches Leben, die Auswirkungen der Sexual Revolution, ihre Leistungen in Kunst in Kultur, ihre Möglichkeiten von Bildung und Konsum.[211] Enthusiastische Leserbriefe würdigten in den Folgeausgaben das Heft und in Sonderheit das Publisher's Statement von John H. Johnson, welches die afroamerikanische Frau in ihrer historischen Rolle als Hüterin der Familie unter der Sklaverei, aber auch ganz selbstverständlich als moderne berufstätige Mutter und Ehefrau, beschrieb: „She is a cab driver, civil rights worker, maid, teacher, preacher, doctor, cook, poet, housewife, fashion designer and novelist. You name it and she is it."[212] In Reaktion auf Johnsons Statement schrieb beispielsweise Mrs. H. L. Mickens aus Pomona, Kalifornien: „As a colored woman, I have always felt the colored female was not as appreciated, understood, or respected as females of other races. You have changed my conception. To you I am sincerely grateful."[213] Grace Williams aus Philadelphia fügte hinzu:

> All my life I have struggled to rise above oppression, and here at last, someone recognizes my plight. [...] There was a time in my life when I thought only God in Heaven knew what we Negro women have been going through, and it makes me fell darn good to know that man not only knows, but I beginning to recognize us for it. [...] When my girls are grown and married and start feeling the way I have felt, I shall give it to them to read and let them know that they are not alone.[214]

Howard B. Woods, Mitarbeiter der U. S. Information Agency in Washington D. C., kritisierte in seinem Leserbrief die Debatte über das vermeintliche Matriarchat afroamerikanischer Frauen als „mass male psychosis" und würdigte einmal mehr die Leistungen der afroamerikanischen Frauen als berufstätige Mütter und Hausfrauen:

---

211 Vgl. z. B. die folgende Artikel, alle erschienen in der August-Ausgabe von Ebony: Phyl Garland: Builders of a New South, S. 27–37. Young Woman in a ‚White World', S. 69–74. The Long Thrust Toward Economic Equality, S. 38–42. Allan Morrison, Women in the Arts, S. 90–94. The Negro Woman in Politics, S. 96–100. Ragni Lantz: The Pleasures and Problems of the Bachelor Girl, S. 102–108. C. Eric Lincoln: A Look Beyond the 'Matriarchy', S. 111–116. Lena Horne: The Three-Horned 'Dilemma' Facing Negro Women. 118–124. Ponchitta Pierce: Problems of the Woman Intellectual, S. 144–149.
212 Ebony, August 1966, Publisher's Statement, S. 25.
213 Ebony, October 1966, S. 18.
214 Ebony, October 1966, S. 12.

> The Negro woman, by any standards, has been through the years, an astute homemaker, economist and cost accountant as she parlayed minimal income to meet her family's needs. This perseverance has paid off. Today her children and grandchildren are taking their rightful places in the total society in ever increasing numbers.²¹⁵

Auch die Zeitschrift „*Jet*", die sich ebenfalls an überwiegend afro-amerikanische Leser und Leserinnen richtete, beschäftigte sich in den 1950er Jahren noch eher am Rande mit den Auswirkungen der Berufstätigkeit afroamerikanischer Frauen. Wenn Artikel die Frage thematisierten, ob Frauen und Mütter arbeiten sollten, so dienten interessanterweise die Karrieren weißer Frauen und Mütter als Beispiele.²¹⁶ Ging es jedoch um Fragen von Moral und Anstand arbeitender Frauen, dann wurden Bilder und Geschichten über African American Women präsentiert.²¹⁷ Nachdem bis Mitte der 1960er Jahre – ganz ähnlich der Berichterstattung in *Ebony* eher Belege für erfolgreiche Karrieren von Individuen dominierten, begann das Blatt allmählich auch nach den Auswirkungen von Frauenarbeit auf die Familien zu fragen, was dann wiederum an die damals aktuelle Debatte um die Struktur der afroamerikanischen Familie anschloss. So berichtete *Jet* im Dezember 1965 über eine Rede der Leiterin des Women's Bureau im US-Arbeitsministerium, Mary Keyserling, über den Zusammenhang zwischen Frauenarbeit und dem Zustand der afroamerikanischen Familie. Keyserling habe betont, „it is „simply not true" [sic] that an excessive entry of younger women into the labor force has helped to break down the Negro family."²¹⁸ Dieser Schwerpunktverlagerung der Debatte von den arbeitenden Müttern hin zur Struktur der Familien widmet sich das folgende Kapitel.

## 3.8 Zwischenfazit: Deutungskonflikte um Berufstätigkeit, Psyche und Reproduktion der modernen Frau

Vom Zweiten Weltkrieg bis zur Hochphase der sozialen Protestbewegungen Ende der 1960er Jahre wurde in den USA die Rolle der Frau und Mutter innerhalb des Idealbildes der amerikanischen Familie intensiv diskutiert. Die um das Verhältnis

---

215 Ebony, October 1966, S. 12–14.
216 Vgl. z. B. den Artikel „Do Working Women Make Better Wives?", Jet 27.5.1954, S. 56–57.
217 „Are Working Wives Less Moral?", Jet, 3.12.1955, S. 24–26.
218 Jet, 2.12.1965, S. 46. Für den Kontext, die Diskussion um den Zustand der afroamerikanischen Familie in Folge der Publikation des sogenannten Moynihan-Reports vgl. Kapitel IV dieser Studie. Anlass der Rede Keyserlings war eine Konferenz zum 30-jährigen Bestehen der wichtigsten schwarzen Frauenorganisation, des *National Council of Negro Women* in Washington D.C.

von Häuslichkeit, Frauenarbeit und Reproduktion kreisenden öffentlichen Debatten und Expertendiskurse zeigen aufschlussreich, wie angesichts gesellschaftlicher Wandlungsprozesse (Ausweitung der Frauenarbeit, *Dual Earner Families*, Einbruch der Fertilitätsrate, neue Frauenbewegung) ständig neue Elemente des Familienbildes erörtert werden mussten. Dabei zeigt sich deutlich, dass von einem gradlinigen und alle Ethnien und Klassen gleichermaßen umfassenden Wandlungsprozess nicht die Rede sein kann. Dies belegt insbesondere die Nichtberücksichtigung der Interessen und Bedürfnisse afroamerikanischer Frauen innerhalb der gesamten Debatte um Frauenarbeit. Diese mussten traditionell Lohnarbeit und Mutterrolle kombinieren. Insgesamt gilt, dass das Ideal der amerikanischen Familie als dasjenige einer weißen „nuclear family" aus der Mittelschicht nicht angetastet wurde, es ging vielmehr um die Ausbalancierung der Geschlechterrollen innerhalb dieser Kerneinheit.

Nachdem bereits während der Progressive Era in der Diskussion um Frauenwahlrecht, Frauenarbeit und Ehescheidung das Verhältnis zwischen den Geschlechtern neu gefasst worden war, spitzte sich als Reaktion auf Kriegsbeschäftigung und Babyboom in den 1940er und 1950er Jahren die Debatte um Frauenarbeit und Häuslichkeit weiter zu. Hier standen sich zunächst Befürworter wie Gegner der Berufstätigkeit von Frauen und in Sonderheit von Müttern unversöhnlich gegenüber. Insbesondere Mediziner und Psychologen trugen dazu bei, wahlweise weibliche Erwerbstätigkeit oder das Hausfrauendasein als Grundlage von psychischen Störungen („Neurosen") zu denunzieren. Es war jedoch der konstante Anstieg weiblicher Erwerbstätigkeit – also ein klar identifizierbarer Prozess sozialen Wandels –, der letztlich dazu führte, dass im Laufe der 1950er Jahre das Phänomen der Frauenarbeit als gesellschaftliche Realität anerkannt wurde, was auch die graduelle Akzeptanz der Berufstätigkeit von Müttern einschloss. Liberale Sozialwissenschaftler der 1950er und 1960er Jahre lieferten in ihren Arbeiten empirische Belege für die Vereinbarkeit von Familie und Beruf. Ab Mitte der 1960er Jahre machte zudem die zweite Welle der Frauenbewegung den Abbau geschlechtlicher Diskriminierung am Arbeitsplatz zu einem ihrer Kernthemen – was die Anerkennung der Berufstätigkeit auch von Müttern selbstverständlich voraussetzte. Dieser Diskurs fokussierte sowohl in der Wissenschaft als auch in der Tagespresse eindeutig auf weiße Mütter aus der Mittelschicht. Eine gute, privat zu organisierende Kinderbetreuung galt nämlich als Schlüsselkriterium für die Vereinbarkeit von Mutterrolle und Berufstätigkeit, wobei Frauen aus der Arbeiterschicht sowie ethnischen Minderheiten zumeist schlicht die Mittel dafür fehlten. Folglich trug auch die Frauenbewegung der 1960er Jahre implizit zu einer rassistischen und klassenspezifischen Einschränkung des Familienideals bei, obgleich sie ja eigentlich angetreten war, um die vermeintlich biologische Determinierung der Geschlechterrollen zu überwinden.

## 3.8 Zwischenfazit

Von Mitte der 1950er Jahre bis Beginn der 1970er Jahre erweiterte zudem ein Expertendiskurs um die psychische Gesundheit und reproduktive Funktion der Frauen die Debatten um Mutterschaft und die Folgen von Frauenarbeit und Selbstverwirklichung. Hier kehrte die Neurosen-Debatte wieder, allerdings nun klar bezogen auf die moderne Frau, die sich ihren natürlichen reproduktiven Pflichten verweigere. Konträr zu den Forderungen von Frauenbewegung und radikalen Feministinnen – und auch im Gegensatz zur sehr viel liberaleren Berichterstattung über Frauenarbeit und Reproduktion in der überregionalen Presse – plädierten Psychologen gemeinsam mit Medizinern und Demographen für eine Steigerung der Geburtenrate weißer Frauen nach dem Babyboom. Dieser sozial und ethnisch bewusst diskriminierende Diskurs hob erneut den biologischen Unterschied zwischen den Geschlechtern hervor und versuchte, Frauen wieder stärker auf ihre reproduktive Rolle festzulegen. Er stellt damit den Versuch einer projektiven Neubestimmung der Geschlechterrollen dar und lieferte der konservativen Familienrhetorik der 1980er Jahre einen wichtigen Anknüpfungspunkt und ein belastbares Fundament.

Über knapp 30 Jahre hinweg erweist sich folglich eine Schwerpunktverschiebung von der Ablehnung über die graduelle Akzeptanz von (Teilzeit)Arbeit weißer Mittelschicht-Frauen, die jedoch sukzessive an die Frage ihrer (sinkenden) Reproduktion gekoppelt wurde – wobei die weiße Kernfamilie immer der zentrale Bezugspunkt blieb, allen abweichenden sozialen Realitäten zum Trotz. Doch Frauenarbeit war nicht das einzige Konfliktfeld, auf dem eine Neujustierung von Familienwerten zu beobachten war, gleiches zeigte sich an der Entwicklung der Scheidungsdebatte und in den Überlegungen zur Sozialstruktur der African American Family. Letztere stehen im Zentrum des folgenden Kapitels.

## 4 „Black Family Pathologies": Die Grenzen des Familienideals der White Middle Class und die Debatte um Struktur und Werte der afroamerikanischen Familie in den 1960er Jahren

> America has defined the roles to which each individual should subscribe. It has defined "manhood" in terms of its own interests and "femininity" likewise. Therefore, an individual who has a good job, makes a lot of money, and drives a Cadillac is a real "man", and conversely, an individual who is lacking these "qualities" is less of a man. The advertising media in this country continuously informs the American male for his need for indispensable signs of his virility – the brand of cigarettes that cowboys prefer, the whiskey that has a masculine tang, or the jock strap that athletes wear.[1]

Was hier auf den ersten Blick wie eine Beschreibung des Endes der 1960er Jahre in den USA vorherrschenden Ideals von „hegemonic masculinity" klingt – berufliche Karriere, wirtschaftliche Ernährerfunktion, Zugriff auf medial angepriesene Konsumgüter vom Automobil bis zur Whiskeymarke – war jedoch vielmehr Bestandteil des Versuchs, genau dieses Konzept als rassistisch und sozial exklusiv zu entlarven.[2] In ihrer Schrift „Double Jeopardy. To Be Black and Female" aus dem Jahr 1969, einem der Schlüsseltexte des US-amerikanischen Feminismus, beschrieb die afroamerikanische Aktivistin Frances Beale nicht nur die prekäre Situation von afroamerikanischen Frauen in der amerikanischen Gesellschaft, sondern analysierte auch die widersprüchlichen Erwartungen an afroamerikanische Männer.[3] Während sich afroamerikanische Frauen in der US-Gesellschaft

---

[1] Beale, Frances M.: Double Jeopardy. To Be Black and Female, in: Albert, Judith / Albert, Stewart (Hg.): The Sixties Papers. Documents of a Rebellious Decade, Westport, CT / London 1984, S. 500–508, S. 501. Der Text erschien erstmals 1970 in der Dokumentensammlung Morgan, Robin [u. a.] (Hg.): Sisterhood is Powerful. An Anthology of Writings from the Women's Liberation Movement, New York 1970.

[2] Zum Begriff der „hegemonic masculinity" vgl. Connell, R. W. / Messerschmidt, James W.: Hegemonic Masculinity. Rethinking the Concept, in: Gender & Society 19 (2005), S. 829–859. Connell, Robert: Masculinities, Cambridge 1995. Dinges, Martin: „Hegemoniale Männlichkeit" – ein Konzept auf dem Prüfstand, in: Dinges, Martin (Hg.): Männer – Macht – Körper. Hegemoniale Männlichkeiten vom Mittelalter bis Heute, Frankfurt a. M. 2005, S. S. 7–36.

[3] FRANCES BEALE (geb. 1940) ist eine afroamerikanische Feministin, Publizistin und politische Aktivistin. „Double Jeopardy" ist ihr bislang einflussreichster Text. 1968 war Beale Mitbegründerin des *Black Women's Liberation Committee* des SNCC, welches sich dann in die *Black Women's Alliance* und später in die *Third World Women's Alliance* (TWWA) transformierte. In den 1970er Jahren setze sich Beale vor allem für das Recht auf Abtreibung und gegen Zwangssterilisationen

einer doppelten Diskriminierung ausgesetzt sähen, als Frauen und als Schwarze, würden, so Beale, auch den afroamerikanischen Männern sowohl sozioökonomische als auch gesellschaftliche Partizipation verweigert. Beale argumentierte, dass afroamerikanische Männer durch Gesellschaft, Medien und Werbung für ein spezifisches nationales Familienideal vereinnahmt würden, welches Werte und Gendernormen der weißen Mittelschicht enthalte, die zur Untermauerung des kapitalistischen Systems dienten. Diese widersprüchliche Wertorientierung – afroamerikanische Männer, die ein Familienideal und ein Genderkonzept verinnerlichten, von dem sie in der Realität durch sozio-ökonomische Depravierung und rassische Diskriminierung ausgeschlossen waren – trug laut Beale dazu bei, die Situation afroamerikanischer Frauen speziell im *Black Power Movement* weiter zu erschweren:

> Since the advent of Black power, the Black male has exerted a more prominent leadership role in our struggle for justice in this country. He sees the system for what it really is for the most part, but where he rejects its values and mores on many issues, when it comes to women, he seems to take his guidelines from the pages of the Ladies' Homes Journal.[4]

Dieses Kapitel wird analysieren, welche Annahmen über Werte, Strukturen und vermeintliche Pathologien der African American Families bis zum Ende der 1960er Jahre, dem Zeitpunkt des Erscheinens von Frances Beales Text, in Wissenschaft, Medien und Bürgerrechtsbewegung diskutiert wurden. Von besonderem Interesse ist dabei *erstens* die Frage, wie unter Sozialwissenschaftlern die Annahme einer defizitären Struktur und Wertorientierung der afroamerikanischen Familie konstruiert und erklärt wurde – und welche Reaktionen der Bürgerrechtsbewegung bis hin zum *Black Power Movement* dies hervorrief.[5] Wieso

---

ein. Zu Beale vgl. die biographische Notiz in: Voices of Feminism Oral History Project, Sophia Smith Collection, Smith College, Northampton, MA. Frances Beal interviewed by Loretta J. Ross, March 18, 2005 Oakland, CA.

4 Beale, "Double Jeopardy", S. 502.

5 Das *Black Power Movement* stellte die radikale Antwort auf die gemäßigte Bürgerrechtsbewegung um Martin Luther King und dessen Weg des gewaltsamen Protests gegen die Rassendiskriminierung dar. Aktivisten des *Black Power Movement* wie Malcolm X, Bobby Seale, Eldridge Cleaver und Stokeley Carmichael propagierten offen Gewalt als Antwort auf die Unterdrückung durch die weiße Mehrheitsgesellschaft. Wichtigste Organisation war die *Black Panther Party*. Carmichael, Stokely / Hamilton, Charles V. / Ture, Kwame: Black Power. The Politics of Liberation in America, New York 1967. Ogbar, Jeffrey O. G.: Black Power: Radical Politics and African American Identity, Baltimore 2004. Estes, Steve: I am a Man! Race, Manhood, and the Civil Rights Movement, Chapel Hill 2005. Wendt, Simon: „They Finally Found Out that We Really Are Men". Violence, Non-Violence and Black Manhood in the Civil Rights Era, in: Gender & History 19 (2007),

konnte sich die Rede von den „black family pathologies" auf breiter gesellschaftlicher Basis und auch unter den Betroffenen selbst so ohne weiteres durchsetzen? *Zweitens* ist zu klären, welche Auswirkung dies auf die Diskussion um die Gendernormen der African American Family hatte. Kurz: Wie kam es dazu, dass selbst die Männer des *Black Power Movement* ihre Geschlechterrollenvorstellungen aus den weißen Frauenmagazinen zu beziehen schienen – obgleich ihnen selbst durch sozio-ökonomische Diskriminierung der Zugang zum weißen Männlichkeitsideal des „self-made man" (Michael Kimmel) verwehrt war?[6] Wie versuchten schließlich afroamerikanische Feministinnen wie Beale dieser „double jeopardy" entgegenzutreten?[7] Es fragt sich *drittens*, inwiefern die Auseinandersetzung um Werte und Struktur der African American Family Mitte der 1960er Jahre längerfristig Spuren am nationalen Familienideal hinterließ: Wurde die Norm pluralistischer, liberaler und vielfältiger oder überwogen normative Einhegungs- und Schließungsprozesse? Welche Rolle spielten Sozialexperten, aber auch Bürgerrechtler hierbei?

Um zu verdeutlichen, von welchen sozio-ökonomischen Grundlagen die Diskussion um die afroamerikanische Familie ausging, beleuchtet ein erstes Teilkapitel den soziostrukturellen Wandel der afroamerikanischen Familie im 20. Jahrhundert. Sodann soll die Entwicklung der sozialwissenschaftlichen Forschung zu Struktur und Werten der afroamerikanischen Familie vom Beginn des 20. Jahrhunderts bis in die 1960er Jahre dargestellt werden. Hierzu werden in einem zweiten Teilkapitel die Forschungen afroamerikanischer Soziologen aus der ersten Hälfte des 20. Jahrhunderts betrachtet, da diese die afroamerikanische Familie gewissermaßen erst als Forschungsgegenstand konstituierten, während sich weiße Sozialwissenschaftler noch kaum ihrer annahmen. Ein drittes Teilkapitel widmet sich dem Text „American Dilemma", des schwedischen Soziologen Gunnar Myrdal, welcher die Frage des Umgangs mit der afroamerikanischen Bevölkerungsminderheit in den Fokus des sozialwissenschaftlichen Erkenntnisinteresses und der gesellschaftlichen Debatten um die Jahrhundertmitte katapultierte. Ein viertes Teilkapitel untersucht die Auswirkungen des sogenannten Moynihan-Reports und seiner Diagnose einer vermeintlichen „Pathologie" der

---

S. 543–564. Murch, Donna Jean: Living for the City. Migration, Education, and the Rise of the Black Panther Party in Oakland, California, Chapel Hill 2010.

**6** Zum Konzept des „self-made man" als dasjenige hegemonialer Männlichkeit in den USA des 20. Jahrhunderts vgl. Kimmel, Michael: Manhood in America. A Cultural History, New York 1996.

**7** Zur Verschränkung von rassischer Diskriminierung und sexueller Ausbeutung afroamerikanischer Frauen vgl. auch McGuire, Danielle L.: At the Dark End of the Street. Black Women, Rape and Resistance – A New History of the Civil Rights Movement from Rosa Parks to the Rise of Black Power, New York 2010.

African American Family Mitte der 1960er Jahre. Im Unterschied zur bisherigen Forschung zum Moynihan-Report interpretiere ich diesen im Rahmen von Präsident Johnsons *War on Poverty* als Ausdruck offensiven „social engineerings", das die Familie zum Ausgangspunkt seiner Überlegungen machte, und im Kontext einer breiteren Diskussion über Bevölkerungspolitik die Probleme armer, kinderreicher Familien. Zwei weitere Teilkapitel analysieren erstens die Wahrnehmung des Reports in der African American Community sowie zweitens die Frage, inwiefern die Konzepte zur „Verbesserung" der afroamerikanischen Familie der 1960er als Beispiele für die „Verwissenschaftlichung des Sozialen" gelesen werden müssen. Ein letzter Abschnitt vergleicht die Familien- und Männlichkeitskonzepte der verschiedenen Flügel der afroamerikanischen Bürgerrechtsbewegung. Überlegungen zur Positionierung der afroamerikanischen Feministinnen in den Debatten um die Selbstbehauptung der afroamerikanischen Familie beschließen das Kapitel.

## 4.1 Der Wandel der Sozialstruktur afroamerikanischer Familien im 20. Jahrhundert

Die Geschichte der Sozialstruktur afroamerikanischer Familien ist immer auch die Geschichte ihrer Diskriminierung und Pathologisierung durch Sozialexperten, die wirkmächtige Stereotypen wie „black hyperfertility", afroamerikanische „welfare queens" und „black family pathologies" prägten. Dem stehen jedoch gravierende soziale Wandlungsprozesse gegenüber, denen die afroamerikanischen Familien im 20. Jahrhundert unterlagen – hier ist jedoch genau zu fragen, an welcher Stelle ihre Entwicklung von derjenigen weißer Familien abwich. Wie die bisherigen Kapitel gezeigt haben, stiegen *erstens* die Scheidungsraten afroamerikanischer Paare in den ersten Dekaden des 20. Jahrhundert erheblich – dieser Trend korrelierte aber mit der nationalen Entwicklung, unabhängig von „race". *Zweitens* lag die Fertilitätsrate afroamerikanischer Frauen insbesondere in den ersten beiden Dekaden des 20. Jahrhunderts deutlich über derjenigen weißer Amerikanerinnen. Im letzten Drittel des 20. Jahrhunderts ist dagegen ein Geburtenrückgang zu verzeichnen, was wiederum dem allgemeinen nationalen Trend entspricht. *Drittens* waren Afroamerikanerinnen immer schon zu einem größeren Prozentsatz erwerbstätig als weiße Amerikanerinnen, ihr Anteil an der Erwerbsbevölkerung stieg auch nach 1945 weiter an. Interessant ist, dass jedoch der Anteil von Ehefrauen mit Kindern unter den Erwerbstätigen deutlich geringer wuchs als unter der weißen Mehrheitsbevölkerung – obgleich Afroamerikanerinnen bis 1950 jünger heirateten und bis 1970 seltener unverheiratet blieben als ihre weißen

Geschlechtsgenossinnen.⁸ Diese Beobachtung ist wichtig, gerade auch als Folie für die Diskussionen um Alleinerziehende und Mütter unehelicher Kinder.

Mitte des 20. Jahrhunderts (mit Kulmination im noch zu besprechenden Moynihan-Report von 1965) kritisierten weiße Sozialexperten die afroamerikanische Bevölkerung insbesondere für ihre höhere Fertilitätsrate, den höheren Anteil von unehelichen Geburten und die größere Präsenz alleinerziehender Mütter. Diese Beobachtungen werden zwar durch die Statistik bestätigt, allerdings verweisen sie auf parallel verlaufende nationale Trends. So war die Geburtenrate der „non-whites" (bis 1970 fand keine getrennte Datenerhebung nach African Americans und „persons of Hispanic Origin" statt) proportional höher als die der white Americans, beide Raten sanken aber ab der Mitte des 20. Jahrhunderts konstant ab. Bekamen nicht-weiße Amerikanerinnen im Jahr 1920 noch 35,0 Kinder gerechnet auf 1.000 Personen (Weiße: 26,9), so waren es 1940 26,7 Geburten (Weiße: 18,6), 1955 wieder 34,7 Geburten (Weiße: 23,8) und 1965, im Jahr des Erscheinens des Moynihan-Reports, bereits wieder 27,6 Geburten (Weiße: 18,3).⁹ Nach einem kurzen Aufschwung im Babyboom sanken also beide Geburtenraten wieder, so dass 1965 im Prinzip das Vorkriegsniveau wieder erreicht war.

Auch die Daten zur Entwicklung der unehelichen Geburten in den USA verweisen *viertens* auf einen säkularen Trend, in den sich das Geburtenverhalten der African Americans einordnet: Während des gesamten 20. Jahrhunderts stiegen uneheliche Geburten an, wobei Afroamerikanerinnen mehr uneheliche Kinder bekamen als weiße Amerikanerinnen. Zu Beginn des 21. Jahrhunderts allerdings sank der Anteil der unehelichen Geburten unter Afroamerikanerinnen. Betrug der Anteil aller unehelichen Geburten in den USA im Jahr 1940 noch 3,8 %, so stieg er im letzten Drittel des 20. Jahrhunderts von 10,7 % (1970) auf 28 % (1990) und 41 % (2008) der gesamten Geburten, um danach dann auf 40,3 % (2014) zu sinken.¹⁰ In der Gruppe der afroamerikanischen Mütter entwickelte sich der Anteil der unehelichen Geburten von 37,6 % (1970) auf 67 % (1990) und 72 % (2008), allerdings war hier der Rückgang auf 70,9 % im Jahr 2014 besonders ausgeprägt. Bei den hispanischen Müttern kletterte der Anteil derer, die ihr Kind ohne Trauschein bekamen, in den letzten Jahren von 37 % (1990) auf 53 % (2008). 2015 war er dann

---

**8** Eliott, Diana B. [u.a.]: Historical Marriage Trends from 1890–2010. A Focus on Race Differences. SEHSD Working Paper 2012–12, https://www.census.gov/hhes/socdemo/marriage/data/acs/ElliottetalPAA2012paper.pdf, figure 4.
**9** Grove. Robert D. / Hetzel, Alice: Vital Statistics Rates in the United States 1940–1960. National Center for Health Statistics, Washington D. C. 1968.
**10** Ventura, Stephanie J. [u.a.]: Nonmarital Childbearing in the United States, 1940–99. National Vital Statistics Report from the Center for Disease Control and Prevention, National Center for Health Statistics, National Vital Statistics System, 48, Nr. 16, 18.10.2000.

## 4.1 Der Wandel der Sozialstruktur afroamerikanischer Familien im 20. Jahrhundert

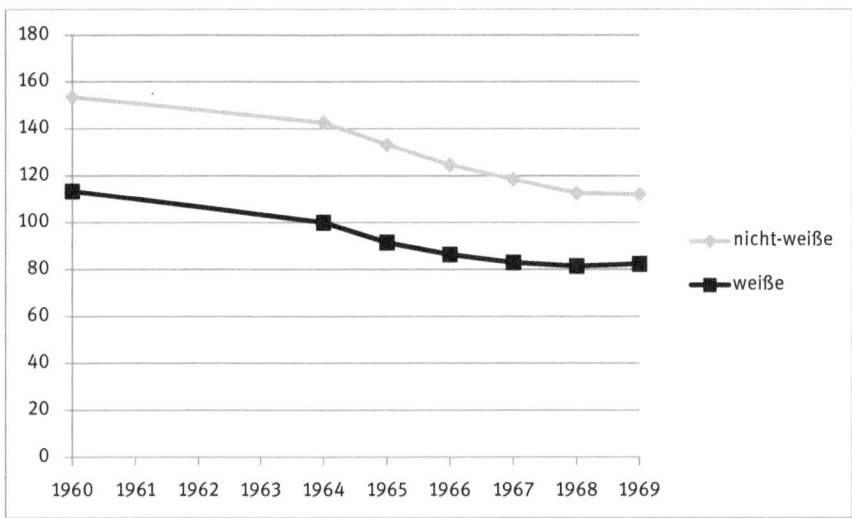

**Abb. 4.1:** Geburten pro 1.000 Frauen im Alter von 15 bis 44, 1960–1969

leicht gesunken auf 52,9 %. Bei den weißen Müttern bekommen derzeit mit 29,2 % (2014) und 29 % (2008) fast ein Drittel ihre Kinder ohne verheiratet zu sein, 1990 waren es erst 17 % gewesen und 1970 sogar nur 5,7 %.[11]

*Fünftens* war und ist auch der Anteil an allein erziehenden Müttern unter afroamerikanischen Müttern höher als unter Mexican Americans und weißen Amerikanerinnen.[12] Hier zeigt sich jedoch, dass zwar der Prozentsatz allein erziehender Mütter in der afroamerikanischen Bevölkerungsminderheit zwischen 1960 und 1990 von rund 18 % auf rund 30 % anstieg, für die weiße Mehrheit fiel jedoch die Steigerung im selben Zeitraum von rund 2,5 % auf rund 7,5 % höher aus – in absoluten Zahlen dominierte die weiße Mehrheit ohnehin.[13] Zugleich ist festzuhalten, dass 1960 noch mehr als 70 % aller afroamerikanischen Familien zwei Elternteile aufwiesen, 1990 waren es immerhin noch mehr als die Hälfte.

---

[11] Chadwick / Heaton, Statistical Handbook, S. 84, Livingston, Gretchen / Cohn, D'Vera: The New Demography of American Motherhood, Pew Research Center. <www.pewsocialtrends.org/2010/05/06/the-new-demography-of-american-motherhood/>, S. 11.
[12] Für das erste Drittel des 20. Jahrhunderts vgl. Igra, Anna: Wives without Husbands. Marriage, Desertion, and Welfare in New York, 1900–1935, Chapel Hill 2007. Zur Diskriminierung von African American Mothers Ladd-Taylor, Molly / Umansky, Lauri (Hg.): Bad Mothers. The Politics of Blame in Twentieth-Century America, New York 1998. Landry, Black Working Wives. Chappell, Marisa: The War on Welfare. Family, Poverty, and Politics in Modern America, Philadelphia 2010.
[13] Landry, Black Working Wives, S. 8.

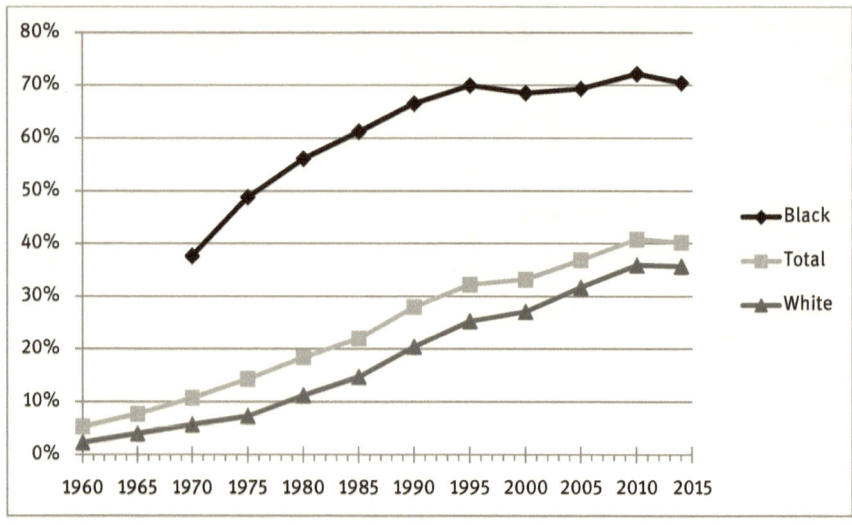

**Abb. 4.2:** Anteil unehelicher Geburten nach ethnischer Herkunft, 1960–2014

Diese Entwicklung ordnete sich ein in den säkularen Trend zu mehr alleinerziehenden Müttern. Sie fiel für African American Families nur besonders deutlich aus, jedoch stellten auch dort alleinerziehende Mütter keineswegs den dominanten Familientyp dar.[14] Zudem ist wichtig, dass für alle ethnischen Gruppen der Anteil an verheirateten Elternpaaren in der zweiten Hälfte des 20. Jahrhunderts deutlich sank.[15] Bereits diese Zahlen erweisen, dass die Mitte der 1960er Jahre grassierende Panik vor dem „Zerfall der afroamerikanischen Familie" nicht auf einer sorgsamen Auswertung der sozialwissenschaftlichen Daten beruhte, sondern auf einer publikumswirksamen Hochrechnung dramatischer Befunde aus den innerstädtischen Problembezirken.

Trotz erster Schritte zur Aufhebung der Segregation seit den 1950er Jahren (1954: *Brown vs. Board of Education*) und trotz der Gleichstellungsbestrebungen der Bürgerrechtspolitik der 1960er Jahre (1964 *Civil Rights Act* und 1965 *Voting Rights Act*) waren die Angehörigen der afroamerikanischen Minderheit *sechstens* gravierenden rechtlichen und sozio-ökonomischen Benachteiligungen ausgesetzt, was sich in deutlich geringeren Haushaltseinkommen, höherer Arbeitslosigkeit,

---

14 United States Census Bureau, Current Population Survey. <www.census.gov/hhes/families/files/graphics/CH-1.pdf>.
15 United States Census Bureau, Current Population Survey <www.census.gov/hhes/families/files/graphics/FM-2.pdf>.

schlechteren Bildungschancen und höherer Säuglingssterblichkeit ausdrückte. Während für die erste Hälfte des 20. Jahrhunderts die Sterblichkeit afroamerikanischer Babys unter einem Jahr noch eklatant über derjenigen weißer Säuglinge lag, sank sie im Laufe des 20. Jahrhundert deutlich ab, blieb aber weiterhin etwa doppelt so hoch. Starben 1935 noch mehr als 80 von 1.000 lebend geborenen afroamerikanischen Babies, waren es 1960 nur noch knapp über 40 und 1980 etwas mehr als 20 Säuglinge. Dem standen für das Jahr 1935 knapp über 50 Todesfälle unter 1.000 Neugeborenen weißer Hautfarbe gegenüber, 1960 dann mehr als 20 und 1980 rund 10 verstorbene Säuglinge auf 1.000 Lebendgeburten.[16] Ein anderer, sich in den letzten Dekaden eher noch verstärkender Indikator ungleicher Gesundheitsversorgung ist dagegen die Frühgeburtenrate. So kamen im Jahr 1990 19 % der Kinder von Afroamerikanerinnen zu früh zur Welt, aber nur 8,5 % der Kinder weißer Mütter. Im Jahr 2012 betrug der Anteil der Frühgeborenen 17,5 % bei der Minderheit und 10 % unter der weißen Mehrheitsbevölkerung.[17]

Auch die Bildungsabschlüsse (und damit: Karrierechancen) afroamerikanischer Mütter lagen generell deutlich unter denjenigen weiße Mütter, wohingegen die Rate an Teenager-Schwangerschaften klar überwog. Schließlich waren afroamerikanische Mütter zwar zu einem höheren Prozentsatz berufstätig, aber auch sichtbar häufiger von Arbeitslosigkeit betroffen als weiße Amerikanerinnen. Die Arbeitslosenrate von Afroamerikannerinnen war zwischen 1962 und 2012 kontinuierlich doppelt so hoch (rund 12 Prozent mit einem Ausreißer auf knapp 18 Prozent im Jahr 1982) wie diejenige weißer Amerikannerinnen (rund sechs Prozent mit einem Hoch von 8 Prozent im Jahr 1982).[18]

Die amerikanische Wohlstandsfamilie war folglich im Wesentlichen weiß – dies galt bereits in den 1930er Jahren, aber auch in besonderer Weise für die Zeit des Booms in den 1950er und 1960er Jahren. So ist seit Ende des Zweiten Weltkrieges ein konstanter Anstieg der Familieneinkommen zu beobachten, dieser weist jedoch gravierende ethnische Unterschiede auf: Musste eine Familie in den USA 1947 noch mit durchschnittlich $ 20.402 im Jahr auskommen (umgerechnet auf den Dollarstandard von 2001), so hatte sie 1970 bereits $ 38.954 und im Jahr

---

16 Seven Decades of Progress and Disparities. U. S. Department of Health and Human Services, Health Resources and Service Administration, Maternal and Child Health Bureau, Rockville, Maryland 2010. <www.mchb.hrsa.gov>.
17 Hamilton, Brady E. [u. a.]: Birth: Preliminary Data for 2012. National Vital Statistics Reports, Vol. 62, Nr. 3 (2013), S. 4.
18 Bureau of Labor Statistics, U. S. Department of Labor, *The Economics Daily*, Unemployment rates by race and ethnicity, 2010 <www.bls.gov/opub/ted/2011/ted_20111005.htm>. U. S. Department of Labor, Women's Bureau: Facts over Time, Women in the Labor Force (2012).

**Abb. 4.3:** Die amerikanische Wohlstandsfamilie ist weiß. Opfer der großen Flut des Ohio in Louisville warten auf Lebensmittelspenden (1937)

2000 $ 52.310 zur Verfügung. Die Einkommen weißer Familien lagen dabei leicht über dem nationalen Durchschnitt, sie betrugen $ 21.250 (1947) sowie $ 40.411 (1970) und $ 54.742 (2000). Dagegen musste sich eine afro-amerikanische Familie mit einem deutlich geringeren durchschnittlichen Haushaltseinkommen zufrieden geben, trotz einer prozentual höheren Einkommenssteigerung: Ihr standen durchschnittlich $ 10.864 (1947) zur Verfügung, später dann $ 24.789 (1970) und $ 35.146 (2000). Besonders schwierig gestaltete sich die ökonomische Situation für alleinerziehende Mütter, ihr durchschnittliches Familieneinkommen entwickelte sich von $ 14.640 (1947) zu $ 20.107 (1970) und $ 26.514 (2000).[19]

---

[19] Money Income of Families – Median Income in Current and Constant (2001) Dollars by Race and Type of Family: 1947 to 2001. U. S. Census Bureau, Statistical Abstract of the United States 2003, Mini Historical Statistics, S. 42–43.

Zwar gelang auch zahlreichen afro-amerikanischen Familien der Aufstieg in die Mittelschicht, doch in sehr viel geringerem Maße als das für weiße AmerikanerInnen galt.[20] So profitierten nach dem Zweiten Weltkrieg vor allem weiße Ex-Soldaten vom *Servicemen's Readjustment Act*, dem Gesetz zur Wiedereingliederung der Veteranen in die Gesellschaft, besser bekannt als *G. I. Bill of Rights*. Sie erhielten günstige Wohnungs- und Existenzgründungskredite, berufliche Qualifikationsmaßnahmen und kostenlose Studienplätze. Obgleich nicht-weiße G. I.s formal ebenfalls berechtigt waren, schlossen lokale Beamte, Banken, Wohnungsbaukommissionen und nicht zuletzt die großen weißen Colleges diese weiterhin aus. Der Mehrheit der etwa 100.000 afro-amerikanischen Veteranen, die bis 1946 Ausbildungsbeihilfen beantragt hatten, blieben nur die überfüllten und schlecht ausgestatteten African American Colleges und die Rückkehr in weniger gut bezahlte, unterqualifizierte Jobs.[21] Ihre zumeist bessere Ausbildung und günstige Kredite erleichterten vor allem den weißen Veteranen die Partizipation am Wirtschaftsaufschwung und das Erreichen eines zunächst bescheidenen wirtschaftlichen Wohlstands, sinnbildlich im in den 1950er Jahren massenhaft und günstig produzierten suburbanen Einfamilienhaus.[22] Dessen Panoramafenster, die sogenannten „picture windows", wurden genau wie die umgebende Rasenfläche, der weiße Zaun und die architektonische Gleichförmigkeit der Bauten zum Signum des US-amerikanischen Familienlebens in den ersten beiden Nachkriegsdekaden. Diese Welt war den meisten afroamerikanischen Familien lange Zeit nicht zugänglich beziehungsweise sie wurde ihnen von Wohnungsbaufirmen und Vermietern bewusst verweigert, indem sie überhöhte Mieten oder Kaufpreise forderten, um die Wohnumgebung ethnisch homogen zu halten.[23] Hinzu kam die Praxis des „Redlining", der Abgrenzung zumeist innerstädtischer Wohnviertel nach ethnischen und sozialen Kriterien – so dass dort Dienstleistungen wie Gesundheitsfürsorge, Bildungseinrichtungen, aber auch Supermärkte überteuert und von schlechter Qualität angeboten wurden – so dass sich der Unterschied zwischen von Weißen bewohnten Vierteln und Vororten und von

---

**20** Billingsley, Andrew: Black Families in White America, Englewood Cliffs 1968. Landry, Bart: Black Working Wives. Pioneers of the American Family Revolution, Berkeley / Los Angeles 2000.
**21** Katznelson, Ira: When Affirmative Action was White. The Untold History of Racial Inequality in Twentieth Century America, New York 2005.
**22** Baxandall, Rosalyn / Ewen, Elizabeth: Picture Windows. How the Suburbs Happened, New York 2000. Jackson, Kenneth: Crabgrass Frontier. The Suburbanization of the United States, New York / Oxford 1985.
**23** Zur Segregation der Vorstädte Baxandall / Ewen: Picture Windows, 171–190. Jackson, Cabgrass Frontier.

ethnischen Minderheiten bewohnten „Ghettos" ab der Mitte des Jahrhunderts stetig verschärfte.[24]

Zudem dürfen die ikonischen Bilder von Suburbia – wie beispielsweise Levittown nahe New York – nicht darüber hinwegtäuschen, dass Familien in den USA eben keinesfalls mehrheitlich als weiße „ideale Kernfamilie" im vorstädtischen Familienheim lebten, sondern auch in der Großstadt und auf dem Land. Dies galt insbesondere für afroamerikanische Familien, die sich überproportional häufig in städtischen „neighborhoods" und den Ghettos der Großstädte wiederfanden – auch dies ein Resultat der intensiven Binnenmigration zwischen den ländlichen Regionen des Südens und den Großstädten des Nordens und Nordostens sowie der Praxis des „Redlining".

Inzwischen lebt die überwiegende Mehrheit aller Familien in den USA in der Stadt. Während zu Beginn des 20. Jahrhunderts (1900) noch 60,4 % der US-Bevölkerung auf dem Land wohnten und nur 39,4 % in der Stadt, hatte sich das Verhältnis bereits im Jahr 1950 umgekehrt (64 % zu 36 %). Bereits seit 1920 hatte die Zahl der urbanen Bevölkerung diejenige der Landbevölkerung überholt. Im Jahr 2000 lebten bereits 79 % aller AmerikanerInnen in urbanen Ballungsräumen und nur noch 21 % in ländlichen Regionen. Gerade die problematischen Lebensbedingungen der armen schwarzen Stadtbevölkerung standen in den Folgedekaden im Zentrum des Interesses afroamerikanischer Soziologen.

## 4.2 „The Negro Family in America": Struktur und Werte der African American Family in den Forschungen afroamerikanischer Soziologen

In den ersten Dekaden des 20. Jahrhunderts waren es vor allem afroamerikanische Soziologen, die sich mit der Struktur der afroamerikanischen Familie beschäftigten, weiße Sozialwissenschaftler hingegen hatten diese noch nicht als Forschungsgegenstand entdeckt, sondern beschäftigten sich statt dessen vor allem mit Einwanderern. So publizierte W. E. B. DuBois, einer der ersten afroamerikanischen Soziologen von nationaler Bedeutung, bereits 1908 eine Untersuchung

---

[24] Zur Konzentration von afroamerikanischen Familien in großstädtischen Ghettos seit Beginn des 20. Jahrhunderts vgl. Taylor, Henry Louis: Historical Roots of the Urban Crisis. African Americans in the Industrial City, 1900–1950, New York / London 2000. Massey, Douglas S. / Denton, Nancy A.: American Apartheid: Segregation and the Making of the Underclass, Cambridge MA 1993.

mit dem Titel „The Negro Family in America".[25] Die Arbeit entstand an der University of Atlanta, wo DuBois lehrte, im Kontext der von ihm ins Leben gerufenen, jährlich tagenden *Atlanta University Negro Conference*. Diese betrieb seit dem Ende des 19. Jahrhunderts eine großangelegte „social study of the Negro American" mit dem Ziel einer Erhebung wissenschaftlicher Daten und der Förderung von „social reform". Obgleich die ersten verfügbaren Statistiken nahelegten, dass die Afroamerikaner eine der Gesamtbevölkerung der USA vergleichbare Heiratshäufigkeit und auch Familiengröße aufwiesen, befürchtete DuBois dennoch eine Gefährdung der afroamerikanischen Familie erstens durch eine leicht höhere Anzahl von „broken families". Zweitens registrierte er eine Zunahme des Anteils allein stehender Frauen durch späteres Heiraten und höhere Kindersterblichkeit.[26] Besondere Sorge bereitete ihm die höhere Anzahl unehelicher Geburten unter der afroamerikanischen Minderheit, wobei er die Illegitimitätsrate von knapp über 20 Prozent (1907) mit einer allgemein laxeren Sexualmoral der Minderheit erklärte:

> Sexual immorality is probably the greatest single plague spot among Negro Americans, and its greatest cause is slavery and the present utter disregard of a black woman's virtue and self-respect, both in law court and custom in the South.[27]

Zugleich machte DuBois aber auch deutlich, dass gerade die afroamerikanische Frau durch ihre genuine Mutterliebe, ihren Familiensinn und ihre Kinderzahl durchaus ein positives Beispiel für ihre weiße Geschlechtsgenossin und die moderne weiße Gesellschaft allgemein darstellen könne, die sich ja durch „prosti-

---

25 WILLIAM EDWARD BURGHARDT DUBOIS (1868 – 1963), war Historiker, Soziologe und einer der einflussreichsten frühen Bürgerrechtler der USA. Der Mitbegründer der *National Association for the Advancement of Colored People* (NAACP) war zugleich erste Afroamerikaner, der an der Universität Harvard promovierte. Seit 1897 lehrte er Geschichte und Ökonomie an der Atlanta University, wo er die *Atlanta Conference for the Study of Negro Problems* ins Leben rief. Er war Gründer und langjähriger Herausgeber der NAACP-Zeitschrift „The Crisis" (1910 – 1933) und veröffentlichte eine Vielzahl soziologischer und historischer Studien sowie einige Romane und insgesamt drei Autobiographien. Marable, Manning: W. E. B. Du Bois – Black Radical Democrat, New York 2005. Zamir, Shamoon (Hg.): The Cambridge Companion to W. E. B. Du Bois, Cambridge [u.a.] 2008.
26 DuBois, William Edward Burghardt: The Negro Family in the United States, London / New York 2005 [Originalausgabe Atlanta 1908], S. 31.
27 An anderer Stelle hob DuBois die Verbindung zwischen Sexualmoral und Familie noch stäker hervor: "Without doubt the point where the Negro American is furthest behind modern civilization is in his sexual *mores*. [...] It does mean that he is more primitive, less civilized, in this respect than his surroundings demand, and that thus his family life is less efficient for its onerous social duties, his womanhood less protected, his children more poorly trained." DuBois, Negro Family, S. 37, 41.

tution, divorce and childlessness" in ihrem Bestand gefährdet sehe.[28] Zwar standen DuBois Arbeiten immer im Schatten der von weißen Soziologen um Robert E. Park betriebenen *Chicago School of Sociology*, die eine stufenweise angelegte Assimilationstheorie verfolgte. Angesichts seiner bahnbrechenden und empirisch fundierten Forschungen über die Wirkungsmechanismen von Rasse und sozialer Ungleichheit in der Interaktion von African Americans und weißen Amerikanern, war er ihnen inhaltlich jedoch um Längen voraus.[29] Wie Aldon Morris erläutert hat, wandte sich DuBois, anders als seine Zeitgenossen, bereits im ersten Drittel des 20. Jahrhunderts sowohl gegen die These von der biologischen oder kulturellen Inferiorität der Afroamerikaner als auch gegen die Forderung nach bedingungsloser Assimilation an den weißen Mainstream.[30] Zur Erläuterung der sozialen Probleme vieler Afroamerikaner und ihrer Familien verwies er dagegen auf die Bedeutung des sozialen Umfelds, auf das Zusammenwirken von rassistischem Vorurteil und ökonomisch-sozialer Repression sowie auf die Verbindung zwischen rassischer und sexistischer Diskriminierung – womit er bereits um 1920 den argumentativen Grundstein für die Forderung der Bürgerrechtsbewegung nach voller gesellschaftlicher Teilhabe legte.

---

**28** DuBois, Negro Family, S. 42.
**29** Die *Chicago School of Sociology* ist ein Sammelbegriff für eine Denkrichtung und ein Werkkorpus zur Stadtsoziologie, welche in den 1920er und 1930er Jahren am Department of Sociology der University of Chicago, einem der traditionsreichsten des Landes, entstanden. Hierbei kombinierten die Soziologen theoretische Zugänge aus Entwicklungsbiologie, Ökologie und Evolutionstheorie mit ethnographischer Feldforschung, was seinerzeit eine revolutionäre Praxis darstellte und die soziologische Forschung nachhaltig verändert hat. Angehörige dieser sogenannten ersten Chicago School waren u. a. Ernest Burgess, Edward Franklin Frazier und Robert E. Park. ROBERT EZRA PARK (1864–1944) war einer der einflussreichsten Soziologen der ersten Generation in den USA. Nach einer Zeit am *Tuskegee Institute* (1905–1914), wo er mit Booker T. Washington zusammenarbeitete, lehrte er von 1914 bis 1933 Soziologie an der University of Chicago und war einer der Schlüsselfiguren der ersten Chicago School. Seine Arbeitsschwerpunkte waren Stadtökologie und Rassenbeziehungen, wobei er seine Überlegungen zu den Ursachen der Rassendiskriminierungen aus seiner Zeit am Tuskegee Institute in Chicago zu einer Assimilationstheorie verdichtete, mit der er die Integration von Immigranten in die US-Gesellschaft untersuchte. Durch seine theoretischen Ausarbeitungen trug Park zudem maßgeblich zur Entwicklung des stadtsoziologischen Ansatzes der Chicago School bei. Park war auch ein einflussreicher Wissenschaftsmanager, mehrfach Präsident der *American Sociological Association* (ASA) und der *Chicago Urban League*. Park, Robert E. / McKenzie, R. D. / Burgess, Ernest: The City. Suggestions for the Study of Human Nature in the Urban Environment, Chicago 1925. Park, Robert E.: Human Migration and the Marginal Man, American Journal of Sociology 33 (1928), S. 881–893. Ders./ Thompson, Edgar T.: Race Relations and the Race Problem. A Definition and an Analysis, Durham, NC 1939.
**30** Morris, Aldon D.: Sociology of Race and W. E. B. DuBois: The Path Not Taken, in: Calhoun, Craig (Hg.): Sociology in America. A History, Chicago: Chicago University Press, 2007, S. 503–534.

Drei Dekaden nach DuBois' Pionierarbeit legte der Soziologe E. Franklin Frazier, selbst Angehöriger der Chicago School, seine Untersuchung über die „Negro Family in the United States" (1939) vor.[31] Die Untersuchung basierte auf seiner Dissertation über „The Negro Family in Chicago" von 1932 und erklärte den problematischen Zustand der afroamerikanischen Familie mit den Folgen der Sklaverei.[32] Obwohl auch Frazier die politische, soziale und ökonomische Diskriminierung der African Americans in der US-Gesellschaft als Erklärung für die Gefährdung der „Negro family" durch Illegitimität, abwesende Väter und Jugendkriminalität betrachtete, unterschieden sich doch seine Folgerungen sehr von denen seines einstigen Mentors DuBois:

> The survival of the Negro in American civilization is a measure, in a sense, of his success in adopting the culture of the whites or an indication of the fact the Negro has found within the white man's culture a satisfying life and a faith in his future.[33]

Anders als DuBois, der die Forderung insbesondere weißer Soziologen nach uneingeschränkter Assimilation der Afroamerikaner immer kritisiert hatte, stellte Frazier genau diese in den Vordergrund seiner Überlegungen. Für ihn funktionierte erfolgreiche Assimilation über das Relais der Familie:

> The gains in civilization which result from participation in the white world will in the future as in the past be transmitted to future generations through the family.[34]

---

31 EDWARD FRANKLIN FRAZIER (1894–1962) lehrte von 1934 bis zu seinem Tod 1962 als Soziologe an der Howard University, Washington D. C. Nachdem er zunächst die Atlanta School of Social Work an der Universität Atlanta geleitet (der ebenfalls an der Universität Atlanta tätige W. E. B. DuBois zählte zu seinen akademischen Vorbildern) und als Dozent für Soziologie am renommierten schwarzen Morehouse College gewirkt hatte, ging Frazier an die University of Chicago. In Atlanta hatte man ihn nach der Veröffentlichung seines kontroversen Artikels „The Pathology of Race Prejudice" in der Zeitschrift *Forum* (1927) entlassen. In Chicago promovierte er 1932 am Department of Sociology (seine Lehrer und Mentoren waren u. a. Burgess und Parks), die Zugänge der Chicago School zur Soziologie der afroamerikanischen Minderheit haben sein Werk deutlich geprägt. Frazier wurde als erster Afroamerikaner Präsident der ASA.
32 Frazier, Edward Franklin: The Negro Family in the United States, New York 1939. Vgl. auch die weiteren Forschungen Fraziers: Ders.: Problems and Needs of Negro Children and Youth Resulting from Family Disintegration, in: Journal of Negro Education 19 (1950), S. 269–277. Ders.: The Negro in the United States, New York 1949. Ders. (Hg.): The Integration of the Negro into American Society, Washington D. C. 1951. Ders.: Black Bourgeoisie. The Rise of a New Middle Class in the United States, Glencoe, IL 1957 [Französische Erstausgabe 1955]. Ders.: On Race Relations. Selected Writings, Chicago 1968.
33 Frazier, Edward Franklin: The Negro Family in America, 1948, in: Ders., On Race Relations, S. 191–209, S. 209.
34 Frazier, The Negro Family, 1939, S. 488.

Durch bessere Bildungs- und Aufstiegschancen habe sich in der modernen Gesellschaft sukzessive eine afroamerikanische Mittelschicht herausgebildet. Diese bilde das Rückgrat der afroamerikanischen Gemeinschaft, nicht nur durch ihre Aufstiegs- und Konsumorientierung, sondern insbesondere durch ihre stabilen Familien und ihre Orientierung an den Wertmaßstäben der weißen Mehrheitsgesellschaft.

> The emergence of a relatively large and influential middle class which has been uprooted from its "racial" traditions has influenced in other ways the form and functioning of the Negro family. The Negro family has been largely oriented to the values of the American culture.[35]

Mit dem Argument, dass die afroamerikanischen Familien ihre soziale, ökonomische und ideelle Situation durch die Übernahme der Wertmaßstäbe und Moralvorstellungen der weißen Mittelklasse entscheidend aufwerten könnten, schlug Frazier den Bogen zur Assimilationstheorie Robert E. Parks von der *Chicago School of Sociology*, seinem akademischen Lehrer.[36] Zusätzliche Brisanz erhielt das Argument dadurch, dass hier ein renommierter afroamerikanischer Soziologe auf der Grundlage empirischer Befunde für die unbedingte Anpassung der African Americans an die weiße Mittelschichtkultur eintrat. Die Arbeit Fraziers bildete zudem den Referenzrahmen für die Rezeption der ersten monumentalen Studie eines weißen Forschers zur Lage der afroamerikanischen Minderheit in den USA, Gunnar Myrdals „American Dilemma" von 1944.

## 4.3 Vom „American Dilemma" zum „Tangle of Pathology": Die afroamerikanische Familie in den Diagnosen zeitgenössischer Sozialwissenschaftler der 1940er bis 1960er Jahre

Im Jahr 1944 erschien „An American Dilemma. The Negro Problem and Modern Democracy", eine Untersuchung der Situation der afroamerikanischen Minder-

---

35 Frazier, The Negro Family, 1948, S. 207.
36 Interessant ist, dass sowohl Robert E. Park als auch Ernest Burgess zwar die Bedeutung von rassischer Diskriminierung und die Struktur der Familie untersuchten, aber nicht die afroamerikanische Familie selbst zum Forschungsgegenstand erhoben. Burgess, Ernest W.: The Family as a Unity of Interacting Personalities, in: The Family: Journal of Social Case Work (1926), Nr. 7, S. 3–9. Park et al., Race Relations.

heit und die Bedeutung des Rassismus in den USA.[37] Dieser Text sollte das Nachdenken über African American Families, ihre Struktur und ihre Werte in den nächsten beiden Jahrzehnten entscheidend prägen, was auch daran lag, dass sich hier erstmals ein international renommierter Forscher prononciert zu den Ursachen und Auswirkungen der Rassendiskriminierung in den USA äußerte.[38] In gewisser Weise leitete damit bereits Myrdal – und nicht erst Moynihan 1965 – eine Trendwende ein, und ließ den weißen Mainstream der Sozialwissenschaft die Minderheit und ihre Familien sukzessive als Forschungsgegenstand entdecken. Gunnar Myrdals Überlegungen zum Fortwirken des Rassismus in den USA gründeten auf ausgedehnten empirischen Erhebungen, aber sie konnten auch auf den Arbeiten afroamerikanischer Soziologen aufbauen. Das galt insbesondere für deren Studien zur Familie.[39]

Gunnar Myrdal selbst war ein renommierter schwedischer Sozialwissenschaftler, der in der zeithistorischen Forschung als einer der Väter des modernen „social engineering" gilt.[40] Myrdal hatte im Auftrag der amerikanischen Carnegie-Stiftung – die ausdrücklich einen Ausländer und Bürger eines neutralen Landes zum Leiter der Studie berufen hatte – mit einem Tross von Mitarbeiterinnen und Mitarbeitern seit 1938 in den USA Material für seine Studie gesammelt.[41] In der

---

**37** Myrdal, Gunnar with the Assistance of Richard Sterner and Arnold Rose: An American Dilemma. The Negro Problem and Modern Democracy, New York 1944.
**38** Jackson, Walter A.: Gunnar Myrdal and America's Conscience. Social Engineering and Racial Liberalism, 1938–1987, Chapel Hill 1990. Southern, David W.: Gunnar Myrdal and Black-White Relations. The Use and Abuse of *An American Dilemma*, 1944–1969, Baton Rouge / London 1987.
**39** Myrdal selbst zitierte ausgiebig die Forschungen Fraziers, erklärte aber auch, wie viel Inspiration er aus DuBois' früher Studie „The Philadelphia Negro" von 1899 gezogen habe. Myrdal, American Dilemma, S. 1132. Morris, Sociology of Race, S. 531.
**40** GUNNAR MYRDAL (1898–1987) war Ökonom, Soziologe und Gesellschaftsreformer, er erhielt 1974 den Nobelpreis für Wirtschaftswissenschaften. In seiner frühen Schaffensphase interessierte ihn vor allem die Verbindung von Politik und Wirtschaft, so promovierte er 1927 an der Universität Stockholm über die Rolle von Erwartungen bei der Preisbildung. 1933 wurde er Professor an der Stockholm School of Economics. Mit seiner Frau Alva Myrdal veröffentlichte er 1934 eine viel beachtete Untersuchung zur „Krise in der Bevölkerungspolitik" (Kris i bevolkningsfrågan), in der Folgezeit dann zahlreiche weitere Überlegungen zum Ausgleich der negativen Folgen der Moderne durch Neuregelung der sozialen Beziehungen. Die Überlegungen der Myrdals fanden Eingang in die schwedische Sozialpolitik und das Paar wurde zum Musterbeispiel westlicher *Social Engineers*. Etzemüller, Thomas: Die Romantik der Rationalität. Alva & Gunnar Myrdal – Social Engineering in Schweden, Bielefeld 2010. Ders.: Die Romantik des Reißbretts. Social Engineering und demokratische Volksgemeinschaft in Schweden. Das Beispiel Alva und Gunnar Myrdal (1930–1960), in: Geschichte und Gesellschaft 32 (2006), S. 445–466.
**41** Myrdals wichtigste Mitarbeiter waren der Schwede Richard Sterner und der Amerikaner Arnold M. Rose.

1500 Seiten starken Monographie nahm er die Lebenssituation der African Americans in den USA, ihre Diskriminierung und fehlende soziale wie ökonomische Integration aus unterschiedlichen Perspektiven in den Blick: Die insgesamt neun empirischen Großkapitel behandeln die Themen „race, population and migration, economics, politics, justice, social inequality, social stratification, leadership and concerted action, the Negro community" und verfolgen damit einen breiten gesellschaftsgeschichtlichen Zugriff. Ein erster Teil umreist Myrdals wissenschaftlichen Ansatz, ein abschließendes Kapitel bilanziert Möglichkeiten zur Lösung des „American Dilemma", und zwei Anhänge erläutern Myrdals methodische Herangehensweise. Letzteres ist besonders wichtig, weil Myrdal durch die Berücksichtigung von Werthaltungen und Überzeugungen in seiner Analyse der Beziehungen zwischen weißer Mehrheitsbevölkerung und afroamerikanischer Minderheit einen neuen Ansatz in der Soziologie verfolgte.[42] Für ihn – und damit grenzte er sich bewusst von allen sozialwissenschaftlichen Vorläufern ab – ließ sich die Rassendiskriminierung in den USA nur als moralisches Problem, als Teil des Gleichheits- und Freiheitsversprechens der amerikanischen Verfassung, gleichzeitig auch als integraler Widerspruch zur „American Creed", untersuchen:

> The American Negro Problem is a problem in the heart of the American. [...] The "American Dilemma," [...] is the ever-raging conflict between, on the one hand, the valuations preserved on the general plane which we shall call the "American Creed," where the American thinks, talks and acts under the influence of high national and Christian precepts, and, on the other hand, the valuations on specific planes of individual and group living, where personal and local interests; economic, social, and sexual jealousies; considerations of community prestige and conformity; group prejudice against particular persons or types of people; and all sorts of miscellaneous wants, impulses, and habits dominate his outlook.[43]

Dabei betrachtete Myrdal die *American Creed* nicht primär als nationale Besonderheit, sondern als eine sich in gewissen Grenzen dynamisch verändernde Werthaltung, die symbolisch für die Grundwerte moderner, demokratischer Staaten stehe. Für die USA bedeute jedoch das „Negro problem" einen schmerzhaften Widerspruch zu diesen universellen Werten, sowohl für weiße als auch afroamerikanischer Bürger:

---

**42** Zur Kritik an diesem Ansatz siehe die Darstellung weiter unten. Zum „American Dilemma" vgl. auch Etzemüller, Romantik des Reißbretts, S. 273–288

**43** Myrdal, American Dilemma, S. XLVII. "The American's Creed" ist eine 1918 vom US House of Representatives akzeptiertes Bekenntnis zu den Inhalten der Verfassung, welches William Tyler Page 1917 verfasste. Text unter <www.ushistory.org/documents/creed.htm>.

> The Negro in America has not yet been given the elemental civil and political rights of formal democracy, including a fair opportunity to earn his living, upon which a general accord was already won when the "American Creed" was first taking form.⁴⁴

Einzig auf dem Gebiet der Wirtschaft sei das soziale Wertesystem der „American Creed" weniger wirksam, hier dominiere die Tradition der wirtschaftlichen Ausbeutung seit der Sklaverei nebst ihren Folgen. Für diesen Zustand prägte Myrdal den Begriff des „vicious circle" als einer Abwärtsspirale der sich ständig verschärfenden Lebensbedingungen für Afroamerikaner auf der Basis rassistischer Diskriminierung, sozialer Depravierung und ökonomischer Ausbeutung: „Poverty itself breeds the conditions which perpetuate poverty".⁴⁵

Trotz Myrdals weitreichender Entscheidung, moralische Vorurteile und Traditionen ökonomischer Unterdrückung klar beim Namen zu nennen, geriet gerade der Abschnitt zur „Negro community" – darauf hat bereits Walter A. Jackson hingewiesen – überraschend schwach und geprägt von kulturellen Vorurteilen.⁴⁶ So beschrieb Myrdal die „Negro culture" und die „Negro community" als Abweichungen von der Norm der Mehrheitsgesellschaft, als „pathology" – legte jedoch Wert darauf, dass dies nicht abwertend gemeint sei.⁴⁷ Wichtig ist hier, dass Myrdahl die „Negro culture" als prinzipiell kulturell wandelbar begriff und eben nicht als biologistisch determiniert:

> In practically all its divergences, American Negro culture is not something independent of general American culture. It is a distorted development, or a pathological condition, of the general American culture.⁴⁸

Pragmatisch argumentierte Myrdal, es sei wünschenswert für „American Negroes as individuals and as a group to become assimilated into American culture, to acquire the traits held in esteem by the dominant white Americans"⁴⁹. Zugleich schränkte er ein, es gehe ihm nicht grundsätzlich um eine Herabwürdigung einer Minderheitenkultur, sondern lediglich um die Berücksichtigung der praktischen Lebenschancen der Minderheit. Ein Ausdruck dieser „social pathology" sei die „instability of the Negro family", wobei Myrdal hier direkte und indirekte Anzei-

---

44 Myrdal, American Dilemma, S. 24.
45 Myrdal, American Dilemma, S. 208. Vgl. auch die von Myrdal autorisierte Kurzfassung des Buches: Rose, Arnold M.: The Negro in America. A Condensation of *An American Dilemma*, by Gunnar Myrdal with the assistance of Richard Sterner and Arnold Rose, London 1948, S. 294–296.
46 Jackson, Gunnar Myrdal, S. 227.
47 Myrdal, American Dilemma, S. 928f.
48 Myrdal, American Dilemma, S. 927f.
49 Myrdal, American Dilemma, S. 929.

chen von „family disorganization" unterschied.⁵⁰ Wichtigstes direktes Merkmal war für ihn die vergleichsweise hohe Illegitimitätsrate und der Anteil an „broken families".⁵¹ Indirekte Anzeichen einer bedrohten Stabilität der afroamerikanischen Familien seien dagegen die hohe Zahl von „lodgers" (vorübergehend in den Haushalt aufgenommene zahlende Mitbewohner), das Zusammenleben mehrerer Kernfamilien in einem Haushalt, das Wohnen auf knappstem Raum und allgemein der niedrige Anteil an Immobilienbesitz unter Angehörigen der Minderheit. Angelehnt an die Überlegungen E. Franklin Fraziers begriff Myrdal die Sklaverei als Ursache der spezifischen Struktur und geringeren Stabilität der afroamerikanischen Familie.⁵² Darüber hinaus, und das stellt wiederum eine eigentliche Leistung von „An American Dilemma" dar, hob Myrdal auch positive Faktoren hervor, wie die Tatsache, dass Illegitimität und das Zusammenleben ohne offizielles Ehedokument („common law marriage") nicht als moralisch verwerflich stigmatisiert würden, was wiederum einen grundsätzlich positiven Effekt auf die Betroffenen ausübe. Auch die Kindern generell entgegengebrachte hohe Wertschätzung und die Ablehnung von Zwangsheiraten bei gleichzeitigem Vorhandensein moralischer Standards (Ablehnung von sexueller Promiskuität und laxer Sexualmoral) wertete er als positiv. Grundsätzlich stellte er fest, dass diese Praktiken oftmals im Einklang mit dem Gemeinschaftswohl stünden, auch wenn sie sich außerhalb der amerikanischen Traditionen bewegten:

> But the important thing is that the Negro lower classes, especially in the rural South, have built a type of family organization conductive to social health, even though the practices are outside the American tradition. When these practices are brought in closer contact with white norms, as occurs when Negroes go to the cities, they tend to break down partially and to cause the demoralization of some individuals.⁵³

Diese grundsätzliche Überlegung Gunnar Myrdals, dass die afroamerikanische Minderheit sehr wohl Familienstrukturen und – werte praktiziere, die dem Gemeinwohl förderlich seien, ist sehr wichtig. Gut zwanzig Jahre später, mitten in

---

**50** Jackson weist Myrdal hier eine inhaltliche Inkonsistenz nach, hatte dieser doch noch in früheren Werken die nukleare Kernfamilie als „beinahe pathologisch" bezeichnet und Sozialtechniken zu deren Überwindung ventiliert. Jackson, Gunnar Myrdal, S. 226.
**51** Gestützt auf das US Bureau of the Census spricht Myrdal für das Jahr 1936 von 20,3 unehelichen Geburten auf 1.000 Geburten unter der weißen Mehrheitsbevölkerung sowie von 162,1 unehelichen Geburten auf 1.000 unter den Angehörigen sogenannter „other Races", die er aber als „predominantly Negro" annimmt. 1930 seien rund 19,5 % aller weißen Familien „broken families" gewesen, dem stünden 29,6 % zerbrochene „Negro families" gegenüber. Myrdal, American Dilemma, S. 932, 934.
**52** Myrdal, American Dilemma, S. 931–935. Frazier, The Negro Family, 1939.
**53** Myrdal, American Dilemma, S. 935.

der Diskussion um den Moynihan-Report, sollten nur Repräsentanten der Bürgerrechtsbewegung diese Position vertreten, wohingegen die Sozialexperten lediglich die Bedrohung der Gesamtgesellschaft durch die vermeintlichen Pathologien der afroamerikanischen Familie hervorhoben.

„An American Dilemma" wurde bereits kurz nach seinem Erscheinen als monumentale sozialwissenschaftliche Studie gewürdigt, die ein zentrales gesellschaftliches Problem auf breiter Materialgrundlage analysiere. In ihrer Rezension in der *New York Times* lobte die Schriftstellerin Frances Gaither Myrdal dafür, dass er mit seiner Untersuchung den Amerikanern und ihrer widersprüchlichen Auslegung der „American Creed" den Spiegel vorhalte. Sie verwies darauf, dass dem Glauben an die Menschenrechte und Aufstiegsmöglichkeiten aller Menschen („our rational creed") fortwirkende Vorurteile und Annahmen biologischer „Minderwertigkeit" („our irrational customs") gegenüberstünden. Myrdal habe klargestellt, dass die weiße Mehrheitsgesellschaft für die rechtliche und soziale Diskriminierung der Afroamerikaner verantwortlich zeichne – obgleich es jedoch keine Rechtfertigung dieser Unterdrückung als Bestandteil von regionalen „Sitten und Gebräuchen" des Südens geben könne.[54] Diese äußerst positive Rezension der Studie durch die *New York Times* zeigte auch in den Folgejahren Wirkung: Wann immer es in den 1940er Jahren um Fragen der Gleichberechtigung der Afroamerikaner ging, verwiesen die Artikel auf die bahnbrechende Funktion von „An American Dilemma".[55] Der Titel avancierte zum feststehenden Ausdruck, der in der politisch-gesellschaftlichen Debatte jederzeit abgerufen werden konnte, wie der Soziologe Horace R. Cayton in seiner Rezension eines anderen Buches betonte:

> The American dilemma has been described as our inability to live up to the high moral precepts we have enunciated in such political documents as the Bill of Rights, the Constitution, and even the Four Freedoms – a dilemma documented in "American Dilemma", the monumental work of Gunnar Myrdal.[56]

---

54 Einziger Kritikpunkt Gaithers war Myrdals starke Bezugnahme auf die zeitgenössische Soziologie und ihre Forderung nach mehr empirischen Schilderungen der Situation in den Südstaaten – angesichts der empirischen Breite der Studie nicht ganz nachvollziehbar. Gaither, Frances: Democracy – the Negro's Hope, NYT 2.4.1944, BR7.
55 Education and the Negro, NYT 9.2.1948, S. 18. Race Relations Changes Held Due Soon, WP 5.6.1948. Patrick Dempsey: American Dilemma, Army Model: Last of the Conquerors, NYT 5.9.1948, BR6. Hodding Carter: The Negro in America, by Arnold Rose, WP 5.12.1948, B5.
56 Cayton, Horace R.: A Study of Race Relations, NYT 17.4.1949, S. BR 16. Vgl. auch Cayton, Horace R. / Drake, St. Clair: Black Metropolis. A Study of Negro Life in a Northern City, New York 1945.

Auch in der Fachpresse der 1940er Jahre erhielt Myrdal überwiegend positive Rezensionen. Besonders enthusiastisch fiel die Reaktion der afroamerikanischen Soziologen aus. So lobte W. E. B. DuBois Myrdals Fokus auf die Normen und Werte der US-Gesellschaft, da dieser das amerikanische „Negro problem" primär als „moralisches Problem" begreife. Nur so lasse sich das Fortwirken des Rassismus adäquat erklären – und nicht mit dem Verweis auf vermeintlich wissenschaftlich exakt messbare, materielle Kategorien der Diskriminierung: „In other words, the sociology of Myrdal emancipates itself from physical and biological and psychological analogies, and openly and frankly takes into account emotions, thoughts, opinions and ideals."[57] E. Franklin Frazier dagegen würdigte im *American Journal of Sociology* die Breite der Empirie, die methodologische Fundierung und den Zeitpunkt des Erscheinens „during the present critical stage in race relations". Zugleich merkte er an, die Apostrophierung des „Negro problem" als „moral problem" berücksichtige nicht hinreichend die Einstellung vieler Weißer, die daran gewöhnt seien, Afroamerikaner weder als Teil ihrer sozialen Welt noch ihrer moralischen Ordnung zu betrachten:

> One would certainly agree with the author in the sense that all social problems are moral problems. But it might be questioned whether the problem is on the conscience of white people to the extent implied in his statement of the problem.[58]

In anderen soziologischen Fachzeitschriften bekam Myrdal ebenfalls positive Kritiken[59], wenngleich einzelne weiße Sozialwissenschaftler seine Annahme einer alleinigen Verantwortung der Weißen für das „Negro problem" als zu einseitig kritisierten[60] oder im Stile Fraziers davor warnten, die weiße Gesellschaft sei sich ihres moralischen Vorurteils noch nicht hinlänglich bewusst.[61] Besonders bemerkenswert fiel jedoch die Rezension des Juristen und Richters am Gerichtshof

---

57 DuBois, W. E. B.: An American Dilemma. Review in Phylon, Vol. 5, Nr. 2 (1944), S. 118–124, dort S. 122. Vgl. auch die Rezension von L. D. Reddick im Journal of Negro Education, Vol. 13, Nr. 2 (Spring 1944), S. 191–1944.
58 Frazier, E. Franklin: Review of "An American Dilemma" by Gunnar Myrdal with the assistance of Richard Sterner and Arnold Rose, in: AJS Vol 50, Nr. 6 (May 1945), S. 555–557, 556.
59 Vgl. z. B. die enthusiastische Rezension des Politikwissenschaftlers Harold F. Gosnell in The American Political Science Review, Vol. 38, Nr. 5 (October 1944), S. 995–996.
60 Vgl. z. B. die Rezension des 35. Präsidenten der ASA, Kimball Young, in der American Sociological Review, Vol. 9, Nr. 3 (1944), S. 326–330, dort S. 328.
61 So Maurice R. Davie in seiner Rezension für die Annals of the American Academy of Political and Social Science, Vol 233 (May 1944), S. 253–254. Davie kritisierte speziell Myrdals besonderes Interesse an der Veränderung der Gesellschaft durch „social engineering" und seine dadurch bedingte Überschätzung von Rationalismus und Moral.

von Massachusetts, Charles Edward Wyzanski Jr., aus, welcher in der *Harvard Law Review* forderte, das Buch müsse zur „widespread education of the white man as to the capacities of the Negro" herangezogen werden, dies sei sein eigentlicher Verdienst:

> Thus, in deciding the rights and liberties which the Negro should have, the people cast their vote when the Negro applies for a job, or he seeks admission to a union, or he asks for equal pay for equal work, or he tries to rent an apartment or buy a house, or he applies for public assistance, or he is in a lawsuit arising out of an automobile accident, or he is arrested on suspicion, or he goes to a town meeting or he seeks to enter an institution of higher education. It is because on these occasions you or I or our neighbor may have a determining voice that we need to know what Myrdal has written.[62]

Dieser überwiegend enthusiastischen Aufnahme des Buches in den 1940er Jahren – und der von Arnold Rose 1948 verantworteten Kurzfassung – steht eine etwas differenziertere und zugleich polarisiertere Diskussion in den 1960er Jahren gegenüber.[63] Vor dem Hintergrund der Bürgerrechtsbewegung, der Rassenunruhen in Watts und Chicago sowie der Debatte um den Moynihan-Report wurden Myrdals Analysen nun als simplifizierend und die wahren Hintergründe der Rassendiskriminierung eher verschleiernd betrachtet.[64] Dabei knüpften sowohl Oscar Lewis Vorstellung einer „culture of poverty" (1959, 1969)[65] als auch Daniel Patrick Moynihans These vom „tangle of pathology" (1965) implizit an Myrdahls Überlegungen zum „vicious circle" aus rassistischer, sozialer und ökonomischer Un-

---

62 Wyzanski, Charles E. Jr.: An American Dilemma. The Negro Problem and Modern Democracy, in: Harvard Law Review, Vol. 58, Nr. 2 (December 1944), S. 285–291, dort S. 291.
63 Für die 1950er Jahre ist wichtig zu sehen, dass „An American Dilemma" zu denjenigen Texten gehörte, auf die sich der Supreme Court im berühmten *Brown vs Board of Education*-Urteil (1954) berief, neben der UNESCO-Deklaration gegen die wissenschaftliche Rechtfertigung von Rassismus (an der für die USA E. Franklin Frazier mitgearbeitet hatte) und den Arbeiten von Kenneth B. Clark und Mamie Phipps Clark. UNESCO, Publication 791: The Race Question (1950). Clark, Kenneth B. / Clark, Mamie Phipps: Racial Identification and Preference among Negro Children, in: Hartley, E. L.: Readings in Social Psychology, New York 1947, S. 169–178.
64 Auch Thomas Etzemüller diagnostiziert, dass „An American Dilemma" ab 1965 rapide an Einfluss verlor, was er damit erklärt, dass Myrdals Diagnose vom Rassismus als irrationalem Phänomen vor allem des Südens und sein Glaube an die Rationalität der Menschen bei Vernachlässigung der ökonomisch-sozialen Bedingungen nunmehr obsolet erschienen. Interessant ist jedoch, dass Etzemüller weder Moynihan noch die Kontroverse über die vermeintliche Pathologie der African American Family 1965 erwähnt. Etzemüller, Romantik der Rationalität, S. 287–288.
65 Erstmals ausgeführt in Lewis, Oscar: Five Families. Mexican Case Studies in the Culture of Poverty, 1959. Ders.: The Culture of Poverty, in: Moynihan, Daniel P.: On Understanding Poverty. Perspectives from the Social Sciences. New York 1969, S. 187–220.

terdrückung an, allerdings unter anderen Vorzeichen.⁶⁶ So gilt der sogenannte Moynihan-Report als schlüssigstes Beispiel für die sozialwissenschaftliche Beschreibung einer vermeintlichen „culture of poverty" unter der afroamerikanischen Minderheit. Es ist jedoch wichtig zu sehen, dass Oskar Lewis bereits zuvor betont hatte, die These einer „culture of poverty" könne nicht einfach auf die afroamerikanische Minderheit übertragen werden. Lewis argumentierte, die Strukturen der Unterdrückung der African Americans durch jahrhundertelange Sklaverei und Rassengesetze unterschieden sich fundamental von der Behandlung anderer ethnischer Minderheiten. Der Anthropologe hatte seine These zunächst an Einwohnern der Slums von Mexico City entwickelt und dann argumentiert, die „culture of poverty" sei ein Kennzeichen der untersten gesellschaftlichen Schichten in allen kapitalistischen modernen Industriegesellschaften.⁶⁷

In der Presse der frühen 1960er Jahre hingegen dominiert die Diskussion darüber, inwiefern sich die Situation der Afroamerikaner in der US-Gesellschaft inzwischen verbessert habe. Einem eher skeptischen Zwischenruf des Historikers John Hope Franklin, der in Abwandlung von Myrdals Titel vom „Negro's Dilemma" sprach⁶⁸, stand Myrdals eigene Einschätzung gegenüber, dass nach einer langen Phase der Stagnation seit dem Ende des Bürgerkrieges in den letzten 20 Jahren sehr große Fortschritte in Richtung Gleichberechtigung der Minderheit erzielt worden seien.⁶⁹ Selbstbewusst erklärte Myrdal im Jahr 1962 vor Studenten der Howard University, dass die adäquate Diagnose des Problems in „An American Dilemma" hierfür die Voraussetzung geschaffen habe. Nach der Aufhebung der Segregation im Bildungswesen 1954 durch den Supreme Court (im Urteil

---

66 Moynihan, Daniel Patrick: The Negro Family. A Case for National Action, in: Rainwater, Lee / Yancey, William L. (Hg.): The Moynihan Report and the Politics of Controversy. Including the Full Text of The Negro Family. The Case for National Action by Daniel Patrick Moynihan, Cambridge / London 1967, S. 39–124, insbes. S. 75–91.
67 Zum Moynihan Report siehe weiter unten. Lewis, Five Families. Ders.: Culture of Poverty.
68 JOHN HOPE FRANKLIN (1915–2009) war ein vielfach geehrter, einflussreicher amerikanischer Historiker afroamerikanischer Abstammung. Nach Stationen an der Howard University und als Leiter des History Department am Brooklyn College hatte er an der University of Chicago (1964–1982) und an der Duke University (1983–1985) gelehrt. Seine Forschungen zur Geschichte des 19. und 20. Jahrhundert analysierten vor allem den Kampf um die rechtliche und soziale Gleichberechtigung der African Americans. Franklin, John Hope: The Negro's Dilemma. The Negro must endure inhospitality in a land that is his by right of birth and toil, NYT, 17.1.1960, S. AD5.
69 Baker, Robert E.: „An American Dilemma" Resolved. Myrdal in Howard U. Address Notes Rising Trend of Negro's U.S. Status, S. A1. Bereits 1948 hatte Myrdal die Festrede vor den Absolventen der Howard University gehalten. Vgl. auch Myrdal, Gunnar: Social Trends in America and Strategic Approaches to the Negro Problem. Phylon, Vol. 9, Nr. 3 (1948), S. 196–214.

*Brown vs. Board of Education*, unter Verweis u. a. auf die Studie „American Dilemma") trage jedoch inzwischen auch der wirtschaftliche Boom dazu bei, die Situation der African Americans zu erleichtern.[70]

In der zweiten Hälfte der 1960er Jahre ist in der Presse einerseits zu beobachten, dass sich die Rede vom „American Dilemma" quasi verselbstständigt hatte – so wurde je nach Standpunkt auch die Ökonomie, der Rassismus oder auch die Radikalisierung der Bürgerrechtsbewegung als „neues American Dilemma" bezeichnet.[71] Zugleich mehrten sich aber auch kritische Stimmen wie diejenige des Sozialhistorikers Carl Degler. Dieser hatte anlässlich des 25-jährigen Jubiläums von „An American Dilemma" im Jahr 1969 für die *New York Times* die aktuelle Situation der Afroamerikaner analysiert.[72] Unter dem Titel „Where Myrdal Went Wrong" kritisierte Degler, dass Myrdal die Bereitschaft der weißen Amerikaner, ihre Vorurteile abzubauen und zur Integration der African Americans beizutragen, überschätzt habe. Unterschätzt habe er dagegen die Bedeutung der Bürgerrechtsbewegung in den Südstaaten sowie den Rassismus vieler Weißer auch im Norden. Myrdals Überzeugung, rassistische Vorurteile ließen sich durch Bildung und „social engineering" überwinden, vernachlässigten jedoch völlig die Virulenz von Rassismus als sozialer Kraft. Zwar seien seit 1944 gewichtige Erfolge im Abbau der rechtlichen Segregation erreicht worden, doch würde diese noch nicht den gewünschten sozio-ökonomischen Effekt zeigen. Wirkliche Gleichberechtigung müsse nicht nur als Idee beschworen, sondern auch durch rechtliche Rahmensetzungen und staatliche Wirtschafts- und Sozialprogramme sowie zivilgesellschaftliches Engagement erarbeitet werden.

Die Rezeption von Myrdals Klassiker in den USA zeigt also, dass sich im Gefolge der Bürgerrechtsbewegung und der Gleichberechtigungsgesetzgebung der Johnson-Ära der Blick auf die afroamerikanische Minderheit und die Parameter der Diskussion um deren soziale und wirtschaftliche Chancen entscheidend änderten. Der Schlüssel hierzu lag weiterhin auf dem Feld der Familie, wie die

---

70 Southern, Gunnar Myrdal, S. 127–128. Patterson, James T.: Brown v. Board of Education. A Civil Rights Milestone and Its Troubled Legacy, New York 2001.
71 Handlin, Oscar: A Book that Changed American Life. A Revisit to a Classic Work on U. S. Negroes Reminds Us of Progress Made and Yet to Come, NYT 21.4.1963. Segal, Harvey H.: New „American Dilemma" is Economic Stagnation, WP 15.10.1963 (Rezension von Myrdals neuem Werk „Challenge to Affluence"). The National Commission of Negro Churchmen, Racism and the Elections: The American Dilemma 1966, NYT 6.11.1966. Glazer, Nathan: The Negro's Stake In America's Future, NYT 22.9.1968.
72 Degler, Carl N.: The Negro in America – Where Myrdal went wrong, NYT 7.12.1969.

Diskussion um die Rassenunruhen in den Großstädten[73] und den sogenannten Moynihan-Report im Jahr 1965 verdeutlicht.[74]

## 4.4 „To Fulfill these Rights" und der Moynihan-Report, Juni 1965

Gut 20 Jahre nach Myrdals Studie und mehr als 25 Jahre nach Fraziers Buch standen im Sommer 1965 die Werte und Lebensbedingungen afroamerikanischer Familien erneut im Zentrum der politischen Diskussion. Anlass für die hitzige öffentliche Debatte um „black families" war diesmal ausgerechnet eine Rede Präsident Lyndon B. Johnsons. Dieser hatte bereits zu Beginn des Jahres 1964 sein Programm einer *Great Society* entworfen, welches auf dem Wege rechtlicher und sozialer Reformen die Aufhebung der Rassendiskriminierung und die Bekämpfung der Armut in den USA anstrebte.[75] Wesentliche Meilensteine stellten die beiden Bürgerrechtsgesetze von 1964 und 1965, der *War on Poverty*[76] mit dem *Economic Opportunity Act* sowie die Reform der Sozialversicherung durch Einführung einer Krankenversicherung (*Medicare*) und von Gesundheitsleistungen für Bedürftige (*Medicaid*) dar.[77]

---

[73] In der zweiten Hälfte der 1960er Jahre gab es in mehreren US-amerikanischen Großstädten heftige Zusammenstöße afro-amerikanischer Jugendlicher mit der Polizei. Hintergrund waren die exzessive Gewalt und der offensichtliche Rassismus weißer Polizisten, aber auch die prekären sozio-ökonomischen Bedingungen in den *Inner-City-Slums*. Insbesondere die Unruhen im August 1965 in Watts, einem Vorort von Los Angeles, erregten nationales Aufsehen und unterstrichen den Bedarf an sozialpolitischen Problemlösungen. Sie dienten der Diskussion des Moynihan-Reports als Vorlage. Cohen, Jerry / Murphy, William S.: Burn, Baby, Burn! The Los Angeles Race Riot, August 1965, New York 1966. Rustin, Bayard: The Watts „Manifesto" & the McCone Report, in: Commentary 41 (1966), Nr. 3, S. 29–35. Horne, Gerald: Fire This Time. The Watts Uprising and the 1960s, Charlottesville 1995.

[74] Zum Zusammenhang von Myrdal, Moynihan und der Diagnostik der African American Family bis in die 1980er vgl. auch Southern, Gunnar Myrdal, S. 266–268, 301–303.

[75] Für eine ausführliche Beschreibung der Vision einer „Great Society" vgl. Johnsons Rede vor Studenten der University of Michigan at Ann Arbor am 24. Mai 1964: <www.lbjlib.utexas.edu/johnson/archives.hom/speeches.hom/640522.asp>

[76] Der *War on Poverty* bestand im Versuch der Johnson-Regierung, die Armut in den USA durch Regierungsprogramme wie den *Economic Opportunity Act*, das *Office of Economic Opportunity* (OEO) und das *Job Corps* zu bekämpfen. Vgl. Orleck, Annelise / Hazirjian, Lisa Gayle (Hg.): The War on Poverty: A New Grassroots History, 1964–1980, Athens, GA 2011. Bailey, Martha J. / Danziger, Sheldon (Hg.): Legacies of the War on Poverty, New York 2013.

[77] Gettleman, Marvin E. / Mermelstein, David (Hg.): The Great Society Reader. The Failure of American Liberalism, New York 1967. Helsing, Jeffrey W.: Johnson's War / Johnson's Great Society.

## 4.4 „To Fulfill these Rights" und der Moynihan-Report, Juni 1965 — 249

Im Juli 1965 warb Johnson in seiner Festrede vor den Absolventen des Jahrgangs 1964/1965 der Washingtoner Howard University – zum Zeitpunkt eine der traditionsreichsten *Historically Black Colleges and Universities* (HBCUs) der USA – für seine Bürgerrechtsgesetze und kündigte weitere Maßnahmen zur Bekämpfung der politischen, sozialen und ökonomischen Diskriminierung der afroamerikanischen Minderheit an. Der *Civil Rights Act* vom 2.7.1964, der jegliche Diskriminierung auf der Basis von Rasse, Hautfarbe, Religion, Geschlecht oder nationaler Herkunft verbot, lag kaum ein Jahr zurück.[78] Zudem stand der *Voting Rights Act*, welcher auch den African Americans die ungehinderte Ausübung des Wahlrechtes garantieren sollte, kurz vor seiner Verabschiedung.[79] Johnsons berühmt gewordene Ansprache „To Fullfil These Rights" gilt mittlerweile als Meilenstein der Bürgerrechtspolitik seiner Regierung. Verfasst wurde sie von Johnsons persönlichem Assistenten und Redenschreiber Richard M. Goodwin sowie von Daniel Patrick Moynihan, zum damaligen Zeitpunkt stellvertretender Arbeitsminister.[80]

Der Präsident formulierte in deutlichen Worten, dass entgegen aller Bemühungen um die rechtliche Gleichstellung weite Teile der afroamerikanischen Minderheit noch immer als „another Nation" mitten in Amerika lebten – betroffen von Armut, Arbeitslosigkeit, unzureichenden Wohnungen, fehlender sozialer Absicherung und Krankenversicherung, schlechten Bildungsinstitutionen, hoher Säuglingssterblichkeit und geringem Einkommen, eingepfercht in großstädtische Ghettos. Sein Versprechen, durch weitere Sozialprogramme zur Verbesserung der Situation der Minderheit beizutragen, stellte der Präsident unter das berühmt

---

The Guns and Butter Trap, Westport / London 2000. Dallek, Robert: Lyndon B. Johnson. Portrait of a President, Oxford / New York 2004. Zur Bürgerrechtspolitik Johnsons s.u.
**78** Loevy, Robert D. (Hg.): The Civil Rights Act of 1964. The Passage of the Law That Ended Racial Segregation, Albany, NY 1997. Loevy, Robert D.: To End All Segregation. The Politics of the Passage of The Civil Rights Act of 1964, Lanham, MD 1990. Kotz, Nick: Judgement Days. Lyndon Baines Johnson, Martin Luther King Jr., and the Laws that Changed America, New York 2005. Zu Johnsons Bürgerrechtspolitik allgemein vgl. die Arbeiten von Steven F. Lawson: Lawson, Steven F.: Civil Rights Crossroads: Nation, Community, and the Black Freedom Struggle, Lexington, KY 2003. Ders.: Running for Freedom. Civil Rights and Black Politics in America Since 1941, New York ²1997.
**79** Diese erfolgte dann am 6.8.1965. Garrow, David J.: Protest at Selma. Martin Luther King, Jr., and the Voting Rights Act of 1965, New Haven, CT / London 1978. Ein guter Überblick über die Auswirkungen des Gesetzes in den einzelnen Staaten des Südens bei Davidson, Chandler / Grofman, Bernard (Hg.): Quiet Revolution in the South. The Impact of the Voting Rights Act, 1965 – 1990, Princeton, NJ 1994.
**80** Johnson, Lyndon B.: To Fulfill these Rights. Commencement Address at Howard University, June 4, 1965. Abdruck bei Rainwater / Yancey, Moynihan-Report, S. 125 – 132. Vgl. auch die Editor's Note auf S. 125. Digital unter <www.lbjlib.utexas.edu/johnson/archives.hom/speeches.hom/650604.asp>.

gewordene Motto „freedom is not enough". Das wichtigste Indiz der prekären Lage der African Americans war für ihn jedoch die Situation der „black family":

> Perhaps most important — its influence radiating to every part of life — is the breakdown of the Negro family structure. For this, most of all, white America must accept responsibility. It flows from centuries of oppression and persecution of the Negro man. It flows from the long years of degradation and discrimination, which have attacked his dignity and assaulted his ability to produce for his family.
> 
> Only a minority — less than half — of all Negro children reach the age of 18 having lived all their lives with both of their parents. At this moment, tonight, little less than two-thirds are at home with both of their parents. Probably a majority of all Negro children receive federally-aided public assistance sometime during their childhood.
> 
> The family is the cornerstone of our society. More than any other force it shapes the attitude, the hopes, the ambitions, and the values of the child. And when the family collapses it is the children that are usually damaged. When it happens on a massive scale the community itself is crippled.
> 
> So, unless we work to strengthen the family, to create conditions under which most parents will stay together — all the rest: schools, and playgrounds, and public assistance, and private concern, will never be enough to cut completely the circle of despair and deprivation.[81]

Diese Passage verdeutlicht, wie sehr die Familie, ihre Werte und ihr „Zustand" als Indikator für die Situation einer ganzen sozialen Gruppe (hier der African Americans) gedacht wurden. Dahinter steht die tradierte Interpretation von der Familie als Symbol der US-amerikanischen Nation, interessanterweise hier bemüht vom führenden Liberalen der Nation, der als erster amerikanischer Präsident des 20. Jahrhunderts eine ernst gemeinte Bürgerrechtspolitik betrieb. Indem Johnson den Verfall der afroamerikanischen Familie als Bedrohung für die Nation bezeichnete, schrieb er sich ein in einen jahrzehntelangen Krisendiskurs, der die Entwicklung und Veränderung der amerikanischen Familie und ihrer Werte seit Beginn der Moderne begleitete. Wichtig ist jedoch, dass Johnson aus der Krisendiagnose eine Verpflichtung zu politischem Handeln ableitete und eine Regierungskonferenz unter Beteiligung von Wissenschaftlern, Experten, Bürgerrechtlern und Regierungsvertretern zur Entwicklung von Leitlinien für soziale und ökonomische Reformen ankündigte.

Argumentative Grundlage der Rede waren zu weiten Teilen die Überlegungen Daniel P. Moynihans zu den vermeintlichen „Pathologien" der afroamerikanischen Familien. Zugleich lässt sich ein Niederschlag der Arbeiten Oscar Lewis' zur „culture of poverty", Michael Harringtons zur Armut in Amerika, E. Franklin

---

[81] Johnson, Lyndon B.: To Fulfill These Rights. Commencement Address at Howard University, June 4, 1965.

Fraziers Ausführungen zur Bedeutung der Sklaverei für die Familienstruktur und Kenneth B. Clarks Diagnosen der defizitären Lebensbedingungen in den urbanen Ghettos nachweisen.[82] In den Wochen nach der Präsidentenrede entwickelte sich eine heftige Debatte um Struktur und Werte der afroamerikanischen Familie unter Politikern, Sozialwissenschaftlern, Journalisten und Bürgerrechtlern, in deren Zentrum der ursprünglich als vertrauliches Memorandum verfasste sogenannte Moynihan-Report stand.

**Der Report**

Unter dem Titel „The Negro Family: The Case for National Action"[83] hatte Daniel Patrick Moynihan in seiner Eigenschaft als Angehöriger des Arbeitsministeriums die Johnson-Regierung über die Probleme vieler afroamerikanischer Familien informieren und zugleich Argumente für eine Aufstockung der föderalen Reformprogramme zugunsten dieser Familien liefern wollen.[84] Das vertrauliche Papier war Johnson und seinen Mitarbeitern im Frühjahr 1965, damit also kurz vor der Präsidentenrede an der Howard University, übergeben worden.[85] Auch für

---

[82] Moynihan, The Negro Family. Lewis, Culture of Poverty. Harrington, Michael: The Other America. Poverty in the United States, New York 1962. Clark, Kenneth B.: Dark Ghetto. Dilemmas of Social Power, New York, Evanston 1967 [Original 1965, Deutsche Übersetzung: Schwarzes Ghetto, Düsseldorf / Wien 1967]. Johnson, To Fullfil these Rights, in: Rainwater / Yancey, Moynihan-Report, S. 128–129.

[83] Die anderen Titelvorschläge, die Moynihan 1965 ventilierte, waren teilweise deutlich offensiver: „After the Barriers are Down: The Negro in the US", „The Negro Family: A Strategy for National Action", „Negro Equality: Dream Or Delusion". Daniel P. Moynihan Papers, Library of Congress, Manuscript Division (LOC), Box 66, Folder 4. Originalexemplar des Reports in Box 66, Folder 7.

[84] DANIEL PATRICK MOYNIHAN (1927–2003) war ein demokratischer US-Senator, Soziologe, US-Botschafter, Publizist und Mitarbeiter von insgesamt vier US-Präsidenten. Unter Lyndon B. Johnson diente er als stellvertretender Arbeitsminister, verließ die Regierung jedoch noch 1965 und wurde Leiter des *Harvard-MIT Joint Center for Urban Studies*. Ab 1968 beriet Moynihan Richard Nixon in Fragen der Stadtentwicklung und Sozialpolitik, insbesondere dessen Idee eine *Guaranteed Annual Income* fand seine Unterstützung. Er gehörte von 1977 bis 2001 dem US-Senate an, als Senator des Staates New York. Als Botschafter vertrat er die USA in Indien und bei den Vereinten Nationen in New York. Zu Moynihan vgl. Hodgson, Godfrey: The Gentleman From New York. Daniel Patrick Moynihan. A Biography, Boston 2000. Katzmann, Robert A. (Hg.): Daniel Patrick Moynihan. The Intellectual in Public Life, Baltimore 2004. Weisman, Steven R. (Hg.): Daniel Patrick Moynihan. A Portrait in Letters of an American Visionary, New York 2010.

[85] Der Text entstand bis März 1965 im *Office of Policy Planning and Research* des *Department of Labor*. Autoren waren neben Moynihan als *Assistant Secretary of Labor* auch seine Mitarbeiter Paul Barton und Ellen Broderick. In Moynihans Nachlass findet sich das gesamte Material der

Moynihan stellte die Familie die zentrale Einheit der Gesellschaft dar, was er mit dem Verweis auf ihre Sozialisierungsfunktion begründete. Eine Krise der Familie wirke sich besonders fatal auf die gesamte Minderheit aus: „At the heart of the deterioration of the fabric of Negro society is the deterioration of the Negro family."[86]

Interessant ist, dass Moynihan in einer frühen Ausarbeitung vom Jahresbeginn 1965 der weißen Mehrheitsgesellschaft noch eine maßgebliche Verantwortung für die Probleme der afroamerikanischen Familien und der Minderheit allgemein zugesprochen hatte, eine Stelle, die im eigentlichen Report so nicht mehr auftaucht:

> The Negro family is the fundamental source of the weakness of the Negro community. This has nothing to do with Negro Americans. It has everything to do with White Americans. The present condition of the Negro family is the result of two institutions which the White world has permitted to exist, and from which it has in considerable measure profited. These are slavery and unemployment.[87]

Diese Anerkenntnis der Folgen sozialer und ökonomischer Ausbeutung fehlt im eigentlichen Text, dort betonte Moynihan dagegen die dramatischen Unterschiede in den Strukturen weißer und afroamerikanischer Familien:

> The white family has achieved a high degree of stability and is maintaining that stability. By contrast, the family structure of lower class Negroes is highly unstable, and in many urban centers is approaching complete breakdown.[88]

Drei Punkte illustrierten, so Moynihan, diesen Verfall. Erstens: Die afroamerikanischen Familien seien in ihrer Struktur besonders instabil. Es seien weitaus mehr alleinerziehende Mütter, abwesende Väter, zerbrechende Ehen und uneheliche

---

Recherchen und auch verschiedene Entwürfe und Versionen des Reports. Daniel P. Moynihan Papers, LOC, Box 66, Folder 4 bis 11.

Der Report und die Debatte darüber können als gut erforscht gelten. Die beste Diskussion bei Estes, Steve: I am a Man! Race, Manhood, and the Civil Rights Movement, Chapel Hill 2005, S. 107– 130. Vgl. auch Massey, Douglas S. (Hg.): The Moynihan Report Revisited. Lessons and Reflections after four Decades, Thousand Oaks 2009. Patterson, James T.: Freedom is not Enough. The Moynihan Report and America's Struggle over Black Family Life from LBJ to Obama, New York 2010.
86 Moynihan, The Negro Family. The Case for National Action, Office of Policy Research, United States Department of Labor, March 1965, S. 5, Daniel P. Moynihan Papers, LOC, Box 66, Folder 7. Der komplette Bericht ist abgedruckt bei Rainwater / Yankey, The Moynihan Report, S. 39–124.
87 Daniel P. Moynihan, The Negro American Family [Januar 1965], Daniel P. Moynihan Papers, LOC, Box 66, Folder 8.
88 Moynihan, The Negro Family, S. 5, Daniel P. Moynihan Papers, LOC, Box 66, Folder 7.

Geburten zu verzeichnen als bei der weißen Bevölkerung. Dies liege partiell an der besonders schwachen Position des afroamerikanischen Mannes.[89] Zweitens: Der Verfall der Familie sei die Ursache für die unerträglichen Zustände („tangle of pathology") in den Ghettos der Großstädte, ablesbar unter anderem an mangelnder Ausbildung der Jugend, an Kriminalität und Drogenmissbrauch.[90] Drittens: Die Probleme verschärften sich ständig. Aufgrund der zerrütteten Familien und der Vielzahl alleinerziehender Mütter steige die Abhängigkeit von Sozialhilfe kontinuierlich an.[91]

Moynihans Grundgedanke war, dass nur stabile Familien die Grundlage eines geordneten Gemeinwesens bilden könnten, und folglich nur eine intakte Familienstruktur dazu beitragen könne, die Sozialhilfeleistungen zu verringern. Dies sah er bislang ausschließlich auf die weiße Ober- und Mittelschicht und eine stetig wachsende afroamerikanische Mittelschicht beschränkt, die sogar noch größeren Wert auf Stabilität und Aufstiegsorientierung lege als die weiße Mittelschicht.[92] Angesichts der Intensität der Probleme der armen African American Families sei entschlossenes und vor allem koordiniertes Handeln unerlässlich:

> In a word, a national effort towards the problems of Negro Americans must be directed towards the question of family structure. The object should be to strengthen the Negro family so as to enable it to raise and support its members as do other families.[93]

Hierzu wollte Moynihan eine neue nationale Politik gegenüber der Minderheit vorschlagen, die sich durch zwei Merkmale auszeichnen sollte: Einheitlichkeit der Maßnahmen und Fokussierung auf die Familienstruktur:

> A national effort is required that will give a unity of purpose to the many activities of the Federal government in this area, directed to a new kind of national goal: the establishment of a stable Negro family structure.[94]

---

89 So liege die Scheidungsrate der afroamerikanischen Stadtbevölkerung liegt bei knapp 25 Prozent, fast ein Viertel aller afroamerikanischen Geburten sei unehelich. Etwa 25 Prozent aller schwarzen Familien würden von Frauen allein geführt, die Väter seien abwesend. Moynihan, The Negro Family, S. 6–11, Daniel P. Moynihan Papers, LOC, Box 66, Folder 7.
90 Für diese Passage standen die Arbeiten Kenneth B. Clarks Pate, auf den Moynihan aber nur gelegentlich verweist. Hierzu s.u.
91 Moynihan, The Negro Family, S. 12–14, Daniel P. Moynihan Papers, LOC, Box 66, Folder 7.
92 Diesen Punkt hatten bereits E. Franklin Frazier und in Anlehnung an Frazier auch Myrdal sehr stark gemacht. Hierzu s.u.
93 Moynihan, Negro Family, S. 47, Daniel P. Moynihan Papers, LOC, Box 66, Folder 7.
94 Moynihan, Negro Family, Preface, Rainwater / Yankey, Moynihan Report, S. 43.

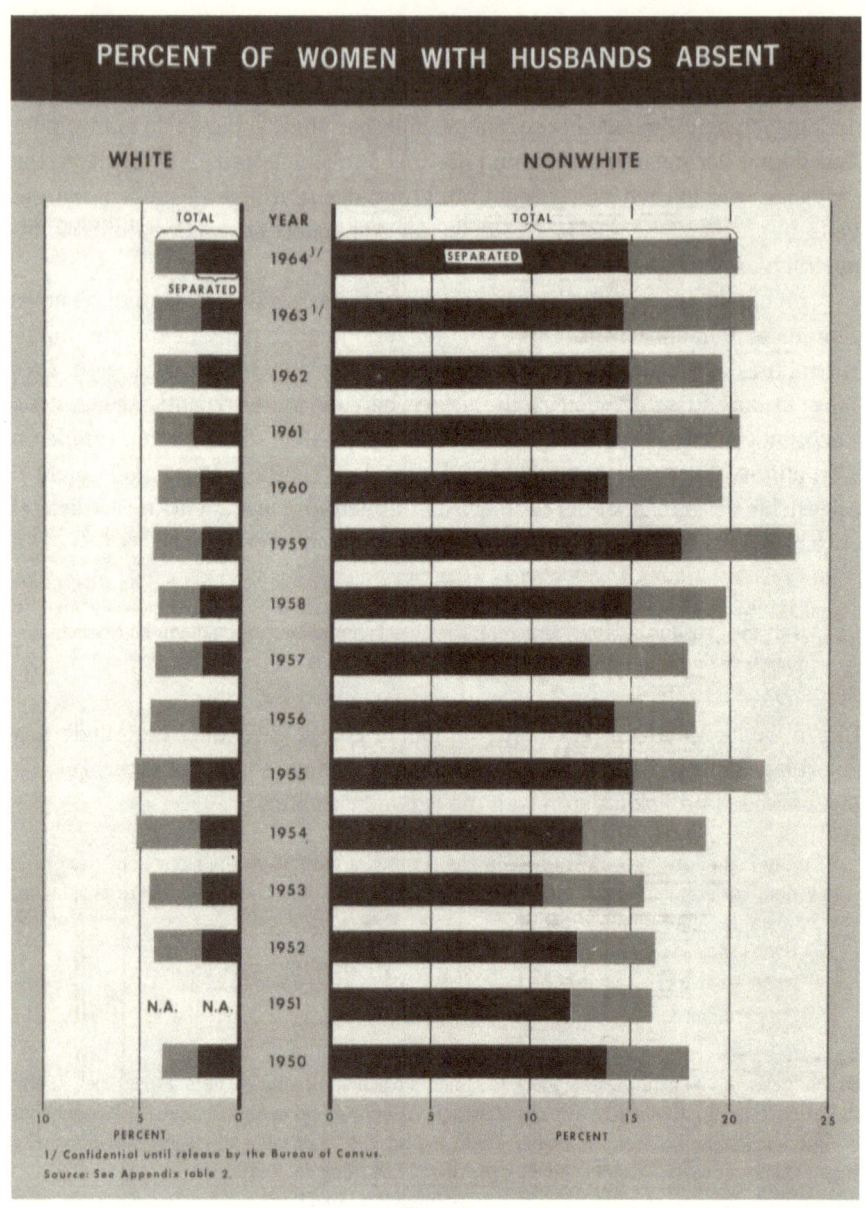

**Abb. 4.4:** Abwesende Väter in weißen und afroamerikanischen Familien nach Moynihan

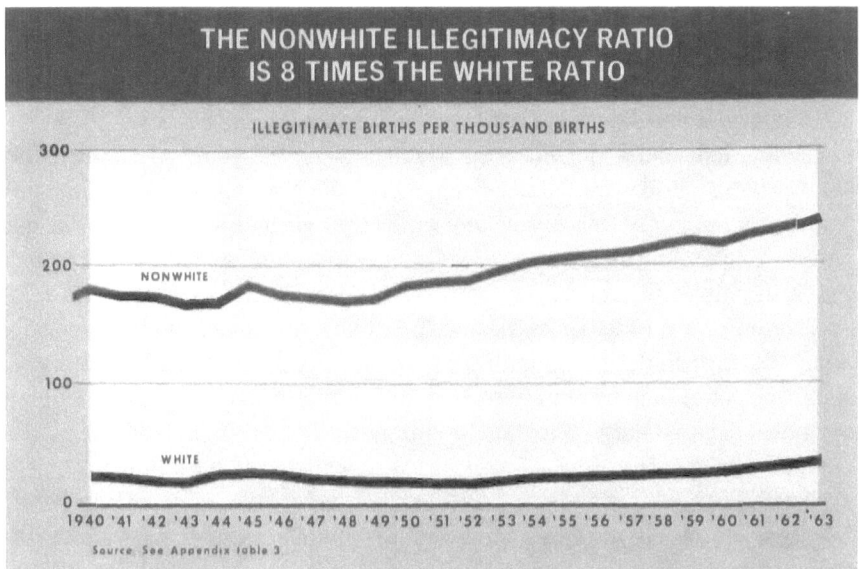

**Abb. 4.5:** Die Entwicklung der Illegitimitätsrate der weißen Mehrheits- und afroamerikanischen Minderheitsbevölkerung nach Moynihan

**Die Quellen**

Betrachtet man den konkreten Inhalt des 1965 so umstrittenen Berichts, so fällt zunächst auf, dass Moynihan seine Argumentation durch eine Vielzahl an Quellen und Statistiken zu belegen suchte, bisweilen aber lediglich die Memoranden seiner Assistenten Ellen Broderick und Paul Barton zu einem eigenen Text verdichtete. Diese hatten die einschlägige sozialwissenschaftliche Literatur für Moynihan aufbereitet und Statistiken kompiliert.[95] So finden sich in der Argumentationsstruktur des Reports Anleihen bei den Arbeiten afroamerikanischer Soziologen wie W. E. B. DuBois und vor allem E. Franklin Frazier.[96] Deren Überlegungen wiederum verband Moynihan mit den Arbeiten Gunnar Myrdals und Arnold M. Roses, die in „An American Dilemma" ebenfalls hauptsächlich auf

---

[95] Ellen Broderick und Paul Barton waren Moynihans Mitarbeiter im Arbeitsministerium, ihre Exzerpte und Recherchen sind enthalten in Moynihans Nachlass. Daniel P. Moynihan Papers, LOC, Box 66, Folder 8, Folder 9.
[96] Frazier, The Negro Family, 1939. Ders., Problems and Needs, S. 269–277. Ders., Black Bourgeoisie.

Fraziers Thesen zur afroamerikanischen Familie verwiesen hatten.[97] Schon im Vorwort zitierte er Myrdal mit den Worten, Amerika müsse selbst entscheiden, ob es die afroamerikanische Minderheit in Zukunft als finanzielle und moralische Belastung oder als Chance auf nationale Weiterentwicklung begreife.[98]

Zudem reflektierte Moynihan die Argumente von Bürgerrechtlern wie Whitney M. Young und Bayard Rustin, verarbeitete jedoch vor allem die Arbeiten des Soziologen Nathan Glazer, mit dem er kurz zuvor gemeinsam eine Analyse der Bevölkerungszusammensetzung der Stadt New York veröffentlich hatte.[99] Bereits die darin enthaltene, von Glazer verfasste Passage über die afroamerikanische Bevölkerung New Yorks („The Negroes") enthielt Annahmen und Thesen, die wenig später auch der Moynihan-Report verbreitete: Ein Viertel aller „Negro families" bestehe nur aus einer Mutter und ihren Kindern, bei den weißen Familien treffe dies dagegen auf weniger als 10 Prozent zu. Der Anteil außerehelicher Geburten sei sehr hoch, African Americans verzeichneten 14 oder 15 mal so viele uneheliche Geburten wie die weiße Mehrheitsbevölkerung. Dazu träfen die Angehörigen der Minderheit beständig auf Diskriminierung bei Job- und Wohnungssuche. Bildung und Berufschancen der Kinder (insbesondere der männlichen Jugendlichen) seien defizitär, die Jugendkriminalitätsrate hoch, die generellen Entwicklungsperspektiven signifikant schlechter als für die US-amerikanische Bevölkerung im Allgemeinen.[100] Das eigentliche Problem stelle jedoch die „Negro lower-class" dar. Hier konzentrierten sich all die beschriebenen Probleme und verstärkten sich ständig, was sich insbesondere an der desparaten Situation der Familie erweise: „But when the fundamental core of organization, the family, is already weak, the magnitude of these problems may be staggering."[101] Glazer erklärte diese Krise der Familie (jedoch beschränkt auf die afroamerikanische Unterschicht) unter Verweis auf Frazier mit der Geschichte der Sklaverei.[102] Aufschlussreich ist auch, dass er darauf beharrte, die afroamerika-

---

97 Myrdal, American Dilemma, S. 931–935. Rose, The Negro in America, S. 294–296.
98 Moynihan, Negro Family, Preface, Rainwater / Yankey, Moynihan Report, S. 43.
99 Glazer, Nathan / Moynihan, Daniel P.: Beyond the Melting Pot. The Negroes, Puerto Ricans, Jews, Italians and Irish of New York City 1963, Cambridge 1963. Young, Whitney: To be Equal, New York 1964. Rustin, Bayard: From Protest to Politics. The Future of the Civil Rights Movement, in: Commentary, 39 (1965), Nr. 1, S. 25–31. Auch ein Nachhall der Arbeit Myrdals, der sich in Fragen der „Negro family" ja seinerseits hauptsächlich auf Frazier bezog, ist unüberhörbar.
100 Glazer / Moynihan, Melting Pot, S. 24–85, insbes. S. 50–51,
101 Glazer / Moynihan, Melting Pot, S. 52.
102 Das gleiche Argument findet sich auch in dem ebenfalls von Moynihan zitierten Text des Bürgerrechtlers Bayard Rustin, „From Protest to Politics", in dem dieser zu Beginn des Jahres 1965 eine neue, auf politisch-sozialen Wandel gerichtete Perspektive für die Bürgerrechtsbewegung entwickelt: „The Negro family structure was totally destroyed by slavery and with it the possibility

nische Minderheit und speziell ihre Ober- und Mittelschicht, müsse eigene Anstrengungen zur Verbesserung der Lebenschancen insbesondere der „Negro lower-class family" unternehmen.[103]

Inhaltlich fußt Moynihans Text wesentlich auf den Überlegungen des afroamerikanischen Psychologen Kenneth B. Clark, der gemeinsam mit seiner Frau durch seine Experimente zum Selbstwertgefühl afroamerikanischer Kinder in den 1940er Jahren nationale Bekanntheit erlangt hatte.[104] Zu Beginn der 1960er Jahre hatte Clark im Auftrag der Regierung die soziale und ökonomische Benachteiligung der Afroamerikaner in der US-Gesellschaft und deren Auswirkungen insbesondere auf das Leben in den großstädtischen Ghettos analysiert.[105] Zwar erwähnt Moynihan weder Clark noch dessen Hauptwerk „Dark Ghetto", welches etwa zeitgleich mit dem Bekanntwerden des Reports erschien, explizit, doch Clarks Forschungen waren Moynihan definitiv bekannt. Auch war Clark und nicht Moynihan der Schöpfer des Begriffes „tangle of pathology", mit dem der Mo-

---

of cultural transmission (the right of Negroes to marry and rear children is barely a century old)." Rustin, From Protest to Politics.

**103** Glazer / Moynihan, Melting Pot, S. 84–85. Für eine schneidende Kritik am sogenannten „self-help"-Ansatz weißer Liberals vgl. den Text von Bayard Rustin, der argumentiert, dass wirkliche „self-help" nur sozialer Wandel zum Ziel haben könne, alles andere bliebe bei (wirkungslosen) Forderungen nach „self-improvement". Rustin, From Protest to Politics, S. 27.

**104** KENNETH BANCROFT CLARK (1914–2005) hatte an der Howard University Psychologie studiert und lehrte als erster Afroamerikaner als ordentlicher Professor am City College of New York. Dort leitete er das *Social Dynamics Research Institute*. Er war in der Bürgerrechtsbewegung aktiv, gründete mit seiner Frau die Organisation *HARYOU (Harlem Youth Opportunities Unlimited)* und wurde erster afroamerikanischer Präsident der *American Psychological Association*. Bekannt wurden er und seine Frau MAMIE PHILIPPS CLARK (1917–1983) durch ihre Experimente mit afroamerikanischen Schulkindern, in denen sie nachwiesen, dass auch afroamerikanische Kinder im Spiel weiße Puppen präferierten – was sie mit der Persistenz rassistischer Stereotype in der US-Gesellschaft erklärten. Ihre Arbeiten bildeten eine Grundlage der Desegration des Bildungswesens durch den Supreme Court Entscheid *Brown vs. Board of Education* (1954).

Clark, Dark Ghetto. Explizit verwies Moynihan dagegen auf eine von Clark verantwortete Publikation über die Missstände im Ghetto von Harlem („Youth in the Ghetto"), die jedoch nicht unter dessen Namen erschien: HARYOU (Harlem Youth Opportunities Unlimited Inc.): Youth in the Ghetto. A Study of Powerlessness and a Blueprint for Change, Harlem Youth Opportunities Unlimited Inc., 1964.

**105** Im Auftrag des *President's Committee on Juvenily Delinquency* und des *Mayor of New York* hatte Clark von 1962 bis 1964 die Lebensbedingungen von Jugendlichen in Harlem untersucht, um den Finanzierungsbedarf für Reformprogramme auszuloten. Es gelang Clark und seinen Mitstreitern, insgesamt 4 Millionen Dollar an Fördermitteln zu beantragen. Clark, Dark Ghetto, S. XIII-XIV.

ynihan-Report später seine umstrittene Berühmtheit erlangte.[106] In „Dark Ghetto" hatte Clark dieses als „institutionalized pathology, [...] chronic self-perpetuating poverty" beschrieben.[107] Dabei konnte der Psychologe durchaus auf eigene Erfahrungen zurückgreifen und beschrieb seine Studie als „a summation of my personal and lifelong experiences and observations as a prisoner within the ghetto long before I was aware that I really was a prisoner".[108] Besonders bedeutsam erschien Clark der Zusammenhang zwischen Arbeitslosigkeit, rassischer Diskriminierung und dem Zusammenbruch der Familienstrukturen, den er bei seinen Forschungen in Harlem beobachten konnte. Dies wiederum habe gravierende Auswirkungen auf die Kinder, denen häusliche Geborgenheit, Zuwendung und verlässliche Vorbilder fehlten. Sie könnten selbst für sich keine stabilen Familien schaffen, da sie ja nie ein geordnetes Leben kennen gelernt hätten:

> Children and young people who grow up in a community in which a large proportion of families have no father in the home, a community in which 40 percent of the men and 47 percent of the women aged 14 and over are unmarried, find it difficult, if not almost impossible, to know what an "adequate" family is like. The cycle of family instability continues uninterrupted.[109]

Zugleich führten der Zusammenbruch vieler Familien und die ubiquitäre Armut zu einer starken, ständig steigenden Abhängigkeit von Wohlfahrtsleistungen. Hier seien dringend neue Programme und bessere Bildung nötig, um den Menschen ihr Selbstvertrauen und ihre Eigeninitiative zurückzugeben und längerfristig eine wirkliche Partizipation an Wirtschaft und Gesellschaft herzustellen.[110] Diese Ergebnisse Clarks decken sich nahtlos mit den Forderungen Moynihans, nur wurden sie von der African American Community ganz anders rezipiert, da sie zurückhaltender formuliert und als Ergebnis langjähriger Forschungen eines angesehenen afroamerikanischen Psychologen präsentiert wurden.

Moynihan selbst kam vom Nachdenken über „juvenile delinquency", über die Armut allein erziehender Mütter und über die ökonomischen Schwierigkeiten von „large families" zur Bedeutung von Familienwerten für die Verhinderung von

---

[106] Clark hatte den Ausdruck im von ihm verfassten Bericht „Youth in the Ghetto" der HARYOU-Initiative geprägt. Moynihan, Daniel P.: Employment, Income, and the Ordeal of the Negro Family, in: Clark, Kenneth B. / Parsons, Talcott (Hg.): The Negro American, Boston 1966, S. 134–159, hier S. 151. Estes, I am a Man, S. 205.
[107] Clark, Dark Ghetto, S. 81.
[108] Clark, Dark Ghetto, S. XV.
[109] Clark, Dark Ghetto, S. 48.
[110] Clark, Dark Ghetto, S. 50–62.

Gewalt und Hoffnungslosigkeit in den Ghettos der Großstädte.[111] Die ursprüngliche Linie Moynihans war es, das Problem der finanziellen Situation der „Negro family" zunächst über Hilfsprogramme und Geburtenkontrolle für „large families" im Kontext des *War on Poverty* anzugehen.[112] Gerade Geburtenkontrolle war für Moynihan „a major factor in the War on Poverty" und er interessierte sich sehr für die entsprechenden Fortschritte der Forschung.[113] Dagegen stellten in seiner Wahrnehmung die bisherigen Wohlfahrts- und Hilfsprogramme (insbesondere *Aid to Families with Dependent Children* (AFDC)) eher ein Hindernis für die Problemfamilien dar, da sie die Abwesenheit der Väter privilegierten: „For past 25 years [...] the remedy proposed has been based on the „insane" idea that to help the family, the father must be required to stay away from the family".[114] Tatsächlich basierte AFDC – das wichtigste Wohlfahrtsprogramm der USA noch aus Zeiten des New Deal – auf der Idee, dass nur Frauen Unterstützung für sich und ihre Kinder erhielten, wenn die Väter nicht im gleichen Haushalt lebten.[115]

---

111 Rodney H. Clurman, Consultant, Juvenile Delinquency Planning Board of the United Planning Organization, an Moynihan, 25.3.1963. Daniel P. Moynihan Papers, LOC, Box 24, Folder 8. Vgl. Auch die Korrespondenz von Moynihan mit Jack Melzer, Director des Center for Urban Studies an der Chicago University, Januar/März 1964, über die Armut in den innerstädtischen Ghettos der Großstädte. Daniel P. Moynihan Papers, LOC, Box 26, Folder 2, Folder 3. Vgl. Auch ein Memorandum von Daniel P. Moynihan an Lyndon B. Johnson, 14.2.1972. Daniel P. Moynihan Papers, LOC, Box 176, Folder 3.
112 Vgl. Moynihans Planungen für eine „Family Size and Family Income Conference" aus dem Jahr 1964, die Moynihan dann 1965 am Harvard-MIT Joint Center for Urban Studies durchführte. Daniel P. Moynihan Papers, LOC, Box 50, Folder 10.
113 Waite, Elmont: Poverty's Link with Fertility, Professor's View, San Francisco Chronicle, 1.3.1965. Papers of Daniel P. Moynihan. LOC, Box 16, Folder 3. Joyce Haney, Research Associate to DPM, an Dr. Leon Gerdis, Sinai Hospital, Baltimore, 2.6.1967 mit der Bitte um Informationen über ein Birth Control Project, das „birth control pills to unmarried adolescent girls" verteilt. Papers of Daniel P. Moynihan. LOC, Box 413, Folder 11. Vgl. auch den Brief des Joint Center for Urban Studies, MIT / HU, 19.6.1968, gez. Katharine G. Bauer, Project Coordinator, Health Information System Project, an Henry Wechsler, Medical Foundation, über die am Center laufenden Forschungen über Birth Control. Papers of Daniel P. Moynihan. LOC, Box 414, Folder 2.
114 Waite, Elmont: Poverty's Link with Fertility, Professor's View, San Francisco Chronicle, 1.3.1965. Papers of Daniel P. Moynihan. LOC, Box 16, Folder 3. Hierzu vgl. auch den Brief des Dean of the School of Social Work, University of Conneticut, Harleigh B. Trecker, an Moynihan vom 17.12.1965, in dem dieser sich über Moynihans Behauptung in der NYT vom 12.12.1965 entrüstet, Welfare Programs „contribute to family breakdown by putting a premium on fatherless homes". Papers of Daniel P. Moynihan. LOC, Box 92, Folder 5.
115 Chappell, War on Welfare. Mittelstadt, Jennifer: From Welfare to Workfare. The Unintended Consequences of Liberal Reform, 1945–1965, Chapel Hill 2005. Nadasen, Premilla / Mittelstadt, Jennifer / Marisa Chappell (Hg.): Welfare in the United States. A History with Documents, New York 2009

Hier konnte die Bürgerrechtsbewegung noch sehr gut anschließen, da auch sie die Wohlfahrtspolitik und insbesondere das Programm AFDC sehr kritisch sah. So beklagte sich der Labor Secretary des NAACP, Herbert Hill, zum Jahresende 1964 bei Moynihan über die „savage welfare policies of the Federal Government" und erbat Informationen über „available data relating to the correlation between unemployment and Negro family dis-integration".[116] Zugleich lag hier jedoch auch das Kernproblem von Moynihans gesamter Argumentation: Er behauptete einen Zusammenhang zwischen dem Zerfall der afroamerikanischen Familie durch die Abwesenheit der Väter, dem überproportionalen Anstieg des Anteils afroamerikanischer Kinder, die Unterstützung aus dem Wohlfahrtsprogramm AFDC erhielten, und der desolaten Lebenssituation vieler African Americans in den Großstädten. Aber genau hierfür fehlten auch nach der Publikation des Reports die präzisen statistischen Belege, unabhängig davon, wie sehr er seine Assistenten auch suchen ließ.[117] Selbstkritisch merkte er im Spätsommer 1965 in einer handschriftlichen Notiz an:

> No one knows what the ADC figures mean, because no one knows [what] that the real universe of ADC children is: i.e. how many truly dependent children are there, of these how many get ADC payments. Social class is a bat [sic] invention of sociology.[118]

Hilfe bekam er dagegen aus den Sozialwissenschaften. So schrieb ihm der Soziologe Harold L. Sheppard mit Blick auf eine Studie des *Office of Economic Oportunity* über Hough, „the Watts of Cleveland", ein von Afroamerikanern be-

---

116 Herbert Hill, Labor Secretary, NAACP, an Moynihan, 4.12.1964. Daniel P. Moynihan Papers, LOC, Box 66, Folder 8.
117 Hierzu vgl. die Ausarbeitungen Bartons für Moynihan vom 22.3.1965 und 4.11.1965. Barton legte dar, dass zwar der Anstieg an den *AFDC Families* zwischen 1948 und 1961 überproportional von afroamerikanischen Familien getragen wurde, ihr Anteil stieg von 31 % (1948) auf 46 % (1961) an der Gesamtzahl der Familien, die solche Leistungen erhielten. Zugleich aber musste er einräumen, dass es keinerlei Statistiken gab, die Kinder und Jugendliche, die AFDC bezogen, nach ethnischer Zugehörigkeit getrennt aufführten, so dass nicht gefolgert werden könne, dass die Lebenssituation afroamerikanischer Kinder besonders dramatisch sei. Daniel P. Moynihan Papers, LOC, Box 92, Folder 6. Vgl. auch ein weiteres Memorandum von Barton vom 1.2.1965, in dem dieser Moynihan erklärt, dass es keine statistische Entsprechung zwischen „separation rates" und „poverty rates, education, percentage of migrants, unemployment, family size, relative size of nonwhite population, and divorce rates" gäbe – was Moynihan aber nicht hinderte, genau dieses Argument in seinem Report anzuführen. Daniel P. Moynihan Papers, LOC, Box 66, Folder 9.
118 Handschriftliche Notiz Moynihans aus seinem Semester an der Wesleyan University, undatiert [Spätsommer 1965]. Daniel P. Moynihan Papers, LOC, Box 92, Folder 6.

wohntes Stadtviertel in Cleveland, Ohio.[119] Dort ließ sich, so Sheppard, genau der behauptete Zusammenhang zwischen sozialen Problemen, Armut und vaterlosen Familien zeigen:

> The Cleveland Study, without saying so, seems to me to back up Moynihan: among Negro families in Hough with a male head, the percentage in poverty registered only a very slight increase from 1959 to 1964 – from 20,5 to 21,8; but among those with a female head, the extent of poverty had increased at a much higher rate, from 65,9 to 75,3. In other words, nearly all of the increase in the percentage of Negro families living in poverty was associated with the rise in fatherless families.
> What may be just as important, between 1960 and 1965, the percentage of all Negro families with a female head increased in Hough, from 22,5 to 32,1. Similar shifts occurred in the other contiguous parts of the Cleveland "Poverty Area" (selected by the Census Bureau for its work for OEO [Office of Economic Opportunity, I.H.])![120]

Auch der Psychologe Urie Bronfenbrenner fand Moynihans Argument prinzipiell überzeugend, wenngleich er im Detail nachfragte, ob die Trennung der Männer von ihren Familien tatsächlich eine Folge ihrer Arbeitslosigkeit darstellte oder vice versa – und ob sich hierüber überhaupt Aussagen treffen ließen.[121] Vor allem aber kritisierte er die heftigen Reaktionen weißer liberaler Sozialwissenschaftler auf Moynihan als Person und den Report:

> I have often thought of the high price you had to pay for acting on your thoroughly unracist convictions. What struck me as the most unjust and the most instructive was that the attack came from some of our most so-called "liberal" white colleagues. Sometimes I have the feeling that many liberals are more concerned with convincing others and themselves of

---

**119** HAROLD L. SHEPPARD (1922–2000), den Präsident Carter 1980 zum *Counselor to the President on Aging* ernannte, war Soziologe und Spezialist für Gerontologie. Nach einer Lehrtätigkeit als Soziologieprofessor an der Wayne State University und verschiedenen Ämtern in regierungsnahen Beratungsinstutionen gehörte er von 1963 bis 1975 dem W. E. Upjohn Institute for Employment Research an, wo er sich insbesondere mit der Beziehung von Alter und Arbeitswelt befasste. Jimmy Carter: Counselor to the President on Aging Appointment of Harold L. Sheppard, April 18, 1980. Online bei Gerhard Peters and John T. Woolley, The American Presidency Project. <www.presidency.ucsb.edu/ws/?pid=33293>.
**120** Memorandum von Harold L. Sheppard, The W. E. Upjohn Institute for Employment Research, Washington D. C., undatiert [1966]. Daniel P. Moynihan Papers, LOC, Box 184, Folder 4.
**121** URIE BRONFENBRENNER (1917–2005) war Psychologe, der an der Cornell University lehrte. Seine Arbeiten zur frühkindlichen Entwicklung gingen ein in das *Head Start Program* zur Verbesserung der Bildungschancen benachteiligter Kinder im Rahmen des *War on Poverty* der Johnson-Regierung. <www.bctr.cornell.edu/about-us/urie-bronfenbrenner/>

the intensity of their beliefs than with contributing to the solution of an objective situation.[122]

Eine zentrale und in der Forschung bisher nicht gewürdigte Erkenntnis aus der Analyse des Textes und seiner Quellen besteht folglich in der Einsicht, dass Moynihan seine Überlegungen zu Struktur und Werten der afroamerikanischen Familie nicht nur im Kontext des *War on Poverty* und der verstärkten Beschäftigung mit den Ursachen von Armut entwickelte und auf eine expertengeleitete Verbesserung der staatlichen Politik abzielte. Wichtig war ihm auch, durch Stadtsoziologie und Bevölkerungspolitik die Probleme in einer interdisziplinären Großanstrengung anzugehen. Hierfür stehen die von Moynihan Mitte der 1960er Jahre geleiteten Konferenzen am Joint Center for Urban Studies der Harvard University und des MIT sowie an der Wesleyan University.[123] Zugleich fiel die Publikation des Moynihan Reports in einen Zeitraum, in dem Wissenschaftler zahlreicher Disziplinen über Lösungsmöglichkeiten für die dringendsten gesellschaftlichen Probleme nachdachten und Armut, Gewalt, Rassendiskriminierung und Überbevölkerung diskursiv miteinander verbanden. Die Lösung schien immer im Verhältnis des Individuums zur Gemeinschaft, also in der Familie zu liegen.[124]

Doch wie reagierte die African American Community auf die Aufmerksamkeit, welche die Struktur der afroamerikanischen Familie plötzlich bekam?

## 4.5 Die Wahrnehmung des Moynihan-Reports in der African American Community

Anders als der ehedem vertrauliche Moynihan-Report, der Mitte August 1965 aus dem White House gezielt an die Presse lanciert wurde und umgehend heftige Diskussionen auslöste, wurde die Präsidentenrede vom 4. Juni 1965 in der amerikanischen Bevölkerung und in Sonderheit durch die Bürgerrechtsbewegung und

---

[122] Brief von Uri Bronfenbrenner, Cornell University, New York State College of Home Economics, Department of Child Development, an Moynihan vom 29.11.1966. Daniel P. Moynihan Papers, LOC, Box 414, Folder 2.
[123] Conference on Family Size and Family Income, Harvard-MIT Joint Center for Urban Studies, 1965. Daniel P. Moynihan Papers, LOC, Box 50, Folder 10. Conference on Problems of the Lower Class Negro Family, Wesleyan University, 1966. Daniel P. Moynihan Papers, LOC, Box 460, Folder 11, Box 461, Folder 4 und 5. Conference on Social Statistics and the City, Washington D. C., 1967. Daniel P. Moynihan Papers, LOC, Box 154, Folder 1.
[124] Hierzu vgl. die Ausführungen in Kapitel V dieser Arbeit.

## 4.5 Die Wahrnehmung des Moynihan-Reports in der African American Community — 263

Vertreter der afroamerikanischen Minderheit zunächst sehr positiv aufgenommen.[125] Die beiden großen Tageszeitungen *New York Times* und *Washington Post* druckten den Wortlaut der Rede ab und veröffentlichten ausschließlich lobende Kommentare.[126] In deren Zentrum standen jedoch nicht Johnsons Bemerkungen zur Struktur der afroamerikanischen Familie, sondern sein Versprechen, den Anstrengungen zur rechtlichen Gleichstellung nun auch Programme zur Verbesserung der sozialen Situation folgen zu lassen. Lediglich die *Washington Post* verwies darauf, dass Johnson den „breakdown of the Negro family structure" als „most important wound, radiating into every part of life" bezeichnet habe.[127] Hierfür trage jedoch das weiße Amerika die Verantwortung angesichts der Jahrhunderte von Unterdrückung und Diskriminierung insbesondere des „Negro man", dem man seine Würde und die Fähigkeit, für seine Familie zu sorgen, genommen habe. In den folgenden Wochen waren erste explizite Diskussionen des „breakdown of the Negro family structures" (*Washington Star*, 11.6.1965), der „deterioration of the Negro family" (*New York Times*, 19.7.1965) und der „disintegration of Negro families" (*Newsweek*, 9.8.1965) in der nationalen Presse zu lesen.[128] Noch war die Diskussion relativ offen und positiv, der darin verborgene Sprengstoff offenbarte sich erst im Lichte der Rassenunruhen im August 1965.

Als sich vom 11. bis 17. August 1965 in Watts, Los Angeles, afroamerikanische Jugendliche und Polizei heftige Straßenschlachten lieferten, die erst durch den Einmarsch von 14.000 Soldaten der Nationalgarde beendet werden konnten, erhielten Johnsons Überlegungen zur bedrängten afroamerikanischen Familie eine

---

125 Der Bericht selbst stand unter strikter Geheimhaltung. Von den zunächst gedruckten 100 Exemplaren erhielt lediglich der Pressesprecher des *White House*, Bill Moyers, eine Kopie. Dieser entschied, dass Präsident Johnson ein gekürztes Memorandum erhalten sollte. Rainwater / Yankey, The Moynihan Report, S. 3–4.
126 Johnson's Address to Howard University Graduates, NYT, 5.6.1965, S. 14. President's Address at Howard U., WP, 5.6.1965, S. C41. Tom Wicker: Johnson Pledges to Help Negroes to Full Equality. Says Legal Freedom is Not Enough – Plans A Special Conference in the Fall, NYT, S. 1, 14. Mr. Johnson's Candle, WP, 6.6.1965, S. E6. To Fulfill These Rights, NYT 6.6.1965, S. E10. Tom Wicker: Johnson's View of Negro. President Takes the Advanced Position Assumed by High Court in School Case, NYT, 7.6.1965, S. 27.
127 Edward T. Folliard: President Announces Fall Conference on Negro Rights. Tells Howard Class Isolation is Rising Despite Progress, WP 5.6.1965, S. A1, A4.
128 Einen guten Überblick über die Debatte geben Rainwater / Yankey, Moynihan-Report, S. 133–154, 369–394. Mary McGrory, President talks Frankly to Negroes, *The Washington Star*, 6.6.1965, Mary McGrory, *The Washington Star*, 11.6.1965. John D. Pomfret: Drive for Negro Family Stability Spurred by White House, NYT, 19.7.1965. Newsweek, 9.8.1965.

andere Bedeutung.[129] Am Ende der Rassenunruhen in Watts waren 34 Tote zu beklagen, ferner rund 1.000 Verletzte und 4.000 Verhaftungen (fast alle davon Afroamerikaner) sowie ein materieller Schaden von über 200 Millionen $. Zudem begann Bill Moyers, der Pressesprecher des Weißen Hauses, am 17. August 1965 erste Exemplare des Moynihan-Reports an Journalisten zu verteilen, gewissermaßen als intellektuelle Hintergrundinformation zu den dramatischen Geschehnissen.[130] Beobachter notierten, dass hier vor allem afroamerikanische Jugendliche – ohne Job und Perspektive – die Mehrheit der Protestierenden bildeten; also genau die Klientel, die der Moynihan-Report ins Zentrum seiner Beschreibung des vermeintlichen Niedergangs der afroamerikanischen Familie gestellt hatte.[131]

In der nun folgenden Debatte um den Report und die Zustände in den Ghettos der Großstädte verliefen die Linien ziemlich genau entlang der politischen Lager. Den einen argumentativen Pol der Auseinandersetzung stellten konservative Journalisten, Politiker und allgemein Gegner der Gleichberechtigungspolitik der Johnson-Regierung. Diese meinten, Moynihan habe die „Pathology" der Afroamerikaner zwar treffend beschrieben, die daraus abgeleitete Forderung nach weiteren staatlichen Wohlfahrtsprogrammen sei jedoch verfehlt. Die afroamerikanische Minderheit, so Mary McGrory im *Washington Star*, brauche keine neuen Staatsprogramme, sondern müsse selbst Lösungen für ihre eigenen Probleme entwickeln: „President Johnson suggested that the time had come for them to come to grips with their own worst problem, the breakdown of Negro family life".[132] Ihr Kollege Richard Wilson folgerte im gleichen Blatt, die Frage sei vielmehr „how to cause Negroes to help themselves, how to cause them to create for themselves, in their own communities, an ordered society based upon a stable family structure".[133] Diese Aufgabe falle hauptsächlich der schwarzen Mittelschicht zu. Auch Privatpersonen reagierten mit zahlreichen Schreiben und Leserbriefen an Moynihan. Interessant ist der Brief von Jackie Boudreaux aus White

---

**129** Rustin, Bayard: The Watts „Manifesto" & the McCone Report, in: Commentary 41 (1966), Nr. 3, S. 29–35. Vgl. auch Estes, I am a Man, S. 116. D'Emilio, John: Lost Prophet. The Life and Times of Bayard Rustin 2003, S. 418–425.
**130** So erinnert sich Moynihan selbst, Estes, I am a Man, S. 117. Moynihan, Daniel P.: Family and Nation. The Goodkin Lectures, Harvard University, San Diego u. a. 1986, S. 34.
**131** Rustin, Watts „Manifesto".
**132** Mary McGrory: President talks Frankly to Negroes, Washington Star, 6.6.1965. Abgedruckt bei Rainwater / Yancey: Moynihan Report, S. 369–371.
**133** Richard Wilson: Gloomy Study Faces Parley on Negroes, Washington Star, 24.9.1965. Rainwater/ Yancey: Moynihan Report, S. 152.

## 4.5 Die Wahrnehmung des Moynihan-Reports in der African American Community — 265

Springs, Kalifornien, da er die Existenz einer „Negro family" an sich in Zweifel zog und überdies Moynihans Zugang als Sozialwissenschaftler kritisierte:

> Dear Sir, people like you make me sick. You go to school most of your life and have a lot of foolish learning, but you know about as much about the Negro as I know about Eskimos. There has never been a Negro family to deteriorate, that is, not as white people know a family and I've known Negroes all my life and they have never been any different.[134]

Den anderen Pol der Auseinandersetzung bildeten Bürgerrechtler, liberale Journalisten und Politiker, die den analytisch-kühlen Ton, in welchem Moynihan die Probleme der Ghettos erörtert hatte, missbilligten und insbesondere den Gang seiner Argumentation kritisierten: So meinte der Bürgerrechtler Floyd McKissick, Vorsitzender des *Congress on Racial Equality* (CORE):

> My major criticism of the report is that it assumes that middle class American values are the correct ones for everyone in America. Just because Moynihan believes in the middle class values doesn't mean that they are the best for everyone in America.[135]

Bayard Rustin, ebenfalls ein prominenter Bürgerrechtler und Gewerkschaftsfunktionär, hob das Problem der Übertragung der Werte der weißen Mittelschicht auf die afroamerikanische Unterschicht noch auf eine andere Ebene:

> One important point that must be made is that what may seem to be a disease to the white middle class may be a healthy adaptation of the Negro lower class. [...] Finally, we must talk about the poor family, not simply the Negro family. Poverty is a problem. It is amazing to me that Negro families exist at all.[136]

---

134 Jackie Boudreaux an Moynihan, White Springs, CA, 5.9.1965. Daniel P. Moynihan Papers, LOC, Box 184, Folder 1.
135 Floyd McKissick, zit. nach Rainwater / Yancey: Moynihan Report, S. 200. FLOYD BIXLER MCKISSICK (1922–1991) war seit 1966 der Vorsitzende von CORE, welchen er von einer der Gewaltfreiheit verpflichteten Bürgerrechtsorganisation stärker in Richtung des militanten Kurses der jungen *Black Power*-Bewegung ausrichtete. Kissick hatte sich als erster afroamerikanischer Student 1951 den Zugang zur University of North Carolina Law School erstritten und arbeitete seit 1955 als Bürgerrechtsanwalt.
136 Bayard Rustin, zit. nach Rainwater / Yancey: Moynihan Report, S. 200. BAYARD RUSTIN (1912–1987) war ein bekannter afroamerikanischer Bürgerrechtler, der für Gewaltfreiheit und Pazifismus eintrat. Er gehörte der SCLC an und wirkte als einer der Chefstrategen der Bürgerrechtsbewegung. Er organisierte unter anderem den "March on Washington for Jobs and Freedom" des Jahres 1963. Von 1966 bis 1968 leitete er das A. Philip Randolph Institute des AFL-CIO, welches für die Integration der African Americans in das weiße Gewerkschaftssystem eintrat. 1953 selbst wegen homosexuellen Verhaltens verhaftet, wurde er einer der prominenten Fürsprecher für Homosexuellen-Rechte in den 1970er Jahren.

Für Rustin war eine stabile Familienstruktur nur denkbar mit einem männlichen Ernährer als Oberhaupt, darauf müsse die Politik sich konzentrieren: „the Negro family can be reconstructed only when the Negro male is permitted to be the economic head of the family."[137] Diese Position unterstützte auch Alan Gartner, wie Floyd McKissick Repräsentant des CORE: „Provide satisfying, decent-paying, steady jobs for Negro men and the so-called „pathology" of the Negro family will vanish [...]."[138] Interessant an diesen Statements ist, dass hier männliche Vertreter der Bürgerrechtsbewegung nicht nur das zum damaligen Zeitpunkt in der weißen Mehrheitsgesellschaft vorherrschende Ideal des männlichen Ernährers bekräftigten, sondern zugleich die Kritik des Reports an der vermeintlichen „matriarchy of the Negro family" explizit aufgriffen.[139] Auch Moynihan selbst hatte unter dem Eindruck der gewaltsamen Rassenunruhen vom Sommer 1965 seine Vorbehalte gegen matrifokale Familienstrukturen in den Ghettos noch deutlich verschärft, wie sein Artikel in der Zeitschrift *America* verdeutlicht:

> A community that allows a large number of young men to grow up in broken families, dominated by women, never acquiring any stable relationship to male authority, never acquiring any set of rational expectations about the future — that community asks for and gets chaos.[140]

Betrachtet man die Reaktionen der *Southern Christian Leadership Conference* (SCLC) auf den Moynihan-Report, so fallen diese erstaunlich zurückhaltend aus. Der Präsident des SCLC, Martin Luther King, übte in einigen Reden zwar indirekte Kritik am Report, übernahm aber dessen Statistiken zur Scheidungs- und Illegitimitätsrate, zur matriarchalen Familienstruktur sowie der Abhängigkeit von staatlichen Wohlfahrtsleistungen.[141]

---

[137] Bayard Rustin, Why don't Negroes..., in: *America. The National Catholic Weekly Review*, 4.6.1966. Abgedruckt bei Rainwater / Yancey: Moynihan Report, S. 417–426.
[138] Alan Gartner, Leserbrief in der NYT, 12.12.1965.
[139] Diese Forderung befand sich nicht nur in Einklang mit Moynihans Überlegungen, sondern insgesamt mit den Konzepten weißer und schwarzer Sozialwissenschaftler, hierzu s.u. in diesem Kapitel.
[140] Moynihan, Daniel P.: A Family Policy for the Nation, in: *America. The National Catholic Weekly Review*, 18.9.1966. Abgedruckt bei Rainwater / Yancey: Moynihan Report, S. 385–394, dort S. 393.
[141] MARTIN LUTHER KING JR. (1929–1968) war der prominenteste Vertreter der US-amerikanischen Bürgerrechtsbewegung und wichtigste Verfechter der Taktik des gewaltlosen Protests. Nach dem von ihm angeführten *Montgomery Bus Boycott* des Jahres 1955, der sich an der Segregation der öffentlichen Verkehrsmittel in Alabama entzündete und der gewissermaßen als Initialzündung für eine nationale Bürgerrechtsbewegung wirkte, war er Mitbegründer der SCLC, deren erster Präsident er 1957 wurde. Bis zu seiner Ermordung im Jahr 1968 führte er das *Civil Rights Movement*

Vier Kernelemente charakterisierten in den Jahren 1965 bis 1968 seine Argumentation zum Zustand der African American Family. Erstens betonte King immer wieder die Leistungen und Stärken der afroamerikanischen Familien, die schließlich entgegen alle Widerstände gemeinsam den Kampf um Bürgerrechte geführt hätten: „The Negro family is scarred, it is submerged, but it struggles to survive. It is working against greater odds than perhaps any other family experienced in all civilized history."[142] Zweitens verwies er immer wieder auf die ökonomische Unterdrückung der African Americans in der ganzen Nation, was auch Auswirkungen auf ihr Familienleben habe, wie in diesem Zitat unter dem unmittelbaren Eindruck der Gewalteruptionen von Watts:

> But let us not assume that this is a situation peculiar to Los Angeles alone. It is a national problem. At a time when the Negroes aspirations are at peak, his actual conditions of employment, education and housing are worsening. The paramount problem is one of economic stability for this sector of our society. All other progress in education, family life, and the moral climate of the community is dependent upon the ability of the masses of Negroes to earn a living in this wealthy society of ours.[143]

Auch die desaströsen Wohnverhältnisse in den Ghettos sowie das Fehlen von Zugang zu bezahlbarem Wohnraum in den Vorstätten oder besseren Wohngegenden seien – drittens – eine schwere Belastung für die Familien:

---

an, organisierte unter anderem die Proteste in Birmingham, Alabama des Jahres 1962, welche das brutale Vorgehen der Polizei einer nationalen Öffentlichkeit vor Augen führten. Während des *Marches on Washington* 1963 hielt er seine berühmte Rede „I have a Dream". Für sein Eintreten für gewaltfreien Protest gegen die Rassendiskriminierung in den USA bekam er 1964 den Friedensnobelpreis. King hatte Soziologie am Morehouse College in Atlanta und Theologie am Crozer Theological Seminar in Chester, Pennsylvania studiert. 1955 promovierte er in Systematischer Theologie an der Boston University. Seit 1954 war er Pastor in Montgomery, Alabama, seit 1960 an der Ebenezer Baptist Church in Atlanta, wo auch schon sein Vater als Pastor gewirkt hatte. Seine persönlichen Papiere befinden sich teilweise in der Sammlung der AUC Atlanta, Woodruff Library sowie im King Center in Atlanta. Der Nachlass des SCLC dagegen befindet sich in der Emory University, Atlanta, MARBL. Aus der Vielzahl der Literatur zu King vgl. Kirk, John A. (Hg.): Martin Luther King Jr. and the Civil Rights Movement. Controversies and Debates, New York 2007. Hodgson, Godfrey: Martin Luther King, London 2009. Waldschmidt-Nelson, Britta: Dreams and Nightmares. Martin Luther King, Jr., Malcolm X and the Struggle for Black Equality in America. Gainesville, FL 2012.
**142** Martin Luther King: Address at Abbott House, Westchester County, New York, 29.10.1965. Abgedruckt bei Rainwater/Yancey: Moynihan Report, S. 402–409, dort S. 408. Vgl. auch die ähnlich lautende Rede an der University of Chicago, 27.1.1966. LOC Daniel Patrick Moynihan Papers, Series I, Box 464, Folder 5.
**143** Statement to the Press by Dr. Martin Luther King Jr., 20.8.1965, Los Angeles, California. Emory University, Atlanta, MARBL, MS 1083, Box 11, Folder 26.

> The kind of house a man lives in, along with the quality of his employment, determines, to a large degree, the quality of his family life. I have known too many people in my own parish in Atlanta who, because they were living in overcrowded conditions apartments [sic], were constantly bickering with other members of their families — a situation that produced many severe dysfunctions in family relations. And yet I have seen these same families achieve harmony when they were able to afford a house allowing for a little personal privacy and freedom of movement.[144]

Mit diesem Argument reihte sich King ein in die gesamtgesellschaftliche Diskussion um Männlichkeit, welche Hausbesitz als ein wesentliches Kriterium der Unabhängigkeit des US-amerikanischen Mannes und Vaters betrachtete. Schließlich kritisierte der Präsident des SCLC die Wohlfahrtsgesetzgebung der Einzelstaaten, welche oftmals das Auseinanderbrechen armer Familien begünstigten:

> The concern of white Americans for the problems of the Negro family would be somewhat more compelling if the welfare laws in many state did not promote separation and divorce by denying children aid so long as there is a male in the house.[145]

Auch eine weitere Schlüsselorganisation der Bürgerrechtsbewegung, die *National Urban League* unter Whitney M. Young, folgte Moynihan insofern, als dass sie die Stabilisierung der African American Family zum Gegenstand ihres Engagements machte. So berichtete die primär an afroamerikanische Leser aus der „working class" gewandte Zeitschrift *Jet* kurz nach Publikwerden des Reports und der Ereignisse von Watts unter der Überschrift „Urban League Places Premium On Stabilizing Negro Family":

> The League's dominant interest centered on devising practical techniques to strengthen the weakening Negro family unit, with special emphasis on ways to mend and save the "spiritually castrated" Negro male family head.[146]

In den Stellungnahmen führender Vertreter der Bürgerrechtsbewegung zum Moynihan-Report spiegelt sich zum einen der Versuch, als unberechtigt empfundene

---

[144] Martin Luther King: A Testament of Hope [undated, 1968]. Emory University, Atlanta, MARBL, MSS 1083, Box 11, Folder 25. Für eine spätere Edition vgl. King, Martin Luther: A Testament of Hope. The Essential Writings and Speeches of Martin Luther King, Jr., edited by James Melvin Washington, New York 1986.
[145] Erster Entwurf einer Erklärung des SCLC-Präsidenten an den amerikanischen Präsidenten, den Congress und den Supreme Court, 6.2.1968, Emory University, Atlanta, MARBL, MS 1083, Box 574, Folder 3.
[146] National Report: LBJ calls Negro Leaders to White House, Jet, 19.8.1965. S. 3–10, dort S. 8.

Kritik an den Werten der afroamerikanischen Familie abzuwehren. Zum anderen zeigt sich aber auch deutlich das Bemühen der Bürgerrechtler, die Bedeutung des Ernährer-Vaters für das Wohlergehen der Familie hervorzuheben (und eine Stärkung der Position des afroamerikanischen Vaters durch sozialpolitische Maßnahmen anzumahnen). Damit ordneten sich King, Young und andere bewusst in den gesamtgesellschaftlichen Diskurs, der Männlichkeit an ökonomische Leistungsfähigkeit koppelte, ein.

### Die White House Conference „To Fulfill These Rights" im Juni 1966

Als vom 1. bis zum 2. Juni 1966 endlich die White House Conference „To Fulfill These Rights" in Washington D. C. stattfand, war die afroamerikanische Familie dort offiziell kein Thema.[147] Die rund 2.500 Delegierten diskutierten in zwölf verschiedenen Foren die vier zentralen Themen der Konferenz: „Economic Security and Welfare, Education, Housing, Administration of Justice". Bereits die Planungssitzung am 17. und 18. November 1965, auf dem rund 200 Wissenschaftler, Sozialexperten und Bürgerrechtler mögliche Themen für die White House Conference diskutierten, hatte zur Folge gehabt, dass die Familie als ungeeignetes Thema von der Agenda gestrichen worden war.[148] Im Vorfeld dieser Planning Session und auch während der Diskussionen dort hatte es intensive Konfrontationen um die Frage gegeben, inwiefern die „Negro Family" einen geeigneten Gegenstand der Konferenz darstellen könnte. Insbesondere der Text des New Yorker Kirchenvertreters Daniel Payton und die Kritik des Psychologen William Ryan am Moynihan-Report erhitzen die Gemüter in der „Family"-Section des Vorbereitungstreffens vom November 1965, die von Hylan G. Lewis, Soziologieprofessor an der Howard University, geleitet wurde.[149] Konfrontiert mit seinen

---

147 Zur Konferenz vgl. vor allem Yuill, Kevin L.: The 1966 White House Conference on Civil Rights, in: The Historical Journal 41 (1998), Nr. 1, S. 259–282. Estes, I Am a Man!, S. 120–123. Patterson, Freedom, S. 65–89. Die Transkripts der einzelnen Panels werden in der Johnson Presidential Library, Austin, Texas, verwahrt.
148 Für die SCLC nahmen Program Director Randolph T. Blackwell und der Direktor des Washington Office der SCLC, Reverend Walter Fauntroy, an der Planning Session teil. Emory University, Atlanta, MARBL, MSS 1083, Box 541, Folder 15.
149 Ryan, William: Savage Discovery. The Moynihan Report, in: The Nation, 22.11.1965. Vgl. die Langversion des Textes: Ryan, William: The New Genteel Racism, in: Crisis, Nr. 12 (1965), S. 622–644. Payton, Benjamin F.: The President, the Social Experts, and the Ghetto. An Analysis of an Emerging Strategy in Civil Rights, 14.10.1965 (unpublished). Payton, Benjamin F.: New Trends in Civil Rights, in: Crisis, Nr. 12 (1965). Payton, damals Direktor des Office of Religion and Race of the Protestant Council of New York, forderte vehement den Ausschluss des Themas der „Negro family

Kritikern erklärte Moynihan, es sei ihm in seinem Bericht sehr wohl um die Verbesserung der sozioökonomischen Existenzbedingungen der Minderheit gegangen, insbesondere um „jobs" und „decent housing", denn

> we can measure our success and failure as a society, not in terms of the gross national product, not in terms of income level, and not in the prettiness or attractiveness or peacefulness of our people, but in the health, and the living, loving reality of our families.[150]

Ebensowenig wie Moynihan seine Kritiker beschwichtigen konnte, war es den Teilnehmern möglich, sich auf ein einheitliches Vorgehen zur Stärkung der sozioökonomischen Basis der afroamerikanischen Familie zu verständigen, darüber konnte auch der beschönigende Abschlussbericht nicht hinwegtäuschen.

> The President has correctly accurately described the problems confronting Negro Americans as "a seamless web." The strands of this web reach into every arena of American life, and none of these interrelated aspects of the problems is without its urgent and anguishing features. Yet no single conference could productively trace the thread of Negro disadvantage through the whole fabric of society. In order to achieve a common focus on specific action efforts, it was necessary to select a manageable number of areas of concentration.[151]

Wie ein Beobachter in der *Washington Post* bemerkte, war es keine Bürgerrechtskonferenz im engeren Sinne mehr, sondern eine Diskussion um Sozialreformen, die dazu dienen sollten, der afroamerikanischen Minderheit eine volle gesellschaftliche Teilhabe zu ermöglichen: „This conference talked mainly about social reform. Legal discrimination no longer is the leading issue, the conference talked about economic and social discrimination."[152] Diese Themenverschiebung deckte sich im Prinzip mit der Zielsetzung der gemäßigten Bürgerrechtsbewegung um die SCLC und die schwarze Gewerkschaftsbewegung, deren Hoffnungen auf

---

stability" von der Agenda der White House Conference und konnte sich damit auch auf der Planning Session vom November 1965 durchsetzen. Hierzu vgl. die Diskussion bei Rainwater / Yankey, Moynihan Report, S. 220–270.

**150** Moynihan auf der Planning Session der White House Conference on Civil Rights, Washington D. C., 18.11.1966, zitiert nach Rainwater / Yankey, Moynihan Report, S. 253. Zur Planning Session vor der Konferen vgl. auch Daniel P. Moynihan Papers, Library of Congress, Manuscript Division (LOC), Box 431, Folder 9.

**151** Statement by the Council to the Conference, Emory University, Atlanta, MARBL, MSS 1083, Box 172, Folder 16. Vgl. auch den Abschlussbericht des Session Chairman Hylan G. Lewis: The Family – Resources for Change. Daniel P. Moynihan Papers, Library of Congress, Manuscript Division (LOC), Box 431, Folder 5.

**152** Civil Rights and Beyond, WP, 3.6.1966, S. A24.

bindende Beschlüsse jedoch enttäuscht wurden. Schon vor Konferenzbeginn hatte Bayard Rustin – der Leiter des *A. Philip Randolph Institute* des AFL-CIO und einer der Strategen der Bürgerrechtsbewegung – gewarnt, die Konferenz sei eine „total and abysmal failure", wenn sie nicht Empfehlungen für weitreichende ökonomische Reformen wie die Einführung eines „guaranteed annual income" und kostenfreier Schulbildung ausspreche. Die *Washington Post* zitierte ihn mit einem Bekenntnis zu umfassendem „social engineering": „The Nation must make a point of better social planning to avoid such mistakes as sending people into the Job Corps but providing no jobs".[153]

In der Presse wurde die Konferenz prinzipiell als Erfolg für die Regierung gewertet, wenngleich die Journalisten genau wie die Vertreter der Bürgerrechtsbewegung den unverbindlichen Charakter eines reinen Gedankenaustauschs ohne bindende Beschlüsse bemängelten.[154] Zugleich zeigte sich jedoch auch deutlich, dass sich die Bürgerrechtspolitik der Johnson-Regierung bereits in einer schweren Krise befand und sich das Auseinanderbrechen der liberalen „civil rights coalition" bereits abzuzeichnen begann.[155] Auf der Konferenz selbst war neben den zahlreichen Stimmen der geladenen Sozialexperten am ehesten die moderate, regierungsnahe Fraktion der Bürgerrechtsbewegung vernehmbar. Die radikaleren Vertreter der Bürgerrechtsbewegung waren der Konferenz ohnehin fern geblieben wie der SNCC oder konnten sich mit ihrer Kritik an der Regierung nicht durchsetzen. So fiel beispielsweise die Anti-Vietnam-Resolution, eingebracht von Floyd McKissick, dem Vorsitzenden des CORE, in den Panels durch. Martin Luther King gehörte nicht zu den eingeladenen Abschlussrednern, was dazu führte, dass er am zweiten Konferenztag nicht mehr aktiv teilnahm, sondern sich in sein Hotelzimmer zurückzog.[156] Kings offensichtliche Zurücksetzung erklärten Beobachter mit seiner kritischen Haltung zum Vietnamkrieg und dem

---

153 Robert E. Baker: White House Conference is Urged to Meet Basic Problems, WP, 18.5.1966, S. A8.
154 Robert E. Baker: Sensitive Situation. Johnson Puts His Stamp on Meeting, WP, 3.6.1966, S. A1. John Herbers: Rights Conference Averts Showdown on War Policy, NYT, 3.6.1966, S. 1, 21. Rowland Evans / Robert Novak: Inside Report: „Better Than Nothing", WP, 7.6.1966, S. A19.
155 Yuill, White House Conference, führt das überzeugend aus.
156 So zumindest die Presseberichterstattung. Die Akten der SCLC enthalten zwar Unterlagen zur Konferenz, aber keinerlei persönlichen Kommentare oder Erklärungen Kings. Herbers, John: Rights Conference Averts Showdown on War Policy, NYT, 3.6.1966, S. 1, 21. Evans, Rowland / Novak, Robert: Inside Report: „Better Than Nothing", WP, 7.6.1966, S. A19. Emory University, Atlanta, MARBL, MSS 1083, Box 541, Folder 15.

Bestreben der Organisatoren, die Ergebnisse der Konferenz nicht durch eine deutliche Antikriegsresolution zu diskreditieren.[157]

Es gab jedoch auch vereinzelte Pressestimmen, welche die Defizite der Konferenz aus einem anderen Blickwinkel aufzählten. So bemängelte Arthur Krock in der *New York Times*, die Konferenz habe versäumt, der Gewalttoleranz der Bürgerrechtsbewegung ebenso entgegenzutreten wie der Verengung des Begriffs „Bürgerrechte" auf die Interessen der African Americans und auf die Abhängigkeit von Regierungsprogrammen. Zudem störte ihn die Tatsache, dass „the breakdown of Negro family life, as Daniel P. Moynihan pointed out" eben nicht als „basic source of juvenile delinquency" – wie sie sich derzeit in Washington D. C. in vermehrten Kapitalverbrechen und Vandalismus äußere – problematisiert wurde.[158]

Insgesamt entsteht der Eindruck, dass die Konferenz gewissermaßen den kleinsten gemeinsamen Nenner der Diskussion um die Situation der afroamerikanischen Bevölkerungsminderheit darstellte. Festlegungen auf konkrete ökonomische oder politische Ziele wurden von allen Beteiligten jedoch bewusst vermieden und die Familie sowie ihre Werte in den Hintergrund gerückt.

**Wirkungen des Reports**

Die Debatte um den Zustand und die Werte der African American Family sowie deren Folgen für die US-amerikanische Nation, welche sich zwischen der Veröffentlichung des Moynihan-Reports im Sommer 1965 und der *White House Conference* ein Jahr später entspann, illustriert nicht nur, was passiert, wenn sozialwissenschaftliches Gedankengut aus dem Zusammenhang gerissen und politisch einseitig instrumentalisiert wird. Vor allem zeigt die Kontroverse, dass sich Mitte der sechziger Jahre in der Konzeption des amerikanischen Familienideals und der Vorstellung von afroamerikanischen Familien etwas änderte.

Zunächst belegen Moynihans Text, die Rede Präsident Johnsons und die Reaktionen darauf anschaulich, dass Mitte der 1960er Jahre die African Americans als Teil der Gesellschaft gesehen wurden. Nur wenige Jahrzehnte zuvor wäre kein Sozialwissenschaftler oder Politiker auf die Idee gekommen, schwarzen

---

157 Yuill, White House Conference, S. 278. Zu Kings im Zuge seines Engagements für die *Poor People's Campaign* wachsender Kritik am Vietnamkrieg vgl. Robbins, Mary Susannah: Against the Vietnam War: Writings by Activists, New York 2007. Kings programmatische Rede vom 4. April 1967 „Beyond Vietnam – A Time to Break Silence" ist online zugänglich unter <www.americanrhetoric.com/speeches/mlkatimetobreaksilence.htm>.
158 Arthur Krock: In the Nation. Missing the Target, NYT, 5.6.1966.

Familien dieselbe Familienstruktur, dieselben Werte nahe zu legen wie der weißen Mittelschicht – abgesehen davon, dass schon die Anerkennung als „Familien" an sich problematisch gewesen wäre. Auch kann man erst ab den 1960er Jahren von einer genuin auf die Strukturen, Werte und Probleme der schwarzen Familien eingehenden Soziologie sprechen, die sich nicht in Assimilationsforderungen erschöpfte.[159]

Des Weiteren sorgte die Debatte dafür, dass eine unreflektierte Übertragung des Familienideals der weißen Mittelschicht auf die Bedingungen des Familienlebens in den Ghettos der Großstädte nach 1965 nicht mehr so einfach möglich war. Dank der Kontroverse weitete sich der Blick der Sozialwissenschaftler und Politiker für Ghetto-Strategien und ethnische Diversität in den Familienmustern und Familienwerten. Erweiterte Verwandtschaftsbeziehungen („kinship networks") traten ebenso in den Blick wie Gemeindestrukturen und die Bedeutung flexiblerer Geschlechterrollenverhältnisse (hohe Eigenverantwortung der Frau, informelle Unterstützung der Kinder durch Väter). Auch brach sich die Einsicht Bahn, dass die problematischen Lebensverhältnisse und fragilen Familienstrukturen viel – wie in den Zitaten von Rustin und Gartner angedeutet – mit dem sozioökonomischen Status zu tun hatten. Folglich wurde die Rede von „der" afroamerikanischen Familie abgelöst durch fällige Differenzierungen.

Doch die Forderung, die African American Family in ihren individuellen Lebensbedingungen zu betrachten und nicht pauschal abzuqualifizieren, hatte in den 1960er Jahren kaum Auswirkungen auf die konkrete Politik. Im Gegenteil, nach der Johnson-Era wurden Programme zur Förderung der wirtschaftlichen und sozialen Chancengleichheit stark gekürzt oder aufgegeben. Langfristige Effekte der Debatte waren ein immenser Anstieg der Forschungsliteratur zum Thema „black families" (diese wurde gewissermaßen als Folge der Kontroverse erst als Forschungsgegenstand entdeckt)[160], aber auch die Integration der vermeintlichen „black family pathologies" in die Diskussion um Sozialhilfegesetzgebung und den Abbau des Sozialstaates.[161]

In den Rassenunruhen der Jahre 1965 bis 1968 stieg jedoch vor allem Daniel P. Moynihan zum gefragten Experten auf, der dem weißen Amerika die Bedeutung der Konflikte erklärte. So ließ ihn der Bürgermeister von Detroit nach den

---

159 Billingsley, Andrew: Black Families in White America, London 1968, S. 198–207.
160 Vgl. Finzsch, Norbert: Gouvernementalität, der Moynihan-Report und die Welfare Queen im Cadillac, in: Martschukat, Jürgen (Hg.): Geschichte schreiben mit Foucault, Frankfurt a. M. 2002, S. 257–282.
161 Hierzu vgl. die Ausführungen weiter unten.

schweren Ausschreitungen vom Sommer 1967 als Berater einfliegen.[162] Moynihan selbst meinte dazu: „People are now saying that I was right and that my report on the disintegration of the Negro family predicted the riots, [...]. For the moment, I'm a good guy." In einem Artikel für die Zeitschrift *Commentary* im Jahr 1967 stellte er klar, dass seiner Ansicht nach – durch die Zögerlichkeit der weißen Liberalen und die Militanz der Bürgerrechtsbewegung 1965 – ein historischer Moment verschenkt wurde, die entscheidenden Schritte in Richtung einer wirtschaftlichen Gleichberechtigung der African Americans zu tun. Auch sei die Initiative der Präsidentenrede an der Weigerung der Amerikaner gescheitert, staatliche Rahmensetzungen für eine Familienpolitik zugunsten afroamerikanischer Familien zu akzeptieren: „Family is not a subject Americans tend to consider appropriate as an area of public policy. Family affairs are private."[163] Zugleich müsste auch die afroamerikanische Gemeinschaft einen eigenen Beitrag leisten, sich entweder anpassen oder selbst für ihre Problemfamilien sorgen:

> The country is not fair to Negroes and will exploit any weaknesses they display. Hence they simply cannot afford the luxury of having a large lower class that is at once deviant and dependent. If they do not wish to bring it into line with the working class (not the middle class) world around them, they must devise ways to support it from within.[164]

Hieraus spricht die für Moynihans gesamtes politisches Denken typische Ambivalenz: Er setzte sich für die African Americans ein, auch gegen erhebliche Widerstände, übte zugleich jedoch auch heftige Kritik und neigte zur gezielten öffentlichkeitswirksamen Provokation, so dass er sich einfachen Zuschreibungen stets entzog.

Diese Ambivalenz spricht auch aus seiner eigenen Wahrnehmung seiner Rolle beim Zustandekommen des Reports und der Howard University Speech Johnsons. Während er die Rede in gewohnt unbescheidener Weise als die „only decent civil rights speech" des Präsidenten bezeichnete und auf seine Autorenschaft verwies, betonte er zugleich den politischen Schaden, den die Lancierung des vertrauli-

---

[162] Powledge, Fred: A Troubled Nation Turns to Pat Moynihan. Idea Broker in the Race Crisis, Life, 3.11.1967, S. 72–82. Hoyt William Fuller collection, Box 44, Folder 23.
[163] Daniel P. Moynihan: The President & The Negro. The Moment Lost. A Commentary Report, February 1967. AUC, Woodruff Library, Hoyt William Fuller collection, Box 44, Folder 23. Online unter <https://www.commentarymagazine.com/article/the-president-the-negro-the-moment-lost/>.
[164] Daniel P. Moynihan: The President & The Negro: The Moment Lost. A Commentary Report, February 1967. AUC, Woodruff Library, Hoyt William Fuller collection, Box 44, Folder 23.

chen Reports an die Presse ausgelöst habe und lehnte jede Verantwortung dafür ab:

> It is not only a great event in your life, but one in mine as well. I left for the United Nations conference in Yugoslavia just an hour before you were scheduled to speak, and only when I got to Rome (where the event was front-page news) did I learn that you had indeed used the text we had prepared the night before. I was away three weeks and returned to a rather different Washington. Somehow word had got to the press that I had helped draft the speech. As best I can reconstruct, the leak came from the White House and was meant to be a friendly act. But you were distressed, as you had every right to be.[165]

Diese typische Inkonsistenz Moynihans offenbarte sich wenige Jahre später erneut, als ein weiterer vertraulicher Expertenbericht aus seiner Feder kalkuliert an die Öffentlichkeit geriet: In einem Memo für Präsident Richard Nixon, dem er zwischenzeitlich als wissenschaftlicher Berater diente, hatte Moynihan am Jahresende 1969 angesichts der Konfrontationen mit einer immer militanteren schwarzen Bürgerrechtsbewegung und mit Blick auf die *Race Riots* einerseits argumentiert, das „antisocial behavior among young black males" schade der Minderheit ebenso wie die Vielzahl der in Armut lebenden „female-headed families". Andererseits hätten Afroamerikaner aber auch überproportional unter Arbeitslosigkeit, schlechter Bildung und einem kaputten Sozialsystem zu leiden. Das Memo gipfelte in der Forderung nach einer neuen Regierungsstudie zur Lage der African Americans, verbunden mit einem Ratschlag, der Moynihan erneut den Vorwurf des „covert racism" eintrug: „The time may have come when the issue of race could benefit from a period of benign neglect."[166]

Moynihans beharrliche Ambivalenz zeigt sich auch in der längerfristigen Diskussion seines Textes. So nahm Moynihan zwei Dekaden später in einer Vorlesungsreihe an der Harvard University erneut Stellung zu den Intentionen des Reports und bedauerte die seinerzeit vertane Chance zur nachhaltigen Verbesserung der ökonomischen Situation afroamerikanischer Familien durch eine mutige Politik. Zugleich bekräftigte er seine Forderung nach einer offensiven nationalen Familienpolitik zur Bekämpfung von Armut, soziostrukturellen Pro-

---

[165] Moynihan an Lyndon B. Johnson, 8.3.1972. Vgl. auch das Memorandum von Moynihan an Lyndon B. Johnson, 14.2.1972. Daniel P. Moynihan Papers, LOC, Box 176, Folder 3.
[166] US News & World Report, 16.3.1970. AUC, Woodruff Library, Johnson Compagny Clipping Files, Folder: Daniel P. Moynihan.

blemen und Abhängigkeit von Wohlfahrtsleistungen, stellte für ihn doch einzig die intakte Familie den Garanten einer intakten Gesellschaft dar.[167]

Doch auch die moderate Bürgerrechtsbewegung maß intakten Familien und Familienwerten eine große Bedeutung bei, dies illustriert nicht zuletzt die *Poor People's Campaign* der SCLC im Frühsommer 1968.[168] Im Dezember 1967 hatte King einen großangelegten, gewaltlosen Protest der Bewohner der Ghettos des Landes in Washington D. C. angekündigt, um so auf die mangelnde ökonomische und soziale Gleichberechtigung aufmerksam zu machen. Kernforderungen waren eine ausreichende Anzahl von Jobs, ein garantiertes Einkommen für die Ärmsten, eine Sozialversicherung und bezahlbarer, moderner Wohnraum. Die Proteste begannen im Frühjahr 1968, King führte die Kampagne bis zu seiner Ermordung im April 1968, und sein Nachfolger als Präsident des SCLC, Ralph D. Abernathy, setzte sie bis Juni 1968 fort.

Kernstück der Kampagne war eine Zeltstadt auf der *National Mall* in Washington, die sogenannte *Resurrection City*, in der zwischen Mai und Juni über 2.000 Menschen lebten.[169] Ordnungsprinzip der Zeltstadt, in der wildfremde Menschen miteinander in Großraumzelten lebten, wie auch Referenzrahmen der gesamten Kampagne war die intakte Familie unter einem idealerweise männlichen Familienoberhaupt.[170] Dies geht aus den Regeln zum Leben in *Resurrection City* ebenso hervor wie aus Berichten von Zeitzeugen. So hatte die Belegschaft jedes Zeltes einen „head of household" zu wählen, der/die für Ordnung und Sauberkeit des Zeltes, für die Weitergabe von Informationen und die Meldung von Problemen zuständig war. Die Zeltgemeinschaft galt als „family", die einzelnen Zeltbewohner als „individuals in the family".[171] Ein Einwohner von *Resurrection*

---

**167** Moynihan, Family and Nation. Darin Kapitel 1: The Moment Lost, S. 1–60, insbes. S. 25–35. Vgl. auch Mark Starr: Moynihan: I Told You So, *Newsweek*, 22.4.1985, S. 30. Starr zitiert Moynihan mit den Worten: „What would I prescribe? Nothing different now from then."
**168** Zur *Poor People's Campaign* vgl. McKnight, Gerald: The Last Crusade: Martin Luther King, Jr., the FBI, and the Poor People's Campaign, Boulder, CO 1998. Honey, Michael K.: Going Down Jericho Road: The Memphis Strike, Martin Luther King's Last Campaign, New York 2007. Risen, Clay: A Nation on Fire. America in the Wake of the King Assassination, Hoboken 2009. Mantler, Gordon K.: Power to the Poor. Black-Brown Coalition and the Fight for Economic Justice, 1960–1974, Chapel Hill 2013.
**169** Zur Poor People's Campaign vgl. Emory University, MARBL, MSS 1083, Boxes 571 bis 575.
**170** Bereits die Planungen der Kampagne setzten auf eine Stärkung der Familie und begründeten unter anderem ihre Forderung nach einem „guaranteed income" mit den positiven Auswirkungen auf die betroffenen Familien und insbesondere die Kinder. Proposal of a Declaration of the Poor People's Campaign, 28.4.1968. Emory University, MARBL, MSS 1083, Box 571, Folder 8.
**171** Community Representation of Resurrection City, Draft, 1968. Emory University, MARBL, MSS 1083, Box 571, Folder 15.

4.5 Die Wahrnehmung des Moynihan-Reports in der African American Community — 277

**Abb. 4.6:** Resurrection City, Poor People's Campaign, Washington D. C.

*City* beschrieb diese als „an oasis in most of our lives" – im Gegensatz zu seinen bisherigen Lebenserfahrungen: „Living in Resurrection City is like living in one big happy family who believes in taking care of each other. And we're not going to leave until our homes around America are this way."[172] So wurde die Zeltstadt zur fiktiven Familie stilisiert, zur Utopie einer gestärkten armen (afroamerikanischen) Familie in den USA. Diese Familie wurde moderat hierarchisch konzipiert (unter einem gewählten Oberhaupt), mehr Groß- denn Kernfamilie, mehr „Wahlverwandtschaft" denn biologische Familie, ausgerichtet auf Solidarität und wechselseitige Unterstützung der Familienmitglieder. Die Art und Weise jedoch, wie die funktionierende Zeltfamilie als essentiell für den Gesamterfolg von *Resurrection City* beschrieben wurde, erinnert an die Gleichsetzung von Familie und Nation, welche die Diskussion um Familie in den USA während des gesamten 20. Jahrhunderts prägte.

---

172 Gordon White: The Cry of Resurrection City Residents, 1968. Emory University, MARBL, MSS 1083, Box 571, Folder 20.

## 4.6 Die Konzepte zur Verbesserung der African American Family als Schlüsselbeispiel für die „Verwissenschaftlichung des Sozialen" Mitte der 1960er Jahre

Die Konzepte zur Reformierung der African American Family, welche Kenneth B. Clark, Nathan Glazer und insbesondere Daniel P. Moynihan in den 1960er Jahren formulierten, müssen im Kontext der von Lutz Raphael und anderen für die westlichen Gesellschaften beschriebenen „Verwissenschaftlichung des Sozialen" verstanden werden.[173] Die Vorstellung, dass Gesellschaft rational plan- und verbesserbar sei, hatte ihren Höhepunkt in den 1960er Jahren, also genau zu dem Zeitpunkt als der Moynihan-Report erschien. In einer Aktualisierung und Internationalisierung seiner 1996 erstmals publizierten Überlegungen definierte Lutz Raphael „scientization of the social" kürzlich als „a larger process that has transformed an esoteric, academic knowledge about man in society into public categories, professional routines, and behavioral patterns". In diesem Prozess spielten Sozialexperten, zumeist „academically trained professionals", eine Schlüsselrolle. Sie verknüpften die Argumente der Sozialwissenschaften (wörtlich spricht Raphael von den „Human Sciences" als „Wissenschaften vom Menschen") mit der Praxis und setzen sie in die Tat um.[174]

Wie dieser Transfer funktionierte, lässt sich paradigmatisch an der Argumentation des Moynihan-Reports demonstrieren – wobei es sehr interessant ist, dass diese Kontextualisierung in der bisherigen, sehr umfangreichen Forschungsliteratur zum Report noch nicht vorgenommen wurde.[175] Bislang hat lediglich Norbert Finzsch in einem sehr bedenkenswerten Aufsatz dafür plädiert, den Umgang mit den African American Families und in Sonderheit die negative Stereotypisierung der African American single mothers als „welfare queens" unter

---

[173] Raphael, Lutz: Die Verwissenschaftlichung des Sozialen als methodische und konzeptionelle Herausforderung für eine Sozialgeschichte des 20. Jahrhunderts, in: Geschichte und Gesellschaft 22 (1996), S. 165–193. Ders.: Embedding the Human and Social Sciences in Western Societies, 1880–1980. Reflections on Trends and Methods of Current Research, in: Brueckweh, Kerstin (Hg.): Engineering Society. The Role of the Human and Social Sciences in Modern Societies, 1880–1980, New York 2012, S. 41–56. Vgl. auch Etzemüller, Thomas (Hg.): Die Ordnungen der Moderne. Social Engineering im 20. Jahrhundert, Bielefeld 2009. Ders., Romantik der Rationalität. Zu den USA Welskopp, Thomas / Lesoff, Alan: Fractured Modernity. America Confronts Modern Times, 1890s to 1940s, München 2013.
[174] Raphael, Embedding the Human Sciences, S. 41, 45.
[175] Patterson, Freedom. Estes, I am a Man!. Massey / Sampson: Moynihan Report Revisited. Lawson, Civil Rights Crossroads, S. 31–55.

der Reagan Regierung als Beispiel für Gouvernementalität nach Foucault zu lesen.[176] Das ist zweifellos erhellend und zutreffend. Jedoch ging es im Falle des Moynihan-Reports weniger darum, via Gouvernementalität ein bestimmtes Verhalten bei den Betroffenen auszulösen – also hier die Übernahme der Familienwerte der weißen Mittelschicht. Vielmehr verhandelten zunächst die beteiligten Sozialexperten, Regierungsberater und Bürgerrechtler, wo die Möglichkeiten und Grenzen des von Expertenwissen geleiteten staatlichen Eingriffs in Familienstrukturen, Werte und sozioökonomische Existenzbedingungen der Minderheit überhaupt lagen. Damit erscheint der Begriff des „social engineering" oder auch, breiter gefasst, der „Verwissenschaftlichung des Sozialen" hier treffender, was die US-amerikanische Geschichtsforschung bislang allerdings nicht so gesehen hat.

Die Bedeutung des „social engineering" für Moynihan, der dies als wissenschaftsgeleitete Intervention in die Lebensbedingungen der afroamerikanischen Familie verstand, wird exemplarisch deutlich aus einem Text des Soziologen Nathan Glazer, der sich wiederum auf eine Idee Moynihans bezog. In seinem 1966 für die Neuauflage von E. Franklin Fraziers „The Negro Family in the United States" verfassten Vorwort schrieb Glazer, dass die Möglichkeiten des „social engineering" zwar weithin bekannt seien, es aber gerade bei der Familie Grenzen staatlicher Intervention geben sollte. Daraufhin referiert er einen Vorschlag Moynihans, der angeregt hatte, durch die Einführung einer zweiten täglichen Postzustellung 50.000 neue Jobs für afroamerikanische Männer zu schaffen, die dann ihre Familie ernähren und so als Stützen der Gemeinschaft wirken sollten:

> I think E. Franklin Frazier would have liked this form of social engineering, which left the structure of the Negro family to each family, but which set conditions that we know produce the opportunity for stability, better education and higher income.[177]

Eine solche Maßnahme hätte zwar nicht direkt in die Struktur der betroffenen Familien eingegriffen, aber über das transportierte Ideal des „male breadwinner" als Grundlage der Familie und der Gesellschaft die bestehende normative Ordnung (der weißen Mittelschicht) zementiert. Angesichts der fortgesetzten sozialen und ökonomischen Diskriminierung und Depravierung der African Americans stellte ein Ausbau der Staatsprogramme mit dem Ziel der Stärkung der afroamerikanischen Kernfamilie folglich in den Augen Moynihans und seiner Vorläufer keinen ungerechtfertigten Übergriff auf die Rechte und Familienstrukturen einer Minderheit dar, sondern erschien als einzig denkbarer Weg, deren Lebens-

---

176 Finzsch, Gouvernementalität, S. 257–282.
177 Nathan Glazer, Foreword, in: Frazier, The Negro 1966 (Erstausgabe New York 1951), S. XVI-XVII, abgedruckt bei Rainwater/Yancey: Moynihan Report, S. 312–313.

bedingungen wirksam zu verbessern. Den politischen und normativen Hintergrund bildete die Bürgerrechtspolitik der Johnson-Regierung und die Bestrebungen des Präsidenten im Jahr 1965, der rechtlichen Gleichberechtigung auch eine bessere ökonomische Teilhabe (*War on Poverty*-Programm) folgen zu lassen.[178] Problematisch an Moynihans Traktat und dessen Rezeption war nur, dass hier Familienstruktur und Familienwerte, ökonomisch-soziale Rahmenbedingungen (Lebensbedingungen in den Ghettos, fortgesetzte Diskriminierung bei Bildung, Wohnung, gesellschaftlicher Teilhabe) und individuelle Dispositionen gleichgesetzt wurden, was zahlreichen Missverständnissen und Fehlinterpretationen Vorschub leistete.

Moynihan beließ es – ganz in der von Raphael analysierten Weise des Sozialexperten, der sich gleichermaßen als Wissenschaftler und Praktiker verstand und auf die praktische Umsetzung seiner Diagnosen hinarbeitete – nicht bei einer Beschreibung der Schwierigkeiten der African American Families, sondern versuchte sich über den Report hinaus an der Generierung von Lösungsansätzen und Programmen für eine neue Politik. Nach seiner Zeit als stellvertretender Arbeitsminister leitete er das *Joint Center for Urban Studies der Universität Harvard* und des *Massachusetts Institute of Technology (MIT)* von dessen Gründung 1965 bis zu seinem Wechsel in die Nixon-Regierung 1969. Das Center verstand sich explizit als sozialwissenschaftlicher Think Tank, als Bindeglied zwischen Wissenschaft und Politik. Ausgestattet mit Geld der *Ford Foundation* arbeiteten Wissenschaftler und Praktiker verschiedenster Disziplinen an interdisziplinären Lösungsansätzen für die Probleme moderner Großstädte – ein Musterbeispiel für die „Verwissenschaftlichung des Sozialen". So veranstaltete Moynihan 1967 eine interdisziplinäre Konferenz über „Social Statistics and the City", die dazu dienen sollte, im Vorfeld der Volkszählung von 1970 das „improvement of social statistics concerning the Negro and other deprived ethnic groups" voranzutreiben. Hintergrund war die von ihm beobachtete „underenumeration of young Negro males in the young adult group", also die Annahme, dass gerade junge afroamerikanische Männer in den Wählerlisten unterrepräsentiert seien, weil sie oft keinen festen Wohnsitz angeben könnten.[179] Pikant war dieses Argument dadurch, dass sich

---

[178] Zum „War on Poverty" der Johnson-Regierung und den darin enthaltenen Annahmen über die Bedeutung frühkindlicher Bildung sowie den Zusammenhang von sozialer Benachteiligung und psychischer Deformation von Kindern und vgl. Raz, Mical: What's Wrong with the Poor? Psychiatry, Race and the War on Poverty, Chapel Hill 2013.

[179] Vgl. die Briefe Daniel P. Moynihans als Direktor der Joint Center for Urban Studies of the Massachusetts Institute of Technology and Harvard University an den Präsidenten der SCLC, Martin Luther King, vom 27.5.1967 und 6.7.1967, AUC Atlanta, Moorehouse College. Woodruff Library, Martin Luther King Jr. Collection, Subseries 1.1: Correspondence, 1.1.0.33710, Bl. 001–017.

viele junge Männer nicht bei ihren Familien aufhielten, um diesen die Möglichkeit zum Bezug von Leistungen aus dem Wohlfahrtsprogramm *Aid to Families with Dependent Children* (AFDC) zu ermöglichen, was wiederum die Abwesenheit eines (männlichen) Ernährers voraussetzte.[180] Interessant ist, dass Moynihan sich diesmal sehr bemühte, auch die Vertreter der Bürgerrechtsbewegung mit ins Boot zu holen und insbesondere Martin Luther King dazu einlud.[181] Mit Ausnahme von Hylan G. Lewis blieben die hochrangigen Vertreter der Bürgerrechtsbewegung der Konferenz jedoch fern – King selbst notierte handschriftlich „apologetic" auf den Rand seiner Einladung –, deren Ertrag so ambivalent war wie Moynihan selbst.[182] Dem Ziel einer besseren Repräsentanz der African Americans in den Wählerlisten – und damit ihrer Befähigung zur Wahrnehmung ihrer staatsbürgerlichen Rechte – sollte mit einer Ausweitung der „vital statistics" der Minderheitengruppen beigekommen werden, also mit einer Erfassung von sensiblen Daten über Unehelichkeit, Reproduktionsquoten, Scheidungszahlen und ethnischer Zugehörigkeit. Die Resolution der Konferenz, die Moynihan auch King zuleitete, liest sich demgemäß wie eine Anleitung zum „social engineering" (Erfassung der Merkmale einer bestimmten Bevölkerungsgruppe mit Methoden der modernen Datenverarbeitung, Ableitung politischer Vorschläge) in der Sprache der Bürgerrechtsbewegung:

> In a modern society statistical information is not only a primary guide to public and private actions, in itself it profoundly influences patterns of thought and basic assumptions as to the way things are and the way they are likely to be. [...] As it happens, however, where American population statistics are inadequate, they will normally be found to be so in terms of the under-enumeration and under-estimation of minority groups, defined in terms of race, or national origin, and concentrated in specific neighborhoods, usually in densely populated central city areas. They are also, characteristically, defined by poverty. But a larger issue than that simply of efficiency and convenience must enter the consideration of this subject. A constitutional issue enters.[183]

---

**180** Zum Programm AFDC und zur Wohlfahrtspolitik gegenüber der afroamerikanischen Minderheit vgl. Chappell, Marisa: The War on Welfare. Family, Poverty, and Politics in Modern America, Philadelphia 2010.
**181** Entsprechender Schriftwechsel mit der Einladung sowie dem Abschlussbericht zur Konferenz in den Papieren Martin Luther Kings. AUC Atlanta, Moorehouse College, Woodruff Library, Martin Luther King Jr. Collection, Subseries 1.1: Correspondence, 1.1.0.33710, Bl. 001–017.
**182** Vgl. die Zusammenfassung der Ergebnisse der Konferenz, die dort verabschiedeten Beschlüsse und die Teilnehmerliste in Moynihans Nachlass. Daniel P. Moynihan Papers, LOC, Box 154, Folder 1.
**183** AUC Atlanta, Moorehouse College Martin Luther King Jr. Collection, Subseries 1.1: Correspondence, 1.1.0.33710, Bl. 005.

Auch Martin Luther King und der SCLC beriefen sich auf (positiv verstandene) Ansätze des „social engineering", wenn es um die Frage ging, wie die Situation der African American Families zu verbessern sei. So erläuterte King im Mai 1966 auf einer Konferenz über „Social Change and the Role of the Behavioral Scientist" in Atlanta seine Erwartungen an die Sozialwissenschaftler: „We ask you to make society's problems your laboratory. We ask you to translate your data into direction, direction for action." Angesichts des fortgesetzten Kampfes der African Americans für Gleichberechtigung und durch die weiterhin problematischen Zustände in den Ghettos der Großstädte öffneten sich neue Perspektiven für Sozialwissenschaftler, denn „the social scientist can render an invaluable contribution to our social order by being a catalyst, by becoming an activist, by stimulating, uplifting, reconciling, democratic change". Spezifisch die Familie böte ein reichhaltiges Feld sowohl für Forschungen als auch für praktische Verbesserungsvorschläge:

> What about the Negro family, its too often matriarchal character, its strengths, its weaknesses, its extended family, and welfare dependency? What institutional changes can be effected to cope with discrimination in a society leading to the so-called "breakdown" of the Negro family? Have Negro families broken down in actual fact, or are they a major source of support? Where this family support is lacking, how can social scientists assist in overcoming this?[184]

Als Hintergrund dieser sehr positiven Sicht auf Sozialwissenschaftler ist allerdings wichtig, dass King das Jahrhunderturteil des *Supreme Court* im Fall *Brown v. Board of Education*, welches die Segregation im Bildungswesen für nicht verfassungskonform erklärte, zu wesentlichen Teilen den Erkenntnissen der psychologischen Forschungen von Kenneth B. Clark und anderen zuschrieb.[185] Aufschlussreich ist jedoch auch, dass der Kommentator zu Kings Beitrag, Philip Hauser, Soziologieprofessor an der Universität Chicago und Leiter des dortigen *Population Research and Training Center*, die ökonomische und soziale Emaskulation des afroamerikanischen Mannes besonders hervorhob. Diese gelte es durch „social engineering" zu überwinden, womit sich Hauser gewissermaßen auf dem Terrain des klassischen Moynihan-Ansatzes bewegte:

---

**184** King, Martin Luther: The Social Activist and Social Change, Invitational Conference on Social Change and the Role of Behavioral Scientist, Atlanta, 4.-6.5.1966. Emory University, Atlanta, MARBL, MS 1083, Box 801, Folder 27, S. 45–56, insbes. S. 54.
**185** Hierzu vgl. die Argumentation in King, Martin Luther: The Social Activist and Social Change, Invitational Conference on Social Change and the Role of Behavioral Scientist, Atlanta, 4.-6.5.1966, Emory University, Atlanta, MARBL, MS 1083, Box 801, Folder 27, S. 47–48.

## 4.6 Die Konzepte zur Verbesserung der African American Family

> The target is clear enough. We need to adopt a whole series of measures that add up to the program of restoring the social and economic masculinity of the Negro male. Nothing can do more in my judgment to restore the Negro family than to give every Negro male some kind of steady income flow that he earns by the labor force contribution he can make and not as an inadequate dole.[186]

Demgegenüber mahnte der Soziologe Lee Rainwater von der Harvard University, einer der Herausgeber der kommentierten Edition des Moynihan Reports, zur Vorsicht. Nachdem er über einen Zeitraum von zwei Jahren zahlreiche der rund 10.000 Einwohner des überwiegend von Afroamerikanern bewohnten *Pruitt-Igo Housing Project* in St. Louis zu ihren Familienwerten und -formen befragt hatte, kam er zu dem Schluss, dass diese sich überwiegend an der weißen Mittelschicht orientierten:

> It is important to recognize that lower-class Negroes know that their particular family forms are different from those of the rest of the society and that [...] they also think of the more stable family forms of the working class as more desirable. That is, lower-class Negroes know what the "normal American family" is supposed to be like, and they consider a stable, family-centered way of life superior to the conjugal and familial situations in which they often find themselves. Their conceptions of the good American life include the notion of a father-husband who functions as an adequate provider and interested member of the family, a hard-working, home-bound mother who is concerned about her children's welfare and her husband's needs, and children who look up to their parents and perform well in school and other outside places to reflect credit on their families[187]

Da für viele Familien die Erkenntnis, dass ihr Familienleben weit vom dominanten Ideal abweiche, großen Druck bedeute, hätten Sozialexperten ausgesprochen vorsichtig vorzugehen:

> Unless they are careful, social workers and other professionals exacerbate the tendency to use the norms of "American family life" as weapons by supporting these norms in situations where they are in reality unsupportable, thus aggravating the sense of failing and being failed by others which is chronic for lower-class people.

---

[186] Philip Hauser, Response to Dr. King's Remarks, Invitational Conference on Social Change and the Role of Behavioral Scientist, Atlanta, 4.-6.5.1966, Emory University, Atlanta, MARBL, MS 1083, Box 801, Folder 27, S. 57–70, dort S. 66.
[187] Rainwater, Lee: Crucible of Identity, in: The Negro Lower Class Family, in: Clark, Kenneth B. / Parsons, Talcott (Hg.): The Negro American, Boston 1966, S. 160–204, hier S. 170–171, enthalten als Kopie in Emory University, Atlanta, MARBL, MSS 1083, Box 177, Folder 22.

Bezeichnend ist auch, dass Vertreter der Bürgerrechtsbewegung ein zivil gefasstes „social engineering" für eine probate Methode hielten, den sozialen und strukturellen Problemen *der* African American Families in den großstädtischen Ghettos zu begegnen: So betonte der Bürgermeister Atlantas, Andrew Young, als Gastredner bei der ersten landesweiten Versammlung der SCLC, die Bürgerrechtsorganisation verstehe sich als „consultative firm of social engineers":

> SCLC has been gifted with this tremendous power to mobilize and inspire, but we will not use it to attempt to take over the country. Rather, we will be a consultative firm of social engineers which will make its services available to the forces of good will within a community in projects of moral and spiritual urban renewal, redeeming the soul of America and constructing the social foundations of our beloved community.[188]

An diesem Statement zeigt sich, dass die SCLC – buchstäblich im Angesicht von Watts und des Moynihan-Reports – im August 1965 noch keinen offenen Zweifel an der Wirksamkeit und Berechtigung sozialplanerischer Eingriffe hegte. Wie wichtig jedoch die Frage nach der verlorenen (und wiederherzustellenden) Männlichkeit afroamerikanischer Männer in den Diskussionen der 1960er Jahre war, demonstrieren besonders eindrucksvoll sowohl die Schriften von Aktivisten der *Black Power*-Bewegung als auch diejenigen afroamerikanischer Feministinnen.

## 4.7 „Race Genocide"? Weiße Männlichkeitskonzepte und afroamerikanische Männer in den 1960er Jahren

Schon der Moynihan-Report hatte argumentiert, viele afroamerikanische Familien seien von einer matriarchalen Struktur gekennzeichnet. Alleinerziehende Mütter kümmerten sich ohne Unterstützung durch Ehemänner oder Kindsväter um ihre Familien – mit allen Nebeneffekten von verstärkter Abhängigkeit von Wohlfahrtsleistungen bis hin zu Jugendkriminalität und Perspektivlosigkeit männli-

---

**188** Young, Andrew J.: An Experiment in Power, Keynote Adress, National Convention SCLC, Birmingham, Alabama, 11.8.1965. Emory University, Atlanta, MARBL, MSS 1083, Box 177, Folder 1. ANDREW JACKSON YOUNG (geboren 1932) ist ein US-amerikanischer Politiker, Bürgerrechtler und Pastor aus Georgia. Er war Bürgermeister von Atlanta, Kongressabgeordneter für Georgia und Präsident des *National Council of Churches USA*. Young gehörte dem SCLC an und wirkte unter Präsident Carter als Botschafter der USA bei den Vereinten Nationen.

cher Jugendlicher durch fehlende männliche Vorbilder.[189] Aus Sicht Moynihans gab es eine einfache Erklärung:

> In essence, the Negro community has been forced into a matriarchal structure which, because it is so out of line with the rest of the American society, seriously retards the progress of the group as a whole, and imposes a crushing burden on the Negro male and, in consequence, on a great many women as well.[190]

Auch die Bürgerrechtsbewegung bemühte das Bild des „absent black male", der seine Familie nicht ernähren konnte und diese einfach verließ, ohne für sie zu sorgen.[191] Kein geringerer als der Präsident des SCLC, Martin Luther King, verwies Mitte der 1960er Jahre in zahlreichen Reden auf das Dilemma des seiner Männlichkeit beraubten Mannes. So erklärte er auf der Jahreskonferenz des SCLC im August 1966 in Jackson, Mississippi, es gebe zwei Amerikas – eines, das im Wohlstand lebe (dasjenige der weißen Mehrheitsgesellschaft) und ein anderes Amerika der Armut und Unterdrückung:

> It is an America inhabited by millions of people who are poverty stricken aliens in an affluent society; too poor even to rise with the society; too impoverished by the ages to be able to ascend by using their own resources. It is an America where millions are forced to live in depressing, rat-infested, vermin filled slums. This America is the home of the dispossessed, the disinherited and the disenchanted. This is the America where fathers are stripped of their masculinity because they cannot support their families. This is the America where unborn hopes have died and where radiant dreams of freedom have been deferred.[192]

---

**189** Die Überschriften einschlägiger Graphiken lauteten: „Almost one fourth of nonwhite families are headed by a woman" oder „One third of non-white childred live in broken homes." Moynihan, The Negro Family, S. S. 9, 11, 18. Daniel P. Moynihan Papers, LOC, Box 66, Folder 7. Rainwater / Yancey, Moynihan Report, S. 55, 57, 64.
**190** Moynihan, The Negro Family, S. 29. Daniel P. Moynihan Papers, LOC, Box 66, Folder 7. Rainwater / Yancey, Moynhian Report, S. 75.
**191** Von Zeitgenossen bereits seit dem Bürgerkrieg beklagt, hatten seit den frühen Arbeiten von W. E. B. DuBois Sozialwissenschaftler begonnen, dieses Stereotyp zu untersuchen. Eine Argumentationslinie erklärte die matrifokale Struktur vieler afroamerikanischer Familien mit der Emaskulation des afroamerikanischen Mannes durch seine ökonomische Unterdrückung. DuBois, Negro Family. Frazier, The Negro Family, 1951. Ders., Black Bourgeoisie. Ders., On Race Relations. Gutman, Herbert G.: The Black Family in Slavery and Freedom. 1750–1925, Oxford 1976. Marable, Manning: Race, Reform and Rebellion. The Second Reconstruction in America 1945–1999, Jackson, MS 1991. Weisbrod, Robert: Freedom Bound. A History of America's Civil Rights Movement, New York 1990.
**192** President's Annual Report by Dr. Martin Luther King Jr. President, Southern Christian Leadership Conference, Delivered in Jackson, Mississippi, August 10, 1966. Emory University, Atlanta, MARBL, MSS 1083, Box 167, Folder 2.

Neben Michal Harringtons „The Other America" stand hier ganz offensichtlich der noch ein Jahr zuvor intensiv diskutierte Moynihan-Report als Referenz im Hintergrund, so dass davon auszugehen ist, dass King hier insbesondere auf die Männlichkeit afroamerikanischer Männer und ihre Notwendigkeit, Ernährer ihrer Familien sein zu können, anspielt.[193]

Wie Steve Estes überzeugend dargelegt hat, konnten afroamerikanische Männer erstmals im Zuge der Bürgerrechtsbewegung offensiv ihren Willen und ihre Fähigkeit, eine Familie zu ernähren zum Gegenstand politischen Protests machen. Die Gleichsetzung von Wahrnehmung der Funktion als Ernährer der Familie und individueller Männlichkeit gipfelte in der Parole „I am a Man!" der streikenden Müllmänner in Memphis, Tennessee im März des Jahres 1968.[194]

Die Aktivisten der *Black Power* Bewegung dagegen postulierten einen sehr spezifischen Typ von schwarzer *Hypermasculinity* als Gegenentwurf zum Bild des unterdrückten afroamerikanischen Mannes.[195] Herausragendes Beispiel ist der charismatische Vordenker der *Black Power* Bewegung und hochrangiges Mitglied der *Black Panther Party*, Eldridge Cleaver, der sich in seinen autobiographischen Essays „Soul on Ice" (1968) scharf von der Vorstellung des „suppressed and castrated black male" abgrenzte. Stattdessen entwarf er seine Vorstellung einer selbstbewussten aggressiven afroamerikanischen Männlichkeit: „We shall have our manhood. We shall have it or the earth will be leveled by our attempt to gain it."[196] In Cleavers spezifischem Fall schloss dies auch die Billigung von Vergewaltigung (weißer Frauen) als Mittel des politischen Protests mit ein:

---

**193** Harrington, Other America.
**194** Estes, Steve: I am a Man!, dort insbes. S. 131–151. Vgl. auch die wichtigen Arbeiten von Wendt, Simon: „They Finally Found Out that We Really Are Men": Violence, Non-Violence and Black Manhood in the Civil Rights Era, in: Gender & History 19 (2007), S. 543–564. Ders.: Gewalt und schwarze Männlichkeit in der Black Power Bewegung, in: Martschukat, Jürgen / Stieglitz, Olaf (Hg.): Väter, Soldaten, Liebhaber. Männer und Männlichkeiten in der Geschichte Nordamerikas, Bielefeld 2007, S. 355–369.
**195** Zur Konzept der *Hegemonic Masculinity* vgl. Connell: Masculinities. Ders. / Messerschmidt, Hegemonic Masculinity. Dinges, „Hegemoniale Männlichkeit", S. S. 7–36. Nagel, Joanne: Masculinity and Nationalism. Gender and Sexuality in the Making of Nations, in: Ethnic and Racial Studies 21 (1998), Nr. 2, S. 242–269.
**196** Cleaver, Leroy Eldridge: Soul on Ice, New York 1968, S. 61. LEROY ELDRIGE CLEAVER (1935–1998) war ein einflussreiches Mitglieder der *Black Panther Party*, der er seit 1966 bis zu seinem Ausschluss 1971 angehörte, unter anderem als „Minister of Information" und „Head of the International Section". An den Panthers faszinierte Cleaver insbesondere das Bekenntnis zum bewaffneten Kampf. Er leitete unter anderem einen bewaffneten Hinterhalt der Panthers gegenüber Polizisten in Oakland, der mit dem Tod eines Panthers und der Verwundung zweier Polizeioffiziere endete. Um sich einer Anklage wegen Mordversuchs zu entziehen, floh Cleaver erst nach Kuba und dann nach Algerien. Mitte der 1970er Jahre kehrte Cleaver in die USA zurück, sagte sich

> Rape was an insurrectionary act. It delighted me that I was defying and trampling upon the white man's law, upon his system of values, and that I was defiling his women — and this point, I believe, was the most satisfying to me because I was very resentful over the historical fact of how the white man has used the black woman. I felt I was getting revenge.[197]

Diese häufig zitierte Passage illustriert gut, wie Cleaver eine existentialistische Vorstellung von *Masculinity* mit seinem persönlichen Rachegefühl und dem bewaffneten Kampf des *Black Power Movement* kombinierte. Cleavers Männlichkeitsideal kam ohne Vaterschaft aus und bezog sich dezidiert nur auf die Generation der jungen Aktivisten. Darin unterschied sich sein Konzept deutlich von demjenigen der Bürgerrechtsbewegung, welches Männlichkeit, Ernährerfunktion und Vaterrolle explizit mit einander verknüpfte. Zwar konnte das Männlichkeitsbild der *Black Power* Aktivisten – waffentragende junge Männer in schwarzen Uniformen, die in kraftvoller Pose explizit auf ihre sexuelle Potenz anspielten – mühelos mit Einsätzen für die Gemeinschaft kombiniert werden, die vermeintlich typisch „weibliche" Tätigkeiten umfassten, wie Steve Estes argumentiert hat.[198] Doch auch wenn Aktivisten medienwirksam inszeniert Essen in einem Freizeitlager für Kinder servierten, beharrten sie zugleich auf einer strikt biologischen Fundierung der Geschlechterrollen, was wiederum von vielen Frauen innerhalb der Bewegung als offener Sexismus wahrgenommen wurde. Bislang hat insbesondere Simon Wendt herausgearbeitet, dass die *Hegemonic Masculinity* der *Black Power* Aktivisten ein heteronormatives Ideal sowie ein biologisches Verständnis von Geschlecht zur Grundlage hatte, also auf der Unterdrückung schwarzer Frauen sowie homosexueller Männer beruhte, wobei er jedoch nicht systematisch auf die Kritik durch afroamerikanische Feministinnen eingegangen ist. Dagegen hat Benita Roth aufgezeigt, dass afroamerikanische Feministinnen sich gleichermaßen ihrer Marginalisierung durch weiße Feministinnen und ihrer Gender-Diskriminierung durch das *Black Power Movement* erwehren mussten.[199] Welche Bedeutung hierbei der Verweis auf Familienvorstellungen und das nationale Familienideal hatte, muss jedoch noch geklärt werden, wie die Diskussion um „black genocide" erweist.

---

von seiner radikalen Vergangenheit los und wurde evangelikaler Christ und Republikaner. Die Essaysammlung „Soul on Ice", die 1968 im linken Verlag Ramparts erschien, hatte Cleaver während einer Gefängnisstrafe verfasst, die er wegen Vergewaltigung verbüßte und aus der er 1966 entlassen wurde.

197 Cleaver, Soul on Ice, S. 216.
198 Estes, I Am a Man, S. 171–173.
199 Wendt, Gewalt. Roth, Benita: Separate Roads to Feminism. Black, Chicana, and White Feminist Movements in America's Second Wave, Cambridge 2004, S. 80–100. Roth bezieht auch die Position der Chicana Feministas mit ein, die hier nicht im Fokus steht.

Insbesondere die der *Black Power* Bewegung nahestehenden schwarzen Feministinnen hatten bereits gegen Ende der 1960er Jahre begonnen, auf die doppelte, wenn nicht dreifache Unterdrückung der afroamerikanischen Frauen hinzuweisen: Wie Frances Beale und Patricia Robinson beschrieben, sahen sich diese einer Diskriminierung als Frau, als schwarze Frau und als Aktivistin innerhalb des *Black Power Movement* gegenüber.[200] Sie empfanden es als besonders bitter, durch die männlichen Aktivisten ausschließlich auf ihre reproduktive Funktion reduziert zu werden. So erklärte insbesondere die *Nation of Islam* als eines der Gravitationszentren des *Black Nationalism*, es sei die wichtigste Aufgabe afroamerikanischer Frauen „to prevent black genocide" durch eine möglichst hohe Reproduktionsrate – und fand damit Anklang bei zahlreichen männlichen Aktivisten.[201]

Patricia Robinson, welche ihr Plädoyer für die Gleichberechtigung der afroamerikanischen Frau mit einer scharfen Kapitalismuskritik (die USA als „male-dominated class society") verband, wandte sich sowohl gegen die Versuche afroamerikanischer Männer, ihre eigene Unterdrückung durch diejenige der afroamerikanischen Frauen wettzumachen als auch dagegen, dass viele arme „black women" ihre marginale Position wiederum ausschließlich den „black men" anlasteten. Sie plädierte dagegen für eine umfassende Infragestellung des sozio-ökonomischen Systems und der Klassen- und Genderhierarchien, welche eine klare Abstufung zwischen dem „white male in power, followed by the white female, then the black male and lastly the black female" beinhaltete.[202]

---

**200** Beale, „Double Jeopardy". Robinson, Patricia: Poor Black Women, Boston 1968. Auszug in: Albert, Judith C. / Albert, Stewart E. (Hg.): The Sixties Papers. Documents of a Rebellious Decade, Westport, CT/ London 1984, S. 481–483. Online unter <www.library.duke.edu/digitalcollections/wlmpc_wlmms01008/>. Die wichtigste Studie zu den Versuchen afroamerikanischer und auch mexikanisch-stämmiger Feministinnen, sich angesichts ihrer Marginalisierung durch weiße Feministinnen und angesichts der Gender-Diskriminierung durch das *Black Power Movement* zu positionieren, ist Roth, Separate Roads. Zu den Unterdrückungserfahrungen weißer Feministinnen in den sozialen Protestbewegungen vgl. Evans, Sara M.: Personal Politics. The Roots of Women's Liberation in the Civil Rights Movement and the New Left, New York 1980. Hayden, Casey / King, Mary: Sex and Caste. A Kind of Memo, in: Albert / Albert, Sixties Papers, S. 133–136. Lawson, Civil Rights Crossroads, S. 265–283.
**201** Eine gute Analyse insbesondere des Widerstands von *African American Women* gegen ihre Vereinnahmung zur Bekämpfung des vermeintlichen „race suicide" bei Nelson, Jennifer: Women of Color and the Reproductive Rights Movement, New York / London 2003. Silliman, Jael [u.a.]: Undivided Rights. Women of Color Organize for Reproductive Justice, Cambridge, MA 2004.
**202** Robinson, Poor Black Woman, S. 481–482.

> All domestic and international political and economic decisions are marde by men and enforced by males and their symbolic extensions – guns. Women have become the largest oppressed group in a dominant, male, aggressive, capitalistic culture.[203]

Jenseits des zeitgenössischen, revolutionären Jargons ist Robinsons Statement deswegen interessant, weil ihre sozio-ökonomische Analyse – ganz ähnlich wie das Pamphlet Beales – auf ein Empowerment afroamerikanischer Frauen und gleichzeitig eine Infragestellung der Geschlechterrollen und Familienwerte der Mehrheitsgesellschaft abzielte. Beale betrachtete ebenfalls die Unterdrückung des afroamerikanischen Mannes als Kernelement des kapitalistischen Systems:

> However, it is a gross distortion of fact to state that Black women have oppressed black men. The capitalist system found it expedient to enslave and oppress them and proceeded to do so without consultation or the signing of any agreements with Black women.[204]

Ihre Kritik an der Einhegung der Handlungsspielräume afroamerikanischer Frauen zugunsten der vermeintlichen „Wiederherstellung" der Männlichkeit des afroamerikanischen Mannes fiel jedoch deutlich schärfer aus:

> Those who are exerting their "manhood" by telling Black women to step back into a domestic, submissive role are assuming a counterrevolutionary position. Black women likewise have been abused by the system and we must begin talking about the elimination of all kinds of suppression.[205]

Wie wirksam traditionelle Familienwerte und Nationskonzepte sowie biologistische Geschlechterrollenvorstellungen jedoch tatsächlich innerhalb des *Black Power Movement* waren, spricht deutlich aus einem Brief von sechs afroamerikanischen Aktivistinnen, die sich im September 1968 an ihre männlichen Mitstreiter wandten:

> The brothers are calling on the sisters not to take the pill. [...] To take the pill means that we are contributing to our own GENOCIDE. However, in not taking the pill, we must have a new sense of value. When we produce children, we are aiding the REVOLUTION in the form of NATIONbuilding.[206]

---

203 Robinson, Poor Black Woman, S. 483.
204 Beale, „Double Jeopardy", S. 502–503.
205 Beale, „Double Jeopardy", S. 503.
206 Birth Control Pills and Black Children: The Sisters Reply, September 11, 1968, in: Albert / Albert, Sixties Papers, S. 478–480, dort S. 478.

Abgestoßen vom offenen Machismo und wenig verantwortlichen Männlichkeitsideal der meisten afroamerikanischen Männer („poor black men won't support their families, won't stick by their women – all they think about is the street, dope and liquor, women, a piece of ass, and their cars"), beanspruchten die Briefschreiberinnen das Recht, selbst zu entscheiden, ob sie nun Verhütung praktizierten, oder nicht: „For us, birth control is freedom to fight genocide of black women and children."[207] Dieses Argument machten sich auch Vertreterinnen der „bürgerlichen" schwarzen Frauenbewegung zu eigen, hierfür steht stellvertretend die Autobiographie der langjährigen Kongressabgeordneten Shirley Chisholm[208]:

> Which is more like genocide, I have asked some of my black brothers — this, the way things are, or the conditions I am fighting for in which the full range of family planning services is freely available to women of all classes and colors, starting with effective contraception and extending to safe, legal termination of undesired pregnancies, at a price they can afford?[209]

In sehr viel einfacheren Worten als die Politikerin Chisholm brachte Margaret Wright, eine schwarze Aktivistin aus Los Angeles, den Zusammenhang zwischen dem Moynihan-Report, den Männlichkeitsidealen des *Black Power Movement* und ihren eigenen Dilemmata als Feministin auf den Punkt. In einem Text von 1970 argumentierte sie:

> Some white man wrote this book about the black matriarchy, saying that black woman ran the community. Which is bull[shit]. We don't run no community. We went out and worked because they wouldn't give our men jobs. This is where some of us are different from the white women's liberation movement. We don't think work liberates you. We've been doing it so damned long. [...]
>
> Now the black man is saying he wants a family structure like the white man's. He's got to be head of the family and women have to be submissive and all that nonsense. Hell the white woman is already suppressed in that setup. [...]

---

207 Birth Control Pills and Black Children, S. 479.
208 SHIRLEY CHISHOLM (1924–2005) war eine US-amerikanische Politikerin und Bürgerrechtlerin. Als erste Afroamerikanerin kandidierte sie 1972 (erfolglos) um die Nominierung als demokratische Präsidentschaftskandidatin. Seit 1965 Mitglied des New York State Assembly wurde sie 1968 zur ersten afroamerikanischen Kongressabgeordneten gewählt und gehörte dem Kongress bis 1982 an. Sie gehörte zu den Mitbegründerinnen von NOW und trat engagiert für die Rechte von African Americans, Armen und Frauen sowie gegen den Vietnamkrieg ein. Ihre Autobiographie „Unbought and Unbossed" nahm den Slogan ihrer Kampagne um die Nominierung als Präsidentschaftskandidatin wieder auf. Chisholm, Shirley: Unbought and Unbossed, Boston 1970.
209 Chisholm, Shirley: Unbought and Unbossed, Boston 1970, zitiert nach Lerner, Gerda (Hg.): Black Women in White America. A Documentary History, New York 1972, S. 606–607.

> In black women's liberation we don't want to be equal with men, just in black liberation we're not fighting to be equal with the white man. We're fighting for the right to be different and not be punished for it.[210]

Hier wird noch einmal eindrücklich offenbar, dass afroamerikanische Feministinnen sich weder mit den Forderungen der weißen Frauenbewegung, noch mit den Genderrollenvorstellungen des *Black Power Movement* identifizieren mochten. Stattdessen beharrten sie auf dem Recht, in positivem Sinne „anders", aber zugleich akzeptiert zu sein. Bei diesem Kampf um das Recht „to be black and me" und die Überwindung der „double jeopardy" waren jedoch weder weiße Feministinnen, schwarze Aktivisten, noch Sozialexperten eine Hilfe.

## 4.8 Zwischenfazit: Auf dem Weg zu einer Erweiterung des nationalen Familienideals

Am Ende der 1960er Jahre präsentierte sich das nationale Familienideal noch immer als stark normatives Konstrukt, wobei jedoch eine allmähliche Erweiterung der ethnischen Zusammensetzung der US-amerikanischen Vorstellung von Familie spürbar wurde. So stellten der Moynihan-Report, die Johnson-Rede und – mit Abstrichen auch die *White House Conference on Civil Rights* – den ersten politischen Versuch in der Geschichte der USA dar, auch afroamerikanische Familien in das nationale Familienideal einzuschließen. Problematisch dabei war jedoch, dass anstelle einer Akzeptanz vielfältiger Familienstrukturen, Werte und Gendernormen das Konzept der „modern isolated nuclear family" nach Talcott Parsons zum Maß aller Dinge und zur Voraussetzung sozio-ökonomischen Aufstiegs erklärt wurde. Damit blieben nicht nur die problematischen ökonomischen Existenzbedingungen der Mehrheit armer schwarzer Familien unbeachtet, sondern auch die praktischen Auswirkungen der Differenzkategorien „race" und „class" wurden negiert und nicht weiter verfolgt.

Dabei war dies zu Beginn der Debatte durchaus nicht vorgezeichnet, wie die Analyse der Quellen des Moynihan-Reports erwiesen hat. Vielmehr hatte Moynihan seine Überlegungen zu Struktur und Werten der afroamerikanischen Familie ja gerade aus der Erforschung der Ursachen von Armut entwickelt und zunächst insbesondere Kinderreichtum als Armutsfaktor identifiziert. Diesem wollte er wiederum mit einer gezielten Verbindung von „population planning" und „urban

---

[210] Wright, Margaret: "I want the Right to Be Black and Me", ursprünglich publiziert in Reinholz, Mary: Storming the All Electric Dollhouse, in: West Magazine, Los Angeles Times, 7.6.1970, abgedruckt in: Lerner, Black Women, S. 607–608. Vgl. auch Roth, Separate Roads, S. 97.

planning" beikommen. Sozialwissenschaftler unterschiedlichster Disziplinen diskutierten unter seiner Anleitung entsprechende Vorschläge, identifizierten jedoch immer wieder die Familie als Kern des Problems.

Gängiges Paradigma unter Sozialexperten der 1960er Jahre war schließlich die Kritik am vermeintlich in afroamerikanischen Familien vorherrschenden Matriarchat, gewissermaßen in Umkehrung der Momism-Debatte der 1940er Jahre. Durch ihre Stärke und Dominanz seien afroamerikanische Frauen in hohem Maße für ihre defizitären Familienstrukturen und das Scheitern insbesondere ihrer Söhne selbst verantwortlich. Letzteren fehle es an adäquaten Vorbildern und Sozialisierungsangeboten. Diese Matriarchatskritik wurde selbst von gemäßigten Bürgerrechtlern geteilt, die zugleich durchaus bereit waren, die Expertisen von Sozialwissenschaftlern zu akzeptieren, wenn es um die vermeintliche „Verbesserung" der Familienstruktur ging. Im Unterschied zu den weißen Experten koppelten sie diese jedoch stets an die Forderung nach Aufwertung der sozioökonomischen Lebensbedingungen der African Americans, so dass sie dem Begriff des „social engineering" eine ausgesprochen positive Bedeutung beimaßen. Dagegen wandte sich die *Black Power*-Bewegung vehement gegen das von weißen Experten und assimilationsbereiten afroamerikanischen Bürgerrechtlern beschworene Stereotyp des abwesenden und schwachen (im Falle der Väter) beziehungsweise desorientierten und delinquenten (im Falle der Söhne) afroamerikanischen Mannes. Ihr Konzept einer schwarzen *Hypermasculinity* setzte dagegen auf die machtvolle Demonstration der Handlungsspielräume, des Selbstbewusstseins und der Sexualität afroamerikanischer Männer. Eine Schattenseite bestand jedoch darin, afroamerikanische Frauen von vorneherein auf eine strikt biologistisch verstandene Rolle als Mütter neuer Kämpfer der Bewegung zur reduzieren. Afroamerikanische Frauen sahen sich somit einer mehrfachen Diskriminierung durch überwiegend weiße Sozialexperten und schwarze Aktivisten ausgesetzt – von ihrer Marginalisierung durch die weiße Frauenbewegung gar nicht erst zu reden. Diese Ausgangssituation ist wichtig, um die Auseinandersetzungen weißer und afroamerikanischer Feministinnen im gemeinsamen Kampf der Frauenbewegung um den Zugang zu Abtreibung, Verhütung und allgemein reproduktiver Kontrolle (was auch das Recht auf Mutterschaft einschloss) in den 1970er Jahren besser verstehen zu können. Dies ist Aufgabe des folgenden Kapitels.

# 5 „From Reproductive Choice to Reproductive Rights": Abtreibung, Reproduktion und die Rolle der Frau in Familie und Gesellschaft der 1970er und 1980er Jahre

Im November 1972 ereignete sich im amerikanischen Abendprogramm eine kleine Revolution.[1] Maude Findley, die Titelheldin der gleichnamigen Sitcom des Kanals CBS, entdeckte im Alter von 47 Jahren ihre ungeplante Schwangerschaft. Nach heftigen Selbstbefragungen und Diskussionen mit ihrer erwachsenen Tochter Carol, einer überzeugten Feministin, und ihrem Ehemann Walter entschied sich Maude für eine Abtreibung.[2] Das brachte sie zwar nicht mit dem Gesetz in Konflikt, da die fiktive Maude im Städtchen Tuckahoe im Westchester County des Staates New York lebte, wo Abtreibung bereits seit 1970 legal war.[3] Wohl aber löste die Ausstrahlung der beiden „Abtreibungsepisoden" heftige Zuschauerdiskussionen und eine öffentliche Debatte aus. Der Produzent Norman Lear, der in seinen Shows häufig gesellschaftlich relevante Themen aufgriff, hatte sich persönlich für die Behandlung des Themas im Rahmen der Sitcom eingesetzt und bei CBS die Ausstrahlung durchgesetzt – wohl auch im Hinblick auf die zu erwartende Quote.[4] Lear erklärte gegenüber der *New York Times:* „I realized the only way to engage the audience's interest was to let Maude get pregnant".[5]

Das unmittelbare Resultat waren ein signifikanter Anstieg der Einschaltquoten und eine Flut an Leserbriefen, die nicht nur das Für und Wider der Abtreibung, sondern auch die Frage diskutierten, inwiefern ein so ernstes Thema in

---

[1] Auszüge des folgenden Teilkapitels in: Heinemann, Isabel: American Family Values and Social Change: Gab es den Wertewandel in den USA, in: Dietz, Bernhard / Neumaier, Christopher / Rödder, Andreas (Hg.): Gab es den Wertewandel? Neue Forschungen zum gesellschaftlich-kulturellen Wandel seit den 1960er Jahren. München 2013, S. 278–283.
[2] „Maude" wurde von Norman Lear produziert und lief von September 1972 bis April 1978 auf dem amerikanischen Kanal CBS. Die Erstausstrahlung der beiden Folgen rund um Maudes Abtreibung war am 16.11. und 23.11.1972.
[3] Eine Legalisierung auf Bundesebene folgte erst mit dem richtungsweisenden Urteil des Supreme Court im Fall Roe v. Wade vom 22.1.1973. Hierzu s.u. in diesem Kapitel.
[4] Spangler, Lynn: Television Women from Lucy to Friends. Fifty Years of Sitcoms and Feminism, Westport 2003, S. 109. Mitz, Rick: The Great TV Sitcom Book, New York 1980, S. 254. Alley, Robert / Brown, Irby: Women Television Producers. Transformation of the Male Medium, Rochester NY 2001, S. 86.
[5] Aljean Harmetz, Maude Didn't Leave'em All Laughing, NYT, 10.12.1972, S. D3.

einer Fernsehkomödie behandelt werden sollte.⁶ Insbesondere die katholische Kirche lief Sturm gegen die „open propaganda for abortion and vasectomy", so der Erzbischof von New York.⁷ Bischof James S. Rausch, Generalsekretär der US-amerikanischen Bischofskonferenz, erklärte „advocacy of abortion is unacceptable in a situation-comedy format aired at prime viewing hours".⁸ Über die katholische Presse wurden die Kirchenmitglieder zu Protesten aufgerufen.

Im Sommer 1973, ein gutes halbes Jahr nach der Legalisierung der Abtreibung durch den Supreme Court der USA, entschied CBS, die Episoden erneut auszustrahlen. Nun kam es zu einem regelrechten Eklat: Nicht weniger als 39 lokale Sender weigerten sich, auf Sendung zu gehen. Sämtliche Sponsoren (darunter Unternehmen wie *Pepsi Cola* und *American Home Products*) zogen ihre Werbespots zurück, und CBS erhielt 17.000 kritische Zuschriften empörter Zuschauer.⁹ Abtreibungsgegner und -befürworter demonstrierten nicht nur vor den CBS Headquarters, sondern auch vor kleineren Fernsehsendern, um die Ausstrahlung der Folgen zu verhindern respektive einzufordern.¹⁰ Die machtvollste Intervention kam von der *National Catholic Conference*, die eine Koalition von Anti-Abtreibungsorganisationen anführte.¹¹

Zehn Jahre später jedoch, 1982, konnte das gleiche Thema im Spielfilm „*Take Your Best Shot*", ebenfalls auf CBS, thematisiert werden, ohne die kleinste Kon-

---

6 Alleine CBS erhielt 7.000 Briefe, die gegen die Erstausstrahlung protestierten. Less Brown, Wood, C.B.S.-TV Head, Defends „Mature" Shows, NYT, 16.10.1973, S. 87. Auch in der nationalen Presse wurden die „Abtreibungsepisoden" intensiv in Leserbriefen diskutiert. Vgl. z. B. die kritischen Leserbriefe in Reaktion auf einen positive Artikel über 'Maude' in der NYT von Dezember 1972. Aljean Harmetz, Maude Didn't Leave 'em All Laughing, NYT, 10.12.1972, S. D3. Leserbriefe u. a. von Carol Gieger, The Bronx, N.Y., Sheila Marron, Florham Park, N. J., Maria J. Grieco, Co-Chairman, Voice for the Innocent Victims of Abortion, alle in NYT, 24.12.1972, S. D8. Ebenfalls kritisch der Artikel von Tom Donnelly, Mirth and Maude, WP, 5.12.1972, S. B1.
7 Brief des New Yorker Bischofs Montsignor Eugene V. Clark vom 21.11.1972 an Richard W. Jencks, den Präsidenten der CBS Broadcast Group. Zit. bei Montgomery, Kathryn: Target: Prime Time: Advocacy Groups and the Struggle Over Entertainment Television, New York 1989, S. 35.
8 Albin Krebs, 'Maude' Sponsorship Decline Laid to Abortion Foes, NYT, 10.8.1973, S. 61.
9 Albin Krebs, 25 C.B.S. Affiliates Won't Show 'Maude' Episodes on Abortion, NYT, 14.8.1973, S. 67. John Carmody, Two-Part Problem, WP, 14.8.1973, S. B7. Censoring 'Maude', NYT, 15.8.1973, S. 36. 'Maude Sponsors who Backed Out Now Face Boycott, NYT, 18.8.1973, S. 53. Albin Krebs, 5 Diverse Groups Urge Action to Counter Censorship of TV, NYT, 30.8.1973. S. 67. Less Brown, Wood, C.B.S.-TV Head, Defends „Mature" Shows, NYT, 16.10.1973.
10 Marjorie Hyer, 240 Picket WTOP Over Abortion, WP, 22.8.1973, S. A22. 300 Anti-Abortionists March On C.B.S. in 'Maude' Protest, NYT, 22.8.1973, S. 75. Vgl. auch die Leserbriefe von J. J. Reilly, Bellport, Long Island, abgedruckt in der NYT vom 27.8.1973, S. 28, sowie von C.V.A. Avedikian und Robert Harmon in der WP vom 30.8.1973, S. A19.
11 Montgomery, Prime Time, S. 28–50.

troverse auszulösen¹²: Der Held, ein erfolgloser Schauspieler in einer Ehekrise, traf eine junge Kollegin, die ihm freimütig von ihrer soeben überstandenen Abtreibung berichtete, woraufhin sich beide in eine kurze Affäre stürzten. Im Gegensatz zu den „Maude"-Episoden erregte der Film keinerlei öffentliches Aufsehen, wie ein lakonischer Artikel in der *New York Times* konstatierte.¹³ Hatte sich also im Zeitraum von zehn Jahren die öffentliche Debatte über Abtreibung massiv gewandelt? Haben wir es folglich mit einem Indiz für einen breiteren gesellschaftlichen Wertewandel zu tun?

Bezogen auf die Darstellungsmöglichkeiten im Fernsehen und die Sehgewohnheiten des Publikums trifft das sicherlich zu. So argumentiert die Medienhistorikerin Kathryn Montgomery, dass sich das Unterhaltungsfernsehen in den 1970er Jahren verstärkt der Behandlung auch politisch kontroverser Themen zuwandte. Dies erklärt sie, nicht zuletzt am Beispiel von „Maude", mit der Einflussnahme von sozio-politischen Interessengruppen auf die Themengestaltung und mit den finanziellen Interessen der Sender, die durch die Ausstrahlung umstrittener Episoden traumhafte Einschaltquoten erzielen konnten.¹⁴ Auch kann „Maude" als Beispiel dafür gelten, wie der soziale Wandel die Visualisierung von Familienleben im Fernsehen veränderte, hatte doch der Chef der CBS-Fernsehsparte, Robert Wood, 1973 erklärt, er wolle mit der Wiederausstrahlung der Abtreibungs-Episoden auch auf die Zuschauerkritik reagieren, die beklagt hatte, die Unterhaltungsprogramme seien langweilig und vernachlässigten die gesellschaftlich bedeutsamen Themen.¹⁵

Doch die öffentliche Debatte über Abtreibung lief seit Mitte der 1960er Jahre in den USA sehr viel differenzierter und auch heterogener ab als die Rezeption von „Maude" suggeriert. Eine besonders bedeutsame Rolle kam hierbei der Frauen-

---

12 Laut den Forschungen von Sisson und Kimport thematisierten im Jahr 1982 insgesamt 8 Film- und Fernsehproduktionen das Thema „Abtreibung", wobei überdurchschnittlich oft negative Konsequenzen der Entscheidung für eine Abtreibung (z. B. Tod der Protagonistin) präsentiert wurden. Sisson, Gretchen / Kimport, Katrina: Telling stories about abortion: abortion related plots in American film and television, 1916–2013, in: Contraception, 89 (2014), S. 413–418, dort S. 417.
13 John J. Connor: Yesterday's Taboos are Taken for Granted Now: What used to be called the 'New Permissiveness' has Entered the Television Mainstream with Remarkable Ease. NYT, 7.11.1982.
14 Montgomery, Prime Time, S. 49–50. Während Montgomery die nationale Debatte um „Maude" eher als Beleg für die Schlagkraft der Abtreibungsgegner anführt, behandelt Susan Staggenborg sie als Teil der Kampagne des pro-choice-Movement. Staggenborg, Suzanne: The Pro-Choice Movement. Organization and Activism in the Abortion Conflict, Oxford 1991, S. 69–72.
15 NYT, 16.10.1973. Ähnlich argumentieren Marc, David / Thompson, Robert: Prime Time, Prime Time Movers. From I Love Lucy to L.A. Law – America's Greates TV Shows and the People Who Created Them, Syracuse, NY 1992, S. 51.

bewegung zu, welche das Recht auf Abtreibung – neben der Verankerung eines Gleichberechtigungsgrundsatzes in der Verfassung und dem Kampf gegen jegliche Diskriminierung von Frauen – zu einem ihrer Kernziele gemacht hatte.[16] Nicht nur die bundesstaatenübergreifende Legalisierung der Abtreibung durch den Supreme Court im Januar 1973, also nach der Erstausstrahlung der beiden „Maude"-Folgen, sondern auch die Einführung der Pille 1960/61 sowie allgemein die *Sexual Revolution* der 1960er Jahre gelten gemeinhin als Wegmarken einer dramatischen gesellschaftlichen Liberalisierung.[17] Zugleich war jedoch auch eine Zunahme an – überwiegend religiös konservativ geprägten – Protesten gegen die Legalisierung der Abtreibung zu beobachten, die bis auf den heutigen Tag anhält.[18]

Die Perspektive auf das gesamte 20. Jahrhundert zeigt jedoch nicht nur, dass Abtreibung auch nach 1973 in den USA massiv umstritten blieb, so dass sich angesichts des Themas nicht umstandslos von einem tiefgreifenden Wertewandel sprechen lässt.[19] Zugleich wird offenbar, dass der Zugang zu umfassender reproduktiver Kontrolle (in Form von Abtreibung, Verhütung, Sterilisation, künstlicher Befruchtung, Adoption) stets stark nach *Race* und *Class* segmentiert war und ist.[20] Beispielsweise konnten vor der Legalisierung der Abtreibung eher weiße

---

[16] Evans, Sarah: Personal Politics. The Roots of Women's Liberation in the Civil Rights Movement and the New Left, New York 1980. Echols, Alice: Daring to be Bad. Radical Feminism in America 1967–1975, Minneapolis, MN 1989. Cott, Nancy: The Grounding of Modern Feminism, New Haven, CT 1987. Chafe, William H.: The Paradox of Change. American Women in the 20th Century, New York 1991.

[17] Tyler May, Elaine: America and the Pill. A History of Promise, Peril, and Liberation, New York 2010. Watkins, Elizabeth: On the Pill. A Social History of Oral Contraceptives, 1950–1970, Baltimore 1998. Bailey, Beth: Sex in the Heartland, Boston 1999. Tone, Andrea: Devices and Desires. A History of Contraceptives in America, New York 2002. Gordon, Linda: The Moral Property of Women. A History of Birth Control Politics in America, Urbana / Chicago 2002. Solinger, Rickie: Pregnancy and Power. A Short History of Reproductive Politics in America, New York 2005.

[18] Riesebrodt, Martin: Rückkehr der Religionen. Fundamentalismus und der ‚Kampf der Kulturen', München 2004. Abweichend dagegen die Diagnose Ronald Ingleharts, der einen fortdauernden Säkularisierungstrend im Rahmen seines Wertewandels-Modells postuliert. Inglehart, Ronald: Kultureller Umbruch. Wertewandel in der westlichen Welt, Frankfurt a.M. / New York 1989, S. 259–260. Blanchard, Dallas A.: The Anti-Abortion Movement and the Rise of the Religious Right, New York 1994. Wilcox, Clyde: Onward Christian Soldiers. The Religious Right in American Politics, Westview Press, Boulder 1996.

[19] Dies steht im Gegensatz zu der bislang von Ronald Inglehart vertretenen Position. Inglehart, Kultureller Umbruch, S. 259–268. Inglehart, Ronald / Fischer, Ivonne: Modernisierung und Postmodernisierung: Kultureller, wirtschaftlicher und politischer Wandel in 43 Gesellschaften, New York/ Frankfurt a.M. 1997, S. 384–389.

[20] Solinger, Rickie: Beggars and Choosers: How the Politics of Choice Shapes Adoption, Abortion, and Welfare in the United States, New York 2001. Solinger, Pregnancy and Power. Zur Ste-

Frauen, die der Mittel- und Oberschicht entstammten, auf illegale Abtreibungen zugreifen, da sie über die nötigen finanziellen Mittel verfügten. Kam dies nicht in Frage, waren es vor allem weiße Eltern, die ihre Töchter zur Aufgabe ihrer Babies durch Adoption zwangen, um dem Stigma der Unehelichkeit vorzubeugen.[21] Zugleich konnten sich weiße Frauen, die freiwillige Sterilisation als Mittel bewusster Geburtenkontrolle nachfragten, oft nicht gegen die Vorbehalte von Ärzten und Behörden durchsetzen, während nicht-weiße Frauen in den Fokus von Zwangssterilisationen gerieten.[22] Nach *Roe vs. Wade* hatten weiße gebildete Frauen wiederum bessere Zugangsmöglichkeiten zu dieser Form der reproduktiven Kontrolle, wohingegen Wohlfahrtsempfängerinnen keine Finanzierung für Abtreibungen erhielten.[23]

Gleichzeitig stand die Reproduktion vor allem nicht-weißer Frauen vom Beginn des 20. Jahrhunderts bis in die 1970er Jahre immer wieder im Fokus der Intervention von Sozialexperten wie der medialen Darstellung.[24] Die in den Einzelstaaten ergriffenen Maßnahmen reichten von gezielter Diskriminierung und Pathologisierung nicht-weißer Mütter bis hin zu Sterilisationen von Wohlfahrtsempfängerinnen.[25] Auch die Zwangssterilisationen von African American und

---

rilisationspolitik vgl. Schoen, Johanna: Choice and Coercion: Birth Control, Sterilization and Abortion in Public Health and Welfare, Chapel Hill 2005. Stern, Alexandra Minna: Eugenic Nation: Faults and Frontiers of Better Breeding in America, Los Angeles 2005, dazu auch das im Erscheinen befindliche Buch der Historikerin Molly Ladd-Taylor „Fixing the Poor" über den Zusammenhang zwischen Wohlfahrtspolitik und Eugenik.
**21** Solinger, Rickie: Wake up, little Suzie. Single Pregnancy before Roe vs. Wade. New York 1992. Fessler, Anne: The Girls Who Went Away: The Hidden History of Women Who Surrendered Children for Adoption in the Decades Before Roe v. Wade, New York 2006.
**22** Schoen, Johanna: Choice and Coercion. Women and the Politics of Sterilization in North Carolina, 1929–1975, in: Journal of Women's History 13 (2001), Nr. 1, S. 132–156. Diess.: Choice and Coercion, 2005.
**23** Hierzu siehe weiter unten im Detail.
**24** Roberts, Dorothy: Killing the Black Body. Race, Reproduction, and the Meaning of Liberty, New York 1999. Solinger, Beggars and Choosers. Nelson, Jennifer: Women of Color and the Reproductive Rights Movement, New York 2003. Gutierrez, Elena: Fertile Matters. The Politics of Mexican Origin Women's Reproduction, Austin 2008. Chavez, Leo: Covering Immigration. Popular Images and the Politics of the Nation, Berkeley 2001. Heinemann, Isabel: Social Experts and Modern Women's Reproduction: From Working Women's Neurosis to the Abortion Debate 1950 – 1980, in: Dies., Inventing the Modern American Family, S. 124–151.
**25** Gutierrez, Fertile Matters. Solinger, Beggars and Choosers. Chappell, Marisa: The War on Welfare. Family, Poverty and Politics in Modern America, Philadelphia 2010. Roesch, Claudia: Macho Men and Modern Women. Mexican Immigration, Social Experts and Changing Family Values in the 20th Century United States, Berlin/Boston 2015. Demnächst Overbeck, Anne: At the Heart of it All? Discourses on the Reproductive Rights of African American Women in the 20th

Mexican American Women bis in die 1970er Jahre erhielten ihre Legitimation durch diesen Expertendiskurs.[26] Allerdings ist wiederum die Tatsache, dass in den 1970er Jahren Protestbewegungen der Betroffenen die Staaten durch Demonstrationen, Presseberichterstattung und insgesamt öffentlichen Druck dazu zwangen, diese Praxis zu beenden und über Entschuldigungen und Entschädigungszahlungen nachzudenken, durchaus als Ausdruck gesellschaftlichen Wandels und auch Normwandels zu verstehen.[27]

Es ist die Aufgabe dieses Kapitels, die nationale Diskussion um Reproduktion und Abtreibung in den 1960er und 1970er Jahren zu untersuchen und die Frage zu beantworten, inwiefern sich daraus Anzeichen für einen nachhaltigen Wandel der Familienwerte und Geschlechterrollen ablesen lassen. Hierzu sollen nicht nur die einschlägigen Expertendiskurse um die rechtliche Zulässigkeit der Abtreibung, um das Selbstbestimmungsrecht der Frau und um bevölkerungspolitische Zielsetzungen nachgezeichnet werden. Vielmehr gilt es, die Handlungsspielräume von Frauen im nationalen Streit um Reproduktion zu analysieren. Diese reichten vom Engagement von Vertreterinnen der Frauenbewegungen in Gestalt der *National Organisation of Women* (NOW) über den Aktivismus der organisierten Abtreibungsbefürworterinnen – hier betrachtet anhand der *National Abortion Rights Action League* (NARAL) und ihrer Unterorganisationen – zu den Forderungen afroamerikanischer und mexikanisch-stämmiger Frauen. Gleichfalls interessant sind die Positionen von Gegnerinnen der Abtreibung, wie sie in den Kirchen, in Grass-Roots-Bewegungen aus dem Spektrum der religiösen Rechten und in national agierenden konservativen Organisationen geäußert wurden. Die Forderung nach Selbstbestimmung und Entscheidungsfreiheit der Frauen über ihre eigene Reproduktion, wie sie insbesondere NOW und NARAL artikulierten, soll in einem weiteren Schritt den Postulaten der Bevölkerungswissenschaftler und -politiker gegenübergestellt werden, um so organisatorische Synergien und programmatische Überschneidungen herauszuarbeiten und die Frage zu klären, warum gerade das aus Eugenik und einem imperialistischen Verständnis von Modernisierungstheorie gespeiste *Population Control Movement* sich als anschlussfähig für liberale Frauenrechts- und Abtreibungsaktivistinnen erwies.

---

Century (erscheint 2018 bei Oldenbourg De Gruyter in der Reihe Family Values and Social Change).
**26** Stern, Eugenic Nation. Roberts, Killing the Black Body. Gutierrez, Fertile Matters. Kluchin, Rebecca M.: Fit to Be Tied. Sterilization and Reproductive Rights in America, 1950–1980, New Brunswick / London 2011.
**27** Stern, Eugenic Nation.

Quellengrundlage dieses Kapitels bilden folglich die Akten von NOW und NARAL sowie der verschiedenen Organisationen des *Population Control Movement* (Population Research Bureau, Population Council, Zero Population Growth, Planned Parenthood Federation of America), dazu Nachlässe von Sozialexperten (Margaret Mead, Robert C. Cook), die aus unterschiedlichen Perspektiven heraus für Bevölkerungskontrolle eintraten. Ein kurzer Überblick über die gravierenden Veränderungen der Optionen reproduktiven Entscheidens in den USA seit 1960 durch die „Pille" und die Legalisierung der Abtreibung leitet das Kapitel ein.

## 5.1 „Sexual Revolution" und „Women's Health": Der soziale Wandel in der Nutzung von Verhütungsmitteln und im Zugang zu legaler Abtreibung seit den 1960er Jahren

Eine einschneidende Veränderung im Leben der US-amerikanischen Familien und insbesondere der Frauen ereignete sich durch die Einführung des hormonellen Kontrazeptivums *Enovid* – kurz: „the pill" – zu Beginn der 1960er Jahre.[28] Die Verfügbarkeit der Pille und damit die Entkopplung von Sexualität und Reproduktion stellte die eigentliche „sexuelle Revolution" der 1960er Jahre dar, obgleich der Begriff primär für den Generationenkonflikt zwischen einer akademisch gebildeten Jugend und ihrer Elterngeneration in den 1960er Jahre geprägt wurde.[29] Sowohl die Vordenker einer liberalisierten Sexualität als auch die Entwickler des neuen Kontrazeptivums gehörten jedoch einer anderen Generation an. Dies galt zunächst für die Analytiker der Sexualität wie Alfred Kinsey[30], Wil-

---

[28] Watkins, Elizabeth Siegel: On the Pill. A Social History of Oral Contraceptives, 1950–1970, Baltimore 1998. Tone, Andrea: Devices and Desires. A History of Contraceptives in America, New York 2002. Tyler May, The Pill. Eig, Jonathan: The Birth of the Pill. How Four Crusaders Reinvented Sex and Launched a Revolution, New York 2014.

[29] Bailey, Beth: Sexual Revolution(s), in: Farber, David (Hg.): The Sixties. From Memory to History, Chapel Hill / London 1994, S. 235–262. Dies.: Sex in the Heartland, Cambridge [u. a.] 2004. McLaren, Angus: Twentieth-century Sexuality. A History, Malden, MA 1999.

[30] ALFRED KINSEY (1894–1956) war ursprünglich Biologe, er gründete an der Indiana University das Institute for Sex Research. Er gilt als der erste US-amerikanische Sexualitätsforscher, seine Studien über die Sexualität von Frauen und Männern ermöglichten sowohl weitere Forschungen als auch eine breite gesellschaftliche Diskussion über Sex. Kinsey, Alfred: Sexual Behavior in the Human Female, Philadelphia / Bloomington 1953. Kinsey, Alfred: Sexual Behavior in the Human Male, Philadelphia / Bloomington 1948. Christenson, Cornelia: Kinsey. A Biography, Bloomington 1971. Robinson, Paul: The Modernization of Sex. Havelock Ellis, Alfred Kinsey, William Masters, and Virginia Johnson, New York 1976. Hegarty, Peter: Gentlemen's Disagreement. Alfred Kinsey,

liam Masters und Virginia Johnson[31], deren Studien seit den 1950er Jahren massiv für Aufmerksamkeit gesorgt hatten. Gleiches traf auch für die als Geburtshelfer der Pille betrachteten Personen zu – angefangen von Schlüsselfiguren des *Birth Control Movement* wie Margaret Sanger[32] und Katharine McCormick[33] bis hin zu Forschern wie John Rock und Gregory Pincus[34], die das hormonelle Kontrazeptivum schließlich entwickelten.

---

Lewis Terman, and the Sexual Politics of Smart Men, Chicago 2013. Drucker, Donna: The Classification of Sex. Alfred Kinsey and the Organization of Knowledge, Pittsburg, PA 2014.

**31** WILLIAM H. MASTERS (1915–2001) und VIRGINA E. JOHNSON (1925–2013) erforschten seit den 1950er Jahren in empirischen Versuchen die menschliche Sexualität und sexuelle Dysfunktionen. Masters lehrte als Gynäkologe an der Washington University, St. Louis, Johnson wurde 1957 seine Assistentin. In den Folgejahren arbeiteten sie überaus erfolgreich im Team, von 1971 bis 1993 waren sie ein Ehepaar. Sie beschrieben den „human sexual response circle" und gründeten 1964 ihr eigenes Forschungsinstitut in St. Louis, die Reproductive Biology Research Foundation. Masters, William H. / Johnson, Virginia: Human Sexual Response, Boston 1966. Dies.: Human Sexual Inadequacy, Boston 1970. Dies.: The Pleasure Bond, New York 1970. Maier, Thomas: Masters of Sex. The Life and Times of William Masters and Virginia Johnson, the Couple Who Taught America How to Love, New York 2013.

**32** MARGARET HIGGINS SANGER (1879–1966) gilt als die Pionierin des *Birth Control Movement* in den USA. Die gelernte Krankenschwester, Sozialreformerin und Feministin eröffnete 1916 die erste Familienberatungsklinik in den USA in Brooklyn, New York. Sangers Ziel war es, Frauen die Möglichkeit legaler Geburtenkontrolle durch Aufklärung und Verhütungsmittel zu ermöglichen. Seit 1917 gab sie die Zeitschrift *Birth Control Review* heraus. Die von ihr 1921 gegründete *American Birth Control League* entwickelte sich zur *Planned Parenthood Federation of America*. Diese leitete Sanger bis 1962. Von 1952 bis 1959 stand Sanger zudem an der Spitze der *International Planned Parenthood Federation*. Sanger war Mitglied der *American Eugenic Society* und verband ihren Kampf für Geburtenkontrolle mit eugenischen Zielsetzungen. Sanger, Margaret: My Fight for Birth Control, London 1932. McCann, Carole R.: Birth Control Politics in the United States 1916–1945, Ithaca 1994. Frank, Angela: Margaret Sanger's Eugenic Legacy. The Control of Female Fertility, Jefferson 2005. Chesler, Ellen: Woman of Valor. Margaret Sanger and the Birth Control Movement in American. New York 2007 (Erstausgabe 1992).

**33** KATHARINE MCCORMICK (1875–1967) war Biologin, Frauenrechtlerin und Aktivistin des *Birth Control Movement*, die seit den 1920er Jahren eng mit Sanger kooperierte. Dank ihres ererbten Vermögens wurde sie zur Mäzenatin der medizinischen Forschung, die zur Entwicklung hormoneller Kontrazeptiva führte. Eig, Birth of the Pill.

**34** GREGORY GOODWIN PINCUS (1903–1967) forschte als Biologe an der Harvard University. Gestützt auf eine großzügige Förderung aus dem McCormick-Vermögen entwickelte und testete er gemeinsam mit JOHN ROCK (1890–1984), Gynäkologe in Brookline, Massachussetts, das Hormonpräparat Enovid. Die klinischen Tests begannen in Brookline unter Patientinnen Rocks, wurden dann auf Puerto Rico, später auch auf Haiti, Mexico und Los Angeles ausgedehnt. Aufgrund der hohen Hormondosis litten viele Anwenderinnen unter gravierenden Nebenwirkungen, was aber zunächst nicht öffentlich diskutiert. Ursprünglich zugelassen als Medikament gegen Menstruationsbeschwerden wurde Enovid ab 1960 als hormonelles Kontrazeptivum und „the pill" bekannt. Briggs, Laura: Reproducing Empire: Race, Sex Science, and U.S. Imperialism in

Bereits kurz nach ihrer Freigabe als Verhütungsmittel durch die *Food and Drug Administration* im Mai 1960 begannen Frauen aller Altersgruppen die Pille zu nutzen. Dies galt für die junge, unverheiratete, gut ausgebildete und selbstbewusste Frau, die im Stile von Helen Gurley Browns „Sex and the Single Girl" (1962) einen neuen, metropolitanen Lebensstil kultivierte[35], ebenso wie für die Ehefrau und Mutter, die Dank dieser Neuerung nun keine Angst vor einer weiteren Schwangerschaft zu haben brauchte.[36] Im Jahr 1969 hatte die Pille bereits 8,5 Millionen Anwenderinnen in den USA.[37] Allerdings blieb die Praxis von Verschreibung und Nutzung des oralen Kontrazeptivums vorerst zumindest ambivalent: Vor allem weiße, gut ausgebildete Frauen konnten sich die Pille leisten, Ärzte verschrieben sie insbesondere verheirateten Frauen. Zudem bestanden bis weit in die 1970er Jahre hinein bei Eltern, Ärzten, Sozialarbeitern und College-Verwaltungen gravierende Vorbehalte hinsichtlich der Sexualität unverheirateter Frauen und Mädchen, so dass sich letztere den Zugang zur Pille erst mühsam erstreiten mussten, wie es beispielsweise Beth Bailey für die Studentinnen der University of Kansas, Lawrence, herausgearbeitet hat. Doch nicht nur Staaten des Mittleren Westens beschränkten den Zugang zu Verhütungsmitteln auf Verheiratete, auch die katholischen Neuenglandstaaten wie Massachusetts, Rhode Island oder Connecticut verboten zunächst die Verordnung der Pille an ledige Frauen. Dies führte auch dort ab Mitte der 1960er Jahre zu heftigen öffentlichen Debatten, zumeist entzündet an der Frage, ob die Gesundheitsdienste der Colleges Studentinnen die Pille verschreiben dürften, oder nicht.[38] Viele der Südstaaten mit einem hohen Anteil afroamerikanischer Landbevölkerung (North Carolina, South Carolina, Mississippi, Alabama) hingegen verfügten über besonders liberale Gesetze und großzügige öffentliche Förderung für Geburtenkontrolle.[39]

Auf rechtlicher Ebene war die Entscheidung des Supreme Court im Fall *Griswold v Connecticut* aus dem Jahr 1965 entscheidend. Unter dem Verweis auf das *Right to Privacy*, die persönliche Entscheidungsfreiheit, gestand das Gericht Ehepaaren zu, legal Verhütungsmittel zu beziehen und beseitigte damit die auf Einzelstaatenebene immer noch gültigen Bestimmungen der *Comstock Laws* aus

---

Puerto Rico, Los Angeles 2002. Marsh, Margaret / Wanner, Ronda: The Fertility Doctor: John Rock and the Reproductive Revolution. Baltimore 2008.
35 Brown, Helen Gurley: Sex and the Single Girl, New York 1962.
36 Tyler May, America and the Pill, S. 70–80.
37 Bailey, Sex, S. 105.
38 Bailey, Sex, S. 105–132. Watkins, On the Pill, S. 64–67. Prescott, Heather Munro: Student Bodies. The Impact of Student Health on American Society and Medicine, Ann Arbor 2007.
39 Schoen, Choice and Coercion, S. 21–74. Solinger, Pregancy and Power. S. 131–162.

dem 19. Jahrhundert.⁴⁰ Damit war aber nicht die Liberalisierung der Einstellung zur Sexualität Unverheirateter verbunden, im Gegenteil. Wie Marc Stein herausgearbeitet hat, wurde hier ein heteronormatives Sexualitätsideal gestützt und an die Ehe gekoppelt: Die Familie galt weiterhin als alleinig legitimer Ort von Reproduktion – und ihrer Verhinderung.⁴¹ Erst als ab Ende der 1960er Jahre Studentinnen an immer mehr Colleges und Universitäten den Zugang zum oralen Kontrazeptivum erstritten und die Frauenbewegung insgesamt das Recht auf sexuelle und reproduktive Selbstbestimmung einforderte, wurde die Pille wirklich Teil der sexuellen Revolution.⁴²

Doch die Debatte um hormonelle Verhütung hatte auch ihre Schattenseiten: Die Erprobungen des Kontrazeptivums in Puerto Rico ohne adäquate gesundheitliche Aufklärung der Probandinnen ist ein gutes Beispiel für den Export westlicher Medizintechnologie zur Kontrolle des Bevölkerungswachstums in Entwicklungsländern.⁴³ Zugleich stärkte die Pille auch die Zuständigkeit der Frau für die Reproduktion und ihre Verhinderung durch Verhütung. Somit wurde eine biologistische Auffassung der Geschlechterrollen verbreitet, indem die Eizelle zum Kern des Problems erhoben wurde. Der langjährige Präsident der *Planned Parenthood Federation of America*, der Mediziner Alan F. Guttmacher⁴⁴, hatte

---

40 Zu den *Comstock Laws* und zur Praxis der Zensur vermeintlich „obszöner" Praktiken und Informationen vgl. Beisel, Nicola: Imperiled Innocents. Anthony Comstock and Family Reproduction in Victorian America, Princeton 1997. Friedman, Andrea: Prurient Interests. Gender, Democracy, and Obscenity in New York City, 1909–1945, New York 2000.
41 Stein, Marc: Sexual Injustice. Supreme Court Decisions from Griswold to Roe, Chapell Hill 2010, S. 29–34.
42 Tyler May, America and the Pill, S. 89–90.
43 Briggs, Reproducing Empire.
44 ALAN FRANK GUTTMACHER (1898–1974) war einer der profiliertesten Bevölkerungspolitiker und Anhänger des *Birth Control Movement* in den USA. Nach seiner Zeit als leitender Gynäkologe des Mount Sinai Hospital in New York folgte er Margaret Sanger 1962 als Präsident der *Planned Parenthood Federation* nach, er behielt die Funktion bis zu seinem Tod im Jahr 1974. Zudem leitete er von 1964 bis 1968 das *Medical Committee of the International Planned Parenthood Foundation*. Das unter seiner Präsidentschaft gegründete *Center for Family Planning Program Development* existiert heute als unabhängiges *Guttmacher Institute* mit einem Jahresbudget von 17 Millionen $. Es finanziert Forschung und politische Planung auf den Feldern „reproductive and sexual health worldwide". Guttmacher gründete ferner die *American Association of Planned Parenthood Physicians*, die inzwischen unter dem Namen *Association of Reproductive Health Professionals* operiert. Guttmacher, Alan F.: Babies by Choice or Chance, Garden City 1959. Ders.: Complete Book of Birth Control, New York 1961. Ders.: Planning Your Family, New York 1964. Parry, Manon: Broadcasting Birth Control. Mass Media and Family Planning, New Brunswick, NJ 2013. Guttmacher Institute: <www.guttmacher.org/index.html>. Der Nachlass Guttmachers befindet sich in der Harvard University, Francis A. Countway Library of Medicine, Center for the History of Medicine, H MS c155.

bereits im Februar 1960 in einem Artikel über die Möglichkeiten oraler Kontrazeptiva für die *Saturday Review* argumentiert, die Begrenzung des internationalen Bevölkerungswachstums liege ausschließlich bei den Frauen: „Key to the Problem: The Human Female Egg".[45]

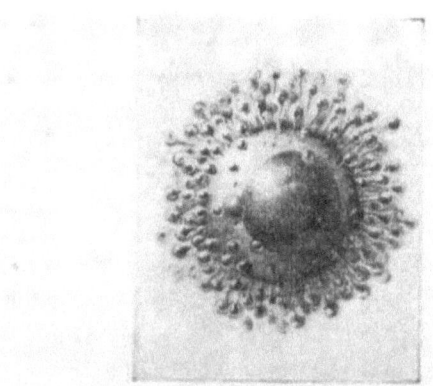

Key to the problem: the human female egg.

**Abb. 5.1:** Die weibliche Eizelle als Kern des bevölkerungspolitischen Problems

Wie viele Vertreter des *Birth Control Movement* hatte auch Guttmacher sich seit den 1930er Jahre für die Eugenik-Bewegung engagiert, unter anderem als Vizepräsident der *American Eugenics Society* (noch 1958) und Mitglied der *Association for Voluntary Sterilization*, ihrerseits Nachfolgerin der Eugenik-Gesellschaft *Human Betterment Foundation*.[46] In seinen Schriften flossen die Sorge um die Gesundheit von Frauen und Familien (basierend auf seinen Erfahrungen als Chefgynäkologe einer großen Klinik) mit der wachsenden Besorgnis angesichts einer zu erwartenden globalen Bevölkerungsexplosion zusammen, was ihn Geburtenkontrolle als zentrale Interventionsmöglichkeit zur Aufrechterhaltung der Geschlechter- und Gesellschaftsordnung betrachten ließ. Dies beinhaltete zum einen das deutliche Bekenntnis zur reproduktiven Kontrolle als Frauenrecht:

---

45 Alan F. Guttmacher: Pills for Population Control?, in: Saturday Review, 6.2.1960, S. 50–51. Robert C. Cook Papers, Library of Congress, Manuscript Division, Box 44, Folder 13.
46 Franks, Angela: Margaret Sanger's Eugenic Legacy. The Control of Female Fertility, Jefferson 2005, S. 76. Guttmacher, Alan F.: Babies by Choice or Chance, New York 1961 (Erstausgabe Garden City 1959), S. 11. Zur *Human Betterment Foundation* siehe Kapitel 2.4 dieser Arbeit.

> No woman is completely free unless she is wholly capable of controlling her fertility and [...] no baby receives its full birthright unless it is born gleefully wanted by its parents.[47]

Zum anderen erschien es Guttmacher essentiell, Methoden der Geburtenkontrolle auch zur Reduktion des globalen Bevölkerungswachstums einzusetzen, notfalls auch mit Zwang:

> I would like to give our voluntary means of population control full opportunity in the next 10 to 12 years. Then, if these don't succeed, we may have to go into some kind of coercion, not worldwide, but possibly in such places as India, Pakistan, and Indonesia, where pressures are the greatest. [...] There is no question that birth rates can be reduced all over the world if legal abortion is introduced.[48]

Eine erste Studie zur Nutzung von Verhütungsmitteln in den USA wurde 1967 in der Zeitschrift des *Population Council*[49] veröffentlicht.[50] Hierzu hatten Wissenschaftler im Rahmen der *National Fertility Study* 1965 Frauen im Großraum New York nach ihren Verhütungspraktiken gefragt. So wurden in den Jahren 1955 und 1960 jeweils knapp 2.000 weiße verheiratete Frauen im Alter von 18 bis 39 Jahren interviewt, im Jahr 1965 knapp 2.500. Im Jahr 1960 erweiterten die Autoren ihr Sample und befragten auch 160 Frauen, die sie als „nonwhite" klassifizierten (im Text „Negro women"), 1965 waren es bereits 651. Hieran ist zunächst interessant, dass die Fertilität von Afroamerikanerinnen im Rahmen dieser Studie erst 1960 überhaupt von Interesse schien, 1965 dann aber gleich ein überproportional ho-

---

**47** Dieses Guttmacher zugeschriebene Zitat wird auf der Website des Guttmacher-Institute ohne Quellenangabe und Datierung genannt und seither überall in der Sekundärliteratur als Kern seines Bekenntnisses zur Geburtenkontrolle reproduziert. <www.guttmacher.org/who-was-alan-guttmacher>. Ganz ähnlich äußerte sich Gutmacher allerdings bereits 1961 in seinem Ratgeber, wenn er betonte, "the practice of birth control for family planning is recognized by almost all Americans as a personal right" und die Amerikanerinnen ermunterte "to make each of your children a truly wanted child". Guttmacher, Alan F.: The Complete Book of Birth Control, New York 1961, S. 4.
**48** Guttmacher, Alan F.: Family Planning: The Needs and the Methods, in: The American Journal of Nursing, Vol. 69, No. 6. (June, 1969), S. 1229–1234, Zitat auf S. 1234. Der Artikel wurde auch als Sonderdruck von Planned Parenthood verteilt.
**49** Das *Population Council* (PC) stellte eine der zentralen Institutionen der Bevölkerungsplanung und -Forschung in den USA dar. Es wurde 1952 gegründet mit Geld aus der Rockefeller-Foundation und zählte viele ehemalige Eugeniker zu seinen Mitgliedern. Zum PC siehe weiter unten in diesem Kapitel.
**50** Ich danke meiner Kollegin Claudia Roesch für den Hinweis. Westhoff, Charles F. / Ryder, Norman B.: United States: Methods of Fertility Control, 1955, 1960, & 1965, in: Studies in Family Planning. A Publication of the Population Council, February, 1967, S. 1–5. Die beiden Autoren hatten 1965 den National Fertility Survey geleitet.

hes Sample abgefragt wurde (27% der Probandinnen waren Afroamerikanerinnen), wobei der Bevölkerungsanteil der African Americans 1965 nur bei etwa 12% lag).[51]

Der Vergleich der „jemals benutzten" Verhütungsmittel nach Ethnizität zeigt, dass im Jahr 1965 die meisten weißen Frauen erklärten, bereits Kondome benutzt zu haben, dann zu etwa gleichen Teilen die Pille, die *Rhythm-Method* (Kalendermethode durch Protokollieren des Menstruationszyklus, in Deutschland auch Knaus-Ogino-Verhütungsmethode), Vaginaldusche und Diaphragma. Ein Vergleich der jeweils „zuletzt benutzten Verhütungsmittel" unter weißen Frauen erwies, dass im Jahr 1965 die Pille deutlich allen anderen Verhütungsmitteln den Rang abgelaufen hatte – insbesondere zulasten der Nutzung von Kondom, Diaphragma und der Kalendermethode.[52] Bei den nicht-weißen Frauen überwog 1965 die Vaginaldusche vor dem Kondom und der Pille – während die Kalendermethode so gut wie keine Rolle spielte.[53]

Doch nicht nur ethnische Unterschiede und damit sozio-ökonomische Umstände waren ausschlaggebend für die Wahl der Verhütungsmethode. Vielmehr zeigten sich noch 1965 gravierende Unterschiede entsprechend der religiösen Zugehörigkeit der Frauen: Während Protestantinnen im Jahr 1965 hauptsächlich zur Pille griffen, nutzten 71% der jüdischen Paare entweder Kondom oder Diaphragma (bei den protestantischen Paaren waren dies nur 31%). Demgegenüber verwies die katholische Kirche ihre Gläubigen auf die Kalendermethode als einzig zulässige Verhütungspraktik. Allerdings verließ sich 1965 nur noch ein gutes Drittel aller katholischen Frauen (36%) darauf, im Jahr 1955 waren es immerhin noch 54% gewesen. Daraus folgerten die Autoren, dass „nearly two thirds of the Catholic women who report having used some method of fertility control have at some time employed practices inconsistent with traditional Church doctrine".[54]

---

51 U.S. Census Bureau, Statistical Abstracts of the United States, 2003, Mini Historical Statistics, No. HS-2. Population Characteristics: 1900 to 2002, S. 5. Zwar war die Fertilität von African Americans auch schon vor den 1960er Jahren Gegenstand von Forschungen, dann aber jedoch stets im Rahmen paternalistischer, auf Reduktion der Fertilitätsrate zielender Maßnahmen wie des „Negro Project" der *American Birth Control League* (ABCL) von 1939. Hierzu vgl. den Nachlass von Clarence Gamble, der einige Projekte der ABCL in den Südstaaten leitete, in der Harvard University Medical Library und die Margaret Sanger Papers an der New York University. Clarence Gamble papers, 1920–1970s. H MS c23. Harvard Medical Library, Francis A. Countway Library of Medicine, Boston, Mass.
52 Westhoff, Charles F. / Ryder, Norman B.: United States: Methods of Fertility Control, 1955, 1960, & 1965, in: Studies in Family Planning. A Publication of the Population Council, February, 1967, S. 4.
53 Westhoff / Ryder, Methods, S. 3.
54 Westhoff / Ryder, Methods, S. 4.

Am größten sei auch hier der Zuwachs bei der Nutzung des oralen Kontrazeptivums: Nicht nur nutzten mehr Paare als je zuvor die Möglichkeit der Familienplanung durch Verhütung, auch erfreue sich die Pille bei allen Gruppen der höchsten Beliebtheit.

Eine Studie des *Centers for Disease Control and Prevention* (CDC) aus dem Jahr 2000 – basierend auf unterschiedlichen Daten des *National Vital Statistics System* – zeigt, dass in den 1990er Jahren die Beliebtheit der Pille als primäres Verhütungsmittel bei unverheirateten Frauen im Alter von 15 bis 44 Jahren einen leichten Rückgang verzeichnete. Im Jahr 1995 verließen sich noch 36% der Frauen auf das Hormonpräparat, 1988 waren es noch 48% gewesen. Hingegen erlebten Sterilisationen sowie die Nutzung von Hormonimplantaten und Kondomen einen Aufschwung.[55]

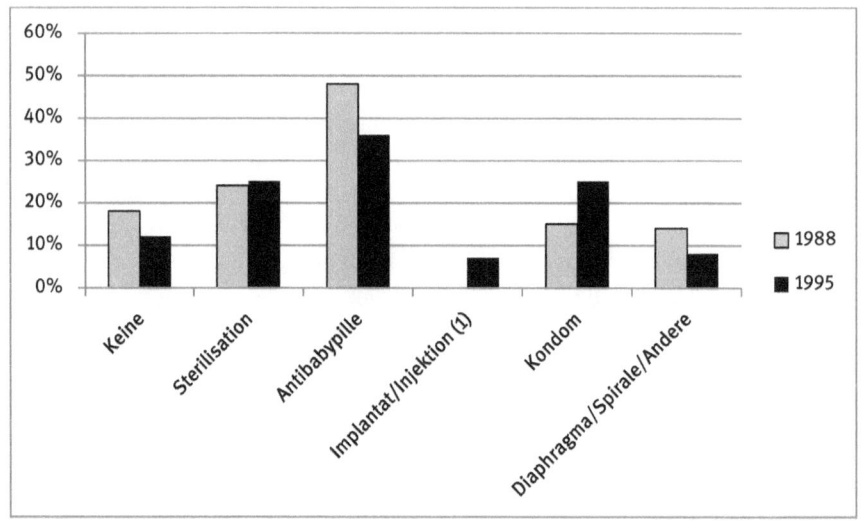

(1) Keine Daten für 1988 verfügbar.

**Abb. 5.2:** Nutzung von Verhütungsmitteln durch unverheiratete Frauen im Alter von 15–44, 1988 und 1995

Eine weitere Studie der gleichen Institution ermittelte im Jahr 2004 eine deutlich nach ethnischer Zugehörigkeit gestaffelte Nutzung von Verhütungsmit-

---

[55] Ventura, Stephanie J. et al.: Nonmarital Childbearing in the United States, 1940–99. National Vital Statistics Report from the Center for Disease Control and Prevention, National Center for Health Statistics, National Vital Statistics System, 48, No. 16, 18.10.2000.

teln: Hierfür wurden im Jahr 2002 mehr als 7.600 Frauen befragt.[56] Auch diese Studie bestätigte, dass Verhütungsmittel sich generell großer Beliebtheit erfreuten; so nutzen 98% der sexuell aktiven Frauen irgendeine Form von Verhütung. Im Jahr 2002 nahmen 11,6 Millionen Frauen in den USA die Pille, 10,3 Millionen Frauen waren sterilisiert. Während allerdings für weiße Frauen die Sterilisation als Verhütungsmethode so gut wie keine Rolle spielte, beugten überproportional viele African American Women und Mexican American Women durch Sterilisation einer ungewollten Schwangerschaft vor.[57] Dies impliziert die Frage nach den Folgen der Praxis der „non-consented sterilizations" insbesondere an Angehörigen ethnischer Minderheiten, worauf im Laufe des Kapitels noch eingegangen wird. Dagegen nutzen mehr Afroamerikanerinnen und Mexican American Women die Dreimonats-Hormon-Injektion Depo-Provera (sehr viel günstiger als die Pille) als weiße Frauen, die deutlich zahlreicher zur Pille griffen.[58] Auch dieser Befund wirft Fragen auf nach den alltäglichen Auswirkungen rassischer Diskriminierung und sozialer Benachteiligung im Zugang zu „reproductive rights" und „women's health care", die weiter unten diskutiert werden.

Für den Zeitraum von 2002 bis 2012 stellte das *Guttmacher Institute* (benannt nach dem langjährigen *Planned Parenthood*-Vorsitzenden Alan F. Guttmacher) eine Verstärkung dieses Trends zur Nutzung langfristiger Verhütungsmethoden (Hormonimplantat oder Spirale) fest. Lag die Nutzung solcher Präparate 2002 noch bei geringen 2,4%, so stieg sie 2012 auf 11.6% (2012).[59] Diskutiert wurden Langzeitverhütungsmethoden indes vor allem im Zusammenhang mit der Kinderzahl von Wohlfahrtsempfängerinnen. Bereits in den 1990er und 2000er Jahren hatten sowohl die Einzelstaaten als auch der Bundesstaat erörtert, ob es möglich und wünschenswert sei, Wohlfahrtsempfängerinnen zur Nutzung von Hormon-Implantaten (NORPLANT) zu verpflichten, um die Geburt weiterer Bedürftiger einzuhegen. Vor allem Bürgerrechtlerinnen und Wissenschaftlerinnen haben diese Überlegungen zutreffend als „attempts to curb the black population" bezeichnet.[60]

---

[56] Mosher, William D. et al.: Use of Contraception and Use of Family Planning Services in the United States: 1982–2002: Advanced Data from Vital and Health Statistics No. 350, December 10, 2004.
[57] Mosher, Use of Contraception, S. 8.
[58] Mosher, Use of Contraception, S. 6.
[59] Kavanaugh, Megan L. et al., Guttmacher Institute: Changes in use of long-acting reversible contraceptive methods among United States women, 200ß-2012. <www.guttmacher.org/article/2015/11/changes-use-long-acting-reversible-contraceptive-methods-among-united-states-women>.
[60] Hierzu siehe weiter unten in diesem Kapitel. Roberts, Killing the Black Body. Overbeck, At the heart of it all.

Insgesamt gilt, dass die Nutzung von Verhütungsmitteln vor 1980 nur sehr spärlich erforscht ist und sich die Mehrzahl der vergleichenden Statistiken auf die 1990er und 2000er Jahre beziehen. Dagegen sind die legalen Abtreibungen in den USA deutlich besser dokumentiert: In den USA erfasst seit dem Jahr 1969 das *Center for Disease Control and Prevention*, ein Bestandteil des Gesundheitsministeriums (*Department of Health and Human Services*), die legal vorgenommenen Abtreibungen. Ein Blick in die Daten zeigt, dass nach der Legalisierung der Abtreibung im Jahr 1973 die Abtreibungsrate (gerechnet auf 1.000 Lebendgeborene) anstieg, (von 180 im Jahr 1972 auf 196 im Jahr 1973). Ein dramatischer Anstieg auf rund 350 Abtreibungen pro 1.000 Geburten erfolgte jedoch erst Ende der 1970er Jahre. Auf diesem Niveau blieben die Abtreibungszahlen dann bis zum Beginn der 1990er Jahre, um anschließend deutlich zu sinken (2000: 246, 2012: 210). Es ist interessant, dass die 1980er Jahre, trotz der abtreibungskritischen Rhetorik Ronald Reagans und der aggressiven Anti-Abtreibungsbewegung, welche auch vor Gewalt gegen Personen und Abtreibungskliniken nicht zurückschreckte, keinen Einbruch der Abtreibungsrate verzeichnen.[61] Dieser verlagerte sich jedoch in die 1990er und 2000er Jahre als Resultat intensivierter Sexualerziehung und besseren Zugangs zu Verhütungsmitteln.

**Tabelle 5.1:** Anzahl der vom Center for Disease Control and Prevention registrierten Abtreibungen, 1970–2010

| Jahr | Anzahl der Abtreibungen | Abtreibungen auf 1.000 Lebendgeburten |
| --- | --- | --- |
| 1970 | 193.491 | 52 |
| 1971 | 485.816 | 137 |
| 1972 | 586.760 | 180 |
| 1973 | 615.831 | 196 |
| 1974 | 763.476 | 242 |
| 1975 | 654.853 | 272 |
| 1976 | 988.267 | 312 |
| 1977 | 1.079.430 | 325 |

---

[61] Zur Anti-Abtreibungsbewegung der 1980er vgl. Schoen, Johanna: Abortion after Roe, Chapel Hill 2015. Hale, Grace E.: A Nation of Outsiders. How the White Middle Class Fell in Love With Rebellion in Postwar America, Oxford / New York 2011. Critchlow, Donald T.: Intended Consequences. Birth Control, Abortion, and the Federal Government in Modern America, Oxford / New York 1999.

Tabelle 5.1: Anzahl der vom Center for Disease Control and Prevention registrierten Abtreibungen, 1970–2010 *(Fortsetzung)*

| Jahr | Anzahl der Abtreibungen | Abtreibungen auf 1.000 Lebendgeburten |
|---|---|---|
| 1978 | 1.157.776 | 347 |
| 1979 | 1.251.921 | 358 |
| 1980 | 1.297.606 | 359 |
| 1985 | 1.328.570 | 364 |
| 1990 | 1.429.247 | 345 |
| 1995 | 1.210.833 | 311 |
| 2000 | 857.475 | 246 |
| 2005 | 820.151 | 233 |
| 2010 | 765.651 | 228 |

## 5.2 „From Reproductive Choice to Reproductive Rights": Die US-amerikanische Frauenbewegung und die Auseinandersetzung um den Zugang zu selbstbestimmter Reproduktion

Als sich am 30. Juni des Jahres 1966 die *National Organization for Women* (NOW) formierte, geschah dies im Kontext der Gleichstellungspolitik der Johnson-Regierung.[62] Auf dem Jahrestreffen der „Commission on the Status of Women", die bereits Präsident John F. Kennedy eingesetzt hatte, um die Diskriminierung von Frauen in den USA untersuchen zu lassen, beschlossen 28 Teilnehmerinnen, eine Bürgerrechtsorganisation für Frauen zu gründen und riefen NOW ins Leben.[63] Nur drei Monate später, auf der offiziellen Gründungskonferenz in Washington, D.C. im Oktober 1966, wählten 300 Mitglieder die Journalistin Betty Friedan zur ersten Präsidentin von NOW. Den selbstgesetzten Auftrag, als „Civil Rights Organisation" für eine normative und rechtliche Neuaushandlung des Status der Frau in der

---

[62] Zur Gründung von NOW vgl. auch Kapitel 3.6 dieser Arbeit.
[63] NOW Origins: A Chronology of NOW, 1966–1985. Schlesinger Library, Radcliffe Institute, Harvard University (SLHU), MC 496, Box 1, Folder 1. NOW Statement of Purpose (verfasst 1966), verabschiedet auf der Konferenz 29.-30.10.1967 in Washington D.C. NOW, The First Five Years, 1966–1971, prepared by Aileen C. Hernandez and Letitia P. Somers, NOW, Chicago (1971), SLHU, MC 496, Box 1, Folder 1. Online unter <www.now.org/about/history/statement-of-purpose/>.

Gesellschaft einzutreten, begründete NOW auch mit dem beschleunigten sozialen und normativem Wandel, dem die US-Gesellschaft gegenwärtig unterliege.[64]

> We, 300 men and women, [...] believe that the time has come for a new movement toward true equality for all women in America, and toward a fully equal partnership of the sexes, as part of the worldwide revolution of human rights now taking place within and beyond our national borders.

Dabei ging es den Aktivistinnen darum, noch ganz im Sinne der präsidialen „Commission on the Status of Women", zuerst die Diskriminierung von Frauen auf dem Arbeitsmarkt durch ungleiche Löhne und Einstellungschancen, aber auch durch schlechtere Bildung und völlig unzureichende Kinderbetreuung, aufzuzeigen und zu überwinden.

> We organize [...] to break through the silken courtain of prejudice and discrimination against women in governement, industry, the professions, the churches, the political parties, the judiciary, the labor unions, in education, science, medicine, law, religion and every other field of importance in American society.[65]

Die zweite Konferenz von NOW im Jahr 1967, nun schon vor 1.200 Mitgliedern, bestimmte zusätzlich zum Kampf gegen Diskriminierung von Frauen zwei neue Ziele: einen Verfassungszusatz, der die Gleichberechtigung von Frauen auch formal in der Verfassung verankern sollte (*Equal Rights Amendment*, ERA), und die Legalisierung der Abtreibung. Die dort verabschiedete „NOW Bill of Rights" forderte unter Punkt VIII: „The right of women to control their own reproductive lives by removing from the penal code laws limiting access to contraceptive information and devices, and laws governing abortion."[66] Die Diskussion auf der Konferenz selbst ging noch weiter. Es wurde auch festgestellt, dass es sich bei einem Fötus noch nicht um eine juristische Person oder ein menschliches Wesen handele, so dass das Recht der Mutter auf körperliche Selbstbestimmung jedweden Rechten des Fötus klar übergeordnet sei. Zwar stelle Abtreibung keine geeignete Technik der Geburtenkontrolle dar, doch das Verbot verhindere nicht die Praxis an sich, sondern schade nur der Gesundheit der Frauen, die zu illegalen Anbietern gezwungen würden. NOW schätzte die Dunkelziffer der Abtreibungen trotz Verbots auf zwischen 200.000 bis eine Million jährlich.[67]

---

64 NOW, An Invitation to Join, November 1966, SLHU, MC 496, Box 1, Folder 2.
65 NOW, An Invitation to Join, November 1966, SLHU, MC 496, Box 1, Folder 2.
66 NOW Bill of Rights (1967), SLHU, MC 496, Box 1, Folder 2.
67 NOW: The Right of a Woman to Determine Her Own Reproductive Process, undated [1967]. SLHU, MC 496, Box 49, Folder 16.

However, criminal abortion laws clearly have proven to be ineffectual in eliminating the use of abortion as a means of birth control, and have driven women to unskilled practitioners, handicapped doctors in practicing their profession, and have made a mockery of the law.[68]

Die Tatsache, dass 1967 das Recht auf reproduktive Selbstbestimmung durch Verhütung und Abtreibung in die „NOW Bill of Rights" aufgenommen wurde, verdankte sich einer Initiative von Alex Rossi[69], der Vorsitzenden der „Task Force on Family Life", die sich mit ihrem Vorschlag in einer Kampfabstimmung durchsetzte – was bedeutet, dass die Mitglieder in diesem Punkt keineswegs einer Meinung waren. Nach entsprechender Beratung hielt NOW auf Antrag von Rossi fest,

> that it is a basic right of every woman to control her reproductive life, and therefore, NOW supports the furthering of the sexual revolution of our century by pressing for widespread sex education, provision of birth control information and contraceptives, and urges that all laws penalizing abortion be repealed.[70]

Nach diesem Paukenschlag ging NOW in den Jahren 1968 und 1969 die Forderung nach Legalisierung der Abtreibung jedoch zögerlicher an. Zwar war „repeal of abortion laws" noch einer der Diskussionspunkte beim Jahrestreffen 1968 in Atlanta und stand nach wie vor in der „Women's Bill of Rights", die auch für 1969 gelten sollte. Doch das Jahr 1969 – angekündigt als „a militant 1969" seitens der NOW-Führung – sollte andere „priorities for action" setzen. Dies waren erstens die Forderung einer Reform des Scheidungs- und Unterhaltsrechtes und zweitens der Kampf gegen die Diskriminierung von Frauen auf dem Arbeitsmarkt, den NOW als Verstoß gegen den *Civil Rights Act* von 1964 geißelte.[71]

---

**68** NOW: The Right of a Woman to Determine Her Own Reproductive Process, undated [1967]. SLHU, MC 496, Box 49, Folder 16.
**69** Die Soziologieprofessorin ALICE S. ROSSI war eine enge Freundin und Vertraute Friedans, Mitbegründerin des NOW und seit 1967 Mitglied im Board of Directors von NOW. Bereits 1964 war sie mit einem Essay zum Thema „Equality Between the Sexes: An Immodest Proposal" hervorgetreten, dieser avancierte gemeinsam mit Friedans „Feminine Mystique" zu einem der Schlüsseltexte des Feminismus. Zu Friedan und Rossi vgl. Kapitel 3.6 dieser Arbeit. Zu Rossis Expertise in der Frage der reproduktiven Kontrolle vgl. auch Alice Rossi, Sociological Argument in Support of Effect of Denial of Right to a Woman to Control her Own Reproductive Life, SLHU, MC 496, Box 49, Folder 16.
**70** Minutes of National Conference of NOW held at the Mayflower Hotel, Washington D.C., November 18 & 19, 1967. SLHU, MC 496, Box 23, Folder 2.
**71** Vgl. die Zusammenfassung der Third National Conference, Atlanta, Georgia, December 6–8, 1968, von Wilma Heide. Siehe auch den Bericht von E. Betty Berry an die 1968 National NOW Conference Atlanta, Georgia, für das Subcommittee on Divorce, Alimony, and Child Support des

Bereits nach nur zwei Jahren verstand sich NOW im Jahr 1968 als führende nationale Frauenrechts-Organisation, welche auf politischer, juristischer und gesellschaftlicher Ebene für die Gleichberechtigung der Frau kämpfte. Die Organisation verfügte bereits über 47 regionale Untergruppen und zählte im Jahr 1971 nach eigenen Angaben schon 15.000 Mitglieder.[72] Doch die neue „Bürgerrechtsorganisation", so das Selbstbild, musste sich schon auf der Konferenz 1968 mit dem Vorwurf auseinandersetzen, NOW sei eine „'middle-class organization' and as such it cannot give adequate leadership on basic problems".[73] Diese Wahrnehmung entbehrte nicht völlig der Grundlage, waren doch nur einige wenige führende Mitglieder des NOW afroamerikanischer oder mexikanischer Abstammung (u. a. Aileen C. Hernández, Pauli Murray, Shirley Cisholm), wohingegen das Gros der Funktionärinnen der weißen Mittelschicht angehörte. Dass hier ein wunder Punkt berührt wurde, unterstrich Kathryn F. Clarenbach, die Vorsitzende des *Board of Directors* in ihrem Jahresbericht 1968:

> Our concerns for employed women, for low-income families, social security legislation, women in poverty, unemployed girls are not traditional middle-class concerns. From the very outset we have made conscious efforts to encourage active participation of a wide range of people and to guard against domination of white, well educated, professional, middle-class, middle-aged females. We need to increase these efforts for an even wider range of representation in our membership and our leadership.[74]

Obgleich Clarenbach engagiert den Vorwurf bestritt, die Organisation vertrete nur die Interessen der weißen Mittelschicht, bekannte sie sich jedoch explizit zu einem Set an Werten, welche sie – unter Bezug auf einen Artikel im *New York Times Magazine* – als „middle class values" beschrieb: „education, competence, responsibility, improvement, optimism".

Dabei bediente sich NOW nicht nur der Taktiken der Bürgerrechtsbewegung wie Demonstrationen und Protestmärsche, sondern zog auch bewusst Parallelen zwischen den Anliegen beider Bewegungen. Allerdings spricht aus den Äußerungen der NOW-Vertreterinnen bisweilen ein aus heutiger Sicht hochproblema-

---

NOW New York, vom 7.12.1968. SLHU, MC 496, Box 23, Folder 7. Pressemitteilung von Betty Friedan und Jean Faust über die Ergebnisse der Konferenz, 10.12.1968. SLHU, MC 496, Box 23, Folder 8.

72 NOW, The First Five Years, 1966–1971, prepared by Aileen C. Hernandez and Letitia P. Somers, NOW, Chicago (1971), SLHU, MC 496, Box 1, Folder 1.

73 Annual Report of the Chairman of Board [Dr. Kathryn F. Clarenbach], 1968. SLHU, MC 496, Box 23, Folder 7.

74 Annual Report of the Chairman of Board [Dr. Kathryn F. Clarenbach], 1968. SLHU, MC 496, Box 23, Folder 7.

tischer Unterton, werteten diese den Sexismus der US-Gesellschaft doch als deutlich bedrohlicher als den Rassismus. So erklärte die neu gewählte „national membership chairman" [sic] Karen DeCrow kurz nach der Jahreskonferenz 1968: „Women are more oppressed than the black men". Da die Top-Positionen der Gesellschaft ausschließlich von weißen Männern besetzt würden, ergebe sich eine dramatische Parallele zwischen „the black second class citizen and the female second class citizen".[75] Diese Gleichsetzung zwischen dem Kampf des Civil Rights Movement für Bürgerrechte und dem Eintreten der Frauenbewegung für das Recht auf Gleichberechtigung und den freien Zugang zu Abtreibung nutze auch Betty Friedan als NOW-Vorsitzende in ihrer Keynote Speech auf der *First National Conference for the Repeal of Abortion Laws in Chicago*, 1969, die sie unter den Titel „Abortion: A Woman's Civil Right" stellte. Den Widerstand gegen die existierende Abtreibungsgesetzgebung interpretierte sie als radikalen Schritt:

> This is a radical change in the terms of the debate. This is like what has happened when the blacks began to say it the way it is and not permit even the white liberals to tell them the way it should be.[76]

Gleichzeitig bestand Friedan darauf, dass eine Legalisierung der Abtreibung als Teil der „unfinished revolution of sexual equality" zu betrachten sei. Das Recht einer Frau, über ihre Reproduktion zu entscheiden, müsse als grundlegendes Menschenrecht anerkannt werden. Dies wiederum könne nur gelingen, wenn vor allem die Stimmen der Frauen selbst gehört würden:

> There is only one voice that needs to be heard on the question of the final decision as to whether a woman will or will not bear a child and that is the voice of the woman herself. Her own consciousness, her own conscious choice.

Dieser Fokus auf die Frau als unabhängige Entscheiderin verändere zwar das Familienverständnis und die Geschlechterbeziehungen, mache jedoch nicht die Familie als solche obsolet – womit Friedan noch einmal deutlich den Standpunkt der bürgerlichen Frauenbewegung der 1960er Jahre umriss:

> This is revolutionary. It cannot happen without radical changes in the family as we know it today; in our concepts of marriage, in our very concepts of love, in our architecture, our plans of cities, in our theology, in our politics, in our art. [...] But, it's bound to be a differ-

---

75 Carolyn Jay: Her Big Campaign – Winning Women's Rights, Miami News Observer, 19.12.1968. SLHU, MC 496, Box 23, Folder 8.
76 Keynote Speech, Betty Friedan, First National Conference for Repeal of Abortion Laws Chicago, Ill., 14.2.1969, "Abortion: A Woman's Civil Right". SLHU, MC 496, Box 49, Folder 16.

ent politics, when women's voices are equally heard: 51% of the population. They are bound to be much more varied [...] the dimension of human relationship—when women and men are allowed to relate to each other beyond the strict confines of the Ladies Home Journal's definition of the mamma and papa and Junior and Janie marriage [...].

But, if we are both people and if we are allowed finally to become full people, I would imagine, not only will there be children born and continue to be born and brought up with more love and responsibility than today, but we will break out of the confines of that sterile little suburban family to relate to each other in terms of all of the possible dimensions of our personalities—male and female, as comrades, as colleagues, as friends, as lovers, in a life span that is now 75 years and that is going to be a 100 years.[77]

Entgegen der hier von der Vorsitzenden beschworenen rhetorischen Aufbruchsstimmung konnte sich die NOW-Führung erst auf der vierten Jahreskonferenz im März 1970 dazu durchringen, einen Workshop zum Thema „Abortion: Tactics & Strategy" anzubieten.[78] Die dort vorbereitete Resolution „Human Reproduction" erklärte die selbstbestimmte, straffreie und gefahrlose Beendigung einer unerwünschten Schwangerschaft zum „basic human right".[79] Interessant ist, dass hier nicht gleichfalls von einem Recht zur selbstbestimmten Entscheidung FÜR eine Schwangerschaft die Rede war; ein Punkt, der gerade afroamerikanische und mexikanisch-stämmige Frauen betraf, sahen sie sich doch auf doppelte Art und Weise in ihrer reproduktiver Entscheidungsfreiheit eingeschränkt.

Im Sommer 1971 wurde der Kampf für reproduktive Kontrolle seitens der NOW dann deutlich heftiger geführt: Es existierte eine „National Task Force on Reproduction and its Control" unter Lucinda Cisler, eine der größten inhaltlichen Task Forces, die NOW unterhielt.[80] Gemeinsam mit der *Women's National Abortion Action Coalition* (WONAAC)[81] kämpfte die Task Force für eine Aufhebung der nationalen und einzelstaatlichen Gesetze, die Abtreibung und Verhütungsmittel

---

[77] Keynote Speech, Betty Friedan, First National Conference for Repeal of Abortion Laws Chicago, Ill., 14.2.1969, "Abortion: A Woman's Civil Right". SLHU, MC 496, Box 49, Folder 16.

[78] Einladungsschreiben der NOW Präsidentin Betty Friedan zu vierten NOW-Jahreskonferenz 1970 vom 28.1.1970. SLHU, MC 496, Box 23, Folder 9.

[79] Action Resolutions passed by the Members of the National Organization for Women at the Fourth Annual Conference, March 20–11, 1970. SLHU, MC 496, Box 23, Folder 11.

[80] LUCINDA CISLER, ab 1971 JAN LIEBMAN, die auch Program Director für Planned Parenthood war. Brief Ann Scott an Del Martin, 10.8.1973. SLHU, MC 496, Box 49, Folder 16.

[81] Gegründet 1971 unter massiver Beteiligung von Mitgliedern der Socialist Workers Party (SWP), aber auch der NOW und anderer Frauengruppen, bestand die WONAAC bis kurz nach der Entscheidung des Supreme Court zur Legalisierung im Fall Roe v. Wade 1973. Brief von Nancy Rolf, Rose Weber, Terry Bruce, National Office of WONAAC to NOW Executive Board, 25.6.1972. SLHU, MC 496, Box 49, Folder 16. Staggenborg, The Pro-Choice Movement, S. 26. Public Women, Public Words, Bd. 2, S. 217–218.

unter Strafe stellten.⁸² Aus den Akten der NOW geht klar hervor, dass die wichtigste Aufgabe der Aktivistinnen darin bestand, erst einmal eine gesicherte Informationsgrundlage zu Rechtslage und Politiken auf dem Gebiet der reproduktiven Kontrolle herzustellen und Netzwerke zu bilden. In einem Aufruf Cislers zur Teilnahme an einer Konferenz der WONAAC im Juli 1971 argumentierte sie, dass schon alleine der Informationsaustausch zwischen den Aktivistinnen den Einsatz lohne – wobei sie eine aufschlussreiche Parallele zur ersten Welle der Frauenbewegung beschwor:

> The situation is much like that of the early suffragists: we must go about it with horse and buggy, meeting face-to-face and exchanging tactical ideas.

Einen anderen Weg ging die Co-Koordinatorin der Task Force, Lana C. Phelan, indem sie für 1972 eine Regionalkonferenz der NOW-Chapters aus dem Westen des Landes in Seattle, Washington, zum Thema „Reproduction" einberief, „in order to get some consensus of opinion on this apparently still controversial subject".⁸³ In Seattle sollten die Versammelten zunächst eine gemeinsame Position zu „new methods of contraception, general family planning, abortion, and the principles embodied in the new self-help clinics being undertaken in some areas by women themselves" entwickeln. Ganz wichtig sei auch ein gemeinsamer Informationsstand hinsichtlich der rechtlichen Regelungen und Gesetzesänderungen zu Verhütung und Abtreibung in den USA und international. Des Weiteren sollten die Ziele anderer Organisationen wie *Planned Parenthood* und *Zero Population Growth* analysiert und diskutiert werden, um Kooperationsmöglichkeiten auszuloten. Vor allem aber gelte es, sich über Begriffe wie „birth control" zu verständigen, „which last year served to inflame emotions in such manner as to make rational discussion almost impossible among members attending the conference."⁸⁴ Hier sieht man gut die Schwierigkeiten der Feministinnen, sich selbst bei einem so sensiblen Thema wie der reproduktiven Kontrolle auf konkrete Maßnahmen und Begriffe zu verständigen. Zugleich wird deutlich, dass auch ein Generationenkonflikt die Mitglieder von NOW spaltete. Auf der Vorjahrestagung in San Francisco hatten laut Phelan „unfortunate disagreements stemming from misunderstandings from newer member of past NOW philosophies in the field of human

---

82 NOW, National Task Force on Reproduction and its Control, Coordinator Lucinda Cisler to Chapter Presidents, 6.6.1971. SLHU, MC 496, Box 49, Folder 16.
83 Lana C. Phelan, Co-Coordinator National Task Force on Reproduction, an das Board of Directors, NOW, 20.2.1972. Western Regional Conference, Seattle, Washington, March 3–4, 1972, Proposed Workshop on Reproduction. SLHU, MC 496, Box 49, Folder 16.
84 Phelan an das Board of Directors, NOW, 20.2.1972. SLHU, MC 496, Box 49, Folder 16.

reproduction, or perhaps those unaware of new developments in this fast-changing area of women's rights" die Diskussion behindert.⁸⁵

Diese Beobachtungen von gravierenden Konfrontationen über die Einstellung zur Reproduktion zwischen den unterschiedlichen Mitgliedern von NOW, die Phelan hier am Beispiel der westlichen Chapters der NOW beschrieb, lassen sich durchaus auf die gesamte Organisation übertragen. Generell standen sich Aktivistinnen der sogenannten zweiten Welle der Frauenbewegung der 1960er Jahre (nach den Suffragetten der Progressive Era) und des jüngeren *Women's Liberation Movement* gegenüber. Während erstere mit der Forderung nach einer Legalisierung der Abtreibung und nach Verabschiedung des ERA den Weg der rechtlichen Reform beschritten und auf die Technik politischer Mobilisation setzten, formulierten letztere seit Beginn der 1970er Jahre ihre politischen Ziele kompromissloser und unterstrichen diese auch durch radikaleren Aktivismus.

So forderten zu Beginn der 1970er Jahre jüngere Feministinnen wie Kate Millett, Anne Koedt, Shulamit Firestone und Frances Beale eine Revolution der Geschlechterrollen und der Gesellschaft und wurden damit zu Ikonen des *Women's Liberation Movement*.⁸⁶ Unter dem Schlachtruf „the personal is the political" wandten sie sich nicht nur gegen Patriarchat und Unterdrückung der Frau, sondern insbesondere gegen die biologische Begründung der gesellschaftlichen Ungleichheit der Geschlechter, welche sie unter anderem in Expertendiskursen und den nationalen Medien feststellten. Zwar teilten sie die Ziele der bürgerlichen Frauenbewegung um NOW – Legalisierung der Abtreibung, Gleichberechtigung auf dem Arbeitsmarkt und die Verabschiedung des ERA – doch gingen ihnen diese im Sinne einer gesellschaftlichen *Revolution* nicht weit genug.⁸⁷ Auf der anderen Seite des politischen Spektrums geriet NOW ebenfalls unter Druck, da ihnen konservative Frauen- und Familienorganisationen vorwarfen, genau diese gesellschaftliche Revolution im Sinne eines Umsturzes der Geschlechterrollen

---

85 Phelan an das Board of Directors, NOW, 20.2.1972. SLHU, MC 496, Box 49, Folder 16.

86 Millett, Kate: Sexual Politics: A Manifesto for Revolution. Koedt, Anne: The Myth of the Vaginal Orgasm, alle in: Firestone, Shulamith / Koedt, Anne (Hg.): Notes from the Second Year, New York 1970, S. 37–41, 111–112. Firestone, Shulamith: The Dialectic of Sex, New York 1970, S. 1–12. Beale, Frances M.: Double Jeopardy: To Be Black and Female, in: Cade, Toni (Hg.): The Black Woman. An Anthology, New York 1970, S. 90–100.

87 Zur Women's Liberation vgl. u.a. Valk, Anne: Radical Sisters. Second-Wave Feminism and Black Liberation in Washington, D.C., Urbana 2008. Echols, Alice: Daring to Be Bad. Radical Feminism in America 1967–1975, Minneapolis 1989. Dies.: Nothing Distant about it: Woman's Liberation and Sixties Radicalism, in: Farber, David (Hg.): The Sixties. From Memory to History, Chapel Hill / London 1994, S. 149–174.

**Abb. 5.3:** Pro Choice Protesters at Union Square, New York, Mai 1972

und einer Abwertung der Familie als Basis der Nation durch das Eintreten für das ERA und die Legalisierung der Abtreibung anzustreben.[88]

Tatsächlich scheiterte das ERA, nachdem beide Kammern des Kongresses es 1971 und 1972 verabschiedet hatten, in den Folgejahren an der fehlenden Ratifikationsbereitschaft einiger Einzelstaaten – trotz Verlängerung der Ratifikationsdeadline von 1979 auf 1982 und obwohl das NOW unbeirrt intensive Lobbyarbeit

---

[88] Critchlow, Donald T.: Conservatism Reconsidered. Phillis Schlafly and Grassroot Conservatism, in: Farber, David / Roche, Jeff (Hg.): The Conservative Sixties, New York 2003, S. 108–126.

betrieb.⁸⁹ Aber die konservative Opposition gegen das ERA, insbesondere die „STOP ERA"-Bewegung der Juristin Phyllis Schlafly, war wortgewandt und mindestens ebenso gut organisiert und finanziert wie die NOW.⁹⁰ Das wirksamste Argument der ERA-Gegner um Schlafly bestand im Verweis auf die vermeintliche Bedrohung traditioneller Genderrollen: Frauen würden zum Militär eingezogen werden und müssten in der Zukunft mit unangenehmer Gleichmacherei rechnen, unter anderem auch mit Zumutungen in Form öffentlicher Unisex-Toiletten. Im Falle einer Scheidung stünde ihnen zudem kein Unterhalt mehr zu, sie verlören folglich ihre geschützte Position in Ehe und Familie.⁹¹ Schlafly kanalisierte und propagierte den Protest äußert wirksam unter der Maxime: „Stop Taking Our Privileges" – STOP ERA – und ließ ihre Aktivistinnen mit den traditionellen Insignien des Hausfrauentums bei den Abgeordneten aufmarschieren. Frauen erschienen mit Kindern und Selbstgekochtem sowie Schildern „I am for Mom and Apple Pie" vor den Politikerbüros in den Einzelstaaten, in denen die Ratifizierung des ERA kontrovers diskutiert wurde.⁹² Im Jahr 1972 transformierte Schlafly ihre „Stop-Era"-Bewegung 1972 in die konservative Interessenvereinigung „Eagle Forum: People for the American Way", deren Präsidentin sie bis zu ihrem Tod 2016 war.⁹³

---

**89** Mathews, Donald G. / De Hart, Jane Sherron: Sex, Gender, and the Politics of ERA. A State and the Nation, Oxford 1993. Mansbridge, Jane J.: Why we lost the ERA, Chicago 1986.
**90** PHYLLIS SCHLAFLY (1924–2016) agierte bis zu ihrem Tod als Präsidentin des von ihr 1972 ins Leben gerufenen konservativen Eagle Forums, welches mit dem Wahlspruch „Leading the pro-family movement since 1972" für sich wirbt. <www.eagleforum.org>. Bereits in den 1970ern war die studierte Juristin eine der bekanntesten konservativen Stimmen Amerikas, ihre Monographie „A Choice, not an Echo" hatte sie 1964 schlagartig berühmt gemacht. Darin hatte sie sich im Präsidentschaftswahlkampf 1964 gegen die Kandidatur des Ostküsten-Republikaners Nelson Rockefeller gewandt, den sie der Korruption und des Globalismus bezichtigte, und sich für den Rechtskonservativen Barry Goldwater ausgesprochen. Seit 1967 wandte sie sich regelmäßig mit einem monatlichen Rundbrief („The Phyllis Schlafly Report") und zahlreichen Zeitungskolumnen sowie Medienauftritten an ihre Fangemeinde. Critchlow, Donald T.: Phillis Schlafly and Grassroots Conservatism. A Woman's Crusade. Princeton / Oxford 2005. Rymph, Catherine: Republican Women. Feminism and Conservatism from Suffrage to the Rise of the New Right, Chapel Hill, 2006.
**91** Eilperin, Juliet: New Drive Afoot to Pass Equal Rights Amendment, WP 28. 3. 2007. Levenstein, Lisa: 'Don't Agonize, Organize!' The Displaced Homemakers Campaign and the Contested Goals of Postwar Feminism, in: Journal of American History 100 (2014), No. 4. S. 1114–1138.
**92** Rosenberg, Rosalind: Divided Lives. American Women in the Twentieth Century, New York 1992, S. 225.
**93** Diamond, Sara: Roads to Dominion. Right Wing Movements and Political Power in the United States, New York 1994.

Während NOW beim ERA unterlag, konnte sie im Jahr 1973 jedoch einen wichtigen Etappensieg im Kampf um Selbstbestimmung und reproduktive Kontrolle verzeichnen: die Legalisierung der Abtreibung durch den Obersten Gerichtshof der USA. Der Rechtsakt stellte die Geschlechterbeziehungen und die Debatte über die reproduktive Funktion der Frau auf eine neue Grundlage. Erstmals in der Geschichte der USA konnten Frauen im ganzen Land in Abtreibungskliniken legal und medizinisch sicher eine unerwünschte Schwangerschaft beenden lassen. Bei armen Frauen übernahm zunächst der Staat die Kosten des Eingriffs. Doch das Urteil des Supreme Court führte – wie kaum ein Rechtsakt zuvor – in der Folge zu heftigen kulturellen Konflikten zwischen Befürwortern und Gegnern, Einzelstaaten und Bundesstaat.[94]

## 5.3 Rechtliche Rahmensetzung: *Roe v. Wade* und die Folgen für die Verhandlung der Geschlechterrollen

Am 22. Januar 1973 entschied der Supreme Court im Fall „Roe versus Wade", dass eine Abtreibung auf Wunsch der Schwangeren bis zum Ende des ersten Drittels der Schwangerschaft legal vorgenommen werden dürfe und unter bestimmten Voraussetzungen auch danach.[95] Unter Berufung auf die persönliche Entscheidungsfreiheit der Mutter (*Right to Privacy*) setzte das Gericht damit das bundes-

---

[94] Schoen, Choice and Coercion. Cline, David P.: Creating Choice. A Community Responds to the Need for Abortion and Birth Control, 1961–1973, New York 2006. Critchlow, T. Donald: Intended Consequences. Birth Control, Abortion, and the Federal Government in Modern America, New York 1999. Marx Ferree, Myra et al.: Shaping Abortion Discourse. Democracy and the Public Sphere in Germany and the United States, Cambridge 2001. Solinger, Rickie (Hg.): Abortion Wars. A Half Century of Struggle, 1950–2000, Berkeley 1998. Reagan, Leslie: When Abortion was a Crime. Women, Medicine, and Law in the United States 1867–1973, Berkeley 1997. Shapiro, Ian: Abortion. The Supreme Court Decisions, Indianapolis 1995. Rubin, Eva R.: The Abortion Controversy. A Documentary History, Westport 1994. Ginsburg, Faye D.: Contested Lives. The Abortion Debate in an American Community, Berkeley, CA 1989. Petchesky, Rosalind Pollack: Abortion and Woman's Choice. The State, Sexuality, and Reproductive Freedom, London 1986.

[95] Der Gerichtsentscheid erklärte, dass bis zum Ende des ersten Trimesters die Entscheidung über Abtreibung und deren Durchführung dem „medical judgement of the pregnant woman's attending physician" oblag. Im darauffolgenden Schwangerschaftsstadium könne dagegen der Staat, angesichts seines Interesses am Erhalt der Gesundheit der Mutter, die Abtreibung reglementieren „in ways that are reasonably related to maternal health". Ab Erreichen der Lebensfähigkeit des Fötus schließlich wurde dem Staat gestattet, „(to) regulate, and even proscribe, abortion". Nicht verboten werden konnten jedoch Spätabtreibungen, die nötig waren, das Leben oder die Gesundheit der Mutter zu erhalten. Kompletter Text des Urteils z. B. auf <www.supreme.justia.com/cases/federal/us/410/113/>

staatliche Abtreibungsverbot vom Ende des 19. Jahrhunderts und die rigorose Abtreibungsgesetzgebung der Einzelstaaten außer Kraft. Vorausgegangen war eine lange Kontroverse um das Recht auf Abtreibung, in welcher Feministinnen, Familienplaner, liberale Wissenschaftler, Politiker und Publizisten erbittert mit konservativen Medizinern, Politikern, Vertretern des Klerus und Bürgergruppen gestritten hatten. Die Debatte um das Für und Wider der Abtreibung dauert bis zum heutigen Tag an.

Der Fall wurde unter dem Pseudonym Jane Roe verhandelt. Er basierte auf der Geschichte Norma McCorveys[96], die 1969 im Bundesstaat Texas mit 21 Jahren zum dritten Mal ungewollt schwanger wurde, wobei das Abtreibungsverbot des Staates ihr jedoch einen legalen Schwangerschaftsabbruch verwehrte. Die jungen Juristinnen Sarah Weddington und Linda Coffee wählten den Fall McCorveys aus, um in ihrem Namen eine Revision der Abtreibungsgesetzgebung des Staates Texas zu erstreiten.[97] Sie reichten zunächst vor dem Bezirksgericht von Dallas County namens „Jane Roe" Klage gegen den örtlichen Staatsanwalt Henry Wade ein – daher der Name des Falles. Zwar erklärte das Bezirksgericht die Abtreibungsgesetzgebung in Texas für nicht verfassungskonform, leitete daraus jedoch keine spezifischen Folgen ab. Indem der Supreme Court sich schließlich des Falles 1971 annahm, erlangten nicht nur die beiden Juristinnen und die Klägerin nationale Prominenz, sondern der Entscheid des Gerichts erhielt nationale Verbindlichkeit und erzwang eine rechtliche Neuregelung in den gesamten Bundesstaaten.[98] NOW unterstützte das Unternehmen von Beginn an und mobilisierte über seine „Task Force on Reproduktion" die Mitglieder der einzelnen regionalen Chapters, schrieb Eingaben, veranstaltete Demonstrationen und leistete vielfältige Lobbyarbeit hinter den Kulissen.[99]

Nach der Verkündigung des Urteils im Fall *Roe v. Wade* blieb es in den nationalen Tageszeitungen überraschend still. Die *Washington Post* widmete dem

---

**96** Norma McCorwey (1947–2017) distanzierte sich später von der Entscheidung des Supreme Court und war eine ausgesprochene Gegnerin der Abtreibung und Aktivistin des Pro-Life-Movement. Vgl. ihre Monographie McCorvey, Norma: I am Roe. My Life, Roe v. Wade, and Freedom of Choice, New York 1994.

**97** Die beiden Juristinnen waren nicht Mitglieder von NOW, jedoch gehörte Coffee der *Women's Equity Action League* (WEAL) an, einer Ausgründung von NOW. Diese war von Frauenrechtlerinnen 1968 in Cleveland, Ohio gegründet worden, um die Gleichberechtigung von Frauen auf dem Wege von Bildung, Gerichtsprozessen und Gesetzesreform voranzubringen. Ausdrücklich distanzierten sich die WEAL-Mitglieder vom Kampf für die Legalisierung der Abtreibung wie ihn NOW führte. Women's Equity Action League Records, SLHU, MC 500.

**98** Stein, Sexual Injustice, S. 51–56.

**99** Hierzu vgl. das vielfältige Material zur Lobbyarbeit des NOW zugunsten der Legalisierung der Abtreibung im Nachlass der Organisation. NOW Papers, SLHU MC 496, Boxes 23, 49.

Ereignis zunächst nur einen knappen Bericht und einige Tage später einen Kommentar.[100] Die *New York Times* dagegen informierte ihre Leser immerhin über die wesentlichen Eckpunkte des Urteils und druckte Auszüge aus der Urteilsbegründung durch Richter Harry A. Blackmun.[101] Erst einige Wochen später veröffentlichte das Blatt die Protestnote eines Rechtsprofessors und Jesuiten, der bitter beklagte, der Supreme Court habe sich zum moralischen Richter über den Wert des Lebens des Ungeborenen aufgeschwungen und reduziere damit die Bürger der USA auf den Status unmündiger Kinder.[102] In der *Washington Post* erschien dagegen ein kritischer Artikel, der die Wertekonflikte in der katholischen Kirche thematisierte und aus feministischer Perspektive kommentierte.[103] Jedoch sollte es durchaus noch eine Weile dauern, bis Feministinnen das Gesetz auch explizit in der Presse verteidigten. Dann jedoch bezogen sie sich in Artikeln und Kommentaren vor allem auf neu errichtete Abtreibungskliniken.[104]

Die neuere Forschung hat das Urteil des Supreme Court im Fall *Roe v. Wade* jedoch nicht nur als liberale Errungenschaft bezeichnet, sondern auch auf seine zeitbedingten Schattenseiten verwiesen: Während Johanna Schoen *Roe* als optimistisches Signal für die Inklusion von legaler Abtreibung in die weibliche Gesundheitsfürsorge beschreibt, bewertet Mary Ziegler die Entscheidung als Beginn eines langen Prozesses der Neuausrichtung der Frauenbewegung auf „choice" als „single-issue politics".[105] Dagegen kritisiert Marc Stein, dass die Richter auch eine „classed, gendered, and racialized doctrine of heteronormative supremacy" verfolgten.[106] *Roe* habe weniger auf die reproduktive Autonomie der Frau gezielt, sondern vielmehr auf ihre Funktion in Familie, Ehe und Gesellschaft. Stein lässt hier jedoch außer Acht, dass Ehe und Familie im Jahr 1973 noch immer die na-

---

**100** MacKenzie, John P.: Supreme Court Allows Early-Stage Abortions, WP, 23.1.1973, S. A 1. Kraft, Joseph: 'Coservative' on Abortion, WP, 25.1.1973, S. A 15.
**101** Excerpts from Abortion Case. Special to the New York Times, NYT, 23.1.1973, S. 20. Summary of Actions Taken by the Supreme Court, NYT, 23.1.1973, S. 22.
**102** Degnan, Daniel A.: The Supreme Court as Moral Arbiter, NYT, 10.3.1973, S. 31.
**103** Hyer, Marjorie: Abortion: A Conflict of Values, WP, 18.2.1973, S. B 3.
**104** Vgl. z. B. Kiernan, Laura A.: 1st Clinic for Abortion Set in Fairfax, WP 28.5.1973. Day, Emily Ann: Abortion, WP 1.9.1973. Zur Debatte um Roe v. Wade in den USA vgl. Condit, Celeste Michelle: Decoding Abortion Rhetoric. Communicating Social Change, Urbana / Chicago 1990. Gorney, Cynthia: Articles of Faith. A Frontline History of the Abortion Wars, New York 1998. Burns, Gene: The Moral Veto. Stalemate and Change in American Debates over Contraception and Abortion, New York 2002. Ferree, Myra Marx: Shaping Abortion Discourse. Democracy and the Public Sphere in Germany and the United States, Cambridge 2002. Ziegler, After Roe.
**105** Schoen, Johanna: Abortion after Roe, Chapel Hill 2015, S. 10 – 11. Ziegler, Mary: After Roe. The Lost History of the Abortion Debate, Cambridge / London 2015.
**106** Stein. Sexual Injustice, S. 55 – 56.

tionale Norm darstellten, an denen sich Politik und Rechtsprechung ausrichteten. Zugleich verweisen seine Überlegungen aber auf ein Grundproblem in der Auseinandersetzung der Frauenbewegung um das Recht auf Abtreibung: Für weiße Aktivistinnen hatte dies eine ganz andere – ausschließlich positive – Qualität als für ihre afroamerikanischen oder mexikanisch-stämmigen Mitstreiterinnen, die zunächst überhaupt erst einmal für ihr Recht auf Reproduktion eintreten mussten.[107] Zugleich weist Stein darauf hin, dass die Richter des Supreme Court ihr Urteil zwar mit dem „right to privacy" begründeten, zugleich aber auch die schlussendliche Entscheidung über den Abbruch in die Hände des behandelnden Arztes legten[108]: So bilanzierte das Gericht in seinem Urteil über das Prozedere bei einer Abtreibung im ersten Schwangerschaftstrimester: „the abortion decision and its effectuation must be left to the pregnant woman's attending physician".[109]

Bereits vor *Roe vs. Wade* hatte sich zu Beginn der 1970er Jahre ein engagiertes *Women's Health Movement* entwickelt, angetrieben zum einen von der Forderung nach legaler, allgemein zugänglicher Abtreibung, zum anderen von einer generelle Kritik der Frauen an der zeitgenössischen paternalistischen Frauenheilkunde und Geburtshilfe.[110] Ausgehend von dem *Boston Women's Health Book Collective* und ihrem Ratgeber „Our Bodies, Ourselves" (Erstausgabe 1973, zahlreiche Neuausgaben und Revisionen folgten) hatten Frauen damit angefangen, sich selbst medizinisches Fachwissen anzueignen oder als Ärztinnen solches in Beratungen und Abtreibungskliniken weiterzugeben.[111] So sollte der Reduktion der Frau auf den reinen Status einer Patientin, über die in der Regel ein männlicher Arzt entschied, entgegen gewirkt werden. Insbesondere für die bürgerliche Frauenbewegung um NOW blieb jedoch die *Roe v. Wade*-Entscheidung der Meilenstein im Kampf um legale Abtreibung, den es gegen alle Angriffe von Abtreibungsgegnern

---

**107** Solinger, Beggars and Choosers. Dies.: Pregnancy and Power. Stein, Sexual Injustice, S. 54:
**108** Stein, Sexual Injustice, S. 55.
**109** Urteil des Supreme Court im Fall Roe v. Wade, zitiert nach Stein, Sexual Injustice, S. 55.
**110** Für eine frühe feministische Kritik männlichen Expertenrats an Frauen vgl. Ehrenreich, Barbara / English, Deirdre: For Her Own Good. Two Centuries of the Expert's Advice to Women, New York 2005 (Originalausgabe 1978). Die Genese des Women's Health Movement steht im Fokus zahlreicher neuer Veröffentlichungen. Vgl. Morgen, Sandra: Into Our Own Hands: The Women's Health Movement in the United States, 1969–1990, New Brunswick, N. J. / London 2002. Kline, Wendy: Bodies of Knowledge. Sexuality, Reproduction, and Women's Health in the Second Wave, Chicago 2010. Nelson, Jennifer: More Than Medicine. A History of the Feminist Women's Health Movement. New York 2015.
**111** Boston Women's Health Collective Collections, SLHU MC 503. Vgl. auch: Prescott, Heather Munro: Student Bodies: The Impact of Student Health on American Society and Medicine, Ann Arbor 2007. Davis, Kathy: The Making of Our Bodies, Ourselves. How Feminism Travels Across Borders, Durham 2008. Kline, Bodies of Knowledge, S. 9–40.

und konservativen Einzelstaaten zu bewahren galt.[112] Bis auf den heutigen Tag widmet NOW der Verteidigung von *Roe* und generell der reproduktiven Rechte der Frau einen beträchtlichen Teil ihrer Ressourcen und ihres Engagements.[113]

Die Gegenreaktion der konservativen gesellschaftlichen Kräfte – insbesondere der katholischen Kirche, aber auch protestantischer Fundamentalisten – und die Bildung einer virulenten Anti-Abtreibungsbewegung erfolgten umgehend.[114] Die Abtreibungsgegner bezeichneten sich selbst euphemistisch als „*Pro-Life*"-*Movement* (im Gegensatz zu *Pro-Choice*). Sichtbarster Ausdruck des Abtreibungsprotestes auf nationaler Ebene wurde der „March for Life", der erstmals 1974 stattfand und seither jährlich zum Jahrestag des Supreme Court Urteils am 22. Januar als Kundgebung in Washington D.C. abgehalten wird, inzwischen mit bis zu 250.000 Teilnehmerinnen.[115]

Die radikalsten Auswüchse der Proteste sind die seit den 1980er Jahren immer wieder vorkommenden Übergriffe gegen Abtreibungskliniken, Ärzte, Schwestern und Patientinnen, die bereits eine Reihe von Todesopfern gefordert haben, und deren Urheber sich zumeist mit dem christlichen Fundamentalismus identifizieren.[116] Erst kürzlich hat Johanna Schoen aufgezeigt, wie „abortion providers" in

---

**112** Eine interessante Untersuchung der Folgen des Roe-Urteils für die Frauenbewegung hat kürzlich Mary Ziegler vorgelegt. Sie argumentiert, dass Roe durchaus ambivalente Effekte zeitigte, beispielsweise die abtreibungsbefürwortende Frauenbewegung zur Neupositionierung zwang und zugleich dafür sorgte, dass Kompromisse zwischen Abtreibungsgegnerinnen und -befürworterinnen in anderen Fragen der Frauengesundheit und rechtlichen Gleichstellung auf Jahre blockiert wurden. Ziegler, After Roe, S. 157–218.
**113** Vgl. die Selbstdarstellung von NOW auf ihrer Website <now.org>. Beispielsweise widmete das Human Rights Committee von NOW im Jahr 1979 80 Prozent seines Jahresbudgets dem Kampf für „reproductive rights". Report of the NOW Human Rights Board Committee Meeting of May 19, 1979, unterzeichnet vom Chair of the Human Rights Committee, Sue Errington, 31.5.1979. SLHU MC 496, Box 42, Folder 30.
**114** Die bekannteste Bewegung, *National Right to Life Committee*, wurde zwar schon 1968 auf Anregung der National Conference of Catholic Bishops gegründet, erreichte aber erst 1973 die Anerkennung als gemeinnützige Organisation. Seit 1973 erscheint die Zeitschrift „National Right to Life News". <www.nrlc.org/abortion/history/>. Zur Antiabtreibungsbewegung vgl. Blanchard, Dallas A.: The Anti-Abortion Movement and the Rise of the Religious Right: From Polite to Fiery Protest, New York 1994.
**115** McGrory, Mary: The Wind Chill Factor of the Abortion Issue, WP, 23.1.1976. Dies.: Mr. Carter on Abortion, WP, 10.9.1976. Dies.: There Is No Middle Ground in Volatile Politics of Abortion, Washington Star, 2.2.1979. LOC Mary McGrory Papers, Box 54, Folder 1.
**116** Eine hellsichtige Beobachterin der Gewalt unter den Abtreibungsgegnerinnen war die Journalistin der Washington Post, Mary McGrory, die immer wieder gegen Gewalt als Mittel zur Erreichung politischer Ziele anschrieb. Vgl. ihre Schriften zum Thema Abtreibung in ihrem Nachlass: LOC Mary McGrory Papers, Box 54, Folder 1 und 2. Vgl. auch McGrory, Mary: Tolerance, Aborted, WP 23.1.1984. Nice, David C.: Abortion Clinic Bombings as Political Violence, in:

**Abb. 5.4:** Anti-Abtreibungs-Demonstrantin vor der St. Patrick's Church in New York, 9.3.1976

den Dekaden nach *Roe* durch eine immer virulentere Antiabtreibungsbewegung in zahllosen regionalen Ausprägungen unter Druck gesetzt wurden und werden.[117]

Zwar gab es Abtreibungsgegnerinnen und -gegner, die ihre Überzeugung, Abtreibung sei „Mord" mit einem grundsätzlichen Bekenntnis zu Frauenrechten

---

American Journal of Political Science 32 (1988), No. 1, S. 178–195. Jefferis, Jennifer L.: Armed for Life: The Army of God and Anti-Abortion Terror in the United States. Santa Barbara 2011. Hale, Grace E.: A Nation of Outsiders: How the White Middle Class Fell in Love With Rebellion in Postwar America, Oxford / New York 2011, S. 277–308.

**117** Schoen, Abortion after Roe, S. 155–198.

verknüpften wie die hier abgebildete Demonstrantin aus New York. Doch die NOW-Aktivistinnen waren skeptisch. Bereits angesichts der unmittelbaren Anti-Abtreibungs-Proteste des Jahres 1973 gelangten sie zu der Einschätzung, dass Abtreibungsgegner und Anti-ERA-Opposition weitgehend dem gleichen Personenkreis entstammten:

> The Right-to-Lifers and the anti-Era forces are by and large the same people (and their money) and are anxious to tie the two issues together through their usual tactic-hysteria. That may work in the field, but by and large congress responds coolly to their tactics.[118]

Tatsächlich intervenierten im 93. Kongress (1973 – 1975) die selbsternannte „Right-to-Life"-Fraktion und insbesondere die *National Catholic Conference of Bishops* ganz massiv für ein *Constitutional Amendment*, das die Entscheidung des Supreme Court aufheben sollte. Dagegen stemmte sich NOW mit aller Macht und entwickelte 1973/1974 vielfältige Aktivitäten, um den legalen Zugang zur Abtreibung zu erhalten.[119] Im Einzelnen ging es NOW dabei um folgende Zielsetzungen:

> 1. Contraception, sterilization and abortion be made available at public hospitals to anyone requesting them.
> 2. A network of local public clinics be established to offer these services.
> 3. Widespread publicizing of the availability of these services.
> 4. Public funds to promote research into safer methods of contraception, sterilization and abortion which would be made easily available.
> 5. Repeal of all laws prohibiting or restricting abortions.[120]

Sehr wichtig war dabei die Strategie, die Presse frühzeitig über Ziele und Aktionen der NOW zu informieren, beispielsweise über den *NOW News Service*, den die einzelnen Zeitungen und Fernsehsender abonnieren konnten.[121] Zugleich entwickelte die Organisation einen „Right to Chose"-Kit für Journalisten, der 1974 der Presse präsentiert wurde. Der „Kit" wartete mit Informationen über die Position

---

**118** Brief von Ann Scott an Del Martin über Abtreibung, 10.8.1973. SLHU MC 496, Box 49, Folder 16.
**119** Antrittsschreiben Jan Liebmann 20.6.1973 als neue Koordinatorin der Task Force on Reproduction and Population for NOW. SLHU MC 496, Box 49, Folder 16.
**120** Schreiben Dian Terry/Jan Liebman, NOW Task Force on Reproduction and Population, November 1973. SLHU MC 496, Box 49, Folder 17.
**121** NOW Reproduction Task Force: Legal Arguments against the constitutional Amendment on Abortion [undated, 1974]. NOW Reproduction Task Force: The Abortion Issue and the 93rd Congress. SLHU MC 496, Box 49, Folder 16.

von NOW zu Abtreibung und dem Entscheidungsrecht der Frau auf, lieferte aber auch medizinische und rechtliche Hintergrundinformationen.[122]

Intern ging es NOW vor allem darum, die Mitglieder zum gezielten Lobbying bei ihren Kongressabgeordneten anzuhalten, um so die Politiker für eine Unterstützung der legalen Abtreibung zu gewinnen. Dem Zweck der passgenauen Mitgliederinformation dienten unter anderem ein „Abortion Action Kit" (zur Vorbereitung möglicher Treffen mit ihren Kongressabgeordneten)[123], ein „Political Action Ressource Kit" (einer minutiösen Handreichung für die Durchführung von Politikergesprächen) sowie ein „Chapter Action Kit" (mit Anregungen für lokale Aktivitäten und Lobbytechniken).[124] Zugleich lancierten NOW-Mitglieder 1974 eine Petition im Kongress, welche die Abgeordneten zur Verteidigung des „right to chose" anhielt[125]. Wie wichtig NOW dabei das persönliche Engagement der Mitglieder einschätzte, illustriert ein Schreiben der NOW-Spitze an die Mitglieder von März 1974:

> Constituent lobbying—meeting personally as NOW chapter delegation with your Representative at home is the most effective lobbying technique you can employ. NOW's effectiveness in Washington depends on these meetings, and our growing impact is clearly a result of your effort.[126]

Des Weiteren erklärte NOW den 9. Oktober 1974 zum „lobby day for the right to choose" und versammelte an diesem Tag Repräsentantinnen aller 700 NOW-Chapters auf dem Capitol Hill, um Druck auf die Senatoren auszuüben, welche die Frage einer möglichen Revision des Roe-Entscheides im *Senate Subcommittee on Constitutional Amendments on Abortion* diskutierten.[127] Der Kontext dieser Akti-

---

[122] Letter Dian Terry to Press Representatives on Right-To-Choose Kit, 5.4.1974. SLHU MC 496, Box 49, Folder 16.
[123] Dieser wurde auch in den Folgejahren regelmäßig aktualisiert und erweitert. Vgl. die verschiedenen Versionen in SLHU MC 496, Box 49, Folder 17.
[124] Ann Scott / Jan Liebman: Abortion: NOW National Lobbying Program, 15.2.1975, to all State Legislative Coordinators. Chapter Abortion Resource Kit, Installment Folder1, Ann Scott / Jan Liebman to Chapter Presidents, 15.2.1974. SLHU MC 496, Box 49, Folder 17.
[125] Petition to the Members of the U. S. Congress, undated [1974]. SLHU, MC 496, Box 49, Folder 16.
[126] Legislative Office to All Chapters, 26.3.1974, gez. Ann Scott, Jan Liebman, Plan NOW to Meet with Your Congressional Representative. Washington Blue Sheet, Abortion: NOW Action Program [1974], Ann Scott / Jan Liebman: Abortion: NOW National Lobbying Program, 15.2. 1975, to all State Legislative Coordinators. SLHU MC 496, Box 49, Folder 17.
[127] NOW Legislative Office, Washington DC, Ann Scott, Vice President Legislation / Jan Liebman, National Task Force Coordinator, Reproduction: Loss of Control of our Bodies Threatened! October Lobby Day, 9.10.1974. SLHU MC 496, Box 49, Folder 16. Zu Anzahl der Chapters 1974 vgl. den

vitäten, die in den Folgejahren jährlich stattfanden, war der Geburtstag Margaret Sangers am 14. September, den die Vertreter der Anti-Abtreibungsbewegung ab 1974 ebenfalls für Kundgebungen gegen legale Abtreibung nutzen.

Mit ihren kontinuierlichen Lobby-Aktivitäten knüpften die Aktivistinnen von NOW an die Praktiken an, die sie schon im Kampf um das *Equal Rights Amendment* verwandt hatten. Ebenfalls charakteristisch war die Tatsache, dass NOW immer wieder Informationen über Abtreibungskliniken in den Einzelstaaten, über Organisationen für und gegen Abtreibung, über konkrete Gesetzesinitiativen und Presseberichte sammelte und unter seinen Mitgliedern zirkulierte.[128] Bereits im Sommer 1974 hatte NOW eine umfassende „Right to Choose"-Broschüre erstellt, die alle Informationen über Abtreibung für Frauen verständlich bündelte.[129] Gerade dieser letzte Punkt, die Diffusion von Informationen über Abtreibung, um Frauen eine verantwortliche Entscheidung überhaupt erst zu ermöglichen, war den Aktivistinnen ein besonderes Anliegen.

Während NOW als soziale Bewegung gewissermaßen einen gemäßigten, auf Reform zielenden Kurs verfolgte, waren die Mitglieder der *National Abortion Rights Action League* (NARAL) zu Beginn der 1970er Jahre weniger zurückhaltend in der Wahl ihrer Aktionsstrategien im Kampf für das Recht auf Abtreibung.[130] Zudem zielte NARAL über das Instrument der PACs (*Political Action Committees*) deutlicher als NOW auf eine direkte Beeinflussung der Politik durch Unterstützung von

---

Fundraising Letter der NOW Präsidentin Wilma Scott Heide vom 2.3.1974. SLHU MC 496, Box 49, Folder 17.

**128** SLHU MC 496, Box 49, Folders 20, 22, 23, 25, 26, 27. Box 95, 96 Im Einzelnen vgl.: Organizations supporting abortion rights [1980], SLHU MC 496, Box 49, Folder 19. NOW Rates First Trimester Abortion Facilities – Spring 1973. SLHU MC 496, Box 49, Folder 17. Federal Abortion Legislation [1971] und Organizations Supporting Right to Chose Abortion / Organizations Opposing Abortion [undated]. SLHU MC 496, Box 49, Folder 16.

**129** Brief Dian Terry an die Chairpersons des NOC, 29.7.1974: First Right to Choose Brochure. SLHU MC 496, Box 49, Folder 18. Broschüre in SLHU MC 496, Box 49, Folder 23.

**130** NARAL wurde 1969 anlässlich der oben erwähnten *First National Conference on Abortion Laws* in Chicago als *National Association for the Repeal of Abortion Laws* gegründet. Unter der ersten Geschäftsführerin Lee Gidding richtete die Organisation ihre Geschäftsstelle in New York ein. Einziger Zweck der Organisation war das Eintreten für legale Abtreibung und für die Abschaffung der restriktiven Gesetzgebung der Einzelstaaten. 1973, nach dem Supreme Court Entscheid zugunsten legaler Abtreibungen, benannte sich NARAL um in *National Abortion Rights Action League*. Ende des Jahres 1973 verfügte die Organisation über rund 4.000 Mitglieder und zahlreiche Unterorganisationen, wie zum Beispiel die Unterorganisation für den Staat Massachusetts, MORAL, ab 1984 *MORAL Mass Choice*. Der Nachlass von NARAL befindet sich in der Schlesinger Library der Harvard University, inbesondere in den Beständen MC 313 und MC 714, der von MORAL Mass Choice in MC 659.

Pro-Choice-Politikern und -Politikerinnen und unterhielt dazu auch ein Büro in Washington DC. Wie NARAL seine eigenen Mobilisierungsstrategien angesichts der Aktivitäten der Pro-Life-Bewegung intensivierte, lässt sich sehr gut an den bereits geschilderten Protesten gegen die Ausstrahlung der „Abtreibungsepisoden" der Serie „Maude" im Jahr 1973 verdeutlichen. Nach der Erstausstrahlung im November 1972 hatten zunächst katholische Seelsorger ihre Gemeindeangehörigen zu Protestbriefen an Sender und Werbekunden angehalten. Anti-Abtreibungs-Aktivisten waren auf den Zug aufgesprungen und hatten eine gezielte Kampagne gegen das Network CBS, den Produzenten Norman Lear und die Schauspieler gestartet. Damit mochte die Spitze von NARAL sich nicht abfinden und legte ihrerseits ein Aktionsprogramm auf, um die „Pro Lifers" zu bremsen – zu wichtig erschien der mit „Maude" erzielte Fortschritt in der medialen Thematisierung der Abtreibung. NARAL-Geschäftsführerin Lee Gidding schrieb im Januar 1973 an den erweiterten Vorstand und den Unterstützerkreis der Organisation:

> The case of Maude is important. It is the first TV entertainment to deal with abortion in a way that reflects changing attitudes of society, and the decision of the sympathetic dramatic character affirms our position. If the opposition wins its campaign against Maude, networks and sponsors will back off from all but conventional treatment of abortion.[131]

Im Streit um die erneute Ausstrahlung der Episoden im Sommer 1973 startete NARAL eine eigene Briefkampagne mit Solidaritätsbriefen an CBS und Lear sowie Protestschreiben an die Unternehmen, die ihre Werbung in der Serie zurückgezogen hatten.[132] Hinzu kam ein Boykott der Produkte eben dieser Unternehmen, darunter Giganten wie American Home Products und General Mills, gepaart mit dem Versuch, diese durch gezielte Berichterstattung (unter anderem in der feministischen Zeitschrift *Ms. Magazine*) zusätzlich unter Druck zu setzen.[133] Als dritte Säule ihrer Proteststrategie ließ NARAL die Direktoren der 10 größten Abtreibungskliniken des Landes Unterstützerbriefe der Klientinnen einholen, die dann an die politischen Repräsentanten des Bundesstaates weitergeleitet wur-

---

131 Memo Lee Gidding, Executive Director NARAL, to NARAL Directors and Organization Supporters, re: CBS-TV-Program Maude, January 1973. SLHU MC 313, Carton 7, Folder "Maude". Hervorhebung im Original.
132 Memo Lawrence Lader, Chairman of the Board, NARAL, 17.8.1973, The „Maude" CBS-TV Boycott. Brief NARAL, Executive Director Roxanne Olivo, an NARAL Directors, Organization Members and Supporters, 28.8.1973. Re Maude Show. SLHU MC 313, Carton 7, Folder „Maude".
133 Memo NARAL, 17.8.1973, A Boycott of CBS TV's Maude Show on Abortion Arouses Counter Boycott by ten National Organizations. Schreiben von Executive Director NARAL, Roxanne Olivo, an Ms. Magazine, 5.9.1973. SLHU MC 313, Carton 7, Folder „Maude".

den.¹³⁴ NARAL-Vorstand Lawrence Lader fasste das Ziel der Kampagne so: „Let's prove that the legalized abortion movement can equal the power of the Catholic Church".¹³⁵ Das gelang tatsächlich, Unterstützer- und Kritikerbriefe hielten sich im Sommer 1973 in etwa die Waage, wie die neue NARAL-Geschäftsführerin Roxanne Olivo befriedigt festhielt.¹³⁶

Doch nicht nur die Briefkampagne der Abtreibungsgegner brachte NARAL in Schwung. Die Aktivistinnen fühlten sich vor allem durch die oft drastischen Auftritte der „Pro Life"-Fraktion herausgefordert, welche die öffentlichen Debatten über Abtreibung durch dramatische Bilder und Filme anheizten. Besonders beliebt war seitens der Abtreibungsgegner dabei – neben der Einspielung von fötalen Herztönen oder dem Bericht über lebendgeborene Frühchen – auch die Verteilung einer vierseitigen Schockbroschüre mit Bildern getöteter Föten (lange vor der Veröffentlichung des tendenziösen Anti-Abtreibungs-Films „The Silent Scream" im Jahr 1984).¹³⁷ So regte NARAL-Vorstand Lawrence Lader im November 1972 an, man müsse die drastischen Auftritte der Abtreibungsgegner durch ebensolche Aktionen kontern, etwa den lebensbedrohlichen Blutverlust der Patientin bei einer illegalen Abtreibung durch das Ausschütten von Blutkonserven vor laufender Kamera demonstrieren.¹³⁸ Bereits im Kontext der ersten „Maude"-Proteste im Januar 1973 (und damit noch vor der Entscheidung des Supreme Court) hatte die damalige NARAL-Geschäftsführerin Lee Gidding eine neue Strategie angekündigt:

> To counter the impact of "Right to Life's" four page pamphlet of fetus horror pictures [...] NARAL will soon have the "dummy" of a four-page pamphlet with our own shock ap-

---

134 Memo Lawrence Lader, Chairman of the Board, NARAL, 17.8.1973, The „Maude" CBS-TV Boycott. SLHU MC 313, Carton 7, Folder „Maude".
135 Memo Lawrence Lader, Chairman of the Board, NARAL, 17.8.1973, The „Maude" CBS-TV Boycott. SLHU MC 313, Carton 7, Folder „Maude".
136 Memo Roxanne Olivo, Executive Director NARAL, A Follow Up on Maude (undated, 1973). SLHU MC 313, Carton 7, Folder „Maude".
137 Hierzu siehe die Ausführungen in Kapitel 6.
138 In seinem Schreiben beklagte Lader bitter den Schaden, welcher der Abtreibungsbewegung durch die ungeschickte Präsentation der Ergebnisse des Berichts der Präsidentenkommission „on Population and the American Future" am 29.11.1972 im Kanal PBS entstanden sei. Larry Lader, NARAL, Chairman of the Board, to NARAL Board Members et al, undated (1972), Subject: The Damage to the Abortion Movement from the Second Hour of the TV Report of the Commission on Population Growth and the American Future (aired PBS 29.11.1972). SLHU MC 131, Carton 8, Folder „President's Commission on Population and the American Future". Ähnlichen Anlass zur Besorgnis boten die Auftritte der Abtreibungsgegner im Staat Michigan, wo Ende 1972 ein Referendum zur Aufhebung der Abtreibungsverbote anstand, welches dank der PR-Kampagnen der Abtreibungsgegner scheiterte.

proach. There NARAL Executive Committee, as well as many state affiliates, are convinced we must now adopt the hard line.[139]

Sie bat die Mitglieder, NARAL zu diesem Zweck „slides and photos [...], which illustrate the tragedy of illegal abortion, or are useful in challenging the opponent's arguments" zur Verfügung zu stellen. Die Broschüre wurde umgehend gedruckt, doch ihre Verwendung war nicht unproblematisch, wie Karen Mulhauser, Co-Direktorin des NARAL, nur ein Jahr später feststellte:

> Enclosed is our "shock brochure" which we have found to be effective in some situations and ineffective in others. It should be used selectively and only if the opposition has previously shown their fetus pictures. In a debate, it is preferable that no visuals be used but if the fetus pictures are used, the Pro Choice debater can be equally effective by illustrating the tragedy of a mother's death by botched abortion or of infanticide.[140]

Es zeigt sich an dieser Stelle, dass erst die Anti-Abtreibungsbewegung auf Strategien der Bürgerrechtsbewegung zurückgriff (Proteste, Massenbriefe) und später das Pro-Choice Movement sich seinerseits der radikalen PR-Arbeit („shock brochure") der „ProLifers" bediente. Lernprozesse hinsichtlich der Anwendung möglichst effektiver Mobilisierungstechniken verliefen also gerade nicht einlinig, sondern reziprok.

Wichtig ist auch, dass sich im Kampf um das Recht auf Abtreibung eine Koalition aus Feministinnen und Vertreterinnen des *Population Control Movement* herausgebildet hatte. Dies signalisierte ein Brief der NOW-Präsidentin Wilma Scott Heide aus dem Jahr 1974 an das *Zero Population Growth Movement* (ZPG), die einflussreichste Graswurzelbewegung auf diesem Feld. In ihrem Schreiben entwarf sie eine Vision des Jahres 2000, in dem biologistische Genderrollen nicht mehr wichtig waren und alle amerikanischen Kinder bewussten Entscheidungen ihrer Eltern entstammten. Entscheidend war der Schlusssatz: „Meanwhile, for NOW I'm glad that ZPG and NOW are working together in our many areas where we have common cause".[141] NARAL-Vorstand Lawrence Lader hatte bereits bei

---

[139] Memo Lee Gidding, Executive Director NARAL, to NARAL Directors and Organization Supporters, re: CBS-TV-Program Maude, January 1973. SLHU MC 313, Carton 7, Folder "Maude".
[140] Memo Karen Mulhauser, NARAL Co-Director to participants in St. Louis and Washington ZPG / Planned Parenthood media workshops, o.D. (1974). SLHU MC 313, Box 9, Folder "Zero Population Growth".
[141] Letter Wilma Scott Heide to Meg Letterman, Editor, The National Reporter, ZPG, Palo Alto, CA, 10.10.1974. SLHU MC 496, Box 49, Folder 17.

den „Maude"-Protesten die Kooperation „with our old allies, ZPG, NOW, and other feminist, religious, and population groups" enthusiastisch begrüßt.[142]

Die Frage nach inhaltlichen und personellen Überschneidungen zwischen Frauenbewegung, „Pro-Choice" und dem Eintreten für eine Begrenzung des nationalen wie weltweiten Bevölkerungswachstums steht im Zentrum des folgenden Teilkapitels.

## 5.4 Die Kampagne zur Senkung des weltweiten Bevölkerungswachstums, die Rolle der Bevölkerungsexperten und die Reproduktion der weißen Amerikanerin

> Any and every drop in the birth rate is desirable. We've got enough people in the world and in this country so that there is no danger that we'll ever run out. We have lots of people, what we need is high-caliber individuals contributing as individuals. We need quality; quantity takes care of itself.[143]

Mit ihrem Plädoyer für die Senkung der nationalen wie weltweiten Geburtenrate bei gleichzeitiger Stärkung der „Qualität" des Nachwuchses im *Time Magazine* von Mai 1966 konnte die Anthropologin Margaret Mead gleich an verschiedene Diskurse anschließen. Zum einen reflektierte die überzeugte Feministin Mead hier den Diskurs der Frauenbewegung um das Recht auf reproduktive Kontrolle und selbstbestimmte Reproduktion als Meilenstein auf dem Weg zur Gleichberechtigung der Frau. Zum anderen bezog sie sich auf einen zeitgenössischen Bevölkerungsdiskurs um die Reduktion des weltweiten Bevölkerungswachstums, der in verschiedenen privaten und halböffentlichen Organisationen, die zusammen das *Population Control Movement* bildeten, geführt wurde.[144] Die bevölkerungspolitischen Konzepte, oftmals vertreten und entwickelt von den gleichen Experten, die auch das Recht auf Abtreibung befürworteten, zielten insbesondere auf die Reduktion der Reproduktion sozial benachteiligter Gruppen in den USA und der Menschen in Entwicklungsländern. Schließlich scheint in Meads Statement ein konservativer Familiendiskurs auf, der ebenso Anschlussmöglichkeiten an die

---

[142] Memo Lawrence Lader, Chairman of the Board, NARAL, 17.8.1973, The „Maude" CBS-TV Boycott. SLHU MC 313, Carton 7, Folder „Maude".

[143] Margaret Mead, zitiert im Artikel "Welcome Decline", in: Time, May 6, 1966. Vgl. auch Blake, Family Size, S. 66.

[144] Zu den Organisationen des *Population Control Movement* siehe weiter unten in diesem Kapitel.

Debatten um „race suicide" und „fitter families" der Eugeniker wie auch an die Diskussionen um die Vorteile der traditionellen Kernfamilie bot.

In der Folge soll herausgearbeitet werden, wie die diskursive Verbindung zwischen reproduktiver Kontrolle, Gleichberechtigung der Frau und Bevölkerungspolitik genau funktionierte, inwiefern hier erneut die Werte und Erfahrungen des weißen Mittelschichtamerika im Vordergrund standen, und warum sich auch liberale Intellektuelle wie Margaret Mead davon angesprochen fühlten.

In den USA erwuchs der Wunsch nach wissenschaftlicher „population control" aus der Sorge über unkontrolliertes Bevölkerungswachstum sowohl im Land (durch hohe Geburtenraten von ethnischen Minderheiten und Wohlfahrtsempfängern) als auch international (durch die hohen Geburtenraten in Entwicklungsländern). So warnte der Präsident der *Association for Voluntary Sterilization* (Nachfolgerin der *Human Betterment Foundation*), Hugh Moore, im Jahr 1966 vor einer Verdopplung der Bevölkerungszahl der USA innerhalb der nächsten drei Dekaden:

> Over-crowded cities, polluted air and water, countless unwanted and suffering children, skyrocketing taxes for welfare! Half of the babies now born in some cities are from indigent families on relief.[145]

Daher müsse man verstärkt die freiwillige Sterilisation unter AmerikanerInnen fördern – wobei klar war, dass Moore vor allem „poor indigent families", also afroamerikanische Familien im Sinn hatte. Margaret Mead formulierte 1968 – auf Einladung der *Planned Parenthood Federation* – deutlich vorsichtiger, mahnte aber auch eine effektive „family size limitation" an – insbesondere durch Verhütung und die verstärkte Integration von Frauen in den Arbeitsmarkt:

> The social climate will change in response to pressures on the land, in space, on food, on personnel. Today [...] it has become self-evident that the present rate of population growth endangers the quality of life in the most affluent countries, and the very existence of millions in poorer countries. [146]

Zur wissenschaftlichen Erforschung und Dokumentation der Problematik wie auch zur konkreten Beratung – was hieß: Propagierung von Geburtenkontrolle durch Sterilisation und Empfängnisverhütung – bildeten sich zahlreiche privat und öffentlich finanzierte Organisationen wie das *Population Reference Bureau*

---

[145] Schreiben des Präsidenten der AVS, Hugh Moore, an Spender, November 1966. Margaret Mead Papers, Library of Congress, E 104, Folder 3.
[146] Rede Margaret Meads bei einem Luncheon der Planned Parenthood Federation, 15.11.1968, Typoskript. Margaret Mead Papers, Library of Congress, E 104, Folder 3.

(PRB, gegründet 1929)[147], das *Population Council* (PC, gegründet 1952)[148], das publikumswirksame *Zero Population Growth Movement* (ZPG, gegründet 1969)[149] und das *Population Institute* (gegründet 1969)[150]. Die *Planned Parenthood Federation* hatte – bedingt durch ihren Fokus auf Geburtenkontrolle und die reproduktiven Rechte der Frau sowie die Tatsache, dass sie die meisten anderen Institutionen mitfinanzierte, einen wesentlichen Anteil an dieser Entwicklung.[151] Speziell die Anhänger des ZPG unterstützten offensiv die *Roe v. Wade*-Entscheidung und betonten, frei zugängliche Abtreibungen und Verhütungsmittel seien nicht nur „absolutely desirable and necessary" in ihrer Eigenschaft als „mechanisms to achieve ZPG", sondern dienten ferner dazu „to increase personal freedom and improve the quality of life".[152] Die ZPG-Bewegung, die im Jahr 1973 nach eigenen Angaben über nicht weniger als 300 Zweigstellen und 21.000 Mitglieder im ganzen Land verfügte, verstand sich bewusst als eine Graswurzelbewegung. Obgleich erst 1969 gegründet, hatte sie eine Geschäftsstelle in New York und unterhielt von Beginn an sehr enge Kontakte zu NARAL.[153]

Mitte der 1970er Jahre gab es zahlreiche Zusammenschlüsse der auch personell und lokal eng vernetzten „population organisations": Im Versuch, das Agenda-Setting der Regierung in Bevölkerungsfragen zu beeinflussen, gründete

---

147 Nachlass der Organisation in den Robert C. Cook Papers, Library of Congress, Manuscript Division.
148 Die Organisation existiert noch heute und engagiert sich vor allem im Bereich der Entwicklungshilfe, Frauengesundheit und Kontrolle des weltweiten Bevölkerungswachstums, ihr Jahresbudget umfasst 74 Millionen US $. <www.popcouncil.org> Gegründet 1952 von John D. Rockefeller, zählte die Organisation einige ehemalige Eugeniker von Rang zu ihren Präsidenten, so FREDERICK OSBORN (1957–1959), Gründungsmitglied der *American Eugenics Society* und Herausgeber der Zeitschrift Eugenics Quarterly (seit 1954) und FRANK NOTESTEIN (1959–1968), Demograph und ehemaliger Direktor der *American Eugenics Society*. Die Forschungen des PC waren ganz wesentlich an der Entwicklung der Spirale (*Intrauterine Device* (IUD)) beteiligt, welches dann Millionen Frauen in USA und den Entwicklungsländern zur Verhütung verordnet wurde. Ebenso trug das PC zur Entwicklung von Hormonimplantaten wie *Norplant* bei.
149 Folder „Zero Population Growth, 1969–1974" in den Akten von NARAL: SLHU MC 313, Box 9. Hier ist auch eine Geschäftsordnung (1974) und erste Berichte des Executive Director des ZPG (1969) enthalten.
150 Margaret Mead Papers, Library of Congress, Manuscript Division, E 106.
151 Margaret Mead Papers, Library of Congress, Manuscript Division, E 105. Robert C. Cook Papers, Library of Congress, Manuscript Division, Box 12, Folder 3.
152 So die Vizepräsidentin des ZPG, Judith Senderowitz, zitiert von Jack Rosenthal: Each Change Has Vast Impact, NYT, 4.3.1973, S. 201.
153 Folder „Zero Population Growth, 1969–1974" in den Akten von NARAL. SLHU MC 313, Box 9. Vgl. auch SLHU MC 714, Box 53, Folder 14 und Box 48, Folder 8 mit Informationen zur Arbeit des ZPG ab 1975 bis 1980.

sich 1975 die *Population Oriented Organization People* (POOP), darin vertreten waren PRB, PC, ZPG, NARAL, *Population Institute*, *Religious Coalition for Abortion Rights* und das *Population Crisis Committee*. Zwischen 1975 und 1977 trafen sich die Mitglieder regelmäßig zu so genannten „population lunches" in Washington.[154] Diese „population coalition" (die sich selbst auch so bezeichnete) versuchte, durch gezielte Lobby- und Öffentlichkeitsarbeit Themen wie Abtreibung, Verhütung und Bevölkerungskontrolle zu platzieren, vermied zugleich sorgsam den Anschein, sie arbeite auf eine expertengestützte Planung des nationalen Bevölkerungswachstums hin – obgleich es ihr ja genau darum ging.[155]

Hinzu trat der Transfer der bevölkerungspolitischen Konzepte in die Entwicklungspolitik der USA im Laufe der 1970er Jahre. Zahlreiche Bevölkerungsexperten, die sich zunächst für Abtreibung und Geburtenkontrolle in den USA eingesetzt hatten, wie der Pro-Choice Veteran und Mediziner Christopher Tietze[156], auf dessen Forschung über Abtreibung unter anderem die Supreme Court Entscheidung zurückging, engagierten sich innerhalb der internationalen Bevölkerungspolitik. Tietze wurde stellvertretender Direktor des *Population Council* mit Sitz in New York, einer von John D. Rockefeller gegründeten und mit Geldern der *Rockefeller Foundation* finanzierten international agierenden Nichtregierungsorganisation, die noch heute im Namen der Frauengesundheit Projekte zur Geburtenkontrolle in Entwicklungsländer exportiert.[157]

---

154 Protokolle beispielsweise im Nachlass von NARAL, SLHU 714, Box 48, Folder 8: Population Coalition 1975–1978.
155 Staggenborg, The Pro-Choice Movement, S. 162–165.
156 CHRISTOPHER TIETZE (1908–1984) war ein US-amerikanischer Mediziner, der sich gemeinsam mit seiner Frau, Sarah Lewit Tietze intensiv für eine Kontrolle des Bevölkerungswachstums und die Diffusion von Wissen über Geburtenkontrolle und Abtreibung einsetzten. Beide erhielten im Jahr 1973 für ihre Verdienste gemeinsam den Margaret Sanger Award der *Planned Parenthood Federation*. <www.plannedparenthood.org/about-us/newsroom/politics-policy-issues/ppfa-mar garet-sanger-award-winners-4840.htm>. In den 1960er Jahren agierte Tietze als Research Director des *National Committee on Maternal Health* und als Associate Director des PRB. Zudem gehörte er dem Legal and Social Scientific Committee der *Association for Voluntary Sterilization* (AVS) an. Schreiben Tietze an Robert C. Cook, 16.12.1960. Library of Congress, Manuscript Division, Robert C. Cook Papers, Box 11, Folder 9, ebenda Box 12, Folder 5. Programm der Jahrestagung der AVS, 17.12.1966. Library of Congress, Manuscript Division, Margaret Mead Papers, Box E 105, Folder 3. SLHU MC 714 Box 59, Folder 9. Tietze, Christopher: Contraceptive Practice in the Contect of a Nonrestrictive Abortion Law: Age Specific Pregnancy Rates in New York City, 1971–1973, in: Family Planning Perspectives, Vol. 7, No. 5 ( 1975), S. 197–202. Tietze, Christopher / Lewit, Sarah: Legal Abortion, in: Scientific American Vol. 236, No. 1 (1977), S. 21–27.
157 Tietze, Christopher: The Effects of Legalization of Abortion on Population Growth and Public Health, *Family Planning Perspectives* 7 (1975), No. 3, S. 123–127. Zu Tietzes Funktion beim PC: Robert C. Cook Papers, Library of Congress, Manuscript Division, Box 12, Folder 5. Kürzlich hat

Anderen Bevölkerungsexperten und Medizinern wie Robert C. Cook bot das *Population Control Movement* eine willkommene Möglichkeit, Gesellschaft zu gestalten. Cook war Paul B. Popenoe[158] als Herausgeber des *Journal of Heredity* nachgefolgt (1922) und später zum langjährigen Direktor und Präsidenten des *Population Reference Bureau* (PRB, 1951–1968) avanciert.[159] Schon als junger Mann hatte er den Medizinerberuf bereitwillig gegen eine Tätigkeit als Eugeniker und Bevölkerungsexperte getauscht, wie er rückblickend gegenüber Wilson Popenoe, dem Bruder Paul B. Popenoes, bekannte:

> It has been a long time since you had a powerful influence in turning me away from the yearning for the practice of medicine—in about 1922. I can report that your advice was sound. This has been a hell of a lot more fun than listening to old ladies' sundry complaints, painting with iodine and reporting for duty.[160]

Bereits im Jahr 1961 erarbeitete Cook mit einer Gruppe von Wissenschaftlern (darunter Tietze für das *Population Council* und Alan Guttmacher von der *Planned Parenthood Federation of America* sowie John Rock und Gregory Pincus, die Entwickler der Pille)[161] im Auftrag des *National Institute of Health* (NIH) einen Bericht über die Möglichkeiten effektiver Verhütung. Hintergrund war die Freigabe der Pille im Jahr 1960 und die Frage, wie die Möglichkeiten hormoneller Verhütung am Besten im Rahmen der internationalen Bevölkerungspolitik ge-

---

sich Mario Faust-Scalisi mit der Kooperation zwischen Ford Foundation und PC beschäftigt, lässt dabei aber die Betrachtung der beteiligten Experten und ihrer programmatischen Ziele zugunsten einer Analyse der Finanzierungspraktiken außer Acht. Faust-Scalisi, Mario: Die Ford Foundation und der Population Council. Zwei Institutionen, die gemeinsam globale Bevölkerungsdiskurse prägten, in: Etzemüller, Thomas: Vom „Volk" zur „Population". Interventionistische Bevölkerungspolitik der Nachkriegszeit. Münster 2015, S. 135–157.

158 Zu Paul B. Popenoe vgl. Kapitel 2.5.
159 ROBERT C. COOK (1898–1991) war ein amerikanischer Demograph und Genetiker, der zunächst als Direktor (1951–1958), dann als Präsident (1958–1968) des *Population Reference Bureau* (PRB) wirkte. Cook war darüber hinaus ein ausgesprochen engagierter Publizist und Bevölkerungspolitiker, der zahllose Zeitschriftenartikel und Schriften verfasste. Von 1922 bis 1962 gab er das eugenische *Journal of Heredity* heraus, von 1951 bis 1968 die Zeitschrift des PRB, *Population Bulletin*. Zu Cook vgl. den sehr guten biographischen Abriss im Findbuch zu seinem Nachlass in der Library of Congress, Manuscript Division, Robert C. Cook Papers. Cook, Robert C.: Human Fertility: The Modern Dilemma. New York 1951.
160 Robert C. Cook an Wilson Popenoe, Escuela Agricola Panamericana, Honduras, 20.10.1965. Robert C. Cook Papers, Library of Congress, Manuscript Division, Box 12, Folder 4.
161 Auch Tietze, Rock und Pincus waren in den 1960er Jahren in beratender Funktion für *Planned Parenthood* tätig. Ich danke Claudia Roesch für den Hinweis.

nutzt werden könnten.¹⁶² Die Wissenschaftler trafen sich auf Einladung der *Ford Foundation* im August 1961 in New York und hegten Hoffnungen auf die Gründung eines nationalen *Human Reproduction Institute*, die sich jedoch nicht materialisierten. In der Studie selbst stellten sie Überlegungen zur günstigsten Familienstruktur (Kernfamilie) und zu den Möglichkeiten des Exports von Techniken der Geburtenkontrolle in die Entwicklungsländer an.¹⁶³ Zur großen Frustration der Wissenschaftler lehnte das NIH die Publikation des Reports ab – eine politische Entscheidung, um keine Debatte um Verhütungstechniken, den Fortschritt der Medizin und die staatliche Finanzierung von Praktiken der Geburtenkontrolle, gerade auch auf dem Gebiet der Bevölkerungspolitik, loszutreten.¹⁶⁴

Mit dem PRB engagierte sich Cook auch auf anderen Gebieten der Humangenetik und Bevölkerungspolitik, so beispielsweise bei der klassischen Frage der Verhinderung von Behinderung durch Gendefekte. So bat im Jahr 1959 der *National Director* der *Planned Parenthood Federation*, William A. Vogt, bei Cook um Auskunft über die Anzahl von Kindern, die jährlich mit Behinderungen geboren würden, die auf Gendefekte oder Erkrankungen ihrer Eltern zurückgingen – in seinen Augen „one of the worst forms of irresponsible parenthood".¹⁶⁵ Cook antwortete mit dem Hinweis, dass „effective fertility control would prevent the perpetuation of defective genes and the births of many tragically afflicted children" – dies bilde gegenwärtig „one of the greatest challenges for the development of a better human race". Möglichkeiten seien „abstaining from reproduction or [...] the use of artificial insemination to assure that no defective children would be born". An dieses Plädoyer für eine „positive Eugenik" mit den Mitteln der modernen Wissenschaft knüpfte Cook eine harsche Kritik an dem vermeintlich geringen Kenntnisstand über die Möglichkeiten der modernen Humangenetik:

> Ignorance regarding these simple genetic propositions is almost complete at the moment, and that includes most of the medical profession. In summary it can be said that the en-

---

**162** Memorandum, 17.9.1961 „The need for new funds in research and training in population and fertility control". Robert C. Cook Papers, Library of Congress, Manuscript Division, Box 44, Folder 13.
**163** National Institute of Health, Report on Contraception, undated. Robert C. Cook Papers, Library of Congress, Manuscript Division, Box 44, Folder 13.
**164** Brief Robert C. Cook an Christopher Tietze, 9.8.1961. Cook Papers, Library of Congress, Manuscript Division. Cook Papers, Library of Congress, Manuscript Division, Box 44, Folder 12. WP: 7.9.1962: Lengthy Birth Control Report is Shelved by Health Service.
**165** Schreiben des National Director PPF, William Vogt, an Cook, Präsident des PRB, 8.9.1959. Robert C. Cook Papers, Library of Congress, Manuscript Division, Box 12, Folder 3.

lightened application of what now is known regarding human genetics could prevent the births of several billion defective children per generation in the United States.[166]

Dieser Briefwechsel zeigt zum einen, wie selbstverständlich auch 1959 noch eugenisches Gedankengut unter dem Deckmantel einer modernen Humangenetik mobilisiert werden konnte – am Beispiel der gesunden Familie und verantwortlicher Elternschaft. Zum anderen lassen sich zum gleichen Zeitpunkt ganz ähnliche Debatten auch in Deutschland nachweisen.[167]

Ein anderes aufschlussreiches Beispiel für die Verquickung von Familienwerten und Bevölkerungspolitik ist die Diskussion, die PRB und PC im Jahr 1963 um das Projekt einer Aktivistin der „Women Strike for Peace" zur Vermittlung von Verhütungswissen an illiterate Frauen führten. Betty Kindleberger-Stone hatte sich mit der Bitte um Unterstützung an beide Organisationen gewandt.[168] Ihr selbstentwickltes Konzept zur Erstellung von „Baby Planning Beads", ursprünglich gedacht zur Popularisierung von Wissen über Geburtenkontrolle unter illiteraten US-amerikanischen Familien, sei auch geeignet für den Export in Entwicklungsländer. Mittels eines selbst fabrizierten Perlenarmbands – aufzuhängen über dem Ehebett – sollten die Frauen ihren Zyklus kennen lernen und ihre fruchtbaren Tage bestimmen: grüne Perlen für fruchtbare Tage, blaue Perle für den Tag des Eisprungs, weiße Perlen für unfruchtbare Tage, rote für Menstruation. Dieses Wissen sollten sie dann an ihre Ehemänner weitergeben, um auch diesen den Grund für die nötige Enthaltsamkeit an den fruchtbaren Tagen begreiflich zu machen.[169] Kindleberger-Stone blieb nicht bei der Theorie, sondern bewarb ihre Erfindung sogar in der *Washington Post* – als Mittel zur Eindämmung des nationalen Bevölkerungswachstums:

> Our most tragic agricultural surplus is our surplus crop of country-slum-bred farm children, white, Negro and Indian, children unplanned, ill-housed, ill-fed, undereducated and destined [...] to swell the numbers of unemployed multi-problem families on relief in our bursting city slums.

---

166 Entwurf des Antwortbriefs von Cook an William Vogt, 15.9.1959. Robert C. Cook Papers, Library of Congress, Manuscript Division, Box 12, Folder 3.
167 Vgl. die Protokolle über die Sitzungen des Eugenischen Arbeitskreises des Diakonischen Werkes der Evanglischen Kirche im Nachlass Otmar Freiherr von Verschuers, Archiv der Max Planck Gesellschaft, Berlin, AMPG III-86 A-39,1 und 39,2.
168 Anne Fookson, Women Strike for Peace, an PRB, 20.11.1963. Cook an den Präsidenten des PC, Bernard Berelson, 26.11.1963. Robert C. Cook Papers, Library of Congress, Manuscript Division, Box 42, Folder 3.
169 Directions for Making and Teaching Baby Planning Beads, by Betty Kindleberger-Stone [undated, 1963]. Robert C. Cook Papers, Library of Congress, Manuscript Division, Box 42, Folder 3.

> Surplus children cannot be "ploughed under" or "dumped"; they must be stopped at the source. [...]
> Color-coded beads are now available for teaching rhythm to "functional illiterates"; information on them is obtainable from the Population Council, 230 Park Ave, New York.[170]

Cook reagierte einerseits distanziert auf dieses „interesting 'do it yourself' in fertility control" und wunderte sich, dass Kindleberger-Stone das PC als offizielle Referenz angab. Gleichzeitig registrierte er bewundernd, dass das PC damit tatsächlich den „grass roots level" erreiche.[171]

Beide Organisationen, PRB und PC, intensivierten in der Folge ihre Anstrengungen, die Menschen für die Belange der Bevölkerungspolitik zu sensibilisieren – in den USA und weltweit. So kooperierten sie bei der Erstellung einer Serie von insgesamt sechs je 30-minütige Lehrfilmen über „The Population Problem", die ab 1965 gezeigt wurden und alle verschiedenen Gebiete des Wirkens des PC didaktisch aufbereiteten: Neben Indien, Brasilien und Japan waren auch Europa und die USA Thema. Die letzte Episode lieferte gewissermaßen die Apotheose der Bevölkerungspolitik unter dem Titel „The Gift of Choice". Dieses Geschenk sei möglich Dank des Engagements von Experten und des Exports moderner Verhütungsmittel (vor allem der Spirale (IUD), da semi-permanent und auch für illiterate Frauen nutzbar) in die Entwicklungsländer.[172]

Wichtig ist auch, dass im Sommer 1965 – genau zum Zeitpunkt der hitzigen Debatten um den Moynihan-Report[173], ein *Population Crisis Committee* unter dem ehemaligen Senator Kenneth B. Keating – später geleitet von General William H. Draper – mit dem Vorschlag der Einrichtung eines nationalen „Family Development and Planning Services" im Health Department an die Öffentlichkeit trat. Begründet wurde diese Initiative einmal mehr mit dem Argument, dass die Armen sich in USA zu stark reproduzierten.[174] Überhaupt waren 1965 und 1966 ganz entscheidende Jahre für die Diskussionen um Kontrolle des Bevölkerungs-

---

170 Stone, Betty K.: Surplus Children, Letter to the Editor, Washington Post, 13.1.1964.
171 Cook an Bernard Berelson, Population Council, 23.11.1963. Cook an David Yaukey, Population Council, 12.12.1963. Cook an Dudley Kirk, Population Council, 14.1.1964. Robert C. Cook Papers, Library of Congress, Manuscript Division, Box 42, Folder 3.
172 Robert C. Cook Papers, Library of Congress, Manuscript Division, Box 47, Folder 8. Die einzelnem Episoden behandelten: 1) The European Experience, 2) Answer in the Orient, 3) Brazil: The Gathering Millions, 4) India: Writings on the Sand, 5) USA: Seeds of Change, 6) The Gift of Choice.
173 Hierzu vgl. Kapitel 4 der Studie.
174 Robert C. Cook Papers, Library of Congress, Manuscript Division, Box 47, Folder 10.

## 5.4 Die Kampagne zur Senkung des weltweiten Bevölkerungswachstums — 339

wachstums auf nationaler und internationaler Ebene.[175] Diese wiederum lieferten einen wichtigen Resonanzboden für die Debatten um abweichende afro-amerikanische Familien und die Gewalteruptionen in den Ghettos der Großstädte rund um den Moynihan-Report und vice versa. Das hat die Forschung bislang noch überhaupt nicht gesehen.

Dieser Zusammenhang zeigte sich auch an der enthusiastischen Rezeption einer Rede der Anthropologin Margaret Mead, welche diese als Hauptrednerin bei der Jahreskonferenz der *Planned Parenthood Federation* im Oktober 1966 hielt. Zu diesem Zeitpunkt firmierte die Organisation programmatisch als *Planned Parenthood World Population* (PPWP). Diese Umbenennung war das Resultat eines Namensgebungswettbewerbs aus dem Jahr 1963 und unterstrich zugleich das Ziel der Organisation, das internationale Bevölkerungswachstum zu begrenzen.[176] Die Konferenz 1966 war zugleich dem 50jährigen Bestehen von PPWP – gerechnet ab der Einrichtung der ersten *Birth Control Clinic* durch Margaret Sanger 1916 – gewidmet und stand unter dem Motto „The Population Crisis: 20th Century Challenge". Mead sprach auf Einladung Guttmachers zum Thema „Women as Individuals in the Population Crisis".[177] Mit ihren Überlegungen zur Kinderlosigkeit als Chance für die Frau in der modernen Gesellschaft begeisterte sie ihre Zuhörer, wie die enthusiastischen Reaktionen und Berichte dokumentieren.[178] Im Einzelnen argumentierte Mead, erstmals in der Geschichte sei eine niedrige Kinderzahl wünschenswert für das Wohlergehen der Nation:

---

175 Hierzu vgl. auch Heinrich Hartmanns Untersuchung zu den Kontakten zwischen *Population Crisis Committee*, IPPF und westdeutscher Bundersregierung in den 1960er Jahren. Hartmann, Heinrich A.: In einem gewissen Sinne politisch belastet: Bevölkerungswissenschaft und Bevölkerungspolitik zwischen Entwicklungshilfe und bundesrepublikanischer Sozialpolitik (1960er und 1970er Jahre), in: HZ, Bd. 303 (2016), S. 98–125, 106–107.
176 Nach einem Zusammengehen mit der World Population Emergency Campaign im Jahr 1961. Zur Umbenennung vgl. Mitteilung von Planned Parenthood – World Population an PPFA Affiliates and Bord, 28.6.1963. Planned Parenthood Federation of America Records, 1918–1974 (PPFA I), MS 371. Ich danke Claudia Roesch für das Dokument.
177 Einladungsschreiben Präsident Guttmacher PPWP, 24.5.1966, Einladungsschreiben Executive Vice President PPWP Winfield Best 28.9.1966. Vgl. Broschüre zum 50. Geburtstag von PPWP: „Building Stronger Families, Happier Children". Margaret Mead Papers, Library of Congress, Manuscript Division, Box E 105, Folder 3.
178 Dankschreiben des Executive Vice President PPWP Winfield Best an Mead, 26.10.1966. Pressemitteilung 19.10.1966 über Meads Rede als Luncheon Speech im Roosevelt Hotel. Motto der Konferenz: „The Population Crisis: 20th Century Challenge". Noch zwei Jahre später galt die Rede unter Bevölkerungspolitikern als legendär. Vgl. z. B. das Schreiben des Executive Vice President PPWP Winfield Best an Mead vom 4.10.1968, mit dem er sie als Rednerinnen für die Jahreskonferenz 1968 gewinnen konnte. Margaret Mead Papers, Library of Congress, Manuscript Division, Box E 105, Folder 3.

> Meanwhile this is, with a very few exceptions, the first time in history when the well-being of a society demands fewer children rather than more children. Where society in the past could not afford very many women to withdraw from reproductivity, there can now be active support for fewer children per household, or even no children at all.[179]

Dabei sei es jedoch zentral, dass intelligente und gut ausgebildete Individuen die weitere Entwicklung der modernen Gesellschaft beförderten – und diese hohe „Qualität" der benötigten Individuen erfordere eine Einschränkung der Kinderzahl durch Geburtenkontrolle als „social necessity for the well-being of the entire society":

> Furthermore, our society is in great need of adults who will themselves contribute—as individuals, intelligent and trained and dedicated—to the rapid development of new institutional forms. Under these circumstances conception control becomes not a concession to the individual wishes of particular women, to whom we concede autonomy, nor a means of protection to the health of mothers and children in too large families, but a social necessity for the well-being of the entire society and the entire world.[180]

Hier ist die Verbindung zu ihren eingangs dieses Teilkapitels zitierten Überlegungen zur Reduktion des Bevölkerungswachstums in den USA zugunsten höherer „Qualität" der Einzelindividuen im *Time Magazine* aus dem Mai des gleichen Jahres mit Händen zu greifen. Neu ist jedoch, dass Mead nun vor allem den US-amerikanischen Frauen eine Vorreiterrolle auch bei der Geburtenkontrolle zumaß:

> Women all over the world look to the American women as style setters; it is essential that the first steps toward a new ethic of individual responsibility be taken in the United States.[181]

Stand bei dieser Rede noch die individuelle Verantwortung der Frau im Vordergrund, so beschäftigte sich Mead in einer weiteren Rede nur zwei Jahre später mit der Frage, wie man die Menschen ohne Zwang zur Beschränkung ihrer Famili-

---

[179] Exzerpts der Rede Margaret Meads "Women as Individuals in the Population Crisis", geschickt von ihrem Assistenten Patrice Woeppel am 6.10.1966 an Excutive Vice President PPWP, Best. Margaret Mead Papers, Library of Congress, Manuscript Division, Box E 105, Folder 3.
[180] Mead, Women as Individuals in the Population Crisis, 19.10.1966. Margaret Mead Papers, Library of Congress, Manuscript Division, Box E 105, Folder 3.
[181] Mead, Women as Individuals in the Population Crisis, 19.10.1966. Margaret Mead Papers, Library of Congress, Manuscript Division, Box E 105, Folder 3.

## 5.4 Die Kampagne zur Senkung des weltweiten Bevölkerungswachstums — 341

engröße bewegen könne. Mead sprach bei der Jahreskonferenz von PPWP in New York am 15.11.1968. Die Organisatoren hatten ihr aufgetragen, darüber zu reflektieren, „whether or not the two-child family will become culturally fashionable, throughout the population, once contraception becomes available and thoroughly acceptable to everyone".[182] Hintergrund waren Überlegungen von PPWP, wie man das Prinzip der Freiwilligkeit – verstanden als eine gelenkte Freiwilligkeit – besser in der Bevölkerungspolitik verankern könne. Damit reagierte die Organisation auf die Vorwürfe der Bürgerrechtsbewegung (insbesondere vorgebracht von den militanten *Black Panthers* und der *Nation of Islam*, aber durch Vertreter des *Student Non-Violent Coordinating Committee* (SNCC) und der *National Association for the Advancement of Colored People* (NAACP)), PPWP betreibe „race genocide" unter der afroamerikanischen Bevölkerungsminderheit durch die offensive Verbreitung von Verhütungsmitteln und -techniken.[183]

Zur Vorbereitung auf ihre Red erhielt Mead von PPWP eine Skizze, die unter anderem die Frage stellte „How to make voluntarism work?". In der Rückschau lassen sich die dort diskutierten Überlegungen unter Verweis auf Michel Foucault als Bevölkerungsdispositiv beschreiben – als Versuch, Menschen durch staatliche Rahmensetzung zur Selbstführung im Sinne verbindlicher Normen zu bewegen:

> Though current birth rates are showing a marked decline, concern is being expressed by some fertility control experts that the extension of voluntary conception to all adults will not automatically decelerate population growth enough to avoid serious overpopulation in America. [...] What other voluntary inducements could bring individual, personal micro-politics on family size in line with an optimum social macro-policy on population.[184]

Magaret Mead ging auf das Ansinnen der Veranstalter ein und wählte für ihre Luncheon Speech den Titel „Personal Decisions About Family Size". Zunächst verwies sie auf das schützenswerte persönliche Entscheidungsrecht des Paares:

---

**182** Einladung Meads durch Executive Vice President PPWP Best, 4.10.1968 für Luncheon Speech, 14.11.1968. Margaret Mead Papers, Library of Congress, Manuscript Division, Box E 105, Folder 3.
**183** Caron, Simone M.: Birth Control and the Black Community in the 1960s: Genocide or Power Politics?, in: Journal of Social History 31 (1998), No. 3, S. 545–569. Critchlow, Donald T.: Intended Consequences: Birth Control, Abortion, and the Federal Government in Modern America, Oxford / New York 1999. Silliman, Jael / Gerber Fried, Marlene / Ross, Loretta / Gutiérrez, Elena R. (Hg.): Undivided Rights. Women of Color Organizing for Reproductive Justice, New York 2004.
**184** Anlage "Voluntary Parenthood and Population Policy", September 1968, zur Einladung Meads durch Executive Vice President PPWP Best, 4.10.1968 für Luncheon Speech, 14.11.1968. Margaret Mead Papers, Library of Congress, Manuscript Division, Box E 105, Folder 3.

> Decisions about parenthood are personal decisions, made by two persons about their own lives and the lives of their children. The injection of governmental coercion into such a choice is feared and condemned both in the name of individual religious freedom and in the name of civil rights.[185]

Gleich darauf betonte Mead jedoch, dass es Aufgabe der Sozialexperten, der Abtreibungsaktivistinnen und der Regierung sei, ein „climate of opinion" zu schaffen, welches eine Ausrichtung der Paare und Familien am Ideal des Wunschkindes ermögliche. Dies trage letztlich entscheidend zur Reduktion des globalen Bevölkerungswachstums bei:

> If we can establish sufficiently, so that no married pair ever have a child that they do not want [...], we would go a long way towards setting up a climate of opinion in which the idea of choice of whether or not to be a parent, ever, once, several times, was moved into the center of public consciousness. Once every couple with children could make such decisions, almost every couple would accept them as decisions to be made. Just as the shift in governmental pressures was the first step, the development of reliable contraception the second, the widespread acceptance of the right to choose will be the third step towards a balanced world population.[186]

Doch Mead beschränkte ihr Engagement für *Planned Parenthood* nicht auf gelegentliche Festreden, immer wieder trat sie in den 1960er und 1970er Jahren als Autorin von Fundraising-Briefen der Organisation auf.[187] Weniger bekannt ist, dass auch sie Kontakte zum weiteren Umfeld der Bevölkerungspolitik in den USA unterhielt: Sie stand in den 1960er Jahren auf der Mailing List der *Association for Voluntary Sterilization* (AVS) und korrespondierte ebenfalls mit dem PRB.[188] Zudem saß sie von 1971 bis 1978 im Verwaltungsrat einer weiteren bevölkerungspolitischen Organisation, des *Population Institute*, welches versuchte, Wissen über das Bevölkerungswachstum über die Kanäle der Unterhaltungsindustrie – unter anderem mit Hilfe des TV-Produzenten Norman Lear – zu verbreiten.[189]

---

**185** Margaret Mead, Personal Decisions About Family Size, 15.11.1968. Margaret Mead Papers, Library of Congress, Manuscript Division, Box E 105, Folder 3.
**186** Margaret Mead, Personal Decisions About Family Size, 15.11.1968. Margaret Mead Papers, Library of Congress, Manuscript Division, Box E 105, Folder 3.
**187** Sammlung solcher Briefe von PPWP und PPFA, sämtlich unterzeichnet und redigiert von Mead, in Margaret Mead Papers, Library of Congress, Manuscript Division, Box E 105, Folder 3, Folder 4.
**188** Margaret Mead Papers, Library of Congress, Manuscript Division, Box E 105, Folder 3 und 4.
**189** Margaret Mead Papers, Library of Congress, Manuscript Division, Box E 106, Folder 4.

Margaret Meads Überlegungen erweisen, wie dringlich in den 1960er Jahren die Problematik des internationalen Bevölkerungswachstums auch unter liberalen Humanexperten wahrgenommen wurde. Geburtenkontrolle, Verhütung und nötigenfalls Abtreibung erschien auch Mead als der geeignete Weg, wobei ihr Kampf für Frauenrechte und ihre Befürwortung des Ideals der Kleinfamilie (und der Selbstausrichtung der Individuen hierauf) eine aufschlussreiche Verbindung eingingen. Karrieren wie diejenige von Robert C. Cook zeigen hingegen eindrücklich, wie gut sich eugenische Zielsetzungen mit einer Eindämmung des Bevölkerungswachstums verbinden und so gewissermaßen modernisieren ließen: im Eintreten für eine gesunde, daher harmonische Familie, die ihren Verpflichtungen gegenüber der Gesellschaft nachkomme. Andere eugenische Institutionen wie die *Association for Voluntary Sterilization*[190], der auch Paul B. Popenoe sowie Christopher Tietze angehörten und welche nach dem Zweiten Weltkrieg die Sterilisierungsstatistiken der inzwischen aufgelösten *Human Betterment Foundation* fortführte[191], betonten die ökonomische Bedeutung einer modernen Bevölkerungsplanung durch Geburtenkontrolle mittels Sterilisationen speziell unter der armen, sozial deklassierten Bevölkerung Amerikas. So half auch die Eugenik im modernen Gewandt dem Staat, Kosten zu sparen.[192] Biologistische Familienkonzepte wirken in modernen Vorstellungen von Reproduktion durchaus nach, dies zeigte sich insbesondere an den Debatten um die reproduktiven Rechte nicht-weißer Frauen.

## 5.5 „Race", „Class" und „Reproductive Rights": Afro-amerikanische Frauen und ihr Kampf für den Zugang zu selbstbestimmter Reproduktion

Als die Zeitschrift *Time* am 29. August des Jahres 1977 mit der Schlagzeile „The Underclass: Destitute and Desperate in the Land of Plenty" aufmachte, ging es den Journalisten zunächst um die Frage, warum in den urbanen Zentren der USA eine stetig wachsende Zahl an Armen zu verzeichnen sei.[193] Der Artikel beschrieb

---

190 Die ehemalige *Sterilization League of New Jersey* (seit 1937), 1950 dann die *Human Betterment Association of America*, von 1950 bis 1962 die *Human Betterment Association for Voluntary Sterilization*, 1965 schließlich die *Association for Voluntary Sterilization* (AVS). Vgl. Kapitel 2.4.
191 Records of the AVS in der Elmer L. Andersen Library, University of Minnesota.
192 Kluchin, Fit to be tied. S. 26–31.
193 The American Underclass, Destitute and Desperate in the Land of Plenty, in: Time, Vol. 110, Issue 9, 29.8.1977, S. 34–41. Vgl. auch Chappell, War on Welfare, S. 139–143.

die Existenz einer „underclass", geschätzt auf sieben bis acht Millionen Menschen, als dringendes gesellschaftliches Problem in den USA. Diese Menschen seien von den Wohlfahrtsmaßnahmen im Rahmen des *War on Poverty* seit den 1960er Jahren schlicht nicht erfasst worden, ihnen fehle das Selbstvertrauen, die Disziplin und Bildung, um von Aufstiegsangeboten überhaupt zu profitieren.

Der Artikel ließ Faktoren struktureller Ungleichheit – wie fortwirkenden Rassismus, Diskriminierung auf dem Arbeits- und Wohnungsmarkt, schlechte Schul- und Berufsbildung, Vernachlässigung der urbanen Zentren in städtebaulicher und sozialpolitischer Hinsicht – nicht als Erklärung für die desolate ökonomische Situation vieler Angehöriger der „underclass" gelten. Dagegen erschien den Journalisten das Problem in den vermeintlich defizitären Familienwerten zu liegen. Sie beklagten die Unfähigkeit der meisten Angehörigen der „underclass", eine stabile, auf einen männlichen Ernährer angelegte Familienstruktur zu bilden, diese zu erhalten und an die Kinder weiterzugeben.[194] Hinzu kam eine vermeintliche „culture of poverty", eine Kultur der Armut, die ihrerseits nur wieder Armut hervorbringe und jeden Aufstieg verhindere – wie sie in den 1950er Jahren schon der Soziologe Oscar Lewis am Beispiel mexikanischer Familien beschrieben hatte.[195] Da ihre Werte nicht denen der Mehrheitsgesellschaft entsprächen und ihre Familienstruktur prinzipiell defizitär sei, produziere die „underclass", so der Artikel, „a highly disproportionate number of the Nation's juvenile delinquents, school dropouts, drug addicts and welfare mothers and much of the adult crime, family disruption, urban decay and demand for social expeditures".[196]

Hinter dieser publikumswirksamen Entdeckung einer neuen Gesellschaftsschicht stand folglich etwas ganz anderes, nämlich die Sorge um den vermeintlichen Zerfall der Familie und ihrer Werte speziell unter der afroamerikanischen Bevölkerungsminderheit. Die Journalisten argumentierten, der Mehrheitsgesellschaft drohten gleich doppelt soziale und ökonomische Kosten, zum einen in Form eines weiteren Anstiegs von Jugenddelinquenz (Überfälle, Drogenmissbrauch), zum anderen durch ein wachsendes Wohlfahrtsbudget zur Behebung der Folgen, was wiederum die Steuerzahler belasten würde.

In den Augen von *Time* bestand die sogenannte „underclass" im Wesentlichen aus nicht-weißen, allein erziehenden Müttern. Die Journalisten zogen eine

---

[194] Auletta, Ken: The Underclass, New York 1982.
[195] Lewis selbst hatte davor gewarnt, sein Modell unmodifiziert auf die African American Minority zu übertragen, das verhinderte jedoch nicht die diskursive Verselbständigung der Rede von der vermeintlichen „culture of poverty". Lewis, Five Families. Ders., „The Culture of Poverty", S. 187–220. Vgl. Kapitel 4.3 dieser Arbeit.
[196] The American Underclass, in: Time, 28.8.1977, S. 18. Vgl. auch Chappell, War on Welfare, S. 140.

Abb. 5.5: „Three Generations of Welfare – Discrimination's Sad Testament". Illustration zum Artikel „The American Underclass" im Time Magazine, 29.8.1977

direkte Verbindung zwischen der familiären und der wirtschaftlichen Situation der Armen aus Amerikas Großstädten: Armut war mehrheitlich schwarz, weiblich, und hatte viele Kinder. Diese Interpretation illustrierte das Foto einer afroamerikanischen Dreigenerationenfamilie – Großmutter, Mutter, Kind – mit der Bildunterschrift: „Three generations on welfare: discrimination's sad testament."[197] Dies schade längerfristig der Gesellschaft, denn „welfare moms" könnten ihren Kindern keine Arbeitsmoral oder Aufstiegshoffnung und durch die Abwesenheit des Vaters auch keine adäquaten Familienwerte vermitteln.

---

197 Abgedruckt bei Chappell, War on Welfare, S. 142.

> For many women of the underclass, welfare has turned illegitimate pregnancy into a virtual career. Says Barbara Wright, a welfare mother of four in Brooklyn: 'A lot of young girls in the ghetto believe that the only way for them to get something in this society is by becoming pregnant and getting on welfare.'[198]

Somit erschienen „welfare moms" auch als wirtschaftliche Belastung für das Gemeinwesen: *Time* argumentierte, insgesamt 1,5 Millionen afroamerikanische „welfare mothers" stellten die größte Gruppe (44.3 Prozent) an Klientinnen des staatlichen Unterstützungsprogrammes für alleinstehende Mütter und ihre Kinder („*Aid to Families with Dependent Children*", AFDC), welches den Staat jährlich 10.3 Billionen Dollar koste.[199]

An diesem Beispiel der (Wieder-)Entdeckung der „underclass" in den 1970er Jahren kann man gut sehen, wie effektiv Diskriminierung auf der Basis von „Race, Class, and Gender" auch in der zweiten Hälfte des 20. Jahrhunderts noch funktionierte: Die Existenz einer ständig wachsenden Unterschicht erschien nicht einfach als ein sozioökonomisches Problem, dem man mit Bildungs-, Wohnungsbau- und Arbeitsmarktprogrammen beikommen konnte, sondern als ein moralisches Dilemma mit eindeutig ethnischer Kodierung: Das Versagen der schwarzen Mütter in den Ghettos der Großstädte sei verantwortlich für einen wesentlichen Teil des sozialen Sprengstoffes in Form von Rassenunruhen, Jugenddelinquenz und Drogenkonsum.

Dieser Diskurs war keineswegs neu.[200] Schon in den Amerikanisierungsdebatten des frühen 20. Jahrhunderts hatten Sozialexperten immer wieder auf die Bedeutung der Migrantinnen für die erfolgreiche Eingliederung der gesamten Familie in die US-Gesellschaft verwiesen und entsprechende Bildungs- und Umerziehungsprogramme entwickelt.[201] In den 1960er Jahren hatten die Überlegungen des stellvertretenden Arbeitsministers Daniel Patrick Moynihan zur vermeintlich defizitären Struktur der afroamerikanischen Familie in den Ghettos der Großstädte eine intensive Debatte über Struktur und Werte dieser Familien losgetreten.[202] In den 1980er Jahren schließlich mobilisierte Ronald Reagan mit

---

**198** The American Underclass, in: Time, 28.8.1977.
**199** Zu den Konflikten um AFDC vgl. auch Kapitel 6.1.
**200** Demnächst ausführlich dazu Overbeck, At the Heart.
**201** Roesch, „Americanization through Homemaking", S. 59–81. Sanchéz, „Go after the Women", S. 475–494.
**202** Hierzu vgl. Kapitel 4 dieser Arbeit. Rainwater, Lee / Yancey, William L. (Hg.): The Moynihan Report and the Politics of Controversy. Including the Full Text of The Negro Family. The Case for National Action by Daniel Patrick Moynihan, Cambridge / London 1967. Estes, Steve: I am a Man! Race, Manhood, and the Civil Rights Movement, Chapel Hill 2005. Patterson, James T.: Freedom is

seiner Polemik gegen die vermeintlich Wohlfahrtsleistungen veruntreuende „welfare queen" erfolgreich Wählerstimmen.[203]

Afroamerikanische und auch mexikanisch-stämmige Frauen sahen sich hinsichtlich ihrer Reproduktion mit einer mehrfachen Diskriminierung konfrontiert. Zunächst einmal waren da die Statements weißer Experten, die ihnen als „hyperfertile breeders", „welfare recipients" oder „incompetent mothers" den Zugang zu selbstbestimmter Reproduktion verwehren wollten. Dies zeigt die bis zum Beginn der 1970er Jahre in vielen Bundesstaaten verbreitete Sterilisationspraxis in aller Deutlichkeit.[204] African American, Native American und Mexican American Women sowie Puertorikanerinnen wurden entweder ohne ihre vorherige Zustimmung (etwa während eines Kaiserschnitts oder einer gynäkologischen Operation) oder nach ihrer unter Vorwänden eingeholten Genehmigung (etwa während der Geburtswehen, ohne hinreichende Aufklärung durch die behandelnden Ärzte, ohne Verteilung von Informationen auf Spanisch oder unter Verweis auf ansonsten abzuerkennende Wohlfahrtsleistungen) Opfer sogenannter „non-consented" Sterilisations.[205] Die Praxis betraf allein in den 1960er und 1970er Jahren hunderttausende Mütter verteilt über die gesamten USA und führte zu einer Reihe von wichtigen Gerichtsverfahren, worin Betroffene auf Entschädigung und Anerkennung der Verletzung ihrer Persönlichkeitsrechte klagten.[206] In der Sterilisationspraxis flossen eugenische, rassistische und ökonomisch-utilitaristische Argumentationen zusammen. Das Resultat war, dass „Women of Color" sich im ganzen Land mit gravierenden Angriffen auf ihre reproduktive Autonomie konfrontiert sahen. Zugleich mussten sie sich ihr Recht darauf, nach eigenen Wünschen Kinder zu bekommen, ebenso erstreiten, wie dasjenige auf Zugang zu Verhütung und zu legaler Abtreibung. Dies unterschied sie ganz wesentlich von ihren weißen Geschlechtsgenossinnen.[207] Denn während die Legalisierung des Zugangs zu Verhütung und Abtreibung im Wesentlichen auf die Bedürfnisse weißer Frauen aus der Mittelschicht einging, wurden die Bedürfnisse nicht-weißer Frauen in Gestalt des Schutzes vor Zwangssterilisationen und der

---

not Enough. The Moynihan Report and America's Struggle over Black Family Life from LBJ to Obama, New York 2010.
203 Finzsch, Norbert: Gouvernementalität, der Moynihan-Report und die Welfare Queen im Cadillac, in: Martschukat, Jürgen (Hg.): Geschichte schreiben mit Foucault, Frankfurt a. M. 2002, S. 257–282. Chappell, War on Welfare. Hierzu vgl. Kapitel 6.
204 Schoen, Choice and Coercion. Stern, Eugenic Nation, S. 198–210, Velez-Ibañez, „Se me acabó". Carey, „Gender". Kluchin, Fit to Be Tied.
205 Kluchin, Rebecca M.: Locating the Voices of the Sterilized, in: The Public Historian 29 (2007), Nr. 3, S. 131–144.
206 Shapiro, Population Control Politics. Kluchin, Fit to be Tied, S. 151–183.
207 Solinger, Beggars and Choosers.

Zuerkennung des Rechts, ihre Kinderzahl selbst zu bestimmen, lange vernachlässigt. Bis 1963 waren in den USA insgesamt 64.000 Menschen Opfer von Zwangssterilisationen geworden, seit 1930 waren dies überwiegend Frauen, seit 1940 mehrheitlich African Americans, aber auch Mexican Americans und Puertorikanerinnen.[208]

Wie zweischneidig die Sterilisationsdebatte in den USA verlief, zeigte sich im Jahr 1977, als der Gesundheitsminister, Joseph A. Califano, eine Revision der Sterilisationspraxis anmahnte, um „publically funded coerced sterilizations" in Zukunft zu verhindern.[209] Auch sogenannte „voluntary sterilizations" sollten nach dem Willen des Ministers in Zukunft erschwert werden, durch längere Warteperioden und zusätzliche Einverständniserklärungen (bei Müttern unter 21 Jahren und geistig behinderten Frauen). Dem traten sowohl NARAL als auch das *Population Council* entschlossen entgegen, schätzten sie doch die Möglichkeit der bewussten Reproduktionsplanung und die Entscheidungsfreiheit der Frau höher ein als den von Califano angestrebten Schutz vor Zwang.[210] Während Christopher Tietze vom *Population Council* an der Notwendigkeit, geistig behinderte Mütter sterilisieren zu können, festhielt, beharrte Karen Mulhauser von NARAL auf der Entscheidungsfreiheit der Klientin, eben auch die Sterilisation zu wählen, die hier erneut nach rassistischen und sozialen Kriterien eingeschränkt würde: „the same women, who are discriminated against with the Hyde amendment, are affected by these regs [regulations, I. H.]."[211]

Die Auswirkungen der Debatte um die Steuerung der Fertilität nicht weißer Frauen zeigten sich noch in den 1990er Jahren, als zahlreiche Bundesstaaten versuchten, Gesetze zu erlassen, die (überwiegend nicht-weißen) Wohlfahrtsempfängerinnen zur Implantation des hormonellen Kontrazeptivums *Norplant* bewegen sollten, wenn sie weiterhin Leistungen erhalten wollten. Die Juristin Dorothy Roberts hat argumentiert, dass solche Gesetzesinitiativen und die damit einhergehende öffentliche Diskussion die reproduktive Autonomie insbesondere afroamerikanischer Frauen und Mädchen verletzten: „Black women's reproduc-

---

208 Kluchin, Fit to be tied.
209 Press Release des Department of Health, Education and Welfare (HEW), gez. Joseph A. Califano, 1.12.1977. Pressemitteilung HEW 3.1.1978 über geplante Änderung der Sterilisationsgrundlagen. SLHU MC 714, Box 52, Folder 11.
210 Protestnoten von Karen Mulhauser, Vorsitzende von NARAL, 6.1.1978 an Marylin Martin vom Public Health Service und von Christopher Tietze, Stellvertretender Vorsitzender des PC, 3.1.1978, ebenfalls an Martin. SLHU MC 714, Box 52, Folder 11.
211 Testimony before the Dept. of HEW for Public Hearings on Proposed Sterilization Regulations by Karen Muhlhauser, Executive Director NARAL, 17.1.1978 (Draft). SLHU MC 714, Box 52, Folder 11.

tion is a proper arena for social regulation: Perhaps this is the greatest danger of Norplant initiatives: they reinforce the belief that the solution to Black poverty is to curb Black reproduction."[212]

Noch bevor in den 1970er und 1980er afroamerikanische Wohlfahrtsempfängerinnen anfingen, sich zu organisieren und für ihre reproduktiven Rechte zu kämpfen, hatten afroamerikanische Feministinnen gegen Ende der 1960er Jahre begonnen, auf die doppelte, wenn nicht dreifache Unterdrückung der afroamerikanischen Frauen hinzuweisen: Wie Frances Beale und Patricia Robinson beschrieben, sahen sich diese einer Diskriminierung als Frau in der US-Gesellschaft, als schwarze Frau im weißen Amerika und als Aktivistin innerhalb des *Black Power Movement* gegenüber.[213] Während die Bevölkerungsexperten der weißen Mehrheitsgesellschaft eher auf eine Reduktion der Geburtenrate der Minderheit abzielten, wurden afroamerikanische Frauen von schwarzen Aktivisten mit dem Vorwurf des „black genocide" konfrontiert, wenn sie sich für Verhütung entschieden.[214]

Auch die Wohlfahrtspolitik erweist, in welchem Maße die reproduktiven Rechte nicht-weißer, armer Frauen eingeschränkt wurden und werden. Zunächst regelte das *Hyde-Amendment* 1976, dass die Sozialversicherung *Medicaid* nicht die Abtreibungskosten für Arme übernehmen durfte, damit wurde Wohlfahrtempfängerinnen ein möglicher Zugang zu reproduktiver Kontrolle genommen. Zugleich fehlte es generell an bezahlbarer und guter Kinderbetreuung für geringverdienende Mütter, und eine rassistische Wohlfahrtspolitik kriminalisierte insbesondere alleinerziehende Mütter.[215] Sogar die liberale „welfare coalition" der 1960er und 1970er Jahre trug durch ihr Festhalten am „family wage", dem Prinzip des Vaters als Ernährer der Familie, entscheidend dazu bei, dass eine effektive Neuausrichtung der Wohlfahrtspolitik für Familien und Alleinerziehende unterblieb, bis die „welfare reform" von 1996 den wohlfahrtsstaatlichen Gedanken endgültig verwarf und eine Arbeitspflicht für Unterstützungsempfängerinnen einführte.[216] Marisa Chappell hat diesen „cultural conservatism" der 1960er-Jahre-

---

212 Roberts, Killing the Black Body, S. 138.
213 Beale, „Double Jeopardy". Robinson, „Poor Black Women", S. 481–483. Roth, Separate Roads. Vgl. im Detail Kapitel 4.7.
214 Hierzu vgl. Kapitel 4 dieser Arbeit.
215 Chappell, War on Welfare.
216 Der *Personal Responsibility and Work Opportunity Reconciliation Act* (PRWORA) von 1996 beendet das Verständnis von Wohlfahrt als „Anspruch" / „Entitlement" und ersetzt dies durch eine Regelung für *Temporary Assistance for Needy Families* (TANF). Diese beinhaltete die Pflicht zur Sorge für den eigenen Unterhalt durch Arbeit, u.a. durch Arbeitspflichten für WohlfahrtsempfängerInnen. Zudem übertrug der Bundesstaat den Einzelstaaten die Ausgestaltung der Zahlungen, so dass seither bundesweit sehr unterschiedliche Leistungen gewährt wurden.

Liberalen in Fragen von Familienstruktur und Geschlechterrollen schlüssig herausgearbeitet und als weitere Ursache für die Unterminierung des wichtigsten Wohlfahrtsprogrammes der USA, *Aid to Families with Dependent Children* (AFDC), identifiziert.[217] Der Befund, dass die gesamte Diskussion um die amerikanische Wohlfahrtspolitik im 20. Jahrhundert am Ernährerprinzip ausgerichtet blieb, unterstreicht sehr deutlich die langfristige gesellschaftliche Bedeutung der hier untersuchten Familienwerte.

Der große Einfluss, der noch zu Beginn der 1980er Jahre vom Ideal der Kernfamilie mit männlichem Ernährer ausging, zeigt sich eindrücklich in folgendem Statement einer Afroamerikanerin. In ihrer Reaktion auf eine Anzeige des *Boston Women's Health Book Collective* (BWHBC), die für die erneute Überarbeitung ihres Ratgebers „Our Bodies, Ourselves" noch Kommentare von „minority women" suchten, beschrieb die Wirtschaftsprüferin Candace Lance aus Chicago die vielfältigen Schwierigkeiten afroamerikanischer Frauen. Ihr Statement ist besonders aussagekräftig, da es sich bei Lance einerseits um eine gebildete „professional woman" handelte, die sich gut artikulieren konnte, andererseits aber nicht um eine politische Aktivistin, sondern um eine „einfache" Zeitgenossin, die sich aus eigenem Antrieb an das BWHBC wandte. Lance benannte als größtes Problem „the extreme difficulty black women face in attempting to establish a solid relationship with a suitable mate, and hence to set up a stable family unit". Die Männer seien oft durch die Erfahrung fortgesetzter Diskriminierung so zerstört, dass sie als Väter und Ernährer versagten:

> It really appears that minority—especially black—women just cannot expect to experience any of the benefits of being women in this country. We are always cheapened sadly, both by black and other races of men too. We're always seen as just an easy lay, a nothing, a "black bitch".[218]

Neben der Tatsache, dass die Politik die Bedürfnisse afroamerikanischer Frauen vernachlässigte, viele Männer sie rücksichtslos ausbeuteten und ein unerreichbares Familienideal sie zusätzlich unter Druck setzte, beklagte Lance jedoch

---

PRWORA [H.R. 3734], 22.8.1996, abgedruckt bei Nadasen, Premilla / Mittelstadt, Jennifer / Marisa Chappell (Hg.): Welfare in the United States. A History with Documents, New York 2009, S. 214–216.

**217** Chappells Arbeit ist die beste Analyse der Unterminierung des Wohlfahrtsprogrammes *Aid to Families with Dependent Children* (AFDC), gerade weil sie die Nähe zwischen Wertvorstellungen des liberalen und konservativen Lagers in Bezug auf Familie und Wohlfahrt nachweist. Chappell, War on Welfare. Vgl. auch Mittelstadt, Jennifer: From Welfare to Workfare. The Unintended Consequences of Liberal Reform, 1945–1965, Chapell Hill 2005.

**218** Brief Candace Lance an BWHBC, 19.11.1981. SLHU MC 503, Box 109, Folder 27.

auch, dass die Frauenbewegung sich nicht für die Belange von „minority women" interessiere:

> I also feel that the Women's Movement has not seriously addressed the real and special problems of black women and other minority women. This is why many black women have not been quick to join the Women's Movement.[219]

Tatsächlich hatten sich bereits seit den 1970er Jahren separate Frauen- und Frauengesundheitsbewegungen von African American Women und Mexican American Women herausgebildet. Die Aktivistinnen protestierten damit gegen schwerwiegende Diskriminierungen im Zugang zu reproduktiver Kontrolle, Gesundheitsfürsorge und Wohlfahrt sowie gegen die mangelnde Repräsentanz ihrer Interessen in der weißen Abtreibungs- und Frauengesundheitsbewegung[220] In den 1980er Jahren hingegen begannen Kooperationen zwischen weißen „health feminists" und *Women of Color* in multiethnischen Foren. Diese waren jedoch von kurzer Dauer, da sich afro-amerikanische Feministinnen wie Loretta Ross, frustriert von der mangelnden Kooperationsbereitschaft der „mainstream feminists" der NOW, am Ende der 1980er Jahre zurückzogen.[221] Ross und viele andere engagierten sich im neu entstehenden „movement for reproductive justice", dass verstärkt auf die Anliegen von *Women of Color* fokussierte.[222]

---

[219] Brief Candace Lance an BWHBC, 19.11.1981. SLHU MC 503, Box 109, Folder 27.
[220] Für das *Black Women's Health Movement* vgl. Nelson, More than Medicine, v. a. S. 167–192, Springer, Kimberly: Living for the Revolution. Black Feminists Organizations, 1968–1980, Durham 2005. Roth, Separate Roads. Zum *Mexican American Women's Health Movement* vgl. Gutierrez, Fertile Matters. Espinoza, Dionne: „Revolutionary Sisters": Women's Solidarity and Collective Identification among Chicana Brown Berets in East Los Angeles, 1967–1970, in: Aztlan 26 (2001), No. 1, S. 17–57.
[221] LORETTA ROSS (geboren 1953) ist eine afroamerikanische Feministin und Menschenrechts-Aktivistin. Selbst Opfer von Vergewaltigung, Inzest und durch die Dalkon Shield Spirale ausgelöster Sterilität, setzte sie seit den 1970er Jahren ihre persönlichen Erfahrungen in politisches Engagement um, unter anderem als Leiterin des *Rape Crisis Center* in Washington D.C. Von 1985 bis 1989 leitete sie das *Women of Color Program* der NOW, in dieser Eigenschaft organisierte sie 1987 die erste nationale Konferenz zum Thema „Women of Color and Reproductive Rights". Von 1989 bis 1990 arbeitete sie für das „National Black Women's Health Project". Seit den 1990er Jahren engagiert sie sich in der „reproductive justice"-Bewegung, unter anderem als Leiterin des „Sister Song Women of Color Reproductive Health Collective" (seit 2004). Ihre Papiere befinden sich in der Sophia B. Smith Collection in Northampton, dort wird auch ein umfangreiches Oral History Interview mit Ross archiviert. Vgl. die biographische Skizze <www.smith.edu/library/libs/ssc/pwv/pwv-ross.html>. Zu Ross vgl. auch Nelson, More than Medicine, S. 167–192. Ganz aktuell: Ross, Loretta / Solinger, Rickie: Reproductive Justice: An Introduction, Oakland CA 2017.
[222] Nelson, More than Medicine, S. 193–220. Silliman et al., Undivided Rights.

Candace Lance dagegen war 1981 noch optimistisch, sah sie doch voraus, dass auch weiße Frauen bald mit ähnlichen Problemen wie ihre afroamerikanischen Geschlechtsgenossinnen konfrontiert sein würden, „since now many white women are beginning to face some of the problems black women have always faced – divorce, working outside the home etc."²²³

Hier hatte Lance durchaus Recht, Scheidung und die damit verbundenen Risiken entwickelten sich schon seit Beginn der 1970er Jahren zu einem Kernproblem vieler Frauen, auch wenn sie nicht einer Minderheit angehörten oder in sozial prekären Verhältnissen lebten.

## 5.6 „Dramatic Shift in the American Temperament": Die Debatten um Ehescheidung und die Einführung der No-Fault-Divorce

Kein geringerer als Ronald Reagan unterzeichnete als Gouverneur des Staates Kalifornien zum Jahresende 1969 ein Gesetz, welches die Ehescheidung in den gesamten USA revolutionieren sollte und das gemeinhin als Ausdruck eines fundamentalen Wandels der Familienwerte betrachtet wird. Der *California Family Law Act* regelte zunächst für den Staat Kalifornien, dass eine Ehescheidung ab dem Jahr 1970 nicht mehr, wie bislang üblich, nur unter Verweis auf einige wenige anerkannte Scheidungsgründe vor Gericht erstritten werden musste und mit einem Schuldspruch und der Ermittlung einer schuldigen Partei zu enden hatte.²²⁴ Die sogenannte „no-fault divorce" ersetzte Scheidungsgründe und Gerichtsprozess durch ein beschleunigtes Scheidungsverfahren, in dem die Partner unter Verweis auf „unüberbrückbare Differenzen" die Scheidung schnell und unbürokratisch beantragen konnten. Das Familienvermögen wurde zu gleichen Teilen aufgeteilt, da es keine „guilty party" gab, die per se zur Zahlung von Unterhalt gezwungen werden konnte.²²⁵ Ausgehend von Kalifornien liberalisierten in den 1970er Jahren die meisten Bundesstaaten ihre Scheidungsgesetze, bereits 1975

---

223 Brief Candace Lance an BWHBC, 19.11.1981. SLHU MC 503, Box 109, Folder 27.
224 Zur Wirkung des California Family Law Act aus der Sicht der Zeitgenossen vgl. Hogoboom, William P.: The California Family Law Act of 1970: 21 Months of Experience, in: Family Court Review 9 (1971), No 1 <www.onlinelibrary.wiley.com/doi/10.1111/j.174-1617.1971.tb00720.x/pdf>.
225 Phillips, Roderick: Untying the Knot. A Short History of Divorce, New York 1991. Celello, Kristin: Making Marriage Work. A History of Marriage and Divorce in the Twentieth-Century United States, Chapel Hill, NC 2009. Riley, Glenda: Divorce. An American Tradition. New York, Oxford 1991.

hatten 45 von 50 Einzelstaaten eine Form der *No-Fault* Regelung etabliert.[226] Gleichzeitig ersetzten sie den negativ konnotierten Begriff „divorce"/ Scheidung durch das neutralere „dissolution"/Auflösung. Die *New York Times* diagnostizierte bereits im Jahr 1974 einen massiven gesellschaftlichen Wandel:

> One of the more dramatic shifts in the American temperament in the last five years is the increasing tendency of couples to seek divorce and the tendency of courts and state legislatures to make it easier for them to do so.[227]

Bereits am Tag des Inkrafttretens der Scheidungsreform in Kalifornien hatte das gleiche Blatt einen Wertewandel speziell unter der kalifornischen Bevölkerung ausgemacht und argumentiert:

> To many lawyers and sociologists, the law reflects the increasing instability of American family life, particularly in the booming and burgeoning states of the restless West. [...] Many experts here believe that the new divorce law mirrors a change in mores and morals of Californians.[228]

Auf den ersten Blick lässt sich die schnelle nationsweite Einführung der *No-Fault Divorce* in der ersten Hälfte der 1970er Jahre tatsächlich als Ausdruck eines fundamentalen Wertewandels, als Anerkenntnis der Gleichberechtigung beider Ehepartner, als Kritik an der bisherigen Praxis einer stark patriarchal geprägten Familie und als Reaktion auf die Individualisierung und Pluralisierung der modernen Gesellschaft lesen. Legt man jedoch eine historische Langzeitperspektive an, verliert diese Entwicklung auf den zweiten Blick viel von ihrer Singularität und Dramatik. So stiegen zwar in den 1970er Jahren die nationalen Scheidungszahlen tatsächlich an, aber sie taten das innerhalb eines säkularen Trends, der bereits seit Beginn der Datenerhebung im Jahr 1867 zu beobachten war. Die eigentliche Trendwende stellten vielmehr die 1980er Jahre da, da hier die Scheidungsrate dauerhaft zu sinken begann, zuvor hatten lediglich die 1950er und frühen 1960er Jahre einen vorübergehenden Rückgang der Scheidungsrate erlebt. Auch die Debatte um das Für und Wider einer Liberalisierung des Scheidungsprozedere und dessen Auswirkung auf die Familie als Keimzelle der Nation war keinesfalls neu. Bereits die erstmalige Veröffentlichung der nationalen Scheidungsstatistik

---

[226] Warren, Virginia Lee: Taking Some of the Pain out of Divorce. 'No-Fault' is a Growing Reality, New York Times (NYT), 19.3.1975.
[227] King, Wayne: Demand for Divorce brings Laws to make it Easier and Cheaper, NYT, 5.1.1974. S. 16.
[228] Roberts, Steven V.: Divorce, California Style, Called A Reflection of the Restless West, NYT 1.1.1970.

im Jahr 1889 hatte eine erste öffentliche Auseinandersetzung losgetreten, in deren Verlauf insbesondere Sozialexperten die Familie als Analyseobjekt entdeckten und für die Scheidung als Heilmittel („remedy") zur Beendigung untragbarer Beziehungen eintraten.[229] Liberale Soziologen wie George E. Howard und Charlotte Perkins Gilman hatten schon zu Beginn des Jahrhunderts ihr Plädoyer für das Recht auf Scheidung mit der Forderung nach Frauenrechten und insgesamt einer besseren Gleichberechtigung der Geschlechter verknüpft.[230] Diese erste Scheidungsdebatte des 20. Jahrhunderts endete mit einem Sieg der Scheidungsbefürworter und der Marginalisierung ihrer Gegner als religiös und kulturell konservativ. Das Scheidungsrecht selbst blieb zunächst regional stark fragmentiert, da durch die Einzelstaaten geregelt, wobei die meisten Staaten eine Scheidung nach dem Schuldprinzip auf der Grundlage unterschiedlich weit gefasster Scheidungsgründe grundsätzlich zuließen.[231]

Auch die flächendeckende Einführung der *No-Fault Divorce* in den 1970er Jahren war nicht unumstritten. Besonders schwer wog die Kritik von Vertreterinnen der Frauenbewegung, die argumentierten, dass Frauen durch den Wegfall der prinzipiellen Unterhaltsverpflichtung des Gatten – welche ihnen das Schuldprinzip in den meisten Fällen garantiert hatte – durch die neue Regelung wirtschaftlich massiv benachteiligt würden.[232] So wies die *Los Angeles Times* bereits 1973 darauf hin, dass die kalifornischen Scheidungsrichter das Familienvermögen zu gleichen Teilen unter den Partnern aufteilten, dabei aber reale Ungleichheiten wie schlechtere Chancen am Arbeitsmarkt und Erziehungsleistungen der Frauen außer Acht ließen. Sie zitiert eine Scheidungsanwältin aus Santa Monica mit den Worten:

> Ten years ago, judges were breaking their necks to see that a woman could stay home and take care of preschool children. [...] Now, if I'm lucky, I can get enough money to cover the child care and the woman is left to cover the rest of support.[233]

---

**229** Lichtenberger, James P.: Divorce. A Study in Social Causation, New York 1909. Zu den Ehescheidungsdebatten der Progressive Era vgl. Kapitel 1 dieser Studie.
**230** Howard, George Elliott: Is the Freer Granting of Divorce an Evil?, in: The American Journal of Sociology 14 (1908/09), S. 766–796. Gilman, Charlotte Perkins: How Home Conditions react upon the Family, in: AJS 14 (1908/09), S. 592–605.
**231** Immer noch grundlegend: O'Neill, William L.: Divorce in the Progressive Era, New Haven, CT 1967. Riley, Divorce.
**232** Weitzman, Lenore J.: The Divorce Revolution. The Unexpected Social and Economic Consequences for Women and Children in America, New York 1985.
**233** Durant, Celeste: New Feminism Benefits Men in Divorce Actions, Los Angeles Times, 30.12.1973.

Auch NOW hatte erkannt, dass die Versorgung geschiedener Ehefrauen ein gravierendes Problem darstellte und ernsthaft die angestrebte Gleichberechtigung der Geschlechter gefährdete. Daher machte sich die zuständige „NOW Task Force on Marriage, Divorce, and Family Relations" von 1970 bis in die Mitte der 1970er Jahre vielfältige Gedanken, wie der eklatanten Ungleichbehandlung der Frauen in der neuen Scheidungsregelung abzuhelfen sei.[234] Neben Fragen der wirtschaftlichen Absicherung der Ehefrau ging es den Aktivistinnen immer auch um die Frage, inwiefern Frauen gegenüber einseitigen Scheidungswünschen ihrer Ehepartner gestärkt werden könnten, beziehungsweise wie zu verhindern sei, dass Frauen nach langjähriger Ehe gegen ihren Willen geschieden würden und dann vor ihrem sozialen und wirtschaftlichen Ruin stünden.[235] Wichtig war auch der Hinweis auf die fortdauernde Diskriminierung von Frauen auf dem Arbeitsmarkt und auf den mangelnden Zugang zu Wiedereinstiegsmaßnahmen nach der Scheidung, was die ökonomische Ausgangsbasis einer arbeitspflichtigen geschiedenen Frau gegenüber der ihres Exmannes drastisch verschlechtere.[236] Doch auch weibliche Lebensentwürfe insgesamt erschienen in Gefahr: So argumentierte die Koordinatorin der NOW Task Force on Marriage and Divorce, Elizabeth Coxe Spalding, im Jahr 1975 sogar, die Scheidungsreform bedrohe die Lebensform als Hausfrau und Mutter – aus dem Munde einer Feministin ein erstaunliches Statement:

> The current wave of divorce "reform" bills has put "instant" gratification into divorce law; "throw-away" marriage into our culture and added "endangered species": the homemaker wife / mother. The divorce legislation completes the phasing out of family life that began with the decline of the extended family, followed by the isolation of the nuclear family and then the single parent. By increasing the ex-wife's obligation to provide support without giving her property rights during the marriage or recompense in the divorce settlement, married women must go to work. They cannot stay at home and take care of their husbands and children, they must keep their working skills sharp at all times. The role of the homemaker for women has been phased out by these "reform" divorce laws.[237]

---

234 Vgl. den Schriftwechsel und die Entwürfe in SLHU MC 496, Box 47, Folders 42, 43, 45.
235 Brief Ellen Sim Dewey, Nebraska Chair Person, NOW Task Force on Marriage, Divorce and Family Relations, 20.6.1975, an die Koordinatorin der Task Force. Schreiben Ellen Sim Dewey, Nebraska, an Barbara Cox, NOW Executive Director Legislative Development Task Force, 16.12.1974. SLHU MC 496, Box 47, Folder 43.
236 An Explanation of No-Fault Divorce, Prepared by Betty Berry, National Coordinator of the Marriage, Divorce and Family Relations Task Force of the NOW, undated [1973]. SLHU MC 496, Box 47, Folder 45.
237 NOW Task Force on Marriage and Divorce, Elisabeth Coxe Spalding, National Coordinator, 15.1.1975. SLHU MC 496, Box 47, Folder 45.

In historischer Perspektive zeigt sich, dass die Eherechtsreform zu Beginn der 1970er Jahre zwar das Verfahren erleichterte und die juristische Scheidung allgemein besser zugänglich machte, so dass diese weniger stark als bisher von ökonomischen Ressourcen und dem Wohnort abhing. Aber gleichzeitig verstärkte sie auch ökonomische Ungleichheiten, indem Unterstützungszahlungen des Mannes für Exfrau und Kinder massiv zurückgenommen wurden und per se eine gleiche Möglichkeit des Einkommenserwerbs für Mann und Frau vorausgesetzt wurde, was aber nicht der Realität (Kindererziehung, schlechtere Ausbildung, geringere Löhne) entsprach.

Folglich erweist sich in den 1970er Jahren ein wichtiger Aspekt der normativen Pluralisierung im Sinne eines gewandelten gesellschaftlichen Rollenverständnisses: Anders als noch im ersten Drittel des 20. Jahrhundert galten Mann und Frau dem Scheidungsrichter nunmehr als formal gleichberechtigte Partner – ein außerordentlicher Schritt in der Verhandlung der Geschlechternormen. In der Praxis wurde diese Gleichberechtigung jedoch vor allem ökonomisch interpretiert, was sich in der Verteilung des ehelichen Vermögens ausdrückte. Schwer wog hingegen die Weigerung der meisten Richter, fortwirkende Ungleichheiten anzuerkennen, wie die Tatsache, dass die Kindererziehung Hauptaufgabe der Frau blieb.

## 5.7 Zwischenfazit: Abtreibung als „Constitutional Right"

Insgesamt zeigt der Diskurs über Abtreibung und Reproduktion, dass während des gesamten 20. Jahrhunderts die Reproduktion weißer Frauen und ihr Beitrag zur Sicherung der amerikanischen Familie als Basis der Nation im Vordergrund standen. Nicht-weiße Familien wurden demgegenüber abgewertet beziehungsweise in ihren Wahlmöglichkeiten eingeschränkt. Betrachtet man die Debatte auf ihre rassischen Ungleichheiten hin, so erscheint der in der Legalisierung der Abtreibung kulminierende Wertewandel auf dem Feld der Sexualität und Reproduktion weniger dramatisch, da zunächst nur weiße Frauen aus der Mittelschicht einen Zugewinn an *Reproductive Choice* verbuchen konnten. Im Gegenteil, gegenüber ethnisch, rassisch und sozial definierten Minderheiten kamen vielmehr repressive Maßnahmen zur Anwendung, wobei das Spektrum von Zwangssterilisation bis Verpflichtung zur Verhütung (durch Bewährungsauflagen oder auch die massenhafte Verabreichung von Spiralen und Hormonimplantaten an afroamerikanische Teenager, *Welfare Mothers* und Strafgefangene sowie Immigrantinnen) reichte. Zwangsmaßnahmen und Mangel an Zugang zu reproduktiver Kontrolle verstärkten sich folglich gegenseitig. In diesem Kontext spielte die organisierte Frauenbewegung um die NOW zunächst eine ambivalente Rolle, da sie primär die Bedürfnisse und Interessen der Frauen aus der weißen Mittelschicht vertrat und erst durch die Proteste afroamerikanischer Feministinnen zur Erweiterung ihres Fokus auf die Nöte und Wünsche nicht-weißer Frauen motiviert wurde. Zugleich prägten insbesondere Experten für Bevölkerungspolitik – viele von ihnen mit Wurzeln in der Eugenikbewegung – ganz wesentlich die Debatte um „birth control" und „reproduction" und brachten ein biologistisches Verständnis von „Qualität" in die Debatte ein. Die Überlegungen, dass die Qualität der Bevölkerung gesteigert werden müsse, nicht aber ihre Quantität, war auch für liberale Sozialwissenschaftler durchaus anschlussfähig, wie das Beispiel der Anthropologin Margaret Mead unterstreicht.

Entgegen der Forderungen der Frauen- und Studentenbewegung hatten sich die im Familienideal enthaltenen Geschlechternormen bis zum Ende der 1960er Jahre noch kaum geändert. Dies zeigen unter anderem die Äußerungen weißer Sozialwissenschaftler ebenso wie die Forderungen afroamerikanischer Bürgerrechtler und *Black Power* Aktivisten, die sämtlich einem ungleichen Genderverhältnis anhingen – ob sie nun auf die Bedeutung der Funktion des Mannes als Ernährer der Familie verwiesen („family wage") oder eine spezifische afroamerikanische „hypermasculinity" als Gegenbild zur Vorstellung vom schwachen afroamerikanischen Mann entwarfen. In beiden Konzepten kamen Frauen bestenfalls in einer biologistischen Festlegung auf Reproduktion und Kindererziehung vor, nicht aber als gleichberechtigte Partnerinnen. Hier musste die Frauenbewegung der späten 1960er und frühen 1970er Jahre ansetzen, um unter den Schlagworten „Gleichberechtigung" und „reproduktive Kontrolle" wichtige Neuaushandlungen der Geschlechterverhältnisse zu erreichen. Diese materialisierten sich zunächst in der Antidiskriminierungspolitik am Arbeitsplatz, welche sich auf Johnsons *Executive Order 11375* von 1967 stützte, dann in der Einführung der *No-Fault Divorce* 1970 und schließlich in der Legalisierung der Ersttrimester-Abtreibung durch den Supreme Court im Urteil zum Fall *Roe v. Wade* 1973.

Im Laufe der 1970er Jahre fanden liberale Auffassungen von Frauenarbeit und Abtreibung durchaus Eingang in das nationale Verständnis von Familie. So argumentierte eine Leserbriefschreiberin in der Debatte um die erneute Ausstrahlung der „Abtreibungsfolgen" der beliebten Fernsehserie „Maude" im August 1973, für sie stelle Abtreibung keinen Skandal mehr dar, sondern einfach ein konstitutionelles Recht:

> For most of us, abortion is no longer an issue. It is a right, pure and simple. Not only because it is a woman's right to control her own body, but because it is the right of every child to be wanted and loved from the start.[238]

Das gravierendste Indiz für einen gesellschaftlichen Wertewandel, das sich aus den öffentlichen Debatten um Ehescheidung und Abtreibung in den 1970er Jahren ableiten lässt, liegt jedoch in einer sukzessiven und keineswegs konfliktfreien Privilegierung des Rechts auf individuelle Selbstbestimmung gegenüber der Bedeutung des Allgemeinwohls – allerdings in engen diskursiven Grenzen. Daran hatten die Vertreterinnen der Frauenbewegung entscheidenden Anteil, da sie nicht nur das Reproduktionsthema diskursiv besetzten, sondern zugleich Informationen über Verhütungspraktiken, medizinische Grundlagen und rechtliche Rahmensetzungen unter den Aktivistinnen verbreiteten. Damit untergruben sie sukzessive die Autorität der Bevölkerungsexperten auf diesem Gebiet. Generell gilt, dass in den USA ab dem Ende der 1960er Jahre Expertendiskurse und -entscheidungen im Bereich der Reproduktionspolitik (Verordnung von Verhütungsmitteln, Zugang zu Abtreibung, Sterilisationspraxis) immer stärker von Graswurzelbewegungen herausgefordert und schließlich abgelöst wurden, so dass sich viele Experten auf den Export von Techniken der Geburtenkontrolle in die Dritte Welt konzentrierten.

Die Ausgangsfrage, inwiefern Debatten und Akteurinnen verstärkt auf individuelle Werte rekurrierten, lässt sich also für die 1970er Jahre daher durchaus ambivalent beantworten: Während liberale Experten weißen Frauen prinzipiell mehr individuelle Entscheidungsrechte bei der Gestaltung ihrer Reproduktion zugestanden (und viele Frauen diese auch engagiert einforderten), sah dies für nicht-weiße Frauen deutlich anders aus: Zwar forderten nicht-weiße Aktivistinnen engagiert mehr individuelle Rechte und die Einstellung jedweder Zwangsmaßnahmen von Sterilisierung bis Wohlfahrtskürzungen. Doch viele Experten und relevante Teile der US-Gesellschaft weigerten sich schlicht, diese anzuerkennen. Individuelle Rechte blieben also im Bereich der Reproduktion auch in den 1970ern noch nach „Race" und „Class" segmentiert. Man kann an dieser Stelle also lediglich von einem „partiellen Wertewandel" sprechen.

Welchen politischen und kulturellen Sprengstoff individuelle Reproduktionsentscheidungen für die US-Gesellschaft insgesamt beinhalten, erweisen die bis zum heutigen Tag andauernden heftigen Abtreibungsdebatten. Ausgehend vom Scheitern der ersten „National Conference on Families" der Regierung Carter im Jahr 1980 und ihrer liberalen Familienwerte, analysiert das folgende Kapitel

---

**238** Leserbrief von C.V.A. Avedikian, Kensington, anlässlich der Wiederausstrahlung der "Abtreibungsfolge" am 21.8.1973, an die WP, 30.8.1973, S. A19.

die Auseinandersetzung über Familienwerte in den *Culture Wars* der 1980er Jahre. Gerade an der von Ronald Reagan vorgenommenen Gegenüberstellung von Abtreibung (egoistischer Individualismus) und Freigabe zur Adoption (altruistischer Dienst an der Gemeinschaft) sowie an deren Kommentierung durch die verschiedenen sozialen Bewegungen lassen sich die konfligierenden Vorstellungen von individuellen Rechten und kollektiven Werten gut untersuchen.

# 6 „Culture Wars"? Debatten um die US-Familie in den 1980er Jahren

Am 4. März 1977 erhielt die Anthropologin Margaret Mead von Gesundheitsminister Joseph A. Califano die Einladung zur Teilnahme an einer geplanten „White House Conference on Families".

> The intent of this conference will be to focus attention on the ways in which policies and institutions affect American families. It will seek to help us understand better the trends and forces which influence families and the problems and opportunities that result. Most importantly, it will be designed to help translate the knowledge into policies which strengthen families rather than weaken them.

Dafür suche die Regierung nunmehr die Kooperation von ausgewiesenen Fachleuten und Experten, die auf dem Feld der Familie arbeiteten:

> This is, as you know, a very important but exceedingly complex task. We need to understand the pluralistic nature of American families, as well as diverse, pluralistic, and sometimes conflicting opinions about them.[1]

Die Erkenntnis, dass US-amerikanische Familien vielfältig waren und es viele divergierende Meinungen über ihre Struktur und Werte gab, stellte eine wichtige Einsicht in die Lebensrealität der Menschen und zugleich einen zentralen Lerneffekt angesichts der sozialen Protestbewegungen und Debatten der 1960er und 1970er Jahre dar: Wer öffentlich über Familien in der modernen Gesellschaft nachdenken wollte, konnte dies nur noch pluralistisch und gewissermaßen basisdemokratisch tun. Genau dies strebten Califano und Carter an – doch sie scheiterten damit eindrucksvoll: Die Konferenz löste einen Sturm von Protesten aus, und Carter unterlag letztlich seinem republikanischen Herausforderer Ronald Reagan, der ausgerechnet mit seiner konservativen Familienrhetorik punkten konnte.[2] Dies erklärt sich, so die hier zu erläuternde These, aus dem Befund, dass das Recht auf individuelle Entscheidungsfreiheit in Fragen von Reproduktion,

---

[1] Secretary of Health, Education, and Welfare, Joseph A. Califano Jr., an Margaret Mead, 4.3.1977. Anworfschreiben Meads vom 14.3.1977. Margaret Mead Papers, Library of Congress (LOC), Manuscript Division, Box E 92, Folder 5.

[2] Zu Bedeutung der religiösen Rechten für das Scheitern der Familienpolitik Carters und den Aufstieg Ronald Reagans vgl. Flippen, J. Brooks: Jimmy Carter, the Politics of Family, and the Rise of the Religious Right, Athens / London 2011. Ribuffo, Leo P.: Family Policy Past As Prologue. Jimmy Carter, the White House Conference on Families, and the Mobilization of the New Christian Right, in: Review of Policy Research, 23 (2006), No. 2, S. 311–338.

Ehescheidung und familialer Lebensführung einerseits eine zentrale Errungenschaft der 1970er Jahre darstellte (mit dem in Kapitel 5 geschilderten Einschränkungen), es andererseits für die 1980er Jahre eine national verbindliche Familienpolitik unmöglich machte – zu groß waren inzwischen die ideologischen und programmatischen Konflikte in der US-Gesellschaft.

Die Debatten um kulturelle, religiöse und insbesondere familiäre Werte der 1980er und 1990er Jahre werden heute zumeist als „Culture Wars" bezeichnet.[3] Vereinfacht ausgedrückt standen sich zwei gesellschaftliche Lager gegenüber, die stark divergierende Einstellungen zu Gendernormen, *Affirmative Action*, Abtreibung, Homosexualität, öffentlicher Förderung von Kultur und Kunst sowie zur Bedeutung religiöser Erziehung vertraten: Während eine Allianz aus konservativen Republikanern, religiösen Fundamentalisten und Neuer Christlicher Rechter auf der einen Seite für moralische und religiöse Werte eintrat, verfochten liberale Demokraten auf der anderen Seite weiterhin pluralistische Werte für Staat und Familie. Trotz der unbestreitbaren Schärfe der öffentlich ausgetragenen Deutungskonflikte und der Tendenz zu gewaltsamen Protesten beispielsweise vor Abtreibungskliniken und Gerichten mehren sich in den letzten Jahren Diagnosen von Sozialwissenschaftlern, welche die Eindeutigkeit der Konfrontationslinien und damit die Treffsicherheit des Begriffs der „Culture Wars" anzweifln. Neuere Untersuchungen aus dem Bereich der Meinungsforschung weisen darauf hin, dass die Einstellungen der meisten Amerikanerinnen und Amerikaner zu Fragen wie Abtreibung, Homosexualität etc. in sich sehr viel inkonsistenter seien, als dass sie die klare Zuordnung zu einem Feld erlauben würden.[4]

Für eine historische Analyse hingegen hat der Begriff den Vorteil, dass er zunächst einmal den Blick auf Veränderungen in der öffentlichen Debatte um individuelle Rechte und kollektive Werte, Individuum und Staat, Familie und Nation in den 1980er Jahren richtet. Zugleich beinhaltet er die historische Per-

---

3 Der Begriff „Culture Wars" wurde vom Religionssoziologen James Davison Hunter 1991 geprägt und vom damaligen republikanischen Präsidentschaftsbewerber Patrick Buchanan auf dem Parteitag der Republikaner 1992 als „War for the Soul of America" apostrophiert. Hunter, James Davison: Culture Wars. The Struggle to Define America. Making Sense of the Battles over the Family, Art, Education, Law and Politics, New York 1991. Ebenfalls aus Sicht der Religionssoziologie: Browning, Don S. et al: From Culture Wars to Common Ground. Religion and the American Family Debate, Louisville KY 1997. Dagegen als zeithistorische Analyse: Hartman, Andrew: A War for the Soul of America. A History of the Culture Wars, Chicago / London 2015.
4 Eine umfassende Kritik des „Culture Wars"-Paradigma bei Thomson, Irene Taviss: Culture Wars and Enduring American Dilemmas, Ann Arbor 2010. Bereits Mow und Sobel hatten argumentiert, dass sogar die Abtreibungsdebatte die Menschen weniger stark polarisierte als bislang angenommen. Mouw, Ted / Sobel, Michael E.: Culture Wars and Opinion Polarization, in: American Journal of Sociology 106, No. 4 (2001), S. 913–943, insbes. S 938.

spektive auf den soziokulturellen Wandel der 1960er und 1970er Jahre, denn die „Culture Wars" verhandelten explizit die dort angeregten Norm- und Wertveränderungen.[5] Schließlich kann man mit dem Begriff die Frage aufwerfen, inwiefern sich die gesellschaftlichen Auseinandersetzungen in den USA der 1980er Jahre deutlich von Protesten gegen sich verändernde Familienwerte und Gendernormen in anderen westlichen Gesellschaften unterschieden, ob die „Culture Wars" also ein primär US-amerikanisches Phänomen darstellten. Im folgenden Kapitel geht es daher um die Familie als Gegenstand der „Culture Wars", um eine Vermessung der Bruchlinien und Grenzen des Wertewandels – sowie um eine historische Untersuchung der von den konservativen Kritikern angebotenen Alternativkonzepte in Form von „traditional family values".

Gefragt wird also *erstens*, welchen Schwierigkeiten sich die Carter-Conference mit ihrem Versuch, Eckpunkte für eine national einheitliche, liberal-pluralistische Familienpolitik zu entwickeln, zu Beginn der 1980er Jahre gegenübersah. *Zweitens* gilt es, Inhalte und Folgen der symbolischen Familienpolitik Reagans zu untersuchen und zu fragen, wie sich insbesondere Frauenbewegung und Pro-Choice Movement dazu verhielten. *Drittens* ist zu klären, inwiefern die Privilegierung von Adoption gegenüber Abtreibung durch den Präsidenten tatsächlich den Rahmen für reproduktives Entscheiden in den USA und möglicherweise auch das nationale Familienideal veränderte.

Hierzu werden insbesondere folgende Quellenbestände ausgewertet: die Akten der mit der Family-Conference betrauten Stäbe der Carter-Regierung, der Nachlass Margaret Meads, Reden und Proklamationen Ronald Reagans, die Akten der Organisationen *Concerned United Birthparents* (CUB), *National Abortion Rights Action League* (NARAL) und die Akten der lokalen Abtreibungsrechtsbewegung in Boston, *NARAL Mass Choice*. Zuvor liefert jedoch ein kurzer Überblick über die sozio-ökonomische Situation der US-amerikanischen Familien in den 1980er Jahren den Hintergrund für diese Analyse.

---

[5] Hartman, War. Eine aufschlussreiche Analyse der Auseinandersetzung um öffentliche Förderung von Geisteswissenschaften und Kunst durch das *National Endowment for the Humanities* und das *National Endowment for the Arts*, beides Einrichtungen der Johnson-Regierung, bei Jensen, Richard: The Culture Wars, 1965–1995: A Historian's Map, in: Journal of Social History 29 (1995), S. 17–37.

## 6.1 „Dual Earners and Welfare Moms": Sozialgeschichte der Familie in den 1980er Jahren

Die Sozialgeschichte der Familie in den 1980er Jahren wurde ganz wesentlich von zwei Entwicklungen bestimmt, die sich unter den Schlagworten „welfare and work" zusammenfassen lassen. Zunächst einmal stieg die Anzahl der Familien mit zwei Einkommen in den 1980er Jahren deutlich an und die „dual earner family" setzte sich als Mehrheitsmodell gegenüber dem „male breadwinner" durch: Während im Jahr 1969 noch knapp 70 % der Ehepaare mit Kindern unter 18 Jahren vom alleinigen Verdienst des Mannes abhingen und die Mutter in lediglich knapp 25 % dieser Familien ebefalls berufstätig war, sollte in den nächsten 20 Jahren der Anteil mitverdienender Mütter kontinuierlich ansteigen. 1980 war der Ausgleich erzielt, nun standen rund 45 % Familien mit männlichem Ernährer ebensoviele Familien mit doppeltem Einkommen gegenüber. Auch der Anteil der Ehepaare mit Kindern, die allein vom Einkommen der Mutter abhingen, war gestiegen, von knapp 2 % auf rund 4 %. Ab 1980 setzte sich der Trend zu zwei Haushaltseinkommen (und damit auch zur Frauenarbeit) weiter fort. Im Jahr 2011 verfügten knapp 60 % aller verheirateten Paare mit Kindern über zwei Einkommen, nur gut 30 % lebten allein vom Gehalt des Vaters und knapp 7 % allein vom Gehalt der Mutter.[6] Die sozialhistorischen Daten zeigen darüber hinaus, dass besser ausgebildete Frauen auch begannen, längerfristig höhere Löhne zu erzielen: Während 1980 noch 3,8 Prozent der Mütter minderjähriger Kinder mehr verdienten als ihre Männer, waren es 1990 bereits 16 % – mit steigender Tendenz.[7]

Auf der anderen Seite des Spektrums verzeichneten die 1980er Jahre auch einen konstant hohen Bedarf an staatlichen Unterstützungsleistungen im Wohlfahrtsprogramm *Aid to Families with Dependent Children* (AFDC). Dies und die verbreitete Angst vor Wohlfahrtsbetrug („welfare fraud") inspirierte wiederum die politische Diagnose einer „welfare crisis", einer ruinösen Expansion der staatlichen Wohlfahrtsausgaben. Das Krisenszenario wiederum zog Forderungen nach einer groß angelegten Wohlfahrtsreform nach sich.[8] Als schließlich 1996 die

---

[6] Wang, Wendy / Parker, Kim / Taylor, Paul: Breadwinner Moms. Mothers Are the Sole or Primary Provider in Four-in-Ten Households with Children; Public Conflicted about the Growing Trend, PEW Research Center 29.3.2013, S. 20. www.pewsocialtrends.org.
[7] Wang/Parker/Taylor, Breadwinner Moms, S. 12.
[8] Die beste Arbeit zur Unterminierung von AFDC durch die Reformdiskussion ist Chappell, Marisa: The War on Welfare. Family, Poverty, and Politics in Modern America, Philadelphia 2010. Vgl. auch die Quellenedition Nadasen/Mittelstadt/Chappell, Welfare in the United States. Nadasen, Premilla: Welfare Warriors. The Welfare Rights Movement in the United States, New York 2005.

Welfare Reform unter Präsident Bill Clinton das „end of welfare as we know it" einläutete, beinhaltete dies eine bewusste Abkehr vom Prinzip der Leistungsberechtigung Bedürftiger („Entitlement"). Der *Personal Responsibility and Work Opportunity Reconciliation Act* (PRWORA) begrenzte die Dauer des Sozialhilfebezugs auf maximal fünf Jahre, davon nicht mehr als zwei in Folge. Das neue Programm *Temporary Assistance for Needy Families* (TANF) beinhaltete lediglich Kurzzeitunterstützung für Bedürftige und Arbeitsauflagen („welfare to work").[9]

Die Statistik erweist jedoch, dass von inflationären Wohlfahrtszahlungen keine Rede sein kann. So sank die Anzahl der von staatlicher Unterstützung abhängigen Familien (zumeist Mütter mit ihren minderjährigen Kindern) zu Beginn der 1980er Jahre zunächst kurz ab, um erst gegen Ende der Dekade wieder moderat anzusteigen.[10] Wie der Blick auf die Zahl der von AFDC lebenden Kinder zeigt, erfolgte eine deutliche Steigerung erst in den Jahren 1990–1994: Erhielten 1980 noch rund 7 Millionen Kinder Beihilfen aus dem AFDC Programm, so waren es 1989 noch immer 7,2 Millionen, 1993 und 1994 dagegen bereits 9,4 Millionen.[11]

Die Entwicklung zu mehr Erwerbsarbeit beider Elternteile und die steigende Abhängigkeit insbesondere alleinerziehender Mütter von Wohlfahrtsleistungen im staatlichen Wohlfahrtsprogramm *Aid to Families with Dependent Children* (AFDC) blieben nicht unwidersprochen. Die zugehörigen Diskurse um „dual earner families" und „welfare mothers" waren in hohem Maße mit rassenpolitischen Stereotypen durchsetzt und moralisch aufgeladen. Zwar stand der unaufhaltsame Aufstieg des Doppelverdienerhaushalts im Einklang mit dem Primat der Wirtschaftspolitik unter Ronald Reagan, befand sich aber in latentem Widerspruch zu den vom Präsidenten proklamierten „traditional family values".[12] Gerade das unübersehbare Ende des „male breadwinner" schürte einmal mehr Ängste vor zerfallenden Familien und unbeaufsichtigten Kindern. Insbesondere die Frage nach der Betreuung der Kinder arbeitender Eltern erhitzte die Gemüter,

---

9 PRWORA [H.R. 3734], 22.8.1996, abgedruckt bei Nadasen, Premilla / Mittelstadt, Jennifer / Marisa Chappell (Hg.): Welfare in the United States. A History with Documents, New York 2009, S. 214–216.
10 Page, Stephen B. / Larner, Mary B.: Introduction to the AFDC Program, in: The Future of Children. Welfare to Work Vol 7, No. 1 (1997), S. 20–27, S. 24.
11 Child Trends Data Bank: Child Recipients of Welfare (AFDC/TANF): Indicators on Children and Youth, Updated December 2015, S. 4 <www.childtreds.org>.
12 Hierzu siehe weiter unten in diesem Kapitel. Zu Reagans Präsidentschaft vgl. Brownlee, Elliott: The Reagan Presidency. Pragmatic Conservatism and Its Legacies, Lawrence 2003. Collins, Robert M.: Transforming America. Politics and Culture in the Reagan Years, New York 2007. Ehrman, John: The Eighties. America in the Age of Reagan, New Haven [u. a.] 2005.

da hier die traditionelle Mutterrolle zur Debatte stand.[13] Folglich wurde insbesondere von den Mitgliedern der Reagan-Regierung und Vertretern der christlichen Rechten die Bedeutung von Ehe und Familie als Grundlage der Nation hervorgehoben. Dies ging einher mit der Bekräftigung heteronormativer Vorstellungen von Partnerschaft und einer Kritik an alleinerziehender Elternschaft.[14]

In der Debatte um „welfare" traten rassistische und soziale Vorurteile noch stärker zu Tage als in der Diskussion um „working mothers". Dies illustriert das Stereotyp der sogenannten „welfare queen", die unter vermeintlich geschickter Ausnutzung staatlicher Ressourcen ein amoralisches Leben auf Kosten einfacher, hart arbeitender Amerikanerinnen und Amerikaner führte.[15] Dass es sich dabei in der Vorstellung der Mehrheitsgesellschaft stets um nicht-weiße Frauen handelte, schimmerte subkutan in den Debatten durch.[16] Geprägt hatte das Bild kein anderer als Ronald Reagan, zunächst im Rahmen seines Wahlkampfes um das Amt des Gouverneurs in Kalifornien und dann 1976 während seiner ersten Bewerbung um die Nominierung als republikanischer Präsidentschaftskandidat. In einer Radioansprache vom 18.10.1976 erzählte Reagan die Geschichte einer „welfare queen from Chicago", „[who] used 127 names, posed as a mother of 14 children at one time, 7 at another [...]. She has 3 new cars, a full length mink coat, and her take is estimated at a million dollars."[17] Obgleich die Identität der Frau nie fest-

---

**13** Vgl. auch Dobson, James / Bauer, Gary: Children at Risk. The Battle for the Hearts and Minds of Our Kids, Dallas et al. 1990, S. 129–147. Schlafly, Phyllis (Hg.) Who Will Rock the Craddle? The Battle For Control of Childcare in America, Nashville 1990. Popenoe, David: American Family Decline, 1960–1990. A Review and Appraisal, in: Journal of Marriage and the Family 55 (1993), Nr. 3, S. 527–542. Für eine frühe Kritik vgl. Lasch, Christopher: Haven in a Heartless World. The Family Besieged, New York 1977, S. 137–139.
**14** Vgl. den unter der Leitung von Gary Bauer erarbeiteten Expertenbericht „The Family": US Executive Office of the President: The Family. Preserving America's Future. A Report to the President from the White House Working Group on the Family. Washington DC, Domestic Policy Council, December 1986.
**15** Für die Fülle an Literatur vgl. Finzsch, Norbert: Gouvernementalität, der Moynihan-Report und die Welfare Queen im Cadillac, in: Martschukat, Jürgen (Hg.): Geschichte schreiben mit Foucault, Frankfurt a. M. 2002, S. 257–282. Hancock, Ange-Marie: The Politics of Disgust. The Public Identity of the Welfare Queen, New York / London 2004. Kohler-Hausmann, Julily: Welfare Crises, Penal Solutions and the Origins of the „Welfare Queen", in: Journal of Urban History Vol. 4, No. 5 (2015), S. 756–771.
**16** Quadagno, Jill: The Color of Welfare. How Racism Undermined the War on Poverty, New York 1994.
**17** Zitiert nach Crafton, William: The Incremental Revolution. Ronald Reagan and Welfare Reform in the 1970s, in: Journal of Policy History, Vol. 26, No. 1 (2014), S, 27–47, S. 27. Vgl. auch den Bericht des Washington Star über eine vergleichbare Aussage Reagans aus dem Wahlkampf vom 14.2.1976, zitiert bei Nadasen/Mittelstadt/Chappell, Welfare, S. 189–191.

gestellt werden konnte, verselbstständigte sich die Vorstellung der kriminellen „welfare queen" in der zeitgenössischen Debatte um die vermeintliche „welfare crisis" und bahnte den Weg zu Wohlfahrtsreform der 1990er Jahre.[18]

Doch wie sah die ethnische und soziale Struktur der Wohlfahrtsempfängerinnen tatsächlich aus? Zunächst einmal war (und ist) Armut messbar an ethnische Diskriminierung gekoppelt. Während 1980 18 % aller amerikanischen Kinder in Armut lebten, galt dies jedoch für 42 % aller afroamerikanischen und nur 13 % aller weißen Kinder. 1982 war die Anzahl sozial benachteiligter Kinder auf 21 % angestiegen, und 47 % der afroamerikanischen Kinder, aber nur 17 % der weißen Kinder, galten als arm. Während im gleichen Jahr 46 % aller afroamerikanischen Mütter ihre Kinder allein erzogen, taten dies nur 5 % der weißen Mütter. Alleinerziehende Frauen machten auf nationaler Ebene immerhin noch 19 % aller Mütter aus.[19]

Tatsächlich bezogen in den 1980er Jahren viele nicht-weiße Frauen und ihre Kinder AFDC, aber eben keineswegs ausschließlich. Im Gegenteil, der Anteil der African Americans an den AFDC-Empfängerinnen war in den Jahren 1965 bis 1975 deutlich höher gewesen. In diesem Zeitraum hatte er die 45 %-Marke überschritten, um danach wieder abzusinken.[20] Am Ende der 1980er Jahre lag er bereits unter 40 %, und 1992 waren nur noch 37 % der Unterstützten Afroamerikanerinnen, dagegen hatten 37 % eine weiße Hautfarbe und 18 % gehörten zur Gruppe der Mexican Americans.[21] Die meisten Familien waren eher klein, 43 % der Familien umfassten nur ein Kind. Zudem nutzen viele Frauen AFDC nur vorübergehend, entweder zur Überbrückung von Versorgungskrisen nach einer Trennung (45 %) oder nach der Geburt eines Kindes (30 %), wie eine Untersuchung des Jahres 1983 auswies. Auch vor 1996 verließen viele „welfare recipients" das Wohlfahrtsprogramm wieder, wenn sie neue Bindungen eingingen oder das jüngste Kind 18 Jahre alt wurde.[22]

---

[18] Kohler-Hausmann, Welfare Crises. Crafton, Incremental Revolution. Gilens, Martin: Why Americans Hate Welfare. Race, Media, and the Politics of Antipoverty Policy, Chicago / London 1999.
[19] Kimmich, Madeleine H.: America's Children. Who Cares? Growing Needs and Declining Assistance in the Reagan Era, Washington D.C. 1985, S. 10.
[20] Quadagno, Color of Welfare, S. 119–125, 175–176. Eine Übersicht über den Anteil von African Americans an den EmpfängerInnen von AFDC 1936–95 bei Gilens, Why Americans Hate Welfare, S. 106.
[21] Page / Larner, Introduction to the AFDC Program, S. 22–23.
[22] Zitiert bei Page / Larner, Introduction to the AFDC Program, S. 23.

**Abb. 6.1:** Schwangere Teenager-Mutter im Artikel „America's Underclass" des Magazins *Fortune*, 11.5.1987

Dagegen war das Bild der Wohlfahrtsempfängerin in Medienberichten und veröffentlichter Meinung zumeist dasjenige einer afroamerikanischen Frau, zumeist minderjährig und bereits Mutter mehrerer Kinder. Diesen Eindruck vermittelt idealtypisch eine Illustration aus einem Artikel des Magazins Fortune von 1987, welcher einmal mehr „America's Underclass" ins Visir nahm.[23]

Auch trug die Identifikation von AFDC als vermeintlichem „program for Blacks" dazu bei, die Akzeptanz von Wohlfahrtsmaßnahmen in der Bevölkerung

---

23 Magnet Myron: America's Underclass: What to do?, in: Fortune, 11.5.1987.

kontinuierlich zu verringern, wie neuere Untersuchungen nachgewiesen haben.[24] Zugleich sanken aber die Leistungen des Programms seit 1970 stetig, während die Nachfrage bis 1975 und dann wieder ab 1989 deutlich anstieg.[25] Während ein berechtigter Haushalt im Jahr 1970 noch mit einer Auszahlung durchschnittlich 800 USD im Monat rechnen konnte, so hatte sich der Betrag im Jahr 1995 auf 400 USD monatlich halbiert.[26]

Es ist wichtig festzuhalten, dass entgegen der heftigen öffentlichen Debatten um den vermeintlichen „Verfall der Familie" und die angebliche Bedrohung der Nation durch die Häufigkeit legaler Abtreibungen weder die Abtreibungszahlen noch die Ehescheidungsrate in den 1980er Jahren signifikant anstiegen, letztere ging sogar deutlich zurück: Während die nationalen Abtreibungszahlen von rund 1,3 Millionen im Jahr 1980 auf gut 1,4 Millionen im Jahr 1990 moderat anstiegen, sanken die Ehescheidungszahlen dagegen von 1,18 Millionen im Jahr 1980 auf 1,17 Millionen im Jahr 1990 in absoluten Zahlen.[27] Durch den Bevölkerungsanstieg fiel die Reduktion der nationalen Ehescheidungsrate noch deutlich aus von 5,2 Scheidungen je 1.000 Einwohner (1980) auf 4,7 Scheidungen im Jahr (1990)).

Dagegen stieg die Anzahl der unehelichen Geburten signifikant an: Wurden 1960 erst 5% aller Kinder von unverheirateten Frauen geboren, so waren dies 2010 nicht weniger als 41%.[28] Zwar blieb der Anteil an Müttern, die geschieden, getrennt oder verwitwet allein mit ihren Kindern lebten, konstant bei etwa 12%.[29] Doch der Anteil alleinerziehender Frauen, die nie verheiratet gewesen waren, an allen Haushalten mit minderjährigen Kindern in den USA stieg zwische 1980 und 1990 von 4% auf rund 7%. Gerade diese Personengruppe war besonders von

---

24 Gilens, Why Americans Hate Welfare. Hancock, Politics of Disgust. Quadagno, Color of Welfare, S. 171–173, 194–196.
25 Page / Larner, Introduction to the AFDC Program, S. 23.
26 Gilens, Why Americans Hate Welfare, S. 19. Die Berechnung durch Gilens auf der Grundlage des Statistical Abstracts of the United States erfolgte in „constant 1997 dollars".
27 Zur Entwicklung der Abtreibungsdaten vgl. im Detail die Ausführungen in Kapitel 5 dieser Arbeit. Statistik unter: Center for Disease Control and Prevention: Abortion Surveillance – United States, 2005 <www.cdc.gov/mmwr/preview/mmwrhtml/ss5713a1.htm>.
Center for Disease Control and Prevention: Abortion Surveillance – United States, 2012 <www.cdc.gov/mmwr/preview/mmwrhtml/ss6410a1.htm?s_cid=ss6410a1_w>. Zur Ehescheidungsrate vgl. U.S. Department of Health and Human Services, National Center for Health Statistics, nach Information Please Database, 2007 Pearson Education Inc. <www.infoplease.com/ipa/A0005044.html>.
28 Wang / Parker / Taylor, Breadwinner Moms, S. 17.
29 Wang / Parker / Taylor, Breadwinner Moms, S. 17.

Armut betroffen und stellte daher einen relevanten Anteil der Empfängerinnen von AFDC.[30]

Auch hier versprach die Wohlfahrtsreform von 1996 Abhilfe: Der PRWORA zielte ganz explizit auf den Schutz der Ehe und die Bekämpfung von „teen pregnancies": Das Gesetz erklärte:

1) Marriage is the foundation of a successful society.
2) Marriage is an essential institution of a successful society which promotes the interests of children.

In den Fokus gerieten insbesondere Mütter unehelicher Kinder: „The negative consequences of an out-of-wedlock birth on the mother, the family, and society are well documented." Erklärtes Ziel der Reorganisation der Wohlfahrtsleistungen von längerfristigen Unterstützungszahlungen zu kurzfristigen Überbrückungshilfen war es daher „[to] prevent and reduce the incidence of out-of-wedlock pregnancies [...] and encourage the formation and maintenance of two-parent families."[31]

Am Ende seiner Existenz wurde das AFDC-Programm von seinem „Gründungsfehler", der Kopplung des Leistungsbezuges an das Vorhandensein einer Familie ohne männlichen Ernährer (ursprünglich konzipiert zur Versorgung weißer Witwen und Waisen), eingeholt. Auch Wohlfahrtsfamilien sollten nun dem Ideal der Kernfamilie Rechnung tragen.

**Reaktionen der Betroffenen:** *Welfare Rights Movement* **und** *Family Adoption Program*

Bereits seit den 1960er Jahren setzte sich ein engagiertes *Welfare Rights Movement* für die Verbesserung der Leistungen, aber auch für die Verbesserung des Bildes der „welfare recipients" in der Öffentlichkeit ein.[32] Ein wichtiges Argument des frühen *Welfare Rights Movement* war, dass AfroamerikanerInnen in den Programmen aus Lyndon B. Johnsons *War on Poverty* zu wenig repräsentiert und nur lückenhaft über ihre Rechte informiert seien, so dass sie zu wenig Unterstützung

---

30 Wang / Parker / Taylor, Breadwinner Moms, S. 17.
31 PRWORA [H.R. 3734], 22.8.1996, abgedruckt bei Nadasen / Mittelstadt / Chappell, Welfare, S. 214–216.
32 Nadasen, Premilla: Expanding the Boundaries of the Women's Movement. Black Feminism and the Struggle for Welfare Rights, in: Feminist Studies 28 (2002), S, 271–301. Dies.: Welfare Warriors. The Welfare Rights Movement in the United States, New York 2005. Nadasen / Mittelstadt / Chappell, Welfare, S. 63–84.

erführen.³³ 1969 trat die größte Organisation, die *National Welfare Rights Organization* (NWRO) mit einem Vorschlag zur Verbesserung der Situation der „welfare recipients" auf den Plan: AFDC sollte durch ein *Guaranteed Adeqate Income* in Höhe von 5.500 $ im Jahr für eine vierköpfige Familie ersetzt werden.³⁴ Kurz darauf legte Präsident Richard Nixon einen *Family Assistance Plan* (FAP) im Rahmen seiner projektierten *Welfare Reform* vor.³⁵ Dieser basierte ebenfalls auf einem garantierten Mindesteinkommen für Familien, das allerdings deutlich unter der Armutslinie lag. Beide Pläne wurden indes nicht umgesetzt. In den 1980er Jahren richtete sich das Augenmerk der *Welfare-Rights*-AktivistInnen dagegen vornehmlich auf die Forderung nach adäquaten Jobs, um so der Armut zu entkommen.³⁶

Im Jahr 1986 machte der Fernsehjournalist Bill Moyers³⁷ – Mitte der 1960er Jahre und damit zu Zeiten des Moynihan-Reports Pressesprecher des Weißen Hauses – die afroamerikanische Familie zum Gegenstand einer Fernsehdokumentation für den Sender CBS. Darin warf er die Frage nach dem Zusammenhang von ökonomischer Benachteiligung, mangelnden Bildungschancen, tristen Wohnverhältnissen und verfehlten Wohlfahrtsausgaben auf. Die eineinhalbstündige Dokumentation „The Vanishing Family: Crisis in Black America" lief noch im gleichen Jahr erfolgreich im US-amerikanischen Abendprogramm.³⁸ Moyers konzentrierte seinen Bericht auf allein erziehende Mütter, insbesondere

---

33 Quadagno, Color of Welfare, S. 14. Cloward, Richard A. / Piven, Fances Fox: A Strategy to End Poverty, in: The Nation, 2.5.1966, zitiert nach Nadasen/Mittelstadt/Chappell, Welfare, S. 143–146. Raz, Mical: What's Wrong with the Poor? Psychiatry, Race, and the War on Poverty. Chapel Hill 2013.
34 NWRO's Guaranteed Adequate Income Plan, 1969, zitiert nach Nadasen/Mittelstadt/Chappell, Welfare, S. 158–162.
35 Zaretsky, Natasha: No Direction Home. The American Family and the Fear of National Decline, 1968–1980, Philadelphia 2007, S. 94–95, Chappell, War on Welfare, S. 65–79.
36 Chappell, War on Welfare, S. 214–228.
37 BILL MOYERS (geboren 1934) ist ein Journalist, Fernsehkommentator und ehemaliger Pressesprecher der Präsidenten Kennedy und Johnson. Als der Moynihan-Report bekannt wurde, war er Pressesprecher des White House. Nach einem Zerwürfnis mit Johnson über die Fortsetzung des Vietnam-Krieges, den Moyers ablehnte, begann er als Journalist zu arbeiten, seit 1971 für den Fernsehsender PBS und seit 1976 für CBS.
38 Sehr positive Reaktion von Corry, John: „TV: 'CB Reports' Examines Black Families". 25.1.1986. Kritisch dagegen die Gender-Historikerin Patricia Hill Collins, die den Moynihan-Report und den CBS-Report mit einander verglich und argumentierte, dass beide Texte „provide fairly straightforward examples of how defenders of white male privilege can use race, gender and class interactively to explain Black economic disadvantage". Hill Collings, Patricia: A Comparison of Two Works on Black Family Life, in: Signs, Vol. 14, No. 4, Common Grounds and Crossroads: Race, Ethnicity, and Class in Women's Lives (Summer 1989), S. 875–884.

„teenage mothers", und abwesende Väter. Die Protagonisten beschrieben ihr Verhalten in ausführlichen Interviews als Resultat bewusster Entscheidungen, doch der Subtext der Dokumentation suggerierte, dass hier inmitten der afroamerikanischen Minderheit ein massiver Wertewandel, ein Verfall der Familienwerte, stattfinde: Männer wollten keine Väter sein, jugendliche Mütter wählten Mutterschaft ohne Ehe, weil sie ja auf Wohlfahrt zurückgreifen könnten.[39]

> It's been a startling change in values. Twenty-five years ago you would not have heard such things said so freely, because they were not embraced so widely [Aussage der befragten "single mothers", dass sie keine Väter für ihre Kinder bräuchten, Aussage der befragten Männer, dass sie Verhütung ablehnten und die Frauen verantwortlich seien, ob sie nun Kinder bekämen oder nicht, I. H.]. The strong family was still the backbone of black America, and three out of four children had both parents at home. That is true no longer, and most black children are now growing up without their fathers.[40]

Doch Moyers beließ es nicht beim Lamento über die sich ändernden Familienwerte der African American Community. Ganz am Ende der Dokumentation diskutierten Ed Pitt, 1986 verantwortlich u. a. für das „adoscelent male responsibilities program" der *National Urban League,* und Byllye Avery, Leiterin des *National Black Women's Health Program* in Atlanta und allein erziehende Mutter zweier Kinder, über den gesamtgesellschaftlichen Wertewandel auf dem Feld der Familie[41]. Dieser würde nur den „poor people" nicht zugestanden, denn die Gesellschaft verlange ihnen höhere moralische Standards ab, „while the rest of society is experimenting with all kinds of family forms". Ed Pitt brachte es auf den Punkt:

---

**39** Die Dokumentation selbst ist komplett auf Youtube einsehbar, z. B. unter <www.youtube.com/watch?v=k9BKXQ8ROlw>. Der Journalist Bill Moyers, der sie verfasste, drehte und kommentierte, bietet zudem einen Filmausschnitt und das Transkript der Dokumentation auf seiner Homepage an: <billmoyers.com/content/the-vanishing-family-crisis-in-black-america>.
**40** <billmoyers.com/content/the-vanishing-family-crisis-in-black-america>.
**41** BYLLYE Y. AVERY (geboren 1937) ist eine bekannte afroamerikanische Bürgerrechtlerin und Mitbegründerin der Frauengesundheitsbewegung. Unter anderem setzte sich vor *Roe vs. Wade* für das Recht auf Abtreibung ein, war Vorstandsmitglied des *National Women's Health Network* und gründete die Abtreibungsklinik *Gainesville Women's Health Center* 1974 und 1978 das Geburtshaus „Birthplace". 1983 leitete sie die erste bundesweite Konferenz zu Gesundheitsfragen afroamerikanischer Frauen und war Mitbegründerin des *Black Women's Health Project* in Altlanta, Georgia. Vgl. das Interview von Loretta Ross mit Byllye Avery aus dem Jahr 2005 im Rahmen des Voices of Feminism Oral History Project der Sophia B. Smith Collection, Smith College, Northampton, MA. <www.smith.edu/library/libs/ssc/vof/transcripts/Avery.pdf>.

> The fact of the matter is, the family—the concept of family, the definition of family is in a state of change in this society. And the only people who are being held to a rigid formula for what a family is are poor people who are receiving welfare.⁴²

Dieses Statement ist wesentlich, zeigt es doch klar den sozialen und ethnischen „double standard" der US-Gesellschaft, der davon ausging, dass Unterstützung nur verdiene, wer die (idealen) Werte der Gesellschaft verkörpere. Wer arm war und das Ideal der Kernfamilie weder erfüllte noch anstrebte – also afroamerikanische Teenager-Mütter – provozierte ein moralisches Verdikt (und in der Langzeitperspektive auch die empfindliche Kürzung von Wohlfahrtsleistungen). Weiße Familien und Mittelschichtfamilien wurden demgegenüber nicht mit dem gleichen moralischen Rigorismus betrachtet. Diesen Kernwiderspruch in der US-amerikanischen Debatte um Wohlfahrt klar herausgearbeitet zu haben, ist einer der Leistungen des CBS-Dokumentarfilms.

Daneben regte sich jedoch auch intensive Kritik von Seiten der betroffenen „welfare mothers" und auch von Wissenschaftlerinnen wie der Gender-Historikerin Patricia Hill Collins. Beispielsweise wandte sich die *Welfare Rights*-Aktivistin Barbara Omolade gegen die Problematisierung der von allein erziehenden Müttern geleiteten Familien durch Moyers. Sie beschrieb die funktionierenden Netzwerke von Frauen, hier am Beispiel der Selbsthilfeorganisation *Sisterhood of Black Single Mothers* in Brooklin, aber auch die Funktionalität von „extended family networks" und Nachbarschaftshilfe. Vor allem aber warnte sie vor einem neuen patriarchalen Familienverständnis als Grundlage sozialpolitischer Maßnahmen: Eine Förderung des männlichen Ernährers, etwa durch Jobprogramme, dürfe nicht zu Lasten der Frauen gehen. Zudem sollten keine neuen patriarchalen Unterdrückungsstrukturen errichtet werden. „Appeals to black men to find their manhood in employment so as to reassert their dominance over black women can only increase the number of Black single mothers." Ihre Vision dagegen war ein gleichberechtigtes Miteinander der Geschlechter:

> In a society where men are taught to dominate and women to follow, we all have a lot to overcome in learning to build relationships, with each other and with our children, based on love and justice. For many Black single mothers, this is what the struggle is about.⁴³

Eine andere Intiative zur Stärkung armer afroamerikanischer Familien bildete sich im Großraum Atlanta heraus, das „Family Adoption Project": 1985 hatte sich in

---

42 <www.billmoyers.com/content/the-vanishing-family-crisis-in-black-america>.
43 Omolade, Barbara: It's a Family Affair: The Real Lives of Black Single Mothers (1986), in: Nadasen/Mittelstadt/Chappell, Welfare, S. 201–207.

Atlanta ein zunächst privater Verein einer „group of concerned Atlantans" gegründet, „united in response to a crisis in the black community [...] the disintegration of the Black family". Primäres Anliegen der Mitglieder war die Stärkung großstädtischer Problemfamilien durch Aktivitäten auf Gemeindeebene: „They felt the community, as a whole, was at risk, and if this were true...what did it mean for the future quality of life in our community?"[44] Daraus erwuchs das „Black Family Project, inc.", angesiedelt an der *School of Social Work* der Atlanta University. Von dort führte der Weg zur in Atlanta ansässigen *Southern Christian Leadership Conference* (SCLC), welche im Rahmen ihres Antidrogenprogramms „Wings of Hope" (1989 – 1995) seit 1990 das „Family Adoption Program" auflegte, um so die Solidarität zwischen unterschiedlichen Familien zu fördern.[45]

Für den Hauptinitiator auf Seiten des SCLC und Leiter der „Wings of Hope"-Kampagne, Reverend Richard C. Dalton, war offensichtlich, dass Lösungen für die Probleme der afroamerikanischen Familie auch aus der African American Community kommen müssten. So strebte er unter anderem einen afroamerikanischen „think tank to craft solutions to Black family and Black community" an. Als Ursache der Schwierigkeiten benannte er unter anderem die verfehlten Versuche von „social engineering" und ökonomischer Steuerung durch die weiße Mehrheitsgesellschaft: „Social/economic engineering has placed black family, black community in self destruct mode".[46]

Am „Family Adoption Program" des SCLC ist interessant, dass es sich bewusst zu diversen Familienstrukturen afroamerikanischer Familien bekannte, die alle wertvoll und lebbar seien und Unterstützung verdienten. Familien oder Gruppen aus Kirchengemeinden sollten einzelne „high risk families" aus den sozialen Brennpunkten Atlantas „adoptieren" und in ihrer weiteren Entwicklung unterstützen:

> Many families, we believe, need an extra boost to make it in our complex and socially ill society. Many urban families have the same dreams and aspirations as suburban families. Hover, urban high risk families lack the economic wherewithal to obtain those dreams. In a

---

[44] Broschüre des Black Family Projekt, undated. MARBL, Woodruff Library, Emory University, MS 1083 Box 586, Folder 7.
[45] Brief der Executive Director des Black Family Project, Amelia Tucker-Shaw, M.A. and Rev. Richard C. Dalton, SCLC Drug Prevention Program Coordinator, Atlanta, Georgia vom 9.5.1989. MARBL, Woodruff Library, Emory University, MS 1083 Box 586, Folder 7.
[46] MARBL, Woodruff Library, Emory University, MS 1083 Box 586, Folder 8: „The Black Family and the Drug Culture Outline," undated. Der Bericht wurde mit einer Vortragsanfrage am 8.11.1993 von Richard C. Dalton an Lee P. Brown fom *Office of National Drug Control Policy* geleitet.

> number of cases, many have fallen into the poverty trap and the welfare syndrome and seem "stuck" unable to rise to a level of independence and self-sufficiency.[47]

Ausdrücklich setzte das Programm nicht auf eine bestimmte Familienstruktur unter den Teilnehmenden, sondern auf Diversität. Lediglich der Wille zum Aufstieg sollte Voraussetzung sein für die Aufnahme ins Programm: Dies hieß Verzicht auf Drogen, Bekenntnis zu Bildung für die Kinder, Erwerbsarbeit und „maintaining a functional family life":

> The shape, make-up and composition of the participating high risk families will be diverse: some of the families will be single parent families, some two parent households, while others may be families with a recovering member (parent or child). I all cases, these families are struggling to provide the necessary sustenance to "make it". Making it suggests overcoming the impact of drugs, helping their children obtain a quality education and go on to college, securing meaningful employment, and maintaining a functional family life.

Das Programm umfasste eine enge Begleitung der Individuen und Familien, die Problemfamilien „adoptierten", durch die SCLC. Zum Programm gehörte unter anderem, dass die „Paten" die Familien durch Gespräche, praktisches Engagement, Ausflüge, aber auch durch Gebete und gelebte Vorbilder unterstützen sollten. Gleichzeitig wurden sehr praktische „action plans" für die Unterstützung von alleinerziehenden Müttern und Jugendlichen entwickelt.[48] Adoptionswillige Gemeinden und Gemeindemitglieder bekamen ein präzise ausgearbeitetes „Family Adoption Training", welches sogar mit Prüfungen abschloss.[49] In den Akten der SCLC sind Listen solcher „Adoptive Families" und der zugeordneten Kirchengemeinden erhalten, ebenso einige Testimonies solcher „Paten", die mit den Schulungsunterlagen zirkuliert wurden. Das Engagement der „Paten" erstreckte sich unter anderem auf Hilfe bei Arbeits- und Wohnungssuche, Behördengängen, Gesundheitsfürsorge u. a.[50] Es zeigen sich aber auch neue „paternalistische"

---

**47** MARBL, Woodruff Library, Emory University, MS 1083 Box 587, Folder 13: Family Adoption Program, undated (1990).
**48** Family Adoption Discussion Outline, Instructors Guide. MARBL, Woodruff Library, Emory University, MS 1083 Box 587, Folder 13: Family Adoption Program, undated (1990).
**49** Vgl. den Family Adoption Training Schedule April-July (1990), MARBL, Woodruff Library, Emory University, MS 1083 Box 587, Folder 13: Family Adoption Program, undated (1990).
**50** Dankesschreiben von Laura Lawson, President of Herndon Homes, Atlanta, einem der sozialen Wohnkomplexe, auf den sich das „Family Adoption Program" des SCLC bezog, vom 20.9. 1990. MARBL, Woodruff Library, Emory University, MS 1083 Box 587, Folder 13: Family Adoption Program, undated (1990).

Verhältnisse zwischen „adoptierter" Familie und „Paten": So berichtete Richard C. Dalton, der Programmverantwortliche auf Seiten des SCLC, wie er für „seine" Familie entschlossen die „richtigen" Entscheidungen traf. Das Oberhaupt „seiner" Familie, eine allein erziehende Mutter dreier Kinder, war von einem Verwandten vergewaltigt worden:

> About two weeks later I received a call from Ms. Lawson [der Mieter-Verantwortlichen in der Sozialwohnanlage Herndon Homes, Atlanta, in der die "adoptive family" lebte, I. H.]. She said the mother of our family had been raped by her first cousin. I made an immediate investigation. I talked to Mrs. Pintrup, the manager of Herndon Homes, to get more details. I also contracted the Grady Crisis Rape Center to get her an appointment. Then I called the mother and asked her what has happened, she told me she would be open to getting counseling from the Rape Crisis Center at Grady Hospital.[51]

Dieses Zitat zeigt gut, dass neben allem positiven Engagement für Problemfamilien hier die bekannte Asymmetrie durchscheint: Dalton (oder auch das berichtende Mitglied der SCLC, der Bericht ist nicht unterschrieben) spricht erst mit der Mietervertreterin der Wohnanlage, dann mit der Leiterin, dann mit dem *Rape Crisis Center* – bevor er überhaupt die Mutter der „adoptive family" befragt. Diese wird von ihm anschließend zur Beratung gebracht. Ihre wenig positiven Erfahrungen mit der Beratung wischt er beiseite: „I told her it takes time to develop trust with people, but if she gave herself and the counselor more time things would get better."[52] Zugleich schließt sich der Kreis zum von Dalton zuvor vehement kritisierten „social engineering" der weißen Mehrheitsgesellschaft – auch hier sieht man ein paternalistisches Eingreifen in die Belange einer „welfare mother", wenn auch in bester Absicht.

Angesichts der Diskrepanz zwischen den sozialhistorischen Daten und der öffentlichen Debatte um den Zustand der Familie in den 1980er Jahren stellen sich einige Fragen: Wenn *erstens* weder die Abtreibungszahlen noch die Scheidungsrate signifikant anstiegen, woher rührte dann die Rede vom Ende der Familie und allgemeinen Verfall der Werte, dem Reagan seine Rhetorik der „traditional family values" entgegensetzte? Wenn *zweitens* die AFDC-Zahlen sich nicht so dramatisch steigerten, wie behauptet, und auch die Zahlen afroamerikanischer Leistungs-

---

51 Wings of Hope Adopted Family, SCLC Adopted Family, Rev. Richard C. Dalton, MARBL, Woodruff Library, Emory University, MS 1083 Box 587, Folder 13: Family Adoption Program, undated (1990).
52 Wings of Hope Adopted Family, SCLC Adopted Family, Rev. Richard C. Dalton, MARBL, Woodruff Library, Emory University, MS 1083 Box 587, Folder 13: Family Adoption Program, undated (1990).

empfängerinnen in den 1980er Jahren sogar zurückgingen, woher kamen dann die Vorbehalte gegenüber afroamerikanischen „welfare queens"? Wenn *drittens* viele Betroffene keinesfalls nur passiv auf Versorgungsleistungen beharrten, sondern das *Welfare Rights Movement* und einzelne Bürgerrechtsorganisationen wie die SCLC die unterschiedlichsten Vorschläge für die passgenaue Unterstützung und Förderung afroamerikanischer Familien und alleinerziehender Mütter diskutierten, woher rührte dann die Empörung über „welfare fraud" als vermeintlich nationalem Phänomen? Um diese Fragen zu beantworten, ist zunächst ein Blick auf die Verhandlung von Familienwerten und Gendernormen, gekoppelt an Konzepte von „Race" und „Class" in den 1980er Jahren notwendig. Das Scheitern der liberalen Carter-Konferenz, um die es im folgenden Kapitel geht, trägt ebenso zur Erklärung bei wie die Familienrhetorik Reagans und die heftigen Konflikte um Abtreibung und Adoption.

## 6.2 Jimmy Carters „White House Conference on Families" und die US-amerikanische Familie am Beginn der 1980er Jahre

Die Anthropologin Margaret Mead, die aufgrund ihrer Forschungen und öffentlichen Auftritte schon seit langem als nationale Autorität auf dem Gebiet der Familie galt, war bereits einmal zuvor zu einer präsidialen Familienkonferenz eingeladen worden: Auf der im Jahr 1948 unter Präsident Harry S. Truman abgehaltenen „National Conference on Family Life" hatte sie das Abschlusspanel moderiert.[53] Interessant ist, dass diese erste Familienkonferenz, die zwar nicht ausdrücklich als *White House Conference* angekündigt war, aber mit Unterstützung des Präsidenten stattfand, ohne jede öffentliche Kontroverse ihren Verlauf nahm.[54] Ähnlich der Carter-Konferenz stand auch sie unter der Zielsetzung „to discover specific means by which the American family may be strengthened for the benefit of its individual members and society", allerdings im Kontext der „modern postwar society".[55] Damals hatten die *Woman's Foundation*[56] und die

---

53 Mead moderierte das Panel „Our Role in Strengthening Family Life", augenscheinlich mit großem Erfolg. Broschüre „Highlights of the National Conference on Family Life", May 1948, S. 4. Brief des Program Coordinator der National Conference on Family Life, Ernest G. Osborne, an Mead vom 5.4.1948 mit der Bitte, die Moderation des Abschlusspanels zu übernehmen Dankesschreiben Osbornes an Mead vom 9.6.1948. Margaret Mead Papers, LOC, Box E 92, Folder 3.
54 Vgl. die Aufzeichnungen über die Konferenz in den Margaret Mead Papers, LOC, Box E 92, Folder 2 bis 4.
55 Broschüre „Highlights of the National Conference on Family Life", May 1948, Margaret Mead Papers, LOC, Box E 92, Folder 3.

*National Planning Association*⁵⁷ auf Anregung der *American Home Economics Association* seit 1946 die Konferenz vorbereitet. Sie fand vom 6. bis 8. Mai 1948 in Washington D.C. statt, etwa 1.000 Personen nahmen daran teil. Während die Rolle der amerikanischen Hausfrau, Ehefrau und Mutter stark im Fokus stand – unter anderem sprach sich die Konferenz für bessere Möglichkeiten der Teilzeitarbeit aus – und auch die Rolle von Vätern in ihren Familien gestärkt werden sollte – „to rehabilitate the father as an actively functioning family member" – , fanden die Probleme nicht-weißer Familien bestenfalls am Rande Beachtung.⁵⁸ Reproduktive Kontrolle, Verhütung und Abtreibung waren hingegen noch nicht explizit Gegenstand der Diskussion, stattdessen ging es viel allgemeiner um „family counseling" und „education for marriage". Nur in der Diskussion um „the use of contraceptive advice in marriage counseling" deuteten sich erste Konflikte an.⁵⁹ Das *Statement of Purpose* verdeutlicht, dass es vor allem um die Definition klarer Ziele für die Entwicklung der Nachkriegsfamilien ging, um die Gewinnung und Verbreitung von Expertenwissen sowie um die Nutzung von Ressourcen: Im Einzelnen beschäftigte sich die Konferenz mit folgenden Punkten:

> 1. The importance of successful family living in the practice of democracy.
> 2. The environment and daily activities (American housing, nutrition, child-care etc.) and stability of the families.
> 3. Defining desirable objectives towards which the family may move [...].
> 4. Surveying and planning kinds of community resources that strengthen families [...].
> 5. The use of the resources of education for the development of satisfactory family life for persons of all ages.
> 6. The training of professional workers in the fields of marriage and family life education, research, counseling, and related services.⁶⁰

Diese klare Ausrichtung, die auf die Mobilisierung und Verbreitung von Expertenwissen zur Verbesserung der Familie setzte, unterschied die Konferenz des

---

56 Eine heute noch tätige philanthropische Organisation, die sich weltweit für Frauenrechte einsetzt <www.womensfoundation.org>.
57 Gegründet 1934 als unabhängige Planungsorganisation in den Bereichen von Landwirtschaft, Wirtschaft und Arbeit in Washington DC.
58 Broschüre „Highlights of the National Conference on Family Life", May 1948, Margaret Mead Papers, LOC, Box E 92, Folder 3.
59 Broschüre „Highlights of the National Conference on Family Life", May 1948, Margaret Mead Papers, LOC, Box E 92, Folder 3, S. 6–7, 11–13. Vgl. auch: The American Family. A Factual Background. Report of Inter-Agency Committee on Background Materials. National Conference on Family Life, May 1948, Westport 1949.
60 Statement of Purpose, National Conference on Family Life, May 5–8, 1948. Program National Conference on Family Life, May 5–8, 1948. Margaret Mead Papers, LOC, Box E 92, Folder 3.

Jahres 1948 deutlich von derjenigen des Jahres 1980. In der Zusammenfassung der Konferenzergebnisse von 1948 hieß es:

> But even more universal was the feeling that individuals, organizations, and communities should encourage in every field the basic research which is necessary to increase our knowledge, equipment, and skills for dealing with problems of family living in modern complex society [sic].[61]

Fast 30 Jahre später, während der Präsidentschaftswahl 1976, kündigte der demokratische Kandidat Jimmy Carter für den Fall seiner Wahl eine erneute Konferenz über die Möglichkeiten der Stärkung der US-amerikanischen Familie an.[62] Hintergrund waren diesmal nicht die Schwierigkeiten der Familie im Kalten Krieg, sondern einerseits die von konservativen Wissenschaftlern und Publizisten verbreiteten Diagnosen einer „family crisis" sowie allgemein die Auswirkungen der Rezession auf die Familien.[63] Andererseits ging es Carter auch darum, das Familienthema aus liberaler Perspektive zu besetzen und die sich anbahnende Diskurshoheit der religiösen Rechten, der Abtreibungsgegner und konservativer Grass-Root-Organisationen zu brechen.

Gerade in der Frage der Abtreibung versuchte Carter, sich als Liberaler zu profilieren, zugleich aber das Wertempfinden der Abtreibungsgegner ernst zu nehmen. So erklärte er noch im Wahlkampf, er sei der Ansicht, dass Abtreibung prinzipiell falsch sei, hielt aber an der Option der Abtreibung fest:

> I believe that abortion is the doctor's treatment for failed birth control, and that in the long run the need for abortion services can be minimized by providing better family planning services. This means stronger family planning programs, more accessible services, and improved contraceptive technology.[64]

Auf Carters offizielle Ankündigung vom 30.1.1978, eine *White House Conference on Families* abzuhalten, regte sich nicht nur Kritik in den Medien, sondern auch

---

[61] Broschüre "Highlights of the National Conference on Family Life", May 1948, Margaret Mead Papers, LOC, Box E 92, Folder 3, S. 15.

[62] Remarks by Jimmy Carter on the American Family, Manchester, New Hampshire, 3.8.1976. Carter Presidential Library. Records of the White House Press Office, Annette Samuels' Subject Files. Box 3.

[63] Lasch, Christopher: Haven in a Heartless World. The Family Besieged, New York 1977. Eine Analyse bietet Zaretsky, Natasha: No Direction Home. The American Family and the Fear of National Decline, 1968–1980, Philadelphia 2007, S. 183–221.

[64] The Presidential Campaign 1976, Volume One, Part One, Carter Presidential Library, Records of the Speechwriter's Office, Achsah Nesmith Files, Box 7, S. 97, 107.

interner Widerspruch. Ein Mitarbeiter des Präsidenten, Steve Hersh, trat an die Assistentin der First Lady heran, um letztere zu bewegen, Carter das Unternehmen auszureden:

> With the President's decision to run for a second term [...] the last thing he needs is to publicly float another banner issue that has the characteristics of a Family Conference. It will provide a very convenient "sink" into which all political opposition [...] can pour all the kinds of distortions, stimulating fears, misinterpretations, exaggerated misinterpretations about his intentions, his plans for interfering with committees on that "sacred-of-sacreds" they mythical American family.[65]

Carter setzte sich jedoch durch, und nach einigen Verzögerungen wurde 1979 ein Team um den katholischen Politiker John Carr als Executive Director und den Kongressabgeordneten (Jim) James Guy Tucker als Conference Chairman eingesetzt.[66] Carter signalisierte nach innen und außen, dass sein ganzer Regierungsapparat hinter dem Projekt stehe:

> A major goal of the White House Conference on Families, which I called for in my campaign for the Presidency, is to identify public policies which strengthen and support families as well as those which harm or neglect family life, and to recommend appropriate changes. To achieve this goal, the Conference must have the support and assistance of every Department and Agency within the government.[67]

Die Vorbereitung der Konferenz stellte tatsächlich einen „national effort" dar: Carters Berater entschieden insgesamt drei dezentrale Konferenzen in den verschiedenen Teilen der USA durchzuführen – anstatt eines Großevents in Washington DC. Auf die Konferenz in Baltimore im Juni 1980 folgte eine in Minneapolis und eine weitere in Los Angeles. Zur Vorbereitung wurden über 200 Meetings auf Einzelstaatenebene anberaumt, allein das zentrale Vorbereitungs-

---

65 Memo von Steve P. Hersh to Kathy Cade, 21.12.1978. Carter Presidential Library, Records of the First Lady's Office, Kathy Cade's Project Office Subject Files, Box 18, S. 26.
66 Memo for Kathy Cade from Ellen Goldstein, subject: White House Conference on Families, 25.10.1979: „John and Jim Tucker, the Conference National Chairperson, have virtually saved this Conference for us and it now looks like it will be a very valuable, successful venture. [...] The Conference needs, and deserves, our support and interest. Carter Presidential Library, Records of the Domestic Policy Staff, Ellen Goldstein's Subject Files, Box 13.
67 The White House, 15.10.1979, gez. Carter, Memorandum for the Heads of Executive Departments and Agencies. Carter Presidential Library, Records of the Council of Economic Advisors, Charles L. Schultze's Meeting Files, Box 143.

komitee unter Tucker umfasste insgesamt 40 Personen.⁶⁸ Unter den insgesamt 1179 Delegierten befanden sich überproportional viele Frauen (64 %), Angehörige ethnischer Minderheiten waren ebenfalls stark vertreten (24,8 %), weitere Kategorien waren „Single Parent" und „Low Income".⁶⁹ Zur Themenfindung für die drei Regionalkonferenzen wurden sieben Hearings veranstaltet, die eine vorläufige Agenda etablierten: Ganz oben rangierten die Themen „Sensitivity of the Government" und „Economic Pressures", gefolgt von „Support for Specific Family Structures" und „Child Care". Der Punkt „Abortion" dagegen befand sich im Mittelfeld der in den Hearings ausgewählten Themen.⁷⁰

Die Tatsache, dass insbesondere die Frage von Arbeit, Arbeitslosigkeit und Wohlfahrt als Belastungen für die Familie wahrgenommen wurden, spiegelte die allgemeine wirtschaftliche Lage wieder. So notierte Ellen Goldstein, eine mit der Vorbereitung der Konferenz befasste Mitarbeiterin aus Carters *Domestic Policy Staff*, im März 1980: „Biggest Issues: The workplace becoming the most popular issue, not abortion, tax, child care, foster care, domestic violence, elderly care."⁷¹ Anne Wexler, *Special Assistant to the President*, verwies in ihrer Rede zur Eröffnung der zweiten Regionalkonferenz in Minneapolis, Minnesota Mitte Juni 1980 ebenfalls auf die Leistungen der Regierung bei der Festigung der ökonomischen Grundlagen der amerikanischen Familien:

> We have tried to cushion the sharp blows of unemployment, inflation and poverty, which tear at the fabric of family life. The efforts of this administration have produced 8 Million new jobs.—We have sought to reform our nation's ineffective, inefficient welfare programs— Programs that for too long have been anti-work, anti-family.⁷²

---

**68** White House Conference on Families, National Advisory Committee [undated, 1979], Carter Presidential Library, Office of the Special Assistant for Ethnic Affairs, Stephen Aiello's Subject Files, Box 4.
**69** Infosheet John Carr, undated: Briefing on White House Conference on Families. Carter Presidential Library, Records of the White House Press Office, Bradley Woodward's Subject Files, Box 6
**70** White House Conference on Families, Jim Guy Tucker, Chairperson / John L. Carr, Executive Director, to the National Advisory Committee, Conference Format, 3.4.1980. Carter Presidential Library, Records of the Office of the Assistant to the President for Women's Affairs (Sarah Weddington), Bill Albers Files, Box 58.
**71** Ellen Goldsteins Aufzeichnungen über ein Meeting with John Carr, 10.3.1980. Carter Presidential Library, Records of the Domestic Policy Staff, Ellen Goldstein's Subject Files, Box 13.
**72** Opening Speech of Anne Wexler, Minneapolis MN, White House Conference on Families, 19.6.1980, Carter Presidential Library, Records of Anne Wexler as Special Assistant to the President, Michael Channin's Suject Files, Box 182.

Dagegen ging Patricia Robert Harris, *Secretary of Health and Human Services*, in ihrer Rede anlässlich der Eröffnung der dritten Konferenz in Los Angeles, CA, am 10.7.1980 noch einen Schritt weiter. Sie ergriff engagiert Partei für Wohlfahrtsprogramme zur Stärkung armer Familien und verteidigte insbesondere das vielfach kritisierte Programm *Aid to Families with Dependent Children* (AFDC):

> If we are sincere about wanting to strengthen family life, the time has come to demonstrate that sincerity by restoring respect to the programs designed to help families. The example of the Aid to Families with Dependent Children program makes the point as clearly as any I know. It is the major welfare program in the United States, designed to support children whose families lack the resources to support those children by their own efforts.
> 
> I can think of no more maligned program in the United States. We have developed a myth in this country which pictures so-called welfare mothers—welfare queens—driving around in Cadillacs, choosing to increase the size of their families in order to increase the size of their benefit checks. The myth is vicious, often racist, and blatantly false.[73]

Nach den programmatischen Eröffnungsreden und Tagen intensiver Debatten wurden auf den Konferenzen zahlreiche Resolutionen beschlossen. Dabei kristallisierte sich erstens heraus, dass sich die Delegierten neben ökonomischer Sicherheit (Jobs, Sozialversicherung) auch um Bildung und Kinderbetreuung für arbeitende Mütter sorgten. Wie von Goldstein vermutet, stellte die Ausbalancierung der Erfordernisse von „Family and Work" auf allen drei Konferenzen ein ganz zentrales Thema der Diskussionen dar. In den Überlegungen zum Status der Hausfrau und zum Ausgleich der Folgen der Liberalisierung des Scheidungsrechtes (ökonomische Nachteile meist für die Ehefrau) zeichneten sich dagegen zweitens intensive Vorbehalte gerade konservativer Gruppierungen gegenüber der graduellen Liberalisierung des Familienbildes ab. Ähnlich polarisierend wirkte drittens die Diskussion über Reproduktion und Abtreibung, die im Rahmen der Gesundheitsfürsorge verhandelt wurde. So sprachen sich die Delegierten in Baltimore gleich in drei Resolutionen für Abtreibung als Ausdruck individueller Entscheidungsfreiheit über die eigene Reproduktion aus, in Los Angeles wurde immerhin ein Votum für legale Abtreibung verabschiedet.[74] In Minneapolis stand das Thema von vornherein nicht auf der Tagesordnung. Interessant sind jedoch vor allem die *Minority Reports*, die sich von den positiven Resolutionen absetzten.

---

[73] Carter Presidential Library, Records of the Domestic Policy Staff, Ellen Goldstein's Subject Files, Box 14.
[74] White House Conference on Families, Los Angeles, CA, Recommendations, Abortion and Family Planning in Recommendation Nr. 38, diese wird mit 308 Ja-Stimmen zu 192 Nein-Stimmen angenommen. Carter Presidential Library, Records of the Domestic Policy Staff, Ellen Goldstein's Subject Files, Box 14, Folder 5.

Im Fall der Abtreibung artikulierten sich hier konservative Frauenverbände, die auf das Lebensrecht des Fötus verwiesen und sich zugleich als Grass-Roots-Organisationen stilisierten, aber auch Bürgerrechtsorganisationen der African Americans und Mexican Americans, welche die Wahrung ihrer reproduktiven Rechte anmahnten.[75] Generell war die Zustimmung zu den *Abortion Resolutions* jedoch relativ hoch und stand in keinem Verhältnis zu den Konfrontationen, welche jene auslösten. Carter selbst hielt sich in der Kommentierung der Konferenz- und Abstimmungsergebnisse stark zurück. Er hatte die erste Konferenz am 5. Juni 1980 in Baltimore nach anfänglichem Zögern persönlich eröffnet[76] und sprach erneut bei der Aushändigung der Abschlussberichte aller drei Konferenzen am 22.10.1980.[77] Die Organisatoren der Veranstaltung, Carr und Tucker, jedoch sorgten sich um die politischen Erträge der Konferenz, insbesondere um den offensichtlich ausgebliebenen politischen Nutzen für Carters Präsidentschaftswahlkampf:

> This concern for families is a new emphasis, a contribution of this Administration, and an area where the President's commitment and courage are obvious. His vision in calling the Conference and his full support during its implementation, has made a real beginning which will outlast his term of office, as will the broad consensus which developed on a number of Conference issues. No other President, despite all the rhetoric, has done more for families or gone directly to families to determine their needs.[78]

---

75 Vgl. die Minderheitenvoten zu den drei Konferenzen in den Akten von Ellen Goldstein, insbesondere das „Pro Family Position Paper: Grass Roots Report" und den „Hispanic Caucus Report" als Minderheitenreports 31 und 33 zur Konferenz in Los Angeles. Carter Presidential Library, Records of the Domestic Policy Staff, Ellen Goldstein's Subject Files, Box 14, Folder 4.

76 Memo von Stuart Eizenstat an Mrs. Carter, 31.5.1980 und an den Präsidenten, 31.5.1980, um diesen zum Besuch der ersten der drei Regionalkonferenzen und zur Eröffnungsrede zu bewegen. Rede Carters in Baltimore, 5.6.1980. Carter Presidential Library, Records of the Domestic Policy Staff, Ellen Goldstein's Subject Files, Box 14. Office of the White House Press Secretary, Baltimore, MD, 5.6.1980. Remarks of the President to the White House Conference on Families, Baltimore Convention Center, 5.6.1980. Carter Presidential Library, Records of the Speechwriter's Office, Achsah Nesmith Files, Box 70.

77 Office of the White House Press Secretary, 22.10.1980, Statement of the President upon Reception of the Conference Report, Carter Presidential Library, Office of the Special Assistant for Ethnic Affairs, Stephen Aiello's Subject Files, Box 4. Vgl. auch die Liste der Delegierten 22.5.1978, Carter Presidential Library, Records of Anne Wexler as Special Assistant to the President, 1977–81, Jane D. Wales' Subject Files, Box 209.

78 Jim Guy Tucker / John L. Carr., Memo to Stuart Eizenstat, 19.11.1980. Carter Presidential Library, Records of the Domestic Policy Staff, Ellen Goldstein's Subject Files, Box 14.

Tatsächlich erschließt sich erst auf den zweiten Blick, warum Carters Engagement für die amerikanische Familie sich nicht in politisches Kapital ummünzen ließ. Die *White House Conference on Families* scheiterte nicht trotz, sondern gerade wegen ihres basisdemokratischen Vorgehens. Carter wollte bewusst keine einheitliche Definition von Familie oder von wünschenswerten politischen Interventionen vorgeben. Vielmehr ließ er die Delegierten selbst entscheiden – mit dem Resultat, dass gerade die religiöse Rechte und konservative Organisationen wie Phyllis Schlaflys *Eagle Forum* in den Debatten ein Forum erhielten, um ihre Ansichten einer nationalen Öffentlichkeit mitzuteilen.[79]

Vergleicht man abschließend die beiden nationalen Familienkonferenzen von 1948 und 1980, so zeigt sich, dass auch die Architekten der Carter-Konferenz versuchten, angemessene Reaktionen auf die Komplexität des Lebens in einer modernen Gesellschaft zu finden. Doch nun lag der Akzent mehr auf dem Wandel von Familie und Geschlechterrollen – so dass Forschung und Expertenrat zwar nicht überflüssig geworden waren, jedoch im Sinne eines permanenten Aushandlungsprozesses mit den Bedürfnissen und Erwartungen der Betroffenen abgeglichen werden mussten: „American society is dynamic, constantly changing. The roles and structure of families and individual family members are growing, adapting and evolving in new and different ways."[80] Dieses Prinzip war zwar ehrenhaft, Wahlen gewinnen konnte man damit jedoch nicht.

## 6.3 Ronald Reagans „Traditional Family Values Campaign" und ihr Ort in den „Culture Wars"

Die Wahl Ronald Reagans zum 40. Präsidenten der USA im November 1980 gilt gemeinhin als gravierender Einschnitt in der Gesellschaftsgeschichte der USA und als Beginn einer konservativen Re-Orientierung, die gerade auf dem Feld der Familie und ihrer Normen und Werte ausagiert wurde.[81] Vor allem Politikwis-

---

[79] Carter Presidential Library, Records of the First Lady's Office, Kathy Cade's Project Office Subject Files, Box 18.
[80] Flugblatt mit der Überschrift „White House Conference on Families, Families: Foundation of Society", undated, Carter Presidential Library, Records of the Domestic Policy Staff, Ellen Goldstein's Subject Files, Box 13.
[81] Für die Vielzahl der Literatur: Faludi, Susan: Backlash. The Undeclared War Against Americans Women, New York 1991. Stacey, Judith: In the Name of the Family. Rethinking Family Values in the Postmodern Age, Boston 1996. Hale, Grace E.: A Nation of Outsiders. How the White Middle Class Fell in Love With Rebellion in Postwar America, Oxford / New York 2011.

senschaften und Historiographie haben lange Zeit die Regierungszeit Reagans als „conservative revolution" apostrophiert, in deren Verlauf der Präsident die Interventionen des Staates zugunsten der Betonung individueller Freiheiten der Bürger zurückfuhr, mit desaströsen Folgen für den in den USA ohnehin nur schwach ausgebildeten Wohlfahrtsstaat. Als Kern der „Reagan Revolution" erschienen zumeist die wirtschaftliche Konsolidierung und die Wiederaufrichtung des US-amerikanischen Selbstverständnisses als führende Nation in der Welt – gerade auch durch Reagans moralisch aufgeladene Rhetorik.[82] Allerdings mehren sich in den letzten Jahren Plädoyers von HistorikerInnen, die 1980er Jahre nicht einfach per se als konservatives Jahrzehnt anzunehmen, sondern gesellschaftliche Debatten und Aushandlungsprozesse genauer zu analysieren.[83] Hierbei verweisen sie auf die längerfristigen Prozesse gesellschaftlicher Liberalisierung und Pluralisierung, die parallel zu Reagans konservativer Politik abliefen. Vier Felder zeigen recht gut diese Ambivalenz: Erstens tastete Reagan trotz seiner Anti-Abtreibungsrhetorik das umstrittenen *Roe v. Wade*-Urteil nicht an, so dass Ersttrimester-Abtreibungen weiterhin legal blieben.[84] Zweitens verteidigte der Präsident

---

[82] Tygiel, Jules: Ronald Reagan and the Triumph of American Conservatism, New York 2006. Hayward, Steven F.: The Age of Reagan. The Conservative Counterrevolution 1980–1988, New York 2009. Troy, Gil: The Reagan Revolution. A Very Short Introduction, Oxford / New York 2009.
[83] Dies macht z. B. Andre Dechert zum Ausgangspunkt seiner Analyse der Debatten um Vaterschaftsdarstellungen in Familienserien der 1980er und frühen 1990er. Dechert, Dad on TV, S. 6. Ähnlich argumentierten bereits Troy, Gil: Morning in America. How Reagan Invented the 1980s, New York 2005. Collins, Robert M.: Transforming America. Politics and Culture in the Reagan Years, New York 2007. Martin, Bradford: The Other Eighties. A Secret History of America in the Age of Reagan, New York 2011.
[84] Auch heute noch ist das Thema Abtreibung von zentraler Bedeutung im öffentlichen Diskurs, dies zeigen unter anderem die Präsidentschaftswahlkämpfe der letzten Jahre. Wie schon in den Kampagnen 2004 und 2008 war auch im Präsidentschaftswahlkampf 2012 ein „human life amendment" Teil des Parteiprogramms der Republikaner. Der republikanische Präsidentschaftskandidat Mitt Romney erklärte, er halte Abtreibung nur in den Fällen von Vergewaltigung, Inzest oder der unmittelbaren Lebensgefahr für die Mutter für statthaft. Im Wahlkampf des Jahres 2016 verhärteten sich die Fronten weiter. Während die Demokratin Clinton an ihrem Bekenntnis zum Entscheidungsrecht der Frau festhielt, gab sich der republikanische Präsidentschaftskandidat Donald Trump als harter Abtreibungsgegner, der mal fordert, jegliche Abtreibung zu untersagen, mal ankündigte, auf rechtlichem Wege gegen *Roe vs. Wade* vorzugehen. Aktuell (2018) diskutiert die Trump-Regierung eine Ausweitung des „Global Gag Rule" (1984 erstmals erlassen von Ronald Reagan, 2017 verschärft von Trump) auch auf interne Organisationen, welche Gelder für die Gesundheitsversorgung armer und benachteiligter Personen beziehen (Title X Funds). Das „Global Gag Rule" verbietet bislang ausländischen NGOs, Abtreibungen anzubieten, wenn sie von US-Geldern zur Gesundheitsförderung und Familienplanung profitieren wollen. Durch eine entsprechende Ausweitung würde *Planned Parenthood* und anderen Familienplanungsorganisationen gewissermaßen die Finanzierungsgrundlage entzogen.

**Abb. 6.2:** Die Reagan Family, Weihnachten 1983

zwar die heterosexuelle Kernfamilie als Basis der Nation, konnte dadurch jedoch weder den Trend zur Ehescheidung, zu unehelichen Geburten und alternativen Familienformen noch die Zunahme von homosexuellen Familien verhindern. Drittens richtete er seine Sozial- und Wirtschaftspolitik auf den „male breadwinner" aus, ohne damit jedoch die Berufstätigkeit von Frauen und den Aufstieg der „dual earner family" einzudämmen.[85] Viertens scheiterten die Versuche einer kulturellen Restauration durch Orientierung an einer idealisierten Vergangenheit an der Diversifizierung und Pluralisierung der medialen Themen, Diskurse und Präsentationsformen. So hat Andre Dechert in seiner Dissertation eindrücklich nachgewiesen, dass sich in den 1980er und frühen 1990er Jahren die Familien- und Vaterschaftsdarstellungen in den populären Family Sitcoms der Zeit pluralisierten, indem sie Minderheiten integrierten und allein erziehende Mütter ebenso wie homosexuelle Personen einbezogen. Diese wiederum wurden darauf verpflichtet, sich dem Ideal der Kernfamilie so weit wie möglich anzupassen.[86]

---

[85] Chappell, Marisa: The War on Welfare. Family, Poverty, and Politics in Modern America, University of Pennsylvania Press, Philadelphia 2010, S. 200–201.
[86] Dechert, Dad on TV, S. 205–206.

Es ist daher Aufgabe des folgenden Teilkapitels, die Familienrhetorik Ronald Reagans mit der Familienpolitik seiner Regierung zu vergleichen und zu fragen, inwiefern sich hier Veränderungen am zugrundeliegenden respektive als Referenz angeführten Familienideal ergaben.

Doch was verstand der Präsident eigentlich genau unter den von ihm so häufig beschworenen „traditional family values"? Zusammengefasst ging es Reagan um die Stärkung der „traditionellen" Familie mit ihren klar strukturierten Geschlechterrollen, die Förderung der Adoption anstelle der Abtreibung und die Wiederbelebung christlicher Werte in Erziehung und Schule[87]. Er vermied es zugleich jedoch sorgsam, selbst als religiöser Fundamentalist aufzutreten, obgleich er immer wieder die Nähe evangelikaler Christen oder religiös-konservativer Verbände suchte.[88]

Bereits im Wahlkampf um das Präsidentenamt 1980 hatte Reagan die Stärkung der „values and the virtues handed down to us by our families" als Weg aus der ökonomischen und sozialen Krise benannt.[89] Das Wahlprogramm der Republikaner verstärkte diese Rhetorik und brandmarkte zugleich die Sozialprogramme der Demokraten als unzulässigen Eingriff des Staates in die Familie, ja als Gefährdung der Familie:

> The family is the foundation of our social order. It is the school of democracy. [...] But the Democrats have shunted the family aside. They have given its power to the bureaucracy, its

---

[87] Vgl. die Äußerungen Reagans in seinen Radioansprachen: Reagan, Ronald: Radio Adress to the Nation on the American Family, June 16, 1984. Ders: Radio Adress to the Nation on Family Values, December 20, 1986. In: Ronald Reagan. Public Papers of the Presidents of the United States. 1984, vol. 1. Washington D.C. 1986. S. 860–861. 1986, vol. 2, Washington D.C. 1989, S. 1637–1638.

[88] Ehrman, John: The Eighties. America in the Age of Reagan, New Haven u. a. 2005. S. 178. Vgl. vor allem seine vorsichtige Positionierung zum Thema auf dem Jahreskongress der Evangelikalen in Orlando, 1983. Ronald Reagan: Remarks at the Annual Convention of the National Association of Evangelicals in Orlando, Florida, March 8, 1983. Online by Gerhard Peters and John T. Woolley, The American Presidency Project <www.presidency.ucsb.edu/ws/?pid=41023>. Manfred Brocker sieht hierin jedoch rein wahlstrategisches Kalkül. Brocker, Manfred: Protest – Anpassung – Etablierung. Die Christliche Rechte im politischen System der USA, Frankfurt a. M. [u.a.] 2004, S. 106–110.

[89] „Work and family" beschrieb er zudem als „center of our lives" und „foundation of our dignity as a free people", Ronald Reagan: Address Accepting the Presidential Nomination at the Republican National Convention in Detroit, 17.7.1980. Online by Gerhard Peters and John T. Woolley, The American Presidency Project <www.presidency.ucsb.edu/ws/?pid=25970>.

jurisdiction to the courts, and its resources to government grantors. For the first time in our history, there is real concern that the family may not survive.[90]

Dagegen setzten die Republikaner mit ihrem Spitzenkandidaten das emphatische Bekenntnis zur Familie und zum Individuum als Gegenentwurf zu einer staatlichen Wohlfahrtspolitik:

> We will reemphasize those vital communities like the family, the neighborhood, the workplace, and others which are found at the center of society, between government and the individual. We will restore and strengthen their ability to solve problems in the places where people spend their daily lives and can turn to each other for support and help.

Nach seinem Amtsantritt verstärkte Reagan seine Familienwerte-Rhetorik. So bezeichnete er in einer Radioansprache am 22. Januar 1983, dem 10. Jahrestag der *Roe vs. Wade*-Entscheidung, die Familie als „still the basic unit of religious and moral values that hold our society together".[91] Ende 1983 erklärte er in der Adventszeit, ebenfalls in einer Radioansprache:

> Families stand at the center of society, so building our future must begin by preserving family values. [...] If we strengthen families, we'll help reduce poverty and the whole range of other social problems.[92]

Diese „other social problems" waren für ihn selbstredend von der demokratischen Wohlfahrtspolitik verstärkt, wenn nicht verursacht worden. Zudem trage die stetig steigende Zahl der „single mothers" die Schuld am Verfall ihrer Familien und an

---

90 Republican Party Platforms: Republican Party Platform of 1980, 15.7.1980. Online by Gerhard Peters and John T. Woolley, The American Presidency Project <www.presidency.ucsb.edu/ws/?pid=25844>.
91 Ronald Reagan, Address to the Nation on Domestic Social Issues, 22.1.1983. Online by Gerhard Peters and John T. Woolley, The American Presidency Project <www.presidency.ucsb.edu/ws/index.php?pid=41643>.
92 Ronald Reagan, Address to the Nation on the American Family, 3.12.1983. Online by Gerhard Peters and John T. Woolley, The American Presidency Project <www.presidency.ucsb.edu/ws/index.php?pid=4082>. Fast wortgleich das Bekenntnis in seiner Ansprache ein Jahr später: "Families have always stood at the center of our society, preserving good and worthy traditions from our past, entrusting those traditions to our children, our greatest hope for the future." Ronald Reagan, Radio Address to the Nation on the American Family, 16.6.1984. <www.presidency.ucsb.edu/ws/index.php?pid=40053>. Ebenfalls gleichlautend der Beginn von Reagans Rede zur National Adoption Week 1984. Ronald Reagan: Proclamation 5280—National Adoption Week 1984, 13.11.1984. <www.presidency.ucsb.edu/ws/index.php?pid=39423>. Hierzu siehe weiter unten in diesem Kapitel.

der Delinquenz ihrer Kinder. Dabei unterschied ihn weder das Bekenntnis zur Familie als der zentralen Einheit der Gesellschaft von seinen Vorgängern, noch die Kritik an den vermeintlichen Auswüchsen der staatlichen Fürsorge (und der Verweis auf die Verantwortung vieler Frauen und Mütter hierfür), die auch Nixon deutlich formuliert hatte.[93] Was ihn von seinen Vorgängern abhob, war vielmehr die Tatsache, dass der Präsident die intergenerationelle Vermittlung von Familienwerten als dezidierte Gegenbewegung zum gesellschaftlichen Wandel verstand. Das war neu:

> Family life has changed much down through the years. The days when we could expect to live in only one home and hold only one job are probably gone forever. Perhaps we will not go back to the old family ways, but I think we can and should preserve family values—values of faith, honesty, responsibility, tolerance, kindness, and love. And we'll keep on trying to do better, trying to create a better life for those who follow.[94]

Um zu erfahren, wie die Regierung die Familien noch effektiver unterstützen könne und um sein klassisches Familienbild argumentativ zu untermauern, setzte Ronald Reagan im Jahr 1986 unter seinem stellvertretenden Erziehungsminister und Berater Gary L. Bauer[95] eine Expertenkommission ein, der auch einige Ver-

---

[93] Vgl. die luzide Analyse der Unterhöhlung des AFDC-Programms durch liberale wie konservative Kritiker im Namen der Familie durch Chappell, Welfare State, zu Nixon insbes. S. 103–105. Vgl. auch Zaretsky, No Direction Home, S. 239–241.

[94] Ronald Reagan, Radio Address to the Nation on the American Family, 16.6.1984. <www.presidency.ucsb.edu/ws/index.php?pid=40053>.

[95] GARY LEE BAUER (geboren 1946) gehörte seit 1980 zum Beraterstab Ronald Reagans. Er diente der Reagan-Regierung in verschiedenen Funktionen,, unter anderem als *Deputy Undersecretary for Planning and Budget* und als *Undersecretary in the Department of Education* sowie als innenpolitischer Berater. Während seiner Zeit als stellvertretender Erziehungsminister berief Reagan ihn als Leiter seiner *Special Working Group on the Family*. Bauer gilt als Hauptautor des Berichts der Kommission „The Family: Preserving America's Future". Im Anschluss leitete Bauer von 1988 bis 1999 das ultrakonservative christliche *Family Research Council* (1981 gegründet von James Dobson, 1983 als gemeinnützig anerkannt, 1988 in Dobsons *Focus on the Family* inkorporiert) und kandidierte 1999 erfolglos in den Vorwahlen als republikanischer Präsidentschaftskandidat. Bauer ist ein konservativer Christ, er ist ein erklärter Gegner von Abtreibung und Homosexuellenehe, selbsternannter Verfechter konservativer Familienwerte und der „traditional marriage". Er hat zahlreiche Publikationen verfasst, darunter die *Focus on the Family*-Publikation Our Hopes, Our Dreams: A Vision for America, Washington D.C. 1996. Vgl. auch Dobson, James / Bauer, Gary: Children at Risk: The Battle for the Hearts and Minds of Our Kids, Dallas et al. 1990. Zu Bauer, Dobson, *Focus on the Family* und dem *Family Research Council* vgl. Weber, Paul J. / Landis Jones, W. (Hg.): U.S. Religious Interest Groups. Institutional Profiles, Westport / London 1994, S. 77–80. Utter, Glenn H. / Storey, John (Hg.): The Religious Right. A Reference Handbook, Millerton 2007, S. 78–80, 86–87.

treter der religiösen Rechten angehörten.[96] Die Kommission legte dem Präsidenten im Dezember 1986 ihren Abschlussbericht „The Family: Preserving America's Future" vor. Dieser oft auch als „Bauer-Report" bezeichnete Text gilt in der Forschung gemeinsam mit Ronald Reagans „Executive Order 12606"[97] und dem „Family Support Act" als Ausdruck und Grundlage der Familienpolitik der Reagan-Regierung.[98] Diese wich sehr stark von derjenigen seines Vorgängers ab. Gemäß Reagans Überzeugung, dass ein Zuviel an staatlicher Intervention unbedingt zu vermeiden sei, propagierten die drei Maßnahmen eine Stärkung der Familie durch Rückzug des Staates. Der Bauer-Report plädierte vor allem für weitere Steuersenkungen und verteidigte die Senkung von Wohlfahrtsausgaben für die Familien – bei gleichzeitigem Beharren auf dem Modell des „male breadwinner" und dem Grundgedanken des „family wage".

Mit dem Ziel „to preserve and protect the American family" beklagten Bauer und die anderen Kommissionsmitglieder den Autonomieverlust der Familie gegenüber der Vielfalt staatlicher Interventionsmöglichkeiten und den Niedergang der Institution Familie an sich als Folge der „abrasive experiments of two liberal decades".[99] Die amerikanische Familie sei gefährdet durch Frauenbewegung, weibliche Berufstätigkeit, steigende Zahlen unehelicher Geburten und Abtreibungen, höhere Anzahl der Alleinerziehenden und durch eine lockere Sexualmoral. Ganz vergleichbar dem Moynihan-Report des Jahres 1965 postulierten die Autoren zunächst eine „pathology affecting many American families" und zeichneten ein düsteres Bild von 3,6 Millionen Schulanfängern des Jahres 1986:

> 14 percent were children of unmarried parents.
> 40 percent will live in a broken home before they reach 18.
> Between one-quarter and one-third are latchkey children with no one to greet them when they come home from school.[100]

---

**96** Members of the Working Group, in: US Executive Office of the President: The Family. Preserving America's Future. A Report to the President from the White House Working Group on the Family. Washington DC, Domestic Policy Council, December 1986, S. 51–52. Vgl. Self, All in the Family, S. 238–383.
**97** Zur „Executive Order 12606" und dem „Family Support Act" von 1987 siehe weiter unten in diesem Kapitel.
**98** Wisensale, Steven K.: Family Leave Policy: The Political Economy of Work and Family in America, New York 2015, S. 40–44.
**99** US Executive Office of the President: The Family. Preserving America's Future. A Report to the President from the White House Working Group on the Family. Washington DC, Domestic Policy Council, December 1986, S. 6. Vgl. auch Gary L. Bauer an Präsident Ronald Reagan, 2.12.1986, Anschreiben zur Übersendung des Reports. Ebenda, ohne Paginierung.
**100** The Family, S. 2.

Im Gegensatz zum Moynihan-Report ging es Gary Bauer und der Kommission jedoch nicht um den Entwurf einer staatlichen Politik für afro-amerikanische Familien, Minderheiten- oder Problemfamilien. Ihr Ziel war vielmehr die Förderung gerade der idealisierten weißen Kernfamilie der Mittelschicht als Fundament und Voraussetzung einer neo-liberalen Marktwirtschaft: „Strong families make economic progress possible by passing on the values central to a free economy."[101] Während Wohlfahrtsmaßnahmen generell die Familie zerstörten, seien Steuererleichterungen (für intakte Familien aus der Mittelschicht) die Voraussetzung für die Bildung und den Erhalt von starken Familien. Ein Kernstück der Überlegungen war ferner die Indienstnahme des Einzelnen für die Gemeinschaft: „It is as simple as this: private choices have public effects. The way our fellow citizens choose to live affects many other lives."[102] Dies erlaubte die drastische Beschneidung individueller Entscheidungen (Abtreibung, uneheliche Schwangerschaft, Kindererziehung) für diejenigen, die staatliche Hilfe in Anspruch nehmen mussten, also arme Familien, Minderheiten-Familien und allein erziehende Mütter. Für die intakte Kernfamilie hinwiederum betonte der Report den Vorrang der individuellen Rechte vor der Intervention des Staates – ohne auf diesen Widerspruch explizit einzugehen: „First and most important, a pro-family policy must recognize that the rights of the family are anterior, and superior, to those of the state."[103]

Obgleich der Report die Sozialprogramme seit Lyndon B. Johnsons „Great Society" gepaart mit Individualismus und sexueller Revolution als Wurzel der Krise der amerikanische Familie ausmachte, kritisierte er auch deutlich die „White House Conference on Families" der Carter Regierung für ihre „radical redefinition of 'family'":"It reached the peak of confusion when the White House Conference on Families foundered on the fundamental question of what constitutes a family and what makes for good family life."[104]

Reagan reagierte auf die von seinen Experten diagnostizierte vermeintliche Krise der Familie nicht nur mit einer Intensivierung seiner familienzentrierten Rhetorik, sondern auch durch den Erlass einer Verordnung zum Schutze der Familie.[105] In seiner *Executive Order 12606 „The Family"* vom 2. September 1987 verfügte Reagan, dass jedes staatliches Handeln, das Auswirkungen auf die Le-

---

101 The Family, S. 9.
102 The Family, S. 2.
103 The Family, S. 4.
104 The Family, S. 1.
105 Ein aufschlussreiches Beispiel (unter vielen) für Reagans Familien-Rhetorik ist seine Radioansprache vom Jahresende 1986, in welcher er direkt auf den Bauer-Report und die vermeintliche Krise der Familie Bezug nahm: Ronald Reagan: Radio Address to the Nation on Family Values, 20.12.1986. <www.presidency.ucsb.edu/ws/index.php?pid=36826>.

bensbedingungen von Familien in den USA haben könnte, anhand verschiedener Kriterien zu prüfen sei: Werden Familie und Ehe gestärkt? Wird die elterliche Autorität und Autonomie gegenüber dem Staat eingeschränkt oder gefördert? Welches Bild von Familie wird vermittelt?[106] So sollten Behörden und Bundesstaaten angehalten werden, bei allem politischen Handeln die Familie mit zu reflektieren. Damit griff der Präsident nicht nur eine zentrale Forderung des Bauer-Reports auf[107], sondern orientierte sich auch am *Family Protection Act* des Jahres 1981, der zwar im Kongress diskutiert, aber nicht verabschiedet wurde.[108] Der *Family Protection Act* hatte seinerzeit die Bedrohung der amerikanischen Familie durch Interventionen des Staates beklagt und als Ziel „the strengthening of the American family and the elimination of governmental policies which diminish its strength and prosperity" benannt. Zu diesem Zweck sollten der Zugang zu Verhütung, Abtreibung und Wohlfahrtsleistungen drastisch reduziert, die elterlichen Rechte hingegen gestärkt werden. Zeitgenössische Kritikerinnen, insbesondere aus den Reihen der Frauenbewegung, hatten bereits damals klar erkannt, dass hier unter dem Mantel der „family values"-Programmatik eine Restauration der klassischen Geschlechterrollen und eine Beschneidung von Frauenrechten erfolgen sollte – unter dem Banner eines vermeintlichen „family protection movement".[109] Dabei gelang Reagan mit seiner Verordnung von 1987 im Gefolge des Bauer-Reports eine konservative Wende in der Familienpolitik, die 1981 noch auf mehrheitliche Ablehnung in den beiden Kammern gestoßen war.[110] Zudem fällt auf, dass die *Executive Order* von 1987 eine Kernforderung der Carter-Konferenz nach einem „family impact statement" wieder aufleben ließ, allerdings unter völlig veränderten Vorzeichen: So hatte laut der Verordnung nicht die Zentralregierung für die Familien zu sorgen, sondern – wenn überhaupt – Ein-

---

106 Executive Order 12606 „The Family". <www.archives.gov/federal-register/codification/executive-order/12606.html>.
107 The Family, S. 4–5, 545–46.
108 Der *Family Protection Act* wurde am 17.6.1981 sowohl in den Senat als auch den Kongress eingebracht, aber nicht verabschiedet. In Kongress reichte der Republikaners Albert Smith Jr den Gesetzesentwurf unter dem Aktenzeichen H.R. 3955 ein, im Senat waren es die Senatoren Roger Jespen (Iowa) und Paul Laxalt (Nevada) <www.govtrack.us/congress/bills/97/hr3955>. Hierzu siehe auch Flax, Karen: Women's Rights and the Proposed Family Protection Act, in: University of Miami Law Review 36, 1 (1981), S. 141–163 <www.repository.law.miami.ecu/umlr/vol36/iss1/7>.
109 Flax, Women's Rights, S. 141–143, 163.
110 Fox, Dennis R.: The Reagan Administration's Policy On Using The Family To Advance Capitalism. Paper Presented at the annual convention of the Law and Society Association, Vail, Colorado 1988 <www.dennisfox.net/papers/reagan-family.html>. Für eine elaborierte Kritik am Bauer Report vgl. Johnson, Arthur T.: The Family. The Need for Sound Policy, Not Rhetoric and Ideology. In: Public Adminstration Review 47 (1987) S. 240–244.

zelstaaten und Kommunen. Ferner sollte die elterliche Autorität nicht durch den Staat eingeschränkt werden, zudem galt Regierungshandeln für die Familie potentiell als schädlich.[111]

Der *Family Support Act* vom 13. Oktober 1988 schließlich regelte, dass auch Haushalte mit zwei Elternteilen AFDC erhalten konnten, um dem „Zerfall" armer Familien vorzubeugen. Zugleich bekräftigte das Gesetz, dass auch arme Mütter und Väter finanzielle Verantwortung für ihre Familien zu übernehmen hätten, Mütter durch Lohnarbeit, Väter durch Unterhaltszahlungen.[112] Obgleich die umfassende Regelung der Arbeitspflicht für Wohlfahrtsempfängerinnen erst 1996 eingeführt wurde, reagierte der *Family Support Act* auf zentrale Umwertungen im Diskurs über Wohlfahrt in der Reagan Era, einem „new consensus on welfare", der jedoch die sozioökonomischen Strukturbedingungen völlig und bewusst außer Acht ließ: Darin erschienen Wohlfahrtsempfängerinnen nunmehr vor allem als afroamerikanische Frauen und „undeserving poor", die rassistischen und genderspezifischen Stereotype sind unverkennbar.[113] Bereits seit seiner Kampagne um die Präsidentschaftskandidatur der Republikaner 1976 sprach Reagan wiederholt von „welfare queens"[114] und bemühte den vermeintlichen Missbrauch des Wohlfahrtsprogrammes AFDC als Beleg für dessen Unzulänglichkeit. Zudem ließ sich die Lohnarbeit von Wohlfahrtsempfängerinnen (in einer Verkehrung der Argumentation der Frauenbewegung, die für Gleichberechtigung von Frauen in der Arbeitswelt eintrat) mit dem Anstieg der Erwerbstätigkeit von Frauen allgemein legitimieren.[115]

Allerdings waren die praktischen Auswirkungen dieser Neuausrichtung der Familienpolitik unter Reagan für die Familien der weißen Mittelschicht weniger gravierend als von ihren Kritikern und Kritikerinnen zunächst befürchtet: Zwar verabschiedete die Regierung Reagan weder eine gesetzliche Regelung der Kinderbetreuung noch des Anrechts auf Mutterschutz/Erziehungsurlaub, doch blieben die wichtigsten Reformen der 1960er und 1970er Jahre weiterhin offiziell in

---

111 Wisensale, Family Leave Policy, S. 41–42.
112 Wisensale, Family Leave Policy, S. 43. Dieser zitiert John Scanzoni mit dem Hinweise, der Family Support Act erweise „use of the family as vehicle for social change", allerdings unter konservativen Vorzeichen. Scanzoni, John: Balancing the Policy Interests of Children and Adults, in: Anderson, Elaine / Hula, Richard (Hg.): The Reconstruction of Family Policy, Westport CT 1991, S. 11–22.
113 Nadasen / Mittelstadt / Chappell, Welfare, S. 68–74.
114 „Welfare Queen" Becomes Issue in Reagan Campaign, NYT, 15.2.1976, p. 51, abgedruckt bei Nadasen et al: Welfare, S. 189–191. Für eine breitere Analyse des Topos vgl. Finzsch, Norbert: Gouvernementalität, der Moynihan-Report und die Welfare Queen im Cadillac, in: Martschukat, Jürgen (Hg.): Geschichte schreiben mit Foucault, Frankfurt a. M. 2002, S. 257–282.
115 Wisensale, Family Leave Policy, S. 42–44.

Kraft: Abtreibungsgesetzgebung, *Affirmative Action* und Ehescheidung ohne einseitige Schuldzuweisung (*No-Fault Divorce*) wurden nicht angetastet und die umfassende *Welfare Reform* wurde erst unter Präsident Clinton umgesetzt.[116] Was sich änderte, war der Ton der Debatte, die zunehmend emotional geführt wurde, und das Ausmaß, in dem religiöse Werte und Überzeugungen in Anschlag gebracht wurden, wenn es darum ging, das Verhältnis von Staat und Individuum, persönlichen Freiheitsrechten und dem Wohl der Gemeinschaft zu bestimmen.[117] Hier exponierten sich insbesondere die Vertreter der neuen christlichen Rechten, vor allem Evangelikale Christen.[118] Doch auch radikale AbtreibungsgegnerInnen aus den Reihen von „Operation Rescue" und anderer Organisationen beriefen sich auf religiöse Werte, wenn sie das Lebensrecht des Fötus verteidigten. Dies hinderte sie im Extremfall jedoch nicht an gewaltsamen Übergriffen auf Ärzte, Schwestern und Klientinnen von Abtreibungskliniken.[119]

Während der gesamten Regierungszeit Reagans wurde eine intensive Debatte um eine Rückkehr zu vermeintlichen „traditional family values" geführt, insbesondere zwischen den beiden politischen Lagern, aber auch unter massiver Beteiligung der sozialen Bewegungen und der diversen religiösen Gruppierungen. Hier traten insbesondere die liberalen wie konservativen Frauenbewegungen sowie die unterschiedlichen Fraktionen der religiösen Rechten besonders hervor. Die Auseinandersetzung illustriert, dass einige Elemente des konservativen Familienbildes eine durchaus breite Anschlussfähigkeit aufwiesen, sich jedoch selbst die konservativen Bewegungen nicht auf ein homogenes Familienver-

---

**116** Mit dem *Personal Responsibility and Work Opportunity Reconciliation Act* (PRWORA), des Jahres 1996, der eine Arbeitspflicht für Wohlfahrtsempfängerinnen auch dann vorsah, wenn sie Mütter kleiner Kinder waren. PRWORA [H.R. 3734], 22.8.1996, abgedruckt bei Nadasen/Mittelstadt/Chappell, Welfare, S. 214–216.
**117** Brocker, Protest, S. 106–110.
**118** Zum Aufstieg der religiösen Rechten in den USA ab Ende der 1960er Jahre vgl.: Riesebrodt, Martin: Protestantischer Fundamentalismus in den USA. Die religiöse Rechte im Zeitalter der elektronischen Medien, Evangelische Zentralstelle für Weltanschauungsfragen, Stuttgart 1987. Ders.: Die Rückkehr der Religionen. Fundamentalismus und der „Kampf der Kulturen", München 2000. Wilcox, Clyde: Onward Christian Soldiers. The Religious Right in American Politics, Westview Press, Boulder 1996. Hornung, Esther: Bibelpolitik. Das Verhältnis des protestantischen Fundamentalismus zur nationalen Innenpolitik in den USA von 1980 bis 1996. Ein Fallbeispiel, Frankfurt a.M. 2002. Brocker, Protest.
**119** Zum Verhältnis zwischen religiösen Fundamentalisten und der Anti-Abtreibungsbewegung vgl. Blanchard, Dallas A.: The Anti-Abortion Movement and the Rise of the Religious Right, New York 1994. Jefferis, Jennifer L.: Armed for Life. The Army of God and Anti-Abortion Terror in the United States, Santa Barbara 2011. Hale, Grace E.: A Nation of Outsiders. How the White Middle Class Fell in Love With Rebellion in Postwar America, Oxford / New York 2011, v.a. S. 227–302. Schoen, Johanna: Abortion after Roe, Chapel Hill 2015.

ständnis einigen konnten. Wiewohl Reagan immer auf die ideale Familie der weißen Mittelschicht fokussierte, zeigte sich, dass sich auch Teile der Arbeiterschaft oder der afroamerikanischen und hispanischen Minderheiten mit der „moral values"-Programmatik identifizieren konnten.[120] Ein Anküpfungspunkt war zweifelsohne die stetige Betonung der Bedeutung der Mutter als „heart of the American family"[121] und der Bedeutung der Kindererziehung als nationale Pflicht, wie eine Auswertung der Muttertagsansprachen des Päsidenten ergab. So bekannte Ronald Reagan in seiner Stellungnahme zum Muttertag 1983:

> Motherhood is both a great responsibility and one of the most rewarding and pleasurable experiences life has to offer. [...] The quality and scope of their activities, as well as their overriding concern for the well-being of their families and our country, inspires and strengthens us as individuals and as a Nation.[122]

Zum Muttertag 1986 betonte der Präsident dagegen die sich wandelnde Rolle der Mutter in der modernen Gesellschaft, jedoch nicht ohne erneut ihre unwandelbare biologische Aufgabe als „heart of the family" zu bekräftigen:

> The role of mother has changed constantly in our society, but its fundamental meaning abides: love and caring. The modern mother is conquering new worlds. She continues to be the heart of the family and hearth of the home.[123]

---

[120] Hierzu vgl. z. B. die Programmatik der *Raza Unida Party*, die im Jahr 1979 die Familie nicht nur als Basis der Gesellschaft und zentrale Institution der Wertevermittlung begriff, sondern eben auch in fundamentaler Gefahr durch den vermeintlichen Verfall moralischer Werte. Die *Raza Unida Party* selbst wurde 1970 von Mexican Americans als Alternative zu den beiden traditionellen Parteien gegründet und erzielte vor allem Erfolge auf regionaler und lokaler Ebene in den Staaten Texas und Kalifornien. Zu den von der *Raza Unida Party* propagierten Familienwerten vgl. insbes. Roesch, Macho Men, S. 463–444. Gonzales, Richard J.: Raza Rising: Chicanos in North Texas, Denton 2016. Auf Seiten der African Americans wurde die in den 1980er Jahren sehr beliebte TV-Sitcom „Bill Cosby Show" um eine afro-amerikanische Familie als Ausdruck konservativer Familienwerte per se interpretiert: Dechert, Dad on TV, S. 168–201. Inniss, Leslie B. / Feagin, Joe R.: The Cosby Show. The View from the Black Middle Class, in: Journal of Black Studies 25 (1995), S. 692–711.
[121] Ronald Reagan, Proclamation 4834, Mother's Day, 13.4.1981. John T. Wooley and Gerhard Peters, The American Presidency Project <www.presidency.ucsb.edu/ws/index.php?pid=43687>.
[122] Ronald Reagan, Proclamation 5042, Mother's Day, 6.4.1983. John T. Wooley and Gerhard Peters, The American Presidency Project <www.presidency.ucsb.ecu/ws/?pid=41149>.
[123] Ronald Reagan, Proclamation 5466, Mother's Day, 22.4.1983. John T. Wooley and Gerhard Peters, The American Presidency Project <www.presidency.ucsb.ecu/ws/?pid=37164>.

In der Muttertagsansprache 1987, ein Jahr nach der Veröffentlichung des Bauer-Reports, standen dann Stabilität, Hingabe und Moral als Kerntugenden der US-amerikanischen Mutter und als deren nationale Aufgabe im Vordergrund:

> As mothers help give their families a stability rooted in love, steadfastness, devotion, and morality, they strengthen communities and our Nation at the same time.[124]

Diese exzessive Betonung der Bedeutung der Mutter und ihrer Erziehungs- und Fürsorgefunktion für ihre Kinder und für das Wohl der Nation hatte jedoch auch eine gravierende Schattenseite: Eine mögliche Entscheidung für Abtreibung geriet zur Gefahr für die Nation. Wie das folgende Teilkapitel herausarbeitet, existierte für den Präsidenten das „Entscheidungsrecht der Frau" über ihren Körper nur insofern, als diese auch eine ungewollte Schwangerschaft austragen und das Kind anschließend zur Adoption freigeben sollte. Mit seiner Betonung des „Lebensrechts des Fötus" gegenüber dem „Entscheidungsrecht der Mutter" setzte sich Ronald Reagan bewusst in Gegensatz zur Frauenbewegung und der Supreme Court Entscheidung von 1973.

## 6.4 „Abortion and Adoption" als zwei Pole reproduktiven Entscheidens in den 1980er Jahren

> I, too, have always believed that God's greatest gift is human life and that we have a duty to protect the life of an unborn child. Until someone can prove the unborn child is not a life, shouldn't we give it the benefit of the doubt and assume it is'? That's why I favored legislation to end the practice of abortion on demand and why I will continue to support it in the new Congress.[125]

Wie dieser Auszug aus seiner „Adress to the Nation on Domestic Issues" von 1983, gehalten zum zehnten Jahrestag der Legalisierung der Abtreibung durch den Supreme Court, belegt, inszenierte sich Ronald Reagan in seinen beiden Amtszeiten als US-amerikanischer Präsident als überzeugter Abtreibungsgegner, der für das Lebensrecht des Ungeborenen eintrat.

Dabei hatte Ronald Reagan seine abtreibungskritische Position bereits in seiner Zeit als Gouverneur des Staates Kalifornien entwickelt. Zwar unterzeich-

---

[124] Ronald Reagan, Proclamation 5641, Mother's Day, 28.4.1987. John T. Wooley and Gerhard Peters, The American Presidency Project <www.presidency.ucsb.ecu/ws/?pid=34188>.
[125] Ronald Reagan, Address to the Nation on Domestic Social Issues, 22.1.1983. Online by Gerhard Peters and John T. Woolley, The American Presidency Project <www.presidency.ucsb.edu/ws/index.php?pid=41643>.

nete er zu Beginn seiner Amtszeit 1967 den „Therapeutic Abortion Act", der legale Abtreibungen zum Schutz der Gesundheit der Mutter erlaubte, relativierte diese Entscheidung jedoch später. Davon zeugt unter anderem eine Radioansprache vom April 1975, in der er den Hörern seinen damaligen Meinungsbildungsprozess erklärte[126]:

> My answer to what kind of abortion bill I could sign was one that recognized an abortion is the taking of a human life. [...] Therefore an abortion is justified when it is done in self-defense. My belief is that a woman has the right to protect her own life and health even against her own unborn child. [...] I can find no evidence whatsoever that a fetus is not a living human being with human rights.[127]

Dieses Teilkapitel analysiert, welche Konsequenzen Reagan als Präsident aus seiner abtreibungskritischen Position zog und wie Frauenbewegung und Abtreibungsgegnerinnen darauf reagierten. Hier rücken besonders die Akten von „prochoice"-Organisationen wie NARAL, Mass Choice und NOW ins Blickfeld, die nicht nur Aufschluss über politische Aktionen und Initiativen der organisierten Frauen erlauben, sondern auch zahlreiche Stimmen von Frauen enthalten, die ihren Entschluss zur Abtreibung verteidigten und begründeten. Des Weiteren tritt mit *Concerned United Birthparents* (CUB), eine 1976 im Kontext der Frauenbewegung und des Self-Help-Movement gegründete Organisation von Geburtseltern, also „birthmothers and –fathers", ins Blickfeld, die „Adoption" als simple Alternative zur „Abtreibung" aus ihrer eigenen Erfahrung vehement kritisierten.[128]

Als Ronald Reagan 1980 die Nominierung als republikanischer Präsidentschaftskandidat erhielt, trug das Parteiprogramm bereits deutlich seine Handschrift, was gerade die Passage zur Frage der Rechtmäßigkeit der Abtreibung verdeutlicht. Darin fand sich die Forderung nach einem „constitutional amendment to restore the protection of the right to life for unborn children". Die staatliche Finanzierung von Abtreibungen für Wohlfahrtsempfängerinnen wurde dagegen kritisiert. Zudem sollten nur solche Richter nominiert werden, „who respect

---

[126] Reagan hielt in den Jahren 1975 bis 1979 insgesamt über 1.000 Radioansprachen, die er selbst verfasste und über den Mediendienst O'Connor Creative Services an Radiosender vertreiben ließ. Ursprünglich gedacht, um im Wahlkampf 1976 für sich zu werben, behielt er dieses Instrument auch in der Folgezeit bei. Die Skripte liegen in der Reagan Presidential Library, veröffentlicht bei Skinner, Kiron K. et al. (Hg.): Reagan, In His Own Hand. The Writings of Ronald Reagan that Reveal His Revolutionary Vision for America, New York u. a. 2001.

[127] Ronald Reagan, Abortion Laws, April 1975, in: Skinner, Reagan, In His Own Hand, S. 380–385.

[128] Aus Datenschutzgründen werden in der Folge die Namen der Briefschreiberinnen und -schreiber, die keine offiziellen Funktionen in CUB oder NARAL bekleideten, abgekürzt.

traditional family values and the sanctity of innocent human life" – ein wichtiges Thema, denn längerfristig stand die Neubesetzung mehrerer Richterposten am Supreme Court an.[129]

Bereits während seiner ersten Präsidentschaft setzte sich Reagan für eine strikte Einschränkung der Abtreibungspraxis ein, unter anderem besetzte er zahlreiche Ämter im Gesundheitsbereich mit erklärten Abtreibungsgegnern und – gegnerinnen, berief die konservative Juristin Sandra O'Day Connor als Richterin an den Supreme Court, traf sich wiederholt mit Mitgliedern der Antiabtreibungsbewegungen und unterstützte Gesetzesinitiativen, die sich gegen Abtreibung und ihre öffentliche Finanzierung aussprachen.[130] Zum 10. Jahrestag des *Roe vs. Wade*-Urteils schrieb der Präsident schließlich selbst einen Artikel zum Thema „Abortion and the Conscience of the Nation", der 1983 in der abtreibungskritischen Zeitschrift „Human Life Review" publiziert wurde.[131] Darin setzte der Präsident die abgetriebenen Föten den gefallenen Soldaten gleich, erhob sie also in den Rang von Personen, die für die Nation gestorben seien:

> Since 1973, more than 15 million unborn children have had their lives snuffed out by legalized abortions. That is over ten times the number of American lost in all our nation's wars.

Wichtig ist, dass der Präsident hier den Rechten der Frauen und Mütter auf körperliche Unversehrtheit oder freie Entscheidung keinerlei Beachtung schenkte. Vielmehr zählte für ihn allein das Lebensrecht des Fötus. Mehrfach verwendete der Präsident den Begriff „Holocaust" zur Bezeichnung der Abtreibung.[132] Diese beschrieb er stets als Spätabtreibung mit einem bereits lebensfähigen Fötus und bezeichnete sie als „infanticide". Auf die Tatsache, dass die überwältigende Mehrheit der Schwangerschaftsabbrüche unter *Roe* Ersttrimester-Abtreibungen waren, ging der Präsident dagegen nicht ein. Reagan schloss sein Plädoyer für die

---

**129** Republican Party Platforms: „Republican Party Platform of 1980," July 15, 1980. Online by Gerhard Peters and John T. Woolley, The American Presidency Project <www.presidency.ucsb.edu/ws/?pid=25844>, siehe auch NARAL National Leadership Caucus 1984, Presidential Election Campaign: The Reagan Record on Abortion. SLHU MC 714, Box 83, Folder 3.
**130** Z. B. Human Life Bill 1981, Respect Human Life Act 1983.
**131** Reagan, Ronald: Abortion and the Conscience of the Nation, in: The Human Life Review, 3. 2. 1984, online unter <www.humanlifereview.com/abortion-and-the-conscience-of-the-nation-ronald-reagan-the-10th-anniversary-of-the-supreme-court-decision-in-roe-v-wade-is-a-good-time-for-us-to-pause-and-reflect-our-nationwide-policy-of-abortion-o>.
**132** Allerdings bediente er sich hierzu immer der Worte anderer Autoren, so von John Powell („Silent Holocaust") oder William Brennan („Human Holocaust"). Reagan, Abortion and the Conscience of the Nation, S. 4 – 5.

Rücknahme von *Roe vs. Wade* mit einem Bekenntnis zur Freiheit, die wiederum auf dem „right to life of all human beings" gründe:

> My Administration is dedicated to the preservation of America as a free land, and there is no cause more important for preserving that freedom than affirming the transcendent right to life of all human beings, the right without which no other rights have any meaning.[133]

Der Artikel wiederum bildete den Grundstock für ein kleines Buch des Präsidenten gleichen Titels, ergänzt um Beiträge des *Surgeon General* (Direktor des öffentlichen Gesundheitswesens) C. Everett Koop und des britischen Schriftstellers Malcolm Muggeridge, welches 1984 im religiös-konservativen Verlag Thomas Nelson erschien.[134] Damit hatte sich der Präsident bewusst und eindeutig sowie für das ganze Land wahrnehmbar gegen Abtreibung als Konsequenz weiblicher Entscheidungsfreiheit gewandt und sich für eine Revision des *Roe vs. Wade*-Urteils des Supreme Court stark gemacht. Den elften Jahrestag von *Roe vs. Wade* erklärte Reagan zum *National Sanctity of Human Life Day*, der während seiner Präsidentschaft und auch unter seinem Nachfolger George Bush fortan jährlich stattfand. In seiner Proklamation dazu beklagte er das Schicksal der abgetriebenen Föten, die er als „Kinder" bezeichnete: „These children [...] will never laugh, never sing, never experience the joy of human love; nor will they strive to heal the sick, or feed the poor, or make peace among nations."[135] Kurz darauf, in seiner Ansprache zur Lage der Nation vom 25.1.1984, forderte er vor dem US-Kongress „positive solutions to the tragedy of abortion".[136]

Angesichts dieser Weichenstellungen nahm das Thema der „reproductive rights" für die Vertreterinnen der Frauenbewegung und diverser Pro-Choice-Organisationen eine Schlüsselstellung im Präsidentschaftswahlkampf der Jahre

---

133 Reagan, Ronald: Abortion and the Conscience of the Nation, in: The Human Life Review, 3.2.1984, S. 6.
134 Reagan, Ronald: Abortion and the Conscience of the Nation, Nashville 1984, überarbeitete Neuausgabe Sacramento, CA 2001.
135 Ronald Reagan: Proclamation 5147 – National Sanctity of Human Life Day, 1984, 13.1.1984. Online unter <reaganlibrary.archives.gov/archives/speeches/1984/11384c.htm>. Hierzu vgl. auch den „Reagan Record on Abortion" des NARAL National Leadership Caucus, 1984, Presidential Election Campaign. SLHU MC 714, Box 83, Folder 3.
136 Ronald Reagan: „Address Before a Joint Session of the Congress on the State of the Union ," January 25, 1984. Online by Gerhard Peters and John T. Woolley, The American Presidency Project <www.presidency.ucsb.edu/ws/?pid=40205>.

1983/84 ein, eine mögliche Wiederwahl Reagans erschien ihnen als große Gefahr für die reproduktive Entscheidungsfreiheit der Frauen in den USA.

„Ronald Reagan is a disaster for women."[137] Dieses Statement vom Judy Goldsmith, Vorsitzende der Frauenrechtsorganisation *National Organization of Women* (NOW), aus dem Jahr 1983 beschreibt in knappen Worten die Wahrnehmung vieler Angehöriger der Frauenbewegung, insbesondere der Befürworterinnen des Rechts auf Abtreibung und weiblicher Gleichberechtigung allgemein. Zur Verhinderung der Wiederwahl Reagans mobilisierte NOW ihre beträchtlichen Erfahrungen im Lobbying und in der politischen Mobilisierung, die sie jedoch auch theoretisch unterfütterte. So erschien 1983 eine 20-seitige Broschüre der Organisation mit dem Titel „Women's Truth Squad on Reagan". Darin wurden alle Maßnahmen der Regierung, welche die soziale und ökonomische Gleichberechtigung von Frauen wie auch ihre reproduktive Entscheidungsfreiheit einschränkten, akribisch aufgelistet und belegt.[138] Die Frauen argumentierten, der Präsident sei unter anderem verantwortlich für die steigende Armut von Frauen, ihre schlechteren Bildungs- und Berufschancen, die Reduktion bezahlbarer Kinderbetreuung und sinkende Wohlfahrtsausgaben, die Verhinderung des *Equal Rights Amendment* und schließlich den „Gender Gap". Vor allem aber stehe er für eine verstärkte Intervention der Regierung in das Privatleben vieler Amerikanerinnen:

> The Reagan Administration actively promotes policies to deprive women and girls access to adequate family planning services and safe, legal abortions. While rhetorically promoting „getting government of our backs," President Reagan advocates increasing government interference in our bedrooms.[139]

Auch die *National Abortion Rights Action Leage* (NARAL), die größte und älteste Institution, die landesweit für Abtreibungsrechte eintrat, lancierte eine vergleichbare Kampagne, um die Wiederwahl Reagans zu verhindern. Dies begründeten die Aktivistinnen mit seiner „anti-choice-strategy" und stellten fest: „Ronald Reagan is the most anti-choice President in this country's history."[140]

---

137 NOW News Release, 30.6.1983, Statement of Judy Goldsmith, President, National Organization for Women, Announcing the Women's Truth Squad on Reagan. SLHU MC 714, Box 78, Folder 16.
138 NOW-Broschüre: Women's Truth Squad on Reagan (1983). SLHU MC 714, Box 78, Folder 16.
139 NOW-Broschüre: Women's Truth Squad on Reagan (1983). SLHU MC 714, Box 78, Folder 16.
140 NARAL National Leadership Caucus, 1984, Presidential Election Campaign. SLHU MC 714, Box 83, Folder 3.

> For anyone even peripherally involved with the right to choose, the threats posed by Ronald Reagan's re-election are clear. His strong support of the anti-choice opposition and his recent fueling of the emotional fires around the issue are of serious enough import.[141]

Besonders bedrohlich erschien ihnen überdies die Tatsache, dass er im Falle seiner Wiederwahl konservative Supreme-Court-Richter berufen könnte.[142] „If an anti-choice President appoints several new anti-choice Justices, the stage would be set for a reversal of Roe v. Wade."[143] Doch die Aktivistinnen sahen sich gut gerüstet für ein aktives Eingreifen in den Wahlkampf:

> It is critical that the NARAL "network"—our political machinery that we have worked so hard to develop—be used to educate voters this fall about the real impact this election has on the right to choose. The next President's ability to shape the Supreme Court will determine the future of the right to choose.[144]

Diese Besorgnis teilten auch religiöse „pro-choice"-Organisationen wie die *Religious Coalition for Abortion Rights* (RCAR), die Mitglieder aller christlichen Kirchen und dazu Vertreter jüdischer Religionsgemeinschaften umfasste. In einem Faltblatt von 1984 informierte RCAR ihre Mitglieder über „The Supreme Court and Reproductive Freedom" und warnte, dass angesichts einer drohenden Neuberufung konservativer Richter „the future for religious and reproductive rights may be at stake". Eine interessante Argumentation, wenn man bedenkt, dass die meisten Abtreibungskritiker ja gerade religiöse Werte gegen das Recht auf reproduktive Selbstbestimmung ins Feld führten.[145]

In der Vorbereitung der Kampagne zur Verhinderung der Wiederwahl Reagans legte gerade NARAL besonderen Wert darauf, zu erfahren, wie ihre Arbeit und die Frage der reproduktiven Entscheidungsfreiheit in der amerikanischen Bevölkerung bewertet wurde. So sollten die politische Arbeit und vor allem das Fundraising besser ausgerichtet werden. Zusammen mit der *Planned Parenthood Federation of America* (PPFA) gab NARAL 1983 eine Umfrage zum Thema „birth

---

141 NARAL National Leadership Caucus 1984, Presidential Election Campaign. SLHU MC 714, Box 83, Folder 3.
142 NARAL National Leadership Caucus 1984, Presidential Election Campaign. SLHU MC 714, Box 83, Folder 3.
143 Memo to Nanette Fakenberg from Gail Harmon and William S. Jordan, III, 7.6.1984: The Most Serious Threat to the Freedom of Choice. SLHU MC 714, Box 83, Folder 10.
144 Memo from Nanette Falkenberg to NARAL Affiliates, NARAL Board, undated (1984), Presidential Election Campaign. SLHU MC 714, Box 83, Folder 3.
145 Flugblatt der Religious Coalition for Abortion Rights: The Supreme Court and Reproductive Freedom, 1984. SLHU MC 714, Box 83, Folder 10.

control" in Auftrag.[146] Per Telefon wurden vom 19. bis 25. März insgesamt 1.199 Personen über 18 Jahren durch das Meinungsforschungsinstitut Harrison und Goldberg aus Boston nach ihren Einstellungen zu Abtreibung und Verhütung gefragt. Dabei stellte sich heraus, dass sich die Befragten einerseits überwiegend für eine Legalität der Abtreibung und gegen ein staatliches Verbot aussprachen. 71% der Befragten waren gegen ein solches Verbot und 86% erklärten, Abtreibung sei „a private, personal choice that the government should stay out of". Andererseits genoss Ronald Reagan aber durchweg hohe Beliebtheitswerte, so hatten 64% der Befragten eine hohe Meinung von ihm. Die Umfrage konstatierte zudem, dass Religion die Einstellung zur Abtreibung nur wenig determiniere – sogar 65% der Katholiken waren gegen ein Verbot der Abtreibung. Dafür lehnten die Befragten die Finanzierung von Abtreibungen aus öffentlichen Geldern für Bedürftige mehrheitlich ab: 55% der Befragten waren gegen Abtreibungen auf Staatskosten für arme Frauen, 62% gegen eine staatliche Finanzierung von Abtreibungskosten für Wohlfahrtsempfängerinnen.[147] Letzteres war der Grund, warum PPFA und NARAL sich gegen eine Veröffentlichung der ansonsten aus ihrer Sicht positiven Ergebnisse entschieden[148]: Man wollte keine öffentliche Aufmerksamkeit für die Erkenntnis, dass eine Mehrheit der Befragten keine öffentlichen Gelder für Abtreibungen ausgeben wollte – war doch die Beibehaltung des staatlichen Finanzierungsverbots (*Hyde-Amendment* von 1976) für Abtreibungen ein Kernanliegen der Reagan-Regierung, das hiermit seine Bestätigung bekam.[149] NARAL, PPFA und RCAR dagegen unterstützten den *Reproductive Health Equity Act* (1985 in den Kongress eingebracht als H.R. 5745, nicht verab-

---

[146] Während NARAL und PPFA sich mit jeweils 10.000 USD an der Finanzierung beteiligten, kamen weitere 20.000 USD von der North Shore Unitarian Society. SLHU MC 714, Box 78, Folder 7. Auch die Organisationen Catholics for a Free Choice, Religious Coalition for Abortion Rights, National Abortion Federation sowie das Alan Guttmacher Institute beteiligten sich. NARAL, Key Findings of a Poll on Issues related to Family Planning an Abortion, taken March 19–25, 1984, Confidential. SLHU MC 714, Box 78, Folder 9.
[147] SLHU MC 714, Box 78, Folder 8: National Poll re: Abortion/Birthcontrol, 1983–1984, S. VI-VII, 8–10, 32–34, 35–37.
[148] Zudem erklärten 73% der Befragten, sie hätten eine gute Meinung von PPFA.
[149] Planned Parenthood Memorandum, 17.7.1984, to the Pro-Choice Coalition: Poll on Abortion Issues. PPFA, Faye Weddleton, President, to PPFA Board of Directors, 13.7.1984. Linda Davidoff, PPFA, Memorandum to Poll Coalition Members, 6.6.1984, Confidential. SLHU MC 714, Box 78, Folder 7. Nanette Falkenberg, NARAL, an NARAL Board, NARAL Affiliates, 24.8.1984: Medicaid Funding Poll. NARAL, Key Findings of a Poll on Issues related to Family Planning an Abortion, taken March 19–25, 1984, Confidential. SLHU MC 714, Box 78, Folder 9.

schiedet) mit dem Ziel, das „public funding of abortions for poor women" wieder einzuführen.¹⁵⁰

Schon im Jahr vor der großen Telefonumfrage hatten NARAL und PPFA gemeinsam eine sehr viel kleinere Befragung in Auftrag gegeben: 1983 ließen sie in Chicago und Philadelphia von einer unabhängigen Institution in zwei Gesprächsrunden insgesamt 31 Personen zu den Themen „abortion rights" und „pro-choice movement" befragen. Es handelte sich um Personen, die in den Jahren 1981 und 1982 an eine der beiden Organisationen gespendet hatten, also prinzipiell deren Anliegen positiv gegenüber standen. Das Sample war sehr homogen: Es bestand ausschließlich aus Weißen, 23 Frauen und 8 Männern. Nicht weniger als 30 Personen verfügten über einen College-Abschluss und gehörten überdurchschnittlichen Einkommensgruppen an. Eine Auswertung der Transkripts der ursprünglich auf Tonband aufgenommenen Gesprächsrunden ist dennoch sehr aufschlussreich: Die gebildeten, gut verdienenden Unterstützerinnen und Unterstützer von NARAL und PPFA hoben drei Aspekte besonders hervor:
1) Abtreibung wurde als „matter of choice" begriffen, welches der Staat nicht regulieren dürfe,
2) Abtreibungsrechte wurden nicht auf einen „feminist issue" reduziert,
3) das „pro-life movement" wurde als sehr gut organisiert und dadurch präsenter und effizienter als die „pro-choice"-Bewegung wahrgenommen.¹⁵¹

Eine der erfolgreichsten NARAL-Aktionen der 1980er Jahre entstand genau in der Auseinandersetzung mit einer extrem effektiven Anti-Abtreibungsbewegung, nämlich die Kampagne „silent no more" des Jahres 1985. Hintergrund war der abtreibungskritische Film „The Silent Scream" des ehemaligen NARAL-Mitberünders, „pro-choice"-Aktivisten und Leiters einer New Yorker Abtreibungsklinik Bernhard Nathanson. Dieser hatte sich vom Abtreibungspraktiker zu einem der schärfsten Kritiker der Abtreibung in den USA entwickelt.¹⁵² Nach eigener Aussage

---

**150** Memo Ron Fitzsimmons, NARAL Director of Government Relations, 4.1.1985, to NARAL Affiliates and Board Members. Memo, NARAL: H.R 5745, The Reproductive Health Equity Act. Memo Ron Fitzsimmons, NARAL, Legislative Update, 11.1.1985, Reproductive Health Equity Act to be Reintroduced in House of Representatives. Statement NARAL, Nanette Falkenberg, 30.5.1984, on Introduction of RHEA. PPFA, Press Release, Statement Faye Wattleton, 30.5.1984. RCAR, Press Release, 30.5.1984: „Decade of Choice", in favor of RHEA. ACLU, 30.5.1984: Press Statement in Favor of RHEA as „historic act". SLHU MC 714 Box 84, Folder 2.
**151** NARAL, Report of focus group on abortion rights and the pro-choice movement, 1983. SLHU MC 714, Box 84, Folder 1. S. 1–65.
**152** BERNHARD NATHANSON (1926–2011) studierte Medizin und ließ sich als Gynäkologe in New York nieder, Dort leitete er das *Center for Reproductive and Sexual Health*. 1969 gehörte er zu den Gründern der *National Association for the Repeat of Abortion Laws*, des späteren NARAL. Sein

waren es Ronald Reagans Bemerkungen über die Schmerzempfindung des Fötus bei einer Abtreibung, welche dieser 1984 in einer Rede vor den *National Religious Broadcasters* geäußert hatte[153], die Nathanson dazu motivierten, einen solchen Film zu drehen.[154] „The Silent Scream" lief 1984 zunächst im Fernsehen, wo ihn mehrere Networks in ihrem Vorabendprogramm ausstrahlten.[155] Daraufhin zeigte ihn sogar der Präsident im Weißen Haus. Im Film ging es um eine Abtreibung, die anhand von Ultraschallaufnahmen – unterlegt mit einem Kommentar Nathansons – für die Zuschauer direkt erlebbar wurde. Dabei war de facto auf den verpixelten Schwarzweiß-Aufnahmen kaum etwas zu erkennen, das Geschehen wurde erst durch die Erklärungen Nathansons gewissermaßen zur Aufzeichnung der Abtreibung eines lebenden Fötus gemacht.[156]

Für die Mitglieder der Frauenbewegung und des *Pro-Choice Movement* war „The Silent Scream" ein großes Ärgernis und zugleich ein propagandistisch immens erfolgreicher Angriff auf die Entscheidungsfreiheit der Frauen. Die Aktivistinnen von NARAL, NOW und PPFA kritisierten zunächst die Tatsache, dass die Abtreibung aus medizinischer Sicht nicht korrekt gezeigt wurde.[157] Daneben verurteilten sie die Argumentation den Films, „that it is not necessary to include women's experiences in a discussion of abortion". Die völlige Abwesenheit von Frauen als Individuen sei nicht hinnehmbar: „No woman's voice is heard at any

---

Sinneswandel zum „pro-Life"-Aktivisten erfolgte nach eigenen Angaben durch die Entwicklung der Ultraschall-Technologie, die ihn den Tod des Fötus unmittelbar erleben ließ. Nathanson, Bernard: Aborting America, Garden City, 1979. Zu Nathanson vgl. Schoen, Abortion after Roe, S. 131–133.

153 „Medical science doctors confirm that when the lives of the unborn are snuffed out, they often feel pain, pain that is long and agonizing". Ronald Reagan: Remarks at the Annual Convention of the National Religious Broadcasters, 30.1.1984. Online by Gerhard Peters and John T. Woolley, The American Presidency Project <www.presidency.ucsb.edu/ws/?pid=40394>.

154 Elizabeth Mehren / Betty Cuniberti: He's the Force Behind „The Silent Scream" Film: Doctor Who Performed Thousands of Abortions Narrates, Promotes Right-to-Life Sonogram Movie, in: TIME, 8.5.1985. <www.articles.latimes.com/1985-08-08/news/vw-3552_1_silent-scream>.

155 Petchesky, Rosalind Pollack: Fetal Images: The Power of Visual Culture in the Politics of Reproduction, in: Feminist Studies 13 (1987), No. 2, S. 263–292, S. 264.

156 Petchesky, Fetal Images, S. 264.

157 Memorandum PPFA, February 1985, to Affiliate Executive Directors, from Louise Tyrer, Vice President for Medical Affairs: Expert Panel Critique of film „The Silent Scream". Memorandum NOW, The Silent Scream (undated). SLHU MC 659, Box 16, Folder 13. Vgl. Auch die Kritik des Medizinstudenten George P., der 1985 im Rahmen der „Silent No More"-Kampagne gegenüber Präsident Reagan beklagte, der Film basiere auf medizinisch falschen Behauptungen. George P. an Präsident Reagan, [undat.] 1985. SLHU MC 659, Box 17, Folder 17.

time during the film. The movie simultaneously elevates fetuses to people and lowers women to speechless and senseless objects."[158]

Diese Beobachtung, verstärkt durch immense Popularität des Films und die Tatsache, dass der Film der „pro-life"-Bewegung direkt in die Hände spielte, waren der Anlass, dass NARAL 1984 beschloss, eine Gegenkampagne zu starten. Nanette Falkenberg, zum Zeitpunkt Executive Director des NARAL, wandte sich an die Unterorganisationen und Unterstützer und Unterstützerinnen:

> In recent month, NARAL has been flooded with phone calls and letters from concerned supporters, both women and men, who have expressed a concern about the current abortion debate which ignores women and misrepresents the reality of women's lives and family life in our society.[159]

Falkenbergs Idee war es, Frauen, die abgetrieben hatten, dazu zu bewegen, ihre persönlichen Gründe in einem Brief an den Präsidenten dazulegen und so 100.000 persönliche Stellungnahmen zu mobilisieren. Im Frühjahr 1985 lancierte sie die nationale Kampagne des NARAL:

> We must educate people that they are all real life cases, of real and good women who are making difficult but moral choices.
> [...]
> Remember, WE ARE THE MAJORITY.[160]

Eine zentrale Bedeutung sollte in der Kampagne die Aussage einnehmen, dass Frauen, die abtrieben, ihre Entscheidung als Individuen träfen, für und mit ihren anderen Familienangehörigen.

> The action theme is a reminder that the 1,5 Million women who have abortions each year are much more than faceless, nameless human beings. They are individuals who are important in our lives.[161]

---

**158** Memorandum NOW, The Silent Scream (undated). SLHU MC 659, Box 16, Folder 13.
**159** Memorandum Nanette Falkenberg, NARAL, to Members of the Media, 20.3.1985, Re: Abortion Rights: Silent No More. SLHU MC 659, Box 16, Folder 13.
**160** Letter NARAL Leadership, gez. Falkenberg, Action, o.D. (1985). Im Schreiben an das NARAL Leadership vom 3.5.1985, Silent No More Mailing Folder 10, nannte Falkenberg die konkreten Zahlen. SLHU MC 659, Box 16, Folder 14.
**161** Memorandum Nanette Falkenberg, NARAL, to Members of the Media, 20.3.1985, Re: Abortion Rights: Silent No More. SLHU MC 659, Box 16, Folder 13.

Zu diesem Zeitpunkt hatte NARAL nach eigenen Angaben 150.000 Mitglieder und 33 Unterorganisationen (wie Mass Choice) mit insgesamt weiteren 100.000 Mitgliedern. Daher war der Plan, in nur wenigen Monaten insgesamt 100.000 Briefe von Frauen an den Präsidenten zu richten, ambitioniert, aber nicht völlig abwegig.[162] Am 21. Mai 1985 sollte ein Teil der Briefe in Washington verlesen werden, zuvor Hearings und Kampagnen in den Einzelstaaten stattfinden. Einige der Themen, die NARAL den lokalen Aktivistinnen (neben einem genauen Zeitplan und Vorschlägen für die Organisation von Pressearbeit und *Speakouts*) gewissermaßen als Motto mitgab, kreisten um die Normalität der Frauen, die sich für Abtreibung entschieden, und die Ernsthaftigkeit und Rationalität ihres Entschlusses:

> We are your mothers, your sisters, your daughter, your friends and we have chosen abortion. [...]
> We are decent, caring, intelligent women making responsible choices. [...]
> We will end the silence about abortion. Our stories must be heard.[163]

Eine besondere Bedeutung hatte dieses Projekt im Staat Massachussetts, da hier ein Referendum über die Umsetzung der *Roe vs. Wade*-Entscheidung im Jahr 1986 bevorstand. Die dortige Abtreibungsbewegung Mass Choice verfügte etwa über 5.000 Mitglieder und einen sehr hohen Organisationsgrad.[164] Gemäß ihrem Mission Statement „to develop and sustain a grassroots constituency in Massachusetts that uses the political process to keep abortion safe and legal" schlossen sich die Aktivistinnen von Mass Choice bereitwillig der Kampagne an.[165] Sie nahmen

---

162 Memorandum Nanette Falkenberg, NARAL, to Members of the Media, 20.3.1985, Re: Abortion Rights: Silent No More. SLHU MC 659, Box 16, Folder 13
163 Material, das NARAL seinen Unterorganisationen auf Staatenebene zur Vorbereitung der Aktion zur Verfügung stellte: Binder: Abortion Rights: Silent No More, NARAL 2/1985. SLHU MC 659, Box 16, Folder 14. Vgl. auch das Material in SLHU MC 659, Box 16, Folder 15.
164 Die lokale Unterorganisation von NARAL im Staat Massachussetts mit Sitz in Boston wurde 1972 als MORAL gegründet. Von Beginn an verstand es sich als Bürgerrechtsorganisation, die vor Ort „grass roots"-Techniken der Mobilisierung ausprobierte und verfeinerte. Als politischer Arm existierte ein sogenannte *Political Action Committee* (PAC), das explizit versuchte, die Wahl von pro-choice Politikern zu beeinflussen. Im Jahr 1984 benannte sich MORAL um in NARAL Mass Choice, 1996 dann in Mass NARAL und 2003 in NARAL Pro Choice Massachussetts. Im Jahr 1985 hatte die Organisation rund 5.000 Mitglieder und finanzierte sich rein aus Spenden, verfügte aber über ein Jahreseinkommen von immerhin rund 127.000 USD (1985) und 134.400 USD (1986). 1985 war Pam Nourse Executive Director von Mass Choice, Laura Jennings dagegen Präsidentin des Mass Choice. Mass Choice Annual Plan, 1.4.1985–31.3.1985. SLHU MC 659, Box 3, Folder 1. Memorandum Laura Jennings to Pro Choice Individuals, 5.4.1985. SLHU MC 659, Box 3, Folder 3.
165 Mass Choice Mission Statement (undated), SLHU MC 659, Box 3, Folder 5.

sich vor, in nur einem Monat insgesamt 2.000 Briefe einzusammeln und diese an Senatoren des Staates zu schicken. Den Politikern sollte vor Augen geführt werden, „exactly what we are risking in Massachussetts if we take away the right to choose abortion."[166] Am 16. Mai 1985, also eine knappe Woche vor dem nationalen Hearing in Washington, sollte eine Verlesung der Briefe aus Massachussetts vor dem State House in Boston stattfinden.[167] Dabei sollte die „Silent No More"-Kampagne auch für Mass Choice dazu dienen, in der Abtreibungsdebatte die Frau und ihre Familie wieder ins Zentrum der Aufmerksamkeit zu rücken: „We want to shift the emphasis away from the picketers and hecklers, and back to the women and families who face a decision about abortion."[168] Zugleich verbanden die Aktivistinnen damit das Ziel, das für November 1986 anberaumte Amendment für Massachussetts abzuwehren und die Reichweite von Mass Choice auf den gesamten Staat auszudehnen.[169] Mass Choice formulierte seine Kritik am für 1986 geplanten Memorandum in Massachussetts ganz explizit als Frage, wer über Reproduktion entscheiden dürfte – der Staat oder die Frau: „Who will Control Reproductive Decision Making in Massachusetts? Individuals or State Government?"

> This Bill constitutes one more way in which the state legislature will expand its power and intrude into the private lives of the people of Massachusetts. Independent polls reveal that the overwhelming majority of Massachusetts residents—whether or not they would choose abortion themselves—believe that it is "a personal, private decision which state government should stay out of." But despite this mandate from its constituency, our state legislature is attempting to take control of individual childbearing and reproductive freedoms, usurping decisions which belong—morally as well as legally—to individuals and their families.[170]

In den Akten von Mass Choice sind zahlreiche Kopien von Briefen aus der „Silent No More"-Kampagne enthalten, die von Frauen (und Paaren) bis Mai 1985 verfasst und dann an die Senatoren und Mitglieder des Repräsentantenhauses des Staates geschickt wurden. Viele Autorinnen sandten ihre Schreiben an die politischen

---

**166** Memorandum Mass Choice, Deborah Beard, 17.4.1985, Mass Choice News Release. Bei Planungsbeginn im März 1985 hatte Mass Choice noch an 3.000 Briefe gedacht. Organizing Plan for the Call to Action, 20.3.1985. SLHU MC 659, Box 16, Folder 15.
**167** Memorandum Mass Choice, Deborah Beard, 17.4.1985, Mass Choice News Release. SLHU MC 659, Box 16, Folder 15.
**168** Fundraising Letter from Pam Nourse to David Scondras, 18.4.1985. SLHU MC 659, Box 16, Folder 17.
**169** Mass Choice Annual Plan, 1.4.1985 – 31.3.1985. SLHU MC 659, Box 3, Folder 1.
**170** Mass Choice: Who will Control Reproductive Decision Making in Massachusetts? Individuals or State Government? 1986. SLHU MC 659, Box 3, Folder 4.

Vertreter in Kopie an Mass Choice, wo man sie aufhob.[171] Die wichtigsten Themen waren Abtreibung als individuelles Recht, als Element individueller Familien- und Karriereplanung von Frauen und der Wunsch, die Regierung möge sich aus den privaten Lebensentscheidungen der Bürger heraushalten. So schrieben Hanna und Gustav P. aus Lexington, MA, am 14. Mai 1985 an den Representative Stephen Doran:

> We feel strongly that the government should not be the "third person" in bed with the couple. [...] Reproductive freedom is a vital part of personal freedom. Attempts to restrict reproductive freedom, by falsely claiming a role for government as an advocate of the unborn, represent attempts to limit individual freedom. The current struggle is really about the nature of state authority—not morality—and the role of the state in the most intimate personal decision.[172]

Charles F. D. aus Springfield, MA, bekräftigte in seinem Schreiben das „right to choose" stelle den Ausdruck des „right of the individual to live his own life free of government interference" dar. Zugleich äußerte er sich besorgt über „the violence which the militance of the hard-line Moral Majority and the „New Right" has brought to dispute over women's rights" und die Tatsache, dass die Reagan-Regierung nichts unternehme, um diesen Auswüchsen entgegen zu treten.[173] Juli Z. aus Somerville, MA, hingegen erklärte ihrem Senator Sal Albano – sie hatte seinerzeit sogar für dessen Kampagne gearbeitet – bereits am 17. April 1985, dass Abtreibung schlicht und einfach ein Frauenrecht darstelle:

> The issue is the woman's right to choose abortion. [...] I see it as no different than the thousands of other personal rights we enjoy. NO one can tell us when to have children, how many to have, what sex they should be, or in what religion they should be raised. These are rights cherished by Americans of all persuasions. Abortion is an equally personal right.[174]

Liz S. aus Pittsfield, MA, schrieb an Pam Nourse von Mass Choice im Mai 1985:

---

171 Das gesamte Konvolut findet sich in SLHU MC 659, Box 17, Folders 3 bis 21.
172 Hanna P. und Gustav F. P., Lexington, MA, 14.5.1985, an Rep. Stephen Doran, c/o Mass Choice. Hervorhebung im Original. Ganz ähnlich der Brief von Joan C. E., Marblehead, MA, vom 16.4.1985 an Representative Lawrence Alexander. SLHU MC 659, Box 17, Folder 5.
173 Charles F. D., Springfield, MA an Mass.Choice, 4.6.1985. SLHU MC 659, Box 17, Folder 5.
174 Julie Z., Somerville, MA, an Senator Sal Albano, Boston MA, 17.4.1985. SLHU MC 659, Box 17, Folder 4.

> Personal goals include choosing a career and pursuing the necessary education to achieve that career. Personal goals also include planning a family, deciding how many children one wants or can afford and deciding when during one's career it is possible to stop and have that family.[175]

Ähnlich pragmatisch sah es Claire B. aus Brighton, die Senator Backrack wissen ließ:

> Abortion is not a wonderful choice, but it is one of the few choices that this world currently affords us, and, often, it is the best choice, given the situation. [...] It is imperative that this choice remain available to all.[176]

Schließlich brachte Mary M. in ihrem Brief zum Ausdruck, was viele Frauen in der Abtreibungsrechts- und Frauenbewegung dachten: „Too many people these days seem to regard women as merely disposable containers for fetuses instead of as persons in their own right."[177]

Als am 16. Mai 1985 die rund 1.000 Briefe an die Regierung des Staates Massachussetts übergeben wurden, waren es jedoch andere Statements, die dort verlesen wurden. Die insgesamt acht Briefe, die anonymisiert und in Auszügen zu hören waren, bezogen sich auf das Elend illegaler Abtreibungen vor Roe (insgesamt 5), auf Abtreibung zur Verhinderung von Schwangerschaft nach Vergewaltigung (1), nach Einnahme von das Embryo schädigenden Medikamenten (1) oder fortgeschrittenem Alter der Mutter (1). Immerhin zwei der ausgewählten Testimonials bekannten sich zu tiefen seelischen Zweifeln und Gewissensbissen nach der Abtreibungsentscheidung – doch keiner der Auszüge postulierte offensiv Abtreibung als „personal right".[178] Augenscheinlich scheute Mass Choice davor zurück, das individuelle Entscheidungsrecht der Frau in den Vordergrund der Kampagne zu stellen. Tatsächlich sollte NARAL für das Speakout auf Bundesebene wenige Tage später einen ganz ähnlichen Kurs wählen. Doch warum? Es wäre denkbar, dass die Aktivistinnen der Anti-Abtreibungsbewegung keine weiteren Angriffspunkte bieten wollten und sich daher auf moralisch „einwandfreie" Abtreibungsgründe (Vergewaltigung, Medikamenteneinnahme, Alter) zurückzogen beziehungsweise illegale Abtreibungen als den eigentlichen Skandal erscheinen lassen wollten.

---

**175** Liz S., Pittsfield, MA, to Pam Nourse, Executive Director, Mass. Choice, 28.5.1985. SLHU MC 659, Box 17, Folder 5.
**176** Claire B., Brighton, MA, to State Senator Backrack, 8.4.1985. SLHU MC 659, Box 17, Folder 4.
**177** Mary M. an Pam Nourse, 16.4.1985. SLHU MC 659, Box 17, Folder 6.
**178** Pam Nourse, Executive Director, Mass Choice: Women speak out on Abortion, 16.5.1985, Press Release. SLHU MC 659, Box 17, Folder 21.

Tatsächlich war die lokale „Silent No More"-Kampagne mit dem *Speakout* in Boston am 16. Mai 1985 ein voller Erfolg für Mass Choice. Dies erläuterte die Vorsitzende Pam Nourse in ihrem Jahresbericht:

> Both the local and national level received good press and 1.000 letters from prochoice men and women Massachusetts were delivered to state legislators. The event also identified new prochoice activists, particularly on the North Shore and Western Massachusetts.[179]

Einen noch größeren Erfolg konnte Mass Choice mit dem verhinderten Amendment 1986 verbuchen, wofür sie im Jahr 1987 eine Anerkennung für „Outstanding Grassroots Electoral Achievement" durch NARAL erhielt.[180] Dies beförderte Pläne der Aktivistinnen, sich auch größeren Themen, wie z. B. „reproductive rights" im Allgemeinen, zuzuwenden.[181]

Auch auf nationaler Ebene war die *„Silent No More"*-Briefaktion ein Erfolg. Zwar wurden nicht die geplanten 100.000 Briefe erzielt, aber doch immerhin rund 45.000.[182] Nachdem am 21. Mai 1985 ein öffentliches Speakout in Washington DC stattfand, auf dem mehrere Frauen über ihre Abtreibungsentscheidung und ihre persönliche Geschichte berichteten, wurden am Tag darauf dem Präsidenten einige der Briefe übergeben. *Washington Post* und *New York Times* äußerten sich prinzipiell positiv, gaben allerdings auch der zeitgleich von der „Pro-Life"- Fraktion organisierten Pressekonferenz breiten Raum in der Berichterstattung.[183] Das „Pro-Life"-Hearing wurde organisiert von der abtreibungskritischen Frauengruppe *Women Exploited By Abortions* (WEBA). Deren Mitglieder trugen ihrerseits persönliche Berichte über bereute Abtreibungen und Schuldgefühle vor.[184] Das Klima zwischen Abtreibungsbefürworterinnen und Abtreibungsgegnerinnen

---

**179** Minutes of Mass Choice Board Meeting, 23.5.1985. SLHU, MC 659, Box 2, Folder 18. Pam Nourse, Executive Director, Mass Choice: Women speak out on Abortion, 16.5.1985, Press Release. SLHU MC 659, Box 17, Folder 21. Vgl. auch den Pressebericht von Frank Philipps, The Boston Herald, 17.5.1985: Pro Choice in a new blitz. Testimony dramatizes lobby effort. SLHU MC 659, Box 16, Folder 13.
**180** Allerdings hatte Mass Choice von den 418.000 USD, welche die Kampagne gekostet hatte, nur 88.000 selbst eingeworben. Der Rest kam von Planned Parenthood (200.000) und NARAL. Minutes of the Mass Choice Board Meeting, 23.10.1986. SLHU MC 659, Box 3, Folder 3.
**181** NARAL Conference 1987, Mass Choice Minutes, 29.7.1987. SLHU MC 659, Box 3, Folder 5.
**182** Hierzu vgl. den NARAL-Nachlass in der SLHU MC 714, Box 71, Folder 3, Box 219. Box 229, Folder 9 bis Box 230, Folder 4.
**183** Ruth Marcus: Abortion Rights Rally Set: Campaign comes to Washington today, WP, 21.5. 1985, C 1. Dudley Clendinen: The Veterans of Abortion Fight Back by Speaking Up, NYT, 26.5.1985, E 5.
**184** Zu WEBA vgl. Schoen, Abortion after Roe, S. 146–150.

blieb 1985 gespannt, der Kampf um die öffentliche Deutungshoheit lief auf vollen Touren.

In dieser Situation versuchte Ronald Reagan verstärkt, Adoption als die Alternative zur Abtreibung zu präsentieren und bemühte sich, ein positives gesellschaftliches Klima für Adoption zu schaffen.[185] So erklärte er Ende 1984 die dritte Novemberwoche (um das traditionell zur Familienzusammenführung dienende *Thanksgiving* am 24. November) zur ersten *National Adoption Week* 1984. Sein Ziel des „rebuilding families by promoting adoption" hatte jedoch nicht nur die Bedürfnisse elternloser Kinder, insbesondere sogenannter „children with special needs", im Blick, sondern vor allem die Reduktion der Abtreibungszahlen:

> One aspect of the tragedy of the 1.5 million abortions performed each year is that so many women who undergo abortions are unaware of the many couples who desperately want to share their loving homes with a baby. No woman need fear that the child she carries is unwanted.[186]

Auch in den Proklamationen der *National Adoption Week* der Jahre 1985 und 1986 betonte Reagan das Ziel, Abtreibungen durch Adoption zu vermeiden, und versprach, „single women facing crisis pregnancies" mehr Unterstützung angedeihen zu lassen.[187] 1987 figurierten diese dann als „brave women who heroically choose life", die alle Unterstützung ihrer Mitmenschen und der ganzen Nation verdienten.[188] Der Präsident verkehrte so das Argument von NOW und NARAL, dem zufolge das Entscheidungsrecht der Frau über ihren Körper die Grundvoraussetzung einer verantwortungsvollen, reflektierten und bewussten Reproduktionsentscheidung darstellte, bewusst in sein Gegenteil: Ungewollt Schwangere

---

[185] Bereits in seinem Anti-Abtreibungs-Aufsatz (und dem darauffolgenden Buch) hatte er 1983 und 1984 darauf verwiesen, dass viele Familien gerne ein Kind adoptieren würden und somit die Begründung „unwanted children" für Abtreibungen obsolet sei. Reagan, Abortion and the Conscience of the Nation, S. 6.

[186] Ronald Reagan: "Proclamation 5280—National Adoption Week, 1984", 13.11.1984. Online by Gerhard Peters and John T. Woolley, The American Presidency Project <www.presidency.ucsb.edu/ws/?pid=39423>.

[187] Ronald Reagan: „Proclamation 5411 – National Adoption Week, 1985", 15.11.1985. Online by Gerhard Peters and John T. Woolley, The American Presidency Project <www.presidency.ucsb.edu/ws/?pid=38079>. Ronald Reagan: „Proclamation 5570 – National Adoption Week, 1986," 13.11.1986. Online by Gerhard Peters and John T. Woolley, The American Presidency Project <www.presidency.ucsb.edu/ws/?pid=36726>. Das Zitat stammt aus der Proclamation 5570 des Jahres 1986.

[188] Ronald Reagan: „Proclamation 5746–National Adoption Week, 1987", 19.11.1987. Online by Gerhard Peters and John T. Woolley, The American Presidency Project <www.presidency.ucsb.edu/ws/?pid=33714>.

## 6.4 „Abortion and Adoption" — 411

erschienen in seiner Rhetorik nicht als autonome Entscheiderinnen, sondern als Alleinstehende in einer Krisensituation. Ihnen könnte durch verschiedene Hilfen und ein funktionierendes Adoptionsprogramm die Entscheidung abgenommen und der Status „heroischer Lebensspenderinnen" zugesprochen werden.

Doch hier hatte der Präsident nicht mit den Betroffenen, den sogenannten *Birthmothers*, – also Mütter, die ihre Kinder nach der Geburt zu Adoption freigegeben hatten – gerechnet. Diese meldeten sich in den 1980er Jahren verstärkt zu Wort und erklärten, dass Adoption für Mutter eben nicht nur eine „heroische" Alternative zur Abtreibung darstelle, sondern auch eine zumeist schmerzliche Verlusterfahrung bedeute. Ihre Organisation, *Concerned United Birthparents* (CUB), wurde eine vernehmbare Stimme im politischen Diskurs der 1980er Jahre. Die Mitglieder wiederum wehrten sich gegen allzu durchsichtige Instrumentalisierungsversuche, indem sie Respekt einforderten und ihre Verlusterfahrung sowie die ihnen auferlegten Zwänge thematisierten. Beispielhaft brachte dies eine CUB-Mitarbeiterin, Karen Kottmeier aus Denver, im Jahr 1992 rückblickend auf den Punkt:

> But, I could not help but notice, that nobody cared about unwed mothers' relationship to their children until abortion was legalized in 1973. Suddenly, we were carrying a valuable person. Everyone in the pro-life movement jumped on the bandwagon to convince unwed, pregnant women to carry their children to term and then relinquish them to adoption—the "non-violent" alternative. At this time it was still assumed that the birthmother had no value to her child, once it was born, and that she should just "go on and forget" knowing that she "had done the right thing."

Im letzten Teil dieses Kapitels sollen folglich die Reaktionen von „birthmothers" auf die Adoptionsförderungspolitik Ronald Reagans untersucht werden. Zugleich fragt sich, wie diese Betroffenen zur Legalität der Abtreibung standen, hatten sie doch für sich eine andere Entscheidung getroffen. Die Berichte der *Birthmothers* über ihre Erfahrungen stellen ein wichtiges Korrelat zu den NARAL-Statements dar, da sie die langfristigen Auswirkungen von Reproduktionsentscheidungen und die immensen Effekte von Gendernormen und Familienwerten aus einer komplementären Perspektive reflektieren.

In den USA – wie in vielen westlichen Staaten – war es bis in die 1970er Jahre hinein üblich, dass junge Mädchen aus der Mittelschicht, die unehelich schwanger wurden, ihre Schwangerschaft verheimlichten, um ihre Ehre und diejenige der Familie zu wahren. Zumeist entbanden sie dann an einem anderen Ort, in der Obhut eines Heimes für unverheiratete Mädchen oder in einer kirchlichen Einrichtung.[189] Zur Verheimlichung der Herkunft des Kindes, welches dann zur Adoption freigegeben wurde, entwickelte sich das Prinzip der „sealed records": Bei Adoption erhielt das Kind eine neue Geburtsurkunde, welche die Adoptiveltern als leibliche Eltern auswies. Die Urkunde mit den Namen der birthparents verblieb bei den Standesbehörden des jeweiligen Bundesstaates, war also „sealed" – was die Suche nach verlorenen Kindern und Geburtseltern stark erschwerte.[190]

Dass die Betroffenen sich gerade in den späten 1970er organisierten und sich vor allem in den 1980er öffentlich zu Wort meldeten, erklärt sich durch zwei Faktoren: Zum einen weiteten die sozialen Bewegungen der 1960er und 1970er Jahre, insbesondere die Frauenbewegung, den Blick für Geschlechter-Diskriminierung und familiäre Machtverhältnisse und unterzogen diese einer fundamentalen Kritik. Zum anderen war Reagans Adoptionspathos, das ihnen den unmündigen Status der „heroic single mothers" zuschrieb, gerade für diejenigen Frauen, die unter schwierigen Umständen ihre Kinder hatten aufgeben müssen, schwer zu ertragen. Die Tatsache, dass die Akten noch immer geschlossen waren und es kein einheitliches Adoptionsrecht gab, tat ein Übriges.[191]

Seit 1976 existierte in den USA eine national agierender Verein ehemaliger „Geburtseltern", die ihre Kinder zur Adoption freigegeben hatten, „Concerned United Birthparents Inc." (CUB).[192] Ursprünglich gegründet als lokale Selbsthilfegruppe von der Grundschullehrerin Lee Campbell aus Cape Cod, entwickelte sich CUB binnen Kurzem zu einer sichtbaren nationalen Bewegung mit Zweigstellen (Chapters, Regions) in fast jedem Staat und mehreren tausend Mitgliedern.

---

[189] Folgende Monographie bündelt zahlreiche berührende Zeitzeuginnen-Erfahrungsberichte: Fessler, Anne: The Girls Who Went Away. The Hidden History of Women Who Surrendered Children for Adoption in the Decades Before Roe v. Wade, New York 2006. Zur Praxis der den Mädchen auferlegten Adoption: Solinger, Rickie: Wake up, little Suzie. Single Pregnancy before Roe vs. Wade. New York 1992.

[190] Carp, E. Wayne: Family Matters: Secrecy and Disclosure in the History of Adoption, Cambridge / London ²2000, S. 102–137, v. a. S. 109–110. Zur Geschichte der Adoption in den USA allgemein vgl. Ders. (Hg.): Adoption in America: Historical Perspectives, Ann Arbor 2002. Ders.: Jean Paton and the Struggle to Reform American Adoption, Ann Arbor 2014. Herman, Ellen: Kinship by Design: A History of Adoption in the Modern United States, Chicago 2008 (bis 1970).

[191] Zur Geschichte von Adoption und Pflegefamilien in den 1980ern vgl. Briggs, Laura: Somebody's Children: The Politics of Transracial and Transnational Adoption, Durham, London 2012, S. 94–125. Dubinsky, Karen: Babies without Borders. Adoption and Migration across the Americas, New York 2010. Rymph, Catherine E.: Raising Government Children. A History of Foster Care and the American Welfare State, Chapel Hill 2017.

[192] Der Nachlass der Institution findet sich in der Schlesinger Library der Harvard University, zugänglich seit 2015. SLHU MC 630. Die Organisation unterhält auch eine website, <www.cubirthparents.org>.

Es ging den Beteiligten darum, sich auszutauschen und gegenseitig zu unterstützen, insbesondere bei der Suche nach ihren aufgegebenen Kindern. Zugleich kristallisierte sich auch eine politische Zielsetzung heraus: Anerkennung für die „forgotten people" im Adoptionsprozess, die *Birthmothers*, und zugleich Öffnung der Akten, um Familienzusammenführungen zu ermöglichen.

Die Organisation, die wesentlich auf ehrenamtlichem Engagement beruhte – nur ein bezahlter Geschäftsführer wurde 1984 eingestellt –, gab zwei Zeitschriften für ihre Mitglieder heraus. Der *Communicator* erschien ab 1977 und enthielt vor allem persönliche Erfahrungen der Mitglieder und Aufrufe zur Unterstützung bei der Suche nach verlorenen Kindern. Der *Family Advocate* (1983–1989) dagegen war stärker auf die Arbeit der einzelnen Chapters und Regionalverbände ausgerichtet und berichtete insgesamt sachlicher.[193]

In den späten 1970er Jahren setzte sich CUB sehr für eine national verbindliche Regelung des Adoptionsprozedere ein, wobei die Öffnung der Akten ein besonderes Anliegen darstellte. In den 1980er Jahren kam das Engagement für eine *National Birthparents Week* hinzu, die den Geburtseltern mehr Sichtbarkeit und Anerkennung verschaffen sollte.[194] Im Sorgerechtsprozess um ein von einer Leihmutter ausgetragenes Kind, dem sogenannten „Baby M. Case" 1987, trat CUB ebenfalls in Erscheinung und argumentierte im Sinne der Rechte der biologischen Mutter.

Im März 1979 schlug der nationale Ausschuss zur Reform des Adoptionsrechtes, dem CUB-Präsidentin Lee Campbell angehörte, vor, den Ausdruck „birthparent" („birthmother", „birthfather") durch den Begriff „biological parent" zu ersetzen.[195] Daraufhin bekam CUB mehrere hundert Protestbriefe von Betroffenen, die auf ihrem Status als „birthparents" beharrten. Die in den Briefen geschilderten persönlichen Erfahrungen der „birthmothers" berichten nicht nur über die Folgen gesellschaftlicher Doppelmoral, sondern reflektieren auch die Spannung zwischen Adoption und Abtreibung. So erzählte Bonnie Kay P. aus Ogema, Wisconsin, wie ihr Vater sie als 16-jährige zwang, ihr Kind aufzugeben:

---

**193** Beide Zeitschriften sind in der Schlesinger Library, Harvard University vorhanden und wurden dort eingesehen.
**194** Nachdem 1984 und 1985 nur einige wenige Gouverneure der Bitte des CUB um die Proklamierung einer *Birtparents Week* nachkamen, entschlossen sich 1986 immerhin 15 Staaten zur Proklamation der Woche vom 6. bis 12.4.1986 zur *National Birthparents Week*. Schreiben der Vizepräsidentin von CUB, Janet Fenton, an die CUB-Präsidentin Carole Anderson, 30.4.1986. Vgl. auch die Anleitung zur Beantragung einer *National Birthparents Week* 1986: List of outreach ideas, Press Release regarding Birthparents Week 7.-13.4.1985. SLHU MC630, Box 19, Folder 3.
**195** Vgl. die Korrespondenz des Model Adoption Legislation and Procedures Advisory Panel. SLHU, MC 630, Box 19, Folder 10, Box 20, Folder 2.

> For almost 20 years now I have searched for my daughter, taken away from me at birth because I was "too young and immature" to care for her. I had nothing to say and knew none of the rights I had as her natural mother. I was told that if I didn't sign the relinquishment papers, she would be taken away from me anyway and I would be put in a home for girls and her father would be send to prison. At 16 years of age I was so dumb as to believe everything my father told me in his fit of anger.[196]

Sarah M. aus Merchantville, New Jersey, erzählte eine ähnliche Geschichte und fasste zusammen: „We have never forgotten the child we had to relinquish. Many of us were actually forced by our parents, the social worker, the doctor, the lawyer, and others in authority. We were too young or too poor to fight back."[197]

Dagegen konnte Carole J. Anderson, ab 1986 selbst Präsidentin des CUB, ihre Enttäuschung über ihre „Ausbeutung" durch die Adoptionsagentur in feministisches Engagement übersetzen:

> I first became involved in women's issues because of the way I was exploited by the adoption agency, which felt that only women who are married ("owned" by men) are worthy of raising their much-loved children. I am now an active feminist and have taught Feminism and Women's History in a junior college and in a state university.

Vor allem aber stellt sie die Tatsache, dass sie ihren Sohn zu Adoption freigab, als bewusste Entscheidung dar, was den Terminus „birthmother" rechtfertige:

> Had I chosen to terminate my pregnancy, neither I nor my son's birthfather would now be birthparents, for there would be no child. It is because I chose to give birth to our son that his birthfather and I are now birthparents. This certainly is not sexist, it is simply factual. The term "birthparent", like the term "adoptive parent", is truthful yet humane; it recognizes loving, living people rather than cold machines. [...] Please, call me what I am—a birthparent[198]

Es ist wichtig, das Anderson hier von Adoption als bewusster Entscheidung „to become a birthparent" spricht – obgleich es die Möglichkeit einer Abtreibung ja gleichfalls gegeben hätte. Ähnlich äußert sich Nacy L. N., die auch darauf beharrt, „birthmother" eines Kindes zu sein und eben nicht nur „biological parent". Sie mahnt jedoch, die Rechtslage für „birthparents" sei sehr unsicher. Daher sei ein Anstieg der Abtreibungszahlen zu befürchten:

---

**196** Brief Bonnie Kay P., Ogema, WI an Lee Campbell, 13.8.1979. SLHU MC 630, Box 20, Folder 2.
**197** Brief Sarah M., Merchantville, NJ, 18.6.1979 an Lee Campbell. SLHU MC 630, Box 20, Folder 2.
**198** Brief Carole J. Anderson an Lee Campbell, 21.7.1979. SLHU MC 630, Box 20, Folder 2.

> What kind of a warped societal system would make a prospective "life-giver" choose to end a baby's life (and all, or parts of her own, most likely) because the prospect of said system is so inhumane as to make death preferable?[199]

Der Abtreibungsdiskurs erlaubte also den hier zu Wort kommenden „birthmothers", ihre Entscheidung, das Kind auszutragen als menschliche Alternative gegenüber einer Abtreibung darzustellen. Zugleich konnten sich die Frauen so von ihren Erfahrungen der Machtlosigkeit (gegenüber Eltern und Adoptionsagenturen) sowie von dem mit einer unehelichen Geburt verbundenen Stigma distanzieren und Respekt und Moral für sich beanspruchen.

Dies zeigte sich ganz besonders in der Kontroverse um das Sorgerecht für „Baby M", Sara Elizabeth Whitehead / Melissa Elizabeth Stern, die 1986 aufgrund eines Leihmutterkontraktes geboren worden war. Ein Ehepaar, Elizabeth und William Stern, hatten 1985 Mary Beth Whitehead gegen ein Honorar von 10.000 Dollar damit beauftragt, ein Kind für sie auszutragen und ihnen nach der Geburt das Sorgerecht zu übertragen. Es war ein „traditional surrogacy contract", da Whitehead mit dem Sperma von Stern befruchtet wurde, um schwanger zu werden (gegenüber „gestational surrogacy", wenn eine befruchtete Eizelle übertragen wird). Elizabeth Stern, selbst Kinderärztin, litt an Multipler Sklerose und befürchtete eine Verschlechterung ihrer Krankheit durch eine Schwangerschaft. Nach der Geburt von Sara / Melissa forderte Whitehead das zuvor den Sterns übergebene Baby zurück und bestand darauf, das Sorgerecht zurückzuerhalten. Dagegen klagten die Sterns, der Fall wurde zunächst vor dem New Jersey Superior Court verhandelt, der im März 1987 den Sterns „in the best interest of the child" das Sorgerecht zugestand. Der Supreme Court of New Jersey erklärte im Februar 1988 den Leihmutterschaftskontrakt für mit den Gesetzen des Staates unvereinbar, bestätigte hingegen die „parental rights" der biologischen Mutter. Die Richter beließen jedoch das Sorgerecht bei den Sterns, ebenfalls im Interesse des Kindes. Mary Beth Whitehead dagegen erhielt Besuchsrechte.[200]

CUB verfolgte den Fall mit großem Interesse, für sie war Mary Beth Whitehead „a birthmother who has been denied her child".[201] Die einzelnen Chapters von CUB sammelten Geld und Unterstützerbriefe für Whitehead und die Präsidentin von CUB, die Juristin Allison Ward, engagierte sich in der Verteidigung von

---

199 Nancy L.N. an CUB, 30.8.1979. SLHU MC 630, Box 19, Folder 3.
200 Zu den Details und der juristischen Kontroverse vgl. Sanger, Carol: Developing Markets in Baby-Making: In the Matter of Baby M, in: Harvard Journal of Law and Gender (30) 2007, S. 767–797.
201 CUB, Orange County, Empire Branch, Newsletter, May/June 1987. SLHU MC 630, Box 29, Folder 6.

Whitehead.²⁰² Für die Verhandlung des Falles vor dem Supreme Court of New Jersey verfasste CUB im Jahr 1987 ein „Amicus Curiae Brief", also ein Gutachten mit der Intention, den Entscheid zu beeinflussen. Darin betonten die Aktivistinnen von CUB zunächst ihre Expertise, da sie aus eigenen Studien sowie den Erfahrungen der CUB-Mitglieder wüssten, „that the seperation and loss associated with severence of biological family ties have serious and adverse effects on all concerned."²⁰³ Sie verlangten daher, gehört zu werden und regten an, „surrogacy agreements" genau wie Adoptionen strengen rechtlichen Regeln zu unterwerfen. Schließlich sei die Eltern-Kind-Beziehung unbedingt zu erhalten. Die „parental rights" von Whitehead müssten also bei Whitehead verbleiben, wenngleich der Aufenthaltsort des Kindes im Sinne der „best interests of the child" festgelegt werden könne.

Inhaltlich richtete sich CUB ganz besonders gegen die aus ihrer Sicht mit dem Fall verbundene „gender and wealth discrimination", da die Leihmutter arm, die „Auftraggeber" notwendigerweise wohlhabend seien. Daraus dürfe man aber nicht ableiten, dass immer der Verbleib beim wohlhabenderen Elternteil für das Kind das Beste sei:

> Based on the experiences of its members, CUB believes that wealth should never enter into a determination of the best interests of the child, particularly in a surrogacy arrangement. Given the economic reality of a surrogacy arrangement, the contracting father would necessarily be relatively affluent compared to the mother whose primary incentive to enter such an arrangement would be her need for compensation.²⁰⁴

Auch die traditionellen Genderstereotypen dürften nicht als Argument eingesetzt werden, denn sonst verliere die biologische Mutter per se Sorge- und Besuchsrechte „because of bias against her and [because of] the superior wealth or the stereotypical role of the father".

> Given the unusual maternal role of the mother in a surrogacy arrangement (who initially agreed to give away her child to a virtual stranger) compared to the traditional parental role of the father in that situation, the use of gender stereotypes would only disfavor the

---

**202** ALLISON WARD war von 1986 bis 1988 Präsidentin von CUB. Nach ihrem Engagement für den Whitehead-Fall wechselte die engagierte Gegnerin von Leihmutterschaft zu einer Anwaltskanzlei. Schreiben von Alison Ward an Janet Fenton, Präsidentin CUB, 18.4.1991. SLHU MC 630, Box 18, Folder 5.
**203** Brief of Concerned United Birthparents, Inc. as Amicus Curiae, Supreme Court of New Jersey, Docket No. 27.050. SLHU, MC 630, Box 18, Folder 3. S. 1–2.
**204** Brief of Concerned United Birthparents, Inc. as Amicus Curiae, Supreme Court of New Jersey, Docket No. 27.050. SLHU, MC 630, Box 18, Folder 3. S. 42–43.

woman on factors that are not probative of her ability to love, care for and nurture her child.

Gender bias is reflected by the way our society treats scornfully a woman who surrenders her child, but does not criticize as harshly a man who agrees to the adoption of his child.[205]

Während weitere *Amicus Curiae Briefs* eingereicht wurden, unter anderem ein Sammelgutachten von konservativen „pro-life organizations" wie Phyllis Schlafly's *Eagle Forum*, dem *Family Research Council* und den *Concerned Women for America*, die sämtlich in der Ablehnung des Leihmutterkontraktes und der Betonung der „parental rights" der biologischen Mutter übereinstimmten, war CUB die einzige Organisation, die auf den Zusammenhang von patriarchalen Gendernormen und Wohlstand einging, und erkannte, dass hier auch unterschiedliche Familienwerte zur Verhandlung standen.[206]

Das Ergebnis des Entscheides, also die Bestätigung der „parental rights" von Whitehead unter Übertragung des Sorgerechtes an die Sterns und Festschreibung von Besuchsrechten für Whitehead, verbuchte CUB als Erfolg, da die Rechte der „birthmother" anerkannt worden seien.[207] Gleiches galt nicht unbedingt für den vom Präsidenten so vehement unterstützen Kurs der Adoptionsförderung. Hier empfanden sich die „birthmothers" oft mißbraucht als reines Mittel zum Zweck, wie Karen Kottmeier resigniert festhielt:

This believe [dass Adoptiveltern und Adoptivkinder als "Familie" für einander bestimmt seien, I.H.] reduces the birthmother to an instrument, a mere vessel—an idea which, in combination with sealed records, denies the birthpartents' humanity entirely—we become, in people's minds, a means to an end, nothing more.[208]

Um sein Projekt einer Förderung der Adoption[209] auf nationaler Ebene voranzubringen, setzte Präsident Ronald Reagan im Jahr 1987 eine *Federal Adoption Task*

---

[205] Brief of Concerned United Birthparents, Inc. as Amicus Curiae, Supreme Court of New Jersey, Docket No. 27.050. SLHU, MC 630, Box 18, Folder 3. S. 44–44.
[206] Brief Amici Curiae, Brief of Concerned Women for America, Eagle Forum, National Legal Foundation, Family Research Council of America, United Families Foundation, Juridical Reform Project, Supreme Court of New Jersey, Docket No. 27.050. SLHU MC 639, Box 18, Folder 4.
[207] Hierzu vgl. die Berichterstattung in den Zeitschriften von CUB, *Family Advocate* und *Communicator* in den Jahr 1987 und 1988. SLHU, MC 630, Box 29, Folders 6 und 7. Communicator 1987 und 1988.
[208] Brief Karen Kottmeier, Denver, CO, CUB Secretary, an Mrs. Pratt, 25.11.1992. SLHU MC 630, Box 17, Folder 1.
[209] Dies umfasst auch besondere Anstrengung zur Vermittlung von älteren Kindern und solchen mit „special needs", die als besonders pflege- und betreuungsbedürftig galten.

*Force* ein.²¹⁰ In seiner Erklärung zur Einsetzung der Kommission hatte der Präsident einmal mehr die Adoptionsbereitschaft der US-amerikanischen Familien dem Bedürfnis von Kindern nach einem stabilen Familienleben gegenübergestellt:

> Americans are a warm hearted, caring people and for years, American couples have reached out to embrace children who otherwise would grow up without a stable family life. We must expand and broaden our efforts to make sure that America's family-less children are adopted.²¹¹

Im gleichzeitig lancierten „Fact Sheet on Adoption" tauchte jedoch das Argument von der „infant adoption as an alternative to pregnant women" wieder auf. Hier standen jedoch die „birthmothers" besonders im Fokus:

> Also, many birth mothers [sic] who would prefer to place a child for adoption are unaware of how to exercise that option and therefore do not so.²¹²

Diese erneute Darstellung der potentiellen „birthmothers" als unsicher und unwissend ließ das CUB-Präsidium den Widerstand der Mitglieder befürchten, wie die Septembernummer 1987 des *Communicator* erweist. Darin druckte CUB die Presseerklärung der Task Force und deren „Fact Sheet on Adoption" ab, beides hatte ein CUB-Mitglied zur Veröffentlichung eingesandt. Doch die Präsidentin der CUB, Carole Anderson, sah sich zugleich genötigt, die Mitglieder um Zurückhaltung zu bitten. Wenn diese ihren politischen Repräsentanten ihre Sicht zur Task Force mitteilen wollten, sollten sie dies bitte sachlich und höflich tun. Sonst gefährde man das gemeinsame Interesse: „If you can't make a friend, don't make an enemy."²¹³

Die CUB-Führung hingegen hatte die Initiative zunächst offiziell begrüßt und Materialien an die Leiterin der „Task Force on Adoption", der Sozialpolitik-Ex-

---

**210** Die Kommission, der auch Gary Bauer angehörte, legte im November 1987 dem Präsidenten ihren Bericht vor: America's Waiting Children – A Report to the President from the Interagency Task Force on Adoption, November 1987. SLHU MC 630, Box 19. Folder 1.
**211** Statement by the Assistant to the President for Press Relations, The White House, Office of the Press Secretary, Santa Barbara, CA, 24.8.1987. SLHU MC 630, Box 19, Folder 1.
**212** Task Force on Adoption Fact Sheet, The White House, Office of the Press Secretary, Santa Barbara, CA, 24.8.1987. SLHU MC 630, Box 19, Folder 1.
**213** Carole Anderson, President's Task Force to Promote Adoptions, in: Communicator, September 1987, S. 12–13.

pertin Mary Gall, gesandt.²¹⁴ Wichtigstes Anliegen war, die Perspektive der „birthparents" einzubringen, denn dieses werde allzu oft übersehen:

> We are easy to overlook because birthparents come from all social and economic classes. We are housewives, lawyers, social workers, teachers, plumbers, doctors, electricians, administrators and probably your neighbors. The vast majority of birthparents continue to love and care for their children, and none of us have forgotten either our children or the experience of being young, vulnerable and temporarily without the resources we needed to keep our families together.²¹⁵

Die Kommission war beeindruckt. Das geht aus der Rückmeldung der Task-Force Chefin Mary Gall hervor.²¹⁶ Tatsächlich enthielt der Abschlussbericht der Kommission, die Hochglanzbroschüre „America's Waiting Children", auch gleich auf Seite eins das Statement einer „birthmother", die erklärte, dass sie sich bewusst und dank „good couseling" für eine Adoption entschieden habe, anstatt nur ihre kurzfristigen Interessen zu berücksichtigen und die Schwangerschaft durch Abtreibung zu beenden.²¹⁷ Allerdings stand, das wird im weiteren Verlauf des Reports deutlich, nicht das freie Entscheidungsrecht der Mutter im Vordergrund. Vielmehr sollten gerade Teenager zum Austragen der Schwangerschaft und zur anschließenden Aufgabe ihrer Kinder motiviert werden.

„The promotion of adoption as an alternative for a crisis pregnancy" war denn auch das erste von drei Kernzielen, welche die Task Force als Quintessenz ihrer Arbeit formulierte – neben der Erweiterung des Kreises möglicher Adoptiveltern um Ältere, Alleinstehende, Behinderte und Angehörige von ethnischen Minder-

---

214 Janet Fenton, Vice President CUB, an Mary Gall, Chairperson of the „President's Task Force on Adoption", 15.9.1987. Dankesschreiben von Gary Bauer für die Kommission an Janet Fenton von CUB, 22.9.1987. SLHU MC 630, Box 19, Folder 1.

215 Janet Fenton, Vice President CUB, an Mary Gall, Chairperson of the "President's Task Force on Adoption", 15.9.1987. SLHU MC 630, Box 19, Folder 1.

216 Persönliches Dankesschreiben von Mary Gall an Janet Fenton mit Übersendung des Reports, handschriftliche Widmung: „Just wanted to let you know that the Task Force read with interest the materials provided by CUB – very moving and well done.", 8.12.1987. SLHU MC 630, Box 19, Folder 1. MARY SHEILA GALL hatte sowohl beiden Reagan-Regierungen als auch der Regierung von George Bush als Sozialpolitikerin gedient, zuletzt als stellvertretende Gesundheitsministerin, davor als Leiterin der Task Force on Adoption und Counselor to the Director of the United States Office of Personnel Management (1986–1989) und Deputy Domestic Policy Adviser in the Office of the Vice President (1981–1986). George Bush: „Nomination of Mary Sheila Gall To Be an Assistant Secretary of Health and Human Services", 28.2.1989. Online by Gerhard Peters and John T. Woolley, The American Presidency Project <www.presidency.ucsb.edu/ws/?pid=16706>.

217 America's Waiting Children – A Report to the President from the Interagency Task Force on Adoption, November 1987. SLHU MC 630, Box 19. Folder 1, S. 1.

heiten und der Überprüfung insbesondere von Pflegekindern auf ihre Adoptionsfähigkeit. Die konkreten Empfehlungen zur Reduktion der Abtreibung zugunsten höherer Adoptionszahlen umfassten daher auch eine Intesivierung der Beratung für schwangere Teenager – der bevorzugten Zielgruppe, die zur Freigabe ihrer Kinder bewegt werden sollte. Hinzu kam die Forderung, die Beratung in *Crisis Pregnancy Centers* auszubauen. Diese Institutionen wurden von der Anti-Abtreibungsbewegung betrieben, warben mit kostenlosen Schwangerschaftstests, versuchten aber vor allem, ihre Patientinnen nach Feststellung einer Schwangerschaft zur Austragung (und später Freigabe zur Adoption) des Kindes zu bewegen. Die Aufwendungen für Betreuung und medizinische Versorgung der adoptionsbereiten Schwangeren bis zur Geburt sollte, so die Task Force, hingegen aus den Adoptionsgebühren finanziert werden.[218]

Der Report postulierte also die Einhegung zweier als unerwünscht wahrgenommener Entwicklungen: erstens der Steigerung der Abtreibungszahlen und zweitens der Ausbreitung des Phänomens alleinerziehender Mutterschaft, insbesondere von Teenagern. Insbesondere letzteres Ziel musste die Mitglieder von CUB an ihre eigene Erfahrung von Machtlosigkeit und Bevormundung erinnern, als ihnen seinerzeit selbst als jungen Frauen die Fähigkeit zur Mutterschaft abgesprochen worden war. Dies brachte die Bezirksleiterin von CUB, Laura Lewis, im Februar 1988 in einem Brief an die CUB-Vizepräsidentin Janet Fenton sehr deutlich auf den Punkt. Es ging um eine Konferenz des offiziellen *National Committee for Adoption* (NCFA), bei der sie als „birthmother" über ihre Erfahrungen berichten sollte.[219] Sie fragte Fenton nach Hinweisen zur Gestaltung ihres Beitrags, der ihr sichtlich schwer fiel:

> I'm giving a lot of thought to it, and trying to work myself into a frame of mind where I'll be able to express my feelings without sounding too angry, which I am. As much as I hate the NCFA, there'll be social workers there who deal day-to-day with pregnant teenagers.[220]

Lewis hatte ihre eigenen Erfahrungen – die freiwillige Aufgabe ihres Sohnes, um ihn vor einer desolaten Familiensituation mit einem gewalttätigen Vater zu

---

[218] America's Waiting Children – A Report to the President from the Interagency Task Force on Adoption, November 1987. SLHU MC 630, Box 19. Folder 1, S. 17–21.
[219] Lewis war als CUB-Repräsentatin vom „National Comittee for Adoption" (NCFA) eingeladen worden, auf einer Konferenz von Sozialarbeitern, Adoptionsvermittlern und Adoptiveltern über ihre Erfahrungen als „birthmother" zu berichten. Die Konferenz war recht hoch aufgehängt, so hielt die Präsidentin der *National Task Force on Adoption,* Mary Gall, die Eröffnungsrede. Einladung an Laura Lewis auf der Conference des National Committee for Adoption , 26.4.1988, Washington D.C. zu sprechen. Programm der Konferenz: SLHU MC 630, Box 2, Folder 2.
[220] Brief Laura Lewis an Jan(et) Frenton, 26.2.1988. SLHU MC 630, Box 2, Folder 2.

schützen, Studienabbruch und Drogen, dann Konsolidierung, Geburt weiterer drei Kinder und Engagement als Aktivistin für CUB. Daher fürchtete Lewis, ihre komplizierte Lebensgeschichte könnte von den Veranstaltern der Tagung zur Bestätigung negativer Stereotypen über jugendliche „birthmothers" instrumentalisiert werden.

> I married an abusive man, dropped out of college, abused drugs, you name it. My life was a self-fulfilling prophecy of everything they imply about "unwed mothers". The only reason I'm glad my sons was adopted is that my husband would have abused him. But if I hadn't let my kid be adopted, I doubt I would have married an abusive man! But these people could turn this against me and say, "See, it goes to show your kid was better off adopted!"
>
> At the same time, I want to show the terrible damage this does to women, I know they'll pounce on anything they see as personal weakness. I don't care what they think about me, but I do feel I'm representing other birthmothers and want to do right by them. I will, as Carole [die CUB-Präsidentin, I.H.] suggested, stress that families should never be separated in the first place, but, let's face it, these people are adoptive parents and agency workers. This is their first goal.

Anstatt schwangere Teenager vorschnell zu Adoptionen zu bewegen, müsse man zunächst einmal versuchen, die Mutter-Kind-Beziehung zu bewahren. Zudem sei die zumeist von Männern erhobene Behauptung, „that abortion was worse on women" so nicht zutreffend.[221]

Auch CUB-Mitglieder kritisierten somit die simple Gegenüberstellung von „Adoption" als positiver und „Abtreibung" als negativer Reproduktionsentscheidung durch die Reagan-Regierung, die Task Force und die Adoptionsagenturen. Das Unbehagen der CUB-Mitglieder speiste sich aus der Erfahrung eigener Machtlosigkeit gegenüber Eltern, Sozialarbeitern und Experten und dem Schmerz über den Verlust des Kindes. Daher plädierten sie dafür, das Entscheidungsrecht der Frauen zu stärken, anstatt es zu beschneiden. In diesem Punkt trafen sie sich mit Vertreterinnen der Frauenbewegung und Befürworterinnen der Abtreibung – allerdings aus unterschiedlichen Gründen.

## 6.5 Zwischenfazit: Die Familie als Austragungsort der „Culture Wars"

Die Familien- und Wohlfahrtspolitik der Reagan-Regierung der 1980er Jahre propagierte die traditionell strukturierte Kernfamilie mit männlichem Ernährer und hing damit einem ethnisch und sozial exklusiven Familienmodell an. Speziell

---

221 Brief Laura Lewis an Jan(et) Frenton, 26.2.1988. SLHU MC 630, Box 2, Folder 2.

„single mothers" wurden als dezidierte Gefahr für die Nation (unerwünschte Kinder, überforderte Mütter, delinquente Jugendliche) und den Wohlfahrtsstaat („welfare queens") dargestellt. Zugleich konnte die US-amerikanische Wirtschaft nicht auf die „dual earner family" verzichten, und die Familien ihrerseits benötigten in der Regel zwei Einkommen, um den Lebensstil der Mittelschicht zu erhalten respektive zu erreichen. Es zeigt sich also *erstens* ein immanenter Widerspruch zwischen dem sozialen Wandel (Ausbreitung der „dual earner family") und dem Postulat der Stärkung der klassisch strukturierten Kernfamilie mit männlichem Ernährer und traditionellen Geschlechterrollen.

Bereits in diesem Punkt erwies sich der Weitblick der Carter-Konferenz, die schon 1980 nach konkreten Lösungen zur Erleichterung der Lebenssituation von Familien mit zwei berufstätigen Eltern einerseits und alleinerziehenden Müttern andererseits gesucht und Frauenarbeit als Element gesellschaftlicher Liberalisierung und Pluralisierung verstanden hatte. Diese Zielsetzung wurde von der Reagan-Regierung jedoch nicht weiter verfolgt, im Gegenteil, der Präsident stellte seine familienpolitische Agenda unter das Versprechen einer Revision der „abrasive experiments of two liberal decades" auf dem Feld der Familienwerte. Durch die Kürzung von Wohlfahrtsausgaben und die öffentlichkeitswirksame Diskreditierung der Abtreibung gerieten viele Frauen unter sowohl ökonomischen als auch moralischen Druck. Dabei beruhte *zweitens* Reagans Kritik am vermeintlichen Werteverfall und dessen negativen Auswirkungen für die Nation wesentlich auf Behauptungen. Es lassen sich keine aussagekräftigen sozialstatistischen Daten finden, die den Eindruck einer Gefährdung des Gemeinwesens von innen heraus nahelegen: Die Abtreibungsrate blieb stabil, die Ehescheidungsrate sank leicht (allerdings bei deutlich weniger Eheschließungen insgesamt). Hingegen stieg die Zahl der unehelichen Geburten nachweislich an. Ob dies als vermeintliches „Ende der Familie" oder als Resultat eines Wandels der Sexualmoral und einer Flexibilisierung der Lebensumstände der jungen Generation gelesen wurde, hing jedoch vom Betrachter ab. Auch die Behauptung, eine ubiquitäre Praxis des „welfare fraud" – kondensiert zur rassistischen und misogynen Trope der vermeintlich afroamerikanischen „welfare queen" – bedrohe die Nation von innen, hält den sozialstatistischen Daten nicht stand. Zwar blieben die Zahlen der Wohlfahrtsempfängerinnen und -empfänger über die 1980er Jahre konstant, doch sank der Anteil der Afroamerikanerinnen deutlich ab. Zugleich waren Afroamerikanerinnen tatsächlich häufiger allein erziehend als weiße Frauen, und sie und ihre Kinder bezogen häufiger Sozialhilfe – auch wenn es nur vorübergehend war. Entscheidend ist aber *drittens*, dass weiße und afroamerikanische Familien weder von Sozialexperten noch im öffentlichen Diskurs mit gleichem Maß gemessen wurden: Der soziale und ethnische „double standard" der US-Gesellschaft im Bereich der Wohlfahrtspolitik zeigt sich gut an der Behandlung afroamerikanischer Teenager-Mütter: Da diese dem Ideal der Kernfamilie nicht entsprachen respektive nicht entsprechen konnten, traf sie ein moralisches Verdikt und schließlich auch die Kürzung von Wohlfahrtsleistungen mit besonderer Härte. Ihre Reproduktionsentscheidungen galten per se als uninformiert, irrational und defizitär, und damit als schädlich für das Gemeinwesen insgesamt.

Dagegen verwiesen insbesondere die Mitglieder der abtreibungsbefürwortenden Organisationen aus dem Umfeld der neuen Frauenbewegung auf das Entscheidungsrecht der Frau in Fragen der Reproduktion. Persönlich nahmen sie für sich in Anspruch, informiert und rational, aber auch im Sinne ihrer Familien zu entscheiden. Hier dürfe der Staat nicht intervenieren und zur „third person in bed with the couple" werden. Frauen hingegen, die als junge Mütter zur Aufgabe ihres Babys gezwungen worden waren und sich in den 1980er Jahren mit anderen „Geburtseltern" für „adoption rights" engagierten, sahen die plumpe Gegenüberstellung von Abtreibung („Gefahr für die Nation") und Adoption („Segen für die Nation") durch die Reagan-Regierung mit Skepsis. Vor allem kritisierten sie die damit verbundene bewusste Abwertung der Mütter unehelicher Kinder durch die Regierung und den Präsidenten als rückwärtsgewandt. Wir sehen also *viertens* einen intensiven Konflikt um verantwortungsbewusste Reproduktionsentscheidungen, der im Kern eine Auseinandersetzung um individuelle Rechte und deren Einhegung zugunsten der Nation darstellte.

Die Auseinandersetzung um das Recht auf „reproduktive Entscheidungsfreiheit" – „reproductive choice" – machte in den 1980er Jahren die Familie zu einem Schauplatz der *Culture Wars*. Darin zeigten sich einmal mehr die Wirksamkeit ethnischer und sozialer Stereotypen, aber auch die Errungenschaften sozialer Bewegungen in der Beanspruchung individueller Entscheidungsrechte.

# Fazit: Wert der Familie – Kontinuität und Wandel des Familienideals in den USA des 20. Jahrhunderts

Wie veränderte sich im Laufe des 20. Jahrhunderts die Vorstellung davon, welche Normen und Werte die US-amerikanische Familie idealerweise auszeichnen sollten? Gab es überhaupt einen „Wertewandel" der Familie und der daran gekoppelten Gendernormen in den USA des 20. Jahrhunderts?

Die Analyse der öffentlichen Debatten und Expertendiskurse um Ehescheidung, Frauenarbeit und Reproduktion in den USA des 20. Jahrhunderts erweist zunächst, so das erste wichtige Ergebnis dieser Studie, dass das Ideal der Kernfamilie der weißen Mittelschicht – vom Soziologen Talcott Parsons in den 1940er Jahren bezeichnet als „modern isolated nuclear family" – im gesamten Untersuchungszeitraum konstant die nationale Norm und der diskursive Referenzrahmen blieb. Es wirkte auf die Mitglieder der Gesellschaft als ein „Dispositiv" im Sinne Michel Foucaults, als eine Werte- und Machtkonstellation, zu der sie sich verhalten und an der sie ihr Verhalten ausrichten mussten. Selbst Versuche, bewusst jenseits der klassischen Familie zu leben, beinhalteten eine implizite Bestätigung und Aktualisierung dieses Ideals, sei es auch nur, um sich davon abzugrenzen. Dabei war das nationale Familienideal ethnisch und sozial höchst exklusiv, realiter nur für eine Minderheit der US-Gesellschaft überhaupt erreich- und lebbar, was seiner Wirksamkeit aber keinen Abbruch tat. Insbesondere Sozialexperten und die von ihnen generierten Wissensbestände trugen zur Ausformulierung und Verbreitung dieses nationalen Ideals bei, ihre praktischen Ratschläge und Handlungsanweisungen zielten in den meisten Fällen auf seine Aufrechterhaltung.

Die Ergebnisse der Studie werden in der Folge geordnet und zu neun Thesen verdichtet. Zunächst fasst ein Überblick über die drei empirischen Felder der Studie – Debatten und Expertendiskurse über Ehescheidung, Frauenarbeit und Reproduktion – die wesentlichen diachronen Entwicklungen zusammen. Ein zweiter Abschnitt bilanziert die Grundlinien der Verhandlung von Normen, Werten und sozialem Wandel am Beispiel der Familie. Im Anschluss wird die Bedeutung der Faktoren „Race, Class, and Gender" im Konzept der (Kern)Familie diskutiert, bevor in einem letzten Schritt eine Antwort auf die Grundfrage der Studie nach einem „Wertewandel der Familie" formuliert wird.

# 1 Debatten und Expertendiskurse über Ehescheidung, Frauenarbeit und Reproduktion im 20. Jahrhundert – ein diachroner Überblick

**Ehescheidung**

Ehescheidung wurde bereits Anfang des 20. Jahrhunderts vom moralischen zum sozialen Problem und zum Dreh- und Angelpunkt der Frage, wie mit der Pluralisierung gesellschaftlicher Sexual- und Geschlechternomen umzugehen sei. Zum einen erschienen den Zeitgenossen die steigenden Scheidungszahlen als Ausdruck des mit der Moderne einhergehenden Individualismus, aber auch als Beleg, dass viele Individuen (in Sonderheit Frauen) nicht mehr bereit waren, sich mit untragbaren privaten Lebenssituationen einfach abzufinden, sondern stattdessen auf die Auflösung ihrer Ehen hinarbeiteten. Die Bewertung hing vom politischen und moralischen Standpunkt ab: Während den einen Ehescheidung als Angriff auf die Familie und damit die Nation erschien („race suicide") oder sie diese als Ausdruck moralischen Verfalls betrachteten, bewerteten die anderen sie als zeitgemäßes „remedy for social ills". Alle Debatten und Expertenstatements einte die Tatsache, dass es stets um die Frage der Stellung der Frau in der Gesellschaft ging – ganz gleich, ob die jeweiligen Akteure nun eine Festschreibung biologistisch begründeter Rechts- und Rollenunterschiede oder aber die Gleichberechtigung und gesellschaftliche Gleichstellung der Frau anstrebten. In den frühen Debatten der Progressive Era zeigt sich deutlich eine Schwerpunktverlagerung von den Kirchenvertretern, die sukzessive ihre moralische Deutungshoheit einbüßten, zu den Sozialexperten, insbesondere den Vertretern der noch jungen Soziologie. Diese profilierten sich durch die erstmalige Erhebung und Analyse empirischer Daten als Wissenschaftler und Experten der Deutung sozialer Phänomene. Dabei hat die Diskussion um Scheidungsraten im 20. Jahrhundert auch eine ethnische Komponente: die Scheidungsraten der African Americans (und anderer Minderheiten) begannen sich in den 1960er Jahren dem Trend der Mehrheitsgesellschaft anzupassen. Ab diesem Zeitpunkt erfuhr Scheidung auch besondere Aufmerksamkeit in Expertendiskursen zum Zustand der afroamerikanischen Familie. Nun diente die Ehescheidungsrate der Minderheit den Experten als Beleg der vermeintlich defizitären Familienstruktur und unzulänglichen Familienwerte der African Americans, was wiederum an der hohen Zahl der allein erziehenden afroamerikanischen Mütter festgemacht wurde. Dabei geriet jedoch der Zusammenhang zwischen sozioökonomischer Diskriminierung, restriktiver Regulierung des US-Wohlfahrtswesens und zerbrechenden Familien völlig aus dem Blick.

Insgesamt stellte die Steigerung der Scheidungsraten einen säkularen Trend dar, der jedoch nicht so einzigartig und unabwendbar verlief, wie die Zeitgenossen jeweils meinten. So zeichnete sich Ende der 1980er sogar ein Rückgang der Scheidungshäufigkeit ab und die Wiederverheiratungsrate blieb konstant hoch. Einerseits brachte die Einführung der No-Fault-Ehescheidung in den meisten Bundesstaaten zu Beginn der 1970er Jahre einen bedeutenden Liberalisierungsschub, da Paare nun auf nervenzehrende „courtroom battles", diskriminierende Schuldzuweisungen und folgenreiche Schuldeingeständnisse verzichten konnten. Andererseits führte die Erleichterung des Scheidungsverfahrens auch zu einer Verlagerung sozialer Ungleichheit, wie insbesondere die Frauenbewegung zu Recht kritisiert hat: Gerade geschiedene Frauen standen (und stehen) oft vor gravierenden ökonomischen Problemen, da sie zumeist keinen Unterhalt erhielten, ihnen aber auch keine Erziehungszeiten angerechnet wurden, wiewohl sie Karriereeinbußen durch Kindererziehung hinnehmen mussten.

Ein Wertewandel der Scheidung, so die *erste These*, ist nicht allein an der No-Fault Divorce der 1970er Jahre festzumachen. Einerseits identifizierten die beiden ersten Dekaden des 20. Jahrhunderts Scheidung als soziales (und nicht mehr moralisches) Problem, andererseits verzeichneten die 1980er Jahre intensivierte Polemiken gegen „single mothers" und fragmentierte Familien.

**Frauenarbeit**

Auch die Zunahme der Frauenerwerbsarbeit im 20. Jahrhundert war ein säkularer Trend. 1980 gab es erstmals mehr Familien mit Kindern, in denen beide Eltern arbeiteten, als solche, die ausschließlich von einem männlichen Ernährer abhingen. In der Folge stieg sowohl die Anzahl gutverdienender Frauen an, als auch derjenigen Haushalte, in denen Frauen alleine das Geld verdienten. Gleichzeitig bestand die grundsätzliche Differenz in den Karrierechancen sowie in den Einkommen zwischen Männern und Frauen, welche die Frauenbewegung der 1970er Jahre so deutlich kritisiert hatte, weiterhin fort.

Allerdings zeigen die Debatten um Frauenarbeit eine gravierende Verschiebung der Wahrnehmung entlang der Achsen „race" und „class": Während die traditionell hohe Erwerbsbeteiligung von Arbeiterfrauen und African Americans zu keinem Zeitpunkt des 20. Jahrhunderts zu einer öffentlichen Debatte in den USA führte, sondern von Experten wie Öffentlichkeit vorausgesetzt beziehungsweise unhinterfragt hingenommen wurde, rief dagegen die zunehmende Erwerbstätigkeit weißer Frauen Demographen, Mediziner und Psychologen auf den Plan: Sie verknüpften um die Mitte des Jahrhunderts ihre Sorge vor der steigenden Lohnarbeit von Müttern mit der Debatte um die vermeintlich zu geringe Reproduktion der weißen Amerikanerinnen und die Zukunft der Nation. Gerade an der Frage der Statthaftigkeit beziehungsweise Wünschbarkeit von Mütter-Erwerbsarbeit wurden Vorstellungen von erwünschter und unerwünschter Mutterschaft in aller Schärfe verhandelt. In den 1950er bis 1970er Jahren forderten (weiße, männliche) Sozialexperten von weißen Frauen aus der Mittelschicht eine Rückbesinnung auf ihre reproduktive Rolle – und ließen bestenfalls Teilzeitarbeit als famlienverträglich zu. Nicht-weiße Frauen hatten hingegen für ihren Lebensunterhalt selbst zu sorgen, sonst drohte die Diffamierung als „welfare queen". Erzogen sie überdies ihre Kinder allein und bildeten zudem gleichgeschlechtliche Netzwerke, wurden sie mit dem Label „black matriarch" belegt. Mütterliche Dominanz wiederum lieferte eine Erklärung für die Devianz der Kinder, allen voran der Söhne. In den 1980er Jahren spitzte die Reagan-Regierung die „Welfare-Queen"-Polemik zu und kürzte die Wohlfahrtsausgaben entsprechend. Eine verbreitete Kritik am vermeintlichen Wohlfahrtsmissbrauch („welfare fraud") erleichterte die *Welfare Reform* der 1990er Jahre, welche die Lohnarbeit von Müttern zur Bedingung von Leistungsbezug erhob.

Die Debatten um Frauenarbeit taugen nur sehr bedingt zum Nachweis von Wertewandelsprozessen, so die *zweite These*, da bei näherem Hinsehen biologistische Geschlechternormen und rassistische sowie soziale Vorurteile über weite Strecken die Diskussion prägen.

**Reproduktion**

Die Debatten und Expertendiskurse um Reproduktion durchzogen gleichfalls das gesamte 20. Jahrhundert und waren ebenfalls stark segmentiert nach „race" und „class". Ging es zunächst um „reproductive morality" und Eugenik, dominierte dann um die Jahrhundertmitte das Ziel der Einhegung der Reproduktion nicht-weißer Familien die Diskussion, um anschließend durch die Frage des Zugangs zu Verhütung und reproduktiver Selbstbestimmung abgelöst zu werden. Gerade auf dem Feld der Reproduktion lässt sich gut nachweisen, wie die Frauenbewegung dazu beitrug, dass sich viele Frauen als Patientinnen von männlichen Experten ab- und den entstehenden Frauengesundheitsbewegungen zuwandten. Zugleich begannen Experten, Politiker, Bürgerbewegungen und einfache Amerikanerinnen und Amerikaner mit besonderer Schärfe um Abtreibung, das Entscheidungsrecht der Frau und das Lebensrecht des Embryos zu streiten – eine Debatte, die bis zum heutigen Tag mit unverminderter Härte geführt wird. In der Frage des individuellen Entscheidungsrechtes über Reproduktion liefen nämlich die Vorstellungen von der Familie als Basis der Nation (Primat des Staates) mit Konzepten selbstbestimmten Entscheidens (Primat des Individuums) zusammen.

Fragt man hingegen, ab wann Reproduktion als Gegenstand einer bewussten Entscheidung angenommen werden kann, zeigt sich, dass es keine eindimensionale Antwort geben kann. Während des gesamten 20. Jahrhunderts stellten „Race, Class and Gender" auch auf dem Feld des reproduktiven Entscheidens wichtige Differenzkategorien dar. Diese wirkten sich in Form unterschiedlicher Zugänge zu Wissen über Reproduktion und Verhütung aus, aber auch in klar umrissenen Vorstellungen von der „Kernfamilie" als „Basis der Nation", überformt und ausgestaltet durch die „Verwissenschaftlichung des Sozialen".

Dabei waren diese Faktoren zu unterschiedlichen Zeiten unterschiedlich ausgebildet. Bis in die 1930er Jahre herrschte ein paternalistischer Expertendiskurs vor, der traditionelle, biologistisch inspirierte Geschlechterrollenzuschreibungen bestätigte. Ab dem Ersten Weltkrieg brachte die weltweite Konjunktur der Eugenik eine zusätzliche Ungleichheitskategorie mit ins Spiel, nämlich die Unterscheidung in gesund und krank, in erwünscht und unerwünscht. Nach dem Zweiten Weltkrieg wandelte sich die Argumentation der Experten: Statt Selektion sollte nun eine bewusste Familienplanung zum Wohle der amerikanischen Nation und der Welt beitragen. In den 1960er/1970er Jahren wuchsen durch medizinische Techniken und Präparate die Optionen für individuelle Reproduktionsentscheidungen, zugleich zeigte sich durch die weiterhin praktizierten Zwangssterilisationen die Kontinuität einer fortschreitenden Ökonomisierung des Sozialen in Verbindung mit rassistischen Ausgrenzungspraktiken. In den 1980er Jahren trafen Abtreibungsgegnerinnen und -gegner und Abtreibungsbefürworter und -befürworterinnen in aller Schärfe aufeinander. Zudem war die Kritik an den vermeintlich defizitären Reproduktionsentscheidungen von Wohlfahrtsempfängerinnen und alleinerziehenden Müttern weit verbreitet. Dagegen wandten sich Vertreterinnen der verschiedenen sozialen Bewegungen wie Frauenbewegung, Abtreibungsbewegung, Frauengesundheitsbewegung und schließlich das „birthparent movement".

Auch auf dem Gebiet der Reproduktion, so die *dritte These*, lässt sich folglich nicht von einem simplen Wertewandel angesichts der Ausweitung von reproduktiven Entscheidungsoptionen in den 1960er und 1970er Jahren sprechen. Dagegen erwiesen sich sowohl die klassischen Ungleichheitskategorien „Race, Class, and Gender" aber auch traditionelle Familienwerte und hegemoniales Expertenwissen als bedeutsam und langlebig.

## 2 Familienwerte und sozialer Wandel in der Moderne

### Liberale Werte und traditionelle Formen

Die Familie war das Feld, auf dem die Herausforderungen der Moderne in Form einer Pluralisierung von Normen, Dynamisierung der sozialen Strukturen und Individualisierung von Lebensstilen besonders intensiv und unter maßgeblicher Beteiligung von Sozialwissenschaftlern verhandelt wurden. Das zeigt zunächst die Ehescheidungsdebatte zu Beginn des 20. Jahrhunderts, als Soziologen sich als neue Experten für sozialen Wandel profilierten und die traditionelle Deutungsmacht der Kirchenvertreter und Juristen in Fragen der christlichen Moral brachen, indem sie Scheidung als soziales Phänomen analysierten und die Familie als Ort ambivalenter Reaktionen auf die Moderne identifizierten. In den Debatten um Reproduktion und Mutterschaft der 1920er und 1930er Jahre sorgten Sozialexperten hingegen dafür, dass der Staat vor dem Hintergrund von Weltkrieg und Wirtschaftskrise die Familie als Objekt der Politik entdeckte. Durch pragmatisch formulierten Expertenrat leisteten sie Kontingenzbewältigung: Man kann eine klare Linie ziehen von der Forderung nach „scientific motherhood" zur Verbesserung von Schwangerschaft, Geburt und Kindererziehung zur Popularisierung der Eugenik als hochmoderner Methode zur Förderung „hochwertigen" Nachwuchses für die Nation, unter Einschluss von Zwangsmaßnahmen wie Sterilisationen und Eheverboten. Unter dem Eindruck der nationalsozialistischen Rassenpolitik und der Privilegierung von Familie und Privatheit als Ort der nationalen Selbstvergewisserung im Kalten Krieg begann in den USA die Transformation der Eugenik in eine genetisch begründete Ehe- und Familienberatung.

Auch die Auseinandersetzung um das gesellschaftliche Für und Wider der Frauenarbeit machte die Auswirkungen der Moderne besonders greifbar: So wurde Teilzeitarbeit von Frauen und Müttern in den 1950er und 1960er Jahren sukzessive gesellschaftlich akzeptabel, allerdings unter Verweis auf ihre ökonomische Notwendigkeit. Dagegen erschienen sogenannte „modern women", die nach Selbstverwirklichung und Karriere strebten, einer wirkmächtigen konservativen Koalition aus Medizinern, Psychologen und Demographen als Bedrohung für den Fortbestand der Nation, da sie die Geschlechterverhältnisse fundamental in Frage stellten. Im Jahr 1980 markierte die *White House Conference on Families* der Carter-Regierung zunächst einen dezidierten Bruch mit diesem konservativen Lamento von der Krise der Familie angesichts gewandelter Geschlechterrollen. Hier suchten Bürgerinnen und Bürger gemeinsam mit Expertinnen und Experten nach Antworten auf die sich verändernden Bedürfnisse der Familie. Ihre Empfehlungen beinhalteten beispielsweise den Ausbau der Kinderbetreuung, um die Berufstätigkeit beider Elternteile zu ermöglichen, oder auch einfach ganz schlicht die Anerkenntnis, dass Familie 1980 bereits sehr viel diverser sein konnte als das Parsonsche Kernfamilienmodell. Doch augenscheinlich war diese Akzeptanz pluralistischer Familienwerte und -formen zu Beginn der 1980er Jahre nicht mehrheitsfähig. Stattdessen hatte Ronald Reagan mit seiner Forderung einer „restoration of the nuclear family" Erfolg. Diese erschien vielen Wählerinnen und Wählern als geeignete Antwort auf die „Zumutungen der Moderne", welche sich nunmehr in Frauenarbeit, Scheidungsreform und Legalisierung der Abtreibung manifestierten.

Als ein weiteres Beispiel für die Schattenseiten der modernen Gesellschaft führten Experten seit den 1960er Jahren die desolate Situation vieler afroamerikanischer Familien an. Diese resultiere aus der ökonomischen Benachteiligung der Minderheit, der ungenügenden Wohnsituation in den Ghettos der Großstädte, aus schlechter Bildung und mangelhafter Partizipation, vor allem aber aus defizitären Familienwerten. Damit war ein Zusammenhang hergestellt, der analytisch unscharf und bewusst simplifizierend moralische Werte und ökonomische Situation kausal verknüpfte, ohne jedoch die Folgen der jahrhundertealten Rassendiskriminierung in Rechnung zu stellen. Die Dokumentation und Bekämpfung der Missstände planten die Experten im Rahmen des *War on Poverty* der Johnson-Regierung auf der Grundlage moderner sozialwissenschaftlicher Erkenntnis (*Birth Control*, Stadtplanung, Bildung). Sie erreichten damit allerdings nicht viel, da der Staat angesichts des Vietnamkrieges und des Politikwechsels unter Nixon den föderalen Wohlfahrts- und Gleichberechtigungsprogrammen sukzessive die Finanzierungsgrundlage entzog. Dagegen argumentierten Vertreter der Bürgerrechts- und *Black Power*-Bewegung ihrerseits mit den negativen Auswirkungen der industriellen Moderne auf die ethnische Minderheit, um daraus Forderungen nach mehr und besseren Sozialprogrammen abzuleiten. Zugleich betonte insbesondere das *Civil Rights Movement* die Bedeutung der Kernfamilie für das Erreichen ökonomischer und sozialer Stabilität und propagierte – wie auch die *Black Power*-Bewegung – ein strikt biologistisches Geschlechterrollenverständnis. In den 1980er Jahren lösten konservative Experten hingegen ihre Analysen der Situation insbesondere afroamerikanischer „single mothers" und Wohlfahrtsempfängerinnen gezielt aus dem Kontext sozioökonomischer Ungleichheitsstrukturen. Stattdessen übten sie moralische Kritik an unverantwortlichen „welfare queens" und „teenage mothers".

Man sieht also in den analysierten Debatten, dass die Auseinandersetzung um die Zumutungen der Moderne am Beispiel der Familie besonders emotional und spannungsreich geführt wurde. Liberale Werte gewannen zwar seit der Mitte des 20. Jahrhunderts an Boden (Aufhebung der Rassendiskriminierung, Ansätze zur Gleichberechtigung der Geschlechter, Stärkung von Individualität und Selbstbestimmung). Sie wurden aber stets konfrontiert mit konservativen Positionen (Expertenkritik an weiblicher Erwerbstätigkeit und Selbstverwirklichung, Anti-Abtreibungsbewegung, neokonservative und religiös motivierte Konzepte der vermeintlich historisch gewachsenen Kernfamilie als Basis der Nation). Diese Ambivalenz zwischen liberaler Veränderung und konservativer Beharrung, so die *vierte These*, erklärt auch die eingangs gemachte Beobachtung, dass das Verständnis von „Familie" in den USA am Ende des 20. Jahrhunderts zwar liberale Werte beinhalteten konnte, sich dabei jedoch immer an einer traditionellen Struktur orientierte.

**Soziale Praxis und normativer Wandel**

Die Antwort auf die Frage nach dem Zusammenhang zwischen Prozessen sozialen Wandels und Phänomenen von Normwandel fällt für die US-Familie ambivalent aus. Zunächst ergab sich aus sozialen Transformationsprozessen ganz gezielt die Forderung nach Normwandel – hierfür ist die Forderung der Frauenbewegung nach Legalisierung der Abtreibung vor dem Hintergrund der verbreiteten sozialen Praxis illegaler Abtreibungen ein gutes Beispiel. Umgekehrt konnten auch Normänderungen sozialen Wandel nach sich ziehen, wie beispielsweise die Verschärfung der Wohlfahrtsgesetzgebung in den 1990er Jahren eine verstärkte Nutzung von permanenten oder langfristigen Verhütungsmethoden durch Wohlfahrtsempfängerinnen nach sich zog.

Im Einzelnen erweisen die Untersuchungsfelder, wie konfliktreich sich das Verhältnis von sozialem zu normativem Wandel gestaltete. Die Expertendiskurse und Debatten über Ehescheidung zeigen, wie sich diese in der Progressive Era als soziale Praxis durchzusetzen begann und, bedingt durch die Entwicklung von Demographie und Bevölkerungsstatistik, auch empirisch beschreibbar wurde. Dieser Umstand löste nicht nur konservative Krisenszenarien aus, sondern zog auch wissenschaftliche Deutungen durch die neue Disziplin der Soziologie und schließlich Forderungen nach normativer Anpassung nach sich. Diese erfolgte allerdings erst zu Beginn der 1970er Jahre, als die Einzelstaaten sukzessive die No-Fault-Ehescheidung übernahmen. Nun wurden angesichts dieser Normänderung neue Befürchtungen vor sozialen Transformationen laut. So beklagte die Frauenbewegung zu Recht die ökonomische Benachteiligung vieler geschiedener Frauen durch den Wegfall der Unterhaltspflicht im neuen Scheidungsrecht.

In den Debatten über Reproduktion erwiesen zunächst die Aktivitäten der Eugenik-Bewegung, wie die Segmentierung der Gesellschaft nach biologistischen Ordnungskriterien erfolgen konnte. Bereits durch die Praxis der *Fitter Family Contests*, vor allem aber im Zuge der erbbiologisch informierten Ehe- und Familienberatung drangen eugenische Wissensbestände in die Mitte der Gesellschaft vor. Der damit verbundene Versuch einer Re-Biologisierung der Geschlechternormen deutet darauf hin, dass auch die Wiederbelebung traditioneller Normen (Rückbesinnung der weißen amerikanischen Familie auf ihre Verpflichtung zur Reproduktion) durch sozialen Wandel (Rückgang der Geburtenrate weißer Amerikanerinnen in der modernen Gesellschaft) inspiriert sein konnte. Es zeigte sich auch nachdrücklich, wie individuelle Rechte – auf Reproduktion, auf Unversehrtheit, letztlich: auf Leben – an diese vermeintlich rationalen Ordnungskriterien – Wohl der Nation, Geburtenrate, erbbiologische Erwünschtheit – gekoppelt wurden, die ihrerseits wiederum an bestehende Traditionen des Rassismus anknüpfen konnten. So regte sich bis zum Beginn der 1970er Jahre kein gesellschaftlicher Widerstand gegen die Praxis der Zwangssterilisationen von afroamerikanischen und mexikanisch-stämmigen Frauen, wohingegen sich viele Sozialexperten um die Reproduktionsraten weißer Amerikanerinnen sorgten.

Dagegen formulierte die *National Organisation of Women* (NOW) die Forderung nach rechtlicher Gleichstellung der Frau insbesondere mit Blick auf die weiße Frau. NOW trat für berufliche Gleichberechtigung, reproduktive Entscheidungsfreiheit (Verhütung und Abtreibung) sowie ein Gleichberechtigungsgesetz (*Equal Rights Amendment*, ERA) ein. Während das ERA am Widerstand der konservativen familienzentrierten Frauenbewegung um die Publizistin Phyllis Schlafly und am Veto zahlreicher Einzelstaaten scheiterte, erreichte die Frauenbewegung mit der Legalisierung der Abtreibung durch den Supreme Court einen wichtigen Erfolg. Zeitgleich begannen Frauengruppen damit, sich selbst Gesundheitswissen anzueignen und damit die Autorität überwiegend männlicher Experten in Zweifel zu ziehen. Dagegen formulierten die Betroffenen von Zwangssterilisationen, zumeist afroamerikanische und mexikanisch-stämmige Frauen, ab den 1970er Jahren ihren Protest gegen die Interventionen von Sozialexperten und Ärzten und erstritten in Einzelfällen sogar Entschädigungen vor Gericht und Entschuldigungen der Einzelstaaten für ihre rassistische Bevölkerungspolitik. Es ist jedoch wichtig, festzuhalten, dass sich hier zunächst die Opfer der Sterilisationspolitik zu Wort meldeten. Bis die Betroffenen mit ihren Anliegen auch innerhalb der Mehrheitsgesellschaft Gehör fanden, verging noch viel Zeit – so kamen Entschuldigungen und Entschädigungszahlungen durch Einzelstaaten erst im 21. Jahrhundert in Gang.

Die veränderte gesellschaftliche Bewertung von Frauenarbeit und in Sonderheit der Berufstätigkeit von Müttern jüngerer Kinder schließlich illustriert, wie seit den 1950er Jahren eine sich wandelnde soziale Praxis in Form eines Anstiegs der Berufstätigkeit von Frauen und Müttern sukzessive Normanpassungen herausforderte. Diese wurden unterstützt durch die empirischen Arbeiten liberaler Sozialwissenschaftler und die zweite Welle der Frauenbewegung ab den 1960er Jahren. Zugleich waren es mehr ökonomische denn auf eine Liberalisierung des

Familienideals zielende Faktoren, die den Takt vorgaben: Frauenarbeit entwickelte sich von Teilzeitarbeit zur Vollzeitarbeit („dual earner couples"), vornehmlich aus ökonomischer Notwendigkeit.

Es zeigt sich also am Beispiel der Familie im 20. Jahrhundert ein spannungsreiches, keineswegs lineares Verhältnis zwischen sozialer Praxis und Normwandel, so die *fünfte These*. Was sich indessen herausarbeiten lässt, ist die steigende Bedeutung von sozialen Bewegungen, die ab den 1960er Jahren begannen, die Position (weißer, männlicher) Sozialexperten als Analytiker sozialen Wandels und Vordenker normativer Neujustierungen in Frage zu stellen und die Berücksichtigung ihrer Interessen anzumahnen.

**Sozialexperten und Klienten**

Die Sozialwissenschaftler beschränkten sich in den Expertendiskursen und Debatten um die US-amerikanische Familie nicht nur auf die Diagnostik von Wandlungsprozessen und gesellschaftlichen Problemlagen, sie empfahlen auch sehr konkrete Maßnahmen zur Verbesserung der Familien und ihrer Werte und setzten diese auch um. In den frühen Ehescheidungsdebatten fällt die unisono vorgebrachte und mit wissenschaftlich-rationaler Legitimation ausgestattete Forderung nach „social control" auf, mittels derer auch liberale Experten ein Zuviel an Individualität einschränken und den einzelnen Menschen auf seine Verpflichtung gegenüber der Gesellschaft festlegen wollten. Die Eugenik dagegen plante eine Stärkung der US-amerikanischen Familie als Basis der Nation durch die gezielte Förderung „hochwertiger" Familien und ihrer Nachkommen und die Verhinderung der Reproduktion kranker oder als „minderwertig" angesehener Individuen: Hier ist der Zusammenhang zum internationalen Rassendiskurs der 1920er und 1930er Jahre wichtig und auch die Tatsache, dass dieser Strang in Form von erbbiologischer Eheberatung und auch Zwangssterilisationen bis in die 1970er Jahre nicht abriss.

In der Diskussion um Frauenarbeit behaupteten sich Mediziner, Demographen und Psychologen, da sie neue Methoden der Diagnostik und Therapie der vermeintlich in Psyche und Reproduktion gestörten modernen Frau anzubieten hatten. Die angestrebte Neuaushandlung der Geschlechterrollen mit den Mitteln der modernen Wissenschaft steigerte die Reproduktionsquote nicht, diente jedoch der konservativen Wende der 1980er Jahre als Fundament. Anhand der Moynihan-Kontroverse über die vermeintliche „pathology" der afroamerikanischen Familie erweist sich schließlich die Ambivalenz des Verhältnisses von sozialwissenschaftlicher Analyse und normativer Neuausrichtung: Zum einen löste Moynihan eine erbitterte öffentliche Auseinandersetzung über die Gültigkeit des

Ideals der weißen Kernfamilie aus, zum anderen trug die Debatte längerfristig zur Integration auch afroamerikanischer Familien in dieses Ideal bei – ohne es deswegen jedoch entscheidend zu modifizieren.

Obgleich der Supreme Court den Frauen prinzipiell die Entscheidung über die Fortsetzung oder Beendigung ihrer Schwangerschaft zubilligte, tat er dies doch mit ausdrücklichem Verweis auf die übergeordnete Bedeutung des ärztlichen Rats. Klinikärzte entschieden eigenmächtig und in einem bisher nur in Ansätzen erforschten Ausmaß über Zwangssterilisationen von Wohlfahrtsempfängerinnen und Immigrantinnen. Sozialexperten – nicht wenige von ihnen mit Wurzeln in der Eugenik-Bewegung – spielten zudem eine Schlüsselrolle beim Export von Verhütungstechniken in die Entwicklungsländer im Rahmen der internationalen Bevölkerungspolitik. Auch dorthin exportierten sie ihre Vorstellung von der „modern isolated nuclear family" als Basis der Gesellschaft und machten diese zur Grundlage ihrer Interventionen.

Soziologenkarrieren wie diejenigen von Edward E. Ross, Lebensläufe wie der von Paul B. Popenoe und Wissenschaftler-/Politikerlaufbahnen wie diejenige Daniel P. Moynihans stellen die Schlüsselfunktion von Sozialexperten für den Umgang mit und das Reden über Familie eindrücklich unter Beweis. Sie alle einte das Bestreben, mit der Familie die Basis der Gesellschaft und die Keimzelle der Nation verbessern und fördern zu wollen. Hierzu schlugen sie jeweils eine Kombination von moderner wissenschaftlicher Analyse und Diagnostik mit entsprechenden Reformmaßnahmen vor: Ross plädierte um 1900 für die Akzeptanz der Ehescheidung bei gleichzeitiger Ausweitung von „social control", Popenoe favorisierte in den 1930er Jahren Eugenik und ab 1940 erbbiologische Eheberatung, Moynihan schließlich entwarf in den 1960er Jahren eine sozialwissenschaftlich inspirierte Reformpolitik zur Stabilisierung afroamerikanischer Kernfamilien und Gary Bauer plante in den 1980er Jahren eine moralische Einhegung der Familie bei gleichzeitiger Drosselung von Sozialausgaben. Dabei bedienten sie sich jeweils der Techniken modernen „social engineerings". Das Beispiel von Ross erweist, dass es für die USA notwendig erscheint, die Phase der „Verwissenschaftlichung des Sozialen" durch intensive Experteninterventionen zwischen 1930 und 1960 etwas nach vorne zu verlängern und die Zeit ab der Jahrhundertwende mit einzubeziehen.

Die Diagnosen und Vorschläge der Sozialexperten wurden von Journalisten und Leserbriefschreibern in den Medien sowie von den sozialen Bewegungen intensiv rezipiert, kommentiert und kritisiert. Insbesondere die Frauenbewegung intervenierte in die Deutungskämpfe um weibliche Geschlechterrollen, während die Bürgerrechtsbewegung die Vorschläge zur „Verbesserung" afroamerikanischer Familien kritisch durchleuchtete. Interessant ist dabei erstens, dass auch die frühe Frauenbewegung als Resonanzboden der Expertenratschläge in der

Ehescheidungsdebatte wichtig war, dass also nicht nur von den Auswirkungen der sozialen Bewegungen der 1960er Jahre auf das Familienideal gesprochen werden darf. Zweitens zeigt sich, dass auch die Mitglieder der Frauen- und Bürgerrechtsbewegung normative Engführungen vornahmen: So missachteten die Vertreterinnen der weißen Frauenbewegung der 1960er Jahre völlig die Diskriminierungserfahrung afroamerikanischer Frauen. Durch ihren Kampf für die weibliche Gleichberechtigung und selbstbestimmte Reproduktion verstärkten die Aktivistinnen von NOW vielmehr die Unterdrückungsmechanismen, denen African American Women in der US-Gesellschaft unterlagen. Anders als ihre weißen Geschlechtsgenossinnen strebten letztere zunächst nach Gleichberechtigung auf der Grundlage von „Race" und nach reproduktiven Rechten im weitesten Sinn, wofür sie ganz andere Kompromisse einzugehen bereit waren als die weißen Feministinnen. Dagegen waren auch die männlichen Mitglieder der Bürgerrechtsbewegung und des *Black Power Movement* bereit, im Namen der Stärkung der afroamerikanischen Familie oder auch ihres eigenen Männlichkeitsideals traditionelle Engführungen der Geschlechterrollen zu akzeptieren.

Expertenrat rund um die Familie wurde nicht nur erteilt, sondern auch von Klienten in Anspruch genommen. Frauen und Männer sowie Familien griffen bewusst auf Sozialtechnologien zu und nutzen diese für sich. Dies läßt sich nachweisen bei den Versuchen, Kindererziehung im Sinne der „scientific motherhood" nach wissenschaftlichen Prinzipien umzugestalten, ebenso bei der Nutzung der *Fitter Family Contests* und erbbiologischen Ehe- und Familienberatung durch Paare und Familien, um Aufschluss über ihre Abstammung und „Erbgesundheit" zu erhalten. Mitglieder des *Civil Rights Movement* dagegen forderten selbst das Eingreifen von Sozialwissenschaftlern zur Verbesserung der Lebensbedingungen der Minderheit. Hierzu entwickelten sie ein eigenes Verständnis von wünschenswertem – da „liberalem" – „social engineering", das jedoch ebenfalls einer Stärkung der afroamerikanischen Familie und der Stabilisierung traditioneller Genderrollen („male breadwinner") dienen sollte. Frauen und Paare schließlich fragten Verhütungswissen sowie Zugang zu legaler Abtreibung oder Fertilisierungstechniken nach. Dies alles zeigt, dass Individuen auch gezielt und bewusst auf Expertenwissen zurückgriffen, um ihre Handlungsfähigkeit zu steigern. Die Frauen- und Frauengesundheitsbewegungen schließlich illustrieren, wie sich ab den 1960er/1970er Jahren Betroffene selbst Expertenwissen aneigneten und dieses jenseits der traditionell patriachalen und hierarchischen Beziehung zwischen Arzt und Patientin oder Experten und Klienten selbst weitergaben.

Insbesondere die Kontinuität eugenischen Denkens und entsprechenden Expertenrats weit über die Zäsur des Zweiten Weltkriegs hinaus, so die *sechste These*, stellt ein entscheidendes Ergebnis der Untersuchung dar. Bis in die 1980er Jahre nutzten Experten die Familie als Ansatzpunkt für eugenische und wohlfahrts- sowie gesundheitspolitische Erwägungen, die sie als zeitgemäße Bevölkerungspolitik präsentierten. Individuelle Reproduktionswünsche sollten der Einhegung eines vermeintlich bedrohlichen Bevölkerungswachstums und der Förderung der „gesunden" Familie als Basis der Nation untergeordnet werden. Erst die Aneignung von Expertenwissen durch Betroffene führte hier längerfristig zu einem Umdenken.

## 3 Die Familie als Basis der Nation und die Bedeutung der Ungleichheitskategorien „Race, Class, and Gender"

Drei Felder illustrieren die Relevanz geschlechtsbezogener, sozialer und ethnischer Kategorien für die Verhandlung des US-amerikanischen Familienideals im 20. Jahrhundert: das Verhältnis von Staat und Individuum, die Fixierung auf die weiße Mittelschichtfamilie und die unverändert biologistisch verstandene Gendernorm der Frau und Mutter in der Familie.

### Staat und Individuum

Bereits in der Debatte des frühen 20. Jahrhunderts um den vermeintlichen „race suicide" firmierte die Familie als Basis der Nation. Am Ende des 20. Jahrhunderts begründete Ronald Reagan seine Kritik an der Legalität der Abtreibung mit der Bedeutung der Familie als Grundlage des Staates und der Gesellschaft. Das Entscheidungsrecht der Mutter erschien demgegenüber als grundsätzlich nachrangig. Hat sich in diesem Punkt im Laufe des 20. Jahrhunderts also nichts geändert?

Während die Familie während des gesamten Untersuchungszeitraumes der diskursive Referenzrahmen für die Reflexion über das Wohlergehen der Nation blieb – und dadurch ihre imminente Bedeutung in politischen Rahmensetzungen und öffentlichen Debatten bezog – zeigten sich jedoch charakteristische Unterschiede in den Politiken und Diskursen: Während beispielsweise Präsident Lyndon B. Johnson im Jahr 1965 die Sorge um die afroamerikanische Familie als Ausgangspunkt für sozialpolitische Interventionen nutzen wollte, argumentierte Ronald Reagan zwei Jahrzehnte später, nur durch Reduktion der staatlichen Fürsorge lasse sich die Familie als Basis der Nation stärken. Mit Johnson und Reagan standen sich idealtypisch zwei sozialpolitische Modelle gegenüber – expertengestützte Sozialpolitik versus Reduktion staatlicher Ausgaben – die sich in unterschiedlicher Abstufung durch das gesamte 20. Jahrhundert in den USA ziehen. Mit Blick auf die Familie ist hingegen interessant, dass die normative Ebene immer dann besonders stark betont wurde, wenn sozioökonomische Investitionen zugunsten der Familien gedrosselt wurden: So firmierte in den 1950er Jahren im Kontext des Kalten Krieges die „modern isolated nuclear family" als diejenige Familienform, die der kapitalistischen Wirtschaftsweise am besten diente. Die damit verbundene Reduktion auf den „male breadwinner" konfrontierte Ehefrau und Kinder mit traditionellen Geschlechternormen und Abhängigkeitsstrukturen – idealtypisch verdichtet in der Legende vom „golden age of the family" und verkörpert durch zeitgenössische Sitcoms. In den 1980er Jahren hingegen wurden Wohlfahrtsempfängerinnen im Rahmen eines ethnischen und sozialen „double standard" auf konservative Moralvorstellungen verpflichtet, welche indirekt als Bedingung für Leistungsbezug genutzt wurden. Der Staat reduzierte einerseits die Sozialausgaben, gebärdete sich andererseits aber durch ultrakonservative Moralvorgaben als „third person in bed with the couple", wenn es um Reproduktionsentscheidungen ging. Eine Steigerung individueller Entscheidungsrechte wurde eher dann verhandelt, wenn der Staat stärker sozialpolitisch engagiert war, so während der *New Deal Era* (*Social Security Act*, Wohlfahrt als „entitlement") oder der *Great Society Era* unter Johnson (Bürgerrechtsgesetze, Sozialgesetzgebung, Gleichberechtigungsbestrebungen). Dabei ist jedoch zu bedenken, dass der Supreme Court durch seine unmittelbar rechtsetzende Wirkung hier den entscheidenden Akteur neben dem Präsidenten und dem Kongress darstellte.

Die *siebte These* lautet folglich, dass Normen und Werte der Familie stets als Lackmustest für den Zustand der Nation herhalten mussten und müssen. Im Zusammenspiel von Sozialpolitik und Normsetzung auf dem Feld der Familie zeigt sich jedoch keine lineare Entwicklung, sondern vielmehr eine interessante Verschränkung: Einerseits wurde die Steigerung von wohlfahrtsstaatlichen Interventionen mit der Ausweitung individueller Partizipationschancen verklammert, andererseits ging die Drosselung von Staatsausgaben für die Familie mit einer stärkeren Einhegung individueller Entscheidungsrechte einher. So verschob sich am Ende des Untersuchungszeitraums der Fokus von der Betonung individueller Rechte (auf Scheidung, Arbeit, Reproduktion) wieder zur Privilegierung der Interessen der Gemeinschaft (Lebensrecht des Embryos, Einhegung der Kosten für Wohlfahrtsleistungen) – auch dies kein Indiz für einen längerfristigen Wertewandel.

**Hegemonie der weißen Mittelschichtfamilie**

Ethnische und soziale Ungleichheit ziehen sich gewissermaßen als roter Faden durch die gesamten Debatten und Expertendiskurse um Familienwerte. Bereits in den frühen Ehescheidungsdebatten ging es ausschließlich um die weiße Mittelschicht. Die Eugenik-Bewegung betrachtete nur wenige Jahre später die weiße

Familie der Ober- und Mittelschicht als „Abstammungsgemeinschaft" und bekräftigte die reproduktive und ökonomische Funktion der Ehe zum Wohle der Nation. Ethnische Minderheiten oder Unterschichtenfamilien hatten in diesen „positiv eugenischen" Überlegungen keinen Platz, sie erschienen in den Debatten ausschließlich als Adressaten „negativ eugenischer" Maßnahmen wie Zwangssterilisationen oder sozialpolitischer Interventionen. Diese bewusst selektive Wahrnehmung der Faktoren „Race, Class and Gender" in ihrer Bedeutung für die Familie und deren Kopplung an die Erkenntnisse der modernen Reproduktionsmedizin kann erklären, warum Karrieren wie diejenige Paul B. Popenoes (von Eugeniker zum national bekannten Ehe- und Familienberater) überhaupt möglich waren: Seine traditionelle Auslegung der drei Schlüsselkategorien war in den mittleren Dekaden des 20. Jahrhunderts für eine Mehrheit der US-Amerikaner höchst anschlussfähig, erst im Laufe der 1970er Jahre wurde diese auf breiter gesellschaftlicher Basis in Frage stellt.

Die Frauenbewegung der 1960er Jahre forderte dagegen zwar die gesellschaftliche Akzeptanz der Berufstätigkeit von Müttern, was grundsätzlich auch die Lebensumstände von Arbeiterfrauen und Angehörigen ethnischer Minderheiten miteinbezog, reflektierte aber nicht deren mangelnden Zugang zu bezahlbarer Kinderbetreuung. Sie trug somit implizit zu einer rassistischen und klassenspezifischen Einschränkung des Familienideals bei. Hinzu kam Mitte der 1950er bis in die 1970er Jahre der Diskurs von Medizinern und Demographen um die psychische Gesundheit und sinkende Reproduktionsquote weißer Frauen sowie mögliche Gegenmaßnahmen. Dieser Diskurs war bewusst ethnisch und sozial diskriminierend angelegt und verstand sich gewissermaßen als Fortsetzung der „positiven Eugenik" mit den Mitteln der modernen Bevölkerungswissenschaft. Forderungen nach eugenisch und sozial motivierten Zwangssterilisationen sowie nach permanenten Verhütungsmitteln für Wohlfahrtsempfängerinnen konnten genau hier andocken, zielten sie doch auf die Verhinderung der Reproduktion derjenigen Frauen, die weder weiß waren noch der Mittelschicht angehörten.

In der Debatte über den vermeintlichen Verfall afroamerikanischer Familien waren die Auswirkungen sozialer und ethnischer Ungleichheit selbst das Thema. Während Vertreter der Bürgerrechtsbewegungen einerseits die unkritische Übertragung der Werte und Normen der weißen Mittelschicht auf die Minderheit durch die Sozialwissenschaftler kritisierten, beharrten sie andererseits selbst auf dem Ideal des „male breadwinner" als Zielvorgabe für die afroamerikanische Familie und nutzten dies zur Forderung nach besseren Arbeitsplätzen und Verdienstmöglichkeiten für afroamerikanische Männer. Afroamerikanische Frauen hingegen reagierten in den 1960er Jahren oft mit Unverständnis auf die Beschwerden weißer Hausfrauen über ihr unausgefülltes Dasein („comfortable concentration camp", Betty Friedan) – erschien ihnen doch gerade der Fokus auf Haushalt und Kindererziehung (statt Lohnarbeit) als unerreichbare Chance. Auch das *Welfare Rights Movement* der 1970er und 1980er Jahre argumentierte zugunsten klassischer Familienstrukturen, wenn es forderte, anstelle von unzulänglichen Wohlfahrtsleistungen lieber ein Familieneinkommen zu garantieren. Abtreibungsbefürworterinnen und „birthmothers" der 1980er Jahre begründeten ihre Entscheidungen als „im Sinne ihrer Familien" getroffen. Homosexuelle Paare nutzten dagegen, wie beispielsweise Jürgen Martschukat argumentiert hat, betont klassische Familienarrangements, um Akzeptanz herzustellen. Auch Mexican American Families versuchten über weite Strecken des 20. Jahrhunderts, gerade durch die bewusste Übernahme und Demonstration vermeintlich US-amerikanischer Familienwerte Aufstiegsperspektiven und Respektabilität zu gewinnen.

Obgleich einzelne soziale Bewegungen wie das *Black Power Movement* und der radikale Flügel der Frauenbewegung alternative Familienwerte bewusst und als Mittel der Abgrenzung von einer als repressiv empfundenen Mehrheitsgesellschaft postulierten, überwogen insgesamt doch deutlich Bestrebungen der abgestuften Aneignung oder zumindest konstruktiven Anverwandlung des Mehrheitsideals durch ethnische, soziale oder andere gesellschaftliche Minderheiten.

Die hohe Konstanz des Ideals der Kernfamilie über alle sozio-ökonomischen Transformationsphasen hinweg illustriert, dass auch eine ausgesprochen heterogene Realität (die Vielfalt des Familienlebens der US-Amerikaner im 20. Jahrhundert) erfolgreich mit einer extrem homogenen und homogenisierenden Norm (dem Ideal der weißen Kernfamilie) konfrontiert und auf dieser Grundlage gedeutet werden konnte. In diesem Prozess lieferten Sozialexperten konkrete Ratschläge für die Aufrechterhaltung, Erweiterung oder Veränderung der Norm. Ebenfalls wichtig waren die Medien als Austragungsorte von öffentlichen Debatten und als gelegentliche Schauplätze von Expertendiskursen sowie die Werbung, die immer die Interessen der Konsumenten und Konsumentinnen vor Augen hatte und dadurch normative Neuaushandlungen sensibel aufgriff.

Zusammengenommen zeigt sich, so die *achte These*, dass das Ideal der weißen Mittelschichtfamilie so bedeutsam war, dass es alle Debatten über die Familie im 20. Jahrhundert überwölbte und determinierte. Dies galt selbst für die Angehörigen sozialer Bewegungen und ethnischer Minderheiten.

### Die Familie als „Domäne der Frau"

Debatten über Familienwerte waren im gesamten Untersuchungszeitraum ganz wesentlich Auseinandersetzungen über die Stellung der Frau in der Familie, ihre

Rechte, ihre Aufgaben – unabhängig davon, ob es um Wandel oder Beharrung ging. Während die Scheidungsdebatte der Progressive Era die Zielsetzung der frühen Frauenbewegung, Frauen als Individuen mit Rechten und Handlungsmöglichkeiten zu begreifen, aufnahm, legte die Reproduktionsdebatte der 1920er und 1930er Jahre Frauen wieder verstärkt auf ihre primäre Zuständigkeit für die Familie, für die Reproduktion und die Stabilität ihrer Ehen fest. Frauen wurden zur bevorzugten Zielscheibe von Expertenrat und später auch Eheberatung, wobei Experten wie Paul B. Popenoe gezielt versuchten, die Ratsuchenden zur Aufrechterhaltung traditioneller, vermeintlich „natürlicher" Gendernormen zu bewegen, allenfalls erweitert um moderate Konzessionen in Form eines partnerschaftlichen Eheverständnisses. Obgleich auf dem Feld der Frauenarbeit ein Zugewinn weiblicher Selbstbestimmung und Wahlmöglichkeiten in der Nachkriegszeit zu verzeichnen war, hegte der Diskurs über die Reproduktion der berufstätigen Frau der 1950er bis 1970er Jahre die soeben errungenen Spielräume zugunsten einer Re-Biologisierung der Rolle der Frau erneut ein. In der Bürgerrechtsbewegung schließlich waren vor allem Männer sichtbar, die ihrerseits zumeist traditionelle Genderrollen zur Stärkung der afroamerikanischen Familie befürworteten. Die *Black Power*-Bewegung dagegen vertrat offensiv eine afroamerikanische *Hypermasculinity* als Mittel gesellschaftlicher Selbstbehauptung und reduzierte Frauen auf ihre reproduktive Funktion: Dies, gemeinsam mit dem wohlmeinenden Unverständnis seitens der weißen Frauenbewegung, verstärkte den Druck auf afroamerikanische Frauen, was die schwarze Frauenbewegung auch klar so äußerte. Weiße Sozialexperten schließlich machten das vermeintliche Matriarchat afroamerikanischer Frauen für den diagnostizierten Verfall der African American Family verantwortlich. Die Frauenbewegung der 1960er und 1970er Jahre schließlich forderte eine umfassende gesellschaftliche Gleichberechtigung der Frauen, war aber selbst ambivalent in ihrer Einstellung gegenüber der Position der Frau in Ehe und Familie. Hier ergab sich ein Generationenkonflikt zwischen etablierten Aktivistinnen und den radikaleren Exponentinnen des *Women's Liberation Movement*, wie sich an der Kritik an der *No-Fault* Ehescheidung (Bedrohung der Hausfrau und Mutter) und auch an den Diskussionen um Sexualität und die Zuständigkeit für Verhütung erwies.

Zeigt sich also ein grundsätzlicher Trend zur Liberalisierung der weiblichen Geschlechternormen – angefangen vom Frauenwahlrecht über elementare Gleichberechtigungsgrundsätze hin zu Bildung und Berufstätigkeit sowie schließlich zur reproduktiven Entscheidungsfreiheit – sind Gegenentwicklungen und Widerlager ebensowenig zu übersehen: Besonders wichtig sind die Versuche, das reproduktive Entscheiden von Frauen einzuhegen, sei es zugunsten einer Betonung der primären Zuständigkeit der Frau für Reproduktion und Verhütung, sei es durch restriktive Praktiken der eugenisch und sozial begründeten Sterilisation, sei es zugunsten einer Privilegierung des embryonalen Lebensrechtes gegenüber dem Entscheidungsrecht der Mutter. Aber auch männliche Geschlechternormen zeigen Brüche und Neuverhandlungen, gut sichtbar am faktischen Niedergang des Modells des männlichen Ernährers, das zwar real obsolet, auf der normativen Ebene („gender pay gap", Diskussionen um Mütterarbeit) jedoch noch sehr lebendig ist. Männer aus ethnischen oder sozialen Minderheiten wurden unerbittlich mit der weißen, heterosexuellen „hegemonic masculinity" konfrontiert. Dies zeigt gut das Beispiel der afroamerikanischen Männer, die mit ihrem vielfach prekären sozio-ökonomischen Status auch ihre Männlichkeit verhandeln mussten, wie die „I am a Man"-Kampagne des *Civil Rights Movement* im Jahr 1968 erweist. Zugleich führten Postulate einer spezifischen aggressiven Maskulinität durch das *Black Power Movement* zur Verschärfung des Drucks auf afroamerikanische Frauen. Diese sahen sich ohnehin mit der „double jeopardy" (Frances Beale) als Frau und Afroamerikanerin konfrontiert. Jeder Zugewinn an Entscheidungsfreiheit auf dem Gebiet der Genderbeziehungen musste von African American Women (oder auch Mexican American Women) wiederum gegen Tendenzen ethnischer Diskriminierung verteidigt werden. Diese werden beispielsweise greifbar in der Rede von der „black matriarch" (die zu viel entscheidet) oder von den „hyperfertile breeders" (die unreflektiert zu viele Kinder bekommen).

Expertendiskurse und Debatten um Familie kreisten, so die *neunte These*, primär um die Stellung und Rolle der Frau und Mutter, ihre Rechte und Pflichten. Dabei war die Gleichsetzung der Frau mit der Familie und ihre Indienstnahme für den Erhalt derselben keineswegs ein konservativer Topos. Er findet sich gleichermaßen bei konservativen Sozialexperten wie Feministinnen, *Black Panthers* wie Mitgliedern der Antiabtreibungsbewegung. Der Befund ist wichtig, belegt er doch die Plausibilität und Kontinuität biologistischer weiblicher Geschlechternormen bis auf den heutigen Tag (Frauen als allein zuständig für Reproduktion), bei gleichzeitiger Tendenz der Pluralisierung und Liberalisierung weiblicher (und männlicher) Geschlechternormen seit den 1960er Jahren.

## 4 Wert der Familie statt Wertewandel

Die Untersuchung hat ergeben, dass es den einen „Wertewandel" der Familie in den USA des 20. Jahrhunderts so nicht gab. Dagegen lassen sich am Beispiel der Gendernormen und Familienvorstellungen immer wieder kleine Wellen oder Prozesse von Norm- und Einstellungswandel nachweisen. Diese verliefen durchaus heterogen und konfliktreich und keineswegs unbeeinträchtigt von politisch-ökonomischen, religiösen oder rassistischen Gegenbewegungen – immer vor dem Hintergrund des Konzepts der Kernfamilie.

So erweist die Ehescheidungsdebatte, dass Scheidung bereits zu Beginn des 20. Jahrhunderts nicht mehr als moralische Katastrophe, sondern als Begleiterscheinung der Moderne und damit als rational handhabbar erschien. Sie wurde vielmehr gedeutet als sozialpolitisches „Heilmittel" zur Beendigung untragbarer Beziehungen, welche letztlich auch der Gesellschaft schaden, oder als Maßnahme zur Auflösung von Ehen, die aus eugenischer Sicht als „unerwünscht" galten. Darin, dass Ehescheidung bereits am Ende der Progressive Era nicht mehr als völliger Zusammenbruch der Familie und der sozialen Ordnung, sondern als gesellschaftspolitische Maßnahme verstanden wurde, ist ein wichtiger Wertewandel zu sehen. Das Beispiel des Reproduktionsdiskurses der 1920er und 1930er Jahre illustriert hingegen eine restaurative Gegenbewegung, beschworen hier doch die Eugeniker mit den Mitteln der modernen Wissenschaft die Wiedererrichtung biologistischer Geschlechterrollen, welche Frauen erneut auf ihre reproduktive Rolle reduzieren und Männer als alleinige Ernährer ihrer Familien festschreiben sollten.

In den 1950er Jahren verdeutlichen gerade Werbung und Zeitschriftenliteratur einen ersten Trend in Richtung hedonistischer Werte – und damit noch lange vor der Umbruchsperiode Mitte der 1960er Jahre: Konsum, Schönheit und Pflege der moderne Frau und Ehefrau standen bereits zu diesem Zeitpunkt im Vordergrund, allerdings wurde das Ideal der Kernfamilie dadurch nicht angetastet. Dagegen begannen Sozialexperten Mitte der 1960er Jahre auch afroamerikanische Familien als „Familien" zu betrachten, was eine der bedeutendsten Erweiterungen des nationalen Familienideals darstellte. Dabei wurde jedoch das Familienideal der weißen Kernfamilie nach Parsons nicht grundsätzlich abgelöst, sondern sukzessive von der Minderheit übernommen.

Der Blick auf die Verhandlung von Reproduktion und reproduktiver Entscheidungsfreiheit dagegen zeigt, wie langlebig biologistische Geschlechterrollen und Deutungsmuster waren, was wiederum dem simplen Konzept eines linearen „Wertewandels" entgegensteht. Die Fortsetzung der Eugenik mit den Mitteln der modernen Bevölkerungspolitik beruhte auf einem Konzept der „gesunden Familie", welches sehr bewusst nach „Wert und Unwert" unterschied. Dies zeigte sich an der langjährigen Praxis von Zwangssterilisationen ebenso wie an den Maßnahmen der nationalen wie internationalen Bewegung zur Kontrolle des Bevölkerungswachstums. Auf einen längerfristigen „Wertewandel" deutet indes die Neubestimmung des Verhältnisses von Staat und Individuum durch zwei rechtliche Grundsatzentscheidungen hin, die Legalisierung der Abtreibung und die Einführung der *No-Fault Divorce*. Allerdings standen und stehen auch diese prinzipiell liberalen Normsetzungen heftig in der Kritik – zum einen durch die bis zum heutigen Tage virulente Pro-Life Bewegung, zum anderen durch die Frauenbewegung selbst, die in der Scheidungspraxis eine Bedrohung der sozioökonomischen Existenz vieler Frauen sah.

Aus historischer Perspektive ist weniger interessant, ob sich längerfristig eine liberale oder doch eher konservative Vorstellung von Familie durchsetzen wird, sondern inwiefern die konfliktreichen Aushandlungsprozesse rund um Familie und Geschlechterrollen neue, alternative Periodisierungen der US-Geschichte zulassen oder sogar bedingen. Zwar erscheinen die 1960er und frühen 1970er Jahre auch mit Blick auf die Familie und ihre Werte als bedeutsame Transformationsphase (Gleichberechtigungspostulat, afroamerikanische Familien als „Familien" anerkannt, reproduktives Entscheidungsrecht der Frau, Ehescheidung ohne Schuldeingeständnis). Gleichzeitig lassen sich auch im Zeitraum vor dem Ersten Weltkrieg (Ehescheidungsdebatte), in den 1950er Jahren (die Frau als Konsumentin) und selbst während der Reagan Era (Geburtsmütter und „adoption rights") bislang weniger beachtete Liberalisierungsprozesse nachweisen. Zudem zeigen sich auch in den klassischen „liberal decades" der 1920er/1930er Jahre und der 1960er/ 1970er Jahre Ansätze der (Re)Biologisierung von Geschlechterrollen und der radikalen Intervention in vermeintlich defizitäre Familien durch Eugenik und soziale Sterilisationen.

Nicht die Annahme eines pauschalen „Wertewandels der Familie", sondern erst die ergebnisoffene Frage nach dem „Wert der Familie" in Debatten und Diskursen ermöglicht es folglich, die Zäsuren der US-amerikanischen Geschichte des 20. Jahrhunderts sowie die Handlungsspielräume der Menschen in Familie und Gesellschaft neu zu bewerten.

# Literaturverzeichnis

## Ungedruckte Quellen

### American Philosophical Society, Philadelphia, Digital Collections

American Eugenics Society Records
Eugenics Record Office Records

### Library of Congress, Washington D. C.

Samuel W. Dike Papers
Daniel P. Moynihan Papers
Margaret Mead Papers
Robert C. Cook Papers
Mary McGrory Papers

### Arthur and Elizabeth Schlesinger Library on the History of Women in America, Radcliff College, Cambridge, MA

Betty Friedan Papers MC 575
National Organization of Women (NOW) MC 496
National Abortion Rights Action League (NARAL) MC 313
National Abortion Rights Action League (NARAL), Additional Records MC 714
Concerned United Birthparents (CUB) MC 630
Boston Women's Health Book Collective Collections MC 503
NARAL Mass. Choice MC 659

### Manuscript and Rare Books Library (MARBL), Emory University, Atlanta, GA

Southern Christian Leadership Conference MSS 1083

### Carter Presidential Library, Atlanta, GA

Records of Anne Wexler as Special Assistant to the President
Records of the Assistant for Public Liason
Records of the Council of Economic Advisors
Records of the Domestic Policy Staff: Ellen Goldstein's Subject Files
Records of the First Lady's Office
Records of the Office of Congressional Liaison

Records of the Office of the Assistant to the President for Women's Affairs
Records of the Special Assistant for Ethnic Affairs
Records of the Speechwriter's Office

**Woodruff Library, Atlanta University Colleges, Atlanta, GA**

Hoyt William Fuller Collection
Johnson Publishing Company Clipping Files Collection
Morehouse College Martin Luther King, Jr. Collection

# Zeitungen, Zeitschriften

Atlantic Monthly
Century
Chicago Tribune
Communicator
Ebony
Eugenical News
Eugenics
Family Advocate
Family Life
Good Housekeeping
Herald Tribune
Heredity
Jet
Journal of Heredity
Ladies' Home Journal
Los Angeles Times
Ms. Magazine
New York Times
New-York Tribune
North American Monthly
Time
US News and World Report
Washington Post

## Gedruckte Quellen, Quelleneditionen[1]

[o. A.]: Love, Marriage, and Divorce and the Sovereignty of the Individual. A Discussion Between Henry James, Horace Greeley, and Stephen Pearl Andrews, Boston 1889.
[o. A.]: The American Family. A Factual Background. Report of Inter-Agency Committee on Background Materials. National Conference on Family Life, May 1948, Westport 1949.
Adler, Felix: Marriage and Divorce, New York 1915.
Adler, Felix: Marriage, in: Johnson, Julia E. (Hg.): Selected Articles on Marriage and Divorce, New York 1925, zitiert nach: Hibbert Journal 22 (1923), S. 20–43.
Adler, Felix: The Ethics of Divorce, in: Ethical Record 29 (1890), S. 200–209.
Ahlemeyer, Heinrich (Hg.): We Shall Overcome. Die amerikanische Friedensbewegung in Selbstzeugnissen, Köln 1983.
Albert, Judith / Albert, Stewart (Hg.): The Sixties Papers. Documents of a Rebellious Decade, Westport, CT / London 1984.
Alexander, Franz: Psychosomatische Medizin. Grundlagen und Anwendungsgebiete. Mit einem Kapitel über die Funktionen des Sexualapparates und ihre Störungen von Therese Benedek, Berlin 1951.
Ali, Tariq / Watkins, Susan: 1968. Marching in the Streets, New York 1998.
Ali, Tariq: Street Fighting Years. Autobiographie eines 68ers, Köln 1998.
Almond, Gabriel A. / Verba, Sidney (Hg.): The Civic Culture Revisited. An Analytic Study, Boston / Toronto 1980.
Almond, Gabriel A. / Verba, Sidney: The Civic Culture. Political Attitudes and Democracy in Five Nations, Princeton 1963.
Amendt, Gerhard: Black Power. Dokumente und Analysen, Frankfurt a. M. 1970.
Ammon, Otto: Die natürliche Auslese beim Menschen auf Grund der Ergebnisse der anthropologischen Untersuchungen der Wehrpflichtigen in Baden und anderer Materialien, Jena 1893.
Anderson, Benedict: Imagined Communities. Reflections on the Origin and Spread of Nationalism, London 1983.
Anshen, Ruth Nanda: The Family. Its Function and Destiny, New York 1949.
Baber, Ray Erwin: Marriage and the Family, New York 1939.
Bajema, Carl Jay: Relation of Fertility to Educational Attainment, in: Eugenics Quarterly 13 (1966), Nr. 4, S. 306–315.
Ballantine, William: The Hyperbolic Teaching of Jesus, in: The North American Review 179 (1904), S. 403.
Barrett, David M.: Lyndon B. Johnson's Vietnam Papers. A Documentary Collection, College Station, TX 1997.
Beale, Frances M.: Double Jeopardy. To Be Black and Female, in: Cade, Toni (Hg.): The Black Woman. An Anthology, New York 1970, S. 90–100.

---

[1] Aus Gründen der Übersicht werden hier alle zeitgenössischen Schriften aufgelistet, welche in der Arbeit als Quellen analysiert wurden. Daher stehen unter diesem Punkt auch die Arbeiten zeitgenössischer Sozialwissenschaftler, welche als Quellen für die Analyse von Expertendiskursen über Familie, Ehescheidung, Frauenarbeit und Reproduktion dienten, sowie die zentralen Arbeiten der sozialwissenschaftlichen Wertewandelforschung.

Bell, Daniel: The Coming of Post-Industrial Society. A Venture in Social Forecasting, New York 1971.
Bell, Daniel: The End of Ideology. On the Exhaustion of Political Ideas in the Fifties, Glencoe 1960.
Benedek, Therese / Rubenstein, B. B.: The Sexual Cycle in Women, Washington 1942.
Benedek, Therese: Die Funktionen des Sexualapparate und ihre Störungen, in: Alexander, Franz (Hg.): Psychosomatische Medizin. Grundlagen und Anwendungsgebiete, Berlin 1951, S. 170–210. [Erstmals erschienen als Psychosomatic Medicine, New York 1950].
Benedek, Therese: Infertility as Psychosomatic Disease, in: Fertility and Sterility 3 (1952), S. 527–541.
Benedek, Therese: Psychosexual Functions in Women, New York 1952.
Benedek, Therese: The Emotional Structure of the Family, in: Anshen, Ruth Nanda (Hg.): The Family. Its Function and Destiny, New York 1959 (1949), S. 353–380.
Benedek, Therese: The Psychobiology of Pregnancy, and Motherhood and Nurturing, in: Anthony, Elwyn James (Hg.): Parenthood. Its Psychology and Psychopathology, Boston 1970, S. 137–165.
Bishop, Joel Prentis: Commentaries on the Law of Marriage and Divorce, Bd. 1, Boston 1881.
Blake, Judith: Family Size and Achievement (Studies in Demography 3), Berkeley 1989.
Blake, Judith: Family Size in the 1960's. A Baffling Fad?, in: Eugenics Quarterly 14 (1967), Nr. 1, S. 60–73.
Blake, Judith: Ideal Family Size among White Americans. A Quarter of a Century's Evidence, Demography 3 (1966), Nr. 1, S. 154–173.
Bloom, Alexander / Breines, Wini (Hg.): „Takin' it to the Streets". A Sixties Reader, New York 1995.
Brown, Helen Gurley: Sex and the Single Girl, New York 1962.
Bureau of Labor Statistics, U. S. Department of Labor, The Economics Daily. Unemployment rates by race and ethnicity, Washington D. C. 2010 <www.bls.gov/opub/ted/2011/ted_20111005.htm>.
Burgess, Ernest W.: The Family as a Unity of Interacting Personalities, in: The Family. Journal of Social Case Work (1926), Nr. 7, S. 3–9.
Burr, Jane: Letters of a Dakota Divorce, Boston 1909.
Burton, Ernest D.: The Biblical Teachings Concerning Divorce. I. Old Testament Teaching and Jewish Usage, in: Biblical World 29 (1907), Nr. 2, S. 121–127.
Capper, Arthur: Proposed Amendment to the Constitution, in: Johnson, Julia E. (Hg.): Selected Articles on Marriage and Divorce, New York 1925, S. 244–250.
Carmichael, Stokely / Hamilton, Charles V. / Ture, Kwame: Black Power. The Politics of Liberation in America, New York 1967.
Carpenter, Edward: Love's Coming of Age, New York 1911.
Carpenter, Elizabeth: Marriage and Divorce from a Lay Point of View, in: North American Review 181 (1905), S. 123–124.
Carson, Rachel: Silent Spring, London 1962.
Caverno, Charles: Uniform Divorce Law, in: Bibliotheca Sacra 69 (1912), S. 242–245.
Cayton, Horace R. / Drake, St. Clair: Black Metropolis. A Study of Negro Life in a Northern City, New York 1945.
Ceplair, Larry (Hg.): Charlotte Perkins Gilman. A Nonfiction Reader, New York 1992.

Chandler, Alfred D. / Galambos, Louis: The Papers of Dwight David Eisenhower, 21 Bde., Baltimore 1970–2001.
Chapin, Gerald H.: United States of Matrimony, in: Johnson, Julia E.: Selected Articles on Marriage and Divorce, New York 1915, S. 179–189.
Chapin, Lou V.: Uniform Marriage and Divorce Laws, in: Good Form 3 (1892), June, S. 50.
Child Trends Data Bank: Child Recipients of Welfare (AFDC/TANF): Indicators on Children and Youth, Updated December 2015 <www.childtreds.org>.
Child Trends Databank. (2015): Births to unmarried women <www.childtrends.org/?indicators=births-to-unmarried-women>.
Children's Bureau, U. S. Department of Labor / Lundberg, Emma Octavia: Unemployment and Child Welfare. A Study made in a Middle-Western and an Eastern City during the Industrial Depression of 1921 and 1922, Washington 1923.
Children's Bureau, U. S. Department of Labor: Save the Youngest. Seven charts on Maternal and Infant Mortality, with explanatory comment, Washington 1919.
Clark, Kenneth B. / Parsons, Talcott (Hg.): The Negro American, Boston 1966.
Clark, Kenneth B.: Dark Ghetto. Dilemmas of Social Power, New York / Evanston 1967. [Original 1965].
Clark, Kenneth B.: Introduction. The Dilemma of Power, in: Clark, Kenneth B. / Parsons, Talcott (Hg.): The Negro American, Boston 1966, S. XI-XVIII.
Clark, Kenneth B.: The Civil Rights Movement. Momentum and Organization, in: Clark, Kenneth B. / Parsons, Talcott (Hg.): The Negro American, Boston 1966, S. 595–625.
Cohen, Robert (Hg.): Dear Mrs. Roosevelt. Letters from Children of the Great Depression, Chapel Hill 2002.
Cohn, David L.: Love in America. An Informal Study of Manners and Morals in American Marriage, New York 1943.
Cook, Joseph: Christ and Modern Thought. The Boston Monday Lectures, 1880–1881, Boston 1882.
Cook, Robert C.: Human Fertility. The Modern Dilemma, New York 1951.
Cooper, Courtney Riley: Man Who Is Casting Out Divorce, in: Johnson, Julia E.: Selected Articles on Marriage and Divorce, New York 1914, S. 227–239.
Cooper, John M.: Human Welfare and the Monogamous Ideal, in: Social Hygiene 6 (1920), Nr. 4, S. 457–468.
Cott, Nancy F.: Roots of Bitterness. Documents of the Social History of American Women, Boston 1996.
Croly, Jane Cunningham: The History of the Woman's Club Movement in America, Volume 1, New York 1898.
Davenport, Charles B. / Love, Albert G.: Defects Found in Drafted Men, Washington 1920.
Davenport, Charles B.: Eugenics, Genetics and the Family. Second International Congress of Eugenics, Held at New York, Sept. 22–28 1921, New York u. a. 1921.
Davenport, Charles B.: Eugenics. The Science of Human Improvement by Better Breeding, New York 1910.
Davenport, Charles B.: Guide to Physical Anthropometry and Anthroposcopy, Cold Spring Harbor 1927.
Davenport, Charles B.: Heredity in Relation to Eugenics, London 1912.
Davenport, Charles B.: Heredity of Constitutional Mental Disorders, Eugenics Record Office, Cold Spring Harbor 1920.

Davenport, Charles B.: Naval officers. Their Heredity and Development, Carnegie Institution of Washington, Washington 1919.

Davenport, Charles B.: State Laws Limiting Marriage Selection. Examined in the Light of Eugenics, Cold Spring Harbor 1913.

Davenport, Charles B.: The Family-History Book, Eugenics Record Office, Cold Spring Harbor 1912.

Davenport, Charles B.: The Feebly Inhibited. Nomadism, or the Wandering Impulse, with Special Reference to Heredity, Inheritance of Temperament, with Special Reference to Twins and Suicides, Washington 1915.

Davis, Katharine Bement: A Study of the Sex Life of the Normal Married Woman. I. The Use of Contraceptives, in: Journal of Social Hygiene 8 (1922), Nr. 2, S. 173–189.

Davis, Katharine Bement: A Study of the Sex Life of the Normal Married Woman. II. The Happiness of Married Life, in: Journal of Social Hygiene 9 (1923), Nr. 1, S. 1–26.

Davis, Katharine Bement: A Study of the Sex Life of the Normal Married Woman. III. The Happiness of Married Life – continued, in: Journal of Social Hygiene 9 (1923), Nr. 3, S. 129–146.

Davis, Katharine Bement: Factors in the Sex Life of Twenty-two Hundred Women, New York 1929.

Deland, Margaret: The Change in the Feminine Ideal, in: The Atlantic Monthly 105 (1910), S. 296.

Dike, Samuel W.: Important Features of the Divorce Question, Royalton 1885.

Dike, Samuel W.: Is the Freer Granting of Divorce an Evil?, in: American Journal of Sociology 14 (1909), Nr. 6, S. 766–796.

Dike, Samuel W.: Statistics of Divorce in the United States and Europe, in: Journal of the American Statistical Association 1 (1888/89), S. 206–214.

Doane, William C.: Kindred and Affinity. God's Law of Marriage, New York 1891.

Doane, William C.: Remarriage after Divorce. Catholic Theory and Practice, in: North American Review 180 (1905), Nr. 4, S. 513–522.

Doane, William C.: The Question of Divorce and Remarriage, in: New York Times, 26.11.1899.

Dobson, James / Bauer, Gary: Children at Risk. The Battle for the Hearts and Minds of Our Kids, Dallas 1990.

Drummond, Isabel: Getting a Divorce, New York 1931.

DuBois, William Edward Burghardt: The Negro Family in the United States, London / New York 2005. [Originalausgabe Atlanta 1908].

Dwight, Timothy: Theology. Explained and Defended in a Series of Sermons, Bd. 3, New York 1928.

Eisenhower, Dwight D.: Die Jahre im Weißen Haus, 1953–1956, Düsseldorf 1964.

Eisenhower, Dwight D.: Public Papers of the Presidents of the United States. Dwight D. Eisenhower, 1960–61. Containing the Speeches, Public Messages, and Statements of the President, 9 Bde., 1953–1961, Washington 1960–1978.

Ellis, Edith: New Horizon in Love and Life, New York 1921.

Ellis, Havelock: Little Essays of Love and Virtue, New York 1921.

Ellwood, Charles E.: Sociology and Modern Social Problems, New York 1913.

Evans, W. S.: Organized Eugenics, New Haven 1931.

Farnham, Marynia F. / Lundberg, Ferdinand: Modern Woman. The Lost Sex, New York 1947.

Firestone, Shulamith: The Dialectic of Sex, New York 1970.

Flanders Dunbar, Helen: Comment on the Paper of Benedek, in: Fertility and Sterility 3 (1952), S. 538–541.
Frazier, Edward Franklin (Hg.): The Integration of the Negro into American Society, Washington D. C. 1951.
Frazier, Edward Franklin: Black Bourgeoisie. The Rise of a New Middle Class in the United States, Glencoe, IL 1957. [Französische Erstausgabe 1955].
Frazier, Edward Franklin: On Race Relations. Selected Writings, Chicago 1968.
Frazier, Edward Franklin: Problems and Needs of Negro Children and Youth Resulting from Family Disintegration, in: Journal of Negro Education 19 (1950), S. 269–277.
Frazier, Edward Franklin: The Negro Family in the United States, New York 1951. [Erstausgabe 1939].
Frazier, Edward Franklin: The Negro in the United States, New York 1949.
Friedan, Betty: The Feminine Mystique, New York 1963.
Galbraith, John Kenneth: The Affluent Society, Boston 1958.
Galton, Francis: Essays in Eugenics, London 1909.
Galton, Francis: Hereditary Genius. An Inquiry into its Laws and Consequences, London 1869.
Galton, Francis: Inquiries into Human Faculty and Development, London 1883.
Galton, Francis: The Possible Improvement of the Human Breed under the existing Conditions of Law and Sentiment, Huxley Lecture at the Royal Anthropological Institute 1901, Annual Report of the Board of Regents of the Smithsonian Institution, Washington 1902, S. 523–538.
Gibbons, Cardinal James / Potter, Bishop Henry C. / Ingersoll, Colonel Robert G.: Is Divorce wrong?, in: North American Review, 149 (1889), S. 513–538.
Gibbons, James Cardinal: Divorce, in: Century 78 (1909). S. 145–149.
Gillies, Mary Davis: How to Keep House, New York 1949.
Gilman, Charlotte Perkins: How Home Conditions React Upon the Family, in: American Journal of Sociology 14 (1909), Nr. 5, S. 592–605.
Gilman, Charlotte Perkins: The Diaries of Charlotte Perkins Gilman. Ed. by Denise D. Knight, Bd. 2, 1890–1935, Charlottesville / London 1994.
Gilman, Charlotte Perkins: The Home. Its Work and Influence, Chicago 1972. [Reprint of the 1903 Edition, Introduction by William L. O'Neill].
Gilman, Charlotte Perkins: Women and Economics. A Study of the Economic Relation between Men and Women as a Factor in Social Evolution. Ed. by Carl N. Degler, New York u. a. 1966. [First Edition Boston 1898].
Glazer, Nathan / Moynihan, Daniel P.: Beyond the Melting Pot: The Negroes, Puerto Ricans, Jews, Italians and Irish of New York City, Cambridge 1963.
Goddard, Henry Herbert: The Kallikak Family. A Study in the Heredity of Feeblemindedness, New York 1912.
Goddard, Henry Herbert: The Elimination of Feeble-Mindedness, in: Annals of the American Academy of Political and Social Science 37 (1911), Nr. 2, S. 261–272.
Goldberg, David: Some Observations on Recent Changes in American Fertility Based on Sample Survey Data, Eugenics Quarterly 14 (1967), Nr. 4, S. 255–264.
Goodman, David: A Parent's Guide to the Emotional Needs of Children. With an Introduction by Marynia Farnham, M. D., London 1959.
Goodsell, Willystine: A History of the Family as a Social and Educational Institution, New York 1915.

Goodwin, Doris Kearns: The Johnson Presidential Press Conferences, 2 Bde., London 1978.
Goodwin, Richard N.: Remembering America. A Voice from the Sixties, Boston 1988.
Gosney, Ezra Seymour / Popenoe, Paul B.: Collected Papers on Eugenic Sterilization in California, The Human Betterment Foundation, Pasadena 1930.
Gosney, Ezra Seymour / Popenoe, Paul B.: Sterilization for Human Betterment, The MacMillan Company, New York 1929. [Deutsche Ausgabe: Sterilisierung zum Zwecke der Aufbesserung des Menschengeschlechts, Berlin 1930.]
Gosney, Ezra Seymour / Popenoe, Paul B.: Sterilization for Human Betterment. A Summary of Results of 6,000 Operations in California, 1909–1929, The Macmillan Company, New York 1931.
Gosney, Ezra Seymour / Popenoe, Paul B.: Twenty-Eight Years of Sterilization in California, The Human Betterment Foundation, Pasadena 1938.
Grabill, Wilson H. / Kiser, Clyde V. / Whelpton, Pascal K.: The Fertility of American Women, New York / London 1958.
Grant, Madison: The Passing of the Great Race or the Racial Basis of European History. Fourth Revised Edition with A Documentary Supplement, with Prefaces by Henry Fairfield Osborn, New York 1924 [1916].
Grant, Robert: Marriage and Divorce, in: Scribner's Magazine 66 (1919), S. 193–198.
Greeley, Horace: Recollections of a Busy Life, New York 1869.
Groves, Ernest R. / Ogburn, William F.: American Marriage and Family Relationships, New York 1928.
Guttmacher, Alan F.: Babies by Choice or Chance, New York 1961. [Erstausgabe: Garden City 1959].
Guttmacher, Alan F.: Family Planning: The Needs and the Methods, in: The American Journal of Nursing, Vol. 69, Nr. 6, (June 1969), S. 1229–1234.
Guttmacher, Alan F.: Planning Your Family, New York 1964.
Guttmacher, Alan F.: The Complete Book of Birth Control, New York 1961.
Hall, Kermit L. (Hg.): American Legal History. Cases and Materials, New York / Oxford 1996.
Halsey, Margaret: Color Blind. A White Woman Looks at the Negro, New York 1946.
Halverson, H. Jeanette: The Prolificacy of Dependent Families, in: The American Journal of Sociology 29 (1923), Nr. 3, S. 338–344.
Harding Davis, Rebecca [u. a.]: Are Women to Blame?, in: North American Review 148 (1889), S. 622–642.
Harper Cooley, Winnifred: The Younger Suffragists (1913), in: Keetley, Dawn / Pettegrew, John (Hg.): Public Women, Public Words. A Documentary History of American Feminism, Bd. II, 1900 to 1960, Lanham u. a. 2002, S. 16–19.
Harrington, Michael: The Other America. Poverty in the United States, New York 1962.
HARYOU (Harlem Youth Opportunities Unlimited Inc.): Youth in the Ghetto. A Study of Powerlessness and a Blueprint for Change, Harlem Youth Opportunities Unlimited Incorporation, New York 1964.
Havelock, Ellis: Little Essays of Love and Virtue, New York 1921.
Hawley, James H.: Uniformity of Marriage and Divorce Laws, in: Johnson, Julia E. (Hg.): Selected Articles on Marriage and Divorce, New York 1925, S. 160–164. [Original: Proceedings of the Governor's Conference 1912, S. 162–173.]
Hayden, Tom: Reunion. A Memoir, New York 1988.

Henderson, Charles Richmond: Are Modern Industry and City Life Unfavorable to the Family?, in: The American Journal of Sociology 14 (1909), Nr. 5, S. 668–680.
Henderson, Charles Richmond: Social Duties, Chicago 1909.
Henderson, Charles Richmond: Social Elements, Institution, Characters, Progress, Cambridge 1898.
Hollinger, David A. (Hg.): The American Intellectual Tradition. A Source Book, 2 Bde., New York 1997.
Horney, Karen: The Neurotic Personality of Our Time, New York 1937.
Houck, Davis W.: Actor, Ideologue, Politician. The Public Speeches of Ronald Reagan, Westport 1993.
Howard, George Elliott: Bad Marriage and Quick Divorce, in: Journal of Applied Sociology 6 (1921), S. 1–10.
Howard, George Elliott: Is the Freer Granting of Divorce an Evil?, in: The American Journal of Sociology 14 (1908/09), Nr. 6, S. 766–796.
Howard, George Elliott: Is the Freer Granting of Divorce and Evil?, in: Papers and Proceedings, Third Annual Meeting, American Sociological Society, held at Atlantic City, N. J. December 28–30, 1908, Chicago / New York 1909, repr. 1971 (Publications of the American Sociological Society, III), S. 150–180.
Howard, George: A History of Matrimonial Institutions, 3 Bde., Chicago 1904.
Hutchinson, Woods: Evidences of Race Degeneration in the United States, in: Annals of the Academy of Political and Social Science 34 (1909), Nr. 1, S. 43–47.
Hutchinson, Woods: Evolutionary Ethics of Marriage and Divorce, in: Contemporary Review 88 (1905), S. 398.
Ingersoll, Robert G. [u. a.]: Is Divorce wrong?, in: North American Review 149 (1889), S. 513–538.
Inglehart, Ronald (Hg.): Human Values and Social Change. Findings from the Values Surveys, Leiden 2003.
Inglehart, Ronald / Norris, Pippa: Rising Tide. Gender Equality and Cultural Change Around the World, Cambridge 2003.
Inglehart, Ronald: Culture Shift in Advanced Industrial Society, Princeton 1990.
Inglehart, Ronald: Kultureller Umbruch. Wertewandel in der westlichen Welt, Frankfurt a. M. / New York 1989.
Inglehart, Ronald: The Silent Revolution in Europe. Intergenerational Change in Post-Industrial Societies, in: American Political Science Review 65 (1971), S. 991–1017.
Inglehart, Ronald: The Silent Revolution. Changing Values and Political Styles among Western Publics, Princeton 1977.
Jacobs, Paul / Landau, Saul: Die neue Linke in den USA. Analyse und Dokumentation, München 1969.
Johnson, H. W.: Fitter Family for Future Firesides. The Kansas Eugenics Contest, in: Journal of Heredity 16 (1925), Nr. 1, S. 457–60.
Johnson, Julia E. (Hg.): Selected Articles on Marriage and Divorce, New York 1925.
Johnson, Lyndon B.: Public Papers of the Presidents of the United States. Lyndon B. Johnson. Containing the Public Messages, Speeches, and Statements of the President, 11 Bde., 1963–1969, Washington D. C. 1965–1978.
Johnson, Lyndon B.: Remarks of the President at Howard University, 4. 6. 1965. To Fulfill These Rights, in: Rainwater, Lee / Yancey, William (Hg.): The Moynihan Report and the Politics of

Controversy. A Trans-Action Social Science and Public Policy Report. Including the Full Text of The Negro Family. The Case for National Action by Daniel P. Moynihan, Cambridge / London 1967, S. 125–132.
Johnson, Roswell Hill: Eugenic Aspect of Sexual Immorality, in: Journal of Heredity 8 (1917), Nr. 3, S. 121–122.
Johnson, Roswell Hill: The Determination of Disputed Parentage as a Factor in Reducing Infant Mortality, in: Journal of Heredity 10 (1919), Nr. 3, S. 121–124.
Keely, Dawn / Pettegrew, John (Hg.): Public Women, Public Words. A Documentary History of American Feminism, 3 Bde., 1997–2002.
Kennan, George F.: Rebellen ohne Programm. Demokratie und studentische Linke, Stuttgart 1968.
Kennedy, John F.: Legacy of a President. The Memorable Words of John Fitzgerald Kennedy. United States Information Agency, o. O., o. J.
Kennedy, John F.: Profiles in Courage, London 1955.
Kennedy, John F.: Public Papers of the Presidents of the United States. John F. Kennedy. Containing the Public Messages, Speeches and Statements of the President. 4 Bde. 1961–1963, Washington D. C., 1962–1977.
Kennedy, John F.: The Burden and the Glory, New York 1964.
Kennedy, John F.: The Strategy of Peace, New York 1960.
Kennedy, John F.: To Turn the Tide, New York 1962.
Kesaris, Paul / Gibson, Joan: A Guide to the Minutes and Documents of the Cabinet Meetings of President Eisenhower, 1953–1961, Washington 1980.
Key, Ellen: Das Jahrhundert des Kindes, Berlin 1902. [Englische Ausgabe: The Century of the Child, New York / London 1909, Orginalausgabe: Barnets åhundrade, 1900].
King, Martin Luther: A Testament of Hope: The Essential Writings and Speeches of Martin Luther King, Jr., edited by James Melvin Washington, New York 1986.
Kinsey, Alfred: Sexual Behavior in the Human Female, Philadelphia / Bloomington 1953.
Kinsey, Alfred: Sexual Behavior in the Human Male, Philadelphia / Bloomington 1948.
Kirkpatrick, Clifford: The Family as Process and Institution, New York 1955.
Kiser, Clyde V.: Trends in Fertility Differentials by Color and Socioeconomic Status in the United States, in: Eugenics Quarterly 15 (1968), Nr. 4, S. 221–226.
Knight, Denise D.: Declaration of Sentiments, in: American History through Literature 1820–1870, edited by Janet Gabler-Hover and Robert Sattelmeyer, Vol. 1, New York 2006, S. 316–320.
Koedt, Anne: The Myth of the Vaginal Orgasm, in: Firestone, Shulamith / Koedt, Anne (Hg.): Notes from the Second Year, New York 1970, S. 111–112.
Koehn, George L.: Is Divorce a Social Menace?, in: Johnson, Julia: E.: Selected Articles on Marriage and Divorce, New York 1925, S. 189–200. [Original: Current History Magazine, New York Times 16 (1922), S. 294–299].
Komarovsky, Mirra: Blue Collar Marriage, New York 1964.
Komarovsky, Mirra: Dilemmas of Masculinity. A Study of College Youth, New York 1976.
Komarovsky, Mirra: The Unemployed Man and His Family: The Effect of Unemployment Upon the Status of the Man in Fifty-nine Families, New York 1940. [Nachdruck 1973].
Komarovsky, Mirra: Women in College. Shaping New Feminine Identities, New York 1985.
Komarovsky, Mirra: Women in the Modern World. Their Education and Dilemmas, Ann Arbor 1953.

Kupinski, Stanley (Hg.): The Fertility of Working Women. A Synthesis of International Research, New York 1977.
Kupinski, Stanley: The Fertility of Working Women in the United States. Historical Trends and Theoretical Perspectives, in: Ders. (Hg.): The Fertility of Working Women. A Synthesis of International Research, New York 1977, S. 188–249.
Lasch, Christopher: Haven in a Heartless World. The Family Besieged, New York 1977.
Lasch, Christopher: The Culture of Narcissism. American Life in an Age of Diminishing Expectations, New York 1978.
Lasch, Christopher: The New Radicalism in America, 1889–1963. The Intellectual as a Social Type, London 1966.
Laughlin, Harry H.: Eugenical sterilization in the United States (Psychopathic Laboratory of the Municipal Court of Chicago), Chicago 1922.
Laughlin, Harry H.: Eugenics and Infant Mortality, Eugenics Record Office, Cold Spring Harbor 1912.
Laughlin, Harry H.: Immigration and Conquest. A Study of the United States as the Receiver of Old World Emigrants Who Became the Parents of Future-born Americans, Chamber of Commerce of the State of New York, New York 1939.
Laughlin, Harry H.: Official Records in the History of the Eugenics Record Office, Cold Spring Harbor 1939.
Laughlin, Harry H.: The Legal Status of Eugenical Sterilization. History and Analysis of Litigation under the Virginia Sterilization Statute, Which Led to a Decision of the Supreme Court of the United States Upholding the Statute, Chicago 1930.
Laughlin, Harry H.: The Legal, Legislative and Administrative Aspects of Sterilization, Eugenics Record Office, Cold Spring Harbor 1914.
Laughlin, Harry H.: The Present Status of Eugenical Sterilization in the United States, Cold Spring Harbor 1923. [Repr. From Eugenics in Race and State, Vol. II, 1923].
Laughlin, Harry H.: The Socially Inadequate. How Shall We Designate and Sort Them?, in: American Journal of Sociology 27 (1921), Nr. 1, S. 54–70.
Lee, Margaret: Divorce; or, Faithful and Unfaithful, New York 1889.
Lee, Margaret: Final Words on Divorce, in: North American Review 150 (1890), Nr. 2, S. 263–268.
Lenroot, Katherine F.: Social Responsibility for the Protection of Children Handicapped by Illegitimate Birth, in: Annals of the American Academy of Political and Social Science 98 (1921), S. 120–128.
Lewis, Oscar: Five Families. Mexican Case Studies in the Culture of Poverty, New York 1959.
Lewis, Oscar: The Culture of Poverty, in: Moynihan, Daniel P.: On Understanding Poverty: Perspectives from the Social Sciences, New York 1969, S. 187–220.
Lewotin, Richard / Kirk, Dudley / Crow, James: Selective Mating, Assortative Mating, and Inbreeding. Definitions and Implications, in: Eugenics Quarterly 15 (1968), Nr. 2, S. 141–143.
Lichtenberger, James P.: Divorce. A Study in Social Causation, Columbia University Studies in History, Economics and Public Law 25, Nr. 3, New York 1909.
Lichtenberger, James P.: Is the Freer Granting of Divorce an Evil?, in: The American Journal of Sociology 14 (1909), Nr. 6, S. 785–789.
Lipset, Seymour Martin / Wolin, Sheldon S. (Hg.): The Berkeley Student Revolt, Garden City 1965.

Lipset, Seymour Martin: Rebellion in the University. A History of Student Activism in America, London 1972.
Livermore, Mary A. [u. a.]: Women's View of Divorce, in: North American Review 150 (1890), Nr. 1, S. 110–135.
Lowitt, Richard / Beasly, Maurine (Hg.): One Third of a Nation: Lorina Hickok Reports on the Great Depression, Urbana 1981.
Lynd, Robert S. / Lynd, Helen Merell: Middletown in Transition. A Study in Cultural Conflicts, New York 1937.
Lynd, Robert S. / Lynd, Helen Merrell: Middletown. A Study in Contemporary American Culture, New York 1929.
Malcolm X / Haley, Alex: The Autobiography of Malcolm X, New York 1965.
Malinowski, Bronislaw: The Family Among the Australian Aborigines. A Sociological Study, London 1913.
Mansbridge, Jane J.: Why We Lost the ERA, Chicago 1986.
Martschukat, Jürgen: Väter, Soldaten, Liebhaber. Männer und Männlichkeiten in der Geschichte Nordamerikas. Ein Reader, Bielefeld 2007.
Massey, Douglas S. (Hg.): The Moynihan Report Revisited. Lessons and Reflections after Four Decades, Thousand Oaks 2009.
Masters, William H. / Johnson, Virginia: Homosexuality in Perspective, Boston 1979.
Masters, William H. / Johnson, Virginia: Human Sexual Inadequacy, Boston 1970.
Masters, William H. / Johnson, Virginia: Human Sexual Response, Boston 1966.
Masters, William H. / Johnson, Virginia: Human Sexuality, Toronto 1982.
Masters, William H. / Johnson, Virginia: Settling Sexual Conflicts, in: The Reader's Digest (1975), Nr. 4, S. 84–87.
Masters, William H. / Johnson, Virginia: The Pleasure Bond, New York 1970.
McCorvey, Norma: I am Roe. My Life, Roe vs. Wade, and Freedom of Choice, New York 1994.
Mead, Margaret / Heyman, Ken: Family, New York 1965.
Mead, Margaret / Wolfenstein, Martha (Hrsg.): Childhood in Contemporary Cultures, University of Chicago Press, Chicago / London 1955.
Mead, Margaret: And Keep Your Powder Dry: An Anthropologist Looks at America, New York 1942.
Mead, Margaret: Male and Female. A Study of the Sexes in a Changing World, London 1949.
Mead, Margaret: What is Happening to the American Family? Religion Is the Support of the Family, but the Family is also the Support of Religion, in: Pastoral Psychology 1 (1950), Nr. 5, S. 40–50. [Erstmals erschienen 1947 im Journal of Social Casework].
Mead, Margaret: What's the Matter with the Family?, in: Harper's Magazine 190 (1945), April, S. 393–399.
Mehren, Elizabeth / Cuniberti, Betty: He's the Force Behind „The Silent Scream" Film: Doctor Who Performed Thousands of Abortions Narrates, Promotes Right-to-Life Sonogram Movie, in: TIME, 8.5.1985 <articles.latimes.com/1985-08-08/news/vw-3552_1_silent-scream>.
Merriam, Eve: „The Matriachal Myth" or the Case of the Vanishing Male, in: The Nation, 8.11.1958, S. 332.
Meyer, Agnes E.: Education for a New Morality, New York 1957.
Meyer, Agnes E.: Out of These Roots. The Autobiography of an American Woman, Boston, MA 1953.

Meyer, Agnes E.: Women Aren't Men, in: Atlantic Monthly 194 (1950), August, S. 32–36.
Millett, Kate: Sexual Politics. A Manifesto for Revolution, in: Firestone, Shulamith / Koedt, Anne (Hg.): Notes from the Second Year, New York 1970, S. 37–41.
Mills, Charles W.: Power, Politics and People. The Collected Essays of C. Wright Mills, New York 1963.
Mills, Charles W.: The Power Elite, New York 1957.
Mills, Charles W.: The Racial Contract, Ithaca 1997.
Mills, Charles W.: White Collar. The American Middle Classes, New York 1952.
Mink, Gwendolyn / Solinger, Rickie (Hg.): Welfare. A Documentary History of U. S. Policy and Politics, New York 2003.
Mitra, S.: Child-Bearing Pattern of American Woman, in: Eugenics Quarterly 13 (1966), Nr. 2, S. 133–140.
Mitra, S.: Education and Fertility in the United States, in: Eugenics Quarterly 13 (1966), Nr. 4, S. 214–222.
Mitra, S.: Income, Socioeconomic Status, and Fertility in the United States, in: Eugenics Quarterly 13 (1966), Nr. 4, S. 223–230.
Mitra, S.: Occupation and Fertility in the United States, in: Eugenics Quarterly 13 (1966), Nr. 2, S. 141–146.
Morgan, J. W.: Ministers and Divorce, in: Homiletic Review 63 (1912), S. 76–77.
Morgan, Robin [u. a.] (Hg.): Sisterhood is Powerful: An Anthology of Writings from the Women's Liberation Movement, New York 1970.
Morgan, Winona: The Family Meets the Depression. A Study of a Group of Highly Selected Families, Westport 1939.
Morrow, Prince A.: The Relations of Social Diseases to the Family, in: The American Journal of Sociology 14 (1909), Nr. 5, S. 622–637.
Moynihan, Daniel P.: Employment, Income, and the Ordeal of the Negro Family, in: Clark, Kenneth B. / Parsons, Talcott (Hg.): The Negro American, Boston 1966, S. 134–159.
Moynihan, Daniel P.: Family and Nation. The Goodkin Lectures, Harvard University, San Diego u. a. 1986.
Moynihan, Daniel P.: Maximum Feasible Misunderstanding. Community Action in the War on Poverty, New York 1969.
Moynihan, Daniel P.: On Understanding Poverty. Perspectives from the Social Sciences, New York 1969.
Moynihan, Daniel P.: Toward a National Urban Policy, New York 1970.
Murdock, George P.: Social Structure, New York 1949.
Murray, Bill: Up Front, New York 1945.
Myrdal, Gunnar: An American Dilemma. The Negro Problem and Modern Democracy, New York 1944.
Myrdal, Gunnar: Social Trends in America and Strategic Approaches to the Negro Problem. Phylon, Vol. 9, Nr. 3 (1948), S. 196–214.
Nadasen, Premilla / Mittelstadt, Jennifer / Marisa Chappell (Hg.): Welfare in the United States. A History with Documents, New York 2009.
Nathanson, Bernard: Aborting America, Garden City, 1979.
National Commission on the Causes and Prevention of Violence: To Establish Justice, To Insure Domestic Tranquility. The Final Report, New York 1970.

Neptune, Donna Wicks / Popenoe, Paul B.: „Acquaintance and Betrothal", in: Social Forces 16 (1938), Nr. 4, S. 552–555.
Norris, George W.: Divorce and the Means of Diminishing It, in: Editorial Review 5 (1911), S. 1081–1084.
Northcote, Hugh: Christianity and Sex Problems, Philadelphia 1907.
Noyes, Hilda H: The Development of Useful Citizenship, in: Journal of Heredity 11 (1920), Nr. 2, S. 88–91.
Nye, F. Ivan / Hoffman, Lois Wladis (Hg.): The Employed Mother in America, Chicago 1963.
Park, Robert: Race Relations and the Race Problem. A Definition and an Analysis, with Edgar Tristram Thompson, Durham, NC 1939.
Parsons, Elsie Clews: Higher Education of Women and the Family, in: The American Journal of Sociology 14 (1909), Nr. 6, S. 758–763.
Parsons, Elsie Clews: The Family. An Ethnographical and Historical Outline with Descriptive Notes. Planned as a Text-book for the Use of College Lecturers and of Directors of Home-reading Clubs, New York / London 1906.
Parsons, Talcott (Hg.): The Negro American, Boston 1966, S. 160–204.
Parsons, Talcott / Bales R. F. (Hg.): Family, Socialization and Interaction Process, New York / London 1955.
Parsons, Talcott: Age and Sex in the Social Structure of the United States, in: American Sociological Review 7, Nr. 5 (October 1942), S. 604–616.
Parsons, Talcott: Full Citizenship for the Negro American? A Sociological Problem, in: Clark, Kenneth B. / Parsons, Talcott (Hg.): The Negro American, Boston 1967, S. 709–754.
Parsons, Talcott: Introduction. Why „Freedom Now", Not Yesterday? In: Clark, Kenneth B. / Parsons, Talcott (Hg.): The Negro American, Boston 1967, S. XIX-XXVIII.
Parsons, Talcott: The American Family. Its Relations to Personality and the Social Structure, in: Parsons, Talcott / Bales, R. F. (Hg.): Family, Socialization and Interaction Process, New York / London 1955, S. 3–33.
Parsons, Talcott: The Kinship System of the Contemporary United States, in: American Anthropologist 45 (1943), Nr. 1, S. 22–38.
Parsons, Talcott: The Normal American Family, in: Skolnick, Arlene S. / Skolnick, Jerome H. (Hg.): Family in Transition. Rethinking Marriage, Sexuality, Child Rearing and Family Organization, Boston 1971, S. 397–403.
Parsons, Talcott: The Social Structure of the Family, in: Anshen, Ruth Nanda (Hg.): The Family. Its Function and Destiny, New York 1949, S. 173–201.
Peabody, Francis: Jesus Christ and the Social Question, New York 1903. [Deutsche Übersetzung: Jesus Christus und die soziale Frage, 1903].
Pohlmann, Edward: Mobilizing Social Pressures toward Small Families, in: Eugenics Quarterly 13 (1966), Nr. 2, S. 122–127.
Pohlmann, Edward: The Timing of First Birth. A Review of Effects, in: Eugenics Quarterly 15 (1968), Nr. 4, S. 252–263.
Ponsett, Alex: A Despised Minority. Unwed Mothers are Targets of Abuse from a Harsh Society, Ebony, August 1966, S. 48–54.
Popenoe, Paul B. / Johnson, Roswell H.: Applied Eugenics, New York 1918. [Überarbeitete Neuausgabe New York 1933].
Popenoe, Paul B. / Williams, Ellen Morton: Fecundity of Families Dependent on Public Charity, in: The American Journal of Sociology 40 (1934), Nr. 2, S. 214–220.

Popenoe, Paul B.: A Study of 738 Elopements, in: American Sociological Review 3 (1938), Nr. 1, S. 47–53.
Popenoe, Paul B.: Assortative Mating for Occupational Level, in: Journal of Social Psychology. Political, Racial and Differential Psychology 8 (1937), Nr. 2, S. 270–274.
Popenoe, Paul B.: Divorce and Remarriage from a Eugenic Point of View, in: Social Forces 12 (1933), Nr. 1, S. 48–50.
Popenoe, Paul B.: Divorce. 17 Ways to Avoid It, Los Angeles 1959.
Popenoe, Paul B.: Education and Eugenics, in: Journal of Educational Sociology 8 (1935), Nr. 8, S. 451–458.
Popenoe, Paul B.: Eugenics and Family Relations, in: Journal of Heredity 31 (1940), Nr. 12, S. 532–536.
Popenoe, Paul B.: Eugenics and Human Morality, in: Journal of Heredity 13 (1922), Nr. 2, S. 77–81.
Popenoe, Paul B.: Family or Companionate?, in: Journal of Social Hygiene 11 (1925), Nr. 3, S. 129–138.
Popenoe, Paul B.: Heredity in Relation to the Family, in: Living 1 (1939), Nr. 2/3, S. 46.
Popenoe, Paul B.: Marriage Is What You Make It, New York 1950.
Popenoe, Paul B.: Marriage. Before and After, New York 1943.
Popenoe, Paul B.: Mate Selection, in: American Sociological Review 2 (1937), Nr. 5, S. 735–743.
Popenoe, Paul B.: Modern Marriage. A Handbook for Men, Revised and entirely rewritten, New York 1940.
Popenoe, Paul B.: Modern Marriage. A Handbook, New York 1925.
Popenoe, Paul B.: Practical Applications of Heredity, Baltimore 1930.
Popenoe, Paul B.: Preparing for Marriage, Los Angeles 1938.
Popenoe, Paul B.: Problems of Human Reproduction, Baltimore 1926.
Popenoe, Paul B.: Remarriage of Divorcees to Each Other, in: American Sociological Review 3 (1938), Nr. 5, S. 695–699.
Popenoe, Paul B.: Sex, Love and Marriage, New York 1963.
Popenoe, Paul B.: Sexual Inadequacy of the Male. A Manual for Counselors, Los Angeles 1946.
Popenoe, Paul B.: Should Boys Grow up to Be Men?, in: The Phi Delta Kappan 27 (1945), Nr. 4, S. 120.
Popenoe, Paul B.: Social Life for High School Girls and Boys, The American Social Hygiene Association, New York 1941.
Popenoe, Paul B.: The Child's Heredity, Baltimore 1929.
Popenoe, Paul B.: The Conservation of the Family, Baltimore 1926.
Popenoe, Paul B.: The Foster Child, in: Scientific Monthly 29 (1929), Nr. 3, S. 243–248.
Popenoe, Paul B.: The German Sterilization Law, in: Journal of Heredity 25 (1934), Nr. 7, S. 257–260.
Popenoe, Paul B.: The Institute of Family Relations, Journal of Home Economics 22 (1930), Nr. 11, S. 906–907.
Popenoe, Paul B.: Trends in Teaching Family Relations, in: Marriage and Family Living 8 (1946), Nr. 2, S. 35–36.
Popenoe, Paul B.: Where are the Marriageable Men?, in: Social Forces 14 (1935), Nr. 2, S. 257–262.
Popenoe, Paul P. / Disney, Dorothy Cameron: Can this Marriage Be Saved?, New York 1960.

Potter, Henry: „Is Divorce Wrong?", in: North American Review 149 (1889), S. 513–538.
Rainwater, Lee / Yancey, William L. (Hg.): The Moynihan Report and the Politics of Controversy. Including the Full Text of The Negro Family. The Case for National Action by Daniel Patrick Moynihan, Cambridge / London 1967.
Rainwater, Lee: Crucible of Identity. The Negro Lower Class Family, in: Clark, Kenneth B. / Ralph, James R.: Northern Protest. Martin Luther King Jr., Chicago and the Civil Rights Movement, Cambridge 1993.
Reagan, Ronald: Abortion and the Conscience of the Nation, in: The Human Life Review, 3.2.1984.
Reagan, Ronald: Abortion and the Conscience of the Nation, Nashville 1984, überarbeitete Neuausgabe, Sacramento, CA 2001.
Reagan, Ronald: Public Papers of the Presidents of the United States. Ronald Reagan, 1981–1989, 11 Bde., Washington 1982–1991.
Richardson, A. S.: Better Babies and Their Care, New York 1914.
Riesman, David: The Lonely Crowd. A Study of the Changing American Character, Garden City 1954 [1950].
Rogers, Anna B.: Why American Marriages Fail, Boston 1909.
Roosevelt, Theodore: Race Decadence. Review of „Racial Decay" by Octavius Charles Beale in the Outlook, 8.4.1911, in: Roosevelt, Theodore: Literary Essays (The National Edition of Roosevelt's Works, Bd. 12), New York 1926, S. 184–196.
Roosevelt, Theodore: Sixth Annual Message, 3.12.1906, in: State Papers as Governor and President, 1899–1909 (The National Edition of Roosevelt's Works, Bd. 15), New York 1926, S. 377–378.
Rose, Arnold: The Negro in America. A Condensation of An American Dilemma, by Gunnar Myrdal with the assistance of Richard Sterner and Arnold Rose, London 1948.
Ross, Arthur M.: The Changing Pattern of Negro Employment, in: Ebony, July 1967, S. 38–39.
Ross, Edward Alsworth.: The Causes of Race Superiority, in: Annals of the American Academy of Political and Social Science 18 (1901), S. 67–89.
Ross, Edward Alsworth: Das Buch der Gesellschaft. Grundlagen der Soziologie und Sozialreform, Karlsruhe 1926. [Originaltitel: Principles of Sociology, 1924].
Ross, Edward Alsworth: Is the Freer Granting of Divorce an Evil?, in: American Journal of Sociology 14 (1909), Nr. 6, S. 793–794.
Ross, Edward Alsworth: Social Control. A Survey of the Foundations of Order. Cleveland / London 1969 [1901].
Ross, Edward Alsworth: The Significance of Increasing Divorce, in: Century 78 (1909), S. 149–152.
Rossi, Alice S.: Gender and Parenthood, in: American Sociological Review 49 (1984), February, S. 1–19.
Rossi, Alice: Equality Between the Sexes. An Immodest Proposal, in: Daedalus 93 (1964), Nr. 2, S. 607–652.
Russell, Bertrand: Marriage and the Population Question, in: International Journal of Ethics 26 (1916), S. 443–461.
Rustin, Bayard: From Protest to Politics. The Future of the Civil Rights Movement, in: Commentary 39 (1965), Nr. 1, S. 25–31.
Rustin, Bayard: The Watts „Manifesto" & the McCone Report, in: Commentary 41 (1966), Nr. 3, S. 29–35.

Sanford, Elias B.: Origin and History of the Federal Council of Churches of Christ in America, Hartford 1916.
Sanger, Margaret / Russell, Winter: Debate on Birth Control, New York 1921.
Sanger, Margaret: Birth Control Comes of Age, 1928–1939, Urbana u. a. 2006 [1966].
Sanger, Margaret: Family Limitation, New York 1914.
Sanger, Margaret: Motherhood in Bondage, New York 1928.
Sanger, Margaret: My Fight for Birth Control, London 1932.
Sanger, Margaret: The Pivot of Civilization, New York 1922.
Sanger, Margaret: What Every Girl Should Know, New York 1920.
Sanger, Margaret: Why Not Birth Control Clinics in America?, in: Birth Control Review 3 (1919), Nr. 5, S. 10–11.
Sanger, Margaret: Woman and the New Race, New York 1920.
Scanlon, Jennifer (Hg.): The Gender and Consumer Culture Reader. New York / London 2000.
Schlafly, Phyllis (Hrsg.): Who Will Rock the Craddle? The Battle For Control of Childcare in America, Nashville 1990.
Schlafly, Phyllis: A Choice, Not an Echo, Alton, IL 1964.
Schlapp, Max G.: Causes of Defective Children. Prenatal Development Affected by Glandular Disturbances in the Mother – Induced by Unfavorable Environment, in: The Journal of Heredity 14 (1923), Nr. 9, S. 387–398.
Schlesinger, Arthur M. Jr.: Robert Kennedy and His Times, Boston 1978.
Schlesinger, Arthur M. Jr.: The American Male. Why do Women Dominate Him?, in: Look, März 1959.
Schlesinger, Arthur M. Jr.: The Crisis of American Masculinity, in: Ders. (Hg.): The Politics of Hope, Boston 1963, S. 237–246.
Schlesinger, Arthur M. Jr.: The Crisis of American Masculinity, in: Esquire 51, Januar 1959.
Schreiner, Olive: Woman and Labour, Leipzig 1911.
Schreiner, Olive: Women and Labour, Leipzig 1911.
Seward, Georgine: Sex Roles in Postwar Planning, in: Journal of Social Psychology 19 (1944), S. 163–185.
Sherbon, Florence B.: Popular Education, in: Eugenics 1.1 (1928), S. 33–35.
Siegel, Alberta E. / Meek Stolz, Lois: Research Issues Related to the Effects of Maternal Employment on Children. A Symposium Presented at the Biennial Meeting of the Society for Research in Child Development, March 16, 1961, Pennsylvania State University, University Park, PA 1961.
Siegel, Alberta Engvall / Stolz, Lois Meek / Hitchcock, Ethel Alice [u. a.]: Dependence and Independence in Children. In: Nye, F. Ivan / Hoffman, Lois Waldis (Hg.): The Employed Mother in America, Chicago 1963, S. 67–81.
Skinner, Kiron (Hg.): Reagan. A Life in Letters, New York 2004.
Skinner, Kiron: Reagan, in His Own Hand. The Writings of Ronald Reagan that Reveal His Revolutionary Vision for America, New York 2001.
Small, Albion W.: Adam Smith and Modern Sociology, Chicago 1907.
Small, Albion W.: General Sociology, Chicago 1905.
Small, Albion W.: The Cameralists, Chicago 1909.
Small, Albion W.: The Meaning of the Social Sciences, Chicago 1910.
Smith, Walter George: Ethics of Divorce, in: Case and Comment 21 (1914), S. 3–6.

Smith, Walter George: Is the Freer Granting of Divorce an Evil?, in: The American Journal of Sociology 14 (1909), Nr. 6, S. 789–793.
Smith, Walter George: Uniform marriage and divorce laws: Address, Columbus 1909 <www.galenet.galegroup.com/servlet/MOML?af=RN&ae=F3752545864&srchtp=a&ste=14>.
Spencer, Anna Garlin: Problems of Marriage and Divorce, in: Forum 48 (1912), S. 188–204.
Spencer, Anna Garlin: The Social Education of Women, in: Publications of the American Sociological Society 13 (1918), S. 11–27.
Spock, Benjamin: Säuglings- und Kinderpflege, Bd. 1, Pflege und Behandlung des Säuglings, Frankfurt a. M. 1957.
Spock, Benjamin: Säuglings- und Kinderpflege, Bd. 2, Probleme der Kindheit und Jugend, Frankfurt a. M. 1957.
Spock, Benjamin: The Commonsense Book of Baby and Child Care, New York 1946.
Stanton, Elizabeth Cady / Anthony, Susan Brownell / Gordon, Ann Dexter: The Selected Papers of Elizabeth Cady Stanton and Susan B. Anthony: Bd. 1–3 (1840–1873), New Brunswick 1997–2000.
Stanton, Elizabeth Cady: Are Homogenous Divorce Laws in All the States Desirable?, in: North American Review 170 (1900), S. 405–409.
Stanton, Elizabeth Cady: Divorce vs. Domestic Warfare, in: Arena 1 (1890), S. 560–569.
Stoddard, Lothrop: Into the Darkness. Nazi Germany Today. New York 1940.
Stoddard, Lothrop: The Rising Tide of Color against White Supremacy, Reprint Brighton 1981. [First Edition New York 1920].
Stolz, Lois Meek: Effects of Maternal Employment on Children: Evidence from Research, in: Child Development 31 (1960), Nr. 4, S. 749–782.
Stone Blackwell, Alice: The Threefold Menace (1913), in: Keetley, Dawn / Pettegrew, John (Hg.): Public Women, Public Words. A Documentary History of American Feminism, Bd. II, 1900 to 1960, Lanham u. a. 2002, S. 186–189.
Strecker, Edward: Their Mother's Sons: The Psychiatrist Examines an American Problem, New York 1946.
Sturgis, Somers H. / Menzer-Benaron, Doris: The Gynecological Patient. A Psycho-Endocrine Study, New York / London 1962.
Sumner, William G.: The Family and Social Change, in: Publications of the American Sociological Society. Papers and Proceedings, Volume III: Third Annual Meeting of the American Sociological Society, held at Atlantic City, N. J., December 28–30, 1908, [Erstausgabe: Chicago / New York 1909], New York / London 1971, S. 1–15.
Sumner, William: The Family and Social Change, in: The American Journal of Sociology 14 (1909), Nr. 5, S. 577–591.
Terkel, Studs: The Good War. An Oral History of World War II, New York 1984.
Terkel, Studs: Hard Times. An Oral History of the Great Depression, New York 1970.
Terkel, Studs: Race. How Blacks and Whites Think and Fell about the American Obession, New York 1992.
The Race Betterment Foundation: Proceedings of the First National Conference on Race Betterment, Battle Creek 1914.
Tietze, Christopher / Lewit, Sarah: Legal Abortion, in: Scientific American Vol. 236, Nr. 1 (1977), S. 21–27.

Tietze, Christopher: Contraceptive Practice in the Contect of a Nonrestrictive Abortion Law: Age Specific Pregnancy Rates in New York City, 1971–1973, in: Family Planning Perspectives, Vol. 7, Nr. 5 (1975), S. 197–202.

Tietze, Christopher: The Effects of Legalization of Abortion on Population Growth and Public Health, in: Family Planning Perspectives 7 (1975), Nr. 3, S. 123–127.

Trumbull, Benjamin: An Appeal to the Public. Especially the Learned on the Unlawfulness of Divorce, New Haven 1788.

U. S. Department of Commerce and Labor. Marriage and Divorce, 1867–1906, 2 Bde., Westport 1909 [Nachdruck 1978].

U. S. Department of Labor, Women's Bureau: Facts over Time, Women in the Labor Force (2012).

Unger, Irwin / Unger, Debi (Hg.): The Times Are a Changin'. The Sixties Reader, New York 1998.

Vaget, Hans R. (Hg.): Thomas Mann, Agnes E. Meyer. Briefwechsel 1937–1955. Frankfurt a. M. 1992.

Ventura, Stephanie J. [u. a.]: Nonmarital Childbearing in the United States, 1940–99. National Vital Statistics Report from the Center for Disease Control and Prevention, National Center for Health Statistics, National Vital Statistics System, 48 (2000), Nr. 16.

Vespa, Jonathan [u. a.]: America's Family and Living Arrangements: 2012. Current Population Reports, P20–570. U. S. Census Bureau, Washington D. C.

Weisman, Steven R. (Hg.): Daniel Patrick Moynihan. A Portrait in Letters of an American Visionary, New York 2010.

Wells, Kate Gannett: Some Comments on Divorce, in: North American Review 173 (1901), Nr. 4, S. 508–517.

West, Mary Mills (Mrs. Max West) / U. S. Department of Labor, Children's Bureau: Infant Care, Washington 1914.

White House Working Group on the Family: The Family. Preserving America's Future. A Report to the President from the White House Working Group on the Family, Washington 1986.

White, Mrs. Edward Franklin: Marriage and Divorce (Amendment to the Constitution. Hearing before a Subcommittee on S. J. Res. 5, 68$^{th}$ Congress, 1$^{st}$ Session. January 11, 1924, S. 11–14, in: Johnson, Julia E. (Hg.): Selected Articles on Marriage and Divorce, New York 1925, S. 250–253.

Wiggam, A. E.: The New Decalogue of Science, New York 1922.

Wilkinson, Marguerite O. B.: Education as a preventive of Divorce, in: The Craftsman 21 (1912), Nr. 5, S. 473–481.

Wise, Jennings C.: Shall Congress Be Given Power To Establish Uniform State Laws?, in: Central Law Journal 70 (1910), S. 93–99.

Wright, Caroll D.: Outline of Practical Sociology, New York 1900.

Wylie, Philip: Generation of Vipers, Champaign / London 2007 [Erstausgabe 1942] / Young, Whitney: To be Equal. New York / Toronto, London 1964.

# Forschungsliteratur

Ahlburg, Dennis A. / DeVita, Carol J.: „New Realities of the American Family", in: Population Bulletin 47, Nr. 2 (August 1992), S. 15.
Allen, Ann Taylor / Baader, Meike Sophie (Hg.): Ellen Keys reformpädagogische Vision. Das „Jahrhundert des Kindes" und seine Wirkung, Weinheim 2000.
Allen, Ann Taylor: Feminism and Motherhood in Western Europe 1890–1970. The Maternal Dilemma, New York 2005.
Allen, Ann Taylor: Feminism, Social Science, and the Meanings of Modernity. The Debate on the Origin of the Family in Europe and the United States, 1860–1914, in: American Historical Review 104 (1999), Nr. 4, S. 1085–1113.
Allen, Garland: Eugenics Comes to America, in: Jacoby, Russell / Glauberman, Naomi (Hg.): The Bell Curve Debate. History, Documents, Opinions, New York 1995, S. 441–475.
Allen, Garland: The Biological Basis of Crime. An Historical and Methodological Study, in: History of Social and Physical Science 31 (2001), Nr. 2, S. 183–222.
Allen, Garland: The Eugenics Record Office at Cold Spring Harbor, 1910–1940. An Essay on Institutional History, in: Osiris 2 (1986), Nr. 2, S. 225–264.
Allen, Garland: The Ideology of Elimination: American and German Eugenics, 1900–1945, in: Nicosia, Frances / Heuner, Jonathan (Hg.): Medicine and Medical Ethics in Nazi Germany. Origins, Practices, Legacies, New York 2002, S. 13–39.
Allen, Garland: The Reception of Mendelism in the United States, 1900–1930, in: Life Science 323 (2000), Nr. 12, S. 1081–1088.
Allen, Katherine / Demo, David: The Families of Lesbians and Gay Men. A New Frontier in Family Research, Journal of Marriage and the Family 57 (1995), Nr. 1, 111–127.
Allerbeck, Klaus: Soziologie radikaler Studentenbewegungen. Eine vergleichende Untersuchung in der Bundesrepublik Deutschland und den Vereinigten Staaten, München 1973.
Alley, Robert / Brown, Irby: Women Television Producers. Transformation of the Male Medium, Rochester 2001.
Allit, Patrick: Catholic Intellectuals and Conservative Politics in America 1950–1985, Ithaka 1993.
Amato, Paul: Alone Together. How Marriage in America is Changing, Boston 2009.
Amireh, Amal: The Factory Girl and the Seamstress. Imagining Gender and Class in Nineteenth Century American Fiction, New York 2000.
Ammerman, Nancy: North American Protestant Fundamentalism, in: Marty, Martin E. / Appelby, R. Scott (Hg.): Fundamentalisms Observed. Fundamentalism Project, Bd. 1, Chicago 1991, S. 1–65.
Anderson, Karen T.: Last Hired, First Fired. Black Women Workers during World War II, in: Journal of American History 69 (1982), Nr. 1, S. 83–97.
Anderson, Karen: Changing Woman. A History of Racial Ethnic Women in Modern America, New York 1996.
Anderson, Karen: Wartime Women. Sex Roles, Family Relations, and the Status of Women During World War II, Westport 1981.
Anderson, Terry H.: The Movement and the Sixties, New York 1995.
Andrew, John A.: Resurgent Conservatism, in: Kupiec Cayton, Mary / Williams, Peter (Hg.): Encyclopedia of American Cultural and Intellectual History, Bd. 2, New York u. a. 2001, S. 205–213.

Andrew, John A.: The Other Side of the Sixties. Young Americans for Freedom and the Rise of Conservative Politics, New York 1997.
Apple, Rima / Golden, Janet (Hg.): Mothers and Motherhood. Readings in American History, Columbus 1997.
Apple, Rima: Constructing Mothers. Scientific Motherhood in the Nineteenth and Twentieth Centuries, in: Social History of Medicine 8 (1995), Nr. 2, S. 161–178.
Apple, Rima: Constructing Mothers. Scientific Motherhood in the Nineteenth and Twentieth Centuries, in: Dies. / Golden, Janet (Hg.): Mothers and Motherhood. Readings in American History, Columbus 1997, S. 90–110.
Apple, Rima: Perfect Motherhood: Science and Childrearing in America, Piscataway 2006.
Apple, Rima: Physicians and Mothers Construct „Scientific Motherhood", in: Warner, John / Tighe, Janet: Major Problems in the History of American Medicine and Public Health, Boston / New York 2001, S. 332–339.
Appy, Christian G.: Cold War Constructions. The Political Culture of United States Imperialism 1945–1966, Amherst, MA 2000.
Ariès, Philippe: Centuries of Childhood. A Social History of Family Life, New York 1962.
Arnold, Laura / Weisberg, Herbert: Parenthood, Family Values and the 1992 Presidential Election, in: American Politics Quarterly 24 (1996), Nr. 2, S. 194–220.
Aronson, Amy Beth: Taking Liberties. Early American Women's Magazines and their Readers, Westport 2002.
Aschenbrenner, Joyce: Extended Families among Black Americans, in: Journal of Comparative Family Studies 4 (1973), Nr. 2, S. 257–268.
Aschenbrenner, Joyce: Lifelines. Black Families in Chicago, New York 1975.
Auga, Ulrike (Hg.): Das Geschlecht der Wissenschaften. Zur Geschichte von Akademikerinnen im 19. und 20. Jahrhundert, Frankfurt a. M. 2010.
Auletta, Ken: The Underclass, New York 1982.
Badger, Anthony J.: The New Deal. The Depression Years, 1933–1940, Basingstoke 1989.
Bailey, Beth / Farber, David: America in the Seventies, Lawrence 2004.
Bailey, Beth: From Front Porch to Back Seat. Courtship in Twentieth Century America, Baltimore 1988.
Bailey, Beth: Sex in the Heartland, Cambridge u. a. 2004.
Bailey, Beth: Sexual Revolution(s), in: Farber, David (Hg.): The Sixties. From Memory to History, Chapel Hill / London 1994, S. 235–262.
Bailey, Martha J. / Danziger, Sheldon (Hg.): Legacies of the War on Poverty, New York 2013.
Baker, Ellen: On Strike and on Film. Mexican American Families and Blacklisted Filmmakers in Cold War America, North Carolina 2007.
Balbier, Uta: Billy Graham's Crusades in the 1950s: Neo-Evangelicalism between Civil Religion, Media, and Consumerism, in: Bulletin of the German Historical Institute Washington D. C. 44 (2009), S. 71–80.
Balitzer, Alfred / Bonnetto, Gerald: A Time for Choosing. The Speeches of Ronald Reagan, Chicago 1983.
Ballaster, Ros [u. a.]: Women's Worlds. Ideology, Feminity and the Woman's Magazine, Basingstoke u. a. 1991.
Banks, J. A.: Victorian Values. Secularism and the Size of Families, London 1981.
Bashford, Alison / Levine, Philippa (Hg.): The Oxford Handbook of the History of Eugenics, Oxford 2010.

Bateman, Fred / Taylor, Jason E.: The New Deal at War. Alphabet Agencies' Expenditure Patterns 1940-1945, in: Explorations in Economic History 40 (2003), Nr. 3, S. 251-278.
Bauman, John F. / Coode, Thomas H.: In the Eye of the Great Depression. New Deal Reporters and the Agony of the American People, DeKalb 1988.
Baumann, Zygmunt: Moderne und Ambivalenz: Das Ende der Eindeutigkeit, Hamburg 2005 [Originalausgabe 1991 Modernity and Ambivalence].
Baumol, William J.: Welfare Economics and the Theory of the State with a New Introduction. Welfare and the State Revisited, London 1965.
Baxandall, Rosalyn / Ewen, Elizabeth: Picture Windows. How the Suburbs Happened, New York 2000.
Baxandall, Rosalyn Fraad: America's Working Women. A Documentary History, 1600 to the Present, New York 1995.
Bean, Frank D. / Frisbie, W. Parker (Hg.): The Demography of Racial and Ethnic Groups, New York u. a. 1978.
Beard, Mary: Women as Force in History, New York 1946.
Beattie, Keith: The Scar that Binds. American Culture and the Vietnam War, New York 1998.
Beck, Ulrich / Beck-Gernsheim, Elisabeth: Individualisierung in modernen Gesellschaften. Perspektiven und Kontroversen einer subjektorientierten Soziologie, in: Dies. (Hg.): Riskante Freiheiten, Frankfurt a. M. 1994, S. 10-39.
Beck, Ulrich: Das Zeitalter des „eigenen Lebens". Individualisierung als „paradoxe Sozialstruktur" und andere offene Fragen, in: Aus Politik und Zeitgeschichte B 29 (2001), S. 3-6.
Beck, Ulrich: Jenseits von Frauen- und Männerrollen. Die Zukunft der Familie, in: Universitas 1 (1991), S. 1-9.
Beck, Ulrich: Risikogesellschaft. Auf dem Weg in eine andere Moderne, Frankfurt a. M. 1986.
Beck-Gernsheim, Elisabeth / Beck, Ulrich (Hg.): Riskante Freiheiten. Individualisierung in modernen Gesellschaften, Frankfurt a. M. 1994, bes. S. 10-39.
Beck-Gernsheim, Elisabeth: Auf dem Weg in die postfamiliale Familie. Von der Notgemeinschaft zur Wahlverwandtschaft, in: Dies. / Beck, Ulrich (Hg.): Riskante Freiheiten, Frankfurt a. M. 1994, S. 115-138.
Bederman, Gail: Manliness and Civilization. A Cultural History of Gender and Race in the United States 1880-1917, Chicago 1995.
Beisel, Nicola: Imperiled Innocents: Anthony Comstock and Family Reproduction in Victorian America, Princeton 1997.
Bell, Daniel: Zur Auflösung der Widersprüche von Modernität und Modernismus: Das Beispiel Amerikas. In: Ders. / Meier, Heinrich (Hg.): Zur Diagnose der Moderne, München 1990, S. 21-68.
Bell, Rudolph / Yans, Virginia (Hg.): Women on Their Own. Interdisciplinary Perspectives on Being Single, New York 2008.
Bendroth, Margaret Lamberts: Growing Up Protestant. Parents, Children, and Mainline Churches, New Brunswick 2002.
Benedict, Hans-Jürgen: Vom Protest zum Widerstand. Die Vietnamkriegs-Opposition in den USA und in der BRD, in: Friedensanalysen 4 (1977), S. 79-106.
Bengtson, Vern L. / Biblarz, Timothy J. / Roberts, Robert E. L.: How Families Still Matter. A Longitudinal Study of Youth in Two Generations, Cambridge 2002.
Benkov, Laura: Reinventing the Family. Lesbian and Gay Parents, New York 1994.

Bennett, David H.: The Party of Fear. From Nativist Movements to the New Rights in American History, Chapel Hill 1988.
Bennett, William: Our Children and Our Country. Improving America's Schools and Affirming the Common Culture, New York 1988.
Bensel, Richard Franklin: The Political Economy of American Industrialization 1877–1900, Cambridge 2000.
Berg, Allison: Mothering the Race. Women's Narratives of Reproduction 1890–1930, Illinois 2002.
Berg, Manfred: 1968. A Turning Point in American Race Relations?, in: Fink, Carole / Gassert, Philipp / Junker, Detlef (Hg.): 1968. The World Transformed (Publications of the German Historical Institute), Cambridge 1998, S. 397–420.
Berg, Manfred: The Ticket to Freedom. Die NAACP und das Wahlrecht der Afro-Amerikaner, Frankfurt a. M. 2000.
Berg, Manfred: Two Cultures of Rights. The Quest for Inclusion and Participation in Modern America and Germany, Cambridge, MA 2002.
Berger, Maurice: How Art Becomes History. Essays on Art, Society, and Culture in Post-New Deal America, New York 1992.
Berghahn, Volker R.: America and the Cold Wars in Europe. Shepard Stone between Philantrophy, Academy and Diplomacy, Princeton 2001.
Berman, William: America's Right Turn. From Nixon to Bush, Baltimore 1994.
Bernanke, Ben S.: Essays on the Great Depression, Princeton 2000.
Bernstein, Irving: Guns or Butter. The Presidency of Lyndon Johnson, Oxford / New York 1996.
Berzon, Betty: Sharing Your Lesbian Identity with your Children, in: Vida, Ginny (Hg.): Our Right to Love. A Lesbian Resource Book, Englewood Cliffs 1978, S. 69–74.
Besharov, Douglas A. / West, Andrew: African American Marriage Patterns <www.hoover.org/sites/default/files/uploads/documents/0817998721_95.pdf>.
Betts, Paul Robert (Hg.): Domestic Dreamworlds. Notions of Home in Post-1945 Europe, London 2005.
Biblarz, Timothy J. / Stacey, Judith (Hg.): How Does the Gender of Parents Matter? In: Journal of Marriage and Family, Vol. 72, 1 (2010), S. 3–22.
Biles, Roger: A New Deal for the American People, DeKalb 1991.
Biles, Roger: The South and the New Deal, Lexington 1994.
Billingsley, Andrew: Black Families in White America, Englewood Cliffs 1968.
Birnbaum, Norman: After Progress. American Social Reform and European Socialism in the Twentieth Century, Oxford 2001.
Birnbaum, Norman: Der protestantische Fundamentalismus in den USA, in: Meyer, Thomas (Hg.): Fundamentalismus in der modernen Welt, Frankfurt a. M. 1989, S. 121–154.
Birnbaum, Norman: Verlust mit Folgen. Das Vermächtnis des New Deal in der amerikanischen Politik, in: Gewerkschaftliche Monatshefte 55 (2004), S. 344–370.
Bix, Amy Sue: Experiences and Voices of Eugenic Field-Workers. 'Women's Work' in Biology, in: Social Studies of Science 27 (1997), S. 625–668.
Black, Edwin: War Against the Weak. Eugenics and America's Campaign to Create a Master Race, New York / London 2003.
Black, Jason Edward: Authoritarian Fatherhood. Andrew Jackson's Early Familial Lectures to America's „Red Children", in: Journal of Family History 30 (2005), Nr. 3, S. 247–264.

Blackwelder, Julia Kirk: Now Hiring: The Feminization of Work in the United States, 1990–1995, College Station 1997.
Blair, Karen: The Clubwoman as Feminist. True Womanhood Redefined 1868–1914, New York 1980.
Blake, Nelson M.: The Road to Reno. A History of Divorce in the United States, New York 1962.
Blanchard, Dallas A.: The Anti-Abortion Movement and the Rise of the Religious Right, New York 1994.
Blankenhorn, David: Fatherless America. Confronting Our Most Urgent Social Problem, New York 1995.
Block, James E.: The Crucible of Consent. American Child Rearing and the Forging of Liberal Society, Cambridge, MA 2012.
Blossfeld, Hans-Peter (Hg.): Between Equalization and Marginalization. Women Working Part-time in Europe and the United States of America, Oxford 1997.
Blum, John Morton: Years of Discord. American Politics and Society 1961–1974, New York 1991.
Booker, Keith M.: The Post-Utopian Imagination. American Culture in the Long 1950s, Westport 2002.
Boris, Eileen / Klein, Jennifer: Caring for America. Home Health Workers in the Shadow of the Welfare State, New York 2012.
Boswell, Angela: Married Women's Property Rights and the Challenge to the Patriarchal Order: Colorado County, Texas, in: Coryell, Janet L. (Hg.): Negotiating Boundaries of Southern Womanhood: Dealing With the Powers That Be, Columbia, MO 2000, S. 89–109.
Boudreau, Erica Bicchieri: „Yeah, I have a Goodly Heritage". Health Versus Heredity in the Fitter Family Contests 1920–1928, in: Journal of Family History 30 (2005), Nr. 4, S. 366–387.
Bourdieu, Pierre: Die männliche Herrschaft, Frankfurt a. M. 2005.
Bowman-Kruhm, Mary: Margaret Mead. A Biography, Westport / London 2003.
Boydston, Jeanne: Gender as a Question of Historical Analysis, in: Alexandra Shepard/Walker Garthine (Hg.): Gender and Change. Agency, Chronology, and Periodization, Malden 2009, S. 133–165.
Boydston, Jeanne: Home and Work. Housework, Wages, and the Ideology of Labor in the Early Republic, New York 1994.
Boyer, Paul: By the Bomb's Early Light. American Thought and Culture at the Dawn of the Atomic Age, New York 1985.
Bozett, Frederick W.: Gay and Lesbian Parents, New York 1987.
Braeman, John: The New Deal Revisited, in: Continuity 23 (1999), S. 1–63.
Brandt, Allen M.: No Magic Bullet. A Social History of Venereal Disease in the United States since 1880, New York 1987.
Braunstein, Peter / Doyle, Michael William (Hg.): Imagine Nation. The American Counterculture of the 1960s and '70s, New York 2002.
Breines, Winifred: The Trouble between Us. An Uneasy History of White and Black Women in the Feminist Movement, Oxford 2007.
Brennan, Mary: Wives, Mothers, and the Red Menace. Conservative Women and the Crusade against Communism, Colorado 2008.
Bridenthal, Renate / Claudia Koontz (Hg.): Becoming Visible. Women in European History, Boston 1987.

Briggs, Laura: Mother, Child, Race, Nation. The Visual Iconography of Rescue and the Politics of Transnational and Transracial Adoption, in: Gender & History 15 (2003), Nr. 2, S. 179–200.
Briggs, Laura: Reproducing Empire. Race, Sex Science, and U. S. Imperialism in Puerto Rico, Los Angeles 2002.
Briggs, Laura: Somebody's Children. The Politics of Transracial and Transnational Adoption, Durham, London 2012.
Brinkley, Alan: The End of Reform. New Deal Liberalism in Recession and War, New York 1995.
Brinkley, Alan: The Problem of American Conservatism, in: American Historical Review 99 (1994), Nr. 2, S. 409–429.
Bristow, Nancy K.: Making Men Moral. Social Engineering During the Great War, New York / London 1996.
Brock, William R.: Welfare, Democracy, and the New Deal, Cambridge / New York 1988.
Brocker, Manfred: Protest – Anpassung – Etablierung. Die Christliche Rechte im politischen System der USA, Frankfurt a. M. u. a. 2004.
Bronfen, Elisabet: Das verknotete Subjekt. Hysterie in der Moderne, Berlin 1998.
Bronner, Stephen Eric: US-amerikanischer Blick zurück. 1968 dreißig Jahre danach, in: Faber, Richard / Stölting, Erhard (Hg.): Die Phantasie an die Macht? 1968. Versuch einer Bilanz, Berlin / Wien 2002.
Brooks, Marla: The American Family on Television. A Chronology of 121 Shows 1948–2004, Jefferson / London 2004.
Brooks, Tim / Marsh, Earl: The Complete Directory to Prime Time Network and Cable TV Shows. 1946-Present, New York 2003.
Brosco, Jeff: Weight Charts and Well Child Care. When the Pediatrician Became the Expert in Child Health, in: Stern, Alexandra Minna / Markel, Howard (Hg.): Formative Years. The History of Children's Health in the United States 1880–2000, Ann Arbor 2002, S. 91–121.
Brown, Bruce W.: Images of Family Life in Magazine Advertising 1920–1978, New York 1981.
Brown, Laura: Lesbians and Family, in: NWSA Journal 1 (1988), Nr. 1, S. 103–108.
Brown, Nikki: Private Politics and Public Voices. Black Women's Activism from World War I to the New Deal, Bloomington, IN 2006.
Browning, Don / Clairmont, David A.: American Religions and the Family. How Faith Traditions Cope with Modernization and Democracy, Columbia 2006.
Browning, Don S. [u. a.]: From Culture Wars to Common Ground: Religion and the American Family Debate, Louisville, KY 1997.
Brownlee, Elliott: The Reagan Presidency. Pragmatic Conservatism and Its Legacies, Lawrence 2003.
Brueckweh, Kerstin [u. a.] (Hg.): Engineering Society. The Role of the Human and Social Sciences in Modern Societies 1880–1980, New York 2012.
Brumberg, Johanna: Die Vermessung einer Generation. Die Babyboomer und die Ordnung der Gesellschaft im US-Zensus zwischen 1940 und 1980, Göttingen 2015.
Bryson, Thomas A.: Walter George Smith, Washington 1977.
Buch, Friedrich W. / Nave-Herz, Rosemarie (Hg.): Familie und Gesellschaft. Beiträge zur Familienforschung, Oldenburg 2005.
Buhle, Mari Jo: Feminism and Its Discontents: A Century of Struggle with Psychoanalysis, Cambridge 1999.

Bullard, Catherine S.: Children's Future, Nation's Future. Race, Citizenship and the United States Children's Bureau, in: Schumann, Dirk (Hg.): Raising Citizens in the „Century of the Child". The United States and German Central Europe in Comparative Perspective, New York 2010, S. 53–67.
Bullard, Robert D. (Hg.): The Black Metropolis in the Twenty-First Century. Race, Power, and Politics of Place, Lanham, MD / Plymouth, UK 2007.
Burke, Phyllis: Family Values. A Lesbian Mother's Fight for Her Son, New York 1993.
Burkes, George R. Jr.: Family Values, in: Kutler, Stanley I. (Hg.): Dictionary of American History, Bd. 3, New York 2003, S. 316–317.
Burkholder, Zoe: Color in the Classroom. How American Schools Taught Race 1900–1954, Oxford 2011.
Burner, David: Making Peace with the '60s, Princeton 1996.
Burns, Gene: The Moral Veto. Stalemate and Change in American Debates over Contraception and Abortion, New York 2002.
Büschges, Christian [u. a.] (Hg.): Die Ethnisierung des Politischen. Identitätspolitiken in Lateinamerika, Asien und den USA, Frankfurt a. M. 2007.
Bush, William S.: Who Gets a Childhood? Race and Juvenile Justice in Twentieth-Century Texas, Athens, GA 2010.
Butler, Judith: Bodies that Matter. On the Discursive Limits of „Sex", New York 1993.
Butler, Judith: Die Macht der Geschlechternormen und die Grenzen des Menschlichen, Frankfurt a. M. 2009.
Butler, Judith: Gender Trouble. Feminism and the Subversion of Identity, New York 1990.
Calhoun, Craig (Hg.): Sociology in America. A History, Chicago 2007.
Cameron, Ardis (Hg.): Looking for America. The Visual Production of Nation and People, Malden 2005.
Canaday, Margot: The Straight State. Sexuality and Citizenship in Twentieth-Century America, Princeton 2009.
Canning, Kathleen: Feminist History after the Linguistic Turn. Historicizing Discourse and Experience, in: Signs 19 (1994), Nr. 2, S. 368–404.
Canning, Kathleen: Gender History in Practice. Historical Perspectives on Bodies, Class, and Citizenship, Ithaca / London 2005.
Caplow, Theodore / Bahr, Howard / Chadwick, Bruce (Hg.): Middletown Families. Fifty Years of Change and Continuity, Minneapolis 1982.
Caplow, Theodore: Recent Social Trends in the United States 1960–1990, Montréal 1994.
Carbone, June: From Partners to Parents. The Second Revolution in Family Law, New York 2000.
Carey, Allison C.: Gender and Compulsory Sterilization Programs in America 1907–1950, in: Journal of Historical Sociology 11 (1998), Nr. 3, S. 74–105.
Carey, Allison: On the Margins of Citizenship. Intellectual Disability and Civil Rights in Twentieth Century America, Philadelphia 2010.
Carlson, Elof / Micklos, David: Engineering American Society. The Lesson of Eugenics, in: Nature Review / Genetics 1 (2000), S. 153–158.
Carlson, Elof Axel: The Unfit. A History of a Bad Idea, Cold Spring Harbor 2001.
Carlson, Elof: Times of Triumph. Times of Doubt. Science and the Battle for the Public Trust, Cold Spring Harbor 2006.

Caron, Simone M.: Birth Control and the Black Community in the 1960s. Genocide or Power Politics?, in: Journal of Social History 31 (1998), Nr. 3, S. 545–569.

Caron, Simone M.: Who Chooses? American Reproductive History since 1830, Gainesville 2008.

Carp, E. Wayne (Hg.) Adoption in America. Historical Perspectives, Ann Arbor 2002.

Carp, E. Wayne: Family Matters. Secrecy and Disclosure in the History of Adoption, 2nd edition Cambridge, London 2000.

Carp, E. Wayne: Jean Paton and the Struggle to Reform American Adoption, Ann Arbor 2014.

Carter, Dale: War and Cold War in American Foreign Policy 1942–62, Basingstoke 2002.

Carter, Julian: The Heart of Whiteness. Normal Sexuality and Race in America 1890–1940, Durham 2007.

Casey, Steven: Franklin D. Roosevelt. American Public Opinion, and the War Against Nazi Germany, Oxford 2001.

Cashin, Joan E. (Hg.): The Family in the American South, Thousand Oaks 2003.

Cashman, Sean Dennis: America in the Age of the Titans. The Progressive Era and World War I, New York 1988.

Cavan, Ruth Shonle: The American Family, New York 1969.

Cayton, Mary Kupiec / Williams, Peter W. (Hg.): Encyclopedia of American Cultural and Intellectual History, New York u. a. 2001.

Cecora, J. (Hg.): Changing Values and Attitudes in Family Households with Rural Peer Groups, Social Networks, and Action Spaces. Implications of Institutional Transition in East and West for Value Formation and Transmission, Bonn 1994.

Celello, Kristin: Making Marriage Work. A History of Marriage and Divorce in the Twentieth-Century United States, Chapel Hill 2009.

Chadwick, Bruce A. / Heaton, Tim B. (Hg.): Statistical Handbook on the American Family, Phoenix 1992, 2nd edition 1999.

Chafe, William H. / Sitkoff, Harvard: A History of Our Time. Readings on Postwar America, New York 1999.

Chafe, William H.: Eleanor Roosevelt, in: Kerber, Linda K. / De Hart, Mathews (Hg.): Women's America. Refocusing the Past, New York 1987, S. 364–374.

Chafe, William H.: The American Woman. Her Changing Social, Economic, and Political Roles 1920–1970, London 1974.

Chafe, William H.: The Paradox of Change. American Women in the 20th Century, New York 1991.

Chafe, William H.: The Unfinished Journey. America since World War II, New York / Oxford 2003.

Chafe, William H.: Women and Equality. Changing Patterns in American Culture, New York 1977.

Chandler, Ralph Clark: The Wicked Shall Not Bear Rule. The Fundamentalist Heritage of the New Christian Right, in: Bromley, David G. / Shupe, Anson (Hg.): New Christian Politics, Macon 1984.

Chappell, Marisa: The War on Welfare. Family, Poverty, and Politics in Modern America, Philadelphia 2010.

Cherlin, Andrew J.: American Marriage in the Early Twenty-First Century, in: The Future of Children – Marriage and Child Wellbeing 15 (2005), Nr. 2, S. 33–55.

Cherlin, Andrew J.: Public and Private Families. An Introduction, Sixth Edition, New York 2010.

Cherlin, Andrew J.: The Deinstitutionalization of American Marriage, in: Journal of Marriage and the Family 66 (2004), S. 848–861.

Cherlin, Andrew J.: The Marriage-Go-Round. The State of Marriage and the Family in America Today, New York 2009.
Chesler, Ellen: Woman of Valor. Margaret Sanger and the Birth Control Movement in American, New York 2007. [Erstausgabe 1992].
Christenson, Cornelia: Kinsey: A Biography, Bloomington 1971.
Clark, Clifford Edward: The American Family Home 1800–1960, Chapel Hill / London 1986.
Clarke, Adele: Disciplining Reproduction. Modernity, American Life Sciences, and the Problem of Sex, Berkeley 1998.
Cline, David P.: Creating Choice. A Community Responds to the Need for Abortion and Birth Control, 1961–1973, New York 2006.
Clunis, Merilee / Green Dorsey, D.: Lesbian Couples, Seattle 1988.
Cobble, Dorothy Sue: The Other Women's Movement. Workplace Justice and Social Rights in Modern America, Princeton 2004.
Coffman, Elesha J.: The Christian Century and the Rise of the Protestant Mainline, New York u. a. 2013.
Cogdell, Christine: Eugenic Design. Streamlining America in the 1930s, Philadelphia 2004.
Cohan, Steve: Masked Men. Masculinity and the Movies in the Fifties, Bloomington 1997.
Cohen, Jerry / Murphy, William S.: Burn, Baby, Burn! The Los Angeles Race Riot, August 1965, New York 1966.
Cohen, Lizabeth: A Consumers' Republic. The Politics of Mass Consumption in Postwar America, New York 2003.
Colburn, David R. / Pozzetta, George D.: Reform and Reformers in the Progressive Era, Westport 1983.
Collier, Jane / Rosaldo, Michelle Z. / Yanagisako, Sylvia: Is There A Family? New Anthropological Views, in: Thorne, Barry / Yalom, Marilyn (Hg.): Rethinking the Family. Some Feminist Questions, Boston 1992, S. 31–48.
Collins, Robert M.: Transforming America. Politics and Culture in the Reagan Years, New York 2007.
Coltrane, Scott / Adams, Michele: Men's Family Work. Child-Centered Fathering and the Sharing of Domestic Labor, in: Hertz, Rosanna / Marshall, Namy L. (Hg.): Working Families. The Transformation of the American Home, Berkeley 2001, S. 72–99.
Condit, Celeste Michelle: Decoding Abortion Rhetoric. Communicating Social Change, Urbana / Chicago 1990.
Connell, R. W. / Messerschmidt, James W.: Hegemonic Masculinity. Rethinking the Concept, in: Gender & Society 19 (2005), S. 829–859.
Connell, Robert: Masculinities, Cambridge 1995.
Connelly, Mark Thomas: The Response to Prostitution in the Progressive Era, Chapel Hill 1980.
Connelly, Matthew: Fatal Misconception. The Struggle to Control World Population, Cambridge / London 2008.
Conrad, Sebastian / Randeria, Shalini (Hg.): Jenseits des Eurozentrismus. Postkoloniale Perspektiven in den Geschichts- und Kulturwissenschaften, Frankfurt a. M. 2002.
Cook, Blanche Wiesen: Eleanor Roosevelt 1884–1933, London 1992.
Cook, Blanche Wiesen: The Defining Years 1933–1938, London 2000.
Coontz, Stephanie / Parson, Maya / Raley, Gabrielle (Hg.): American Families. A Multicultural Reader, New York 1998, Überarb. Neuauflage New York 2008.

Coontz, Stephanie: A Strange Stirring. The Feminine Mystique and American Women at the Dawn of the 1960s, New York 2011.
Coontz, Stephanie: Die Entstehung des Privaten. Amerikanisches Familienleben vom 17. bis zum ausgehenden 19. Jahrhundert, Münster 1994.
Coontz, Stephanie: Marriage, A History. From Obedience to Intimacy or How Love Conquered Marriage, New York 2005.
Coontz, Stephanie: The Social Origins of Private Life. A History of American Families 1600–1900, London 1988.
Coontz, Stephanie: The Way We Never Were. American Families and the Nostalgia Trap, New York 1992.
Coontz, Stephanie: The Way We Really Are. Coming to Terms with America's Changing Families, New York 1997.
Corber, Robert J.: Homosexuality in Cold War America. Resistance and the Crisis of Masculinity, Durham 1997.
Corcoran, May: The Economic Progress of African American Women, in: Browne, Irene (Hg.): Latinas and African American Woman at Work. Race, Gender, and Economic Inequality, New York 2000, S. 35–60.
Costin, Lela: Two Sisters for Social Justice. A Biography of Grace and Edith Abbott, Chicago 1983.
Cott, Nancy F. (Hg.): No Small Courage. A History of Women in the United States, Oxford 2000.
Cott, Nancy F. [u.a.]: Considering the State of U. S. Women's History, in: Journal of Women's History 15 (2003), S. 145–163.
Cott, Nancy F.: Public Vows. A History of Marriage and the Nation, Cambridge / London 2000.
Cott, Nancy F.: The Grounding of Modern Feminism, New Haven 1987.
Crafton, William: The Incremental Revolution. Ronald Reagan and Welfare Reform in the 1970s, in: Journal of Policy History, Vol. 26, Nr. 1 (2014), S. 27–47.
Critchlow, Donald T.: Conservatism Reconsidered. Phillis Schlafly and Grassroot Conservatism, in: Farber, David / Roche, Jeff (Hg.): The Conservative Sixties, New York 2003, S. 108–126.
Critchlow, Donald T.: Intended Consequences. Birth Control, Abortion, and the Federal Government in Modern America, New York 1999.
Critchlow, Donald T.: Intended Consequences. Birth Control, Abortion, and the Federal Government in Modern America, Oxford / New York 1999.
Critchlow, Donald T.: Phillis Schlafly and Grassroots Conservatism. A Woman's Crusade, Princeton / Oxford 2005.
Cross, Gary S.: Time and Money. The Making of Consumer Culture, London 1993.
Cuordileone, Kyle: Politics in an Age of Anxiety. Cold War Political Culture and the Crisis in American Masculinity 1949–1960, in: Journal of American History 87 (2000), Nr. 2, S. 515–545.
Curran, Laura: Feminine Women, Hard Workers. Foster Motherhood in Midcentury America 1946–1963, in: Journal of Family History, 31 (2006), Nr. 4, S. 386–412.
Currell Susan / Cogdell, Christina (Hg.): Popular Eugenics. National Efficiency and American Mass Culture in the 1930s, Athens 2006.
Curtis, Bruce: Victorians Abed. William Graham Sumner on the Family, Women and Sex, in: American Studies 18 (1977), Nr. 1, S. 101–122.

D'Emilio, John / Freedman, Estelle: Intimate Matters. A History of Sexuality in America, Chicago 1997.
D'Emilio, John: Lost Prophet. The Life and Times of Bayard Rustin, New York 2003.
Dabel, Jane: A Respectable Woman. The Public Roles of African American Women in 19th Century New York, New York 2008.
Dale, Clare A. (Hg.): The Military and the Family, Thousand Oaks 2002.
Dallek, Robert: Flawed Giant. Lyndon Johnson and His Times 1961–1973, New York / Oxford 1998.
Dallek, Robert: John F. Kennedy. Ein unvollendetes Leben, München 2003.
Dallek, Robert: Lone Star Rising. Lyndon Johnson and His Times 1908–1960, New York / Oxford 1991.
Dallek, Robert: Lyndon B. Johnson. Portrait of a President, Oxford / New York 2004.
Damon-Moore, Helen: Magazines for the Millions. Gender and Commerce in the Ladies' Home Journal and the Saturday Evening Post 1880–1910, New York 1994.
Daniel, Ute: Kompendium Kulturgeschichte. Theorien, Praxis, Schlüsselwörter, Frankfurt a. M. 2001.
Daniels, Roger / Yang Murray, Alice: What Did the Internment of Japanese Americans Mean?, Boston 2000.
Daniels, Roger: Prisoners Without Trial. Japanese Americans in World War II, New York 1994.
Dau-Schmidt, Kenneth G. / Sherman, Ryland: The Employment and Economic Advancement of African-Americans in the 20th Century, in: Articles by Maurer Faculty, Paper 1292, 2013 <www.repository.law.indiana.edu/facpub/1292>.
Davidson, Chandler / Grofman, Bernard (Hg.): Quiet Revolution in the South. The Impact of the Voting Rights Act 1965–1990, Princeton, NJ 1994.
Davis, Allen F.: Spearheads for Reform. The Social Settlements and the Progressive Movement 1890–1914, New York 1967.
Davis, Angela Y.: Women, Race, and Class, New York 1983.
Davis, Kathy: The Making of Our Bodies, Ourselves. How Feminism Travels Across Borders, Durham 2008.
Davis, Natalie Zemon: „Women's History" in Transition. The European Case, in: Feminist Studies 3 (1976), Nr. 3–4, S. 83–103.
Davis, Rebecca L.: More Perfect Unions. The American Search for Marital Bliss, Cambridge / London 2010.
Davis, Sue: The Political Thought of Elizabeth Cady Stanton. Women's Rights and the American Political Traditions, New York 2010.
Dawson, Doyne: Evolutionary Theory and Group Selection. The Question of Warfare, in: History and Theory 38 (1999), Nr. 4, S. 79–100.
Dayton, Cornelia H. / Levenstein, Lisa: The Big Tent of U. S. Women's and Gender History. A State of the Field, in: Journal of American History (2012), S. 793–817.
Dechert, Andre: „"The good father in every way except…': Sitcoms, Vaterschaft und das Ideal der Kernfamilie in den USA, 1981–1992". [Dissertation Universität Münster, abgeschlossen 8/2016, erschienen 2018 unter dem Titel „Dad on TV: Sitcoms, Vaterschaft und das Idel der Kernfamilie in den USA, 1981–1992", Berlin / Boston 2018].
Dechert, Andre: Family Man: The Popular Reception of 'Home Improvement,' 1991–1992, and the Debate about Fatherhood, in: Heinemann, Isabel (Hg.): Inventing the Modern

American Family. Family Values and Social Change in 20th Century United States, Frankfurt a. M. 2012, S. 265–288.
Dechert, Andre: Von der zeitgenössischen Fiktion zur Dokumentation historischer Realität? Gender in US-amerikanischen Family Sitcoms der 1950er und frühen 1960er Jahre, in: Cheauré, Elisabeth / Paletschek, Sylvia / Reusch, Nina (Hg.): Geschlecht und Geschichte in populären Medien, Bielefeld 2013, S. 209–232.
Degele, Nina / Dries, Christian: Modernisierungstheorie. Eine Einführung, München 2005.
Degler, Carl N.: At Odds. Women and the Family in America from the Revolution to the Present, New York 1980.
Degler, Carl N.: Charlotte Perkins Gilman on the Theory and Practice of Feminism, in: American Quarterly 8 (1956), S. 21–39.
Del Castillo, Adelaida R.: Sterilization. An Overview, in: Del Castillo, Adelaida R. / Mora, Magdalena (Hg.): Mexican Women in the United States. Struggles Past and Present, Los Angeles 1980, S. 65–70.
Demos, John: Past, Present and Personal. The Family and the Life Course in American History, New York 1986.
Demtriou, Demetrakis Z.: Connell's Concept of Hegemonic Masculinity. A Critique, in: Theory and Society 30 (2001), Nr. 3, S. 337–361.
Dermott, Esther: Intimate Fatherhood. A Sociological Analysis, New York 2008.
Deth, Jan van / Scarbrough, Elinor (Hg.): The Impact of Values, Oxford / New York 1995.
Deutsch, Sarah Jane: From Ballots to Breadlines 1920–1940, in: Cott, Nancy F. (Hg.): No Small Courage. A History of Women in the United States, Oxford 2000, S. 413–473.
Diamond, Sara: Roads to Dominion. Right Wing Movements and Political Power in the United States, New York 1994.
Dietz, Bernhard / Neumaier, Christopher / Rödder, Andreas (Hg.): Gab es den Wertewandel? Neue Forschungen zum gesellschaftlich-kulturellen Wandel seit den 1960er Jahren, München 2013.
Dietz, Bernhard / Neumaier, Christopher: Vom Nutzen der Sozialwissenschaften für die Zeitgeschichte. Werte und Wertewandel als Gegenstand historischer Forschung, in: Vierteljahrshefte für Zeitgeschichte 60 (2012), S. 293–304.
Dietze, Gabriele: Weiße Frauen in Bewegung. Genealogien und Konkurrenzen von Race- und Genderpolitiken, Bielefeld 2013.
Dikain, Edward L.: The Myth of Family Decline. Understanding Families in a World of Rapid Social Change, Lexington 1990.
Dikötter, Frank: Race Culture. Recent Perspectives on the History of Eugenics, in: The American Historical Review 103 (1998), Nr. 2, S. 467–478.
Dill, Bonnie Thornton: Race, Class, and Gender. Prospects for an All-Inclusive Sisterhood, in: Feminist Studies 9 (1983), S. 131–150.
Dinges, Martin (Hg.): Männer – Macht – Körper. Hegemoniale Männlichkeiten vom Mittelalter bis Heute, Frankfurt a. M. 2005.
Dinges, Martin: „Hegemoniale Männlichkeit" – ein Konzept auf dem Prüfstand, in: Dinges, Martin (Hg.): Männer – Macht – Körper. Hegemoniale Männlichkeiten vom Mittelalter bis Heute, Frankfurt a. M. 2005, S. 7–36.
Dipper, Christof: Die deutsche Geschichtswissenschaft und die Moderne, in: Internationales Archiv für die Sozialgeschichte der Literatur, Bd. 37 (2012), S. 37–62.

Dipper, Christoph: Moderne, Version: 1.0, in: Docupedia-Zeitgeschichte, 25.8.2010 <docupedia.de/zg/Moderne?oldid=97426>.
Dobriner, William: The Suburban Community, New York 1958.
Doering-Manteuffel, Anselm / Raphael, Lutz / Schlemmer, Thomas (Hg.): Vorgeschichte der Gegenwart. Dimensionen des Strukturbruchs nach dem Boom. Göttingen 2016.
Doering-Manteuffel, Anselm / Raphael, Lutz: Nach dem Boom. Perspektiven auf die Zeitgeschichte seit 1970, Göttingen 2010.
Doering-Manteuffel, Anselm: Konturen von „Ordnung" in den Zeitschichten des 20. Jahrhunderts, in: Etzemüller, Thomas (Hg.): Die Ordnungen der Moderne. Social Engineering im 20. Jahrhundert, Bielefeld 2009, S. 41–64.
Doering-Manteuffel, Anselm: Nach dem Boom. Brüche und Kontinuitäten der Industriemoderne seit 1970, in: Vierteljahrshefte für Zeitgeschichte 55 (2007), Nr. 4, S. 559–581.
Doering-Manteuffel, Anselm: Wie westlich sind die Deutschen? Amerikanisierung und Westernisierung im 20. Jahrhundert, Göttingen 1999.
Donaldson, Scott: The Suburban Myth, New York / London 1969.
Dorr, Gregory Michael / Logan, Angela: „Quality, not mere quantity, counts". Black eugenics and the NAACP Baby Contests, in: Lombardo, Paul (Hg.): A Century of Eugenics in America. From the Indiana Experiment to the Human Genome Era. Bloomington, 2011, S. 68–92.
Dossett, Kate: Bridging Race Divides. Black Nationalism, Feminism, and Integration in the United States, 1896–1935, Florida 2008.
Dowbiggin, Ian Robert: „A Rational Coalition". Euthanasia, Eugenics, and Birth Control in America, 1940–1970, in: Journal of Policy History 14 (2002), Nr. 3, S. 223–260.
Dowbiggin, Ian Robert: A Merciful End. The Euthanasia Movement in Modern America, New York 2003.
Dowbiggin, Ian Robert: The Quest for Mental Health. A Tale of Science, Medicine, Scandal, Sorrow, and Mass Society, Cambridge 2011.
Downey, Douglas B. / Powell, Brian: Do Children in Single-Parent Households Fare Better Living With Same-Sex Parents?, in: Journal of Marriage and the Family 55 (1999), Nr. 1, S. 55–71.
Downs, Donald Alexander: Cornell '69. Liberalism and the Crisis of the American University, Ithaca 1999.
Doyle, Laura: The Long Arm of Eugenics, in: American Literary History 16 (2004), Nr. 3, S. 520–535.
Drake, W. Magruder (Hg.): A Discourse on Divorce: Orleans Territorial Legislature, 1806, in: The Journal of the Louisiana Historical Association 22 (1981), Nr. 4, S. 434–437.
Drucker, Donna: The Classification of Sex. Alfred Kinsey and the Organization of Knowledge, Pittsburg, PA 2014.
Dubinsky, Karen: Babies without Borders. Adoption and Migration across the Americas, New York 2010.
Dudink, Stefan / Hagemann, Karen / Tosh, John (Hg.): Masculinities and Politics in War. Gendering Modern History, New York 2004.
Durkheim, Emile: Die Regeln der soziologischen Methode, Frankfurt 1984.
Dwyer, Jeffrey W. (Hg.): Gender, Families and Elder Care, Newbury Park 1992.
Eagles, Charles W. (Hg.): The Civil Rights Movement in America, Jackson 1986.
Echols, Alice: Daring to Be Bad. Radical Feminism in America 1967–1975, Minneapolis 1989.

Echols, Alice: Nothing Distant about it: Woman's Liberation and Sixties Radicalism, in: Farber, David (Hg.): The Sixties. From Memory to History, Chapel Hill / London 1994, S. 149–174.
Edsforth, Ronald: The New Deal. America's Response to the Great Depression, Malden 2000.
Ehmer, Josef: Bevölkerungsgeschichte und Historische Demographie 1800–2000, München 2004.
Ehrenreich, Barbara / Ehrenreich, John: Long March, Short Spring. The Student Uprising at Home and Abroad, New York 1969.
Ehrenreich, Barbara / English, Deirdre: For Her Own Good. Two Centuries of the Expert's Advice to Women, New York 2005. [Originalausgabe 1978].
Ehrenreich, Barbara: Legacies of the Sixties. New Rights and New Lefts, in: Tischler, Barbara L. (Hg.): Sights on the Sixties, New Brunswick 1992, S. 227–234.
Ehrenreich, Barbara: Nickled and Dimed. On Not Getting by in America, New York 2001.
Ehrenreich, Barbara: The Hearts of Men. American Dreams and the Flight from Commitment, New York 1983.
Ehrman, John: The Eighties. America in the Age of Reagan, New Haven u. a. 2005.
Eig, Jonathan: The Birth of the Pill: How Four Crusaders Reinvented Sex and Launched a Revolution, New York 2014.
Eisenstadt, Shmuel N.: Multiple Modernities, in: Daedalus 129 (2000), Nr. 1, S. 1–30.
Eliott, Diana B. [u. a.]: Historical Marriage Trends from 1890–2010. A Focus on Race Differences. SEHSD Working Paper 2012–12 <www.census.gov/hhes/socdemo/marriage/data/acs/ElliottetalPAA2012paper.pdf>.
Ender, Hanna: „The American Woman? Not for this GI!" – GIs, Fräuleins und der Geschlechterdiskurs in den USA, in: Fastforeword (2010), Nr. 1, S. 18–28.
Engelhardt, Tom: The End of Victory Culture. Cold War America and the Disillusioning of a Generation, New York 1995.
Engerman, David C. / Gilman, Nils / Haefele, Mark H. / Latham, Michael (Hg.): Staging Growth. Modernization, Development, and the Global Cold War, Amherst 2003.
Engerman, David C.: Know Your Enemy. The Rise and Fall of America's Soviet Experts, New York: Oxford University Press 2009.
England, Paula / Farkas, George: Households, Employment, and Gender. A Social, Economic, and Demographic View, New York 1986.
Enke, Anne: Finding the Movement. Sexuality, Contested Space, and Feminist Activism, Durham 2007.
Erlich, John / Erlich, Susan (Hg.): Student Power, Participation and Revolution, New York 1971.
Espinoza, Dionne: „Revolutionary Sisters". Women's Solidarity and Collective Identification among Chicana Brown Berets in East Los Angeles, 1967–1970, in: Aztlan 26 (2001), Nr. 1, S. 17–57.
Estes, Steve: A Question of Honor. Masculinity and Massive Resistance to Integration, in: Watts, Trent: White Masculinity in the Recent South, Kansas 2008, S. 99–120.
Estes, Steve: I Am a Man! Race, Manhood, and the Civil Rights Movement, Chapel Hill 2005.
Etges, Andreas: The Wound that Won't Heal. Neue Forschungen zum Vietnamkrieg und seinen Folgen, in: Neue Politische Literatur 47 (2002), S. 93–105.
Etzemüller, Thomas (Hg.): Die Ordnungen der Moderne. Social Engineering im 20. Jahrhundert, Bielefeld 2009.

Etzemüller, Thomas: Auf den Spuren einer gesellschaftspolitisch problematischen Formation: social engineering 1920–1960, in: Potsdamer Almanach des Zentrums für Zeithistorische Forschungen. Göttingen 2008, S. 39–47.

Etzemüller, Thomas: Die Romantik der Rationalität. Alva & Gunnar Myrdal – Social Engineering in Schweden, Bielefeld 2010.

Etzemüller, Thomas: Die Romantik des Reißbretts. Social engineering und demokratische Volksgemeinschaft in Schweden: Das Beispiel Alva und Gunnar Myrdal (1930–1960), in: Geschichte und Gesellschaft 32 (2006), S. 445–466.

Etzemüller, Thomas: Social Engineering als Verhaltenslehre des kühlen Kopfes. Eine einleitende Skizze, in: Ders. (Hg.): Die Ordnungen der Moderne. Social Engineering im 20. Jahrhundert, Bielefeld 2009.

Etzemüller, Thomas: Social Engineering, Version: 1.0, in: Docupedia-Zeitgeschichte. Begriffe, Methoden und Debatten der zeithistorischen Forschung <www.docupedia.de/zg/Social_engineering>.

Etzemüller, Thomas: Vom „Volk" zur „Population". Interventionistische Bevölkerungspolitik der Nachkriegszeit, Münster 2015.

Evans, Sara M.: Born for Liberty. A History of Women in America, New York 1991.

Evans, Sara M.: Personal Politics. The Roots of Women's Liberation in the Civil Rights Movement and the New Left, New York 1980.

Fairclough, Adam: Historians and the Civil Rights Movement, in: Journal of American Studies 24 (1990), S. 387–398.

Faludi, Susan: Backlash. The Undeclared War Against American Women, New York 1991.

Farber, David (Hg.): The Sixties. From Memory to History, Chapel Hill 1994.

Farber, David / Bailey Beth: Columbia Guide to America in the Sixties, New York 2001.

Farber, David / Roche, Jeff: The Conservative Sixties, New York 2003.

Farber, David: Chicago '68, Chicago 1988.

Farber, David: The Age of Great Dreams. America in the 1960s, New York 1994.

Farber, David: The Rise and Fall of Modern American Conservatism. A Short History, Princeton 2010.

Fass, Paula S. / Mason, Mary Ann (Hg.): Childhood in America, New York 2000.

Faust-Scalisi, Mario: Die Ford Foundation und der Population Council. Zwei Institutionen, die gemeinsam globale Bevölkerungsdiskurse prägten, in: Etzemüller, Thomas: Vom „Volk" zur „Population". Interventionistische Bevölkerungspolitik der Nachkriegszeit, Münster 2015, S. 135–157.

Faver, Catherine A.: Women in Transition. Career, Family, and Life Satisfaction in Three Cohorts, New York 1984.

Feidel, Frank: Franklin D. Roosevelt. A Rendezvous with Destiny, Boston 1990.

Feldhaus, Michael / Nave-Herz, Rosemarie: Blickrichtung Familie. Vielfalt eines Forschungsgegenstandes, Festschrift für Rosemarie Nave-Herz anlässlich ihrer Emeritierung, Würzburg 2003.

Feldstein, Ruth: Motherhood in Black and White. Race and Sex in American Liberalism, 1930–1965, Ithaca 2000.

Felsenthal, Carol: The Sweetheart of the Silent Majority. The Biography of Phyllis Schlafly, New York 1981.

Fenske, Uta: Mannsbilder. Eine geschlechterhistorische Betrachtung von Hollywoodfilmen 1946–1960, Bielefeld 2008.

Ferguson, Marjorie: Forever Feminine. Women's Magazines and the Cult of Feminity, London 1983.
Ferriss, Abbott L.: Indicators of Change in the American Family, New York 1970.
Fessler, Anne: The Girls Who Went Away: The Hidden History of Women Who Surrendered Children for Adoption in the Decades Before Roe v. Wade, New York 2006.
Fiebig-von-Hase, Ragnild / Heideking, Jürgen (Hg.): Zwei Wege in die Moderne. Aspekte der deutsch-amerikanischen Beziehungen 1900–1918, Trier 1998.
Fields, Barbara J.: Ideology and Race in American History, in: Kousser, J. Morgan / McPherson, James (Hg.): Region, Race, and Reconstruction. Essays in Honor of C. Vann Woodward, New York 1982, S. 143–147.
Fiese, Barbara: Family Routines and Rituals, New Haven 2006.
Fink, Carole / Gassert, Philipp / Junker, Detlef (Hg.): 1968. The World Transformed, Cambridge 1998.
Finlay, Barbara: Before the Second Wave. Gender in the Sociological Tradition, Upper Saddle River, NJ 2007.
Finzsch, Norbert: Gouvernementalität, der Moynihan-Report und die Welfare Queen im Cadillac, in: Martschukat, Jürgen (Hg.): Geschichte schreiben mit Foucault, Frankfurt a. M. 2002, S. 257–282.
Fishback, Price V. / Horrace, William C. / Kantor, Shawn: Did New Deal Grant Programs Stimulate Local Economies? A Study of Federal Grants and Retail Sales During the Great Depression, in: The Journal of Economic History 65 (2005), S. 36–72.
Flax, Karen: Women's Rights and the Proposed Family Protection Act, in: University of Miami Law Review 36, 1 (1981), S. 141–163 <http.//repository.law.miami.ecu/umlr/vol36/iss1/7>.
Flippen, J. Brooks: Jimmy Carter, the Politics of Family, an the Rise of the Religious Right, Athens / London 2011.
Fogel, Robert William: Stability and Change in the Family. Proceedings of a Symposium Held in Annapolis, MD, March 22–24, 1979, New York 1981.
Foleno, Louis A.: A Critical Review of Selected Literature on College Student Unrest in the United States 1968–1970, San Francisco 1992.
Folly, Martin: The United States and World War II. The Awakening Giant, Edinburgh 2002.
Forbes, Jack D.: Black Africans and Native Americans. Color, Race and Caste in the Evolution of Red-Black Peoples, Oxford 1988.
Forman, James: The Making of Black Revolutionaries, Seattle 1990.
Foucault, Michel: Archäologie des Wissens, Frankfurt a. M. 1981 (Archéologie du savoir, 1969).
Foucault, Michel: Der Wille zum Wissen (Sexualität und Wahrheit, Bd. I), Frankfurt 1977 (La Volonté du savoir, 1976).
Foucault, Michel: Die Ordnung der Dinge, Frankfurt a. M. 1971 (Les mots et les choses, 1966).
Foucault, Michel: Die Ordnung des Diskurses, Frankfurt a. M. 1992 (L'ordre du discours, 1972).
Foucault, Michel: Il faut defender la société. Cours au Collège de France 1976, Paris 1976.
Fout, John C. / Tantillo, Maura Shaw: American Sexual Politics. Sex, Gender and Race since the Civil War, Chicago 1993.
Francois, Etienne [u. a.] (Hg.): 1968 – ein europäisches Jahr?, Leipzig 1997.
Francome, Colin: Abortion in the USA and the UK, Burlington 2004.
Frank, Thomas: What's the Matter with Kansas. How Conservatives Won the Heart of America, New York 2004.

Frankel, Noralee / Dye, Nancy S. (Hg.): Gender, Class, Race and Reform in the Progressive Era, Lexington 1991.
Franklin, Donna L.: Ensuring Inequality. The Structural Transformation of the African-American Family. New York 1997.
Franks, Angela: Margaret Sanger's Eugenic Legacy. The Control of Female Fertility, Jefferson 2005.
Fraser, Ronald: 1968 – A Student Generation in Revolt. An International Oral History, London 1988.
Freedman, Laurence: Kennedy's Wars. Berlin, Cuba, Laos, and Vietnam, New York 2000.
Freeman, Richard B.: Changes in the Labor Market for Black Americans, 1948–72, in: Brooking Papers on Economic Activity 1 (1973), S. 67–132.
Freeman, Susan: Sex Goes to School: Girls and Sex Education Before the 1960s, Illinois 2008.
Frey, Marc: Der Vietnamkrieg im Spiegel der amerikanischen Forschung, in: Neue Politische Literatur 42 (1997), Nr. 1, S. 29–47.
Frey, Marc: Die Geschichte des Vietnamkrieges, München 2000.
Friedman, Andrea: Prurient Interests. Gender, Democracy, and Obscenity in New York City, 1909–1945, New York 2000.
Friedman, Andrea: Sadists and Sissies. Anti-Pornography Campaigns in Cold War America, in: Gender & History 15 (2003), Nr. 2, S. 210–227.
Frölich, Margrit / Middel, Reinhard / Visarius, Karsten (Hg.): Family Affairs. Ansichten der Familie im Film, Marburg 2004.
Fuller, Linda K.: The Cosby Show. Audiences, Impact, and Implications, Westport, CN 1992.
Furstenberg, Frank F. / Chelin, Andrew J.: Geteilte Familien, Stuttgart 1993.
Gaines, Kevin K.: Uplifting the Race. Black Leadership, Politics, and Culture in the Twentieth Century, Chapel Hill 1996.
García, Alma M. (Hg.): Chicana Feminist Tought: The Basic Historical Writings, New York 1997.
Garrison, Dee: Our Skirts Gave Them Courage. The Civil Defense Protest Movement in New York City, 1955–1961, in: Meyerowitz, Joanne (Hg.): Not June Cleaver. Women and Gender in Postwar America. 1945–1960, Philadelphia 1994, S. 201–227.
Garrow, David J.: Protest at Selma. Martin Luther King, Jr., and the Voting Rights Act of 1965, New Haven, CT / London 1978.
Gates, Henry Louis (Hg.): „Race." Writing, and Difference, Chicago 1986.
Gauthier, Anne Helene: Towards Renewed Fears of Population and Family Decline, in: European Journal of Population 9 (1993), Nr. 2, S. 143–167.
Geasy, David: „Becoming International Again". C. Wright Mills and the Emergence of a Global New Left, 1956–62, in: Journal of American History 95 (2008), Nr. 3, S. 710–736.
Gebhardt, Miriam: Die Angst vor dem kindlichen Tyrannen. Eine Geschichte der Erziehung im 20. Jahrhundert, München 2009.
Gembries, Ann-Katrin / Theuke, Theresie / Heinemann, Isabel (Hg.): Children by Choice? Changing Values, Reproduction, and Family Planning in the 20th Century, Berlin / Boston 2018.
Gerhardt, Uta: Die deutsche Familie und die Gewalt. Konkurrenz der Erklärungsmodelle?, in: Dies. (Hg.): Wirklichkeit(en) – Soziologie und Geschichte, Baden-Baden 2014, S. 23–40.
Gerhardt, Uta: Talcott Parsons – An Intellectual Biography, New York 2002.
Gerhardt, Uta: The Social Thought of Talcott Parsons. Methodology and American Ethos, Farnham, Surrey 2011.

Gerson, Deborah A.: Is Family Devotion Now Subversive? Familiarism against McCarthyism, in: Meyerowitz, Joanne (Hg.): Not June Cleaver. Women and Gender in Postwar America, 1945–1960, Philadelphia 1994, S. 151–176.
Gerson, Kathleen: No Man's Land. Men's Changing Commitments to Family and Work, New York 1993.
Gerstle, Gary: American Crucible. Race and Nation in the Twentieth Century, Princeton 2001.
Gestrich, Andreas / Krause, Jens-Uwe / Mitterauer, Michael: Geschichte der Familie, Stuttgart 2003.
Gestrich, Andreas: Geschichte der Familie im 19. und 20. Jahrhundert, in: Gall, Lothar (Hg.): Enzyklopädie deutscher Geschichte, Bd. 50, München 1999.
Gettleman, Marvin E. / Mermelstein, David (Hg.): The Great Society Reader. The Failure of American Liberalism, New York 1967.
Gilbert, Dennis / Kahl, Joseph A.: The American Class Structure. A New Synthesis, Homewood 1982.
Gilbert, James Burkhart: Men in the Middle. Searching for Masculinity in the 1950s, Chicago / London 2005.
Gilbert, James: A Cycle of Outrage: America's Reaction to the Juvenile Delinquent in the 1950s, New York / Oxford 1986.
Gilbert, Marc Jason / Head, William: The Tet Offensive, Westport 1996.
Gilcher-Holtey, Ingrid (Hg.): 1968. Vom Ereignis zum Gegenstand der Geschichtswissenschaft, in: Geschichte und Gesellschaft: Sonderheft 17, Göttingen 1998.
Gilcher-Holtey, Ingrid: Die 68er Bewegung. Deutschland, Westeuropa, USA, München 2001.
Gilcher-Holtey, Ingrid: Plädoyer für eine dynamische Mentalitätsgeschichte, in: Geschichte und Gesellschaft 24 (1998), Nr. 3, S. 476–497.
Gilens, Martin: Why Americans Hate Welfare. Race, Media, and the Politics of Antipoverty Policy, Chicago / London 1999.
Gillis, John R.: A World of Their Own Making. A History of Myth and Ritual in Family Life, Oxford / New York 1997.
Gilman, Sander L.: Black Bodies – White Bodies. Toward an Iconography of Female Sexuality in Late Nineteen Century Art, Medicine and Literature, in: Henry Louis Gates (Hg.): „Race", Writing, and Difference, Chicago 1986, S. 223–240.
Gilmore, Stephanie (Hg.): Feminist Coalitions. Historical Perspectives on Second-Wave Feminism in the United States, Urbana 2008.
Gitlin, Todd: Sixties. Years of Hope, Days of Rage, New York 1993.
Gitlin, Todd: The Whole World is Watching. Mass Media in the Making and Unmaking of the New Left, Berkeley 1980.
Glasrud, Bruce / Pitre, Merline (Hg.): Black Women in Texas History, Texas 2008.
Glazer, Deborah / Drescher, Jack: Gay and Lesbian Parenting, New York 2001.
Glenn, Evelyn Nakano: Forced to Care. Coercion and Caregiving in America, Cambridge 2010.
Glick, Paul C.: Fifty Years of Family Demography. A Record of Social Change, in: Journal of Marriage and the Family 50 (1988), Nr. 4, S. 861–873.
Gluck, Sherna: Rosie the Riveter Revisited. Women, the War, and Social Change, Boston 1987.
Goff, Philip: The Blackwell Companion to Religion in America, Malden 2010.
Goldin, Claudia: Understanding the Gender Gap. An Economic History of American Women, New York 1990.
Goldman, Eric: The Crucial Decade. America 1945–1955, New York 1965.

Goldscheider, Frances K. / Waite, Linda J.: New Families, No Families? The Transformation of the American Home, Berkeley 1991.
Goldstein, Carolyn M: Creating Consumers. Home Economists in Twentieth-Century America, Chapel Hill 2012.
Goldthorpe, John E.: Family Life in Western Societies. A Historical Sociology of Family Relationships in Britain and North America, Cambridge 1987.
Goodwin, Doris K.: No Ordinary Time – Franklin and Eleanor Roosevelt. The Home Front in World War II, New York 1994.
Goodwin, Doris Kearns: Lyndon Johnson and the American Dream, London 1979.
Goody, Jack: Geschichte der Familie, München 2002.
Gordon, Linda / Amott, Teresa L. (Hg.): Women, the State, and Welfare, Madison 1990.
Gordon, Linda: Heroes of Their Own Lives. The Politics and History of Family Violence, Boston 1880–1960, Urbana 2002.
Gordon, Linda: Pitied But Not Entitled. Single Mothers and the History of Welfare, 1890–1935, New York 1994.
Gordon, Linda: The Great Arizona Orphan Abduction, Princeton 2001.
Gordon, Linda: The Moral Property of Women. A History of Birth Control Politics in America, Urbana / Chicago 2002.
Gordon, Linda: Why 19th Century Feminists Did Not Support „Birth Control" and 20th Century Feminists Do. Feminism, Reproduction and the Family, in: Thorne, Barrie / Yaloom, Marilyn (Hg.): Rethinking the Family, New York 1982, S. 140–154.
Gordon, Linda: Women's Body, Women's Right. A Social History of Birth Control in America, New York 1976.
Gordon, Lynn D.: Gender and Higher Education in the Progressive Era, New Haven 1990.
Gordon, Michael (Hg.): The American Family in Social-Historical Perspective, New York 1978.
Gordon, Michael: Das Wesen der Ehe. Die wechselnde Auffassung vom Wesen der Ehe im Wandel der Verfassungsepochen des 20. Jahrhunderts, Berlin 1978.
Gordon, William A.: Four Dead in Ohio. Was There a Conspiracy at Kent State?, Laguna Hills 1995.
Gorney, Cynthia: Articles of Faith. A Frontline History of the Abortion Wars, New York 1998.
Görtemarker, Manfred: Geschichte der Bundesrepublik Deutschland. Von der Gründung bis zu Gegenwart, München 1999.
Gosse, Van / Moser, Richard: The World the Sixties Made. Culture and Politics in Recent America, Philadelphia 2003.
Gould, Lewis L.: America in the Progressive Era, 1890–1914, New York 2001.
Graf, Rüdiger / Priemel, Kim: Zeitgeschichte in der Welt der Sozialwissenschaften. Legitimität und Originalität einer Disziplin, in: Vierteljahrshefte für Zeitgeschichte 59 (2011), H. 4, S. 479–495, bes. 486–488.
Graham, Hugh Davis: The Civil Rights Era. Origins and Development of National Policy 1960–1972, New York 1990.
Graham, Margaret Baker: Victorian America. A Family Record from the Heartland, Kirksville 2003.
Grant, Julia: Raising Baby by the Book. The Education of American Mothers, New Haven / London 1998.

Gratton, Brian / Gutmann, Myron P. / Skop, Emily: Immigrants, Their Children, and Theories of Assimilation. Family Structure in the United States 1880–1970, in: The History of the Family 12 (2007), Nr. 3, S. 203–222.

Gray, Herman: Television and the New Black Man. Black Male Images in Prime-Time Situation Comedy, in: Media, Culture & Society 8 (1986), Nr. 2, S. 223–242.

Gray, Herman: Watching Race. Television and the Struggle for „Blackness", Minneapolis 1995.

Green, Adam: Selling the Race. Culture, Community, and Black Chicago, 1940–1955, Chicago 2007.

Greiner, Bernd: „You'll Never Walk Alone". Amerikanische Reaktionen auf Kriegsverbrechen in Vietnam, in: Mittelweg 36 (2000), Nr. 5, S. 49–71.

Griffith, Elisabeth: Elizabeth Cady Stanton on Marriage and Divorce. Feminist Theory and Domestic Experience, in: Kelley, Mary (Hg.): Woman's Being, Woman's Place, Boston 1979, S. 233–251.

Griffith, Robert / Baker, Paula (Hg.): Major Problems in American History since 1945, Boston / New York 2007.

Griswold del Castillo, Richard: La Familia. Chicano Families in the Urban South West, Notre Dame 1984.

Griswold, Robert L.: Family and Divorce in California 1850–1890. Victorian Illusions and Everyday Realities, Albany 1982.

Griswold, Robert L.: Fatherhood in America. A History, New York 1993.

Griswold, Robert L.: Law, Sex, Cruelty, and Divorce in Victorian America 1840–1900, in: American Quarterly 38 (1986), Nr. 5, S. 771–745.

Griswold, Robert L.: The History of Fatherhood, Thousand Oaks 1999.

Grossberg, David: Governing the Hearth. Law and Family in Nineteenth-Century America, Chapel Hill 1988.

Grossman, Joanna L. / Friedman, Lawrence M.: Inside the Castle. Law and Family in 20$^{th}$ Century America, Princeton, NJ 2011.

Grove. Robert D. / Hetzel, Alice: Vital Statistics Rates in the United States 1940–1960. National Center for Health Statistics, Washington D. C. 1968.

Gruhzit-Hoyt, Olga: A Time Remembered. American Women and the Vietnam War, Novato 1999.

Gullett, Gayle: Women Progressives and the Politics of Americanization in California 1915–1920, in: The Pacific Historical Review 64 (1995), Nr. 1, S. 71–94.

Gutiérrez, Elena R.: Fertile Matters. The Politics of Mexican-Origin Women's Reproduction, Austin 2008.

Gutman, Herbert G.: The Black Family in Slavery and Freedom 1750–1925, New York 1976.

Hagemann, Karen / Michel, Sonya: Gender and the Long Postwar: The United States and the Two Germanys, 1945–1989. Baltimore 2014.

Hajo, Cathy Moran: Birth Control on Main Street. Organizing Clinics in the United States 1916–1939, Urbana 2010.

Hale, Grace E.: A Nation of Outsiders. How the White Middle Class Fell in Love with Rebellion in Postwar America, Oxford / New York 2011.

Hall, Catherine: White, Male and Middle-Class. Explorations in Feminism and History, Cambridge 1992. [Erstausgabe 1988].

Hall, Marny: Lesbian Families. Cultural and Clinical Issues, in: Social Work 23 (1978), Nr. 4, S. 380–385.

Halloway, John / Keppel, Ben (Hg.): Black Scholars on the Line. Race, Social Science, and American Thought in the Twentieth Century, Notre Dame 2007.
Hancock, Ange-Marie: The Politics of Disgust: The Public Identity of the Welfare Queen, New York / London 2004.
Haney, David Paul: The Americanization of Social Science. Intellectuals and Public Responsibility in the Postwar United States, Philadelphia 2008.
Hanscombe, Gillian E. / Forster, Jackie: Rocking the Craddle. Lesbian Mothers – A Challenge in Family Living, Boston 1982.
Haralovich, Mary Beth / Rabinovitz, Lauren: Television, History, and American Culture. Feminist Critical Essays, Durham 1999.
Haralovich, Mary Beth: Sit-coms and Suburbs. Positioning the 1950s Homemaker, in: Cameron, Ardis (Hg.): Looking for America. The Visual Production of Nation and People, London / Boston 2004, S. 238–263.
Hardacre, Helen: The Impact of Fundamentalisms on Women, the Family and Interpersonal Relations, in: Marty, Martin E. / Appleby, R. Scott (Hg.): Fundamentalisms and Society. Reclaiming the Sciences, the Family, and Education, The Fundamentalism Project Vol. 2, The American Academy of Arts and Sciences, Chicago / London 1993, 129–150.
Hardy-Fanta, Carol: Intersectionality and Politics. Recent Research on Gender, Race, and Political Representation in the United States, in: Journal of Women, Politics & Policy 28 (2006), Nr. 3–4, S. 7–41.
Hareven, Tamara K.: The History of the Family and the Complexity of Social Change, in: American Historical Review 96 (1991), Nr. 1, S. 95–124.
Harris, John (Hg.): The Family. A Social History of the Twentieth Century, New York / Oxford 1991.
Harris, M. J. / Mitchell, Franklin D. / Schechter, Steven J. (Hg.): The Home Front. America during World War II, New York 1984.
Hartman, Andrew: A War for the Soul of America: A History of the Culture Wars, Chicago / London 2015.
Hartman, Susan M.: Women's Employment and the Domestic Ideal in the Early Cold War Years, in: Meyerowitz, Joanne (Hg.): Not June Cleaver. Women and Gender in Postwar America, 1945–1960, Philadelphia 1994, S. 84–100.
Hartmann, Heinrich A.: In einem gewissen Sinne politisch belastet. Bevölkerungswissenschaft und Bevölkerungspolitik zwischen Entwicklungshilfe und bundesrepublikanischer Sozialpolitik (1960er und 1970er Jahre), in: HZ, Bd. 303 (2016), S. 98–125.
Hartog, Hendrik: Man and Wife in America. A History, Boston 2000.
Harwood, Sarah: Family Fictions. Representations of the Family in 1980s Hollywood Cinema, Basingstoke 1997.
Hasian, Marouf Arif Jr.: The Rhetoric of Eugenics in Anglo-American Thought, Athens 1996.
Haskell, Thomas (Hg.): The Authority of Experts. Studies in History and Theory, Bloomington 1984.
Hausen, Karin / Wunder, Heide (Hg.): Frauengeschichte – Geschlechtergeschichte, Frankfurt a. M. 1992.
Hausen, Karin: Öffentlichkeit und Privatheit. Gesellschaftspolitische Konstruktionen und die Geschichte der Geschlechterbeziehungen, in: Hausen, Karin / Wunder, Heide (Hg.): Frauengeschichte – Geschlechtergeschichte, Frankfurt a. M. 1992, S. 81–88.

Havens, Timothy: „The Biggest Show in the World". Race and the Global Popularity of The Cosby Show, in: Media, Culture & Society 22 (2000), Nr. 4, 371–391.

Hawes, Joseph M. (Hg.): The Family in America. An Encyclopedia, 2 Bde., Santa Barbara 2002.

Hawes, Joseph M. / Nybakken, Elizabeth I. (Hg.): American Families. A Research Guide and Historical Handbook, New York 1991.

Hawes, Joseph M. / Nybakken, Elizabeth I. (Hg.): Family and Society in American History, Chicago 2001.

Hayward, Steven F.: The Age of Reagan: The Conservative Counterrevolution 1980–1988, New York 2009.

Heale, Michael J.: American Anticommunism. Combating the Enemy within 1830–1970, Baltimore 1990.

Heale, Michael J.: McCarthy's Americans. Red Scare Politics in State and Nation 1935–1965, Basingstoke 1998.

Heale, Michael J.: The Sixties in America. History, Politics and Protest, Edinburgh 2001.

Hegarty, Marilyn E.: Victory Girls, Khaki-Wackies, and Patriotutes. The Regulation of Female Sexuality During World War II, New York 2008.

Hegarty, Peter: Gentlemen's Disagreement: Alfred Kinsey, Lewis Terman, and the Sexual Politics of Smart Men, Chicago 2013.

Heideking, Jürgen (Hg.): The Sixties Revisited. Culture – Society – Politics, Heidelberg 2001.

Heinemann, Isabel (Hg.): Inventing the „Modern American Family". Family Values and Social Change in 20th Century USA, Frankfurt a. M. 2012.

Heinemann, Isabel: „Concepts of Motherhood". Öffentliche Debatten, Expertendiskurse und die Veränderung von Familienwerten in den USA 1890–1970, in: Zeithistorische Forschungen / Studies in Contemporary History 8 (2011), Nr. 1, S. 60–87.

Heinemann, Isabel: „Modernizing Mom"? Der Einfluss von Expertendiskursen und Werbung auf die Familienwerte in den USA des 20. Jahrhunderts, in: Baader, Meike Sophie / Götte, Petra / Groppe, Carola (Hg.): Familientraditionen und Familienkulturen. Theoretische Konzeptionen, historische und aktuelle Analysen, Wiesbaden 2013, S. 235–255.

Heinemann, Isabel: American Family Values and Social Change. Gab es den Wertewandel in den USA?, in: Dietz, Bernhard / Neumaier, Christopher / Rödder, Andreas (Hg.): Gab es den Wertewandel? Neue Forschungen zum gesellschaftlich-kulturellen Wandel seit den 1960er Jahren, München 2013, S. 269–284.

Heinemann, Isabel: Familie in den USA. Zwischen Hegemonie der Kernfamilie und Wandel der Familienwerte, in: Hill, Paul B. / Kopp, Johannes (Hg.): Handbuch der Familiensoziologie, Wiesbaden 2014, S. 91–123.

Heinemann, Isabel: From „Children by Choice" to „Families by Choice"? 20th Century Reproductive Decision-Making between Social Change and Normative Transitions in Comparative Perspective. Gembries, Ann-Katrin / Heinemann, Isabel / Theuke, Theresia (Hg.): Children by Choice? Changing Values, Reproduction, and Family Planning in the 20th Century, Berlin / Boston 2018, S. 215–236.

Heinemann, Isabel: Introduction. Inventing the Modern American Family – Family Values and Social Change in 20th Century United States, in: Heinemann, Isabel (Hg.): Inventing the „Modern American Family". Family Values and Social Change in 20th Century USA, Frankfurt a. M. 2012, S. 7–29.

Heinemann, Isabel: Preserving Family and Nation. Eugenic Masculinity Concepts, Expert Intervention, and the Hegemonic American Family in the United States, 1900–1960, in:

Dominquez, Pablo / Wendt, Simon (Hg.): Masculinities and the Nation in the Modern World, 1800–1945, New York 2015, S. 71–92.
Heinemann, Isabel: Social Experts and Modern Women's Reproduction. From „Working Women's Neurosis" to the Abortion Debate 1950–1980, in: Heinemann, Isabel (Hg.): Inventing the „Modern American Family". Family Values and Social Change in 20$^{th}$ Century USA, Frankfurt a. M. 2012, S. 124–151.
Heinemann, Isabel: Vom „Good War" zum „American Century". Die US-Gesellschaft und der Zweite Weltkrieg, in: Martin, Bernd (Hg.): Der Zweite Weltkrieg und seine Folgen. Ereignisse – Auswirkungen – Reflexionen, Freiburg 2006, S. 173–194.
Heinemann, Isabel: Wertewandel, Version: 1.0, in: Docupedia-Zeitgeschichte, 22.10.2012 <www.docupedia.de/zg/Wertewandel?oldid=84709>.
Heinrich-Böll-Stiftung (Hg.): Prag – Berlin – Paris – 1968. Internationale Konferenz am 21. / 22. Mai 1993 in Prag, Prag 1993.
Helsing, Jeffrey W.: Johnson's War / Johnson's Great Society. The Guns and Butter Trap, Westport / London 2000.
Hequembourg, Amy / Farrell, Michael P: Lesbian Motherhood. Negotiating Marginal-Mainstream Identities, in: Gender and Society 13 (1999), Nr. 4, S. 540–557.
Herbert, Ulrich (Hg.): Wandlungsprozesse in Westdeutschland. Belastung, Integration, Liberalisierung 1945–1980, Göttingen 2002, S. 7–49.
Herbert, Ulrich: Europe in High Modernity. Reflections on a Theory of the 20th Century, in: Journal of Modern European History (2007), Nr. 5, S. 5–21.
Herbert, Ulrich: Liberalisierung als Lernprozeß. Die Bundesrepublik in der deutschen Geschichte – eine Skizze, in: Ders. (Hg.): Wandlungsprozesse in Westdeutschland. Belastung, Integration, Liberalisierung 1945–1980, Göttingen 2002, S. 7–49.
Herbst, Jürgen: Francis Greenwood Peabody. Harvard's Theologian of the Social Gospel, in: The Harvard Theological Review 54 (1961), Nr. 1, S. 45–69.
Herman, Ellen: Kinship by Design. A History of Adoption in the Modern United States, Chicago 2008.
Herman, Ellen: The Romance of American Psychology. Political Culture in the Age of Experts, Berkeley 1995.
Hernandez, Donald J.: America's Children – Resources from Family, Government and the Economy. For the National Committee for Research on the 1980 Census, New York 1993.
Herring, George C.: Tet and the Crisis of Hegemony, in: Fink, Carole / Gassert, Philipp / Junker, Detlef (Hg.): 1968. The World Transformed, Cambridge 1998, S. 31–53.
Herskovits, Melville J.: The Myth of the Negro Past, Boston 1972.
Hertz, Rosanna / Marshall, Namy L. (Hg.): Working Families. The Transformation of the American Home, Berkeley 2001.
Hesse-Biber, Sharlene / Carter, Gregg Lee: Working Women in America. Split Dreams, New York 2000.
Hettlage, Robert / Lenz, Karl: Erving Goffman. Ein soziologischer Klassiker in der zweiten Generation, Stuttgart / Bern 1991.
Hewitt, Nancy A. (Hg.): A Companion to American Women's History, Malden 2005.
Hewitt, Nancy: No Permanent Waves. Recasting the Histories of U. S. Feminism, New Brunswick 2010.
Higginbotham, Evelyn Brooks: African-American Women's History and the Metalanguage of Race, in: Signs 17 (1992), Nr. 2, S. 251–274.

Hill Collins, Patricia: A Comparison of Two Works on Black Family Life, in: Signs, Vol. 14, Nr. 4, Common Grounds and Crossroads. Race, Ethnicity, and Class in Women's Lives (Summer 1989), S. 875–884.
Hill Collins, Patricia: Black Feminist Thought. Knowledge, Consciousness, and the Politics of Empowering, New York 2000.
Hill Collins, Patricia: From Black Power to Hip Hop. Racism, Nationalism, and Feminism, Philadelphia 2006.
Hill Collins, Patricia: Shifting the Center. Race, Class, and Feminist Theorizing about Motherhood, in: Coontz, Stephanie / Parson, Maya / Raley, Gabrielle (Hg.): American Families. A Multicultural Reader, New York 2008, S. 173–187.
Hill, Daniel Delis: Advertising to the American Woman 1900–1999, Columbus 2002.
Hill, Mary A.: Charlotte Perkins Gilman. The Making of a Radical Feminist 1860–1896, Philadelphia 1980.
Hill, Shirley: Black Intimacies. A Gender Perspective on Families and Relationships, Lanham 2005.
Himmelstein, Jerome L.: To the Right. The Transformation of American Conservatism, Berkeley 1990.
Hixon, William B.: The Search for the American Right Wing. An Analysis of the Social Science Record 1955–1987, Princeton 1992.
Hixson, Walter L.: Parting the Curtain. Propaganda, Culture, and the Cold War, 1945–1961, Basingstoke 1997.
Hochgeschwender, Michael: The Noblest Philosophy and Its Efficient Use. Zur Geschichte des Social Engineering in den USA, 1910–1965, in: Etzemüller, Thomas (Hg.): Die Ordnung der Moderne. Social Engineering im 20. Jahrhundert, transcript, Bielefeld 2009, S. 171–197.
Hochschild, Arlie Russell: The Time Bind. When Work Becomes Home and Home Becomes Work, New York 1997.
Hodenberg, Christina von: „Ekel Alfred und die Kulturrevolution: Unterhaltungsfernsehen als Sprachrohr der 68er-Bewegung?", in:GWU 62 (2011), S. 557–572.
Hodenberg, Christina von: Fernsehrezeption, Frauenrolle und Wertewandel in den 1970er Jahren: Das Beispiel „All in the Family", in: Dietz, Bernhard / Neumaier, Christopher / Rödder, Andreas (Hg.): Gab es den Wertewandel? Neue Forschungen zum gesellschaftlich-kulturellen Wandel seit den 1960er Jahren, München 2013, S. 285–306.
Hodenberg, Christina von: Television's Moment. Sitcom Audiences and the Sixties Cultural Revolution, Oxford / New York 2015.
Hodgson, Godfrey: America in Our Time, New York 1978.
Hodgson, Godfrey: Martin Luther King, London 2009.
Hodgson, Godfrey: The Gentleman From New York. Daniel Patrick Moynihan. A Biography, Boston 2000.
Hodgson, Godfrey: The World Turned Right Side Up. A History of the Conservative Ascendancy in America, Boston 1996.
Hoerder, Dirk (Hg.): Migration History as a Transcultural History of Societies: New Perspectives on the Field's United States Origin. Journal of Migration History 1 (2015), Nr. 2.
Hoerder, Dirk: „A Genuine Respect for the People": The Columbia University Scholars' Transcultural Approach to Migrants, in: Journal of Migration History 1 (2015), Nr. 2, S. 136–170.

Hoeveler, J. David Jr.: Watch on the Right. Conservative Intellectuals in the Reagan Era, Madson 1991.
Hoffman, Katherine: Concepts of Identity. Historical and Contemporary Images and Portraits of Self and Family, New York 1996.
Hofstadter, Richard: The American Political Tradition and the Men Who Made It, London 1962.
Hoganson, Kristin L.: Consumers' Imperium. The Global Production of American Domesticity, 1865–1920, Chapel Hill 2007.
Hoganson, Kristin L.: Fighting for American Manhood. How Gender Politics Provoked the Spanish-American and Philippine-American Wars, New Haven 1998.
Holtfrerich, Carl-Ludwig (Hg.): Wirtschaft USA. Strukturen, Institutionen und Prozesse, München 1991.
Honegger, Claudia / Arni, Caroline (Hg.): Gender. Die Tücken einer Kategorie, Zürich 2001.
Honey, Maureen: Creating Rosie the Riveter. Class, Gender, and Propaganda During World War II, Amherst 1984.
Honey, Michael K.: Going Down Jericho Road. The Memphis Strike. Martin Luther King's Last Campaign, New York 2007.
Hoover, Stewart M. / Schofield Clark, Lynn / Alters, Diane [u.a.] (Hg.): Media, Home, and Family, New York 2004.
Horne, Gerald: Fire This Time. The Watts Uprising and the 1960s, Charlottesville 1995.
Hornung, Esther: Bibelpolitik. Das Verhältnis des protestantischen Fundamentalismus zur nationalen Innenpolitik in den USA von 1980 bis 1996. Ein Fallbeispiel, Frankfurt a. M. 2002.
Horowitz, Daniel: Betty Friedan and the Making of the Feminine Mystique. The American Left, the Cold War, and Modern Feminism, Amherst 1998.
Horowitz, Daniel: Rethinking Betty Friedan and the Feminine Mystique. Labor Union Radicalism and Feminism in Cold War America, in: American Quarterly 48 (1996), Nr. 1, S. 1–42.
Howard, Angela / Tarrant, Adams / Ranae, Sasha: Redefining the New Woman, 1920–1963, New York 1997.
Howard, Vicki: Brides, Inc. American Weddings and the Business of Tradition, Philadelphia 2006.
Hradil, Stefan: Vom Wandel des Wertewandels. Die Individualisierung und eine ihrer Gegenbewegungen, in: Glatzer, Wolfgang [u.a.] (Hg.): Sozialer Wandel und gesellschaftliche Dauerbeobachtung, Opladen 2002, S. 31–47.
Hull, N. E. H. / Hoffer, Peter Charles: Roe v. Wade. The Abortion Rights Controversy in American History, Lawrence 2001.
Hüning, Louisa: Die Diskussion um Mutterschaft in den 1950er Jahren in den USA am Beispiel von „Chicago Tribune" und „Washington Post", Bachelor-Arbeit, Münster 2010.
Hunt, Alan: Governing Morals. A Social History of Moral Regulation, Cambridge 1999.
Hunter, James Davison: Culture Wars. The Struggle to Define America. Making Sense of the Battles over the Family, Art, Education, Law and Politics, New York 1991.
Hunter, James Davison: Evangelicalism. The Coming Generation, Chicago / London 1987.
Hurm, Gerd / Fallon, Ann Marie (Hg.): Rebels without a Cause? Renegotiating the American 1950s, Bern 2007.
Hylton, Kevin: „Race" and Sport. Critical Race Theory, London 2009.
Igo, Sarah: The Averaged American. Surveys, Citizens, and the Making of a Mass Public, Cambridge 2007.

Igra, Anna: Wives without Husbands. Marriage, Desertion, and Welfare in New York, 1900–1935, Chapel Hill 2007.

Inniss, Leslie B. / Feagin, Joe R.: The Cosby Show. The View from the Black Middle Class, in: Journal of Black Studies 25 (1995), S. 692–711.

Irving, Katrina: Immigrant Mothers. Narratives of Race and Maternity, 1890–1925, Champaign 2000.

Isenstadt, Sandy: The Modern American House. Spaciousness and Middle Class Identity (Modern American Architecture and Cultural Identity), New York 2006.

Jackson, Kenneth: Crabgrass Frontier. The Suburbanization of the United States, New York / Oxford 1985.

Jackson, Walter A.: Gunnar Myrdal and America's Conscience. Social Engineering and Racial Liberalism, 1938–1987, Chapel Hill 1990.

Jacob, Herbert: Silent Revolution. The Transformation of Divorce Law in the United States, Chicago 1988.

Jaeger, Friedrich: Amerikanischer Liberalismus und zivile Gesellschaft. Perspektiven sozialer Reform zu Beginn des 20. Jahrhunderts, Göttingen 2001.

Jäger, Jens: Bilder als historische Quellen? Ein Problemaufriss, in: Jäger, Jens / Knauer, Martin (Hg.): Bilder als Historische Quellen? Dimension der Debatten um historische Bildforschung, München 2009, S. 7–23.

Jahning, Anica: Antifeminismus in der Southern Baptist Convention, in: fastforeword 3 (2010), Nr. 1, S. 29–36.

Jamison, Andrew / Eyermann, Ron: Seeds of the Sixties, Berkeley / Los Angeles / London 1994.

Jefferis, Jennifer L.: Armed for Life. The Army of God and Anti-Abortion Terror in the United States, Santa Barbara 2011.

Jenkins, Philip: Decade of Nightmares. The End of the Sixties and the Making of Eighties Americas, New York 2006.

Jensen, Richard: The Culture Wars, 1965–1995. A Historian's Map, in: Journal of Social History 29 (1995), S. 17–37.

Jhally, Sut / Lewis, Justin: Enlightened Racism. The Cosby Show, Audiences, and the Myth of the American Dream, Boulder 1992.

Jobs, Sebastian / Lüdtke, Alf: Unsettling History. Archiving and Narrating in Historiography, Frankfurt a. M. 2010.

Joel, Charles: Fertility Disturbances in Men and Women. A Textbook with Special Reference to Etiology, Diagnosis and Treatment, New York / Basel 1971.

Johnson, Arthur T.: The Family. The Need for Sound Policy, Not Rhetoric and Ideology, in: Public Administration Review 47 (1987), Nr. 3, S. 240–244.

Johnson, Doyle Paul: Contemporary Sociological Theory. An Integrated Multi-Level Approach, New York 2008.

Johnson, Robert D.: Washington 20. Januar 1961. Der amerikanische Traum, München 1999.

Jones, Charles O.: The Reagan Legacy. Promise and Performance, Chatham 1988.

Jones, Jacqueline: Labor of Love, Labor of Sorrow. Black Women, Work, and the Family from Slavery to the Present, New York 1995.

Jones, Jacqueline: Race and Gender in Modern America, in: Reviews in American History 26 (1998), Nr. 1, S. 220–238.

Jones, James H.: Bad Blood. The Tuskegee Syphilis Experiment, New York 1981.

Jones, James M.: Prejudice and Racism, Reading, MA 1972.
Jones, Martha: All Bound Up Together. The Woman Question in African American Public Culture, 1830–1900, Chapel Hill 2007.
Jordan, John: Machine-Age Ideology. Social Engineering and American Liberalism, 1911–1939, University of North Carolina Press, Chapel Hill / London 1994.
Jorstad, Erling: Holding Fast, Pressing On. Religion in America in the 1980s, New York / Westport / London 1990.
Juchler, Ingo: Die Studentenbewegung in den Vereinigten Staaten und der Bundesrepublik Deutschland der sechziger Jahre. Eine Untersuchung hinsichtlich ihrer Beeinflussung durch Befreiungsbewegungen und -theorien aus der Dritten Welt, Berlin 1996.
Junker, Detlef (Hg.): Die USA und Deutschland im Zeitalter des Kalten Krieges. Ein Handbuch, 2 Bde., Stuttgart / München 2001.
Kaelble, Hartmut: Sozialgeschichte Europas 1945 bis zur Gegenwart, München 2007.
Kaiser, David: American Tragedy. Kennedy, Johnson, and the Origins of the Vietnam War, Cambridge 2000.
Kaledin, Eugenia: Mothers and More. American Women in the 1950s, Boston 1984.
Kammler, Clemens / Parr, Rolf / Schneider, Ulrich Johannes (Hg.): Foucault Handbuch. Leben – Werk – Wirkung, Stuttgart 2008.
Kaplan, Laura: The Story of Jane. The Legendary Underground Feminist Abortion Service, Chicago 1995.
Kaschuba, Wolfgang: Konsum – Lebensstil – Bedürfnis. Zum Problem materieller Indikatoren in der Kultur- und Mentalitätsgeschichte, in: Sozialwissenschaftliche Informationen 17 (1988), Nr. 3, S. 133–138.
Katsiaficas, George: The Imagination of the New Left. A Global Analysis of 1968, Boston 1987.
Katz, Michael B. / Stern, Mark J. / Fader, Jamie J.: The New African American Inequality, in: The Journal of American History 92,1 (2005), S. 75–108.
Katzmann, Robert A. (Hg.): Daniel Patrick Moynihan. The Intellectual in Public Life, Baltimore 2004.
Katznelson, Ira: When Affirmative Action was White. The Untold History of Racial Inequality in Twentieth Century America, New York 2005.
Kavanaugh, Megan L. [u.a.], Guttmacher Institute: Changes in Use of Long-acting Reversible Contraceptive Methods among United States Women, 2000–2012 <www.guttmacher.org/article/2015/11/changes-use-long-acting-reversible-contraceptive-methods-among-united-states-women>.
Kazin, Michael: The Grass-Roots Right. New Histories of U. S. Conservatism in the Twentieth Century, in: American Historical Review 97 (1992), Nr. 1, S. 136–155.
Keddie, Nikki R.: The New Religious Politics. Where, When, Why Do „Fundamentalisms" Appear?, in: Comparative Studies in Society and History 40 (1998), Nr. 4, S. 696–723.
Kelly, Joan: Did Women Have a Renaissance?, in: Bridenthal, Renate / Koontz, Claudia (Hg.): Becoming Visible. Women in European History, Boston 1987, S. 137–164.
Kennedy, David M. / Bailey, Thomas A. (Hg.): The American Spirit. Volume II. Since 1865, Boston / New York 2002.
Kennedy, David M.: Freedom from Fear. The American People in Depression and War, 1929–1945, Oxford 2001.
Kennedy, David M.: Progressivism. The Critical Issues, Boston 1971.

Kerber, Linda K. / De Hart, Jane Sherron (Hg.): Women's America. Refocusing on the Past, New York 1987.
Kerber, Linda: Women of the Republic. Intellect and Ideology in Revolutionary America, Chapel Hill 1980.
Kerner, Ina: Alles intersektional? Zum Verhältnis von Rassismus und Sexismus, in: Feministische Studien 27 (2009), Nr. 1, S. 36 – 50.
Kesselman, Mark: The Silent Revolution. Changing Values and Political Styles Among Western Publics by Ronald Inglehart, in: Political Science Review 72, H. 1 (1979), S. 284 – 286.
Kessler-Harris, Alice: In Pursuit of Equity. Women, Men, and the Quest for Economic Citizenship in 20th Century America, New York 2001.
Kessler-Harris, Alice: Out to Work. A History of Wage-Earning Women in the United States, Oxford 1982.
Kevles, Daniel: In the Name of Eugenics. Genetics and the Use of Human Heredity, New York 1985.
Kielmannsegg, Peter Graf: Nach der Katastrophe. Eine Geschichte des geteilten Deutschlands, Berlin 2000.
Kimball, Jeffrey P.: Nixon's Vietnam War, Lawrence 1998.
Kimball, Roger: The Long March. How the Cultural Revolution of the 1960s Changed America, San Francisco 2000.
Kimmel, Michael / Aronson, Amy: The Gendered Society Reader, New York 2000.
Kimmel, Michael / Hearn, Jeff / Connell, Robert William (Hg.): Handbook of Studies on Men & Masculinities, Thousand Oaks 2005.
Kimmel, Michael: Guyland. The Perilous World Where Boys Become Men, New York 2008.
Kimmel, Michael: Manhood in America. A Cultural History, New York 1996.
Kimmel, Michael: Studentenbewegungen der 60er Jahre. Frankreich, BRD und USA im Vergleich, Wien 1998.
King, Desmond: Making Americans. Immigration, Race, and the Origins of Diverse Democracy, Cambridge / London 2000.
King, Wilma: The Essence of Liberty. Free Black Women during the Slave Era, Missouri 2006.
Kirk, John A. (Hg.): Martin Luther King Jr. and the Civil Rights Movement. Controversies and Debates, New York 2007.
Klages, Helmut / Hippler, Hans-Jürgen / Herbert, Willi (Hg.): Werte und Wandel. Ergebnisse und Methoden einer Forschungstradition, Frankfurt 1992.
Klages, Helmut / Kmieciak, Peter (Hg.): Wertewandel und gesellschaftlicher Wandel, Frankfurt a. M. / New York 1981.
Klages, Helmut: Brauchen wir eine Rückkehr zu traditionellen Werten?, in: Aus Politik und Zeitgeschichte B 29 (2001), S. 7 – 14.
Klages, Helmut: Werte und Wertewandel, in: Schäfers, Bernhard / Zapf, Wolfgang (Hg.): Handwörterbuch zu Gesellschaft Deutschlands, Opladen 2001, S. 726 – 738.
Klages, Helmut: Wertorientierungen im Wandel. Rückblick, Gegenwartsanalyse, Prognosen, Frankfurt a. M. 1984.
Klatch, Rebecca E.: A Generation Divided. The New Left, the New Right, and the 1960s, Berkeley 1999.
Kleemann, Susanne: Ursachen und Formen der amerikanischen Studentenopposition, Frankfurt a. M. 1971.

Klein, Thomas: Auswirkungen des Wertewandels auf die Familienbildung, in: Klages, Helmut / Hippler, Hans-Jürgen / Herbert, Willi (Hg.): Werte und Wandel. Ergebnisse und Methoden einer Forschungstradition, Frankfurt 1992, S. 579-594.
Kleinberg, Jay S. / Boris, Eileen / Ruiz, Vicki L. (Hg.): The Practice of U. S. Women's History. Narratives, Intersections, and Dialogues, New Brunswick 2007.
Kline, Wendy: Bodies of Knowledge. Sexuality, Reproduction, and Women's Health in the Second Wave, Chicago 2010.
Kline, Wendy: Building a Better Race. Gender, Sexuality, and Eugenics from the Turn of the Century to the Baby Boom, Berkeley 2001.
Kluchin, Rebecca M.: Fit to Be Tied. Sterilization and Reproductive Rights in America, 1950-1980, New Brunswick / London 2011.
Kluchin, Rebecca M.: Locating the Voices of the Sterilized, in: The Public Historian 29 (2007), Nr. 3, S. 131-144.
Kluckhohn, Clyde: Values and Value Orientations in the Theory of Action. An Exploration in Definition and Classification, in: Parsons, Talcott / Shils, Edward A. (Hg.): Toward A General Theory of Action, Cambridge, MA 1962, S. 388-433.
Knapp, Gudrun-Axeli: „Intersectionality" – Ein neues Paradigma feministischer Theorie? Zur transatlantischen Reise von „Race, Class, Gender", in: Feministische Studien 2005, Heft 1, S. 68-81.
Knapp, Gudrun-Axeli: Travelling Theories. Anmerkungen zur neueren Diskussion über „Race, Class and Gender", in: Österreichische Zeitschrift für Geschichtswissenschaft 16 (2005), Nr. 1, S. 88-110.
Knupfer, Anne / Woyshner, Christine: The Educational Work of Women's Organizations, 1890-1960, New York 2007.
Koenen, Gerd: Das Rote Jahrzehnt. Unsere kleine deutsche Kulturrevolution, 1967-1977, Köln 2001.
Kohler-Hausmann, Julily: Welfare Crises, Penal Solutions and the Origins of the „Welfare Queen", in: Journal of Urban History Vol. 4, Nr. 5 (2915), S. 756-771.
Koops, Willem / Zuckerman, Michael (Hg.): Beyond the Century of the Child. Cultural History and Developmental Psychology, Philadelphia 2003.
Koschorke, Albrecht: Vor der Familie. Grenzbedingungen einer modernen Institution, Konstanz 2010.
Kotz, Nick: Judgement Days. Lyndon Baines Johnson, Martin Luther King Jr., and the Laws that Changed America, New York 2005.
Kousser, J. Morgan / McPherson, James (Hg.): Region, Race, and Reconstruction. Essays in Honor of C. Vann Woodward, New York 1982.
Kozol, Wendy: Life's America. Family and Nation in Postwar Photojournalism, Philadelphia 1994.
Kraft, Claudia / Lüdtke, Alf / Martschukat, Jürgen (Hg): Kolonialgeschichte. Regionale Perspektiven auf ein globales Phänomen, Frankfurt a. M. 2010.
Krämer, Felix: Playboy Tells His Story. Geschichte eines Krisenszenarios um die hegemoniale US-Männlichkeit der 1970er Jahre, in: Feministische Studien 27 (2009), Nr. 1, S. 83-96.
Krugman, Paul: The Age of Diminished Expectations. US Economic Policy in the 1990s, Cambridge 1998.
Kuchenbuch, David: Eine Moderne nach „menschlichem Maß". Ordnungsdenken und social engineering in Architektur und Stadtplanung Deutschland und Schweden, 1920er bis

1950er Jahre, in: Etzemüller, Thomas (Hg.): Die Ordnung der Moderne. Social Engineering im 20. Jahrhundert, Bielefeld 2009, S. 109–128.
Kuchenbuch, David: Geordnete Gemeinschaft. Architekten als Sozialingenieure, Deutschland und Schweden im 20. Jahrhundert, Bielefeld 2010.
Kühl, Stefan: Die Internationale der Rassisten. Aufstieg und Niedergang der internationalen Bewegung für Eugenik und Rassenhygiene im 20. Jahrhundert, Frankfurt a. M. 1997.
Kühl, Stefan: The Nazi Connection. Eugenics, American Racism, and National Socialism, New York 1994.
Kuhn, Barbara: The „Liberated" Woman of 1914. Prominent Women in the Progressive Era, London 1979.
Kuller, Christiane: Familienpolitik im föderativen Sozialstaat. Die Formierung eines Politikfeldes in der Bundesrepublik 1949–1975 (Studien zur Zeitgeschichte 67), München 2004.
Kunzel, Regina G.: Fallen Women, Problem Girls. Unmarried Mothers and the Professionalization of Social Work, 1890–1945, New Haven 1993.
Ladd-Taylor, Molly (2014, April 29). Fitter Family Contests <www.eugenicsarchive.ca/discover/connections/535eebfb7095aa0000000228>.
Ladd-Taylor, Molly / Umansky, Lauri (Hg.): Bad Mothers. The Politics of Blame in Twentieth-Century America, New York 1998.
Ladd-Taylor, Molly: Eugenics, Sterilization and the Modern Marriage in the USA. The Strange Career of Paul Popenoe, in: Gender and History 13 (2001), Nr. 2, S. 298–327.
Ladd-Taylor, Molly: Mother-Work. Women, Child Welfare and the State, 1890–1930, Champaign 1994.
Ladd-Taylor, Molly: Saving Babies and Sterilizing Mothers. Eugenics and Welfare Politics in the Interwar United States, in: Social Politics 4 (1997), Nr. 1, S. 136–153.
Laird, Joan: Lesbians and Lesbian Families. Reflections on Theory and Practice, New York 1999.
Landry, Bart: Black Working Wives. Pioneers of the American Family Revolution, Berkeley / Los Angeles 2000.
Lane, Ann J.: To Herland and Beyond. The Life and Work of Charlotte Perkins Gilman, New York 1990.
Lareau, Annette: Unequal Childhoods. Class, Race, and Family Life, Berkeley 2003.
LaRossa, Ralph: Of War and Men. World War II in the Lives of Fathers and Their Families, Chicago 2011.
LaRossa, Ralph: The Changing Culture of Fatherhood in Comic-Strip Families. A Six-Decade Analysis, in: Japanese Journal of Family Sociology 62 (2000), Nr. 2, S. 375–387.
LaRossa, Ralph: The Culture and Conduct of Fatherhood in America, 1800 to 1960, in: Japanese Journal of Family Sociology 19 (2007), Nr. 2, S. 87–98.
LaRossa, Ralph: The Culture of Fatherhood in the Fifties. A Closer Look, in: Journal of Family History 29 (2004), Nr. 1, S. 47–70.
LaRossa, Ralph: The Modernization of Fatherhood. A Social and Political History, London 1997.
Larson, Edward J.: „In the Finest, Most Womanly Way". Women in the Southern Eugenics Movement, in: The American Journal of Legal History 39 (1995), Nr. 2, S. 19–147.
Larson, Edward J.: Sex, Race, and Science. Eugenics in the Deep South, Baltimore 1995.
Lasch-Quinn, Elisabeth: Family, in: Kupiec Cayton, Mary / William, Peter W. (Hg.): Encyclopedia of American Cultural and Intellectual History, Bd. 3, New York u. a. 2001, S. 73–82.

Laslett, Peter: Social Structural Time. An Attempt at Classifying Types of Social Change by their Characteristic Paces, in: Young, Michael / Schuller, Tom (Hg.): The Rhythms of Society, London 1988, S. 17–36.
Latham, Michael E.: Modernization as Ideology. American Social Science and „Nation Building" in the Kennedy Era, Chapel Hill 2000.
Laughlin, Kathleen A. [u. a.]: Is It Time to Jump Ship? Historians Rethink the Waves Metaphor, in: Feminist Formations 22 (2010), S. 76–135.
Lawson, Steven F.: Civil Rights Crossroads. Nation, Community, and the Black Freedom Struggle, Lexington, KY 2003.
Lawson, Steven F.: Freedom Then, Freedom Now. The Historiography of the Civil Rights Movement, in: American Historical Review 96 (1991), Nr. 2, S. 456–471.
Lawson, Steven F.: Running for Freedom. Civil Rights and Black Politics in America Since 1941, New York 1997.
Leff, Mark H.: The Politics of Sacrifice on the American Home Front in World War II, in: Journal of American History 77 (1991), Nr. 4, S. 1296–1318.
Leibfried, Stephan: Die angepaßte Universität. Zur Situation der Hochschulen in der Bundesrepublik und den USA, Frankfurt a. M. 1969.
Leibman, Nina C.: Living Room Lectures. The Fifties Family in Film and Television, Austin 1995.
Lemons, J. Stanley: The Sheppard-Towner Act. Progressivism in the 1920s, in: The Journal of American History 55, Nr. 4 (1969), S. 776–786.
Lerner, Gerda (Hg.): Black Women in White America. A Documentary History, New York 1972.
Lerner, Gerda: Placing Women in History, in: Feminist Studies 3 (1975), Nr. 1–2, S. 5–14.
Lerner, Gerda: The Majority Finds its Past, New York, 1979.
Leslie, Gerald R.: The Family in Social Context, New York 1979.
Lesoff, Alan: American Progressivism. Transnational, Modernization, and Americanist Perspectives, in: Welskopp, Thomas / Ders.: Fractured Modernity. America Confronts Modern Times, 1890s to 1940s, München 2013, S. 61–80.
Leuchtenberg, William E.: Franklin D. Roosevelt and the New Deal, 1932–1940, Basingstoke 1989.
Leuchtenburg, William E.: The FDR Years. On Roosevelt and his Legacy, New York 1995.
Levenstein, Lisa: „Don't Agonize, Organize!" The Displaced Homemakers Campaign and the Contested Goals of Postwar Feminism, in: Journal of American History 100 (2014), Nr. 4, S. 1114–1138.
Levine, Peter: The New Progressive Era. Toward a Fair and Deliberative Democracy, Lanham 2000.
Lewin, Ellen / Lyons, Terri: Everything in Its Place. The Coexistence of Lesbianism and Motherhood, in: Paul, William / Weinreich, James (Hg.): Homosexuality. Social, Psychological, and Biological Issues, Beverly Hills 1982, S. 249–273.
Lewin, Ellen: Lesbian Mothers. Accounts of Gender in American Culture, Ithaca 1993.
Lewis, David Levering: W. E. B. Du Bois. The Fight for Equality and the American Century 1919–1963, New York 2001.
Lewis, Jan: The Pursuit of Happiness. Family and Values in Jefferson's Virginia, Cambridge 1983.
Liard, Joan: Lesbian and Gay Families, in: Walsh, Froma (Hg.): Normal Family Processes, New York 1993, S. 157–188.

Lichtenstein, Nelson [u. a.] (Hg.): Industrial Democracy in America. The Ambiguous Promise, Washington D. C. 1993.
Liebman, Robert / Wuthnow, Robert (Hg.): The New Christian Right. Mobilization and Legitimation, New York 1983.
Lienesch, Michael: Right-Wing Religion. Christian Conservatism as a Political Movement, in: Political Science Quarterly 97 (1982), Nr. 3, S. 403–426.
Limper, Verena: Verantwortung für Körper, Kind, Nation. Mutter-Werden in der Kommunikation zwischen dem United States Children's Bureau und amerikanischen Frauen zu Beginn des 20. Jahrhunderts, Masterarbeit Universität Bielefeld 2012.
Linde, Hans: Familie und Haushalt als Gegenstand bevölkerungsgeschichtlicher Forschung, in: Conze, Werner (Hg.): Sozialgeschichte der Familie in der Neuzeit Europas, Stuttgart 1976, S. 32–52.
Lindenmeyer, Kriste: A Right to Childhood. The U. S. Children's Bureau and Child Welfare, 1912–1930, Urbana / Chicago 1997.
Lipset, Seymour Martin: American Exeptionalism. A Double-Egded Sword, New York 1996.
Livingston, Gretchen / Cohn, D'Vera: The New Demography of American Motherhood. Pew Research Center, 2010 <www.pewsocialtrends.org/2010/05/06/the-new-demography-of-american-motherhood/>.
Loch, Paul Rogat: Generation at the Crossroads. Apathy and Action on the American Campus, New Brunswick 1994.
Loevy, Robert D. (Hg.): The Civil Rights Act of 1964. The Passage of the Law That Ended Racial Segregation, Albany / New York 1997.
Loevy, Robert D.: To End All Segregation. The Politics of the Passage of The Civil Rights Act of 1964, Lanham, MD 1990.
Logevall, Fredrik: Choosing War. The Lost Chance for Peace and the Escalation of War in Vietnam, Berkeley 1999.
Lombardo, Paul (Hg.): A Century of Eugenics in America. From the Indiana Experiment to the Human Genome Era, Bloomington 2011.
Lombardo, Paul A.: „The American Breed". Nazi Eugenics and the Origins of the Pioneer Fund, in: Albany Law Review 65 (2002), Nr. 3, S. 743–830.
Lombardo, Paul A.: Medicine, Eugenics, and the Supreme Court. From Coercive Sterilization to Reproductive Freedom, in: Journal of Contemporary Health Law and Policy 13 (1996), Nr. 1, S. 1–25.
Lombardo, Paul A.: Taking Eugenics Seriously. „Three Generations of Imbeciles Are Enough", in: Florida State University Law Review 30 (2003), Nr. 2, S. 191–218.
Lombardo, Paul A.: Three Generations, No Imbeciles. New Light on Buck vs. Bell, in: New York University Law Review 60 (1985), Nr. 1, S. 31–62.
Lovett, Laura L.: „Fitter Families for Future Firesides?" Florence Sherbon and Popular Eugenics, in: The Public Historian 29 (2007), Nr. 3, S. 69–85.
Lovett, Laura L.: Conceiving the Future. Pronatalism, Reproduction and the Family in the United States 1890–1938, Chapell Hill 2007.
Luks, Timo: Der Betrieb als Ort der Moderne. Zur Geschichte von Industriearbeit, Ordnungsdenken und Social Engineering im 20. Jahrhundert, Bielefeld 2010.
Lüscher, Kurt / Schultheis, Franz / Wehrspaun, Michael (Hg.): Die „postmoderne" Familie. Familiale Strategien und Familienpolitik in einer Übergangszeit, Konstanz 1988.

Lüthi, Barbara: Invading Bodies. Medizin und Immigration in den USA, 1880–1920, Frankfurt a. M. / New York 2009.
Lutz, Hartmut: „Indianer" und „Native Americans". Zur sozial- und literarhistorischen Vermittlung eines Stereotyps, Hildesheim 1985.
Lutz, Helma: Framing Intersectionality. Debates on a Multi-Faceted Concept in Gender Studies, Farnham 2011.
Lyden, Fremont J. / Legters, Lyman H.: Native Americans and Public Policy, Pittsburgh 1992.
Lytle Hernández, Kelly Anne: Entangling Bodies and Borders. Racial Profiling and the US Border Patrol 1924–1955, Dissertation, University of California, Los Angeles 2002.
Macedo, Stephen (Hg.): Child, Family, and State, New York 2003.
Macedo, Stephen: Reassessing the Sixties. Debating the Political and Cultural Legacy, New York/London 1997.
Mackert, Nina: „But recall the kinds of parents we have to deal with..." – Juvenile Delinquency, Interdependent Masculinity and the Government of Families in the Postwar U. S., in: Heinemann, Isabel (Hg.): Inventing the Modern American Family. Family Values and Social Change in 20th Century United States, Frankfurt a. M. / New York 2012, S. 196–219.
Mackert, Nina: Danger and Hope. White Middle-Class Juvenile Delinquency and Parental Anxiety in the Postwar U. S., in: Ellis, Heather / Chang, Lily (Hg.): Juvenile Delinquency and Western Modernity, 1800–2000, New York 2013.
Mackert, Nina: Jugenddelinquenz. Die Produktivität eines Problems in den USA der späten 1940er bis 1960er Jahre, Konstanz 2014.
Macklin, Ruth / Gaylin, Willard (Hg.): Mental Retardation and Sterilization. A Problem of Competency and Paternalism, New York 1981.
MacLean, Mavis (Hg.): Family Law and Family Values, Oxford 2005.
Maier, Charles: Consigning the Twentieth Century to History. Alternative Narratives for the Modern Era, in: The American Historical Review 105 (2000), Nr. 3, S. 807–831.
Maier, Thomas: Masters of Sex. The Life and Times of William Masters and Virginia Johnson, the Couple Whot Taught America How to Love, New York 2013.
Manley, John F.: Marx in America. The New Deal, in: Science & Society 67 (2003), Nr. 1, S. 9–39.
Mantler, Gordon K.: Power to the Poor: Black-Brown Coalition and the Fight for Economic Justice, 1960–1974, Chapel Hill 2013.
Marable, Manning: Race, Reform and Rebellion. The Second Reconstruction in America, 1945–1990, Jackson 1991.
Marable, Manning: W. E. B. Du Bois – Black Radical Democrat, New York 2005.
Marc, David / Thompson, Robert: Prime Time, Prime Movers. From I Love Lucy to L. A. Law. America's Greatest TV Shows and People Who Created Them, Boston 1992.
Marling, Karal Ann: As Seen on TV. Visual Culture of Everyday Life in the 1950s, Cambridge / London 1994.
Marsden, George M.: Fundamentalism and American Culture, Oxford 2006. [2. Edition].
Marsden, George M.: The Twilight of the American Enlightenment. The 1950s and the Crisis of Liberal Belief, Basic Books, New York 2014.
Marsh, Margaret / Wanner, Ronda: The Fertility Doctor. John Rock and the Reproductive Revolution, Baltimore 2008.
Martin, April: The Lesbian and Gay Parenting Handbook. Creating and Raising our Children, New York 1993.

Martin, Bradford: The Other Eighties. A Secret History of America in the Age of Reagan, New York 2011.
Martschukat, Jürgen / Stieglitz, Olaf: „Es ist ein Junge!" Einführung in die Geschichte der Männlichkeiten in der Neuzeit, Tübingen 2005.
Martschukat, Jürgen / Stieglitz, Olaf: Geschichte der Männlichkeiten, Frankfurt a. M. 2008.
Martschukat, Jürgen: Die Ordnung des Sozialen. Väter und Familien in der amerikanischen Geschichte seit 1770, Frankfurt a. M. 2013.
Marty, Martin E. / Appleby, R. Scott (Hg.): Fundamentalisms and Society. Reclaiming the Sciences, the Family, and Education. The Fundamentalism Project, 3 Bde., Chicago / London 1993.
Marwick, Arthur: The Sixties. Cultural Revolution in Britain, France, Italy, and the United States, 1958–1974, Oxford 1998.
Marx Ferree, Myra [u.a.]: Shaping Abortion Discourse. Democracy and the Public Sphere in Germany and the United States, Cambridge 2001.
Marx, Christoph: Fundamentalismus und Nationalstaat, in: Geschichte und Gesellschaft 27 (2001), Nr. 1, S. 87–117.
Massey. Douglas S. / Denton, Nancy A.: American Apartheid. Segregation and the Making of the Underclass, Cambridge, MA 1993.
Masur, Louis P: The Challenge of American History, Baltimore / London 1999.
Mathews, Donald G. / De Hart, Jane Sherron: Sex, Gender, and the Politics of ERA. A State and the Nation, Oxford 1993.
Matthews, Jean: The Rise of the New Woman. The Women's Movement in America, 1875–1930, Chicago 2003.
Matusow, Allen J.: The Unraveling of America. A History of Liberalism in the 1960s, New York 1984.
Mauch, Christof / Patel, Kiran Klaus (Hg.): Competing Modernities. The United States of America and Germany, 1890–2000, New York 2010.
Mauch, Christof / Patel, Kiran Klaus (Hg.): Wettlauf um die Moderne. Die USA und Deutschland 1890 bis heute, München 2008.
Mausbach, Wilfried: Historicising „1968", in: Contemporary European History 11 (2002), Nr. 1, S. 177–187.
May, Elaine Tyler: America and the Pill. A History of the Promise, Peril, and Liberation, New York 2010.
May, Elaine Tyler: Barren in the Promised Land, New York 1995.
May, Elaine Tyler: Explosive Issues. Sex, Women and the Bomb, in: May, Larry (Hg.): Recasting America. Culture and Politics in the Age of the Cold War, Chicago / London 1998, 154–169.
May, Elaine Tyler: Great Expectations. Marriage and Divorce in Post-Victorian America, Chicago 1980.
May, Elaine Tyler: Homeward Bound. American Families in the Cold War Era, Boston 1988.
May, Elaine Tyler: In-Laws and Out-Laws. Divorce in New Jersey, 1890–1925, in: Murrin, Mary R. (Hg.): Women in New Jersey History, Trenton 1985, S. 31–41.
May, Elaine Tyler: Pushing the Limits. American Women 1940–1961, New York 1994.
May, Elaine Tyler: The Pressure to Provide. Class, Consumerism, and Divorce in Urban America, Journal of Social History 12 (1978), Nr. 2, S. 180–193.
May, Lary: Recasting America. Culture and Politics in the Age of Cold War, Chicago 1989.

Mayeri, Serena: Reasoning From Race. Feminism, Law and the Civil Rights Revolution, Harvard 2011.
McAdoo, Harriette P. (Hg.): Family Ethnicity. Strength in Diversity, Thousand Oakes / London / New Delhi 1999.
McAdoo, Harriette P.: Black Families, Thousand Oaks 1997 [1981].
McCann, Carole R.: Birth Control Politics in the United States 1916–1945, Ithaca 1994.
McCarthy, Desmond F.: Reconstructing the Family in Contemporary American Fiction, New York u. a. 1997.
McCarthy, Thomas A.: Introduction, in: Habermas, Jürgen: The Theory of Communicative Action, Boston 1984, Bd. 1, S. V-XXXVII.
McCarthy, Thomas A.: Reflections on Rationalization in the Theory of Communicative Action, in: Praxis International, 4 (1984), Nr. 2, S. 177–191.
McClymer, John: War and Welfare. Social Engineering in America, 1890–1925, Greenwood Press, Westport 1980.
McCormick, Thomas J.: America's Half Century. United States Foreign Policy of the Cold War, Baltimore / London 1995.
McCracken, Ellen: Decoding Women's Magazines. From Mademoiselle to Ms., Houndmills 1995.
McEaney, Laura: „Civil Defense Begins at Home". Militarization Meets Everyday Life in the Fifties, Princeton 2000.
McGirr, Lisa: Suburban Warriors. The Origins of the New American Right, Princeton 2001.
McGreevy, John T.: Faith and Morals in the United States, 1865-Present, in: Reviews in American History 26 (1998), Nr. 1, S. 239–254.
McGuire, Danielle L.: At the Dark End of the Street: Black Women, Rape and Resistance. A New History of the Civil Rights Movement from Rosa Parks to the Rise of Black Power, New York 2010.
McKnight, Gerald: The Last Crusade. Martin Luther King, Jr., the FBI, and the Poor People's Campaign, Boulder, CO 1998.
McLaren, Angus: Twentieth-Century Sexuality. A History, Malden, MA 1999.
McMahon, Sean H.: Social Control & Public Intellect. The Legacy of Edward A. Ross, New Brunswick / London 1999.
McNamara, Robert S. (Hg.): Argument Without End. In Search of Answers to the Vietnam Tragedy, New York 1999.
Meckel, Richard A.: Save the Babies. American Public Health Reform and the Prevention of Infant Mortality, 1850–1929, Baltimore 1990.
Medick, Hans (Hg): Emotionen und materielle Interessen. Sozialanthropologische und historische Beiträge zur Familienforschung, Göttingen 1984.
Meriwether, James H.: „Worth a Lot of Negro Votes". Black Voters, Africa, and the 1960 Presidential Campaign, in: Journal of American History (2008), Nr. 3, S. 737–763.
Merritt, Bishetta / Stroman, Carolyn A.: Black Family Imagery and Interactions on the Television, in: Journal of Black Studies 23/4 (1993), S. 492–499.
Mertin, Katja: Zwischen Anpassung und Konfrontation. Die religiöse Rechte in der amerikanischen Politik, Wiesbaden 2004.
Mester, Anika: Die Veränderung von Mutterkonzepten in den 1950er und 1960er Jahren in den amerikanischen Women's Magazines: Die Bedeutung der Werbung. Abschlussarbeit zur Erlangung eines Grades als Master Artium, Universität Münster 2013.

Metzl, Jonathan M.: „Mother's Little Helper". The Crisis of Psychoanalysis and the Miltown Resolution, in: Gender & History 15 (2003), Nr. 2, S. 228–255.
Metzl, Jonathan M.: Prozac on the Couch. Prescribing Gender in the Era of Wonder Drugs, Durham 2003.
Metzl, Jonathan M.: The Protest Psychosis. How Schizophrenia became a Black Disease, Boston 2009.
Meyering, Sheryl L. (Hg.): Charlotte Perkins Gilman. The Woman and Her Work, Ann Arbor 1989.
Meyerowitz, Joanne (Hg.): Not June Cleaver. Women and Gender in Postwar America, 1945–1960, Philadelphia 1994.
Meyerowitz, Joanne: „How Common Culture Shapes the Separate Lives". Sexuality, Race, and Mid-Twentieth-Century Social Constructionist Thought, in: The Journal of American History 96 (2010), Nr. 4, S. 1057–1084.
Meyerowitz, Joanne: „The Liberal 1950s? Reinterpreting Postwar U. S. Sexual Culture", in: Hagemann, Karen / Michel, Sonya (Hrsg.): Gender and the Long Postwar: Reconsiderations of the United States and the Two Germanys, 1945–1989, Baltimore 2014, S. 297–319.
Meyerowitz, Joanne: Beyond the Feminine Mystique. A Reassessment of Postwar Mass Culture 1946–1958, in: Journal of American History 79 (1993), Nr. 4, S. 1455–1482.
Meyerowitz, Joanne: Beyond the Feminine Mystique. A Reassessment of Postwar Mass Culture, 1946–1958, in: Meyerowitz, Joanne (Hg.): Not June Cleaver. Women and Gender in Postwar America, 1945–1960, Philadelphia 1994, S. 229–262.
Meyerowitz, Joanne: Sex, Gender and Cold War Language of Reform, in: Gilbert, James / Kuznick, Peter (Hg.): Rethinking Cold War Culture, Washington 2001, S. 106–123.
Meyerowitz, Joanne: Women Adrift. Independent Wage Earners in Chicago, 1880–1930, Chicago 1988.
Meyerowitz, Joanne: Women, Cheesecake and Borderline Material. Responses to Girlie Pictures in the Mid-Twentieth-Century US, in: Journal of Women's History 8 (1996), Nr. 3, S. 9–35.
Mezey, Nancy: New Choices, New Families. How Lesbians Decide about Motherhood, Baltimore 2008.
Mikos, Lothar: Es wird dein Leben! Familienserien im Fernsehen und im Alltag der Zuschauer, Münster 1994.
Mikos, Lothar: Familienbilder im Fernsehen, in: Frölich, Magrit / Middel, Reinhard / Visarius, Karsten (Hg.): Family Affairs. Ansichten der Familie im Film, Marburg 2004, S. 37–52.
Mikos, Lothar: Familienserien – Familienbilder, in: Baacke, Dieter / Lauffer, Jürgen (Hg.): Familien im Mediennetz?, Opladen 1988, S. 109–124.
Miles, Michael W.: The Radical Probe. The Logic of Student Rebellion, New York 1973.
Millar, Jane: Keeping Track of Welfare Reform. The New Deal Programmes, York 2000.
Miller, James: Democracy Is in the Streets. From Port Huron to the Siege of Chicago, New York 1987.
Miller, Kenneth E.: The Silent Revolution. Changing Values and Political Styles Among Western Publics by Ronald Inglehart, in: The Journal of Politics 40, H. 3 (1978), S. 801–803.
Miller, Melody / Moon, Phyllis / Dempster McLain, Donna: Motherhood, Multiple Roles, and Maternal Well-Being. Women of the 1950s, in: Gender and Society 5 (1991), Nr. 4, S. 565–582.
Mindick, Burton: Social Engineering in Family Matters, New York u. a. 1986.

Mink, Gwendolyn: The Lady and the Tramp. Gender, Race, and the Origins of the American Welfare State, in: Gordon, Linda (Hg.): Women, the State, and Welfare, Madison 1990, S. 92–122.
Minkenberg, Michael: Die neue radikale Rechte im Vergleich. USA, Frankreich, Deutschland, Opladen / Wiesbaden 1998.
Mintz, Steven / Kellog, Susan: Domestic Revolutions. A Social History of American Family Life, New York 1988.
Mintz, Steven: A Prison of Expectations. The Family in Victorian Culture, New York 1983.
Mintz, Steven: Huck's Raft. A History of American Childhood, Cambridge 2004.
Mintz, Steven: Regulating the American Family, in: Hawes, Joseph M. / Nybakken, Elizabeth I. (Hg.): Family and Society in American History, Chicago 2001, S. 9–36.
Miser, Keith M.: Student Affairs and Campus Dissent. Reflection of the Past and Challenge for the Future, Washington D. C. 1988.
Mitchell Mary: Raising Freedom's Child. Black Children and Visions of the Future after Slavery, New York 2010.
Mittelstadt, Jennifer: From Welfare to Workfare. The Unintended Consequences of Liberal Reform, 1945–1965, Chapell Hill 2005.
Mitz, Rick: The Great TV Sitcom Book, New York 1980.
Modell, John: Into One's Own. From Youth to Adulthood in the United States, 1920–1975, Berkeley 1989.
Moeller, Robert G.: Geschützte Mütter. Frauen und Familien in der westdeutschen Nachkriegspolitik, München 1993.
Moise, Edwin: Tonkin Gulf and the Escalation of the Vietnam War, Chapel Hill 1997.
Momeni, Jamshid A.: Demography of the Black Population in the United States. An Annotated Bibliography with a Review Essay, Westport / London 1983.
Montejano, David: Quixote's Soldiers. A Local History of the Chicano Movement, 1966–1981, Austin 2010.
Montgomery, Kathryn: Target. Prime Time. Advocacy Groups in the Struggle Over Entertainment Television, New York 1989.
Moran, Gerald F. / Vinovskis, Maris A.: Religion, Family, and the Life Course. Explorations in the Social History of Early America, Ann Arbor 1992.
More, Elizabeth Singer: „The Necessary Factfinding Has Only Just Begun". Women, Social Science, and the Reinvention of the „Working Mother" in the 1950s, in: Women's Studies 40 (2011), Nr. 8, S. 974–1005.
More, Elizabeth Singer: Best Interests. Feminism, Social Science, and the Revaluing of Working Mothers in Modern America, Dissertation Harvard University 2012.
Morgen, Sandra: Into Our Own Hands. The Women's Health Movement in the United States, 1969–1990, New Brunswick, N. J./ London 2002.
Morris, Aldon D.: Sociology of Race and W. E. B. DuBois. The Path Not Taken, in: Calhoun, Craig (Hg.): Sociology in America. A History, Chicago, 2007, S. 503–534.
Moskowitz, Eva: In Therapy We Trust. America's Obsession with Self-Fulfillment, Baltimore 2001.
Mouw, Ted / Sobel, Michael E.: Culture Wars and Opinion Polarization, in: American Journal of Sociology 106, Nr. 4 (2001), S. 913–943.
Müller, Jürgen: Die Geschichte des Student Non-Violent Coordinating Committee. Ein Kapitel der Bürgerrechtsbewegung in den Vereinigten Staaten, Stuttgart 1978.

Murch, Donna Jean: Living for the City. Migration, Education, and the Rise of the Black Panther Party in Oakland, California, Chapel Hill 2010.
Murray, Heather: Not in this Family. Gays and the Meaning of Kinship in Postwar North America, Philadelphia / Oxford 2010.
Myers-Shirk, Susan E.: Sexuality, in: Kupiec Cayton, Mary / Williams, Peter (Hg.): Encyclopedia of American Cultural and Intellectual History, Bd. 3, New York 2001, S. 83–92.
Nadasen, Premilla: Expanding the Boundaries of the Women's Movement. Black Feminism and the Struggle for Welfare Rights, in: Feminist Studies 28 (2002), S. 271–301.
Nadasen, Premilla: Welfare Warriors. The Welfare Rights Movement in the United States, New York 2005.
Nash, George H.: The Conservative Intellectual Movement in America since 1945, New York 1976.
Nate, Richard: Amerikanische Träume. Die Kultur der Vereinigten Staaten in der Zeit des New Deal, Würzburg 2003.
Nave-Herz, Rosemarie: Familie zwischen Tradition und Moderne, Oldenburg 2003.
Neale, Steve: Genre and Hollywood, London / New York 2000.
Neidhardt, Friedrich / Rucht, Dieter: The Analysis of Social Movements. The State of the Art and Some Perspectives of Further Research, in: Rucht, Dieter (Hg.): Research on Social Movements. The State of the Art in Western Europe and the USA, Boulder 1991, S. 421–464.
Nelson, Deborah: Pursuing Privacy in Cold War America, New York 2002.
Nelson, Jennifer: More Than Medicine. A History of the Feminist Women's Health Movement. New York 2015.
Nelson, Jennifer: Women of Color and the Reproductive Rights Movement, New York 2003.
Neu, Charles E. (Hg.): After Vietnam. Legacies of a Lost War, Baltimore 2000.
Neuhaus, Jessamyn: The Way to a Man's Heart. Gender Roles, Domestic Ideology, and Cookbooks in the 1950s, in: Journal of Social History 32 (1998), Nr. 3, S. 529–555.
Newkirk, M. Glenn: The Silent Revolution. Changing Values and Political Styles Among Western Publics by Ronald Inglehart, in: The Public Opinion Quarterly 42, H. 4 (1978), S. 568–569.
Nice, David C.: Abortion Clinic Bombings as Political Violence, in: American Journal of Political Science 32 (1988), Nr. 1, S. 178–195.
Nicholas, Phil Jr.: The Agency That Kept on Going. The Late New Deal SEC and Shareholder Democracy, in: Journal of Policy History 16 (2004), Nr. 3, S. 212–239.
Nicholas, Susan C. / Price, Allice M. / Rubin, Rachel: Rights and Wrongs. Women's Struggle for Legal Equality, Old Westbury u. a. 1979.
Niehuss, Merith: Familie, Frau und Gesellschaft. Studien zur Strukturgeschichte der Familie in Westdeutschland, 1945–1960, Göttingen 2001.
Nock, Steven / Sanchez, Laura / James D. Wright: Covenant Marriage. The Movement to Reclaim Tradition in America, New York 2008.
Nolte, Paul: Die Ordnung der deutschen Gesellschaft. Selbstentwurf und Selbstbeschreibung im 20. Jahrhundert, München 2000.
Nolte, Paul: Öffentlichkeit und Privatheit. Deutschland im 20. Jahrhundert, in: ZeitRäume. Potsdamer Almanach des Zentrums für Zeithistorische Forschungen 2 (2006), S. 127–136.
Norton, Mary B.: A People and a Nation. A History of the United States, Boston 1994.

Norton, Mary B.: Major Problems in American Women's History. Documents and Essays, Lexington 1996.
Nye, Joseph S.: Bound to Lead. The Changing Nature of American Power, New York 1990.
O'Brien, Kenneth Paul (Hg.): The Home-Front War. World War II and American Society, Westport 1995.
O'Neill, William L.: Divorce in the Progressive Era, New Haven / London 1967.
O'Neill, William L.: The Progressive Years. America Comes of Age, New York 1975.
O'Neill, William: Divorce and the Professionalization of the Social Scientist, in: Journal of the Behavioral Sciences 2 (1966), Nr. 4, S. 291–302.
O'Connor, Alice: Poverty Knowledge. Social Science, Social Policy, and the Poor in Twentieth-Century US History, Princeton 2001.
O'Day, Rosemary: The Family and Family Relationships, 1500–1900. England, France and the United States of America, Houndmills 1994.
Odem, Mary E.: Delinquent Daughters: Protecting and Policing Adolescent Female Sexuality in the United States, 1885–1920. Chapel Hill / London 1995.
Odland, Sarah Burke: Unassailable Motherhood, Ambivalent Domesticity. The Construction of Maternal Identity in Ladies' Home Journal in 1946, in: Journal of Communication Inquiry 34 (2010), Nr. 1, S. 61–84.
Oertzen, Christine von: Teilzeitarbeit und die Lust am Zuverdienen. Geschlechterpolitik und gesellschaftlicher Wandel in Westdeutschland 1948–1969, Göttingen 1999.
Oertzen, Christine von: The Pleasures of a Surplus Income. Part-time Work, Gender Politics, and Social Change in West Germany, 1955–1969, New York 2007.
Ogbar, Jeffrey O. G.: Black Power: Radical Politics and African American Identity, Baltimore 2004.
Olasky, Marvin N.: The Press and Abortion 1838–1988, Hillsdale 1988.
Olson, James Stuart (Hg.): Historical Dictionary of the 1920s. From World War I to the New Deal, 1919–1933, New York 1988.
Olson, James Stuart (Hg.): Historical Dictionary of the Great Depression 1929–1940, Westport 2001.
Olson, James Stuart (Hg.): Historical Dictionary of the New Deal. From Inauguration to Preparation of War, Westport 1985.
Opitz, Claudia: Geschlechtergeschichte, Frankfurt / New York 2010.
Opitz, Claudia: Um-Ordnungen der Geschlechter. Einführung in die Geschlechtergeschichte, Tübingen 2005.
Oppenheimer, Valerie: Work and the Family. A Study in Social Demography, New York 1982.
Ordover, Nancy: American Eugenics. Race, Queer Anatomy, and the Science of Nationalism, Minneapolis 2003.
Orleck, Annelise / Hazirjian, Lisa Gayle (Hg.): The War on Poverty: A New Grassroots History, 1964–1980, Athens, GA 2011.
Ormrod, Susan: „Let's Nuke the Dinner". Discursive Practices of Gender in the Creation of a New Cooking Process, in: Cockburn, Cynthia / Dillic, Ruza Fürst (Hg.): Bringing Technology Home. Gender and Technology in a Changing Europe, Buckingham 1994, S. 42–59.
Ortiz, Ana Teresa / Briggs, Laura: The Culture of Poverty, Crack Babies, and Welfare Cheats. The Making of the „Healthy White Baby Crisis", in: Social Text 75 (2003), Nr. 3, S. 39–57.
Overbeck, Anne: „The Enemy Within". African American Motherhood and the Crack Baby Crisis, in: Heinemann, Isabel (Hg.): Inventing the Modern American Family. Family Values and

Social Change in 20th Century United States, Campus, Frankfurt a. M. / New York 2012, S. 155–176.
Overbeck, Anne: Mothering the Race. Eugenics and the Discourse on the Reproductive Rights of African American Women in the 20th Century, Dissertation, Münster 2017.
Pach, Chester J. Jr.: Tet on TV. U. S. Nightly News Reporting and Presidential Policy Making, in: Fink, Carole / Gassert, Philipp / Junker, Detlef (Hg.): 1968. The World Transformed, Cambridge 1998, S. 55–81.
Packard, Vance: Verlust der Geborgenheit. Unsere kinderkranke Gesellschaft. Was die Vernachlässigung der Familie für unsere Kinder und die Zukunft der Gesellschaft bedeutet, Bern 1984.
Page, Stephen B. / Larner, Mary B.: Introduction to the AFDC Program, in: The Future of Children. Welfare to Work Vol 7, Nr. 1 (1997), S. 20–27.
Parker, Randall E.: Reflexions on the Great Depression, Cheltenham 2002.
Parker, Richard: The Myth of the Middle Class. Notes on Affluence and Equality, New York 1972.
Parkin, Katherine J.: Food is Love. Advertising and Gender Roles in Modern America, Philadelphia 2007.
Parry, Manon: Broadcasting Birth Control. Mass Media and Family Planning, New Brunswick, NJ 2013.
Pascoe, Peggy: What Comes Naturally. Miscegenation Law and the Making of Race in America, New York 2008.
Patterson, Charlotte J.: Children of Lesbian and Gay Parents, in: Current Directions in Psychological Science 15 (2006), Nr. 5, S. 241–244.
Patterson, Charlotte J.: Family Relationships of Lesbians and Gay Men, in: Journal of Marriage and the Family 62 (2000), Nr. 4, S. 1052–1069.
Patterson, James T.: Brown v. Board of Education. A Civil Rights Milestone and Its Troubled Legacy, New York 2001.
Patterson, James T.: Freedom is not Enough. The Moynihan Report and America's Struggle over Black Family Life from LBJ to Obama, New York 2010.
Patterson, James T.: Grand Expectations. The United States 1945–1974, Oxford 1996.
Patterson, James T.: Restless Giant. The United States from Watergate to Bush vs. Gore, Oxford 2005.
Paul, Gerhard (Hg.): Visual History. Ein Studienbuch, Göttingen 2006.
Paul, Gerhard: Das visuelle Zeitalter. Punkt und Pixel, Göttingen 2016.
Paul, Gerhard: Visual History, Version: 3.0, in: Docupedia-Zeitgeschichte, 13.03.2014 <www.docupedia.de/zg/paul_visual_history_v3_de_2014>.
Pegg, Robert: Comical Co-Stars of Television. From Norton to Kramer, Jefferson 2002.
Peiss, Kathy / Simmons, Christina / Padgug, Robert A.: Passion and Power. Sexuality in History, Philadelphia 1989.
Pelka, Suzanne: Sharing Motherhood. Maternal Jealousy among Lesbian Co-Mothers, in: Journal of Homosexuality 56 (2009), Nr. 2, S. 195–217.
Pells, Richard H.: The Liberal Mind in a Conservative Age. American Intellectuals in the 1940s and 1950s, Middletown 1989.
Penley, Constance: The Future of an Illusion. Film, Feminism, and Psychoanalysis, Minneapolis 1990.

Pernick, Martin S.: The Black Stork. Eugenics and the Death of Defective Babies in American Medicine and Motion Pictures since 1915, New York 1996.
Petchesky, Rosalind Pollack: Fetal Images. The Power of Visual Culture in the Politics of Reproduction, in: Feminist Studies 13 (1987), Nr. 2, S. 263–292.
Peters, Uwe Henrik: Psychiatrie im Exil. Die Emigration der dynamischen Psychiatrie aus Deutschland 1933–1939, Düsseldorf 1992.
Peterson, Theodore: Magazines in the Twentieth Century, Urbana 1956.
Philipps, Roderick: Putting Asunder. A History of Divorce in Western Society, Cambridge 1988.
Phoenix, Ann: Intersectionality, in: European Journal of Women's Studies 13 (2006), Nr. 3, S. 187–192.
Pierce, Jenifer Burek: Science, Advocacy, and „The Sacred Things of Life": Representing Motherhood as a Progressive Era Cause in Women's Magazines, in: American Periodicals 18 (2008), Nr. 1, S. 69–94.
Pivar, David J.: Purity and Hygiene. Women, Prostitution, and the „American Plan" 1900–1930, Westport 2002.
Plant, Rebecca Jo: Mom. The Transformation of Motherhood in Modern America, Chicago 2010.
Plateris, Alexander A.: 100 Years of Marriage and Divorce Statistics. United States 1867–1967, U. S. Department of Health, Education and Welfare, National Center for Health Statistics, Rockville 1973.
Platt, Jennifer: A History of Sociological Research Methods in America, 1920–1960, Cambridge u. a. 1996.
Pleck, Elizabeth H.: Celebrating the Family. Ethnicity, Consumer Culture, and Family Rituals, Cambridge / London 2000.
Pleck, Elizabeth: Domestic Tyranny. The Making of American Social Policy against Family Violence from Colonial Times to the Present, New York 1987.
Poiger, Uta G.: Jazz, Rock and Rebels. Cold war Politics and American Culture in a Divided Germany, Berkeley 2000.
Polatnick, Pivka M.: Diversity in Women's Liberation Ideology. How a Black and a White Group of the 1960s Viewed Motherhood, in: Signs 21 (1996), Nr. 3, S. 679–706.
Pollack, Sandra (Hg.): Politics of the Heart. A Lesbian Parenting Anthology, Ithaca 1987.
Popenoe, David: American Family Decline, 1960–1990. A Review and Appraisal, in: Journal of Marriage and the Family 55 (1993), Nr. 3, S. 527–542.
Popenoe, David: Disturbing the Nest. Family Change and Decline in Modern Societies, New York 1988.
Popenoe, David: Life Without Father. Compelling New Evidence that Fatherhood and Marriage are Indispensable for the Good of Children and Society, New York 1996.
Popenoe, David: Modern Marriage. Revising the Cultural Script, in: Popenoe, David / Elshtain, Jean Bethke / Blankenhorn, David (Hg.): Promises to Keep. Decline and Renewal of Marriage in America, Lanham 1996, S. 247–270.
Popenoe, David: Remembering My Father. An Intellectual Portrait of „The Man Who Saved Marriages", in: Popenoe, David: War Over the Family, New Brunswick 2005, S. 227–244.
Popenoe, David: War Over the Family, New Brunswick 2005.
Powell, Brian [u. a.]: Counted Out. Same Sex Relations and American Definitions of Family, New York 2010.
Prescott, Heather Munro: Student Bodies. The Impact of Student Health on American Society and Medicine, Ann Arbor 2007.

Press, Andrea / Cole, Elizabeth: Speaking of Abortion. Television and Authority in the Lives of Women, Chicago 1999.
Priemel, Isabel / Schuster, Annette: Frauen zwischen Erwerbstätigkeit und Familie. Historische und aktuelle Entwicklungen, Pfaffenweiler 1990.
Quadagno, Jill: The Color of Welfare. How Racism Undermined the War on Poverty, New York 1994.
Raab, Jürgen: Erving Goffman, Konstanz 2007.
Raeithel, Gerd: Geschichte der nordamerikanischen Kultur, Bd. 3, Vom New Deal bis zur Gegenwart, 1930–1988, Weinheim / Berlin 1989.
Rafkin, Louise: Different Mothers. Sons and Daughters of Lesbians Talk about their Lives, Pittsburgh 1990.
Raley, R. Kelly / Bumpass, Larry: The Topography of the Divorce Plateau. Levels and Trends in Union Stability in the United States after 1980, in: Demographic Research 8 (2003), S. 245–260 <www.demographic-research.org/Volumes/Vol8/8/>.
Randeria, Shalini: Geteilte Geschichte und verwobene Moderne, in: Rüsen, Jörn [u. a.] (Hrsg.), Zukunftsentwürfe. Ideen für eine Kultur der Veränderung, Frankfurt a. M. 2000, S. 87–96.
Raphael, Lutz / Pleinen, Jenny: Zeithistoriker in den Archiven der Sozialwissenschaften. Erkenntnispotentiale und Relevanzgewinne für die Disziplin, in: VfZ 62 (2014), S. 173–196.
Raphael, Lutz: „Ordnung" zwischen Geist und Rasse. Kulturwissenschaftliche Ordnungssemantik im Nationalsozialismus, in: Lehmann, Hartmut / Oexle, Otto Gerhard (Hg.): Nationalsozialismus in den Kulturwissenschaften, Bd. 2, Göttingen 2004, S. 115–137.
Raphael, Lutz: Das Ende des Deutschen Reiches als Zäsur nationaler Expertenkulturen? Überlegungen zu den Folgen des politischen Umbruchs 1945 für Technik und Wissenschaft in Deutschland, in: Doering-Manteuffel, Anselm (Hg.): Strukturmerkmale der deutschen Geschichte des 20. Jahrhunderts, München 2006, S. 181–195.
Raphael, Lutz: Die Verwissenschaftlichung des Sozialen als methodische und konzeptionelle Herausforderung für eine Sozialgeschichte des 20. Jahrhunderts, in: Geschichte und Gesellschaft 22 (1996), S. 165–193.
Raphael, Lutz: Embedding the Human and Social Sciences in Western Societies, 1880–1980. Reflections on Trends and Methods of Current Research, in: Brueckweh, Kerstin (Hg.): Engineering Society. The Role of the Human and Social Sciences in Modern Societies, 1880–1980, New York 2012, S. 41–56.
Raphael, Lutz: Experten im Sozialstaat, in: Hockerts, Hans-Günther (Hg.): Drei Wege deutscher Sozialstaatlichkeit. NS-Diktatur, Bundesrepublik und DDR im Vergleich, München 1998, S. 231–258.
Raphael, Lutz: Geschichtswissenschaft im Zeitalter der Extreme, München 2003.
Raphael, Lutz: Ordnungsmuster der „Hochmoderne"? Die Theorie der Moderne und die Geschichte der europäischen Gesellschaften im 20. Jahrhundert, in: Schneider, Ute / Raphael, Lutz (Hg.): Dimensionen der Moderne. Festschrift für Christof Dipper, Frankfurt a. M. 2008, S. 73–91.
Raphael, Lutz: Radikales Ordnungsdenken und die Organisation totalitärer Herrschaft. Weltanschauungseliten und Humanwissenschaftler im NS-Regime, in: Geschichte und Gesellschaft 27 (2001), S. 5–40.

Raphael, Lutz: Sozialexperten in Deutschland zwischen konservativem Ordnungsdenken und rassistischer Utopie (1918–1945), in: Hardtwig, Wolfgang (Hg.), Utopie und politische Herrschaft im Europa der Zwischenkriegszeit (Schriften des Historischen Kollegs, Kolloquien 56), München 2003, S. 327–346.

Raphael, Lutz: Zwischen Sozialaufklärung und radikalem Ordnungsdenken. Die Verwissenschaftlichung des Sozialen im Europa der ideologischen Extreme, in: Hübinger, Gangolf (Hg.): Europäische Wissenschaftskulturen und politische Ordnungen der Moderne (1890–1970), München 2013, S. 29–50.

Rapp, Rayna: Family and Class in Contemporary America, in: Coontz, Stephanie / Parson, Maya / Raley, Gabrielle (Hg.): American Families. A Multicultural Reader, New York 2008, S. 188–200.

Raschke, Joachim: Soziale Bewegungen. Ein historisch-systematischer Grundriß, Frankfurt a. M. 1985.

Raulff, Ulrich / Burguière, André (Hg.): Mentalitäten-Geschichte. Zur historischen Rekonstruktion geistiger Prozesse, Berlin 1989.

Reagan, Leslie J.: Dangerous Pregnancies. Mothers, Disabilities, and Abortion in Modern America, Berkeley 2010.

Reagan, Leslie J.: When Abortion Was a Crime. Women, Medicine and the Law, 1867–1973, Berkeley 1997.

Reagan, Patrick D.: Designing a New America. The Origins of New Deal Planning, 1890–1943, Amherst 1999.

Reese, William J. (Hg.): American Education in the Twentieth Century. Progressive Legacies, Abingdon 2003.

Register, Cheri: Motherhood at Center. Ellen Key's Social Vision, in: Women's Studies Int. Forum 5 (1982), Nr. 6, S. 599–610.

Reilly, Philip R.: The Surgical Solution. A History of Involuntary Sterilization in the United States, Baltimore / London 1991.

Reiman, Richard A.: The New Deal and American Youth. Ideas and Ideals in a Depression Decade, Athens 1992.

Reinarman, Craig / Levine, Harry: Crack in America. Demon Drugs and Social Justice, London 1997.

Reinecke, Christiane / Mergel, Thomas: Das Soziale vorstellen, darstellen, herstellen: Sozialwissenschaften und gesellschaftliche Ungleichheit im 20. Jahrhundert, in: Dies.: Das Soziale Ordnen. Sozialwissenschaften und gesellschaftliche Ungleichheit im 20. Jahrhundert, Frankfurt a. M. 2012, S. 7–31.

Reiss, David (Hg.): The American Family. Dying or Developing? Proceedings of the Conference Held in Washington, D. C. on June 10–11, 1978, New York 1979.

Rhoades, Lawrence J.: A History of the American Sociological Association, 1905–1980 <www.asanet.org/about/Rhoades_History.cfm>.

Richelson, Jeffrey T. (Hg.): Presidential Directives on National Security from Truman to Clinton, Washington D. C. 1994.

Riesebrodt, Martin: Die Rückkehr der Religionen. Fundamentalismus und der „Kampf der Kulturen", München 2000.

Riesebrodt, Martin: Fundamentalismus als patriarchalische Protestbewegung. Amerikanische Protestanten (1910–28) und iranische Schiiten (1961–79) im Vergleich, Tübingen 1990.

Riesebrodt, Martin: Protestantischer Fundamentalismus in den USA. Die religiöse Rechte im Zeitalter der elektronischen Medien, Evangelische Zentralstelle für Weltanschauungsfragen, Information Nr. 102, Stuttgart VIII / 1987.
Riley, Glenda: Divorce. An American Tradition, New York / Oxford 1991.
Risen, Clay: A Nation on Fire. America in the Wake of the King Assassination, Hoboken 2009.
Risen, James / Thomas, Judy L.: Wrath of Angels. The American Abortion War, New York 1998.
Robbins, Mary Susannah: Against the Vietnam War. Writings by Activists, New York 2007.
Roberts, Dorothy: Fatal Invention. How Science, Politics, and Big Business Re-create Race in the Twenty-first Century, New York, London 2011.
Roberts, Dorothy: Killing the Black Body. Race, Reproduction, and the Meaning of Liberty, New York 1999.
Roberts, Dorothy: Shattered Bonds. The Color of Child Welfare, New York 2002.
Robin, Ron Theodore: The Making of the Cold War Enemy. Culture and Politics in the Military-Intellectual Complex, Princeton 2001.
Robinson, Armstead L. / Sullivan, Patricia (Hg.): New Directions in Civil Rights Studies, Charlottesville 1991.
Robinson, Paul: The Modernization of Sex. Havelock Ellis, Alfred Kinsey, William Masters, and Virginia Johnson, New York 1976.
Rödder, Andreas / Elz, Wolfgang (Hg.): Alte Werte – Neue Werte. Schlaglichter des Wertewandels, Göttingen 2008.
Rödder, Andreas: Vom Materialismus zum Postmaterialismus? Ronald Ingleharts Diagnosen des Wertewandels, ihre Grenzen und ihre Perspektiven, in: Zeithistorische Forschungen 3 (2006), Nr. 3, S. 280–285.
Rödder, Andreas: Werte und Wertewandel. Historisch-Politische Perspektiven, in: Rödder, Andreas / Elz, Wolfgang (Hg.): Alte Werte – Neue Werte. Schlaglichter des Wertewandels. Göttingen 2008, S. 9–25.
Rödder, Andreas: Wertewandel in der Postmoderne. Gesellschaft und Kultur der Bundesrepublik Deutschland 1965–1990, Stuttgart 2004.
Rödder, Andreas: Wertewandel in historischer Perspektive. Ein Forschungskonzept, in: Dietz, Bernhard / Neumaier, Christopher / Rödder, Andreas (Hg.): Gab es den Wertewandel? Neue Forschungen zum gesellschaftlich-kulturellen Wandel seit den 1960er Jahren, München 2013, S. 17–39.
Roderick, Phillips: Untying the Knot. A Short History of Divorce, New York 1991.
Rodríquez, Richard T.: Next of Kin: The Family in Chicano/a Cultural Politics, Durham, NC 2009.
Roesch, Claudia: „Americanization through Homemaking". Mexican American Mothers as Major Factors in Americanization Programs, in: Isabel Heinemann (Hg.): Inventing the Modern American Family. Family Values and Social Change in 20th Century United States, Campus Verlag, Frankfurt a. M. / New York 2012, S. 59–81.
Roesch, Claudia: Macho Man? Repräsentationen mexikanischer Familienstrukturen durch Sozialexperten, Sozialarbeiter und Bürgerrechtsaktivisten in den USA, 1940–1980, in: Gabriele Metzler (Hg.): Das Andere denken. Repräsentationen von Migration in Westeuropa und den USA im 20. Jahrhundert, Frankfurt a. M., New York 2013, S. 87–118.
Roesch, Claudia: Macho Men and Modern Women. Mexican Immigration, Social Experts and Changing Family Values in the 20th Century United States, Berlin / Boston 2015.
Roesch, Claudia: Mexican Immigrant Families, Social Experts, Social Work, and Changing Family Values in the 20th Century USA, Dissertation Münster 2014.

Romo, Harriett D.: Transformations of la Familia on the U. S.-Mexico Border, Notre Dame 2008.
Rorabaugh, William J.: Berkeley at War, New York / Oxford 1989.
Rorabaugh, William J.: Kennedy and the Promise of the Sixties, Cambridge 2002.
Rosaldo, Michelle: The Use and Abuse of Anthropology. Reflections on Feminism and Cross Cultural Understanding, in: Signs 5 (1980), Nr. 3, S. 392–416.
Rosas, Ana Elizabeth: Breaking the Silence: Mexican Children and Women's Confrontation of Bracero Family Separation, 1942–1964, in: Gender & History, August 2011, Vol. 23, Issue 2, 382–400.
Rosas, Ana Elizabeth: Abrazando El Espiritu. Bracero Families Confront the US-Mexico Border, California 2014.
Rosenberg, C.: No Other Gods. On Science and American Social Thought, Baltimore 1961.
Rosenberg, Rainer / Münz-Koenen, Inge / Boden, Petra (Hg.): Der Geist der Unruhe. 1968 im Vergleich. Wissenschaft, Literatur, Medien, Berlin 2000.
Rosenberg, Rosalind: Beyond Separate Spheres. Intellectual Roots of Modern Feminism, New Haven / London 1982.
Rosenberg, Rosalind: Divided Lives. American Women in the Twentieth Century, New York 1992.
Rosenfeld, Michael: The Age of Independence. Interracial Unions, Same-Sex Unions, and the Changing American Family, Cambridge 2009.
Ross, Dorothy: The Origins of American Social Science, New York: Cambridge University Press, 1991.
Ross, Loretta / Solinger, Rickie: Reproductive Justice. An Introduction, Oakland, CA 2017.
Rossinow, Douglas: The Politics of Authenticity. Liberalism, Christianity and the New Left in America, New York 1998.
Rossiter, Margaret: Women Scientists in America. Struggles and Strategies to 1940, Baltimore 1982.
Roth, Benita: Separate Roads to Feminism. Black, Chicana, and White Feminist Movements in America's Second Wave, Cambridge 2004.
Rothman, Sheila M.: Women's Proper Place. A History of Changing Ideals and Practices, 1870 to Present, New York 1978.
Rotundo, Anthony: American Manhood. Transformations in Masculinity from the Revolution to the Modern Era, New York 1994.
Rubin, Eva R.: The Supreme Court and the American Family. Ideology and Issues, New York 1986.
Rubin, Lillian B.: Getting Younger while Getting Older. Family-building at Midlife, in: Hertz, Rosanna / Marshall, Namy L. (Hg.): Working Families. The Transformation of the American Home, Berkeley 2001, S. 58–71.
Rucht, Dieter (Hg.): Research on Social Movements. The State of the Art in Western Europe and the USA, Boulder 1991.
Ruggles, Steven: The Transformation of American Family Structure, in: American Historical Review 99 (1994), Nr. 1, S. 103–128.
Rugh, Susan: Are We There Yet? The Golden Age of American Family Vacations, Lawrence 2008.
Ruiz, Vicki L. / DuBois, Carol (Hg.): Unequal Sisters. A Multicultural Reader in U. S. Women's History, New York 2008.
Ruiz, Vicki L.: Cannery Women, Cannery Lives. Mexican Women, Unionization, and California Food Processing Industry, 1930–1950, Albuquerque, NM 1987.

Rupp, Leila: Mobilizing Women for War. German and American Propaganda, 1939–1945, Princeton 1978.

Ryan, Patrick J.: „Six Blacks from Home". Childhood, Motherhood, and Eugenics in America, in: The Journal of Policy History 19 (2007), Nr. 3, S. 253–275.

Ryan, Patrick J.: How New Is the „New" Social Study of Childhood? The Myth of a Paradigm Shift, in: Journal of Interdisciplinary History 38 (2008), Nr. 4, S. 553–576.

Ryan, William: Blaming the Victim, New York 1971.

Ryan-Flood, Roisin: Lesbian Motherhood. Gender, Families and Sexual Relationship, Basingstoke 2009.

Ryback, Timothy W.: Hitlers Bücher. Seine Bibliothek – sein Denken, Köln 2010.

Rymph, Catherine E.: From „Economic Want" to „Family Pathology". Foster Family Care, the New Deal and the Emergence of a Public Child Welfare System, in: Journal of Policy History 24 (2012), Nr. 1, S. 7–25.

Rymph, Catherine E.: Raising Government Children. A History of Foster Care and the American Welfare State, Chapel Hill, NC 2017.

Rymph, Catherine E.: Raising Government Children. A History of Foster Care and the American Welfare State, Chapel Hill 2017.

Rymph, Catherine E.: Republican Women, Feminism and Conservatism from Suffrage through the Rise of the New Right, Chapel Hill 2006.

Samuel, Lawrence A.: The American Middle Class. A Cultural History, New York 2014.

Sanchéz, George J.: „Go after the Women". Americanization and the Mexican Immigrant Woman, 1915–1929, in: Apple, Rima / Golden, Janet (Hg.): Mothers and Motherhood. Readings in American History, Columbus 1997, S. 475–494.

Sanchéz, George J.: Becoming Mexican American: Ethnicity, Culture, and Identity in Chicano Los Angeles, New York / Oxford 1993.

Sanders, Randy: „The Sad Duty of Politics". Jimmy Carter and the Issue of Race in his 1970 Gubernatorial Campaign, in: The Georgia Historical Quarterly 76 (1992), Nr. 3, S. 612–638.

Sanger, Carol: Developing Markets in Baby-Making. In the Matter of Baby M, in: Harvard Journal of Law and Gender (30) 2007, S. 767–797.

Sarasin, Philipp: Michel Foucault zur Einführung. 5. vollständig überarbeitete Neuausgabe Hamburg 2013.

Sarasin, Philipp: Wie weiter mit Michel Foucault? Hamburg 2008.

Sarasin, Philipp: Zweierlei Rassismus? Die Selektion des Fremden als Problem in Michel Foucaults Verbindung von Biopolitik und Rassismus, in: Stingelin, Martin (Hg.): Biopolitik und Rassismus, Frankfurt a. M. 2003.

Sarasohn, David.: The Party of Reform. The Democrats in the Progressive Era, Jackson 1989.

Sartain, Lee: Invisible Activists. Women of the Louisiana NAACP and the Struggle for Civil Rights, 1915–1945, Baton Rouge 2007.

Saunt, Claudio: Black, White, and Indian. Race and the Unmaking of an American Family, Oxford 2006.

Scanlon, Jennifer: Inarticulate Longings. The Ladies' Home Journal, Gender, and the Promises of Consumer Culture, New York 1995.

Scanzoni, John H.: The Black Family in Modern Society. Patterns of Stability and Security, Chicago 1977.

Scanzoni, John: Balancing the Policy Interests of Children and Adults, in: Anderson, Elaine / Hula, Richard (Hg.): The Reconstruction of Family Policy, Westport, CT 1991, S. 11–22.
Schäfer, Axel R.: American Progressives and German Social Reform, 1875–1920. Social Ethics, Moral Eontrol, and the Regulatory State in a Transatlantic Context, Stuttgart 2000.
Schäfer, Peter: Alltag in den Vereinigten Staaten. Von der Kolonialzeit bis zur Gegenwart, Graz 1998.
Schermer, Elisabeth Tandy: Origins of the Conservative Ascendancy. Barry Goldwater's Early Senate Career and the De-legitimization of Organized Labor, in: The Journal of American History 95 (2008), Nr. 3, S. 678–709.
Schildt, Georg: Zwischen Freiheit des Einzelnen und Wohlfahrtsstaat. Amerikanische Sozialpolitik im 20. Jahrhundert, Paderborn 2003.
Schivelbusch, Wolfgang: Entfernte Verwandtschaft. Faschismus, Nationalsozialismus, New Deal, 1933–1939, München 2005.
Schlimm, Annette: Verkehrsraum – Sozialer Raum. Social Engineering und die Ordnung der Gesellschaft im 20. Jahrhundert, Bielefeld 2011.
Schmuhl, Hans-Walter: Rassenkunde, Nationalsozialismus, Euthanasie. Von der Verhütung zur Vernichtung „lebensunwerten Lebens", 1890–1945, Göttingen 1987.
Schneider, Gregory L.: American Conservatism since the 1930s. A Reader, New York 2003.
Schneider, Gregory L.: Cadres for Conservatism. Young Americans for Freedom and the Rise of the Contemporary Right, New York 1999.
Schoen, Johanna: Abortion after Roe, Chapel Hill 2015.
Schoen, Johanna: Choice and Coercion. Birth Control, Sterilization and Abortion in Public Health and Welfare, University of North Carolina Press, Chapel Hill 2005.
Schoen, Johanna: Choice and Coercion. Women and the Politics of Sterilization in North Carolina, 1929–1975, in: Journal of Women's History 13 (2001), Nr. 1, S. 132–156.
Schoen, Johanna: From the Footnotes to the Headlines: Sterilization Apologies and Their Lessons, in: Sexuality Research and Social Policy 3 (2006), Nr. 3 <doi:10.1525/srsp.2006.3.3.7.>
Schrecker, Ellen: Many are the Crimes. McCarthyism in America, Boston 1998.
Schrecker, Ellen: The Age of McCarthyism. A Brief History with Documents, Boston 1994.
Schulman, Bruce / Zelizer, Julian (Hg.): Rightward Bound. Making America Conservative in the 1970s, Harvard 2008.
Schulman, Bruce: The Seventies. The Great Shift in American Culture, Society, and Politics, New York 2001.
Schumann, Dirk (Hg.): Raising Citizens in the „Century of the Child". The United States and German Central Europe in Comparative Perspective, New York 2010.
Schwartz, Barry (Hg.): The Changing Face of the Suburbs, Chicago / London 1976.
Schwartz, Richard Alan: Cold War Culture. Media and the Arts, 1945–1990, New York 1998.
Scott, Anne Firor: Natural Allies. Women's Associations in American History, Urbana 1991.
Scott, James C.: Seeing Like a State. How Certain Schemes to Improve the Human Condition Have Failed, New Haven 1998.
Scott, Joan W.: Gender. A Useful Category of Historical Analysis, in: American Historical Review 91 (1986), Nr. 5, S. 1053–1075.
Scott, Joan W.: Gender. Eine nützliche Kategorie der historischen Analyse, in: Kaiser, Nancy (Hg.): Selbst Bewusst. Frauen in den USA, Leipzig 1994, S. 27–75.

Scott, Joan W.: Millenial Fantasies. The Future of „Gender" in the 21st Century, in: Honegger, Claudia / Arni, Caroline (Hg.): Gender. Die Tücken einer Kategorie, Zürich 2001, S. 19–38.
Sealander, Judith: The Failed Century of the Child. Governing America's Young in the Twentieth Century, Cambridge 2003.
Segalen, Martine: Die Familie. Geschichte, Soziologie, Anthropologie, Frankfurt a. M. 1990.
Selden, Steven: Transforming Better Babies into Fitter Families. Archival Resources and the History of American Eugenics Movement, 1908–1930, in: Proceedings of the American Philosophical Society 149 (2005), Nr. 2, S. 199–225.
Self, Robert O.: All in the Family. The Realignment of American Democracy since the 1960s, New York 2012.
Seward, Rudy R.: The American Family. A Demographic History, Beverly Hills 1978.
Sharp, Lawrence J. / Nye, F. Ivan: Maternal Mental Health, in: Nye, F. Ivan / Hoffman, Lois Wladis, The Employed Mother in America, S. 309–319.
Shaw, David Gary: The Return of Science, in: History and Theory 38 (1999), Nr. 4, S. 1–10.
Shepard, Alexandra / Walker, Garthine (Hg.): Gender and Change. Agency Chronology and Periodization, Malden 2009.
Shore, Bradd: Culture in Mind. Cognition, Culture, and the Problem of Meaning, New York 1996.
Sidbury, James: Becoming African in America. Race and Nation in the Early Black Atlantic, Oxford 2009.
Sidel, Ruth: Unsung Heroines. Single Mothers and the American Dream, Berkeley / Los Angeles 2006.
Siff, Ezra Y.: Why the Senate Slept. The Gulf of Tonkin Resolution and the Beginning of America's Vietnam War, Westport 1999.
Silliman, Jael / Gerber Fried, Marlene / Ross, Loretta / Gutiérrez, Elena R. (Hg.): Undivided Rights. Women of Color Organizing for Reproductive Justice, New York 2004.
Silva, Elizabeth B.: The Cook, the Cooker and the Gendering of the Kitchen, in: Sociological Review 48 (2001), Nr. 4, S. 612–628.
Singh, Gopal K. / van Dyck, Peter C.: Infant Mortality in the United States, 1935–2007. Our Seven Decades of Progress and Disparities. U. S. Department of Health and Human Services, Health Resources and Service Administration, Maternal and Child Health Bureau, Rockville, Maryland 2010 <www.mchb.hrsa.gov>.
Sisson, Gretchen / Kimport, Katrina: Telling Stories About Abortion. Abortion Related Plots in American Film and Television, 1916–2013, in: Contraception, 89 (2014), S. 413–418.
Sitkoff, Harvard (Hg.): Fifty Years Later. The New Deal Evaluated, Philadelphia 1985.
Sitkoff, Harvard (Hg.): Perspectives on Modern America. Making Sense of the Twentieth Century, New York / Oxford 2001.
Sitkoff, Harvard: A New Deal for Blacks. The Emergence of Civil Rights as a National Issue, Bd. 1, The Depression Decade, New York 1978.
Sitkoff, Harward: The Struggle for Black Equality 1954–1992, New York 1993.
Sklar, Martin J.: United States as a Developing Country. Studies in U. S. History in the Progressive Era and the 1920s, Cambridge 1992.
Skolnick, Arlene / Skolnick, Jerome H. (Hg.): Intimacy, Family, and Society, Boston 1974.
Skolnick, Arlene S. / Skolnick, Jerome H. (Hg.): Family in Transition. Rethinking Marriage, Sexuality, Child Rearing and Family Organization, Boston 1971.

Skolnick, Arlene: Embattled Paradise. The American Family in an Age of Uncertainty, New York 1991.
Skolnick, Arlene: The Intimate Environment. Exploring Marriage and the Family, Boston 1987.
Smith, Beretta Eileen: Shaded Lives. Objectification and Agency in the Television Representation of African-American Women, 1980–1994, Los Angeles 1997.
Smith, Daniel Scott: Recent Change and the Periodization of American Family History, in: Journal of Family History 20 (1995), Nr. 4, S. 329–346.
Smith, Daniel Scott: The Meanings of Family and Household. Change and Continuity in the Mirror of the American Census, in: Population and Development Review 18 (1992), Nr. 3, S. 421–456.
Smith, Geoffrey S.: National Security and Personal Isolation. Sex, Gender and Disease in the Cold War United States, in: International History Review 14 (1992), Nr. 2, S. 1–15.
Smith, Shawn Michelle: American Archives. Gender, Race, and Class in Visual Culture, Princeton 1999.
Smith, Tony: America's Mission. The United States and the Worldwide Struggle for Democracy in the Twentieth Century, Princeton 1994.
Smulyan, Susan: Popular Ideologies. Mass Culture at Mid-Century, Pennsylvania 2007.
Snay, Mitchell: Horace Greeley and the Politics of Reform in Nineteenth Century America, Landham [u. a.] 2011.
Sokoll, Thomas / Gehrmann, Rolf: Historische Demographie und quantitative Methoden, in: Maurer, Michael (Hg.): Aufriß der Historischen Wissenschaften, Bd. 7, Stuttgart 2003, S. 152–229.
Sokoll, Thomas: Historische Demographie und historische Sozialwissenschaft, in: Archiv für Sozialgeschichte 32 (1992), S. 405–425.
Solinger, Rickie (Hg.): Abortion Wars. A Half Century of Struggle, 1950–2000, Berkeley 1998.
Solinger, Rickie / Nakachi, Mie: Reproductive States. Global Perspectives on the Invention and Implementation of Population Policy, New York 2016.
Solinger, Rickie: Beggars and Choosers. How the Politics of Choice Shapes Adoption, Abortion, and Welfare in the United States, New York 2001.
Solinger, Rickie: Pregnancy and Power. A Short History of Reproductive Politics in America, New York 2007.
Solinger, Rickie: Wake up, little Suzie. Single Pregnancy before Roe vs. Wade, New York 1992.
Sorensen, John / Sealander, Judith (Hg.): The Grace Abbott Reader, Lincoln 2008.
Southern, David W.: Gunnar Myrdal and Black-White Relations. The Use and Abuse of An American Dilemma, 1944–1969, Baton Rouge / London 1987.
Spain, Daphne / Bianchi, Suzanne: Balancing Act. Motherhood, Marriage, and Employment among American Women, New York 1996.
Spangler, Lynn: Television Women from Lucy to Friends. Fifty Years of Sitcoms and Feminism, Westport 2003.
Spelman, Elizabeth: Inessential Woman. Problems of Exclusion in Feminist Thought, Boston 1988.
Spender, Stephen: The Year of the Young Rebels, Berkeley 1984.
Speth, Linda E: The Married Women's Property Acts, 1839–1865: Reform, Reaction, or Revolution?, in: Lindgren, J. Ralph [u. a.] (Hg.): The Law of Sex Discrimination, Wadsworth 2011, S. 12–15.

Spigel, Lynn: Make Room for TV. Television and the Family Ideal in Postwar America, Chicago / London 1992.
Spiro, Jonathan P.: Defending the Master Race. Conservation, Eugenics, and the Legacy of Madison Grant, Hannover 2008.
Springer, Kimberly: Living for the Revolution. Black Feminists Organizations, 1968–1980, Durham 2005.
Stacey, Judith: Brave New Families. Stories of Domestic Upheaval in Late Twentieth Century America, New York 1990.
Stacey, Judith: Good Riddance to „the Family". A Response to David Popenoe, in: Journal of Marriage and the Family 55 (1993), Nr. 3, S. 545–547.
Stacey, Judith: In the Name of the Family. Rethinking Family Values in the Postmodern Age, Boston 1996.
Stacey, Judith: Unhitched – Love, Marriage, and Family Values from West Hollywood to Western China, New York 2011.
Staggenborg, Suzanne: The Pro-Choice Movement. Organization and Activism in the Abortion Conflict, New York 1991.
Stansell, Christine: The Feminist Promise. 1792 to the Present, New York 2010.
Starr, Kevin: Inventing the Dream. California trough the Progressive Era, Oxford 1985.
Starrels, Marjorie E. / Bould, Sally / Nicholas, Leon J.: The Feminization of Poverty in the United States. Gender, Race, Ethnicity, and Family Factors, in: Journal of Family Issues 15 (1994), Nr. 4, S. 590–607.
Stebner, Eleanor J.: The Women of Hull House. A Study in Spirituality, Vocation, and Friendship, Albany 1997.
Stein, Marc: Sexual Injustice. Supreme Court Decisions from Griswold to Roe. Chapell Hill 2010.
Stemmer, Peter: Die Rechtfertigung moralischer Normen, Zeitschrift für Philosophische Forschung 58, H. 4 (2004), S. 483–504.
Stern, Alexandra Minna / Markel, Howard (Hg.): Formative Years. The History of Children's Health in the United States, 1880–2000, Ann Arbor 2002.
Stern, Alexandra Minna: Beauty is not Always Better. Perfect Babies and the Tyranny of Pediatric Norms, in: Patterns of Prejudice 36 (2002), Nr. 1, S. 68–78.
Stern, Alexandra Minna: Eugenic Nation. Faults and Frontiers of Better Breeding in Modern America, Berkeley 2005.
Stern, Alexandra Minna: Making Better Babies. Public Health and Race Betterment in Indiana, 1920–1935, in: American Journal of Public Health 92 (2002), Nr. 5, S. 742–752.
Stern, Alexandra Minna: Telling Genes. The Story of Genetic Counseling in America, Baltimore 2012.
Stevenson, Brenda E.: Life in Black and White. Family and Community in the Slave South, New York 1996.
Stieglitz, Olaf: Is Mom to Blame? Anti-Communist Law-Enforcement and the Representation of Motherhood in Early Cold War U. S. Film, in: Heinemann, Isabel (Hg.): Inventing the „Modern American Family". Family Values and Social Change in 20th Century USA, Frankfurt a. M. / New York 2012, S. 244–264.
Stone, Pamela: Opting Out. Why Women Really Quit Careers and Head Home, Berkeley 2008.
Strasser, Susan: Never Done. A History of American Housework, New York 1982.

Strasser, Susan: Satisfaction Guaranteed. The Making of the American Mass Market, New York 1989.
Stremlau, Rose: „To Domesticate and Civilize Wild Indians". Allotment and the Campaign to Reform Indian Families, 1875–1887, in: Journal of Family History 30 (2005), Nr. 3, S. 265–286.
Sudarkasa, Niara: Family. African Roots, in: Salzman, Jack / Smith, David Lionel / West, Cornel (Hg.): Encyclopedia of Afro-American Culture and History, Bd. 2, New York u. a. 1996, S. 928–932.
Sudarkasa, Niara: Interpreting the African Heritage in Afro-American Family Organziation, in: McAdoo, Harriette P. (Hg.): Black Families, Thousand Oaks 1997, S. 9–40.
Sugrue, Thomas J.: Crabgrass-Roots Politics. Race, Rights and the Reaction against Liberalism in the Urban North, 1940–1964, in: Journal of American History 82 (1995), Nr. 2, S. 551–578.
Sullivan, Patricia: Days of Hope. Race and Democracy in the New Deal Era, Chapel Hill 1996.
Sweet, James A.: Indicators of Family and Household Structure of Racial and Ethnic Minorities in the United States, in: Bean, Frank D. / Frisbie, W. Parker (Hg.): The Demography of Racial and Ethnic Groups, New York 1978, S. 221–259.
Taylor, Ella: Prime Time Families. Television Culture in Postwar America, Berkeley / Los Angeles / London 1989.
Taylor, Henry Louis: Historical Roots of the Urban Crisis. African Americans in the Industrial City, 1900–1950, New York / London 2000.
Taylor, Paul: The Decline of Marriage and the Rise of New Families, PEW Research Center 2010 <www.pewsocialtrends.org/files/2010/11/pew-social-trends-2010-families.pdf>.
Terry, Jennifer: „Momism" and the Making of Treasonous Homosexuals, in: Ladd-Taylor, Molly / Umansky, Lauri (Hg.): Bad Mothers. The Politics of Blame in Twentieth-Century America, New York 1998, S. 169–190.
Testi, Arnaldo: The Gender of Reform Politics. Theodore Roosevelt and the Culture of Masculinity, in: Journal of American History 81, Nr. 4 (1995), S. 1509–1533.
Tetrault, Lisa: The Myth of Seneca Falls: Memory and the Women's Suffrage Movement, Chapel Hill 2014.
Thistle, Susan: From Marriage to the Market. The Transformation of Women's Lives and Work, California 2006.
Thomas, Susan L.: Race, Gender, and Welfare Reform. The Antinatalist Response, in: Journal of Black Studies 28 (1998), Nr. 4, S. 419–446.
Thomas-Maddox, Candice / Blau, Nicole: We're not like the Cleavers Anymore. Diversity and Parenting Communication in ABC's Modern Family, in: González, Alberto / Harris, Tina M. (Hg.): Medating Cultures. Parenting in Intercultural Contexts, Lanham, MD 2013, S. 109–121.
Thompson, Linda: Conceptualizing Gender in Marriage. The Case of Maternal Care, in: Journal of Marriage and the Family 55 (1993), Nr. 3, S. 557–569.
Thomson, Irene Taviss: Culture Wars and Enduring American Dilemmas, Ann Arbor 2010.
Thornton, Arland / Young-DeMarco, Linda: Four Decades of Trends in Attitudes toward Family Issues in the United States. The 1960s through the 1990s, in: Journal of Marriage and the Family 63 (2001), Nr. 4, S. 1009–1037.
Thornton, Arland: Changing Attitudes Toward Family Issues in the United States, in: Journal of Marriage and the Family 51 (1989), Nr. 4, S. 873–893.

Tischler, Barbara L.: Sights on the Sixties, New Brunswick 1992.
Tobey, Ronald C.: Technology as Freedom. The New Deal and the Electrical Modernization of the American Home, Berkeley 1996.
Tomaschke, Dirk: In der Gesellschaft der Gene. Räume und Subjekte der Humangenetik in Deutschland und Dänemark, 1950–1990, Bielefeld 2014.
Tone, Andrea (Hg.): Controlling Reproduction. An American History, Wilmington 1997.
Tone, Andrea: Devices and Desires. A History of Contraceptives in America, New York 2002.
Tone, Andrea: The Age of Anxiety. A History of America's Turbulent Affair with Tranquilizers, New York 2009.
Tosh, John: Hegemonic Masculinity and the History of Gender, in: Dudink, Stefan / Hagemann, Karen / Tosh, John (Hg.): Masculinities and Politics in War. Gendering Modern History, New York 2004, S. 41–58.
Traister, Bryce: Academic Viagra. The Rise of American Masculinity Studies, in: American Quarterly 52 (2000), Nr. 2, S. 274–304.
Trotha, Trutz v.: Zum Wandel der Familie, in: Kölner Zeitschrift für Soziologie und Sozialpsychologie 42 (1990), Nr. 3, S. 452–473.
Troy, Gil: Morning in America. How Reagan Invented the 1980s, New York 2005.
Troy, Gil: The Reagan Revolution. A Very Short Introduction, Oxford / New York 2009.
Tucker, Lauren R.: Was the Revolution Televised? Professional Criticism about „The Cosby Show" and the Essentialization of Black Cultural Expression, in: Journal of Broadcasting & Electronic Media 41 (1997), Nr. 1, S. 90–109.
Tufte, Virginia: Changing Images of the Family, New Haven 1979.
Tygiel, Jules: Ronald Reagan and the Triumph of American Conservatism, New York 2006.
Umansky, Lauri: Motherhood Reconceived. Feminism and the Legacies of the Sixties, New York 1996.
Unger, Corinna: Family Planning. A Rational Choice? The Influence of Systems Approaches, Behavioralism, and Rational Choice Thinking on Mid-twentieth Century Family Planning Programs, in: Hartmann, Heinrich / Unger, Corinna (Hg.): A World of Populations. Transnational Perspectives on Demography in the Twentieth Century, New York 2014, S. 58–82.
Utter, Glenn H. / Storey, John (Hg.): The Religious Right. A Reference Handbook, Millerton 2007.
Valk, Anne: Radical Sisters. Second-Wave Feminism and Black Liberation in Washington D. C., Urbana 2008.
Van Horn, Susan Householder: Women, Work and Fertility 1900–1986, New York 1988.
Vance Dorey, Annette K.: Better Babies Contests. The Scientific Quest for Perfect Childhood Health in the Early Twentieth Century, Jefferson 1999.
Vandenberg-Davis, Jodi: Modern Motherhood. An American History, New Brunswick, NJ 2014.
Varenne, Hervé: Love and Liberty. Die moderne amerikanische Familie, in: Burguiere, André (Hg.): Geschichte der Familie, Bd. 4, 20. Jahrhundert, Frankfurt a. M. / New York / Paris 1998, S. 59–90.
Vatter, Harold G. (Hg.): History of the U. S. Economy since World War II, Armonk 1996.
Vatter, Harold G.: The US Economy in the 1950's. An Economic History, Chicago 1985.
Velez-Ibañez, Carlos G.: Se me acabó la canción. An Ethnography of Non-consenting Sterilizations among Mexican Women in Los Angeles, in: Del Castillo, Adelaida R. / Mora,

Magdalena (Hg.): Mexican Women in the United States. Struggles Past and Present, Los Angeles 1980, S. 71–91.
Verburgge, Martha H.: Active Bodies. A History of Women's Physical Education in Twentieth-Century America, New York 2012.
Victor, Barbara: Beten im Oval Office. Christlicher Fundamentalismus in den USA und die internationale Politik, München / Zürich 2005.
Villie, Charles V.: Black and White Families. A Study in Complementarity, New York 1985.
Von Eschen, Penny M.: Race Against Empire. Black Americans and Anticolonialism, 1937–1957, Ithaca 1997.
Waddell, Brian: The War against the New Deal. World War II and American Democracy, DeKalb 2001.
Waite, Linda J. / Nielsen, Mark: The Rise of the Dual-Earner Family, 1963–1997, in: Hertz, Rosanna / Marshall, Namy L. (Hg.): Working Families. The Transformation of the American Home, Berkeley 2001, S. 23–41.
Walgenbach, Katharina: Gender als interdependente Kategorie, in: Walgenbach, Katharina (Hg.): Gender als interdependente Kategorie. Neue Perspektiven auf Intersektionalität, Diversität und Heterogenität, Opladen 2007, S. 23–64.
Walker, Nancy: Shaping our Mothers' World. American Women's Magazines, Jackson 2000.
Walker, Susannah: Style and Status. Selling Beauty to African American Women, 1920–1975, Lexington 2007.
Wallerstein, Judith S. / Blakeslee, Sandra: Second Chances. Men, Women, and Children a Decade after Divorce, New York 1989.
Wandersee, Winifred D.: Women's Work and Family Values, 1920–1940, Cambridge 1981.
Warren, Holly George: The Rolling Stone Book of the Beats. The Beat Generation and the Counterculture, London 1999.
Watkins, Elizabeth Siegel: On the Pill. A Social History of Oral Contraceptives, 1950–1970, Baltimore 1998.
Watson, Jamie / Arp, Robert: What's Good on TV? Understanding Ethics through Television, Malden 2011.
Watts, Trent: White Masculinity in the Recent South, Kansas 2008.
Weber, Paul J. / Landis Jones, W. (Hg.): U. S. Religious Interest Groups. Institutional Profiles, Westport / London 1994.
Weber-Kellermann, Ingeborg: Die Familie. Geschichte, Geschichten und Bilder, Frankfurt a. M. 1990.
Weidemann, Doris: Leben und Werk von Therese Benedek 1892–1977. Weibliche Sexualität und Psychologie des Weiblichen, Frankfurt a. M. 1988.
Weigel-Klinck, Nicole: „Sir, do we get to win this time?" Die Aufarbeitung des Vietnamkrieges im US-amerikanischen Spielfilm, in: 1999, 17 (2002), Nr. 2, S. 44–72.
Weiler, Michael (Hg.): Reagan and Public Discourse in America, Tuscaloosa 1992.
Weiner, Lynn: From Working Girl to Working Mother. The Female Labor Force in the United States, 1820–1980, Chapel Hill 1985.
Weisbrot, Robert: Freedom Bound. A History of America's Civil Rights Movement, New York 1990.
Weiss, Heather B. (Hg.): Evaluating Family Programs, New York 1988.
Weiss, Jessica: „A Drop-In Catering Job". Middle-Class Women and Fatherhood, 1950–1980, in: Journal of Family History 24 (1999), Nr. 3, S. 374–390.

Weiss, Jessica: To Have and to Hold. Marriage, the Baby Boom and Social Change, Chicago / London 2000.
Weiss, Nancy Pottishman: Mother, the Invention of Necessity. Doctor Benjamin Spock's Baby and Child Care, in: American Quarterly 29 (1977), Nr. 5, S. 519–546.
Weitzman, Lenore J. / Maclean, Mavis (Hg.): Economic Consequences of Divorce. The International Perspective, Oxford 1992.
Weitzman, Lenore J.: The Divorce Revolution. The Unexpected Social and Economic Consequences for Women and Children in America, New York 1985.
Wellman, Judith: The Road to Seneca Falls: Elizabeth cady Stanton and the First Woman's Rights Convention, Urbana 2004.
Welskopp, Thomas / Lesoff, Alan: Fractured Modernity. America Confronts Modern Times, 1890s to 1940s, München 2013.
Welter, Barbara: The Cult of True Womanhood 1820–1860, in: American Quarterly 18 (1966), Nr. 2, Teil 1, S. 151–174.
Wendt, Simon: „They Finally Found Out that We Really Are Men". Violence, Non-Violence and Black Manhood in the Civil Rights Era, in: Gender & History 19 (2007), S. 543–564.
Wendt, Simon: Gewalt und Männlichkeit in der Black Power Bewegung, in: Martschukat, Jürgen / Stieglitz, Olaf (Hg.): Väter, Soldaten, Liebhaber. Männer und Männlichkeiten in der Geschichte Nordamerikas, Bielefeld 2007, 355–369.
Wesley C. Hogan: Many Minds, One Heart. SNCCs Dream for a New America, Chapel Hill 2007.
Westby, David L.: The Clouded Vision. The Student Movement in the United States in the 1960s. Lewisburg 1976.
Weston, Kathleen: Families We Choose. Lesbians, Gays, Kinship, New York 1991.
Wetzel, James R.: American Families. 75 Years of Change, in: Monthly Labor Review 113 (1990), Nr. 3, S. 4–13.
Whitfield, Stephen J.: The Culture of the Cold War, Baltimore 1991.
Wickberg, Daniel: Heterosexual White Male. Some Recent Inversions in American Cultural History, in: The Journal of American History 92 (2005), Nr. 1, S. 136–159.
Wilcox, Clyde: God's Warriors, Baltimore 1992.
Wilcox, Clyde: Onward Christian Soldiers. The Religious Right in American Politics, Boulder 1996.
Willekens, Harry (Hg.): Family Law. The Present's Past and the Past's Present, Thousand Oaks 2003, S. 4–13.
Willems, Herbert: Rahmen und Habitus. Zum theoretischen und methodischen Ansatz Erving Goffmans, Vergleiche, Anschlüsse und Anwendungen, Berlin 1997.
Willems, Ulrich [u. a.] (Hg.): Moderne und Religion. Kontroversen um Modernität und Säkularisierung, Bielefeld 2013.
Wilmoth, John R. / Ball, Patrick: The Population Debate in American Popular Magazines, 1946–1990, in: Population and Development Review 18 (1992), Nr. 4, S. 631–668.
Wilson, William J.: The Truly Disadvantaged. The Inner City, the Underclass, and Public Policy, Chicago 1987.
Winters, Donald E.: The Soul of the Wobblies. The I. W. W., Religion, and American Culture in the Progressive Era, 1905–1917, Westport 1985.
Wirsching, Andreas: Agrarischer Protest und Krise der Familie. Zwei Versuche zur Geschichte der Moderne, Wiesbaden 2004.

Wisensale, Steven K.: Family Leave Policy: The Political Economy of Work and Family in America, New York 2015.
Witkowski, Jan A.: Davenport's Dream. 21$^{st}$ Century Reflections on Heredity and Eugenics, New York 2008.
Witte, James C: Labor Force Integration and Marital Choices in the United States and Germany, Frankfurt a. M. / Boulder 1992.
Wittner, Lawrence S.: Resisting the Bomb. A History of the World Nuclear Disarmament Movement, 1954–1970, Stanford 1997.
Wofford, Harris: Of Kennedys and Kings. Making Sense of the Sixties, New York 1980.
Wolf, Thomas P. / Pederson, William D. / Daynes, Byron W. (Hg.): Franklin D. Roosevelt and Congress. The New Deal and Its Aftermath, Armonk 2000.
Wollons, Roberta (Hg.): Kindergartens and Cultures. The Global Diffusion of an Idea, New Haven 2000.
Wright, James D.: The Political Consciousness of Post-Industrialism. The Silent Revolution. Changing Values and Political Styles Among Western Publics by Ronald Inglehart, in: Contemporary Sociology 7 (1978), H. 3, S. 270–273.
Wuthnow, Robert / Evans, John H. (Hg.): The Quiet Hand of God. Faith-Based Activism and the Public Role of Mainline Protestantism, Berkeley u. a. 2002.
Wynn, Neil A.: From Progressivism to Prosperity. World War I and American Society, New York 1986.
Yamin, Priscilla: American Marriage. A Political Institution, Philadelphia 2012.
Yuill, Kevin L.: The 1966 White House Conference on Civil Rights, in: The Historical Journal 41 (1998), Nr. 1, S. 259–282.
Zamir, Shamoon (Hg.): The Cambridge Companion to W. E. B. Du Bois, Cambridge u. a. 2008.
Zapf, Wolfgang (Hg.): Die Modernisierung moderner Gesellschaften. Verhandlungen des 25. Deutschen Soziologentages in Frankfurt a. M. 1990, Frankfurt a. M. / New York 1991.
Zaretsky, Eli: Secrets of the Soul. A Social and Cultural History of Psychoanalysis, New York 2004.
Zaretsky, Natasha: No Direction Home. The American Family and the Fear of National Decline, 1968–1980, Philadelphia 2007.
Zavella, Patricia: Women's Work and Chicano Families. Cannery Workers of the Santa Clara Valley, Ithaka 1987.
Zeul, Mechthild: Der unmögliche Dialog. Versuch einer psychoanalytischen Deutung von Kramer gegen Kramer, in: Arnoldshainer Filmgespräche Bd. 5, Frankfurt a. M. 1988, S. 66–75.
Ziegler, Mary: After Roe. The Lost History of the Abortion Debate, Cambridge / London 2015.
Zimmerman, Jonathan: Too Hot to Handle. A Global History of Sex Education, Princeton 2015.
Zimmermann, Christine: Familie als Konfliktfeld im amerikanischen Kulturkampf. Eine Diskursanalyse, Wiesbaden 2010.
Zolberg, Aristide: A Nation by Design: Immigration Policy in the Fashioning of America, Cambridge, Mass. 2006.
Zunz, Olivier (Hg.): Social Contracts under Stress. The Middle Classes of America, Europe and Japan at the Turn of the Century, New York 2002.

# Abkürzungsverzeichnis

| | |
|---|---|
| ACLU | American Civil Liberties Union |
| AES | American Eugenics Society |
| AFDC | Aid to Families with Dependent Children |
| AFL-CIO | A. Philip Randolph Institute |
| AIFR | American Institute for Family Relations |
| AMA | American Medical Association |
| ASA | American Sociological Association |
| AVS | Association for Voluntary Sterilization |
| BWHBC | Boston Women's Health Book Collective |
| CDC | Center for Disease Control and Prevention |
| CORE | Congress on Racial Equality |
| CUB | Concerned United Birthparents |
| ERA | Equal Rights Amendment |
| ERO | Eugenic Record Office |
| FAP | Family Assistance Plan |
| HBCUs | Historically Black Colleges and Universities |
| HBF | Human Betterment Foundation |
| IFEO | International Federation of Eugenics Organizations |
| IPPF | International Planned Parenthood Federation |
| IUD | Intra Uterine Device |
| LOC | Library of Congress, Washington DC |
| MARBL | Manuscript and Rare Books Library, Emory University, Atlanta |
| MC | Manuscript Collection |
| MORAL / Mass Choice | Massachussetts Organiziation for the Repeal of Abortion Laws |
| NAACP | National Association for the Advancement of Colored People |
| NARAL | National Abortion Rights Action League |
| NBFO | National Black Feminist Organization |
| NCFA | National Committee for Adoption |
| NOW | National Organization of Women |
| NWRO | National Welfare Rights Organisation |
| NYT | New York Times |
| OEO | Office of Economic Opportunity |
| PAC | Political Action Committee |
| PC | Population Council |
| POOP | Population Oriented Organization People |
| PPFA | Planned Parenthood Federation of America |
| PPWP | Planned Parenthood World Population |
| PRB | Population Research Bureau |
| PRWORA | Personal Responsibility and Work Opportunity Reconciliation Act |
| RCAR | Religious Coalition for Abortion Rights |
| RHEA | Reproductive Health Equity Act |
| SCLC | Southern Christian Leadership Conference |
| SLHU | Schlesinger Library, Harvard University |

| | |
|---|---|
| SNCC | Student Non-Violent Coordinating Committee |
| WAC | Women's Army Corps |
| WEBA | Women Exploited By Abortion |
| WONAAC | Women's National Abortion Action Coalition |
| WP | Washington Post |
| ZPG | Zero Population Growth |

# Abbildungsverzeichnis

**Abbildung 1.1:** Daten nach Alexander A. Plateris, 100 Years of Marriage and Divorce Statistics. United States 1867–1967, U.S. Department of Health, Education and Welfare, National Center for Health Statistics, Rockville 1973, S. 22.
**Abbildung 1.2:** Daten nach U.S. Census Bureau, Statistical Abstract of the United States, 2012 (August 2011).
**Abbildung 2.1:** Daten nach Frank Hobbs / Nicole Stoops, U.S. Census Bureau, Census 2000 Special Reports, Series CENSR-4, Demographic Trends in the 20th Century, U.S. Government Printing Office, Washington, DC, 2002, S. 75. S. 141, 143.
**Abbildung 2.2:** Daten nach U.S. Census Bureau, Statistical Abstracts of the United States 2003. U.S. Households by Size, 1790–2006 <www.infoplease.com/ipa/A0884238.html>.
**Abbildung 2.3:** American Philosophical Society, Digital Collections, Graphics:1673, APSimg1539, Negative Number: 870.092. American Eugenics Society Records.
**Abbildung 2.4:** American Philosophical Society, Digital Collections, Graphics:1685, APSimg1542, Negative Number: 870.095. American Eugenics Society Records.
**Abbildung 2.5:** American Philosophical Society, Digital Collections, Graphics:1681, APSimg1532, Negative Number: 870.085, American Eugenics Society Records.
**Abbildung 2.6:** American Philosophical Society, Digital Collections, Graphics:1644, APSimg1491, Negative Number: 870.044. American Eugenics Society Records.
**Abbildung 2.7:** American Philosophical Society, Digital Collections, Graphics:1660, APSimg1502, Negative Number: 870.055. American Eugenics Society Records.
**Abbildung 2.8:** American Philosophical Society, Digital Collections, Graphics:1661, APSimg1479, Negative Number: 870.023. American Eugenics Society Records.
**Abbildung 2.9:** Eugenik, Erblehre, Erbpflege 1 (1931), Heft 8, S. 184.
**Abbildung 3.1:** United States Department of Labor, Women's Bureau, Facts over time, Women in the Labor Force <www.dol.gov/wb/stats/facts_over_time.htm>.
**Abbildung 4.1:** Center for Disease Control and Prevention, Vital Statistics of the United States, Live Birth, Birth Rates, and Fertility Rates, by Race, United States, 1909–1994. <www.cdc.gov/nchs/data/statab/t941x01.pdf>.
**Abbildung 4.2:** Child Trends Databank, Births to unmarried women, 2015. <www.childtrends.org/?indicators=births-to-unmarried-women>.
**Abbildung 4.3:** Margaret Bourke White, At the Time of the Louisville Flood, 1937, Getty Images TMC: 92926162.
**Abbildung 4.4:** Daniel Patrick Moynihan, The Negro Family: The Case for National Action, S. 7. Daniel P. Moynihan Papers, Library of Congress, Washington D.C., Box 66, Folder 8.
**Abbildung 4.5:** Daniel Patrick Moynihan, The Negro Family: The Case for National Action by Daniel Patrick Moynihan, S. 9. Daniel P. Moynihan Papers, Library of Congress, Washington D.C., Box 66, Folder 8.
**Abbildung 4.6:** Bob Adelman Estate, Poor People's March, ppm014.
**Abbildung 5.1:** Saturday Review, 6.2.1960, S. 50–51. Robert C. Cook Papers, Library of Congress, Manuscript Division, Box 44, Folder 13.
**Abbildung 5.2:** Daten nach Stephanie J. Ventura [u. a.], Nonmarital Childbearing in the United States, 1940–99, National Vital Statistics Report from the Center for Disease Control and Prevention, National Center for Health Statistics, National Vital Statistics System, 48, Nr. 16, 18.10.2000, S. 14.

**Abbildung 5.3:** Bettye Lane, One of the first Abortion Demonstrations at Union Square, New York, 6.5.1972, Schlesinger Library, Harvard University, PC 320022.
**Abbildung 5.4:** Bettye Lane, Anti-Choice „Right to Life" at St. Patrick's Cathedral, 9.3.1976, Schlesinger Library, Harvard University, PC32–46-R3/f7.
**Abbildung 5.5:** Bob Adelman Estate, UC_45–29a.
**Abbildung 6.1:** Mary Ellen Mark, Urban Poverty.
**Abbildung 6.2:** The Reagan Family Christmas Portrait by the White House Residence Christmas Tree, 25.12.1983. Ronald Reagan Presidential Library, Simi Valley, CA: C19215–9 A.

**Tabelle 1.1:** Daten nach Alexander A. Plateris, 100 Years of Marriage and Divorce Statistics, United States 1867–1967, U.S. Department of Health, Education and Welfare, National Center for Health Statistics, Rockville 1973, S. 22. U. S. Department of Commerce and Labor, Marriage and Divorce, 1867–1906, Westport, Conn. 1909, repr. 1978, Bd. 1, S. 7–8, 11–12.
**Tabelle 1.2:** Daten nach U.S. Department of Health and Human Services, National Center for Health Statistics, Information Please Database, 2007 Pearson Education Inc. <www.infoplease.com/ipa/A0005044.html>.
**Tabelle 3.1:** Daten nach US Census Bureau, Statistical Abstracts of the United States, Mini Historical Statistics, 2003, S. 52.
**Tabelle 5.1:** Daten nach Center for Disease Control and Prevention, Abortion Surveillance – United States, 2005 <www.cdc.gov/mmwr/preview/mmwrhtml/ss5713a1.htm.>. Center for Disease Control and Prevention, Abortion Surveillance – United States, 2012 www.cdc.gov/mmwr/preview/mmwrhtml/ss6410a1.htm?s_cid=ss6410a1_w>.

# Personenregister

Abbott, Grace   188
Abernathy, Ralph D.   276
Almond, Gabriel   14
Ammon, Otto   122
Anderson, Carole J.   414, 418
Anderson, Karen   172
Andrews, Stephen Pearl   54
Avery, Byllye   371

Bailey, Beth   301
Ballantine, William Gay   87
Barr, Amelia Edith   59–61
Barton, Paul   255
Bauer, Gary L.   388–390, 434
Beale, Frances   224–226, 289, 316, 349, 441
Beck, Ulrich   17
Benedek, Therese   200f., 203
Benedict, Ruth   169
Birney, Alice McLellan   117
Bix, Amy   135
Blackmun, Harry A.   321
Bolzendahl, Catherine   7
Boudreaux, Jackie   264
Bourdieu, Pierre   21f.
Broderick, Ellen   255
Bronfenbrenner, Urie   261
Browns, Helen Gurley   301
Buck, Carrie   142f., 145
Burton, Ernest DeWitt   88
Bush, George   398
Butler, Judith   21f.

Califano, Joseph A.   348, 360
Campbell, Lee   412f.
Capper, Arthur   83
Carr, John   379, 382
Carter, Jimmy   1f., 38, 360, 376, 378–380, 382f., 390
Cayton, Horace R.   243
Chappell, Marisa   349
Cherlin, Andrew J.   7
Chruschtschow, Nikita   186

Cisholm, Shirley   312
Cisler, Lucinda   314f.
Clarenbach, Kathryn F.   312
Clark, Kenneth B.   251, 257f., 278, 282
Cleaver, Eldridge   286f.
Coffee, Linda   320
Cohen, Robert   105
Cohn, David L.   189
Collier, Virginia McMakin   124
Collins, Patricia Hill   22, 372
Connell, Raewyn   23
Connor, Sandra O'Day   295, 397
Cook, Robert C.   36, 299, 335f., 338, 343
Cooke, Rose Terry   58, 61
Coontz, Stephanie   28f., 215f.
Cooper, Frankie   174

Dalton, Richard C.   373, 375
Davenport, Charles Benedikt   82, 102f., 107, 125, 135
DeCrow, Karen   313
Degler, Carl   247
Dejarnette, Dr. J. S.   144
Deth, Jan van   13
Dike, Samuel A.   36
Dike, Samuel W.   43, 55–57, 62f., 87, 89–92, 98
Dill, Bonnie Thornton   22
Doane, William Croswell   63, 86–88
Draper, William H.   338
DuBois, William Edward Burghardt   234–237, 244, 255
Durkheim, Emile   13

Efron, Edith   178, 180
Eisenstadt, Shmuel N.   34
Estes, Steve   286f.
Etzemüller, Thomas   25f., 41

Farnham, Marynia   199, 202
Fenton, Janet   420
Findley, Maude   293
Finzsch, Norbert   278

Firestone, Shulamit  316
Foucault, Michel  25, 32, 169, 279, 341, 424
Franklin, John Hope  246
Frazier, Edward Franklin  83, 237, 242, 244, 250, 255, 279
Freud, Sigmund  180
Friedan, Betty  36, 206, 211–216, 309, 313, 439
Fromm, Erich  169

Gaither, Frances  243
Gall, Mary  419
Galton, Francis  72, 122, 125, 139
Garmo, Mary De  132
Gartner, Alan  266, 273
Geist, Claudia  7
Gibbons, James Cardinal  57 f., 60, 86, 96
Gidding, Lee  328 f.
Gillies, Mary Davis  182
Gilman, Charlotte Perkins  43, 75, 77, 354
Glazer, Nathan  256, 278 f.
Golding, Illiam H.  190
Goldstein, Ellen  380 f.
Goodman, David  36, 202 f.
Goodwin, Richard M.  249
Gosney, Ezra Seymour  140, 153
Grant, Madison  125 f.
Greeley, Horace  54
Griswold, Robert L.  98
Grube, Norbert  17
Guttmacher, Alan F.  302–304, 307, 335, 339

Haiselden, Dr. Harry J.  146
Harrington, Michael  250, 286
Harris, Patricia Robert  381
Hartman, Susan M.  174
Hausen, Karin  21
Hauser, Philip  282
Hawley, James H.  81
Haworth, Mary  182, 193
Heide, Wilma Scott  330
Herbert, Ulrich  33
Higginbotham, Evelyn Brooks  22
Hill, Herbert  260
Hitler, Adolf  126
Hodenberg, Christina von  19

Hoffman, Lois Wladis  206 f., 211
Holmes Jr., Oliver Wendell  143
Horney, Karen  169, 178, 180
Howard, George Elliott  43, 66–68, 71 f., 81, 88, 92, 96, 98, 354
Hutchinson, Woods  80 f.

Ingersoll, Robert G.  60 f., 96
Inglehart, Ronald  14–16, 19

Jackson, Walter A.  241
James Jr., Henry  54
Joas, Hans  17
Johnson, John H.  220
Johnson, Lyndon B.  227, 248–150, 263 f., 272, 274, 357, 369, 436 f.
Johnson, Roswell H.  107, 138 f., 149, 158
Johnson, Virginia  198, 300
June, Jennie (Jane, Cunningham Croly)  59, 61

Kardiner, Abraham  169
Keating, Kenneth B.  338
Kennedy, John F.  309
Key, Ellen  121
Keyserling, Mary  221
Kimmel, Michael  23, 226
Kindleberger-Stone, Betty  337 f.
King, Martin Luther  36, 266–269, 271, 276, 281 f., 285 f.
Kinsey, Alfred  299
Kluckhohn, Clyde  13
Knapp, Gudrun-Axeli  22
Koedt, Anne  316
Komarovsky, Mirra  36, 104 f., 203–206, 211, 213
Koop, C. Everett  398
Kottmeier, Karen  411, 417
Krock, Arthur  272
Kupinski, Stanley  209

Ladd-Taylor, Molly  121
Lader, Lawrence  329 f.
Lance, Candace  350, 352
LaRossa, Ralph  105
Lathrop, Julia  118 f.,
Laughlin, Harry H.  125, 140–142

Lear, Norman  293, 328, 342
Lee, Margaret  58
Lerner, Gerda  216
Lessoff, Alan  35
Lewis, Hylan G.  269, 281
Lewis, Laura  420, 421
Lewis, Oscar  245f., 250, 344
Lichtenberger, James Pendelton  43, 68f., 71, 92, 96, 98
Lindsay, Malvina  181, 190, 195
Livermore, Mary A.  59–61
Lombardo, Paul A.  143
Luhmann, Niklas  17
Lundberg, Ferdinand  36, 190, 199
Lynd, Helen Merrell  113f.
Lynd, Robert S.  113f.

Martschukat, Jürgen  23, 28f., 105, 439
Maslow, Adam  15
Masters, William  198, 300
Mauch, Christoph  34
Maudsley, Henry  122
Maulsby, Ann  178f.
McCormick, Katharine  300
McCorvey, Norma  320
McGrory, Mary  264
McKissick, Floyd Bixler  265f., 271
Mead, Margaret  36, 164f., 169, 299, 331f., 339–343, 357, 360, 362, 376
Meyer, Agnes E.  192f.
Meyerowitz, Joanne  30, 168f., 183, 186, 197
Millett, Kate  316
Mills, C. Wright  165
Montague, Ashley  169
Moore, Hugh  332
Moxom, Philip Stafford  59
Moyers, Bill  264, 270–272
Moynihans, Daniel Patrick  245, 250, 253, 257–261, 265, 272, 274f., 279f., 285, 434
Muggeridge, Malcolm  398
Murray, Pauli  312
Myrdal, Gunnar  226, 238–248, 255f.

Nathanson, Bernhard  402f.
Nixon, Richard  33, 186f., 275, 370, 388, 430

Norris, George W.  85
Nye, Francis Ivan  206f., 211

O'Neill, William  87, 98
Olivo, Roxanne  329
Omolade, Barbara  372
Owen, Robert Dale  54

Park, Robert Ezra  236, 238
Parry, Carl E.  73f.,
Parsons, Elise Clews  75, 77
Parsons, Talcott  4–7, 165, 291, 424, 430, 442
Patel, Kiran Klaus  34
Payton, Daniel  269
Peabody, Francis G.  88f.
Pernick, Martin S.  146
Phelan, Lana C.  315f.
Phelps, Elizabeth Stuart  58
Pitt, Ed  371
Plant, Rebecca  189
Popenoe, Paul B.  36, 101, 107, 138–141, 147, 149–163, 185, 335, 343, 434, 438, 440
Potter, Henry Codman  59
Powell, Brian  7

Raderia, Shalinia  34
Rainwater, Lee  283
Raphael, Lutz  24–26, 41, 169, 278, 280
Rausch, James S.  294
Reagan, Ronald  2, 33, 37, 167, 279, 308, 346, 352, 359f., 362, 364f., 375f., 383f., 385–401, 403, 410–412, 417, 422, 430, 436
Riesman, David  165
Riley, Glenda  65, 98
Rinehart, Mary Ella Roberts  190
Roberts, Dorothy  348
Robinson, Patricia  288f., 349
Rockefeller, John D.  334
Rödder, Andreas  13, 19
Roosevelt, Eleanore  105
Roosevelt, Theodore  46, 63, 81–83
Rosaldo, Michelle  21
Rose, Arnold Marshall  245, 255

Ross, Edward Alsworth   43, 68, 70f., 81–83, 92, 96, 98, 138, 150
Ross, Edward E.   36, 434
Ross, Loretta   351
Rossi, Alice S.   212–215, 311
Rossiter, Margaret   135
Roth, Benita   287
Rustin, Bayard   256, 265f., 271, 273
Ryan, William   269
Ryback, Timothy   126

Sanger, Margaret   300, 327, 339
Scarbrough, Elinor   13
Schlafly, Phyllis   318, 383, 417, 432
Schlapp, Max G.   122f.
Schoen, Johanna   321, 323
Schreiner, Oliver   79
Scott, James C.   33
Scott, Joan W.   21, 24, 161
Self, Robert O.   29
Sheppard, Harold L.   260f.
Sherbon, Dr. Florence Brown   134f.
Siegel, Alberta Engvall   203
Small, Albion Woodbury   41, 73, 92, 98
Smith, Walter George   64, 84, 89
Sontag, Lester Warren   190
Spalding, Elizabeth Coxe   355
Spencer, Anna Garlin   74, 77, 81
Spencer, Herbert   69
Spock, Benjamin   112
Stanton, Elisabeth Cady   54, 78
Strecker, Edward   187–189
Steelmann, Lala Carr   7
Stein, Marc   302, 321f.
Stein, Robert   209
Steinbeck, John   185f.
Stern, Alexandra Minna   103, 134
Stern, Elizabeth   415, 417
Stern, William   415, 417
Stoddard, Lothrop Theodore   125f.

Stolz, Lois Meek   203, 211
Sullivan, Harry Stack   169
Sumner, William Graham   39–41, 73

Thome, Helmut   17
Tietze, Chrisopher   334f., 343, 348
Tosh, John   23
Tucker, James   379f., 382

Verba, Sidney   14
Vogt, William A.   33

Wade, Henry   320
Wallace, Alfred Russel   122
Ward, Allison   415
Watts, Mary Tirell   134f.
Weddington, Sarah   320
Wells, Kate Gannett   78
Welskopp, Thomas   35
Wendt, Simon   287
West, Mary Mills   119
Wexler, Anne   380
White, Edward Franklin   83
Whitehead, Mary Beth   415–417
Wilkinson, Maguerite   79, 81, 83
Wilson, Richard   264
Wood, Robert   295
Woods, Howard B.   220
Wright, Carroll D.   46
Wright, Margaret   290
Wylie, Philip   187–190
Wyzanski Jr., Charles Edward   245

Young, Andrew   284
Young, Whitney M.   256, 268f.

Zaretsky, Natasha   29
Ziegler, Mary   321
Zygmunt, Baumann   35

# Sachregister

A. Philip Randolph Institute (AFL-CIO)   271
Abortion Providers   323
Abtreibung   10, 12, 33, 38, 53, 160, 211, 292–299, 308, 310f., 313–317, 319–322, 325–331, 333f., 343, 347, 356–359, 361f., 368, 376–378, 381f., 386, 389–391, 395–399, 401–403, 406–411, 413f., 419–423, 427, 430–432, 435f., 442
– Abtreibungskliniken   308, 319, 321–323, 327f., 361, 393
– Spätabtreibung   397
– Ersttrimester-Abtreibung   357, 384, 397
Affirmative Action   361, 393
African
– African American Colleges   233
– African American Women   177, 215, 221, 307, 351, 435, 441
– African Americans   107f., 145, 160, 228, 236–238, 240, 246f., 249f., 256, 260, 262, 267, 272, 274f., 278f., 281f., 292, 297, 305, 347f., 366, 382, 425f., 440
Afroamerikanische Frauen   177, 224, 292, 249, 392, 438, 440f.
Aid to Families with Dependent Children (AFDC)   106, 259f., 281, 346, 350, 363f., 366f., 369f., 375 381, 392
America's Waiting Children   419
American Century   35
American Creed   240f., 243
American Dilemma   226, 238, 240, 242f., 246f., 255
American Eugenics Society   36, 107, 125, 127, 134, 158, 170, 217, 303
American Exeptionalism   35
American Home Economics Association   377
American Journal of Sociology   244
American Sociological Association (ASA)   36, 39, 43, 66, 76, 98
Americanism   35
Amerikanisierung   11, 346
Amicus Curiae Brief   416f.

Anthropologe/in   21, 33, 36, 75, 125, 164, 165, 169, 246, 331, 339, 357, 360, 376
Arbeit
– Arbeiterschicht   114, 196, 214, 222
– Arbeitsministerium   46, 100, 118, 124, 173, 181, 221, 251
– Hausarbeit   155, 171, 179f., 190, 205f.
– Lohnarbeit   80, 117, 124, 171, 175, 179f., 192, 207, 214, 222, 392, 426f., 439
– Teilzeitarbeit   37, 175, 194, 196, 377, 427, 429, 433
Association for Voluntary Sterilization (AVS)   303, 332, 342f.
Atlanta University Negro Conference   235

Baby M. Case   413
Baby Planning Beads   337
Babyboom   11, 29, 52, 110, 111, 166, 197, 208, 213, 222f., 228
Bauer-Report   389, 391, 395
Berufstätigkeit   37
– Weibliche Berufstätigkeit / Berufstätigkeit von Frauen / Berufstätigkeit von Müttern   37, 79, 119, 165, 166f., 173, 175, 177f., 181f., 185, 192, 194–198, 200, 204–214, 217, 221f., 385, 389, 432, 438
Betäubungsmittel   203
Bevölkerung
– Bevölkerungsdispositiv   341
– Bevölkerungsexperte/n   36, 334f., 349, 358
– Bevölkerungsexplosion   303
– Bevölkerungspolitik   25, 198, 227, 262, 332, 334–338, 341f., 357, 432, 434, 436, 442
– Bevölkerungspolitiker   38
– Bevölkerungswachstum   38, 46, 52, 109, 115, 160, 302–304, 331f., 334, 337, 339, 340, 342f., 436, 442
– Bevölkerungswissenschaftler   158, 298
Bewegung
– Anti-Abtreibungsbewegung   308, 323, 327, 330, 402, 420, 431

https://doi.org/10.1515/9783110463699-014

Sachregister —— 527

- Bürgerrechtsbewegung   38, 220, 225, 227,
    236, 243, 245, 247, 260, 262, 266, 268,
    270 – 272, 274 – 276, 281, 284 – 287,
    312 – 330, 341, 434 f., 438, 440
- Frauenbewegung   6, 9, 33, 38, 45, 77 – 79,
    96, 160 f., 163, 206, 211, 222 f., 290 –
    292, 298, 302, 313, 315 f., 321 f., 331,
    351, 354, 356 – 358, 362, 389, 391 – 394,
    395 f., 398 f., 403, 408, 412, 421, 423,
    426 – 428, 431 f., 434 f., 438 – 440
- Grass Root-Bewegung   33
- Protestbewegung   29, 112, 168, 221, 288,
    298, 360
- Soziale Bewegung   327, 439
- Studentenbewegung   357
Biopolitik   169
Birth Control Movement   300, 303
Black Family Pathology   226 f., 273
Black Family Project   373
Black Genocide   287 f., 349
Black Hyperfertility   227
Black Nationalism   288
Black Panther Party   286
Black Power Movement   38, 225, 287 – 291,
    349, 435, 439, 441
Boston Women's Health Book Collective
    (BWHBC)   37, 322, 350
Brown vs. Board of Education   230, 247, 282

California Family Law Act   352
CBS   293 – 295, 328, 370, 372
Census
- Bureau of the Census   46, 176
- Census Report   208
Centers for Disease Control and Prevention
    (CDC)   306
Chicago School of Sociology   236, 238
Chicago Tribune   146, 170, 180
Civil Rights Act   210, 230, 249, 311
Commission on the Status of Women   309
Comstock Laws   301
Concerned United Birthparents (CUB)   37,
    362, 396, 411 – 418, 420 f.
Concerned Women for America   417
Congress on Racial Equality (CORE)   265 f.,
    271
Constitutional Amendment   325, 396

Crisis Pregnancy Center   420
Culture of Poverty   245 f., 250, 344
Culture Wars   19, 33, 38, 361 f., 423

Demograph/en, siehe: Bevölkerungswissen-
    schaftler/in   198, 208 f., 217, 223, 426,
    429, 431, 433, 438
Demographie   26
Department of Health and Human Services
    308
Depo-Provera   307
Dispositiv   26, 28, 32, 424
Domesticity
- Victorian Domesticity   189
Double Jeopardy   224, 226, 291, 441

Eagle Forum   318, 383, 417
Ebony   170, 218, 221
Economic Opportunity Act   248
Ehe
- Ehe- und Familienberatung   37, 74, 149 f.,
    153 f., 162, 182, 429, 431, 433 f., 435,
    440
- Eheberater   36, 101, 148, 152, 155 f., 161
- Ehescheidung   2, 9 – 11, 30, 33, 36 – 38,
    40, 42 f., 45, 47 – 50, 53 f., 56, 60,
    66 – 68, 72, 74, 77 f., 82 f., 86, 88, 90,
    92, 95, 98, 157, 162, 168, 222, 352, 358,
    361, 385, 393, 424 – 426, 431, 433 f.,
    440, 442 f.
- Ehescheidungsdebatten   36 f., 40, 43, 53,
    92, 97, 433, 437
- Eheschließung   30, 45 – 47, 49 – 52, 68,
    70 f., 76, 78, 83, 88, 96, 104, 114, 130,
    139, 150, 157, 422
Einfamilienhaus   5, 196, 233
Enovid   299
Entscheidungsrecht der Frau   33, 326, 395,
    408, 410, 421, 423, 427, 443
Equal Rights Amendment (ERA)   33, 211,
    310, 327, 399, 432
Erzbischof   294
Eugenics Quarterly   170, 217
Eugenik
- Eugenik-Bewegung   72, 80, 82, 99 – 102,
    107, 116, 122, 124, 126, 134 f., 139, 161 f.,
    169, 217, 303, 431, 434, 437

- Eugeniker   36, 77, 101 f., 107, 116, 126, 129 f., 135, 139, 141, 147, 149, 152, 158, 161–163, 332, 335, 438, 442
Executive Order 12606   389 f.
Experte/in
- Expertendiskurs   2 f., 8–10, 30, 36, 124, 166, 170, 209, 211, 222 f., 298, 316, 358, 424 f., 427 f., 431, 433, 437, 439, 441
- Expertenkulturen   20
- Expertenrat   8 f., 26, 82, 116 f., 119, 181 f., 322, 383, 429, 434 f., 440

Familie
- Afroamerikanische Familie   226, 234, 269, 284, 291, 332, 370, 422, 436, 438, 442 f.
- Familie als Basis der Nation   10, 160, 317, 356, 385, 427, 431, 433, 436
- Familienideal   4, 8 f., 29–32, 36, 38, 34, 43, 68, 77, 92, 97, 110, 135, 170, 180, 215, 222, 225 f., 272 f., 287, 291, 291, 350, 357, 362, 386, 424, 433, 435 f., 438, 442
- Familienpolitik   38, 121, 150, 153, 274 f., 360–362, 386, 389, 391 f.
- Gesunde Familie   124
- Immigrantenfamilie   4, 11, 31
- Mexikanisch-stämmige Familie   30, 109
Familiensoziologe/n   6 f., 206
Family
- Dual Earner Family   175, 177, 363, 385, 422
- Family Ideology   207
- Golden Age of the Family   2, 29, 167, 192, 437
- Family Adoption Program   373
- Family Adoption Training   374
- Family Assistance Plan (FAP)   370
- Family: Preserving America's Future, The (Report)   389
- Family Protection Act   391
- Family Research Council   417
- Family Support Act   389, 392
Father knows Best (Sitcom)   166
Feminine Mystique, The (Monographie)   206, 212 f., 215, 219
Feministin/nen   9, 22, 74, 77, 78, 168, 206, 211 f., 214–216, 223, 226 f., 284, 287 f., 290–293, 315 f., 320 f., 330 f., 349, 351, 355, 357, 435, 441
Fertilität   161, 170, 199, 201, 208, 217, 304, 348
Fitter Family Contest/s   127, 130 f., 132 f. (Bildunterschrift), 134 f., 137, 145, 162, 431, 435
Food and Drug Administration   301
Ford Foundation   280, 336
Fötus   33, 310, 382, 393, 395, 397, 403
Frau/en
- Frauenarbeit   2, 9–12, 30, 36 f., 114, 122–124, 161, 163, 166, 168, 170, 178, 180, 184, 189, 191, 193–197, 203, 208, 210, 216, 218, 219, 221–223, 357, 363, 422, 424, 426 f., 429 f., 433, 440, 446
- Frauenbildung   101, 117, 170
- Frauenwahlrecht   42, 78 f., 95, 161, 168, 222, 440
Fruchtbarkeit   198, 200 f.

Geburten
- Geburtenrate/n   82 f., 104, 110 f., 116, 139, 162, 208 f., 223, 228, 231, 331 f., 349, 432
- Geburtenkontrolle   143, 259, 297, 301, 303 f., 310, 332–334, 336 f., 340, 343, 358
Gender
- Genderforschung   20–24
- Genderkonzeption   30
Generation of Vipers   187, 189
Geschichte
- Diskursgeschichte   19
- Mediengeschichte   19
- Mentalitätsgeschichte   19
- Sozial-/Gesellschaftsgeschichte   12, 26 f., 166, 363, 365, 383
- Zeitgeschichte   17
Geschlechter
- Geschlechterbeziehungen   30, 313, 319
- Geschlechterhierarchie   3, 11
- Geschlechternorm siehe: Norm
- Geschlechterrollen   42, 61 f., 95, 99, 104 f., 116, 119, 135, 145, 149, 150, 156 f., 161, 166–168, 170, 181, 202 f., 205, 215, 222 f., 226, 273, 287, 289, 298, 302,

316, 319, 350, 383, 386, 391, 422, 428–430, 433–435, 442 f.
– Geschlechterverhältnis 10, 93, 357, 429
Ghetto 234, 249, 251, 253, 257–259, 264–267, 273, 276, 280, 282, 284, 339, 346, 430
GI Bill of Rights (Servicemen's Readjustment Act) 166, 233
Good Housekeeping 170, 183, 196
Gouvernementalität 28, 279
Gouverneur 144, 352, 365, 395
Great Society 248, 390, 437
Griswold vs. Connecticut 301
Guttmacher Institute 307

Hausfrau 106, 124, 167, 178 f., 182–184, 187 f., 191–195, 197, 203–206, 212–215, 218, 220, 222, 318, 355, 377, 381, 438, 440
Hegemonic masculinity 9, 23, 224, 287, 441
Historically Black Colleges and Universities (HBCUs) 249
Homosexualität 169, 361
Homosexuelle Elternpaare 30
Human Life Review 397
Humangenetik 336 f.
Humanwissenschaften 4, 26
Humanwissenschaftler/in 25, 26, 43
Hyde-Amendment 349, 401
Hypermasculinity 286, 292, 357, 440

Illegitimität 237, 242, 255 (in Bildunterschrift)
Individuum 3, 8, 10, 13, 17, 26, 32, 43, 58, 60, 71 f., 84 f., 89, 92, 99, 107, 116, 136, 139, 163, 169, 262, 361, 387, 393, 427, 436, 442
Industriegesellschaft 3, 5 f., 15 f., 165, 246
Intersektionalität 21 f.

Jet 170, 221, 268
Johnson-Ära 247
Joint Center for Urban Studies 262, 280
Journalist/in 9 f., 79, 161, 168, 178, 180, 182, 187, 192 f., 199, 210, 212, 251, 264, 271, 309, 325, 343 f., 370, 434

Jugendkriminalität / Juvenile Delinquency 11, 199, 237, 256, 258, 272, 284
Jugendliche 1, 11, 71, 105, 109, 112, 142, 195, 256, 263 f., 285, 374, 422
Jurist/in 9, 53 f., 60, 64, 76 f., 79, 84 f., 89, 94, 98, 107, 139, 143, 244, 318, 320, 348, 397, 415, 429

Kalifornien / California 50, 52, 103 f., 140 f., 144 f., 148 f., 152–154, 156, 162, 220, 265, 352 f., 365, 395
Kalter Krieg 30, 162, 166, 175, 185 f., 198, 378, 429, 437
Katholische Kirche 86, 144, 294, 305
Katholische Presse 294
Kernfamilie 3, 5–8, 29, 32, 107, 110, 167, 184, 192, 215, 223, 234, 242, 277, 279, 332, 336, 350, 369, 372, 385, 390, 421–424, 428, 430 f., 434, 439, 441 f.
Kinder
– Kindererziehung 37, 116 f., 124, 169, 171, 190, 202, 205, 207, 211, 214 f., 356 f., 390, 394, 426, 429, 435, 439
– Kinderlosigkeit 162, 201, 339
Kitchen Debate 186
Kolumne
– Can this Marriage be Saved? 148, 185
Konsum
– Konsumkultur 170, 174, 192
Kontrazeptivum 299–302, 306, 348
Künstliche Befruchtung 296

Ladies' Home Journal 148, 155, 170, 184
Law Marriage / Common Law Marriage 242
Leave it to Beaver (Sitcom) 166
Lebensrecht des Fötus / Embryos / Ungeborenen 32 f., 382, 393, 395, 397, 427, 437, 441
Leserbrief 9, 87, 168, 182, 193, 197, 220, 264, 293, 434
Levittown 5, 234
Liberalisierung 2, 7 f., 17, 30, 32, 34, 38, 51, 65–67, 296, 302, 353, 381, 384, 422, 426, 436, 440 f., 443
– der Bundesrepublik Deutschland 17
– der Sexualmoral 7, 30, 302

– des Scheidungsrechts / der Scheidungspraxis  51, 66, 353, 381, 426
Liberalismus  29

Male Breadwinner  9, 29, 178, 279, 363f., 385, 389, 435, 437f.
Männlichkeit
– Männlichkeitsideal  24, 226, 287, 290, 435
March for Life  323
Marktwirtschaft  29, 44, 390
Massachusetts Institute of Technology  280
Materialisten
– Postmaterialisten / postmaterialistisch  14f., 18
Matriarchat  220, 292, 440
Matriarchy  189, 266, 290
Medicaid  248, 349
Medicare  248
Medien  1, 8–10, 17, 31, 167, 218, 225, 316, 367, 378, 434, 439
Meinungsumfrage  15f., 18f.
Mexican American Women  214, 298, 307, 347, 351, 411
Middle class  8, 11, 30, 106, 136, 216, 238, 265, 274, 312
Middletown  113f.
Migranten/innen / Immigranten/innen  8, 100f., 103, 109, 120, 214, 218, 346, 356, 434
Miltown  203
Modern isolated nuclear family  5f., 167, 291, 424, 434, 437
Moderne
– Moderne Gesellschaft  7, 12, 14, 17f., 22, 26, 32, 39, 41, 68, 76, 79, 92, 94, 122, 201, 238, 339f., 353, 360, 383, 394, 430, 432
– Postmoderne  17
– Hochmodern  32f., 35, 162, 429
Modernisierung
– der westlichen Gesellschaften  18, 66
– Modernisierungstheorie  35, 298
Modernities
– Entangled modernities  34f.
– Multiple Modernities  34

Momism
– All-American Mom  188f.
Mother's Little Helper  203
Mother/s
– Motherhood  61, 170, 199, 201f., 394
– Moral motherhood  189
– Scientific motherhood  116–118, 122, 124, 161f., 429, 435
Moynihan-Report  226–228, 243, 245, 246, 248, 251, 256, 262, 264, 266, 268f., 272, 278f., 284, 286, 290f., 338f., 370, 389f.
Mutter / Mütter / Alleinerziehende Mütter  230, 232, 252f., 284, 349, 364, 374, 376, 420, 422, 428
– Mutterrolle  101, 169, 179f., 201, 203, 222, 365
– Mutterschaft  10, 28, 37, 100f., 107, 115, 117, 119, 121, 124, 145, 147, 155, 161, 164, 166f., 170, 182, 190f., 197, 200f., 204, 211, 214, 223, 292, 371, 415, 420, 427, 429

NARAL MASS Choice  37, 362, 396
Nation  3f., 8, 10f., 29, 82, 95, 100f., 103, 107, 111, 137, 145, 149, 151–153, 160–163, 179, 184, 189, 191, 198–200, 249f., 267, 271f., 277, 317, 339, 344, 353, 356, 361, 365, 368, 394f., 397f., 410, 422, 423, 425, 427, 427–429, 431–434, 436–438
Nation of Islam  288, 341
National Abortion Rights Action League (NARAL)  37, 298f., 327–330, 333f., 348, 362, 396, 399–405, 408–411
National Adoption Week  410
National Association for the Advancement of Colored People (NAACP)  137, 260, 341
National Birthparents Week  413
National Catholic Conference  294, 325
National Catholic Conference of Bishops  325
National Committee for Adoption (NCFA)  420
National Conference on Families  38, 358
National Conference on Family Life  376
National Fertility Study  304

National Organization of Women (NOW)   37, 157, 211–215, 298f., 309–312, 314–320, 322f., 325–327, 330f., 355, 396, 399, 403f., 432, 435
- NOW Bill of Rights   310f.
- NOW Task Force on Family Life   311
- NOW Task Force on Marriage, Divorce, and Family Relations   355
- NOW Task Force on Reproduction and its Control   314
National Sanctity of Human Life Day   398
National Urban League   268, 371
National Welfare Rights Organization (NWRO)   370
Negro Family in America, The (siehe: Moynihan-Report)   235
Neurose   169, 178, 180, 199f., 202f., 207f., 222f.
Neurotiker/in   179, 199
New Christian Right   33
New Deal   105, 112, 161, 259, 437
New York Times (NYT)   36, 107, 122, 124, 143, 170, 178, 180, 243, 247, 263, 272, 293, 295, 312, 321, 353, 409
Newsweek   263
No-Fault-Eheschließung / No-Fault Divorce   33, 38, 50, 53, 352–354, 357, 393, 426, 440, 442
Norm
- Gendernorm / Geschlechternorm   2, 6–10, 13, 20–24, 28f., 31, 37f., 114, 162, 185f., 191, 195f., 203, 206, 225f., 291, 356f., 361f., 376, 411, 417, 424, 427, 432, 436f., 440f.
- Soziale Norm   13
NORPLANT   307, 348f.

Öffentliche Debatten   3f., 8f., 10, 30, 36, 53, 57, 107, 166, 168, 222, 301, 329, 358, 361, 368, 375, 424, 426, 436, 439
Office of Economic Opportunity (OEO)   261
Operation Rescue   393
Ordnung
- Ordnungen   14, 25f., 71, 89, 105, 149, 244, 276, 279, 303, 442
- Ordnungsvorstellungen des Sozialen   27

Our Bodies, Ourselves (Ratgeber)   322, 350
Ozzie and Harriet (Sitcom)   166

Patchwork-Familie   3, 5, 30, 51f.
Pathologie / Pathology   201, 225, 226, 241, 243, 245, 250, 253, 257f., 264, 266, 389, 433
Patriarchat   23, 316
Personal Responsibility and Work Opportunity Reconciliation Act (PRWORA)   364, 369
Pille   296, 299–302, 305–307, 335
Planned Parenthood Federation of America (PPFA)   299, 302, 335, 400–403
Political Action Committee (PAC)   327
Poor People's Campaign   276, 277 (in der Bildunterschrift)
Population
- Population Control   158, 304, 332
- Population Control Movement   36, 298f., 330f., 335
- Population Council (PC)   299, 304, 333–335, 337f., 348
- Population Crisis Committee   334, 338
- Population Institute   333f., 342
- Population Oriented Organization People (POOP)   334
- Population Reference Bureau (PRB)   332–338, 342
„Pro Life"-Movement   323, 328, 402, 404, 411, 442
Progressive Era   10, 42, 45, 48, 68f., 97, 112, 222, 316, 425, 431, 440, 442
Prozesse
- Individualisierungsprozesse   17, 89
- Liberalisierungsprozesse   2, 8, 67, 443
- Modernisierungsprozesse   35
- Pluralisierungsprozesse   2, 32
- Verwissenschaftlichungsprozesse   8, 20, 26
Psyche   129, 199, 433
Psychoanalyse   202
Psychopharmaka   203
Psychosen   201, 207
Puerto Rico   302

Race
- Race Suicide   81, 101, 115, 161, 198, 332, 425, 436
Rassendiskriminierung   239 f., 245, 428, 262, 430
Rassenunruhen / Race Riots   245, 248, 263 f., 266 f., 273, 275, 346
Ratgeber   9, 36, 112, 115, 119, 148 f., 160, 170, 182, 184, 202, 322, 350
Reagan
- Reagan Era   38, 392, 443
Recht
- Abtreibungsrecht/e   9, 362, 399, 402, 408
- Recht des Individuums / individuelle Rechte   32 f., 43, 358 f.
- Scheidungsrecht   47, 51, 54 f., 60, 62, 64 – 66, 85, 88, 90, 95, 354, 381, 431
Redlining   233 f.
Relais   237
Religious Coalition for Abortion Rights (RCAR)   334, 400 f.
Reproductive
- Reproductive choice   38, 356, 423
- Reproductive Health Equity Act   401 f.
- Reproductive justice   351
- Reproductive right/s   38, 307, 398, 400, 409,
Reproduktion
- Reproduktionsbiologie   202
- Reproduktionsmedizin   200, 438
Reproduktive Kontrolle   314, 319, 331, 357, 377
Resurrection City   276 f.
Right to Privacy   301, 319, 322
Risikogesellschaft   17
Rockefeller Foundation   334
Roe vs. Wade   297, 319, 322, 387, 397 f., 405

Self-Made Man   226
Senate
- Senate Subcommittee on Constitutional Amendments on Abortion   326
Servicemen's Readjustment Act / GI Bill of Rights   166, 233
Sex and the Single Girl (Ratgeber)   301
Sexismus   287, 313

Sexual Revolution/s   30, 220, 296, 311
Sexualität / Sexuality   13, 142, 155, 157, 169, 193, 198, 292, 299, 301 f., 356, 361, 440
Silent Majority   33
Silent No More (NARAL-Kampagne)   402, 406, 408 f.
Silent Scream, The (Film)   329, 402 f.
Sisterhood of Black Single Mothers   372
Sitcom/s   293, 385, 437
Sklaverei   220, 237, 241 f., 246, 251, 256
Social Engineering   25 f., 41, 154, 169, 227, 239, 247, 271, 279, 281 f., 284, 292, 373, 375, 434 f.
Southern Christian Leadership Conference (SCLC)   36, 266, 268, 270, 276, 282, 284 f., 373 – 376
Sowjetunion   185 f.
Sozial
- Sozialexperte/in   4, 9, 26, 29, 36, 38, 41, 43, 57, 100 f., 109, 134 f., 147, 149, 160, 162 f., 168 – 170, 175, 180, 199, 208, 217, 226 – 228, 243, 269, 271, 278 – 280, 283, 291 f., 297, 299, 342, 346, 354, 422, 424 – 425, 427, 429, 432 – 434, 439 – 442
- Sozialgeschichte   12, 27, 166, 363,
- Sozialreform   32, 112, 115, 161, 270,
- Sozialreformerinnen   9, 42, 58 f., 78, 93, 96, 109, 116, 118, 131
- Sozialstatistik   29, 43, 52, 55, 115,
- Sozialtechnologien   26, 435
- Sozialwissenschaftler/in   9, 17, 19, 27, 37, 42 f., 52 f., 57, 65, 69, 72, 76, 80, 85, 89 – 93, 97 – 99, 113, 115 f., 168, 187, 211, 216, 222, 225 f., 234, 239, 244, 251, 261, 265, 272 f., 282, 292, 357, 361, 429, 432 f., 435, 438
Soziologen/innen   7, 9, 16 f., 23, 36, 39 – 41, 43, 52, 65 – 72, 74, 76 f., 89, 92, 96, 98 f., 104 f., 113 f., 138, 144, 165, 190, 203, 206, 208, 212 f.,. 226, 234, 236 – 239, 243 f., 255 f., 260, 269, 279, 282 f., 344, 354, 424, 429, 434
Soziologie   19, 39, 41, 65, 68, 73, 138, 167, 204, 240, 262, 273, 425, 431

Sachregister — 533

Sterilisation
- (Eugenische) Sterilisation   103, 107, 127, 137, 139–149, 161–163, 296f., 306f., 332, 343, 347f., 538, 429, 443
- Sterilisationspolitik   38, 121, 144, 432
- Zwangssterilisation   121, 127, 137, 140–142, 145f., 148, 152, 297, 347f., 356, 428, 432–434, 438, 442

Stop ERA-Bewegung   318
Student Non-Violent Coordinating Committee (SNCC)   271, 341
Suburbia   30, 234
Suffragetten   78, 316
Supreme Court   33, 36, 52, 112, 142, 144, 146, 163, 246, 282, 294, 296, 301, 319–323, 325, 329, 334, 357, 395, 397f., 400, 415f., 432, 434, 437,
Surrogacy
- Gestational Surrogacy   415
- Surrogacy Agreements   416
- Traditional Surrogacy   415

Tangle of Pathology   245, 253, 257
Teenager-Mutter   142, 367 (in Bildunterschrift), 372, 432
Temporary Assistance for Needy Families (TANF)   364
Therapeutic Abortion Act   396
To Fullfil These Rights (Konferenz)   249, 251
Traditional family values   10, 33, 362, 364, 375, 386, 393, 397

Ultraschallaufnahme   403
Underclass / Unterschicht   256, 265, 343f., 345 (in Bildunterschrift), 346f., 438
Unfruchtbarkeit   200
University
- Harvard University   88, 262, 275, 280, 283
- Howard University   246, 249, 251, 269, 274
- University of Atlanta   235, 373
- University of Kansas   134, 301
- Wesleyan University   262
Uplift Ideology   218

Valium   203

Vanishing Family: Crisis in Black America, The (Film)   370
Väter   28f., 78, 104f., 113, 165f., 178, 181, 183, 186, 192, 196, 218, 237, 239, 252, 245 (in Bildunterschrift), 259f., 268f., 273, 284, 292, 345, 349f., 363, 371, 377, 392, 413, 420
Vaterschaft   287, 385
Verhältnis Staat-Individuum   13, 32
Verhütung   12, 38, 126, 141, 142, 290, 292, 296, 302, 306f., 311, 315, 332, 334f., 343, 347, 349, 356, 358, 371, 377, 391, 401, 427f., 432, 440
Vertreter der Kirche   9, 52, 94
Verwissenschaftlichung
- des Sozialen   24, 26, 41, 169, 227, 278–280, 428, 434
- von Mutterschaft und Kindererziehung   37, 117
Veteran   233, 334
Vietnamkrieg   29, 271, 430
Visualisierung   128, 295
Voting Rights Act   230, 249

War on Poverty   227, 248, 259, 262, 280, 344, 369, 430
Washington Post (WP)   36, 107, 143, 145, 170, 180–182, 190, 192f., 195, 210, 263, 270f., 320f., 337, 409
Washington Star   263f.
Watts, Los Angeles   245, 263f., 267f., 284
Weiblichkeit   9, 186, 218
Welfare
- Welfare Mom   345f., 363
- Welfare Queen   227, 278, 347, 365f., 376, 381, 392, 422, 427, 430
- Welfare Rights Movement   369, 376, 439
Werbespots   294
Werte
- Wertewandel   8, 12, 15–20, 38, 65, 184, 295f., 353, 356, 358, 362, 371, 424, 426, 428, 437, 441–443
- Sozialwissenschaftliche Wertewandelsforschung   13f., 18f.
- Historische Wertewandelsforschung   13f., 18–20
Westen   16, 33, 35, 47f., 53

Westernisierung 17
Westeuropa 35, 111
White House Conference on Families / Nationalna Conference on Families 2, 38, 358, 360, 378, 379, 383, 390, 429
Wings of Hope 373
Wirtschaftskrise 29, 32, 101, 104 f., 161, 429
Wissen 25 f., 116 f., 121, 134, 150, 153 f., 322, 337, 342, 377, 428, 432, 435 f.
Wissenschaft 4, 10, 41, 116, 119, 138, 145, 199, 203, 222, 225, 280, 433, 442
Wohlfahrtsprogramm 106, 259 f., 264, 281, 350, 363 f., 366, 381, 392
Woman / Women
– Healthy Woman 178
– Womanhood 75, 199, 203
– Working Women 170, 183 f., 209 f., 216, 219
– Women Exploited By Abortions (WEBA) 409
– Women's Army Corps (WAC) 219
– Women's Clubs / New York State Federation of Women's Clubs 79, 143, 188, 190
– Woman's Foundation, The 376
– Women's Health Movement 322
– Women's Liberation Movement 290, 316, 440
– Women's National Abortion Action Coalition (WONAAC) 314 f.
Working class 30, 114, 117, 268, 274, 283

Zeitschriften 36, 43, 170, 182, 183, 244, 413, 442
Zensusdaten 209
Zero Population Growth / Zero Population Growth Movement (ZPG) 38, 160, 299, 315, 330 f., 333 f.
Zweiter Weltkrieg 28, 49, 116, 149, 163–166, 168, 171, 173, 177, 180, 187 f., 221, 231, 233, 343, 428, 435

# Die Buchreihe *Family Values and Social Change*

Wie veränderten sich Normen und Werte unter den Bedingungen intensiven sozialen Wandels in der Moderne? Die Familie bildet die ideale Sonde zur Beantwortung diese Frage, da ihr Zustand gemeinhin als Gradmesser für das Wohlergehen der Gesellschaft gilt. Aus diesem Verständnis von „Familie" als „Basis der Nation" beziehen Debatten und Expertendiskurse um das dominante Familienideal und den Umgang mit Abweichungen ihre besondere Sprengkraft.

Die Studien der Münsteraner Emmy Noether-Gruppe analysieren den Wandel der Familienwerte und Geschlechternormen in der US-amerikanischen Gesellschaft des 20. Jahrhunderts aus verschiedenen Blickwinkeln: öffentliche Debatten, Experteninterventionen, Umgang mit Minderheiten, Populärkultur. Sie zeichnen ein differenziertes Bild des spannungsreichen Verhältnisses von Norm und Lebenswirklichkeit in den modernen USA.

Die Buchreihe wird sukzessive erweitert um aktuelle Forschungen zu Geschlechternormen und Familienwerten in den USA. Die Titel erscheinen auf Deutsch oder auf Englisch. Die Serie wird herausgegeben von Isabel Heinemann.

**Bereits erschienen:**

Claudia Roesch: Macho Men and Modern Women. Mexican Immigration, Social Experts and Changing Family Values in the 20th Century United States, Berlin/Boston 2015.
Andre Dechert Dad on TV: Sitcoms, Vaterschaft und das Idel der Kernfamilie in den USA, 1981–1992, Berlin/Boston 2018.

**Im Erscheinen:**

Anne Overbeck, At the Heart of it All? Discourses on the Reproductive Rights of African American Women in the 20th Century.
Karin Hilck, Lady Astronauts, Lady Engineers, and Naked Ladies. Women in the American Space Community.

Zu den Forschungen der Emmy Noether-Gruppe vgl. auch <www.uni-muenster.de/Geschichte/hist-sem/NwG-ZG/>.

www.ingramcontent.com/pod-product-compliance
Lightning Source LLC
Chambersburg PA
CBHW020602300426
44113CB00007B/480